भारत की आंतरिक सुरक्षा
एवं
आपदा प्रबंधन

सिविल सेवा परीक्षाओं के लिए

भारत की आंतरिक सुरक्षा एवं आपदा प्रबंधन

सिविल सेवा परीक्षाओं के लिए

अमन कुमार (IPS)

एवं

उदयभान सिंह

प्रभात पेपरबैक्स

www.prabhatbooks.com

प्रकाशक

प्रभात पेपरबैक्स

4/19 आसफ अली रोड, नई दिल्ली-110002

फोन: 23289555 • 23289666 • 23289777 • फैक्स: 23253233

ई-मेल: prabhatbooks@gmail.com

वेब ठिकाना: www.prabhatbooks.com

संस्करण

प्रथम, 2018

अ.मा.पु.स. 978-93-5266-637-9

मुद्रक

रेप्रो नॉलेज कास्ट लिमिटेड, ठाणे

★

BHARAT KI AANTARIK SURAKSHA EVAM AAPDA PRABANDHAN

AMAN KUMAR (IPS)

&

UDYA BHAN SINGH

Published by **PRABHAT PAPERBACKS**

4/19 Asaf Ali Road, New Delhi-110002

ISBN 978-93-5266-637-9

भूमिका

वर्तमान वैश्विक परिदृश्य में किसी भी देश में आंतरिक सुरक्षा एक महत्त्वपूर्ण और गंभीर मुद्दा है। नि:संदेह आज देश के समक्ष आतंकवाद, नक्सलवाद, अलगाववाद सांप्रदायिकता जैसी समस्याएँ नई चुनौतियाँ प्रस्तुत कर रही हैं। इसके अतिरिक्त आज राष्ट्र जम्मू-कश्मीर में प्रायोजित आतंकवाद, पूर्वोत्तर भारत में उग्रवाद, साइबर अपराध, मनीलांड्रिंग व कालाधन जैसे मुद्दों से भी जूझ रहा है। प्रस्तुत पुस्तक 'भारत की आंतरिक सुरक्षा एवं आपदा प्रबंधन' में हमारा उद्देश्य इन ज्वलंत विषयों पर अध्ययन सामग्री प्रदान कर देश के भावी प्रशासनिक अधिकारियों को उनसे अवगत कराना है।

मनुष्य सृष्टि के प्रारंभ से ही प्राकृतिक आपदाओं से जूझता रहा है। इनमें भूकंप, तूफान, सूखा, बाढ़, अकाल, ओलावृष्टि इत्यादि प्राकृतिक आपदाएँ तथा अग्निकांड, परिवहन दुर्घटनाएँ, आतंकी हमले, नाभिकीय संयंत्रों का रिसाव आदि मानव निर्मित संकट अथवा आपदाएँ उल्लेखनीय हैं। अत: पुस्तक में आपदा प्रबंधन पर एक विस्तृत एवं ज्ञानवर्धक अध्याय भी प्रस्तुत किया गया है। इसमें आपदा के विभिन्न पक्षों पर विश्लेषणपरक सामग्री प्रस्तुत की गई है।

प्रस्तुत पुस्तक की रचना सिविल सेवा मुख्य परीक्षा को दृष्टिगत रखते हुए लिखी गई है। जब से 'आंतरिक सुरक्षा' विषय को सिविल सेवा परीक्षा में सम्मिलित किया गया है, तब से इस विषय से संबद्ध पुस्तकों की माँग बढ़ती जा रही है। यद्यपि बाजार में कई पुस्तकें उपलब्ध हैं, किंतु स्तरीय पुस्तकों का अभाव है। इसी क्रम में सिविल सेवा अभ्यर्थियों की आवश्यकता को ध्यान में रखते हुए इस पुस्तक में नवीनतम पाठ्यक्रम के अनुसार अध्ययन सामग्री प्रस्तुत की गई है।

पुस्तक की रचना में सहयोग के लिए अपने सहयोगियों, मित्रों एवं परिवारजनों का आभार प्रकट करता हूँ। इसके अतिरिक्त उन समस्त पत्र-पत्रिकाओं एवं पुस्तकों का भी आभारी हूँ जिनसे कई नवीन तथ्यों व विषयों की सामग्री प्राप्त हुई।

पाठकों से आग्रह है कि यदि उन्हें पुस्तक में त्रुटियाँ नजर आएँ है तो कृपया हमें अवगत कराएँगे, ताकि आगामी संस्करण में उन्हें सुधारा जा सके।

अमन कुमार (आई.पी.एस.)

e-mail: prabhatbooks@gmail.com

मुझे कुछ कहना है

परम् पूज्य एवं महा-मण्डलेश्वर श्री भवानी नंदन यति जी महाराज के आशीर्वाद से प्रस्तुत पुस्तक 'भारत की आंतरिक सुरक्षा एवं आपदा प्रबंधन' को प्रस्तुत करते हुए जहां एक ओर अपार हर्ष एवं सुखद अनुभूति हो रही है तो दूसरी ओर मन में भय और संशय भी उत्पन्न हो रहा है कि अभ्यर्थियों की समग्र आवश्यकताओं, उनकी मांग तथा लेखक से उनकी अपेक्षा की पूर्ति पुस्तक में हो पाई है अथवा नहीं, परंतु इतना विश्वास है कि जिस तरह लेखक द्वारा पूर्व में लिखी गई पुस्तकों तथा संपादित पत्रिकाओं को विश्वविद्यालयों के छात्रों तथा प्रतियोगी अभ्यर्थियों द्वारा हाथों-हाथ लिया गया तथा उक्त पुस्तक-पुस्तिकाएं छात्र-छात्राओं तथा अभ्यर्थियों की मांग को पूरा करने में सफल तथा उपयोगी सिद्ध हो रही हैं, उससे लेखक को पूर्ण विश्वास है कि प्रस्तुत पुस्तक- 'भारत की आंतरिक सुरक्षा एवं आपदा प्रबंधन' भी छात्र-छात्राओं की मांग तथा लेखक से उनकी अपेक्षा पूरा करने में सफल सिद्ध होगी।

प्रस्तुत पुस्तक सिविल सेवा मुख्य परीक्षा को ही ध्यान में रख करके ही लिखी गई है परंतु यह पुस्तक अन्य प्रतियोगी परीक्षाओं के लिए भी उपयोगी है और छात्र-छात्राओं में विभिन्न विषयों के प्रति दृष्टिकोण उत्पन्न करने में मददगार सिद्ध होगी। जब से संघ लोक सेवा आयोग द्वारा सिविल सेवा परीक्षा में आंतरिक सुरक्षा का विषय सम्मिलित किया गया, तभी से विभिन्न शिक्षण संस्थाओं में आंतरिक सुरक्षा से संबंधित विषयों का अध्यापन करने के दौरान छात्र-छात्राओं का एक प्रश्न प्रमुख रूप से मेरे सामने आता रहता है कि सर! मैं आंतरिक सुरक्षा के लिए कौन-सी पुस्तक पढ़ूं?

मुझे उनके इस प्रश्न का उत्तर देने में कठिनाई होती थी क्योंकि बाजार में कोई भी स्तरीय, सरल एवं बोधगम्य शैली में लिखी एवं संपूर्ण पाठ्यक्रम को समाहित करने वाली और विभिन्न विषयों का विश्लेषणात्मक अध्ययन प्रस्तुत करने वाली पुस्तक का अभाव है। इसी को देखते हुए मेरे मन में यह भाव उत्पन्न हुआ कि मैं सिविल सेवा मुख्य परीक्षा को ध्यान में रखते हुए आंतरिक सुरक्षा और आपदा प्रबंधन पर एक पुस्तक की रचना करूं। इस भाव को मूर्तरूप देते हुए इस पुस्तक को प्रस्तुत कर रहा हूं।

प्रस्तुत पुस्तक में आंतरिक सुरक्षा एवं आपदा प्रबंधन को 27 अध्यायों में विभाजित किया गया है। जिसमें परंपरागत और समसामायिक दोनों विषयों पर प्रकाश डाला गया है। प्रस्तुत पुस्तक में संगठित अपराध, आतंकवाद, नक्सलवाद, पूर्वोत्तर भारत में उग्रवाद, कश्मीर की समस्या, सांप्रदायिकता, साइबर सुरक्षा, कालाधन और मनी लांड्रिंग आदि जैसे विषयों पर व्यापक एवं सारगर्भित अध्ययन सामग्री प्रस्तुत की गई है, जिसका उद्देश्य देश के भावी प्रशासनिक अधिकारियों और उम्मीदवारों को देश के सम्मुख विद्यमान चुनौतियों के बारे में समग्र जानकारी उपलब्ध कराना और इस संदर्भ में सम्यक दिशाबोध उत्पन्न करना है जिससे कि प्रशासन में जाने के बाद वे हंसते हुए चुनौतियों का मुकाबला कर सकें और विजय प्राप्त कर सकें।

यदि पुस्तक की रचना ईमानदारी से की जाए तो यह विशेष प्रकार की बौद्धिक श्रम एवं लगन की अपेक्षा रखती है। पाठ्य पुस्तक लेखन भारत में एक सम्मानित रचना धर्म नहीं बन पाया है। इस कारण यह श्रमसाध्य कार्य और भी दुष्कर बन जाता है। प्रस्तुत पुस्तक को संजोने एवं उपयोगी बनाने के लिए जिन विद्वानों की कृतियों, प्राध्यापकों, प्रबुद्ध लोगों, समाचार-पत्रों तथा पत्रिकाओं की सहायता ली गई है, उनका नाम लिए बिना उनके प्रति कृतज्ञता ज्ञापन करना मैं अपना लेखकीय दायित्व मानता हूं तथा मैं उनका सदैव आभारी रहूंगा।

श्री शंकर घोष के प्रति मैं अपना आभार व्यक्त करना नैतिक कर्तव्य मानता हूं। यद्यपि वे मेरे लिए इतने नजदीकी तथा सम्मानीय हैं कि उनके प्रति यदि मैं अपना आभार व्यक्त नहीं करता हूं तो कृतघ्नता का परिचायक होगा जिस प्रकार कोई व्यक्ति पितृऋण तथा मातृऋण से कभी मुक्त नहीं हो सकता है, वही स्थिति मेरी उनके प्रति है। उनके द्वारा दिए गए सुझाव मेरी लेखनी के प्रेरणा स्रोत एवं आत्मबल है।

इलाहाबाद विश्वविद्यालय के अर्थशास्त्र विभाग के डॉ. जगदीश नारायण पुरवार, प्रो. एस. एन. लाल, डॉ. मनमोहन कृष्णा, प्रो. गिरीश त्रिपाठी, पूर्व वाइस चांसलर बीएचयू, डॉ ए. के. जैन, डॉ. प्रहलाद कुमार को सादर नमन करता हूं जिनका आशीर्वाद, स्नेह, मार्गदर्शन, प्रेरणा एवं शिक्षा-दीक्षा ने मुझे इस कृति की रचना के योग्य बनाया तथा प्रेरित किया। प्रो. लाल साहेब सिंह (मगध विश्वविद्यालय, गया), प्रो. बीबीएल शर्मा (जोधपुर विश्वविद्यालय), प्रो. रवि श्रीवास्तव (जेएनयू) के प्रति भी कृतज्ञ हूं जिनका मार्गदर्शन समय-समय पर प्राप्त होता रहता है। इलाहाबाद विश्वविद्यालय के स्व. ए. के. सिंह को भी नमन करता हूं जिन्होंने मुझे एक लेखक के रूप में कार्य करने योग्य बनाया। मैं अमन कुमार (आईपीएस) के प्रति भी आभार व्यक्त करना चाहता हूं जिन्होंने इस पुस्तक लेखन के दौरान मेरे साथ कदम से कदम मिलाकर लेखन कार्य को संपादित कराया।

पूर्व में अपने चयनित छात्रों श्री मयूर पटेल (आईपीएस), श्री मकरंद चौहान (आईपीएस), अखिलेश्वर सिंह (आईपीएस), सौरभ त्रिपाठी (आईपीएस), तथा पीयूष शर्मा (आईपीएस), रिगनेश दास (आईआरएस), आकाश (आईआरएस), राहुल खोटे (आईएएस) और हरिश द्विवेदी (पीसीएस) आदि के प्रति स्वर्णिम कैरियर तथा सफल पारिवारिक जीवन की कामना करता हूं तथा उनके प्रति धन्यवाद ज्ञापन करता हूं जो मुझ सदैव सम्मान देते रहते हैं। मैं अपने उन छात्र-छात्राओं के प्रति आभार व्यक्त करता हूं जो मुझे सदैव सम्मान देते हैं तथा आज संघर्ष कर रहे हैं परंतु कल सफलता के शीर्ष पर होंगे।

प्रभात प्रकाशन और उनके सभी लोगों के प्रति मैं बिना उनका नाम लिए दिल से आभार व्यक्त करना चाहता हूं और कर रहा हूं जिनके अथक प्रयास और समर्पण से प्रस्तुत पुस्तक को मैं आप सभी के सम्मुख प्रस्तुत करने में आज सफल हुआ हूं। मैं अपने मित्र संजय माणिक (शिवालिक ग्राफिक्स) के प्रति भी आभार व्यक्त करता हूं जिनका भी सहयोग अतुलनीय है।

मैं अपने सभी शिक्षक मित्रों का बिना नाम लिये उनके प्रति भी आभार व्यक्त करता हूं जिनका सहयोग और सान्निध्य प्राप्त होता रहता है। इसके साथ-साथ बड़े भाई तुल्य, आयुर्वेद के विशेषज्ञ डॉ. रणधीर सर और होम्योपैथिक के प्रसिद्ध चिकित्सक डी.पी. सिंह के प्रति भी मैं हार्दिक आभार और धन्यवाद ज्ञापन करता हूं जिनका मार्गदर्शन, प्रेरणा और सहयोग मुझे निरंतर प्राप्त होता रहता है। यही नहीं मैं अपने सभी छात्र-छात्राओं के प्रति भी हृदय से आभार व्यक्त करता हूं जिनकी मांग और सुझाव हमें नई कृतियों की रचना करने के लिए प्रेरित करता है।

अंत में अपने परिवार के सभी सदस्यों के प्रति भी धन्यवाद ज्ञापित करता हूं जिनके सहयोग के बिना यह कार्य संभव नहीं है। अपने अनुज श्री विजयभान सिंह, अपनी पुत्री गरिमा सिंह, नेहा, निकिता, शालू और पुत्र राज तथा पत्नी श्रीमती शशिकला के प्रति भी आभार प्रकट करता हूं तथा इतना कहना अपना कर्तव्य समझता हूं कि वह मुझे सदैव कुछ ऐसा करते हुए देखना चाहते हैं जिससे कि मैं नयी ऊंचाई पर पहुंच सकूं। उनकी यही इच्छा मेरी प्रेरणा स्रोत तथा आत्मबल है, जिसे मैं अपनी पूज्यनीय माँ श्रीमती सोनमती सिंह तथा पूज्यनीय गुरूवर के आशीर्वाद से पूरा करने का प्रयास कर रहा हूं।

पाठकों से एक बार पुनः निवेदन है कि इस पुस्तक की अच्छाइयों को स्वयं ग्रहण करेंगे तथा दूसरों को ग्रहण करने के लिए प्रेरित करेंगे। पुस्तक के विषय में जब भी पाठक वर्ग कुछ कहना चाहेगा लेखक तथा प्रकाशक को सदैव सुनने का इच्छुक पाएगा। मैं अपने सुधी पाठकों से अनुरोध करता हूं कि इस पुस्तक के विषय

में सुझाव एवं फीडबैक मेरे इ-मेल drubsingh88888@gmail.com और फेसबुक dr_ubsingh@yahoo.com पर भेजें। जिससे कि हम इस पुस्तक को और अधिक उपयोगी एवं गुणवत्तायुक्त बना सकें जो आपकी सफलता में मील का पत्थर का सिद्ध हो सकता है। सभी प्रतियोगी छात्र-छात्राओं को लेखक तथा प्रकाशक की तरफ से हार्दिक शुभकामना है।

डॉ उदयभान सिंह

विषय-सूची

1. राष्ट्रीय सुरक्षा और उसके मौलिक कारक

किसी भी राष्ट्र की सुरक्षा किसी एक कारक पर निर्भर नहीं करती है। यह अनेक कारकों का प्रतिफल होती है, परंतु इसके बावजूद राष्ट्रीय सुरक्षा के कुछ मौलिक आधारभूत तथ्य होते हैं जिनके ऊपर राष्ट्रीय सुरक्षा न केवल निर्भर करती है, बल्कि मजबूत होती है। राष्ट्रीय रक्षा के कुछ आधारभूत तथ्य होते हैं जिनके बिना कोई भी राष्ट्र शक्तिशाली नहीं बन सकता, लेकिन रक्षा की अपेक्षा सुरक्षा का क्षेत्र अधिक व्यापक है। प्रतिरक्षा तो सुरक्षा का एक तत्व या अंग मात्र है। आधुनिक युग में शत्रु केवल सशस्त्र आक्रमण ही नहीं करता, बल्कि आर्थिक, राजनैतिक तथा मनोवैज्ञानिक आक्रमण भी कर सकता है। ऐसी स्थिति में केवल सशस्त्र सेनाओं पर ही विशेष बल देना और अन्य क्षेत्रों की उपेक्षा करना राष्ट्रीय सुरक्षा के लिए खतरनाक साबित होगा। अतः आज के युग में शक्तिशाली सेनाओं को रखने के साथ ही सुरक्षा संबंधी अन्य तथ्यों पर भी गौर कर लेना आवश्यक है, क्योंकि इसके बिना किसी राष्ट्र का अस्तित्व सुरक्षित नहीं रह सकता। इतना ही नहीं, उसकी प्रादेशिक अखण्डता भी बच नहीं सकती। इस प्रकार यह स्पष्ट होता है कि अपनी प्रतिरक्षा व्यवस्था स्थापित करते समय सभी राष्ट्रों को कई महत्वपूर्ण तथ्यों को ध्यान में रखना आवश्यक है।

राष्ट्रीय सुरक्षा के मौलिक कारक या मूलभूत तथ्य

भौगोलिक तथ्य	आर्थिक तथ्य	मानव तथ्य	कार्यात्मक प्रणाली	सामाजिक तथ्य	संभावित खतरे	विदेश नीति
❒ देश की स्थिति	❒ प्राकृतिक संसाधन	❒ जन शक्ति ❒ (संख्यात्मक एवं गुणात्मक अध्ययन)	❒ राष्ट्रीय चरित्र	❒ सामजिक न्याय	❒ आंतरिक खतरे	
❒ आकार या क्षेत्रफल	❒ शक्ति संसाधन		❒ नेतृत्व		❒ बाह्य खतरे	
❒ स्थलाकृति	❒ परिवहन एवं संचार पद्धति		❒ विचारधारा			
❒ सीमा क्षेत्र			❒ मनोबल			
❒ जलवायु			❒ तकनीकी ज्ञान			
			❒ गोपनीय सूचना तंत्र			

भौगोलिक तथ्य

जिन तथ्यों पर सुरक्षा और रक्षा नीतियां आधारित होती हैं उनमें भौगोलिक तथ्य अपेक्षाकृत अधिक स्थिर और अस्थाई रूप वाला होता है। अनेक विचारकों ने इसके आधार पर ही एक देश की विदेश नीति का स्पष्टीकरण करने का प्रयास किया है। भौगोलिक राजनीतिज्ञों के अनुसार किसी देश की भौगोलिक स्थिति ही उसकी शक्ति अथवा निर्बलता का प्रधान कारण होती है। नेपोलियन ने एक बार कहा था कि 'एक देश की विदेश नीति उसके भूगोल द्वारा ही निर्धारित होती है।' पैडलफोर्ड तथा लिंकन के अनुसार, 'भौतिक भूगोल अन्य तथ्यों की तुलना में विश्व राजनीति को अधिक निरंतर रूप से प्रभावित करने वाले तत्व हैं। भौगोलिक तथ्य में- राष्ट्र की स्थिति, क्षेत्रफल, आकार, जलवायु, सीमा और स्थलाकृति का अध्ययन आवश्यक है, तभी राष्ट्र की रक्षा की जा सकती है और युद्ध का संचालन भी आज यातायात तथा सैनिक क्षेत्रों में वैज्ञानिक और द्रुतगामी आविष्कारों के कारण दुनिया बहुत छोटी हो गई है, तथापि भूगोल की उपेक्षा नहीं की जा सकती। उदाहरणार्थ, वियतनाम की भौगोलिक स्थिति से अनभिज्ञ होने के कारण ही अमेरिका विपुल सैन्यबल के प्रयोग के बावजूद विजयी नहीं हो सका। रूस के विस्तृत भू-क्षेत्र तथा कड़कड़ाती सर्दी आदि से नाजी जर्मनी के भयानक और विद्युत गति से किए गए आक्रमण से न केवल उसकी रक्षा की बल्कि नाजी सेनाओं का इतना विनाश किया कि महायुद्ध का पासा ही जर्मनी के विरुद्ध पलट गया। भारत के उत्तर में गगनचुंबी हिमालय पर्वतश्रृंखला यद्यपि आज अभेद्य नहीं रही है, तथापि देश की रक्षा के लिए उसका सैनिक महत्व चिर-परिचित है।

इसी तरह बड़े क्षेत्र वाले राष्ट्र में बड़ी जनसंख्या रह सकती है। विभिन्न प्रकार के खनिजों की संभावनाएं हो सकती हैं तथा आक्रमणकारी सेनाओं को दूर तक पीछे हटते हुए थकाया और फांसा जा सकता है। जलवायु की दृष्टि से ठण्डे प्रदेश के लोग प्रायः गरम प्रदेशों के निवासियों की अपेक्षा अधिक उद्यमी होते हैं। भू-आकृति की दृष्टि से जिन राष्ट्रों की सीमा प्रकृति द्वारा निर्धारित हो, वहां प्रायः सीमा संघर्ष के प्रश्न नहीं उठते और बाह्य शत्रुओं से रक्षा के लिए व्यूह रचना की सुविधा होती है। स्थिति की दृष्टि से देश की अर्थव्यवस्था और नीतियां प्रभावित होती हैं। समुद्रों से घिरे होने के कारण ही जापान और ब्रिटेन सामुद्रिक शक्ति के रूप में विश्व के रंगमंच पर उभर सके। इतना ही नहीं, राष्ट्रों से घिरा होने के कारण बेल्जियम अपनी सुरक्षा के लिए फ्रांस और इंग्लैण्ड का समर्थक रहा है। अपनी भौगोलिक स्थिति के कारण ही भारत बहुत कुछ गुटनिरपेक्षता की नीति पर चलने को प्रेरित हुआ है।

अतः स्पष्ट है कि राष्ट्रीय रक्षा के निर्धारण और निर्माण में भौगोलिक तथ्य की उपेक्षा नहीं की जा सकती, लेकिन आज की परिवर्तित परिस्थितियों में भूगोल राष्ट्रीय रक्षा एवं शक्ति को सीमित रूप से ही निर्धारित करता है।

आर्थिक शक्ति

किसी देश की आर्थिक दशा वह मूलभूत तथ्य है जो उस देश की रक्षा नीति और सैन्य संगठन आदि को मूलरूप से प्रभावित करती है। विन्ट्रिंघम ने लिखा है कि, 'किसी सेना का आकार किसी राजा अथवा सम्राट के मनमाने निर्णय पर कभी भी आधारित नहीं रहा है। इसका निश्चय उस देश की कृषि तथा उत्पादन स्तर की दृष्टि में रखकर ही किया जा सकता है।' इतना ही नहीं, साम्यवादी विचारक एंजेल्स लिखता है कि, 'देश की आर्थिक दशा पर जितनी अधिक सेनाएं आधारित होती हैं, उतनी कोई दूसरी वस्तु नहीं। अस्त्र-शस्त्र, संगठन, सामरिकी तथा स्ट्रैटेजी का स्वरूप सबसे अधिक उत्पादन स्तर तथा उस समय प्राप्त यातायात के साधनों पर निर्भर होता है।' जर्मन समाजशास्त्री लुडविग रेन के अनुसार, 'किसी राष्ट्र की सैन्य पद्धति तथा लड़ाई लड़ने के ढंग उस राष्ट्र की आर्थिक स्थिति पर बहुत कुछ आधारित होते हैं। यदि किसी देश की सरकार अथवा सैनिक नेता इस महत्वपूर्ण तथ्य पर ध्यान नहीं देते हैं तो उस देश को बड़ी हानि उठानी पड़ती है।

किसी भी राष्ट्र की अर्थव्यवस्था की प्रकृति और आर्थिक स्तर को जानने के लिए निम्न तथ्यों पर ध्यान देना आवश्यक होता है-प्राकृतिक संसाधन, शक्ति संसाधन, परिवहन एवं संचार पद्धति तथा औद्योगिक संसाधन। राष्ट्रीय रक्षा के निर्धारक तत्वों में इन तत्वों का विशेष महत्व है। प्राकृतिक साधन तो राष्ट्र की पूंजी होते हैं, लेकिन तभी जबकि राष्ट्र उनका समुचित विदोहन और उपयोग कर सके। इसी तरह शक्ति संसाधन, परिवहन और औद्योगिक संसाधनों का समुन्नत होना अपरिहार्य है। कोई भी राष्ट्र आर्थिक और सैनिक दृष्टि से तब तक सबल नहीं हो सकता जब तक कि ये तीनों उन्नत दशा में न हों।

मानवीय कारक

मानव शक्ति किसी भी राष्ट्र की निर्बलता और सबलता का कारण हो सकती है। श्लीचर का यह अभिमत सही है कि, 'जब तक उत्पादन और युद्ध के लिए मनुष्यों की आवश्यकता होगी, तब तक यदि अन्य तथ्य समान रहें तो जिस राज्य के पास इन दो कार्यों के लिए बड़ी संख्या में लोग होंगे, वह सबसे अधिक सामर्थ्यवान होगा। युद्ध में विजय प्राप्त करने, आर्थिक समृद्धि के लिए, राष्ट्रीय उत्पादन बढ़ाने के लिए, औद्योगिक साधनों को संचालित करने के लिए मानव शक्ति नितांत आवश्यक है। आज के स्वचालित मशीनों और आयुधों के युग में भी जनसंख्या के

महत्व में कोई कमी परिलक्षित नहीं होती। राष्ट्रीय शक्ति की दृष्टि से जनसंख्या के संख्यात्मक और गुणात्मक दोनों ही पहलू महत्वपूर्ण हैं। अधिक जनसंख्या वाला देश अपने प्राकृतिक साधनों का समुचित विदोहन करके और अपनी शक्ति पहचान कर जब जाग उठता है तो विश्व राजनीति में उसकी आवाज की उपेक्षा नहीं की जा सकती। इतिहास में ऐसे अनेक उदाहरण मौजूद हैं कि आक्रमणकारी राष्ट्र अच्छे नेतृत्व, अच्छे अस्त्र-शस्त्र और कुशल सैनिकों के होते हुए भी अधिक जनसंख्या वाले देश पर विजय प्राप्त करने में सफल नहीं हो सके। कोरिया युद्ध में चीन ने भारी संख्या में सैनिक भेजकर अमेरिका के मनोबल को धराशायी कर दिया था। भारत-चीन युद्ध (1962) में चीन की विजय का एक मुख्य कारण उसकी भारी सैनिक संख्या थी। जनसंख्या की अधिकता की वकालत सामान्यतः इसलिए की जाती है कि कम जनसंख्या वाला देश साधारणतया बड़ी शक्ति नहीं बन सकता, अपवाद की बात अलग है।

अब इसके गुणात्मक पहलू पर ध्यान देना आवश्यक है। जनसंख्या की अधिकता का महत्व तो है ही, लेकिन राष्ट्र का शक्तिशाली होना, वास्तव में जनता की प्रकृति, उसके चरित्र और उसके गुणों पर निर्भर करता है। श्लीचर ने लिखा है कि, 'यद्यपि युद्ध और शांति दोनों ही स्थितियों में जनसंख्या की मात्रा महत्वपूर्ण है, लेकिन गुण इससे भी अधिक अपेक्षित हैं।' जनसंख्या की दृष्टि से शक्तिशाली राष्ट्र तो क्रमशः चीन, भारत, रूस, अमेरिका, जापान, बांग्लादेश, पाकिस्तान, इण्डोनेशिया, जर्मनी, इटली, फ्रांस, ब्राजील आदि आते हैं, पर राष्ट्रीय शक्ति की नजर में यह क्रम अर्थहीन है। भारत, पाकिस्तान, बांग्लादेश और ब्राजील महाशक्तियों की श्रेणी में नहीं आते। अकेले रूस या अमेरिका विश्व के सभी राष्ट्रों से लोहा ले सकते हैं। अतः राष्ट्रीय शक्ति के एक तत्व के रूप में जनसंख्या का अध्ययन करते समय हमें राष्ट्र के निवासियों की आयु, लिंग, जन्मदर की गति, जीवन स्तर, स्वास्थ्य, शिक्षा, उत्पादन क्षमता आदि का भी ध्यान रखना चाहिए। हमें यह देखना चाहिए कि ये गांव और शहरों में लोग किस अनुपात में रहते हैं तथा उनका सामाजिक संगठन कैसा है। द्वितीय महायुद्ध में जर्मनी और जापान का लगभग पूर्ण विनाश ही कर दिया गया था, लेकिन अपनी जनता के चरित्र, मनोबल, कार्यक्षमता, प्राविधिक ज्ञान आदि के बल पर इन्होंने न केवल अपना पुनर्निर्माण ही कर लिया है, बल्कि आज इनकी गिनती विश्व के चोटी के देशों में है। अतः राष्ट्रीय शक्ति के संदर्भ में जनसंख्या का अध्ययन करते समय हमें उस राष्ट्र के निवासियों की संख्या मात्रा के आधार पर परिणाम न निकालकर उसके गुणात्मक पहलू पर भी विचार अपेक्षित है।

राजनीतिक प्रणाली

राष्ट्रीय चरित्र

संस्कृति, नेतृत्व अच्छी सरकार और देश की परिस्थितियां आदि विभिन्न तत्व मनोबल का निर्माण करते हैं। प्राचीन काल से लेकर आधुनिक काल तक सेना को निरुत्साहित कर विजय का आलिंगन किया है। अपने मनोबल के कारण ही अकेले जर्मनी ने अनेक सुविशाल और शक्तिशाली राष्ट्रों को छठी का दूध याद करा दिया। जापानियों के बढ़े हुए मनोबल से खीझा हुआ अमेरिका हिरोशिमा और नागासाकी पर अणुबम गिराने को विवश हुआ। सोवियत सैनिकों द्वारा मास्को की रक्षा हेतु जिस मनोबल का परिचय दिया गया, उसे युद्ध इतिहास कभी भुला नहीं सकता। अत: राष्ट्र की रक्षा में राष्ट्रीय मनोबल का स्थान महत्वपूर्ण होता है।

नेतृत्व

राष्ट्रीय शक्ति का एक बहुत ही महत्वपूर्ण तत्व है, नेतृत्व। प्राय: नेतृत्व की महानता और निपुणता पर ही अंतर्राष्ट्रीय जगत में किसी देश का सम्मान और प्रभाव निर्भर करता है। आधुनिक काल की सेनाओं में नेतृत्व को महत्वपूर्ण स्थान प्राप्त है। वस्तुत: आज सेना की सफलता एवं असफलता का आकलन नेतृत्व की कुशलता एवं अकुशलता के आधार पर ही किया जा सकता है। अच्छे सेनापति के संचालन में अच्छे सैनिकों का निर्माण स्वाभाविक हो जाता है, परंतु बुरे नेता के नेतृत्व में अकुशल सैनिक तैयार होते हैं। एक अयोग्य नेता न केवल अपने लिए, अपितु समस्त सैनिकों के लिए घातक प्रामाणित होता है—यहां तक कि इसमें राष्ट्रीय रक्षा भी खतरे में पड़ सकती है। युद्ध में एक देश की स्थिति बड़ी ही डांवांडोल होती है। ऐसी परिस्थिति में यदि एक उत्तरदायित्वपूर्ण पदाधिकारी किसी महत्वपूर्ण स्थान पर असफल सिद्ध होता है तो इससे युद्ध का नक्शा ही बदल सकता है। अच्छा नेतृत्व ही सैनिकों के हृदय में अपने नेताओं के प्रति विश्वास और आस्था उत्पन्न करता है। संभवत: इसीलिए जनरल मैकवेल डी. टेलर के अनुसार, 'नेतृत्व मानवीय ज्ञान की प्रतिभा, व्यवसाय और आचरण की कुशलता है।' भारत को सौभाग्यवश सदैव ही सुयोग्य और कुशल नेतृत्व मिला, जबकि पाकिस्तान को नहीं। संक्षेप में, 'Leadership is the art of dealing with human nature' अर्थात् नेतृत्व मानव समूह को प्रभावित करने की कला है। किसी भी सेना का सेनापति या राष्ट्र का शासनाध्यक्ष उसकी शक्ति का दर्पण होता है, जो राष्ट्र की वीरता का प्रतिनिधित्व करता है।

विचारधारा

पैडलफोर्ड तथा लिंकन के अनुसार विचारधारा आर्थिक, सामाजिक एवं राजनीतिक मूल्यों तथा लक्ष्यों से संबंधित विचारों का निकाय है, जो इन लक्ष्यों को प्राप्त

करने के लिए कार्यों की योजना तैयार करती है। विचारधारा व्यक्तियों और समूहों को एक ऐसे समाज में बांध देती है जो सामान्य उद्देश्य को प्राप्त करने के लिए समान तरीकों में विश्वास करते हैं। अप्रत्यक्ष रूप से इनका प्रभाव राष्ट्रीय शक्ति के प्रभाव विस्तार में कितना योग दे रही हैं और क्या करतब दिखा रही हैं, यह अंतर्राष्ट्रीय राजनीति का प्रत्येक युवा वर्ग जानता है। साम्यवाद की सैद्धांतिक शक्ति को इतिहास के वैज्ञानिक स्पष्टीकरण के आधार पर बढ़ाया जाता है और पूंजीवाद तथा साम्राज्यवाद पर श्रमिक वर्ग की विजय का वादा किया जाता है और पूंजीवाद तथा साम्राज्यवाद विश्व को घेरने और सीमित रखने के लिए प्रयासरत हैं। फासिस्ट और नाजी विचारधाराओं ने इटली और जर्मनी की विस्तारवादी आकांक्षाओं को किस कदर बढ़ाया था। यह सर्वविदित है कि विचारधाराएं वास्तव में ऐसी मनोवैज्ञानिक शक्तियां हैं, जो राष्ट्रों की विदेश नीतियों को प्रभावित करने के साथ ही शक्ति संघर्ष का एक माध्यम भी बनती हैं।

मनोबल

यह राष्ट्रीय शक्ति का कोई स्थाई तत्व नहीं है, तथापि एक ऐसा तत्व है जो संकटकाल में संपूर्ण राष्ट्र को प्रेरणा देता है। उसकी वास्तविक शक्ति को कई गुना बढ़ा देता है। मार्गेन्थो के अनुसार, 'राष्ट्रीय मनोबल एक ऐसा निश्चय है जिसके द्वारा जनता युद्ध अथवा शांति में राष्ट्र की विदेश–नीति का समर्थन करती है। यह एक ऐसा तत्व है जो लोकमत का निर्माण करता है तथा जिसके समर्थन में कोई भी सरकार, चाहे वह लोकतांत्रीय हो या अधिनायकवादी, अपनी नीतियों को मनवा सकती है।' इतिहास साक्षी है कि उच्च मनोबल से रहित न तो किसी सेना ने ही युद्ध में विजय प्राप्त की है और न ही किसी नागरिक ने समाज में गौरवपूर्ण स्थान ही प्राप्त किया है। गत दोनों महायुद्धों में भाग लेने वाली सेनाओं ने अपने अनुभवों के आधार पर इस तथ्य को स्वीकार किया है। इसीलिए तो मनोबल को सामूहिक शक्ति का एक गुप्त शस्त्र माना गया है। नार्मन कोपलैण्ड ने कहा है कि– "Morale is the secret weapon of group personality".

तकनीकी

तकनीकी का मूल्यांकन राष्ट्र की अर्थव्यवस्था, सुरक्षा और शक्ति के अन्य तत्वों के संदर्भ में किया जाता है। इसमें यांत्रिक पद्धतियों के विकास, रणनीति, अंतर्राष्ट्रीय व्यापार, संचार साधनों की प्रगति आदि वे विभिन्न बातें सम्मिलित हैं,जो राष्ट्रीय शक्ति के विकास में सहायक होती हैं। तकनीकी ज्ञान में सैनिक और औद्योगिक दोनों के तकनीकी विकास शामिल किए जाते हैं। सैनिक तकनीक पर राष्ट्रीय सुरक्षा और औद्योगिक तकनीक पर राष्ट्रीय आय एवं देश की औद्योगिक संरचना निर्भर करती

है। इतना ही नहीं, यह राष्ट्र के स्वरूप को बदल देता है तथा राष्ट्र की आर्थिक एवं सामाजिक संरचना को गतिशील बनाकर देश की राजनीतिक स्वतंत्रता को अर्थपूर्ण बनाता है, आदि। आज इसी के बल पर रूस, सं. रा. अमेरिका, जापान, जर्मनी आदि देश विश्व के अग्रणी राष्ट्र बने हुए हैं। वैज्ञानिक संचार साधनों की प्रगति के अनुपात में ही राजनीतिक समुदाय का आकार विकसित होता है। आज तकनीकी ज्ञान ने ही विश्व को विनाश के कगार पर लाकर खड़ा कर दिया है। अब मानव को सोचना है कि आखिर विनाश का मार्ग अपनाए या विकास का? उपर्युक्त सभी तत्व मिलकर राष्ट्रीय शक्ति एवं सुरक्षा सामर्थ्य को मजबूत बनाते हैं।

गोपनीय सूचना तंत्र

किसी भी देश की आंतरिक और बाह्य सुरक्षा में सूचना तंत्र की भूमिका काफी प्रमुख होती है। सूचना तंत्र के प्रभावी होने पर सभी प्रकार की जानकारी सरकार को मिलती रहती है, जिसके आधार पर सरकार उपयुक्त कदम उठाती है। उल्लेखनीय है कि सूचना तंत्र तकनीकी और मानवीय दोनों होना चाहिए। गोपनीय सूचना तंत्र की विफलता से सामाजिक राजनैतिक, सांप्रदायिक जैसी घटनाओं या प्रवृत्तियों की जानकारी नहीं प्राप्त हो पाती है। फलतः छोटी समस्या बड़ी समस्या का रूप लेती है। गोपनीय सूचना तंत्र की विफलता के कारण ही कारगिल की घटना होती है या छत्तीसगढ़ के कांग्रेसी नेताओं पर नक्सली हमला संभव हो पाता है। अतः गोपनीय सुरक्षा तंत्र मजबूत होना चाहिए। इसको पर्याप्त प्रशिक्षण, प्रोत्साहन तथा संरक्षण की आवश्यकता होती है।

सामाजिक तथ्य

राष्ट्र की सुरक्षा व्यवस्था में सामाजिक तथ्यों का भी हाथ होता है। सुरक्षा व्यवस्था स्थापित करते समय इस बात को ध्यान में रखना आवश्यक है कि देश के समाज का स्वरूप एकीकृत है अथवा विघटित स्वरूप है। जिस समाज में विभिन्न जातियां, धर्म, भाषा आदि पाए जाते हैं, उसमें राष्ट्रीय एकता की समस्या प्रमुख होती है। देश की सामाजिक और राजनीतिक प्रणाली तथा इनसे उत्पन्न होने वाले उप-तथ्य जैसे विचारधारा, राष्ट्रीय चरित्र, राष्ट्रीय मनोबल तथा नेतृत्व शामिल हैं।

सामाजिक न्याय

किसी भी देश की राष्ट्रीय सुरक्षा उस देश की सामाजिक- राजनीतिक, प्रशासनिक एवं आर्थिक व्यवस्था पर निर्भर करने के साथ-साथ सामाजिक न्याय पर भी निर्भर करती है। यदि देश के नागरिकों को बुनियादी सुविधाएं नहीं प्राप्त हो रहीं या उनको लोकतांत्रिक अधिकार प्राप्त नहीं हैं, उनको विकास का उपयुक्त अवसर नहीं प्रदान

किया जा रहा है, उनके जीवन स्तर में सुधार के लिए सरकार उपर्युक्त कदम नहीं उठा रही है या विकासात्मक नीतियों में भेदभाव किया जा रहा है या उनके साथ होने वाले जुल्मों के संदर्भ में उचित न्याय नहीं मिल रहा है या कानून और व्यवस्था की स्थिति अच्छी नहीं है, ऐसी स्थिति में देश की सुरक्षा प्रभावित होती है। देश में आंदोलन शुरू हो जाते हैं, शासन-प्रशासन के प्रति लोगों का मोह भंग होने लगता है। कानून-व्यवस्था की समस्या उत्पन्न होने लगती है। लोगों द्वारा क्षेत्रवाद, अलगाववाद, संप्रदायवाद तथा भाषावाद के आधार पर कार्य करने की प्रवृत्ति शुरू हो जाती है। ऐसे में उन नकारात्मक मूल्यों तथा तत्वों को बढ़ावा मिलता है, जिससे देश की एकता और अखण्डता प्रभावित होती है। इसलिए यह आवश्यक है कि सामाजिक न्याय की भावना न केवल उत्पन्न की जाए, बल्कि उसे मजबूत भी बनाया जाए और इसे व्यावहारिक रूप दिया जाए।

राष्ट्रीय सुरक्षा सिद्धांत

सुर्खियों में क्यों?

हाल ही में हुए पठानकोट और नगरोटा आदि हमलों के बाद विशेषज्ञों की राय है कि देश में एक राष्ट्रीय सुरक्षा सिद्धांत की सख्त जरूरत है।

भारत की राष्ट्रीय सुरक्षा से जुड़े मसले

- असंगत जवाबी कार्रवाई: उदाहरण के लिए, पठानकोट में सेना के प्रशिक्षित जवानों की मौजूदगी के बावजूद—जो वहां के स्थानीय परिवेश और परिस्थितियों से भलीभांति परिचित थे—एनएसजी को बुलाया गया; इसी तरह, मुंबई हमले के समय एनएसजी शहर में ही था, लेकिन उसने अपनी कार्रवाई शुरू करने में काफी समय लगा दिया।
- गुप्तचर सूचनाओं की अनदेखी या उस पर कार्रवाई न करने की प्रवृत्ति।
- सुरक्षा एजेंसियों के बीच उपयुक्त समन्वयन न होने के कारण हताहतों की ज्यादा संख्या।
- किसी सुरक्षा एजेंसी की ओर से होने वाली चूक को लेकर जवाबदेही का अभाव।

राष्ट्रीय सुरक्षा सिद्धांत क्या है?

- राष्ट्रीय सुरक्षा सिद्धांत सेना, विदेशी मामलों आदि क्षेत्रों के लिए सरकारी नीति का एक विधिवत परिभाषित सिद्धांत है।
- एनएसडी यानी राष्ट्रीय सुरक्षा सिद्धांत एक ऐसा दस्तावेज है, जो सैनिक और रणनीतिक दोनों स्तरों पर सुरक्षा से जुड़े मामलों पर सरकार का मार्गदर्शन करता है।

- एनएसडी विभिन्न स्थितियों में राजनीति, व्यूह-रचना और विशेष (सैनिक) अभियान के जरिए काम करता है।
- वर्तमान में केवल भारत के रक्षा विभाग के पास बाह्य सुरक्षा के लिए इस तरह का सिद्धांत है।

भारत को सुरक्षा सिद्धांत की जरूरत क्यों?

- त्वरित और उपयुक्त निर्णय-निर्धारण से उपद्रव की स्थिति में संगत सुरक्षात्मक कार्रवाई करने में मदद मिलेगी।
- इसके अंतर्गत जो निर्णय लिए जाएंगे, वे सिद्धांत में उल्लिखित राष्ट्रीय सुरक्षा रणनीति के अनुरूप होंगे।
- केंद्र और संघ, दोनों स्तरों पर विभिन्न सुरक्षा एजेंसियों और प्रतिष्ठानों के बीच उपयुक्त समन्वयन स्थापित हो सकेगा।
- सुरक्षा एजेंसियों के पास सूचना होने के बावजूद होनेवाले आतंकी हमलों को रोका जा सकेगा।
- आतंकी हमलों के मामले में होने वाली चूक के लिए सुरक्षा प्रतिष्ठानों को और अधिक जवाबदेह बनाने में मदद मिलेगी।
- संगत तैयारी और सफल नियोजन से देश में शांति, प्रगति और विकास सुनिश्चित किया जा सकेगा।

संभावित खतरे

अपनी-अपनी सुरक्षा नीति और सुरक्षा योजनाएं निर्धारित करने से पहले सभी देशों की सरकारों के लिए यह आवश्यक है कि वह उन खतरों का सामना करने के लिए योजना निर्धारित करते समय खतरे का स्रोत, खतरे का प्रकार एवं समय आदि का भी अध्ययन किया जाए। किसी भी राष्ट्र को हो सकने वाले खतरों को दो भागों में बांट सकते हैं- बाह्य खतरे और आंतरिक खतरे। आंतरिक खतरे में देश में ही व्याप्त क्षेत्रवाद, भाषावाद, जातिवाद, श्रमिकों के विद्रोह, जन-जातियों की समस्या एवं विद्रोह, निर्धनता आदि से भारतीय सुरक्षा को क्या-क्या खतरा है? आज आंतरिक खतरों ने ही काश्मीर समस्या, पंजाब समस्या, असम समस्या एवं नागा-मिजो विद्रोहियों की समस्याओं को जन्म देकर भारतीय सुरक्षा को जटिल बना दिया है। इस प्रकार प्रत्येक राष्ट्र के लिए यह आवश्यक है कि संभावित खतरों का सही-सही मूल्यांकन करे, जिससे कि जहां एक ओर वह समय रहते अपने बचाव के लिए उपयुक्त तैयारियां कर सके और दूसरी ओर दुर्लभ संसाधनों का अपव्यय भी न होने पाए।

विदेश नीति

राष्ट्र की सुरक्षा बहुत हद तक विदेश नीति पर निर्भर करती है, क्योंकि यदि किसी राष्ट्र की विदेश नीति दुर्बल, त्रुटिपूर्ण है तो उसकी सैनिक शक्ति को सफलता नहीं मिल सकती। अतः किसी देश की रक्षा नीति और सैनिक कार्यवाहियों की सफलता के लिए यह आवश्यक है कि उसकी पर-राष्ट्र नीति सही हो और वह वास्तविकताओं पर आधारित और अंतर्राष्ट्रीय स्थितियों को समझकर बनाई गई हो। आज किसी भी सरकार के लिए मात्र यही पर्याप्त नहीं है कि वह अपनी विदेश नीतियों के समर्थन में राष्ट्रीय जनमत का सहयोग प्राप्त कर ले, बल्कि विदेश नीतियों के समर्थन में अन्य देशों के जनमत का सहयोग प्राप्त करना भी आवश्यक है। आज विदेश-नीति परंपरागत कूटनीति और सैनिक शक्ति रूपी अस्त्रों द्वारा ही संचालित नहीं की जाती, बल्कि उसका संचालन 'प्रचार' नामक एक नए और विलक्षण अस्त्र द्वारा होता है। अंतर्राष्ट्रीय क्षेत्र में आज शक्ति संघर्ष केवल सैनिक श्रेष्ठता और राजनीतिक प्रभुत्व तक ही सीमित नहीं है, बल्कि एक विशेष अर्थ में मानव मस्तिष्कों पर विजय का प्रश्न बन गया है। इसलिए राष्ट्र की शक्ति केवल उसके कूटनीतिक कौशल और उसकी सैनिक क्षमता पर ही अवलम्बित नहीं है, वरन् इस बात पर भी निर्भर करती है कि वह राष्ट्र दूसरे देशों को अपने राजनीतिक दर्शन, अपनी राजनीतिक संस्थाओं और राजनीतिक नीतियों के पक्ष में कहां तक आकर्षित कर पाता है। आज अमेरिका और रूस जैसी महाशक्ति न केवल अति महान राजनीतिक और सैनिक शक्ति के रूप में होड़ कर रही हैं, बल्कि विभिन्न राजनीतिक दर्शनों, शासन व्यवस्थाओं और जीवन-पद्धतियों के सर्वश्रेष्ठ प्रतिनिधियों के रूपों में भी परस्पर प्रतिद्वंद्विता कर रही हैं। भारत गुटनिरपेक्षता की नीति को कितनी सफलतापूर्वक अपनाता है, यह बात गुटनिरेपक्ष विश्व का नेतृत्व कर सकने की उसकी क्षमता से निर्णायक सिद्ध होगी।

❑❑❑

अभ्यास हेतु प्रश्न

1. राष्ट्रीय सुरक्षा से क्या आशय है? राष्ट्रीय सुरक्षा को प्रभावित करने वाले कारकों पर प्रकाश डालिए?
2. राजनैतिक प्रणाली राष्ट्रीय सुरक्षा को किस प्रकार प्रभावित करती है? स्पष्ट कीजिए।
3. 'किसी भी देश की राष्ट्रीय सुरक्षा केवल सैन्य कारकों पर ही निर्भर नहीं करती है, बल्कि आर्थिक एवं सामाजिक तथ्यों से भी प्रभावित होती है।' स्पष्ट करें?

2. आंतरिक सुरक्षा और उसके विविध पक्ष

किसी भी राष्ट्र की सुरक्षा के दो पक्ष होते हैं-1. बाह्य सुरक्षा और आंतरिक सुरक्षा। ये दोनों ही सुरक्षाएं अनिवार्य हैं। बाह्य सुरक्षा से आशय विदेशी शासकों तथा विदेशी राज्यों एवं उनमें रहनेवाले व्यक्तियों और संगठनों से, सुरक्षा से है। आंतरिक सुरक्षा से आशय देश के अंदर उत्पन्न होने वाले उन कारकों से,सुरक्षा से है। जो किसी न किसी रूप में राष्ट्र की सुरक्षा को प्रभावित करते हैं। वर्तमान परिप्रेक्ष्य में आंतरिक सुरक्षा भारत जैसे देश के लिए बाह्य सुरक्षा से भी अधिक चुनौतीपूर्ण हो गई है। यद्यपि आंतरिक सुरक्षा और बाह्य सुरक्षा का वर्गीकरण कुछ समय पहले तक व्यावहारिक माना जाता था। परंतु अब इसमें अंतर कम होने लगा है। इसका कारण यह है कि आतंकी संगठन प्रत्यक्ष युद्ध के स्थान पर अप्रत्यक्ष रूप में युद्ध करने लगे हैं और विभिन्न प्रकार से विभिन्न देशों में वहां की सुरक्षा को कमजोर बनाने लगे हैं। उल्लेखनीय है कि शीतयुद्ध के दौरान विश्व के विभिन्न देश दो समूहों में बंट गए थे और एक-दूसरे की सुरक्षा के लिए पारस्परिक विनाश का सिद्धांत प्रचलन में था। उस समय से परस्पर शत्रु देशों ने घोषित युद्ध के स्थान पर अघोषित युद्ध की नीति अपनाना शुरू किया था। जिससे देश की आंतरिक सुरक्षा को कमजोर बनाया जा सके और तभी से अप्रत्यक्ष रूप से कमजोर बनाने की नीति अपनाई जाने लगी। यही प्रवृत्ति आज भी विद्यमान है।

उल्लेखनीय है कि आंतरिक सुरक्षा को कमजोर बनाने में केवल बाह्य कारकों की भूमिका ही प्रमुख नहीं है, बल्कि इसमें आंतरिक कारकों की भूमिका भी प्रमुख होती है। आंतरिक कारकों में आर्थिक, राजनीतिक, सामाजिक एवं सांस्कृतिक धार्मिक और भाषाई कारक भी प्रमुख हैं।

आंतरिक सुरक्षा और उसके विविध पक्ष

सदैव से ही भारत अहिंसा और शांति का मूलमंत्र लेकर विश्व में बंधुत्व, भाईचारा व सौहार्द्र की स्थापना और मानवता को बढ़ावा देने के लिए प्रयत्नशील रहा है। परंतु दुर्भाग्य से भारत में आंतरिक सुरक्षा को लेकर चुनौती उत्पन्न होनी शुरू हो गई हैं और यह चुनौतियां पिछले कई दशकों से चल रही हैं और निरंतर इनका दायरा बढ़ता ही जा रहा है।

आंतरिक सुरक्षा से आशय किसी भी देश को अपने सीमाओं के अंदर अपनी संपूर्ण सुरक्षा सुनिश्चित करने से है। इसके अंतर्गत अपने संप्रभुत्व क्षेत्र में कानून एवं व्यवस्था को बनाए रखना, शांति एवं व्यवस्था की स्थापना करना, एकता एवं अखंडता को सुरक्षित करना, अराजकता पर नियंत्रण स्थापित करना, सामाजिक एकता कायम करना और समग्र विकास सुनिश्चित करने को सम्मिलित किया जाता है।

आंतरिक सुरक्षा के आधार पर बाह्य सुरक्षा सुनिश्चित होती है। अन्य शब्दों में, आंतरिक सुरक्षा बाह्य सुरक्षा के लिए मील का पत्थर सिद्ध होती है। यही कारण है कि वर्तमान में संबंधित देशों द्वारा अपनी आंतरिक सुरक्षा को मजबूत बनाने के लिए बहुआयामी कदम उठाए जाते हैं।

चाणक्य ने अपनी पुस्तक 'अर्थशास्त्र' में किसी भी राज्य की सुरक्षा के लिए चार प्रकार के खतरों एवं उनके जोखिमों का उल्लेख किया है। जो निम्नवत् हैं-

- आंतरिक खतरे
- बाह्य खतरे
- आंतरिक सहायता प्राप्त बाह्य कारक
- बाह्य सहायता प्राप्त आंतरिक कारक

वर्तमान परिप्रेक्ष्य में चाणक्य का वर्गीकरण भारतीय संदर्भ में उपयुक्त प्रतीत हो रहा है और भारत में उक्त सभी प्रकार के खतरे और चुनौतियां विद्यमान हैं। भारत की आंतरिक सुरक्षा केवल घरेलू परिवेश से ही प्रभावित नहीं हो रही है बल्कि बाह्य परिवेश से भी प्रभावित हो रही है। पड़ोसी देशों की गतिविधियां और उनका व्यवहार हमारी आंतरिक सुरक्षा व्यवस्था को प्रत्यक्ष और अप्रत्यक्ष रूप में प्रभावित कर रहे हैं। यही नहीं, सूचना प्रौद्योगिकी दौर में आंतरिक और बाह्य खतरे एक-दूसरे से आपस में जुड़ गए हैं। इसलिए इनको अलग करके देखना भी उपयुक्त नहीं है।

वर्तमान परिप्रेक्ष्य में भारत की आंतरिक सुरक्षा केवल परंपरागत कारकों से ही प्रभावित नहीं हो रही है, बल्कि यह आधुनिक कारकों से भी प्रभावित हो रही है। आंतरिक सुरक्षा शासन-प्रशासन की नीतियों पर भी निर्भर करती है। भारत में आंतरिक सुरक्षा मुख्य रूप से राज्य सरकारों का विषय है और इसके लिए राज्य पुलिस को दायित्व सौंपा गया है, जिसमें केंद्रीय सशस्त्र पुलिस बलों द्वारा सहायता प्रदान की जाती है। राज्य सरकारों के साथ-साथ आंतरिक सुरक्षा का प्रमुख दायित्व भारत सरकार के गृह मंत्रालय का है, जबकि बाह्य सुरक्षा का दायित्व रक्षा मंत्रालय का होता है। परंतु वर्तमान परिप्रेक्ष्य में गृह मंत्रालय और रक्षा मंत्रालय दोनों ही समन्वय बनाकर देश की समग्र सुरक्षा को सुनिश्चित कर रहे हैं।

आंतरिक सुरक्षा के घटक

किसी भी देश की आंतरिक सुरक्षा के घटक निम्नवत् हैं-

- अपने देश की सीमाओं की समग्र सुरक्षा सुनिश्चित करना।
- देश की आंतरिक प्रभुसत्ता को संरक्षण प्रदान करना और उसे बनाए रखना।
- देश में सामाजिक समरसता, भाईचारा, सौहार्द्र, बंधुत्व की भावना, सामाजिक शांति आदि को बनाए रखना।
- देश में कानून एवं व्यवस्था को बनाए रखना और कानून एवं व्यवस्था के प्रति लोगों के मन में सम्मान का भाव उत्पन्न करना।
- विधि के कानून और कानून के समक्ष सबको समानता का अधिकार प्रदान करना और न्याय उपलब्ध कराना।
- देश में मानवीय मूल्यों और नैतिक मूल्यों की स्थापना करना।
- संवैधानिक प्रावधानों को संरक्षण प्रदान करना।
- धार्मिक एवं सांप्रदायिक सद्भाव को बनाए रखना।
- सामाजिक और वैधानिक न्याय लोगों को उपलब्ध करना।
- अभिव्यक्ति के अधिकारों को संरक्षण प्रदान करना।
- लोगों को अपने विकास का अवसर देना।

आंतरिक सुरक्षा को प्रभावित करने वाले कारक

किसी भी देश की आंतरिक सुरक्षा व्यवस्था किसी एक कारक पर निर्भर नहीं करती है, बल्कि यह अनेक कारकों पर निर्भर करती है। इसमें सामाजिक, आर्थिक, राजनीतिक, सांस्कृतिक, धार्मिक और प्रशासनिक कारकों की भूमिका महत्वपूर्ण होती है। इसके साथ ऐतिहासिक और तात्कालिक कारकों के साथ-साथ तकनीकी कारकों की भूमिका भी महत्वपूर्ण हो गई है।

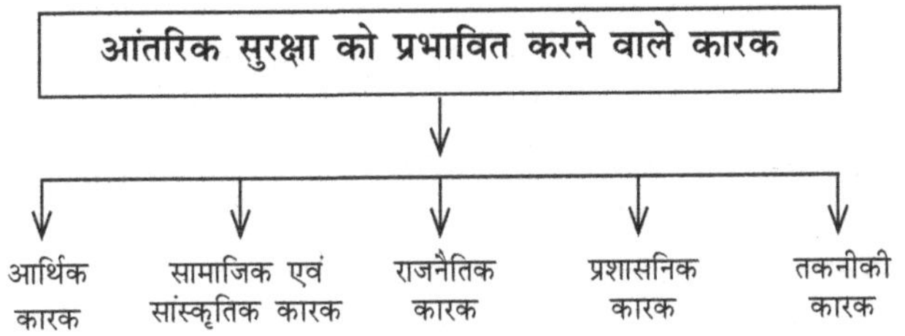

आर्थिक कारक

किसी भी देश की आंतरिक सुरक्षा व्यवस्था में आर्थिक कारकों और स्थितियों की भूमिका केंद्रीय होती है। गरीबी एवं बेरोजगारी की समस्या आंतरिक सुरक्षा के लिए चुनौती उत्पन्न करती है। आर्थिक स्थिति के अनुकूल न होने पर जहां सरकार आर्थिक समस्याओं का समाधान करने में विफल रहती है तो दूसरी तरफ अपने पुलिस बल और सैन्य बलों को मजबूत बनाने, प्रशिक्षित करने और आधुनिक हथियार उपलब्ध कराने में विफल रहती है। ऐसी स्थिति में आंतरिक सुरक्षा व्यवस्था प्रभावित होती है। यही नहीं, जबकि गरीबी एवं बेरोजगारी जैसी समस्याओं का समाधान या अन्य बुनियादी सुविधाएं उपलब्ध करने में अक्षम होती है तो आंतरिक सुरक्षा की चुनौती उत्पन्न होती है, क्योंकि लोग अपनी आवश्यकताओं को पूरा करने के लिए गलत गतिविधियों में संलग्न हो जाते हैं और यहां तक कि कभी-कभी देश विरोधी गतिविधियों से भी अपने आपको जोड़ लेते हैं। इसके साथ-साथ आर्थिक स्थिति के कारण सामाजिक संघर्ष भी उत्पन्न होने लगता है। आंतरिक सुरक्षा को प्रभावित करने वाले आर्थिक कारकों में निम्नलिखित को सम्मिलित किया जाता है-

- गरीबी एवं बेरोजगारी की समस्या।
- खाद्य सुरक्षा की समस्या।
- भूमि सुधारों की अपर्याप्तता।
- सामाजिक एवं भौतिक आधारिक संरचना का विकास न होना।
- औद्योगीकरण का कम होना।
- मानवीय पूंजी का विकसित न होना।

सामाजिक एवं सांस्कृतिक कारक

किसी भी देश की आंतरिक सुरक्षा व्यवस्था में सामाजिक एवं सांस्कृतिक कारकों की भूमिका महत्वपूर्ण होती है। यदि सामाजिक और सांस्कृतिक वातावरण सौहार्द्रपूर्ण

है, समाज में शांति एवं व्यवस्था कायम है, परस्पर सहयोग और मिलजुलकर कार्य करने की भावना लोगों में सन्निहित है तथा समाज के नीति नियंताओं की भूमिका सकारात्मक है तो ऐसी स्थिति में सामाजिक वातावरण और सुरक्षा स्थिति अनुकूल होती है, जिसके फलस्वरूप हमारी आंतरिक सुरक्षा व्यवस्था को चुनौती नहीं मिलती है। आंतरिक सुरक्षा व्यवस्था को मजबूत बनाने में सामाजिक परंपराएं और मान्यताओं की भूमिका भी काफी महत्वपूर्ण होती है। यदि समय के साथ-साथ प्राचीनकाल से ही चली आ रहीं सामाजिक मान्यताओं एवं परंपराओं में निहित विसंगतियों और कुरीतियों को समाप्त करने में या उसमें बदलाव लाने में वर्तमान व्यवस्था सफल हो जाती है तो इससे समाज में एक नवीन संदेश जाता है और लोग अपने आपको व्यवस्था के साथ जोड़ लेते हैं। इस प्रकार सामाजिक सुरक्षा मजबूत होती है। सामाजिक सुरक्षा मजबूत होने पर आंतरिक सुरक्षा मजबूत होती है।

सामाजिक और सांस्कृतिक गतिविधियों को बिना किसी भेदभाव के या निष्पक्षता के साथ संचालित करने का लोगों को अधिकार होता है और शासन-प्रशासन द्वारा उनमें उनके साथ किसी भी प्रकार का भेदभाव या दोहरा मापदंड नहीं अपनाया जाता है तो ऐसी स्थिति में सामाजिक और सांस्कृतिक संघर्ष नहीं होते हैं। फलतः आंतरिक सुरक्षा के लिए कोई चुनौती उत्पन्न नहीं होती है।

सामाजिक एवं सांस्कृतिक पहलुओं को प्रभावित करने में शिक्षा की भूमिका महत्वपूर्ण होती है। यदि शिक्षा व्यवस्था तार्किक एवं गुणवत्तापूर्ण होने के साथ-साथ सबके लिए सुलभ और वहनीय है तो ऐसी स्थिति में शिक्षा के विकास के कारण लोगों का मानसिक विकास होता है और लोगों की सोच में बदलाव आता है। यह बदलाव लोगों को सामाजिक कुरीतियों एवं व्यवस्थाओं के प्रति जागरूक बनाता है और लोगों में चेतना उत्पन्न करता है। इसके फलस्वरूप लोग आंतरिक सुरक्षा को नकारात्मक रूप से प्रभावित करने वाले तत्वों के प्रति एकजुट होकर संघर्ष करते हैं एवं विजय प्राप्त करते हैं।

राजनैतिक कारक

किसी भी देश की नीति-निर्माण प्रक्रिया राजनैतिक कारकों से संचालित होती है और देश को एक नई दिशा देती है। यदि राजनैतिक कारक या राजनैतिक व्यवस्था सक्षम या प्रभावी होती है, दूरदर्शी होती है, सबको साथ लेकर चलने की उसमें क्षमता होती है, निष्पक्ष होती है, गत्यात्मक एवं प्रगतिशील होती है तो वह ऐसी नीतियों का निर्माण करती है जो तात्कालिक एवं दीर्घकालिक समस्याओं का समाधान करने में सक्षम होती है। ऐसा होने पर देश की समस्याओं का समाधान निकलने लगता है, जिससे हमारी आंतरिक सुरक्षा व्यवस्था मजबूत होने लगती है।

राजनैतिक कारक देश के समग्र वातावरण को न केवल प्रभावित करते है, बल्कि समय के अनुसार उसमें परिवर्तन भी लाते हैं और विकास को बढ़ावा देते हैं, जिससे सामाजिक एवं आर्थिक समस्याओं के समाधान के साथ-साथ एक स्वस्थ सांस्कृतिक वातावरण का निर्माण होता है, जो आंतरिक सुरक्षा को मजबूत बनाने में सहायक होता है।

राजनैतिक कारक या राजनैतिक व्यवस्था देश की सुरक्षा संबंधी नीतियों को भी प्रभावित करती है, क्योंकि इनके द्वारा ही विदेशी शक्तियों से रक्षा संबंधों का निर्धारण किया जाता है और समय के अनुसार सैन्यबलों एवं पुलिस प्रशासन का आधुनिकीकरण करने की नीति अपनाई जाती है एवं साथ ही उनको संसाधन भी उपलब्ध कराए जाते है। इसलिए यह कहने या लिखने में संकोच नहीं है कि किसी भी देश की आंतरिक सुरक्षा को सुनिश्चित करने में राजनीतिक वर्ग की भूमिका केंद्रीय होती है।

प्रशासनिक कारक

शासन द्वारा नीतियों का निर्माण किया जाता है और प्रशासन द्वारा उसका क्रियान्वयन किया जाता है। यही नहीं, प्रशासन के सुझाव पर शासन द्वारा नीतियों का निर्माण भी किया जाता है। इसलिए प्रशासनिक गतिविधियां और प्रशासनिक कारक आंतरिक सुरक्षा को मजबूत बनाने में महत्वपूर्ण भूमिका निभाते हैं। सुशासन का अभाव, शासन-प्रशासन का निष्पक्ष न होना, दूरस्थ क्षेत्रों में प्रशासनिक व्यवस्था का शिथिल होना, सरकारी योजनाओं में भ्रष्टाचार, प्रशासनिक वर्ग का संवेदनशील न होना, लोगों के हिटलरशाही तरीके से पेश आना और कानून को सही तरीके से लागू न करना आदि कारणों या प्रवृत्तियों के विद्यमान होने पर आंतरिक सुरक्षा प्रभावित होती है। यदि प्रशासनिक गतिविधियां राजनीतिक हस्तक्षेप का शिकार होती हैं या राजनीतिक लक्ष्यों से प्रभावित होती हैं तो ऐसी स्थिति में प्रशासन निष्पक्ष नहीं रह पाता और प्रशासन की इस प्रवृत्ति के कारण आंतरिक सुरक्षा को चुनौती मिलने लगती है। अनेक ऐसे उदाहरण देखने को मिलेंगे, जहां प्रशासन की अक्षमता या उदासीनता के कारण, या उनकी निष्क्रियताओं के कारण समस्याएं उत्पन्न हुई हैं। इसलिए यह आवश्यक है कि सुशासन की स्थापना की जाए और प्रशासनिक क्षेत्र में आवश्यक सुधारों को बढ़ावा दिया जाए तथा उनको सक्षम बनाया जाए। यही नहीं, प्रशासन को राजनीतिक या बाहरी हस्तक्षेप से मुक्त रखा जाए। इसके साथ-साथ प्रशासन का कर्तव्य बनता है कि वह दबाव मुक्त होकर एवं निष्पक्षता के साथ अपने दायित्वों का निर्वाह करे और लोगों की समस्याओं के प्रति संवेदनशील दृष्टिकोण अपने अंदर विकसित करे।

तकनीकी कारक

वर्तमान परिप्रेक्ष्य में तकनीकी कारकों की भूमिका शासन-प्रशासन के सभी क्षेत्रों में व्यापक होती जा रही है। आंतरिक सुरक्षा के संदर्भ में भी तकनीकी कारण काफी महत्वपूर्ण हैं। चाहे सैन्य एवं पुलिस बलों को आधुनिक हथियार उपलब्ध कराने या उनको प्रशिक्षण देना हो या विकासात्मक गतिविधियों को बढ़ावा देना हो या चिकित्सा एवं शिक्षा का क्षेत्र हो या बैंकिंग का क्षेत्र हो, सभी में तकनीकी भूमिका काफी महत्वपूर्ण हो गई है। उल्लेखनीय है कि वर्तमान में साइबर सुरक्षा हमारे नीति निर्माताओं के सम्मुख एक नए विषय के रूप में उभरकर सामने आया है और चुनौती उत्पन्न कर रहा है। इसलिए यह आवश्यक हो गया है कि हम तकनीकी विकास को न केवल सुनिश्चित करें, बल्कि उसे प्रभावी बनाए और उसमें ऐसे तत्वों को समाहित करें, जिससे कि हमारी समग्र सुरक्षा सुनिश्चित हो सके।

अन्य कारक

आंतरिक सुरक्षा को प्रभावित करने वाले कारकों में उपरोक्त वर्णित कारकों के अतिरिक्त अन्य कारकों की भूमिका भी प्रमुख होती है। अन्य कारकों में देश की खुफिया व्यवस्था, केंद्र-राज्य संबंध, सीमा प्रबंधन और पुलिस तथा केंद्रीय सशस्त्र पुलिस बल प्रमुख हैं। आंतरिक सुरक्षा को सुनिश्चित करने में अन्य कारकों की निम्नवत् भूमिका है-

- किसी भी देश में खुफिया व्यवस्था उसकी सुरक्षा का महत्वपूर्ण अंग है, जो आंतरिक एवं बाह्य सुरक्षा दोनों को ही मजबूत एवं प्रभावी बनाती है। खुफिया व्यवस्था के प्रभावी होने पर शासन-प्रशासन को सभी प्रकार की सूचनाएं समय पर प्राप्त हो जाती हैं और उसका मूल्यांकन करके उसके आधार पर उपयुक्त कदम उठाया जाता है, जिससे या तो खतरे को कम किया जाता है या समाप्त कर दिया जाता है। यही नहीं, खुफिया सूचनाओं के आधार पर सरकार अग्रगामी कदम भी उठाती है, जिससे वह अपनी रक्षा करने में सफल होती है। इसलिए यह आवश्यक है कि देश का खुफिया तंत्र और उसका ढांचा प्रभावी और सक्षम हो।
- भारत जैसे संघात्मक शासन व्यवस्था वाले देश में केंद्र-राज्यों के बीच बेहतर संबंध और समन्वय का अभाव आंतरिक सुरक्षा की समस्या को और भी गंभीर बना देता है। इसलिए यह आवश्यक है कि केंद्र और राज्य परस्पर विश्वास करें, एक-दूसरे की समस्याओं पर स्वस्थ चिंतन-मनन करें और परस्पर मिलजुलकर कार्य करने की संस्कृति विकसित करें। यही नहीं, इसके लिए हमें अपने संस्थागत ढांचे को भी मजबूत बनाना होगा।
- आंतरिक सुरक्षा को मजबूत बनाने में सीमा प्रबंधन का प्रभावपूर्ण होना और सीमावर्ती क्षेत्रों में कानून एवं व्यवस्था का प्रभावी होना, सामाजिक समस्याओं

का न होना तथा विकास का होना अति आवश्यक है। इसके साथ-साथ सीमावर्ती क्षेत्रों में राष्ट्रवाद की भावना का प्रचार-प्रसार और लोगों में समावेश अति आवश्यक है। यह सब कुछ शासन-प्रशासन का दायित्व है एवं इसके लिए शासन प्रशासन को समय रहते प्रभावी कदम उठाना चाहिए और तभी सीमावर्ती क्षेत्रों में शांति स्थापित हो सकती है।

आंतरिक सुरक्षा की समस्या के लिए उत्तरदायी कारक

भारत में आंतरिक सुरक्षा की समस्या स्वतंत्रता प्राप्ति के पहले से ही चली आ रही है और स्वतंत्रता प्राप्ति के पश्चात् हमें यह विरासत में प्राप्त हुई है। दुर्भाग्य यह रहा कि हम कुछ समस्याओं जैसे गरीबी एवं बेरोजगारी की समस्या का समाधान करने में विफल रहें। जिसके कारण अन्य समस्याएं भी उत्पन्न होती गईं, जिसने हमारी आंतरिक सुरक्षा की समस्या को और अधिक गंभीर बना दिया। इसके साथ-साथ देश के राजनीतिक वर्ग की लोलुपता और दलगत राजनीति ने अपने हितों की पूर्ति के लिए जहां प्रशासन को नकारात्मक रूप से प्रभावित किया, वहीं भाषाई और क्षेत्रीय भावनाओं को भड़काकर नई समस्याओं को जन्म दिया, जिसने आंतरिक सुरक्षा के लिए नई चुनौतियों को उत्पन्न किया। यही नहीं स्वतंत्रता प्राप्ति के समय से ही पड़ोसी देशों के साथ, विशेषत: पाकिस्तान के व्यवहार के कारण हमारी सुरक्षा को चुनौती मिल रही है। भारत में आंतरिक सुरक्षा की समस्या के लिए उत्तरदायी कारक निम्नवत् हैं-

- गरीबी एवं बेरोजगारी
- सामाजिक एवं आर्थिक विषमता
- असमान और असंतुलित विकास
- सुशासन का अभाव
- सांप्रदायिकता और धार्मिक उन्माद
- जातीयता और भाषाई संघर्ष
- राजनीतिक लोलुपता
- भ्रष्टाचार
- राजनीतिज्ञों, अपराधियों और पुलिस प्रशासन के बीच गठजोड़
- देश की खुली सीमाएं
- पड़ोसी देशों के व्यवहार का प्रतिकूल होना
- अंतर्राष्ट्रीय गतिविधियां

आंतरिक सुरक्षा की चुनौतियां और समाधान

देश की आंतरिक सुरक्षा स्थिति ने पिछले कुछ सालों में कोई उल्लेखनीय सुधार नहीं दिखाया है। हाल के दिनों में बढ़ती हुई घटनाओं से बिगड़ते आंतरिक सुरक्षा की स्थिति के कारण भारत की सुरक्षा व्यवस्था के प्रति दृष्टिकोण में महत्वपूर्ण परिवर्तन जरूरी है।

- आंतरिक सुरक्षा की चुनौतियों से निपटने के लिए भारत सरकार ने 'समाधान' (SAMADHAN) नामक एक नया फार्मूला तैयार किया है। जिसमें स्मार्ट नेतृत्व, आक्रामक रणनीति, प्रेरणा और प्रशिक्षण, कार्रवाई के लिए योग्यता आदि को शामिल किया गया है। हालांकि कम ही संभावना है कि इस दृष्टिकोण से समस्या का हल होगा। आंतरिक सुरक्षा की चुनौतियां बहुत जटिल हैं और इसके लिए एक बहुत ही व्यापक रणनीति की आवश्यकता है।
- उल्लेखनीय है कि पिछली सरकारों ने देश की आंतरिक सुरक्षा सिद्धांत को संहिताबद्ध करने की कोशिश नहीं की है। साथ ही माओवादी विद्रोह जोकि भारत की आंतरिक सुरक्षा के लिए सबसे बड़ी चुनौती है, से निपटने के लिए कोई दीर्घकालिक नीति नहीं है। साथ ही एक संस्थागत प्रतिक्रिया का अभाव है।
- भारत में पुलिस सुधार भी काफी समय से लंबित है। पुलिस सुधार हेतु सुप्रीम कोर्ट ने 2006 में ऐतिहासिक निर्देश दिए। लेकिन राज्यों द्वारा उसे अभी तक लागू नहीं किया गया है। राज्यों की उदासीनता की वजह से एक स्मार्ट पुलिसिंग पर भी कार्य नहीं हो रहा है।
- अमेरिका और ब्रिटेन हर साल अपने राष्ट्रीय सुरक्षा सिद्धांतों को संशोधित करते हैं और उन्हें सार्वजनिक क्षेत्र में डालते हैं। भारत ऐसे विचारों का पालन कर सकता है। ब्रिटिश साम्राज्यवादियों के पास पूरे देश के लिए एक पुलिस अधिनियम था, इस प्रकार पुलिस सुधारों को गति देना समय की आवश्यकता है।
- राष्ट्रीय आतंकवाद केंद्र (एनसीटीसी) की स्थापना से इस मुद्दे को हल करने में मदद करेगी। सरकार को अपने उत्तरी सीमाओं को मजबूत करने के लिए समर्पित स्वायत्त निकायों को सेटअप करने की आवश्यकता है।
- राष्ट्रीय सुरक्षा सलाहकार बोर्ड में वरिष्ठ सेवानिवृत्त अधिकारी, नागरिक और सैन्य विशेषज्ञ, शिक्षाविद और नागरिक समाज के प्रतिष्ठित सदस्य शामिल होते हैं। ये आंतरिक और बाहरी सुरक्षा, विदेशी मामलों, रक्षा, विज्ञान और प्रौद्योगिकी और आर्थिक मामलों में विशेषज्ञता प्राप्त होते।
- एनएसएबी कम से कम महीने में एक बार मिलता है यह जरूरत पड़ने पर अधिक बार। इसका मुख्य कार्य राष्ट्रीय सुरक्षा के मुद्दों पर दीर्घकालिक विश्लेषण करना और दृष्टिकोण प्रदान करना है।

आंतरिक सुरक्षा सुनिश्चित करने के संदर्भ में सुझाव

भारत में आंतरिक सुरक्षा की समस्या एक गंभीर समस्या है, जो न केवल तत्कालीन परिप्रेक्ष्य में है, बल्कि यह एक दीर्घकालिक समाधान की भी मांग करती है। आंतरिक सुरक्षा सुनिश्चित करने के संदर्भ में निम्नलिखित सुझाव दिए जा सकते हैं–

- लोगों की बुनियादी आवश्यकताओं की पूर्ति सुनिश्चित की जाए।
- गरीबी एवं बेरोजगारी जैसी सामाजिक-आर्थिक समस्या का समाधान खोजा जाए और लोगों को रोजगार के अवसर उपलब्ध कराए जाएं।
- गुणवत्तापूर्ण एवं तार्किक शिक्षा उपलब्ध कराई जाए, जिससे कि लोगों के दृष्टिकोण में सकारात्मक परिवर्तन आए और वह प्रगतिशीलता को अपना लें।
- समाज में सामाजिक जागरूकता एवं चेतना उत्पन्न की जाए, जिससे लोग सामाजिक कुरीतियों एवं रूढ़िवादिता के विरुद्ध संघर्ष कर सके और मानवीय मूल्यों को अपना सके।

आंतरिक सुरक्षा के लिए मुख्य चुनौतियां

वर्तमान में भारत की आंतरिक सुरक्षा के क्षेत्र में आर्थिक एवं सामाजिक चुनौतियों के साथ राजनीतिक, धार्मिक, प्रशासनिक और बाह्य चुनौतियां विद्यमान है। जो निम्नवत् हैं-

- गरीबी एवं बेरोजगारी।
- खाद्य सुरक्षा एवं कुपोषण।
- बेहतर स्वास्थ्य सुविधाओं की उपलब्धता।
- कानून एवं व्यवस्था के प्रति लोगों के मन में सकारात्मक दृष्टिकोण उत्पन्न करना।
- सांप्रदायिकता और धार्मिक उन्माद।
- आतंकवाद, अलगाववाद और उग्रवाद।
- नक्सलवाद, संगठित अपराध।
- क्षेत्रवाद और अंतर्राज्यीय विवाद।
- जातीय एवं भाषायी संघर्ष।
- सामाजिक कुरीतियां।
- राजनीतिक महत्वाकांक्षाएं।
- साइबर अपराध और साइबर सुरक्षा।
- सीमा प्रबंधन एवं तटीय सुरक्षा।
- बाह्य चुनौतियां।

- सांप्रदायिकता और धार्मिक उन्माद जैसे विषयों पर नियंत्रण स्थापित किया जाए और लोगों को इसके नकारात्मक प्रभाव से अवगत कराया जाए।
- सामाजिक एवं भौतिक आधारिक संरचना के विकास को बढ़ावा दिया जाए, जिससे कि लोगों को अपने विकास का अवसर मिल सके।
- शासन-प्रशासन की नीतियों को निष्पक्ष एवं भेदभावरहित बनाया जाए और उसका क्रियान्वयन ईमानदारी और प्रभावपूर्ण तरीके से किया जाए।
- शासन द्वारा चलाई जा रही योजनाओं या कार्यक्रमों में भ्रष्टाचार को समाप्त किया जाए और लक्षित वर्गों या लोगों और क्षेत्रों तक उसका लाभ पहुंचाया जाए।

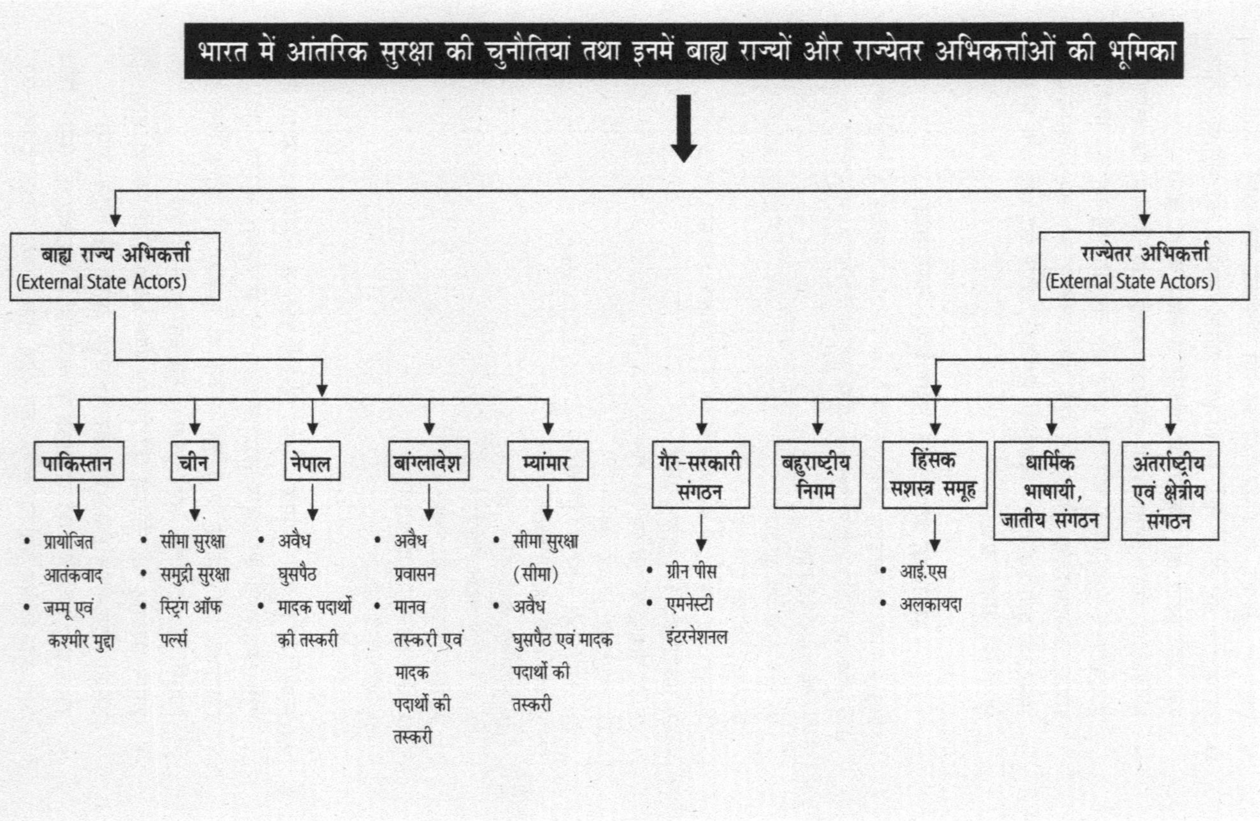
भारत में आंतरिक सुरक्षा की चुनौतियां तथा इनमें बाह्य राज्यों और राज्येतर अभिकर्त्ताओं की भूमिका
बाह्य राज्य अभिकर्त्ता (External State Actors)
राज्येतर अभिकर्त्ता (External State Actors)
पाकिस्तान
चीन
नेपाल
बांग्लादेश
म्यांमार
गैर-सरकारी संगठन
बहुराष्ट्रीय निगम
हिंसक सशस्त्र समूह
धार्मिक भाषायी, जातीय संगठन
अंतर्राष्ट्रीय एवं क्षेत्रीय संगठन
• प्रायोजित आतंकवाद
• जम्मू एवं कश्मीर मुद्दा
• सीमा सुरक्षा
• समुद्री सुरक्षा
• स्ट्रिंग ऑफ पर्ल्स
• अवैध घुसपैठ
• मादक पदार्थों की तस्करी
• अवैध प्रवासन
• मानव तस्करी एवं मादक पदार्थों की तस्करी
• सीमा सुरक्षा (सीमा)
• अवैध घुसपैठ एवं मादक पदार्थों की तस्करी
• ग्रीन पीस
• एमनेस्टी इंटरनेशनल
• आई.एस
• अलकायदा

- सरकार द्वारा विकासात्मक गतिविधियों के साथ-साथ सुरक्षात्मक पहलुओं को भी मजबूत बनाया जाए और सैन्य बलों का आधुनिकीकरण करने के साथ-साथ उनको उपयुक्त प्रशिक्षण समय-समय पर उपलब्ध कराया जाए।
- देश की खुफिया व्यवस्था को प्रभावी बनाया जाए तथा देश में एक प्रभावपूर्ण खुफिया ढांचे की स्थापना की जाए।
- देश में विद्यमान अराजक तत्वों, उन्मादी तत्वों और देश विरोधी गतिविधियों को संचालित करने वालों के विरुद्ध कठोर कार्यवाही की जाए।
- सामाजिक एवं आर्थिक विषमता को पूर्णतया समाप्त किया जाए, सामाजिक न्याय और समानता की स्थापना सुनिश्चित की जाए।
- क्षेत्रीय विषमता को यथासंभव समाप्त किया जाए और क्षेत्रीय विवादास्पद मुद्दों का यथाशीघ्र हल खोजने पर बल दिया जाए।
- भ्रष्टाचार पर अंकुंश लगाया जाए। मानवीय और नैतिक मूल्यों को बढ़ावा दिया जाए।
- राष्ट्रप्रेम और राष्ट्रवाद की भावना को जागृत किया जाए।
- अराजक तत्वों के विरुद्ध कठोरतापूर्ण कार्यवाही की जाए।

भारत का नया संयुक्त सामरिक सिद्धांत

थल सेना, नौसेना और वायुसेना के बीच तालमेल की आवश्यकता को समझते हुए सशस्त्र बलों के लिए नया संयुक्त सामरिक सिद्धांत, 25 अप्रैल 2017 को प्रस्तुत किया गया है। इस सिद्धांत को ज्वाइंट डॉक्ट्रिन इंडियन आर्म्ड फोर्सेस 2017 (Joint Doctrine Indian Armed Froces 2017) नाम दिया गया है। माना जा रहा है कि इससे सेना की क्षमता बढ़ेगी, संसाधनों का अधिकतम इस्तेमाल होगा और धन की बचत हो सकेगी। ध्यात्व्य है कि पहली बार संयुक्ता का सिद्धांत 2006 में जारी किया गया था। एशिया में बढ़ते सामरिक तनाव और चीन द्वारा युद्ध के लिए कमर कसने की रिपोर्टों के बीच भारत ने अपनी तीनों सेनाओं एवं साइबर विशेषज्ञों के समन्वित इस्तेमाल से दुश्मन की किसी भी चुनौती से निपटने वाले नए संयुक्त सामरिक सिद्धांत को जारी किया। इसमें देश के सामने मौजूद अंतर्राष्ट्रीय खतरों, जम्मू कश्मीर और देश के विभिन्न हिस्सों में माओवाद जैसे 'छद्म युद्धों' जैसी चुनौतियों को सूचीबद्ध किया गया है। इसमें संकेत दिए गए हैं कि आतंकवाद विरोधी अभियानों में 'सर्जिकल स्ट्राइक' प्रमुख विशेषता हो सकती है। तीनों सैन्य प्रमुखों को समिति के अध्यक्ष नौसेना प्रमुख एडमिरल सुनील लांबा ने संशोधित भारतीय सशस्त्र सेनाओं का संयुक्त सामरिक सिद्धांत 2017 को जारी किया।

एडमिरल लांबा के अनुसार सशस्त्र सेनाओं की 'संयुक्तता एवं एकजुटता' आज के समय में जीवन के सबसे आवश्यक अंगों में से एक है। इसलिए इस सिद्धांत को

जारी करने का इससे बढ़िया समय कोई और नहीं हो सकता था। संयुक्त सामरिक सिद्धांत देश की सैन्य ताकत, दक्षता को बढ़ाने, संसाधनों का अधिकतम उपयोग एवं वित्तीय बचत को सुनिश्चित करने वाला भारतीय सशस्त्र सेनाओं का एक महत्वपूर्ण दस्तावेज होगा। इससे संघर्ष के सभी डोमेन- भूमि, वायु, समुद्र, अंतरिक्ष एवं साइबर स्पेस में सशस्त्र सेनाओं द्वारा संयुक्त रूप से योजना बनाकर अभियान चलाने को लेकर सैद्धांतिक अवधारणाओं का एक व्यापक फ्रेमवर्क स्थापित होगा। यह तीनों सेनाओं के लिए एक दिशा-निर्देशक दस्तावेज के रूप में बहुत उपयोगी होगा।

'इंटिग्रेटेड डिफेंस स्टॉफ' ने यह सिद्धांत तीनों सेनाओं के सहयोग से तैयार किया है। यह कहा गया है कि सैन्य ताकत के बीच समन्वय के लिए मूलभूत तत्व काम करेगा। मोर्चा चाहे आसमानी हो, जमीनी हो, जल हो या साइबर स्पेस, सभी क्षेत्रों में ऑपरेशंस की योजना और क्रियान्वयन के लिए यह फ्रेमवर्क काम करेगा। इसे जिंदगी के दूसरे पहलुओं की तरह वक्त की मांग बताया गया है। यह सिद्धांत बताता है कि भविष्य में आतंकवादियों की उकसावे की गतिविधियों पर 'सर्जिकल स्ट्राइक' हो सकती है। सिद्धांत के मुताबिक नई दिल्ली हिंद महासगर में बाहरी शक्तियों की उपस्थिति और भूमिका के बारे में चिंतित है। सोशल मीडिया प्लेटफार्मों पर युवाओं की अतिवादियों को राष्ट्रीय सुरक्ष के लिए एक चुनौती के रूप में सूचीबद्ध किया गया है। आज के सेटेलाइट कंट्रोल सिस्टम ने युद्ध का तरीका ही बदल दिया है। भविष्य में युद्धों का चरित्र, अस्पष्ट, संक्षिप्त, तेज, घातक, तीव्र, सटीक, अप्रतिबंधित, अप्रत्याशित और हाइब्रिड होने की संभावना है। ऐसे में भविष्य के युद्धों की सबसे जरूरी आवश्यकता सशसत्र बलों का संयुक्त अभियान ही है। ध्यात्व्य है कि तीनों सेनाओं के बीच तालमेल और सरकार को सेना से जुड़े मसलों पर एकसूत्री सलाह के लिए चीफ ऑफ डिफेन्स स्टाफ की नियुक्ति की मांग होती रही है। खासकर करगिल संघर्ष के बाद इसकी सख्त जरूरत महसूस की गई।

कोल्ड स्टार्ट डॉक्ट्रिन

भारत के नवनियुक्त थलसेनाध्यक्ष जनरल बिपिन रावत ने 6 जनवरी 2017 को एक अंग्रेजी चैनल को दिए साक्षात्कार में भारतीय सेना द्वारा 'कोल्ड स्टार्ट डॉक्ट्रिन' अपनाने की वकालत की। इस क्रम में उन्होंने इसकी मौजूदगी की लगभग पुष्टि कर दी जिससे अब तक इंकार किया जाता रहा है। भारतीय थलसेनाध्यक्ष की इस उद्‌घोषणा से रक्षा जगत के कई विशेषज्ञ सकते में आ गए। उनके अनुसार भारतीय थलसेनाध्यक्ष को इस तरह से इस रणनीति की घोषणा सार्वजनिक तौर पर नहीं करनी चाहिए और संभवतः इस तरह की रणनीति की घोषणा तो सेनाध्यक्ष को बिल्कुल ही नहीं करनी चाहिए। यद्यपि कुछ विशेषज्ञ सेनाध्यक्ष की राय से सहमत हैं, परंतु उनकी इस उ्घोषणा ने भारतीय थलसेना द्वारा कई वर्षों तक ठंडे बस्ते में

डाल दी गई इस कथित रणनीति को पुनः प्रासंगिक जरूर बना दिया है। ऐसे में यह जानना जरूरी हो जाता है कि वास्तव में यह डॉक्ट्रिन आखिर है क्या और इसके क्या उद्देश्य हैं? ऐसी कोई डॉक्ट्रिन मौजूद है भी या नहीं?

भारतीय सशस्त्र बलों ने पाकिस्तान द्वारा भारत में आतंवादी हमलों के जवाब के तौर पर कोल्ड स्टार्ट डॉक्ट्रिन विकसित किया है। इसके तहत आतंकवादी हमलों की दशा में परंपरागत या परमाणु युद्ध छेड़े बिना पाकिस्तान को दंडित करना है। इस डॉक्ट्रिन में खंडाकार बलों की संरचना सृजित की जाती है जो अल्पकालिक सूचना पर जमा होकर त्वरित रूप से पाकिस्तान के कुछ लघु क्षेत्र को कब्जे में लेते हैं, साथ ही दूसरे स्तर पर अन्य चैनल खोलकर पाकिस्तान द्वारा युद्ध छेड़े या परमाणु युद्ध छेड़े जाने की मंशा को अनुचित ठहराते हैं। दरअसल पाकिस्तानी रक्षा बलों को तैयार होने व तैनात होने से पहले उनके सीमावर्ती क्षेत्रों पर भारतीय बल द्वारा आंशिक व त्वरित हमला किया जाता है। इस डॉक्ट्रिन में निम्नलिखित शामिल होते हैं;

1. पाकिस्तान के खिलाफ जवाबी त्वरित परंपरागत हमला करना ताकि किसी तीसरे देश के हस्तक्षेप करने से पहले पाकिस्तानी सेना को जबर्दस्त नुकसान पहुंचे। साथ ही प्रयास करना कि पाकिस्तान परमाणु हमले की स्थिति में नहीं पहुंचे।
2. यह डॉक्ट्रिन भारत की वर्ष 1947 की रक्षा रणनीति-गैर आक्रामक, गैर-उकसावे वाली रक्षा नीति से अलग है। इस नीति में पदाति सेन, जिसमें वायु सेना की भी मदद शामिल हो, सीमित, त्वरित सशस्त्र कार्रवाई पर बल दिया जाता है।
3. मई 2001 में भारतीय सेना द्वारा 50000 सैन्य बल के द्वारा 'ऑपरेशन विजयी भव' शुरू किया गया था जिसमें थल सेना की विभिन्न शाखाओं के बीच संचार व समन्वयन को सुदृढ़ किया गया। इस ऑपरेशन का उद्देश्य लामबंदी (माबिलाइजेशन) समय को घटाकर 48 घंटे करना था, और यह अपने उद्देश्य में सफल रहा। ऑपरेशन विजयी भव कोल्ड स्टार्ट डॉक्ट्रिन का परीक्षण अभियान माना जाता है।
4. इसके पश्चात् 2011 में कोल्ड स्टार्ट डॉक्ट्रिन को पुनवैधता प्रदान करने के लिए ऑपरेशन सुदर्शन शक्ति का आयोजन किया गया। इस आयोजन का मुख्य उद्देश्य जमीनी एवं हवाई बलों के बीच तालमेल एवं एकीकरण का अभ्यास करना था।
5. अब तक भारतीय सेना इस तरह की किसी डॉक्ट्रिन की मौजूदगी में इंकार करती रही है। हालांकि 'सक्रिय रणनीति' के अस्तितव में होने को भी रक्षा अधिकारी इंकार नहीं करते।
6. वर्ष 2008 के मंबई आतंकी हमले के पश्चात् इस रणनीति को त्याग दिया गया। इस त्याग के पीछे मुख्य वजह पाकिस्तान के उस मंसूबे पर पानी फेरना

था जो पाकिस्तान पर हमला करने वाले इस्लामिक आतंकवादियों को भारत रूपी बाह्य खतरे की ओर मोड़ने का था।

वस्तुत: वर्ष 2001 में संसद पर हमले के पश्चात आर्मी के हमलावर क्रॉप्स को समय पर लामबंद करने में असफलता ने कोल्ड स्टार्ट रणनीति पर विचार करने को प्रेरित किया। वैसे वर्ष 2004 में जब पहली बार इस पर चर्चा हुई तबसे इसके अधिकाधिक दर्जे पर विस्तृत बहस जारी है परंतु भारत सरकार ने कभी इस सिद्धांत की मौजूदगी की पुष्टि नहीं की। वर्ष 2010 में तत्कालीन सेनाध्यक्ष जनरल वी. के. सिंह ने भी इस सिद्धांत की मौजूदगी का साफ तौर पर इंकार किया था। हालांकि उन्होंने अस्पष्ट तौर पर यह जरूर कहा था कि पाकिस्तान को जवाब देने के लिए भारत के पास एक 'सक्रिय रणनीति' जरूर है। संभवत: उनका इशारा सीमा के पास स्थित 9वें एवं 12वें क्रॉपर्स से था जिसे 'पिवट क्रॉपर्स' भी कहा जाता है, जो भारत के सुदूर क्षेत्रों से मुख्य महलावर क्रॉपर्स के आने तक सीमित आक्रमण के ऑपरेशन संचालित कर सकता है।

वैसे कोल्ड स्टार्ट डॉक्ट्रिन के अस्तित्व पर भारतीय सुरक्षा विशेषज्ञों का संदेह व भारतीय रक्षा बल के पास इस तरह की हमलावर शक्ति होने के कारण पाकिस्तान हमेशा दुविधा में रहा है जो भारत के लिए अच्छा ही रहा है क्योंकि स्पष्ट नीति नहीं होने पर वह भी कोई जवाबी नीति नहीं बना सका है। साथ ही भारत में इस तरह की चर्चा पाकिस्तान को भारत में आतंकवादी हमले करने हेतु आतंकवादियों को सहायता देने से भी कुछ हद रोके रहा था किंतु वर्ष 2008 के मुंबई आतंकी हमले व उसके पश्चात की स्थिति ने पाकिस्तान संबंधी इस अवधारणा को समाप्त कर दिया। साथ ही कोल्र्ड स्टार्ट के 'खतरे' को आधार बनाकर पाकिस्तान, भारत के वर्चस्व वाल दृष्टिकोण व शत्रुता बनाए रखने की नीति को बार-बार अंतर्राष्ट्रीय मंचों पर उठाता रहा है।

❑❑❑

अभ्यास हेतु प्रश्न

1. आंतरिक सुरक्षा से क्या आशय है? आंतरिक सुरक्षा को प्रभावित करने वाले कारकों को चिह्नित कीजिए।
2. भारत जैसे देश में आर्थिक सुरक्षा के मार्ग में निहित चुनौतियों पर प्रकाश डालते हुए इसके समाधान के लिए सुझाव प्रस्तुत कीजिए।
3. 'आंतरिक सुरक्षा की समस्या केवल एक प्रशासनिक समस्या ही नहीं है, बल्कि एक आर्थिक समस्या भी है।' स्पष्ट कीजिए।

4. स्वतंत्रता प्राप्ति के पश्चात् भारतीय राज्यों के सम्मुख आंतरिक सुरक्षा के मार्ग में उत्पन्न चुनौतियों की विवेचना कीजिए।
5. आंतरिक सुरक्षा और बाह्य सुरक्षा में अंतर स्पष्ट कीजिए। क्या आप इस बात से सहमत हैं कि शासन-प्रशासन की नीतियों की विफलता किसी भी देश में आंतरिक समस्या उत्पन्न करती है? अपने उत्तर के पक्ष में तर्क प्रस्तुत कीजिए।
6. 'किसी भी देश की आंतरिक सुरक्षा की समस्या केवल घरेलू कारकों से प्रभावित नहीं होती है, बल्कि बाह्य कारकों से भी प्रभावित होती है।' स्पष्ट कीजिए।

3. विकास बनाम उग्रवाद

किसी भी देश में विकास जिन कारकों का फलन होता है, उनमें शांति, कानून एवं व्यवस्था भी सम्मिलित हैं। यदि देश में कानून एवं व्यवस्था की स्थिति अच्छी है तो विकास को प्रोत्साहन मिलता है तथा निवेशक निवेश करने के लिए संबंधित देश में तैयार रहते हैं, परंतु इसके विपरीत स्थिति में निवेशक जोखिम लेने को तैयार नहीं होते हैं। वर्तमान में ही हमें भारत के उन राज्यों, जहां कानून एवं व्यवस्था की स्थिति बेहतर है, विकास अधिक देखने को मिलता है, जहां कानून व्यवस्था की स्थिति बेहतर नहीं है, वहां विकास नहीं देखने को मिल रहा है। परंतु वर्तमान में यह भी कहा जा रहा है कि विकास के अभाव में न केवल कानून एवं व्यवस्था को चुनौती मिलती है बल्कि विकास की स्थिति भी खराब होती है। यही नहीं, विकास के अभाव में उग्रवाद को भी बढ़ावा मिलता है। आज जिन राज्यों में उग्रवाद (नक्सलवाद) फैला हुआ है, वहां विकास नहीं हुआ है। इसलिए यह कहना बिल्कुल सही प्रतीत होता है कि विकास के अभाव में उग्रवाद फैलता है, क्योंकि विकास न होने से लोगों की बुनियादी आवश्यकताओं की पूर्ति नहीं होती है, उनका जीवनस्तर उच्च नहीं हो पाता है। बेहतर शिक्षा तथा स्वास्थ्य सुविधाएं उपलब्ध नहीं हो पाती हैं, जिससे लोगों के मन में यह भाव उत्पन्न होने लगता है कि हमारे साथ दोहरा भेदभाव किया जा रहा है तथा सरकार हमारे साथ अन्याय कर रही है। ऐसे में उनके द्वारा अपनी मांगों को पूरा करवाने के लिए गलत रास्तों का चयन कर लिया जाता है। इससे

देश में कानून एवं व्यवस्था के लिए चुनौती उत्पन्न होने लगती है तथा इससे विकास भी बाधित होने लगता है।

विकास बनाम उग्रवाद: एक परिचय

विकास बनाम उग्रवाद का मुद्दा समसामयिक परिप्रेक्ष्य में काफी महत्वपूर्ण हो गया है। इसे विभिन्न आयामों से जोड़कर देखा जा रहा है। जहां एक तरफ विकास बनाम उग्रवाद में सकारात्मक पहलुओं पर चिंतन-मनन किया जा रहा है, अर्थात् यह कहा जा रहा है कि संतुलित व पर्याप्त विकास न हो पाने के कारण उग्रवाद को बढ़ावा मिल रहा है। वर्तमान में यह भी मान्यता स्थापित हो चुकी है कि विकास लोगों का एक प्रकार का मौलिक अधिकार है और इससे किसी भी व्यक्ति को वंचित नहीं किया जा सकता है। यहां वंचन का अर्थ सामाजिक-न्याय के सुलभ न होने तथा दोहरे भेदभाव से है। ऐसी स्थिति में उग्रवाद के उत्पन्न होने और अशांत व्यवस्था की स्थिति पैदा होने की संभावनाएं बढ़ जाती हैं। जबकि नकारात्मक अवधारणा के अंतर्गत यह कहा जा रहा है कि तकनीकी विकास ने अपराध के नए तौर-तरीके तथा विधियों के साथ-साथ माध्यमों को प्रस्तुत किया है, जिससे उग्रवाद को बढ़ावा मिल रहा है, परंतु हमें विकास बनाम उग्रवाद के सकारात्मक पक्षों पर भी ध्यान केंद्रित करना होगा। सकारात्मक पक्ष से यहां आशय यह है कि सामाजिक और आधारिक सुविधाओं का विकास करके उग्रवाद की बढ़ती हुई प्रवृत्ति पर नियंत्रण स्थापित किया जा सकता है। विकास के अभाव में उग्रवाद को बढ़ावा मिलता है।

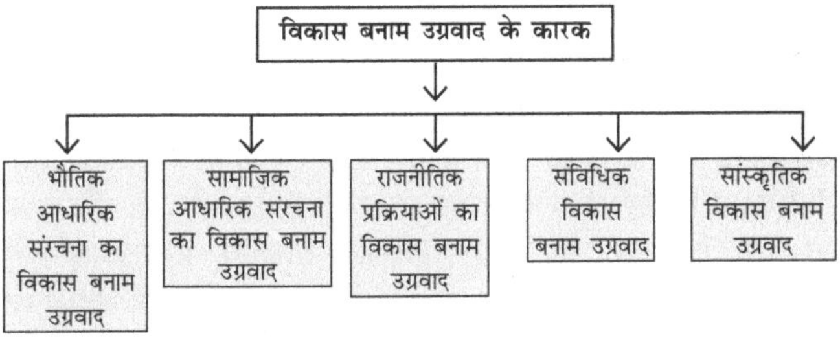

विकास बनाम उग्रवाद के कारक

विकास बनाम उग्रवाद को प्रभावित करने वाले कारकों की विवेचना निम्नवत् शीर्षकों के अंतर्गत की जा सकती है-1. भौतिक आधारिक संरचना का विकास बनाम उग्रवाद। 2. सामाजिक आधारिक संरचना का विकास बनाम उग्रवाद। 3. राजनीतिक प्रक्रियाओं का विकास बनाम उग्रवाद। 4. विधिक/ संविधिक विकास बनाम उग्रवाद। 5. सांस्कृतिक विकास बनाम उग्रवाद।

भौतिक आधारिक संरचना का विकास बनाम उग्रवाद

भौतिक आधारिक संरचना का पर्याप्त विकास न हो पाने के कारण संसाधनों की गतिशीलता प्रभावित होती है और संसाधनों की गतिशीलता का अभाव कुशल मानवीय पूंजी के विकास में बाधक है। भौतिक आधारभूत संरचना के अंतर्गत पहले मुख्य रूप से सड़क, सड़क परिवहन, रेलवे परिवहन या परिवहन के अन्य संसाधन, ऊर्जा और संचार को सम्मिलित किया जाता था, परंतु वर्तमान में बैंकिंग सुविधाओं को भी भौतिक आधारभूत संरचना के साथ जोड़कर देखा जाने लगा है। जिन क्षेत्रों में प्रभावी और विकसित परिवहन व्यवस्था नहीं है, ऊर्जा की पर्याप्तता नहीं है या संचार के संसाधन अपर्याप्त हैं और साथ ही बैंकिंग सुविधाओं की कमी है, तो ऐसी स्थिति में वहां का भौतिक-सामाजिक, शैक्षणिक, आर्थिक और मानवीय विकास प्रभावित होता है और विकसित करने का अवसर नहीं मिलता है। ऐसी स्थिति में उत्पादन के संसाधन सार्थक सिद्ध नहीं होते हैं। भौतिक आधारिक संरचनाओं के विकास के अभाव या कमी के कारण मानवीय पूंजी की गतिशीलता को प्रोत्साहन नहीं मिल पाता, वैज्ञानिक प्रगति का लाभ नहीं मिल पाता, मानसिक क्षमता का विकास नहीं हो पाता, लोगों को उचित शिक्षा की व्यवस्था उपलब्ध नहीं हो पाती, जिससे लोगों में तार्किकता और प्रगतिशीलता उत्पन्न नहीं हो पाती और इसके अभाव में व्यक्ति अपने आप को गलत रास्ते पर भी जाने से रोक नहीं पाता। इसके साथ-साथ यह भी महत्वपूर्ण है कि भौतिक आधारिक संरचनाओं के विकास के अभाव में रोजगार के अवसर भी कम उत्पन्न होते हैं, जिससे लोगों के जीवन स्तर में सुधार नहीं हो पाता और लोग अपनी बुनियादी आवश्यकताओं को पूरा करने के लिए संघर्ष करते हैं, अपनी मांगें सरकार के सम्मुख प्रस्तुत करते हैं एवं उनका न्यायपूर्ण व संतोषजनक हल न निकलने पर उग्रवाद का सहारा लेने लगते हैं।

सामाजिक आधारिक संरचना का विकास बनाम उग्रवाद

सामाजिक आधारिक संरचना का विकास मानव विकास के क्षेत्र में एक क्रांति का सूत्रपात करती है। उल्लेखनीय है कि सामाजिक आधारिक संरचनात्मक विकास के अंतर्गत मुख्य रूप से शिक्षा, स्वास्थ्य, पेयजल जैसे घटकों को मुख्य रूप से सम्मिलित किया जाता है। शिक्षा और स्वास्थ्य सुविधाओं के विकास के कारण लोगों की बौद्धिक और शारीरिक क्षमता का विकास होता है। उनमें चिंतन-मनन और तार्किकता की नई भावना उत्पन्न होती है। शिक्षा के कारण प्रगतिशीलता को बढ़ावा मिलता है और प्रगतिशीलता मनुष्य को विवेकशील और जवाबदेह बनाती है। उदाहरणस्वरूप पश्चिमी उत्तर प्रदेश और हरियाणा की खाप पंचायतों में परिवर्तन आना इसका एक उदाहरण है।

जब सामाजिक आधारिक संरचना का विकास नहीं होता तो व्यक्ति की बुनियादी आवश्यकताएं पूरी नहीं होती और जब उसकी बुनियादी आवश्यकताएं पूरी नहीं होती तो उसके मन में सामाजिक व्यवस्था के प्रति तिरस्कार की भावना उत्पन्न

होने लगती है और यह प्रवृत्ति उसकी विचारधाराओं में सहनशीलता के स्थान पर उग्रता को पैदा करती है और वह सोचने लगता है कि जब हम विद्यमान सामाजिक व्यवस्था में रहकर अपनी आवश्यकताओं को पूरी नहीं कर पा रहे हैं और व्यवस्था हमारे साथ न्याय नहीं कर रही है तो ऐसी स्थिति में वह व्यवस्था परिवर्तन के विरोध में आंदोलन चलाने लगता है और इसके लिए लोगों में भय उत्पन्न करने के लिए उग्रवाद का सहारा लेता है। निरक्षरता, बेरोजगारी, गरीबी जैसी सामाजिक समस्याओं का समुचित समाधान न हो पाने पर वह व्यवस्था के विरोध में काम करने लगता है, जैसा कि झारखंड और पं. बंगाल के नक्सलवाद से स्पष्ट है।

सामाजिक आधारिक संरचना का पर्याप्त विकास न हो पाने के कारण सामाजिक न्याय की प्राप्ति नहीं होती है और लोगों को जब सामाजिक न्याय प्राप्त नहीं होता तो व्यवस्था में परिवर्तन के लिए और अपनी हिस्सेदारी के लिए वह संघर्ष करने लगते हैं और संघर्ष की दिशा उग्रवाद उन्मुख हो जाती है इसलिए यह जरूरी है कि उग्रवाद पर विजय पाने के लिए सामाजिक आधारिक संरचनाओं के विकास को प्रोत्साहन दिया जाए।

राजनैतिक प्रक्रियाओं का विकास बनाम उग्रवाद

राजनैतिक प्रक्रियाओं का समुचित विकास न होना, न्यायसंगत न होना, उनमें सबकी भागीदारी न होना, अधिकारों का पर्याप्त विकेंद्रीकरण न होना अथवा समाज के कमजोर वर्गों को राजनैतिक प्रक्रिया में उचित स्थान न मिलना अथवा राजनैतिक प्रक्रिया में लोचशीलता की कमी, जवाबदेही का अभाव, सामूहिक निर्णयन का अभाव जैसी प्रवृत्तियों का विद्यमान होना उग्रवाद को प्रत्यक्ष या अप्रत्यक्ष रूप में बढ़ावा देता है। उल्लेखनीय है कि भारत के माओवादियों का कहना है कि हमारा शोषण लोकतांत्रिक प्रक्रियाओं ने किया और लोकतांत्रिक प्रक्रियाएं न्यायसंगत नहीं हैं इसलिए हम इसमें बदलाव चाहते हैं। इससे स्पष्ट है कि राजनैतिक प्रक्रियाओं का जब एकांगी विकास होता है और उसमें समावेशी प्रवृत्ति का अभाव होता है, तो यह स्थिति कुछ लोगों में या एक वर्ग में अलगाववाद और उग्रवाद की भावना को जन्म देती है और राजनैतिक लाभ लेने के लिए जब प्रत्यक्ष या अप्रत्यक्ष रूप में इनको समर्थन दिया जाने लगता है, तो इससे समस्या का स्वरूप और विकृत होने लगता है, जैसाकि भारत में लाल गलियारे में देखने को मिलता है।

संविधिक विकास बनाम उग्रवाद

संविधिक विकास को सुधार के रूप में लिया जाता है और इसके माध्यम से समाज के कमजोर वर्गों, शोषित लोगों, पिछड़े हुए वर्गों आदि को संरक्षण प्रदान किया जाता है। किसी भी देश की संविधिक प्रक्रियाओं में न्यायसंगतता और सहभागिता जैसे तत्वों का समावेश होता है, परंतु इसके दो पहलू व्यावहारिक और सैद्धांतिक हैं।

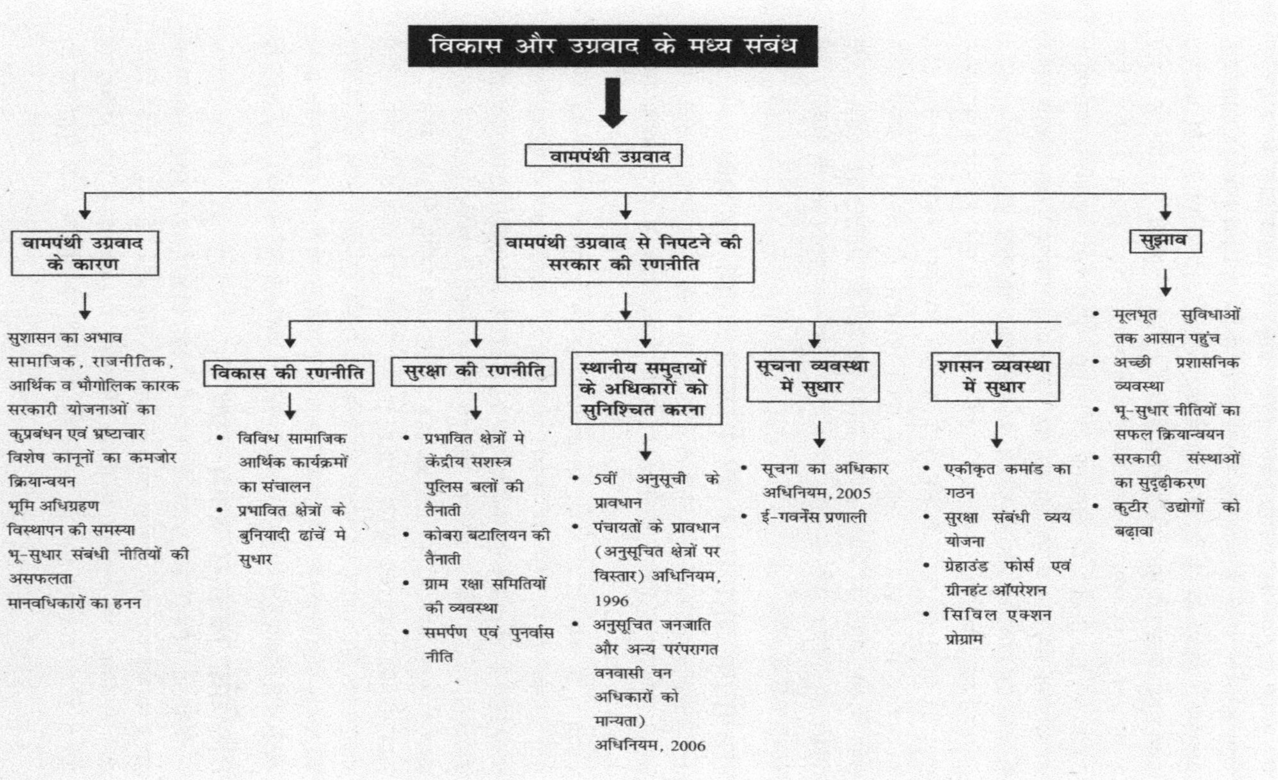
विकास और उग्रवाद के मध्य संबंध
वामपंथी उग्रवाद
वामपंथी उग्रवाद के कारण
सुशासन का अभाव
सामाजिक, राजनीतिक, आर्थिक व भौगोलिक कारक
सरकारी योजनाओं का कुप्रबंधन एवं भ्रष्टाचार
विशेष कानूनों का कमजोर क्रियान्वयन
भूमि अधिग्रहण
विस्थापन की समस्या
भू-सुधार संबंधी नीतियों की असफलता
मानवधिकारों का हनन
वामपंथी उग्रवाद से निपटने की सरकार की रणनीति
विकास की रणनीति
• विविध सामाजिक आर्थिक कार्यक्रमों का संचालन
• प्रभावित क्षेत्रों के बुनियादी ढांचें मे सुधार
सुरक्षा की रणनीति
• प्रभावित क्षेत्रों मे केंद्रीय सशस्त्र पुलिस बलों की तैनाती
• कोबरा बटालियन की तैनाती
• ग्राम रक्षा समितियों की व्यवस्था
• समर्पण एवं पुनर्वास नीति
स्थानीय समुदायों के अधिकारों को सुनिश्चित करना
• 5वीं अनुसूची के प्रावधान
• पंचायतों के प्रावधान (अनुसूचित क्षेत्रों पर विस्तार) अधिनियम, 1996
• अनुसूचित जनजाति और अन्य परंपरागत वनवासी वन अधिकारों को मान्यता) अधिनियम, 2006
सूचना व्यवस्था में सुधार
• सूचना का अधिकार अधिनियम, 2005
• ई-गवर्नेंस प्रणाली
शासन व्यवस्था में सुधार
• एकीकृत कमांड का गठन
• सुरक्षा संबंधी व्यय योजना
• ग्रेहाउंड फोर्स एवं ग्रीनहंट ऑपरेशन
• सिविल एक्शन प्रोग्राम
सुझाव
• मूलभूत सुविधाओं तक आसान पहुंच
• अच्छी प्रशासनिक व्यवस्था
• भू-सुधार नीतियों का सफल क्रियान्वयन
• सरकारी संस्थाओं का सुदृढ़ीकरण
• कुटीर उद्योगों को बढ़ावा

जब संविधिक विकास केवल सैद्धांतिक आधार पर होता है, उसे व्यावहारिकता के स्तर पर नहीं परिभाषित किया जाता है, तो ऐसी स्थिति में भी हम अपने लक्ष्य से दूर होने लगते हैं और साथ ही समतामूलक समाज में, संतुलित विकास और सबको अधिकार उपलब्ध कराने से वंचित रह जाते हैं। ऐसी स्थिति में, वंचित वर्ग या व्यक्ति उग्रवाद का सहारा लेने लगता है। इसलिए यह कहा जाता है कि संविधिक पहलुओं में विद्यमान विसंगतियों को दूर करके उसे सर्वसमाज उन्मुख बनाया जाए और उसे व्यावहारिक धरातल पर उतारा जाए। वर्तमान में विकास के कारण उग्रवाद बढ़ रहा है। जहां एक तरफ तकनीक में बढ़ोत्तरी हुई है, वहीं दूसरी तरफ उग्रवाद को भी बढ़ावा मिला है।

सांस्कृतिक विकास बनाम उग्रवाद

सांस्कृतिक विकास भी उग्रवाद का कारण बनता है। जब किसी एक संस्कृति और रीति-रिवाजों को संरक्षण प्रदान किया जाता है तथा अन्य संस्कृतियों तथा रीति-रिवाजों को आगे बढ़ने का अवसर नहीं मिलता है तो दूसरे वर्ग के लोगों के मन में व्यवस्था के प्रति विक्षोभ होने लगता है। इससे उनके द्वारा अपनी संस्कृति की रक्षा के नाम पर उग्र गतिविधियों को संचालित किया जाने लगता है। सांस्कृतिक पहलू व्यक्ति के दिल की गहराइयों से जुड़ा होता है, इसलिए इससे व्यक्ति अधिक प्रभावित होता है तथा उग्रवादी गतिविधियों से अपने को जोड़कर उसमें सहयोग करने लगता है। इससे आतंकवाद को बढ़ावा मिलता है।

निष्कर्ष

उपरोक्त विवेचना से स्पष्ट है कि विकास के अभाव में उग्रवाद को बढ़ावा मिल रहा है। यही नहीं, इससे अलगाववाद को भी प्रोत्साहन मिल रहा है। अतः यह समय की नजाकत है कि विकास के माध्यम से उग्रवाद एवं अलगाववाद पर नियंत्रण पाया जा सकता है। जिन क्षेत्रों में उग्रवाद है, वहां भौतिक-सामाजिक आधारिक संरचना की स्थिति काफी निम्न है। अतः ऐसे क्षेत्रों में इनका विकास करके उनके जीवन स्तर में सुधार लाने का प्रयास करना चाहिए। यही नहीं, शिक्षा, स्वास्थ्य, संचार तथा पेयजल गुणवत्तायुक्त सुविधा उपलब्ध करा करके उनको आगे बढ़ने का अवसर प्रदान करना चाहिए। यही नहीं, ऐसे क्षेत्रों में जागरूकता उत्पन्न करने के लिए मीडिया तथा गैर-सरकारी संगठनों का भी सहयोग लेना चाहिए। शिक्षा के माध्यम से प्रगतिशीलता एवं तार्किकता उत्पन्न करके उग्रवाद पर वैचारिक विजय पाने का प्रयास करना चाहिए। तभी समस्या का हल निकलेगा।

❑❑❑

अभ्यास हेतु प्रश्न

1. किसी भी देश की आंतरिक सुरक्षा किस प्रकार विकास का फलन होती है, स्पष्ट कीजिए।
2. विकास और उग्रवाद में परस्पर विपरीत संबंध है, स्पष्ट कीजिए।
3. उग्रवाद और अलगाववाद की समस्या का समाधान विकास के गर्त में छिपा हुआ है, स्पष्ट कीजिए।

4. संगठित अपराध और उसके विविध पहलू

किसी भी देश की सामाजिक एवं प्रशासनिक व्यवस्था में विचलन उत्पन्न होना अपराध को जन्म देता है, जो कालांतर में उस देश की समग्र व्यवस्था के लिए एक चुनौती उत्पन्न करता है। यह चुनौती बहुआयामी प्रकृति की होती है, जो न केवल वर्तमान को प्रभावित करती है, बल्कि भविष्य को भी प्रभावित करती है। इसके कारण समाज में लोगों के बीच पारस्परिक सद्भाव, परस्पर मिलजुलकर कार्य करने की भावना, त्याग, समर्पण और सामाजिक समानता एवं समरसता को चोट पहुंचती है, जिसके फलस्वरूप देश की आंतरिक सुरक्षा प्रभावित होती है। इसलिए आवश्यक है कि आंतरिक सुरक्षा को बनाए रखने के लिए अपराधों के समूल को नष्ट किया जाए।

अपराध और उसके विविध पहलू

अपराध से आशय किसी भी एक ऐसे कृत्य से है, जो विद्यमान व्यवस्थाओं और कानूनी उपबंधों के विपरीत हो। अपराध एक सामाजिक विचलन है, जो व्यक्तिगत और सामूहिक दोनों रूपों में परिलक्षित होता है। अपराध का वह प्रारूप संगठित अपराध कहलाता है, जिसको संचालित करने के लिए न केवल व्यवस्थित एवं परिमार्जित तौर-तरीके अपनाए जाते हैं, बल्कि उसे संपादित करने के लिए एक संगठन की भी स्थापना की जाती है। उस संगठन का एक प्रभावपूर्ण तंत्र होता

है, जिसके माध्यम से वह अपने कार्यों को अंजाम देता है। संगठित अपराध एक उद्देशीय भी हो सकता है और बहुउद्देशीय भी हो सकता है।

राजनीति के अपराधीकरण के कारण संगठित अपराधों को प्रशासनिक एवं राजनीतिक प्रश्रय मिलता है, जिसके फलस्वरूप अपराधियों के हौसले और मनोबल बुलंद होते हैं। संगठित अपराधों की शुरुआत व्यक्तिगत एवं सामूहिक विचलन से होती है। धीरे-धीरे ये विचलनकारी गतिविधियां संगठित अपराध का स्वरूप ग्रहण कर लेती हैं। संगठित अपराधों के परिणामस्वरूप पुलिस, अपराधी और राजनीतिज्ञ गठजोड़ पनप रहे हैं, जैसाकि वोहरा समिति ने अपने प्रतिवेदन में कहा था।

संगठित अपराध नियोजित ढंग से आपराधिक संगठनों द्वारा संचालित किए जाते हैं। संगठित अपराध ऐसे अवैध क्रियाकलाप होते हैं, जो सहयोगात्मक प्रयासों द्वारा संचालित किए जाते हैं। इनके कार्य संचालित करने के लिए एक पद सोपानिक प्रणाली होती है, अर्थात् जिसके कई चरण या स्तर होते हैं। जिसके शीर्ष पर इनका बॉस या प्रमुख होता है, जो अपने अभिकर्ताओं (एजेंट) के माध्यम से अपने कार्य को अंजाम देता है। बॉस का राजनीतिक, पुलिस, प्रशासनिक क्षेत्र के ऊंचे लोगों के साथ संबंध होता है, जो उनको संरक्षण प्रदान करते हैं। संगठित अपराध का नेटवर्क व्यापक होता है।

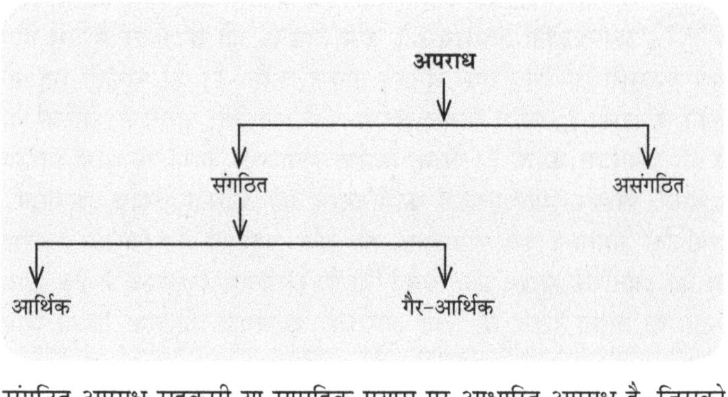

संगठित अपराध सहकारी या सामूहिक प्रयास पर आधारित अपराध है, जिसको दो या दो से अधिक व्यक्तियों द्वारा मिलकर संयुक्त या सामूहिक प्रयासों से क्रियान्वित किया जाता है। थोर्नस्टन सेलिन ने संगठित अपराध को एक संगठित उद्यम की संज्ञा दी है और इसका उद्देश्य आर्थिक बताया है, परंतु संगठित अपराध केवल आर्थिक उद्देश्य की पूर्ति के लिए ही संचालित नहीं किया जाता है, बल्कि इसका उद्देश्य बहुआयामी होता है।

संगठित अपराध समाज में भय उत्पन्न करने, सामाजिक वातावरण एवं सौहार्द्र को बिगाड़ने, सामाजिक एकता को भंग करने, कानून एवं व्यवस्था को नकारात्मक रूप से प्रभावित करने के लिए संचालित किए जाते हैं।

सामूहिक विचलन (Collective Deviance)

जब दो या दो से अधिक व्यक्ति मिलकर अवैध कार्य करते हैं, तो इसको सामूहिक विचलन की संज्ञा दी जाती है। सामूहिक विचलन के अंतर्गत समाज में कई लोग मिलकर विचलनकारी या आपराधिक गतिविधियों में संलग्न रहते हैं। संगठित अपराध इसका प्रचलित स्वरूप है, जो रैकेट्स, माफिया, गैंगस्टर्स, डकैती, लूट, तस्करी एवं आतंकवाद जैसे अपराधों में परिलक्षित होता है। संगठित अपराधों को कई बार 'गैंगस्टेरिज्म' भी कहा जाता है। सामूहिक विचलन धीरे-धीरे संगठित अपराध की ओर रूपांतरित होता जाता है।

गैंगस्टेरिज्म एवं रैकेटियरिंग (Gangsterism & Racketeering)

गैंगस्टेरिज्म से आशय एक संगठन बनाकर अवैध कार्यों को अंजाम देना है। आपराधिक संगठन तथा रैकेटियरिंग में प्रमुख अंतर यह है कि पहले में किसी प्रकार की सेवा का तत्व विद्यमान नहीं है और वह पूर्णतः शोषणकारी होता है, जबकि दूसरे में वैध गतिविधि में कार्यरत व्यक्तियों को सेवा उपलब्ध कराने का तरीका अवैध होता है। इसी प्रकार आपराधिक सिंडीकेट एवं आपराधिक रैकेट में भी अंतर है। सिंडीकेट में सेवा पूर्णतः अवैध एवं निषिद्ध होती है, जबकि रैकेट में सेवा ऐसे व्यक्ति को उपलब्ध कराई जाती है, जो किसी वैध कार्य या व्यवसाय में संलग्न है। जिन लोगों का रैकेट द्वारा शोषण किया जाता है, वे स्वयं रैकेट की सेवा से संतुष्ट रहते हैं, यद्यपि वे जानते हैं कि उनका शोषण हो रहा है।

अतः सरल शब्दों में यह कहा जा सकता है कि 'रैकेटियरिंग किसी वैध मांग के बदले में अवैध शोषण के अतिरिक्त कुछ नहीं है। इनकी गतिविधियां गैंगस्टर्स के माध्यम से संचालित होती हैं।' संगठित अपराधों का क्रियान्वयन कई बार कुछ संगठन मिलकर करते हैं, यह प्रक्रिया सिंडीकेट कहलाती है। यहां सिंडीकेट का आशय अपने समान हितों के लिए सामूहिक प्रयासों का नाम है।

वर्तमान स्पर्धात्मक अर्थव्यवस्था में अपनी सौदेबाजी की क्षमता बढ़ाने के लिए वैयक्तिक व्यापार संगठन तथा श्रमिक संघ, दोनों ही आपराधिक रैकेट्स का सहारा

लेते हैं। इस दौरान कभी-कभी एक वर्ग दूसरे पर अनुचित दबाव डालने या बल प्रयोग करने की कोशिश भी करता है। जिसके कारण यदा-कदा हिंसा की घटनाएं भी हो जाती हैं। व्यापारिक क्षेत्र में कार्यरत कुछ रैकेट्स निम्नलिखित हैं-

1. व्यापारिक श्रम रैकेट्स।
2. जुआरियों के रैकेट्स, एवं
3. अन्य अवैध सेवाओं के रैकेट्स।

संगठित अपराध के विभिन्न स्वरूप

संगठित अपराध किसी एक ही निश्चित प्रारूप में नहीं उत्पन्न होता है, बल्कि यह अनेक प्रारूपों में प्रत्यक्ष और अप्रत्यक्ष दोनों रूपों में संचालित हो रहा है। इसके पीछे आर्थिक, राजनीतिक, प्रशासनिक कारकों के साथ संरचनात्मक संगठनों की भूमिका-निष्पादन, सार्वजनिक सहिष्णुता, आचार संहिता, अपराधी कानून की प्रकृति और प्रशिक्षण उपाय जैसे कारकों की भूमिका भी प्रमुख है। प्रमुख संगठित अपराधों का प्रारूप निम्नवत् हैं-

- संगठित आर्थिक अपराध-मनी लांड्रिंग, काला धन, हवाला कारोबार।
- मादक पदार्थों का व्यापार।
- हथियारों की तस्करी।
- संगठित रूप में भिक्षावृत्ति को बढ़ावा देना।
- संगठित रूप से समाज में भय पैदा करना।
- मानव अंगों का व्यापार।
- संगठित रूप में अवैध प्रवासन।
- संगठित रूप में हिंसक गतिविधियों को बढ़ावा देना।
- संगठित रूप में प्राकृतिक संपदा की चोरी करना।
- संगठित रूप में वन्य जीवों की हत्या करना।
- संगठित रूप में अन्य अनैतिक गतिविधियों को बढ़ावा देना।

संगठित अपराध का उद्देश्य धनार्जन करना, समाज में अराजकता की स्थिति उत्पन्न करना, कानून एवं व्यवस्था को चुनौती देना, देश की सामाजिक एकता के साथ-साथ राष्ट्रीय एकता को क्षति पहुंचाना, अलगाववाद की भावना को प्रोत्साहित करना और देश की सुरक्षा एवं प्रशासनिक व्यवस्था को कमजोर बनाना आदि हैं। वर्तमान परिप्रेक्ष्य में संगठित अपराध स्थानीय, राज्य स्तर, राष्ट्रीय स्तर और अंतर्राष्ट्रीय स्तर पर संचालित किए जा रहे हैं और इस पर नियंत्रण स्थापित करने के लिए अंतर-सरकारी सहयोग को बढ़ावा देना, सूचनाओं का आदान-प्रदान करना और मेड्रिड समझौते को अनुपालित करने पर बल दिया जाना चाहिए।

संगठित आर्थिक अपराध का उद्देश्य केवल धनार्जन करना नहीं है, बल्कि इसके माध्यम से किसी भी देश की व्यवस्था को चुनौती देना, अनैतिक गतिविधियों को बढ़ावा देना, हथियारों की अवैध खरीद-फरोख्त को बढ़ावा देना, समाज व राष्ट्र विरोधी तत्वों को गलत कार्यों को करने के लिए धन उपलब्ध कराना या अपनी नीतियों और कार्यक्रमों को लागू करवाने के लिए प्रलोभन देना जैसे कृत्यों को संपादित किया जाता है। संगठित आर्थिक अपराध के प्रमुख प्रारूप मनी लांड्रिंग, काला धन का सृजन, हवाला कारोबार और रिश्वत देना या दलाली करना आदि हैं।

संगठित आर्थिक अपराध के कारण सामाजिक-आर्थिक विषमताएं जहां उत्पन्न होती हैं तो वहीं दूसरी तरफ संसाधनों का दुरुपयोग भी होता है, जिससे आत्मनिर्भरता की स्थिति प्रभावित होती है। भारत सरकार द्वारा संगठित आर्थिक अपराध को रोकने के लिए प्रवर्तन निदेशालय, आयकर विभाग, सेबी, भारतीय रिजर्व बैंक और वित्त मंत्रालय की वित्तीय आसूचना ब्यूरो को मुख्य रूप से जिम्मेदारी दी गई है। इसके साथ-साथ केंद्रीय सुरक्षा बलों और राज्य पुलिस प्रशासन को भी इसमें सहभागी बनाया गया है।

संगठित अपराध के कारण

संगठित अपराध किसी एक कारण का परिणाम नहीं है, बल्कि यह कई कारणों का संयुक्त परिणाम है। संगठित अपराध उत्पन्न होने के प्रमुख कारण निम्नवत् हैं-

- गरीबी एवं बेरोजगारी और नैतिक शिक्षा का अभाव।
- सामाजिक मूल्यों में विचलन।
- शासन-प्रशासन की नीतियों में भेदभाव निहित होना।
- कानून एवं व्यवस्था का प्रभावी न होना।
- प्रशासनिक भेदभाव और राजनीतिक वर्ग द्वारा आपराधिक गतिविधियों को संरक्षण दिया जाना।
- अपराधियों, पुलिस प्रशासन और राजनीतिक वर्ग में संबंध का पाया जाना।
- दोषियों को पर्याप्त दंड न मिलना।
- न्यायिक व्यवस्था में विलंबन और सामाजिक उदासीनता।
- लोगों का अति महत्वाकांक्षी होना।
- पाश्चात्य संस्कृति का अनुकरण।
- नई तकनीक का विकास और बॉलीवुड का प्रभाव।

संगठित अपराध के कारण उत्पन्न चुनौतियां

संगठित अपराध के कारण किसी भी देश में अनेकों प्रकार की चुनौतियां उत्पन्न होती हैं। जिसके फलस्वरूप उस देश का सामाजिक, प्रशासनिक, आर्थिक, सांस्कृतिक,

राजनीतिक और सुरक्षात्मक वातावरण प्रभावित होता है। संगठित अपराध के कारण किसी भी देश में निम्नलिखित चुनौतियां उत्पन्न हो सकती हैं-

- कानून एवं व्यवस्था के प्रति लोगों के मन में अविश्वास उत्पन्न होना।
- कानून एवं व्यवस्था को बनाए रखने की चुनौती।
- समाज में सामाजिक समरसता, बंधुत्व की भावना, सहयोग की भावना और सामाजिक सुरक्षा सुनिश्चित करने की चुनौती।
- सामाजिक संघर्ष और विघटन को रोकने की चुनौती।
- आर्थिक गतिविधियों को संतुलित और त्वरित करने की चुनौती।
- सामाजिक मूल्यों को बनाए रखने की चुनौती।
- आंतरिक सुरक्षा व्यवस्था को प्रभावी बनाए रखने की चुनौती।
- नैतिक मूल्यों को बनाए रखने की चुनौती।
- आंतरिक सुरक्षा को मजबूत बनाने की चुनौती।
- ईमानदार एवं कर्मठ लोगों के मनोबल को बनाए रखने की चुनौती।

संगठित अपराध का प्रभाव

संगठित अपराध किसी भी देश की समग्र व्यवस्था को प्रभावित करता है। चाहे वह प्रशासनिक व्यवस्था हो, राजनीतिक व्यवस्था हो, आर्थिक व्यवस्था हो या सामाजिक एवं सांस्कृतिक व्यवस्था हो। संगठित अपराध के कारण समाज में असुरक्षा का वातावरण उत्पन्न होता है, जिसके फलस्वरूप न केवल सामाजिक व्यवस्था प्रभावित होती है, बल्कि विकास पर भी इसका नकारात्मक प्रभाव पड़ता है- आर्थिक गतिविधियां प्रभावित होने लगती हैं, व्यापारिक गतिविधियां कमजोर पड़ने लगती हैं, उद्योगों का पलायन होने लगता है, बेरोजगारी बढ़ने लगती है, जिसके फलस्वरूप गरीबी में वृद्धि होती है। गरीबी बढ़ने से अपराध को भी बढ़ावा मिलता है।

संगठित अपराध के कारण समाज में असुरक्षा और अविश्वास का वातावरण उत्पन्न होने लगता है, जिसके फलस्वरूप लोगों के मन में अपनी सरकार और अपनी संवैधानिक व्यवस्था के प्रति आक्रोश, गुस्सा और अविश्वास का भाव उत्पन्न होने लगता है। ऐसी स्थिति हमारी आंतरिक सुरक्षा को कमजोर बनाती है और आंतरिक सुरक्षा के कमजोर होने पर राष्ट्रीय सुरक्षा भी प्रभावित होती है। राष्ट्रीय सुरक्षा के प्रभावित होने पर देश की एकता और अखंडता के लिए चुनौतियां उत्पन्न होने लगती हैं। जिसके फलस्वरूप देश में बाह्य हस्तक्षेप की संभावना बढ़ जाती है।

संगठित अपराध के कारण सामाजिक संघर्ष और सामाजिक विघटन को बढ़ावा मिलता है, जिसके कारण शासन-प्रशासन को अपनी ऊर्जा सकारात्मक कार्यों में न लगाकर नकारात्मक प्रवृत्तियों को रोकने में लगानी पड़ती है। इसके फलस्वरूप देश

की सामाजिक एवं आर्थिक समस्याओं का समाधान नहीं हो पाता है और फलतः अपराधों को बढ़ावा मिलता है।

संगठित अपराध के कारण समाज में नैतिक मूल्यों में गिरावट आने लगती है और नैतिक मूल्यों में गिरावट हमें कर्तव्यों से विमुख कर देती है। फलतः हम अपने दायित्वों को सही ढंग से नहीं निभा पाते हैं और दूसरों पर दोषारोपण करने लगते हैं। इससे समाज में समस्या और अधिक गंभीर हो जाती है।

संगठित अपराध के कारण न केवल वर्तमान प्रभावित होता है, बल्कि भविष्य भी प्रभावित होता है। भावी पीढ़ियों पर भी इसके कारण नकारात्मक प्रभाव पड़ता है और उनके लिए आदर्श आपराधिक तत्व ही हो जाते हैं, जिससे उनकी कार्यक्षमता और मनोबल प्रभावित होता है। उल्लेखनीय है कि वर्तमान में भी लोग आपराधिक तत्त्वों की सफलता और उनकी विलासिता को देखकर कहने लगे हैं कि हम मेहनत करके वैसा जीवनस्तर नहीं प्राप्त कर पाते हैं, जैसाकि एक अपराधी उच्च स्तर का जीवन व्यतीत करता है। क्यों न हम भी इस रास्ते पर चलें? लोगों की यह सोच वास्तविकता को सामने लाती है और भविष्य को प्रभावित करती है। संगठित अपराध के कारण कानून एवं व्यवस्था की प्रासंगिकता पर प्रश्नचिह्न लगने लगता है और लोगों के मन में विधिक व्यवस्था के प्रति सम्मान का भाव न रहकर असम्मान का भाव उत्पन्न होने लगता है, जो भविष्य के लिए उपयुक्त नहीं है।

भारत में संगठित अपराध

स्वंतत्रता प्राप्ति से लेकर अब तक भारत में संगठित अपराध का निरंतर विस्तार हो रहा है और इसके लिए किसी एक क्षेत्र या किसी एक कारण को जिम्मेदार नहीं ठहराया जा सकता है। भारत में संगठित अपराध विविध क्षेत्रों में संचालित किए जा रहे हैं और इसके लिए किसी एक कारण को जिम्मेदार नहीं ठहराया जा सकता है, बल्कि भारत में संगठित अपराध के लिए वे सभी कारण उत्तरदायी हैं, जिनका उल्लेख संगठित अपराध के कारणों में पीछे किया गया है। भारत में संगठित अपराध के अनेक प्रारूप प्रचलन में हैं। इनमें से प्रमुख मादक द्रव्यों की तस्करी, हथियारों का अवैध व्यापार, वेश्यावृत्ति, रिश्वतखोरी, कबूतरबाजी, जमीन-जायजाद को हड़पना, हवाला कारोबार, मोटरवाहन चोरी करना, वन संपदा की चोरी करना इत्यादि हैं। भारत में संगठित अपराध ग्रामीण और शहरी दोनों क्षेत्रों में प्रचलन में हैं। परंतु शहरों में यह अधिक है। भारत में संगठित अपराध के लिए आर्थिक कारणों के साथ-साथ राजनीतिक एवं प्रशासनिक कारण अधिक जिम्मेदार हैं। राजनीतिक वर्ग द्वारा अपने व्यक्तिगत उद्देश्यों की पूर्ति और लाभार्जन के लिए अपराधी वर्ग को संरक्षण प्रत्यक्ष

और अप्रत्यक्ष रूप में दिया जाने लगा है और इस प्रवृत्ति ने इस समस्या को और अधिक विकरालता प्रदान की है। जैसाकि वोहरा समिति ने अपने प्रतिवेदन में भी कहा है।

संगठित अपराध को रोकने की दिशा में सुझाव

संगठित अपराध को रोकने के लिए असामाजिक गतिविधि निवारण अधिनियम के साथ-साथ अनेक अधिनियम भी बनाए गए हैं, परंतु उनका क्रियान्वयन सही तरीके से नहीं हो पा रहा है, जिसके फलस्वरूप यह समस्या उत्तरोत्तर गंभीर होती जा रही है। अत: समय की मांग है कि संगठित अपराध रोकने के लिए प्रभावपूर्ण कदम उठाए जाएं, जिनमें प्रमुख निम्नवत् हैं-

- गरीबी एवं बेरोजगारी की समस्या का समाधान खोजा जाए।
- राजनीतिक वर्ग को निष्पक्ष, ईमानदार और पारदर्शी बनाया जाए।
- प्रशासन में राजनीतिक हस्तक्षेप को समाप्त किया जाए।
- अपराधियों के विरुद्ध प्रभावी एवं त्वरित कार्यवाही की जाए।
- भ्रष्टाचार को समाप्त किया जाए।
- न्यायिक व्यवस्था को त्वरित एवं प्रभावी बनाया जाए।
- ईमानदार एवं अच्छे कार्य करने वालों को प्रोत्साहित करने की नीति अपनाई जाए।
- सामाजिक जागरूकता उत्पन्न की जाए और अपराधियों का सामाजिक बहिष्कार किया जाए।
- अपराधियों का राजनीति में प्रवेश पूर्णतया प्रतिबंधित किया जाना चाहिए।

❑❑❑

अभ्यास हेतु प्रश्न

1. संगठित अपराध से क्या आशय है? यह किसी भी देश की आंतरिक सुरक्षा को कैसे प्रभावित कर सकता है?
2. संगठित अपराध और आतंकवाद में क्या अंतर है? स्पष्ट कीजिए।
3. 'संगठित अपराध शासन और प्रशासन की नीतियों की विफलता है', स्पष्ट कीजिए।

5. आतंकवादः एक समग्र अवलोकन

आज आतंकवाद एक प्रमुख वैश्विक समस्या के रूप में विद्यमान है, जिसके कारण केवल क्षेत्रीय सुरक्षा ही प्रभावित नहीं हो रही है, बल्कि वैश्विक सुरक्षा, स्थिरता, शांति, एकता और मानव समाज के लिए यह खतरा बनता जा रहा है। आतंकवाद का निरंतर प्रसार होना मानव सभ्यता के लिए खतरा है। आतंकवाद के संदर्भ में सबसे महत्वपूर्ण पक्ष यह है कि इस संदर्भ में दोहरा मापदंड अपनाया जा रहा है और इसके समाधान के लिए कोई वैश्विक रणनीति आम सहमति से नहीं बनाई जा रही है और न ही संयुक्त राष्ट्र संघ इस दिशा में आगे आ रहा है। वैश्विक शक्तियां अपनी सुविधा के अनुसार आतंकवाद को परिभाषित करती हैं, जिससे समस्या और उलझती जा रही है। यदि समय रहते वैश्विक शक्तियां तथा संयुक्त राष्ट्र संघ जैसी संस्थाएं इस दिशा में प्रभावी कदम नहीं उठाती हैं, तो मानव समाज का अस्तित्व ही समाप्त हो सकता है।

आतंकवादः एक विचारधारा

आतंक एक वैश्विक समस्या है और यह व्यापक असंतोष एवं विद्रोह की भावना, अनुशासनहीनता की हिंसात्मक अभिव्यक्ति है, जिसके अंतर्गत विभिन्न रूपों में हत्या, अपहरण, बलात्कार, लूटपाट, आगज़नी, बम विस्फोट या सार्वजनिक संपत्ति को नष्ट करने की रणनीति अपनाई जाती है। व्यावहारिक रूप में यह राजनीतिक

स्वार्थ-लोलुपता है और इसकी प्राप्ति के लिए इसे एक अमोघ अस्त्र के रूप में प्रयोग में लाया जाता है और अपनी बातों को मनवाने या मनमानी करने के लिए कुछ लोगों द्वारा इसे जीवन पद्धति का एक अनिवार्य अंग बना दिया गया है। यदि यह कहा जाए कि जीवन और मृत्यु के बाद कोई तीसरी अवधारणा सार्वभौमिक रूप से सत्य है तो वह आतंकवाद ही है, उचित प्रतीत होता है। वर्तमान परिपेक्ष्य में आतंकवाद को एक विचारधारा के रूप में देखा जा रहा है, जो क्षेत्रवाद, धार्मिक, रूढ़िवादिता, आर्थिक विषमता, भाषाई मतभेद या रंगभेद या विदेशी शोषण के कारण उत्पन्न होता है।

राजनैतिक, धार्मिक या वैचारिक उद्देश्यों को प्राप्त करने के लिए हिंसा के सुनियोजित, संगठित और व्यवस्थित प्रयोग का नाम आतंकवाद है। वर्तमान में आतंकवाद एक वैश्विक समस्या बन चुका है, लेकिन आतंकवाद को अंतर्राष्ट्रीय स्तर पर परिभाषित करने के सभी प्रयास निष्फल रहे हैं और कोई सर्वमान्य परिभाषा नहीं दी जा सकी और इसके दो कारण है:-

- एक देश का आतंकवादी दूसरे देश में देशभक्त या स्वतंत्रता सेनानी के रूप में देखा जा सकता है।
- दूसरा कारण यह है कि कुछ देशों द्वारा दूसरे देशों में किए जा रहे आपराधिक या आतंकवादी कृत्यों को विभिन्न प्रकार से प्रोत्साहित किया जाता है। इसलिए वैश्विक स्तर पर आतंकवाद की स्वीकार्य परिभाषा के संदर्भ में राजनैतिक इच्छाशक्ति का अभाव है। इसके बावजूद इसे निम्न रूपों में प्रस्तुत किया जा सकता हैं:-

अपनी मांगें मनवाने या राजनैतिक, धार्मिक और वैचारिक तथ्यों को प्राप्त करने की किसी व्यक्ति या लोगों के समूह द्वारा हिंसक तरीकों का प्रयोग करके आतंक, डर और असुरक्षा का माहौल पैदा करना आतंकवाद है, जिससे अधिकारियों को मजबूर करके ब्लैकमेल किया जा सके।

आतंकवाद किसी समुदाय या जनसमूह की उस नीति या व्यवहार को कहा जाता है, जो हिंसा से लोगों को डराने, धमकाने, भयभीत करने और भौतिक विनाश में विश्वास रखती है। यद्यपि विश्वभर में अलग-अलग क्षेत्रों में विभिन्न आतंकवादी गतिविधियों के पृथक् स्वरूप और भिन्न-भिन्न उद्देश्य होते हैं, तथापि ऐसी गतिविधियों के उद्देश्य किसी भी देश के राजनैतिक जीवन की अस्थिरता, सत्ता की निष्ठा में कमी या जनता के मन में भय पैदा करना होता है, जिससे कि वह सरकार की क्षमता पर विश्वास करने की बजाए संदेह करने लगते हैं। अन्य शब्दों में, इसका उद्देश्य सत्ता पर हिंसात्मक माध्यमों से अपने पक्ष में दबाव बनाना है। मनोवैज्ञानिक दृष्टिकोण के अनुसार, आतंकवाद निराश और कुंठित कमजोर लोगों का आखिरी हथियार है।

आतंकवाद का वर्गीकरण

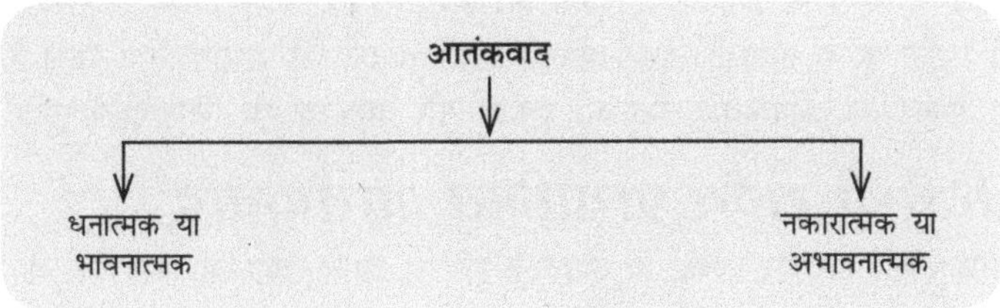

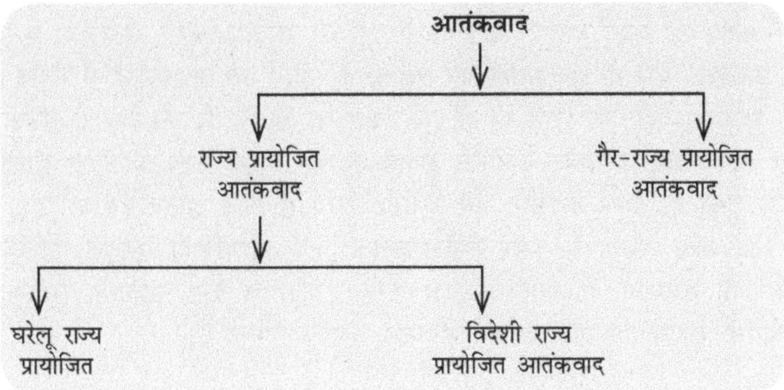

यद्यपि अपने समस्त रूप में आतंकवाद समाज के लिए एक अभिशाप है, किंतु उद्देश्य की दृष्टि से इसे दो भागों में बांटा जाता है—धनात्मक या भावनात्मक आतंकवाद और नकारात्मक या अभावनात्मक आतंकवाद। धनात्मक आतंकवाद, जिसका मूल कारण किसी व्यापक हित का साधन करना होता है और इसके मूल में कल्याण का भाव छिपा होता है। इस प्रकार के आतंकवाद में शोषण और अन्याय के विरुद्ध प्रतिकार का भाव, विदेशी दासता से मुक्त होने का भाव और अपना विकास सुनिश्चित करने का भाव छिपा होता है। इसका नकारात्मक प्रभाव समाज के सभी लोगों पर नहीं पड़ता है, बल्कि केवल उन्हीं लोगों पर पड़ता है, जो शोषक होते हैं, चाहे वे घरेलू हों या विदेशी हों। आतंकवाद के धनात्मक स्वरूप का सामान्य जीवन पर कोई प्रभाव नहीं पड़ता है। उल्लेखनीय है कि स्वतंत्रता आंदोलन के दौरान जो उग्रवादी विचारधाराएं कार्यरत थीं, उनको इसी श्रेणी में रखा जा सकता है, क्योंकि उस समय के उग्रवादी नेताओं का लक्ष्य विदेशी गुलामी से स्वयं को आजाद कराना था। इसमें जनसहभागिता भी प्राप्त थी। यद्यपि यह तत्कालीन व्यवस्था के विरोध में था। इसलिए इसे गलत माना गया। इसलिए यह कहना उचित होगा कि आतंकवादी या क्रांतिकारी घटनाओं की प्रासंगिकता समय-सापेक्ष परिस्थितिजन्य होती है।

आतंकवाद का दूसरा स्वरूप नकारात्मक या अभावनात्मक है, जिसका मूल उद्देश्य समाज व विश्व के व्यापक उद्देश्यों की उपेक्षा करके अपने किसी संकुचित स्वार्थ की सिद्धि करना होता है। इसमें कल्याण की भावना का अभाव पाया जाता है और इस प्रकार का आतंकवाद देश की एकता और अखंडता के लिए खतरा होता है।

विदेशी राज्य प्रायोजित आतंकवाद

जब कोई सरकार प्रत्यक्ष या अप्रत्यक्ष रूप से अपने लोगों या अन्य देश के लोगों के विरुद्ध आतंकवाद में लिप्त हो तो इसे राज्य प्रायोजित आतंकवाद या राजकर्ताओं का आतंकवाद कहा जाएगा। यदि किसी देश की सरकार किसी अन्य देश में प्रत्यक्ष या अप्रत्यक्ष रूप में आतंकवाद को बढ़ावा दे रही है या आतंकवाद में लिप्त लोगों को सहायता प्रदान कर रही हो तो इस प्रकार के आतंकवाद को विदेशी राजकर्ताओं द्वारा आतंकवाद या विदेश समर्थित आतंकवाद या विदेशी राज्य प्रायोजित आतंकवाद कहा जाता है। जम्मू-कश्मीर और पूर्वोत्तर भारत में फैले आतंकवाद को इस श्रेणी में रखा जाता सकता है। इसमें विदेशीकर्ताओं को, आतंकवादी संगठनों को वित्तीय, तकनीकी सहायता, हथियार उपलब्ध कराना, प्रशिक्षण देना, ढांचागत सहायता या वैचारिक सहायता इत्यादि तरीकों से मदद करना शामिल है।

गैर राज्य प्रायोजित आतंकवाद

आतंकवाद का वह प्रारूप गैर-राज्यकर्ताओं द्वारा प्रायोजित आतंकवाद कहा जाता है जब आतंकवाद की कार्यवाही किसी ऐसे व्यक्ति या समूह द्वारा की जाती है, जो न तो किसी सरकार के साथ जुड़ा होता है और न ही उसे किसी सरकार का वित्तीय समर्थन प्राप्त होता है। वह अपने एजेंडे को पूरा करने के लिए स्वतः कार्य करता है, उसे किसी सरकारी एजेंसी से प्रत्यक्ष या अप्रत्यक्ष रूप में मदद नहीं मिलती है।

आतंकवाद के अन्य रूप

1. प्रतिक्रियावादी आतंकवाद
2. भीतरी आतंकवाद

प्रतिक्रियावादी आतंकवाद

आतंकवाद का वह प्रारूप प्रतिक्रियावादी आतंकवाद कहलाता है, जो किसी आतंकवाद के प्रतिरोधस्वरूप व्यक्त किया जाता है या संचालित किया जाता है। इसका उद्देश्य बदला लेना होता है। भारत में प्रतिक्रियावादी आतंकवाद सीमित, नाममात्र का व संकेतात्मक ही है। भारत में प्रतिक्रियावादी आतंकवाद मुस्लिम आतंकवादी संगठनों द्वारा की जा रही आतंकवादी गतिविधियों की प्रतिक्रिया स्वरूप

देखने को यदा-कदा मिलता है। इसे 'दक्षिणपंथी आतंकवाद' भी कहा जाता है। यह हिन्दू संगठनों द्वारा संचालित किया जाता है। मालेगांव विस्फोट, मक्का मस्जिद विस्फोट (हैदराबाद), समझौता एक्सप्रेस बम विस्फोट और अजमेर दरगाह विस्फोट में लिप्त होने का आरोप कुछ हिन्दू संगठनों पर लगा है। यह प्रतीत होता है कि यह तथाकथित राइट विंग आतंकवाद आईएसआई प्रायोजित आतंकवाद और भारत सरकार द्वारा कथित मुस्लिम तुष्टीकरण की प्रतिक्रियास्वरूप विकसित हुआ और इसने मुस्लिम बहुल क्षेत्रों को लक्षित करने की कोशिश की। इन हमलों में कथित तौर पर सेना के एक अधिकारी कर्नल श्रीकांत पुरोहित, साध्वी प्रज्ञा और स्वामी असीमानंद की अध्यक्षता वाला पुणे स्थित समूह 'अभिनव भारत' शामिल है।

भीतरी आतंकवाद

आतंकवाद का वह स्वरूप भीतरी आतंकवाद कहलाता है, जो देश के दूर-दराज के इलाकों में फैला हुआ होता है। भारत में भीतरी आतंकवाद शहरों तक फैला हुआ है। भीतरी आतंकवाद ग्रामीण क्षेत्रों में नहीं फैला है। भारत में भीतरी आतंकवाद का निरंतर प्रसार हो रहा है और इसमें विदेशी संगठनों की भूमिका प्रमुख है। इसके साथ-साथ यह भी एक प्रमुख तथ्य है कि इसे एक धर्म विशेष से कुछ समर्थन भी प्राप्त हो रहा है, जिसके कारण भीतरी आतंकवाद फैलता जा रहा है। भारत में भीतरी आतंकवाद फैलने के निम्नलिखित कारणों को जिम्मेदार माना जा रहा है-

- भारत में भीतरी आतंकवाद का कारण स्थानीय लोगों का समर्थन।
- शासन प्रशासन की कार्यप्रणाली में निहित विसंगतियां।
- आतंकवाद को संरक्षण देने वालों के विरुद्ध पर्याप्त कार्यवाही न होना।
- अलगाववादी संगठनों के वित्त-पोषण को प्रतिबंधित न किया जाना।
- बेगुनाह लोगों को आपराधिक गतिविधियों में फंसाया जाना।
- धार्मिक उन्माद फैलाने वाले राजनेताओं के विरुद्ध प्रभावी कार्य न किया जाना।
- डमी संगठनों पर प्रभावी रोक न लगाया जाना।
- जांच एजेंसी की कार्यप्रणालियों का प्रभावी न होना।
- समय पर जांच और न्यायिक प्रक्रिया का पूरा न होना।

आतंकवाद का वर्गीकरण

- आर्थिक आतंकवाद
- राजनैतिक आतंकवाद
- धार्मिक-सांस्कृतिक आतंकवाद
- तकनीकी आतंकवाद
- वैचारिक आतंकवाद

आतंकवाद के विभिन्न प्रकार

- **एथनो-राष्ट्रवादी आतंकवादः** एथनिक विभिन्नताओं के कारण उत्पन्न यह पृथकतावादी आकांक्षाओं से प्रभावित आतंकवाद है। उत्तरी-पूर्वी भारत में तथा श्रीलंका में लिट्टे का आंदोलन जैसी प्रघटनाएं इसके कारण हैं।
- **धार्मिक आतंकवादः** धार्मिक भावनाओं तथा स्वधर्म केंद्रवाद एवं कट्टरवादी प्रवृत्तियों के परिणामस्वरूप उत्पन्न आतंकवाद जैसे इस्लामिक आतंकवाद। वैश्विक स्तर पर अलकायदा, तालिबान, लश्कर-ए-तोएबा, सिमी जैसे संगठन इससे प्रेरित हैं।
- **वैचारिक आतंकवादः** अभिजन शासन प्रणाली दक्षिणपंथी विचार तथा यथास्थितिवादी व्यवस्था का समर्थन करती है। भारत में वामपंथी विचारधारा से प्रेरित होने वाली आतंकवादी संगठन यथास्थितिवाद के विरुद्ध तथा पूर्वी परिवर्तन के लिए अभियान चलाते हैं। जर्मनी का नाजीवाद, इटली का फासीवाद, अमेरिका का केकेके एवं डेनमार्क का ग्रीन जैकेट्स वैचारिक आतंकवाद के उदाहरण हैं।
- **राज्य प्रायोजित आतंकवादः** यह विदेश नीति एवं कूटनीति के उद्देश्यों को पूरा करने के लिए किए गए प्रयासों का परिणाम होता है। शीतयुद्ध के दौरान राज्य प्रायोजित आतंकवाद के अनेक उदाहरण मिलते हैं। भारत पाकिस्तान द्वारा प्रायोजित आतंकवाद से निरंतर पीड़ित है।
- **नारको आतंकवादः** यह मादक पदार्थों की तस्करी के परिणामस्वरूप विकसित आतंकवाद का एक स्वरूप एवं आतंकवाद का एक साधन भी है। नारको आतंकवाद अवधारणा का सर्वप्रथम उपयोग पेरू के पूर्व राष्ट्रपति फर्नान्डो बेलांदे टेरी ने 1983 में किया। मादक पदार्थों की तस्करी के दौरान एवं तस्करी के परिणामस्वरूप घटित आतंकी घटनाएं इसमें शामिल की जाती हैं।
- **पर्यावरण आतंकवादः** पर्यावरण संरक्षण के लिए होने वाले आंदोलन ईको-टेरेरिज्म कहलाते हैं। वहीं पर्यावरण को नुकसान पहुंचाने वाली घटनाएं पर्यावरण आतंकवाद कहलाती है। जैसे खाड़ी युद्ध के दौरान इराक द्वारा कुवैत के 1000 तेल कुओं में आग लगा दी गई थी, जिससे संपूर्ण खाड़ी क्षेत्र भयंकर प्रदूषण में डूब गया।
- **साइबर आतंकवादः** कंप्यूटर एवं इंटरनेट के माध्यम से दहशत फैलाने और नुकसान कारित करने की प्रघटनाओं को साइबर आतंकवाद कहते हैं। भारतीय सूचना प्रौद्योगिकी के अधिनियम, 2000 की धारा 66-एफ में साइबर आतंकवाद के लिए आजीवन कारावास तक के दंड का प्रावधान है। इस शब्दावली को सर्वप्रथम जेरेड पेट्रम (1997) द्वारा प्रयुक्त किया गया। अब इसकी अलग-अलग व्याख्याएं होने लगी हैं।
- **आत्मघाती आतंकवादः** मानव बमों के माध्यम से हत्या एवं आतंक का तांडव 'सुसाइड आतंकवाद' कहलाता है। इसका पहला उपयोग 1984 में बेरूत में अमेरिकी मैरिन बैरक पर आक्रमण के लिए किया गया। लिट्टे द्वारा राजीव गांधी एवं प्रेमदास की हत्या में सुसाइड आतंकवाद का उपयोग किया गया था। जेहादी आतंकवादियों द्वारा 1990 से कश्मीर के फिदायीन हमलों के रूप में सुसाइड आतंकवाद का उपयोग किया जा रहा है।

आतंकवाद के प्रभाव

आतंकवाद किसी भी देश की केवल राजनैतिक एवं प्रशासनिक व्यवस्था को ही प्रभावित नहीं करता है, बल्कि सामाजिक, आर्थिक, धार्मिक, सांस्कृतिक, मानवीय और नैतिक पक्ष को भी प्रभावित करता है। आतंकवाद जहां एक तरफ प्रशासनिक एवं राजनैतिक और सुरक्षा व्यवस्था के लिए चुनौती उत्पन्न करता है वहीं दूसरी ओर आर्थिक स्थिति को भी कमजोर बनाता है। सामाजिक एकता के बंधन को भी खोखला करता है, जिससे समग्र रूप में देश की सुरक्षा व्यवस्था प्रभावित होती है। ऐसी स्थिति में सरकारों को आतंकवाद को रोकने के लिए संसाधनों का एक बड़ा भाग खर्च करना पड़ता है, जिससे हमारा विकास और सुरक्षा प्रभावित होती है। जिसका दीर्घकालीन प्रभाव परिलक्षित होता है और वर्तमान में भारतीय परिवेश में यही देखने को मिल रहा है। आतंकवाद के कारण हमारी समग्र व्यवस्था प्रभावित हो रही है। जिसको लेकर प्रत्यक्षतः और अप्रत्यक्षतः दोनों रूपों में आन्तरिक सुरक्षा के लिए चुनौती उत्पन्न हो रही है।

आतंकवाद उत्पन्न होने के कारण

किसी भी देश में या वैश्विक परिदृश्य में आतंकवाद किसी एक कारण से उत्पन्न नहीं होता, बल्कि इसके उद्भव में कई कारण अपनी प्रभावी भूमिका निभाते हैं जिसमें राष्ट्रीय और अंतर्राष्ट्रीय घटनाक्रम दोनों ही सम्मिलित होते हैं। आतंकवाद के उत्पन्न होने के कारणों की विवेचना निम्नलिखित शीर्षकों के अंतर्गत की जा सकती है:-

- आर्थिक कारण
- सामाजिक एवं सांस्कृतिक कारण
- धार्मिक कारण
- राजनैतिक कारण
- विधायी कारण
- अंतर्राष्ट्रीय घटनाक्रम और सहयोग

आतंकवाद के प्रसार के कारण

- नई तकनीक का विकास और आतंकवादियों को नई तकनीक की उपलब्धता।
- आतंकवादियों के टारगेट का देशभर में फैला होना।
- सोशल मीडिया की नकारात्मक भूमिका।
- आतंकवादी संगठनों को अंतर्राष्ट्रीय मान्यता।
- बढ़ता वैश्वीकरण
- आसानी से धन उपार्जन के लिए आतंकवाद को एक माध्यम बनाना।
- अंतर्राष्ट्रीय स्तर पर भेदभावमूलक नीतियों का निर्माण।
- आतंकवाद को लेकर दोहरा रवैया अपनाना।

धार्मिक आतंकवाद

धार्मिक कट्टरता और ईश्वर के नाम पर अन्य धर्मावलंबियों के प्रति घृणा के कारण हिंसा के रास्ते पर चलना और उसे सही करार देना धार्मिक आतंकवाद की श्रेणी में आता है। धार्मिक आतंकवाद की उत्पत्ति अल्पसंख्यकों से भेदभाव, रंगभेद, जातीयता और धर्म के नाम पर अपनाई गई दमनात्मक नीतियों से होती है। विश्व में बहुत से लोग ऐसा सोचते हैं कि केवल मेरा धर्म ही स्वर्ग का रास्ता है। उन्हें ऐसा लगता है कि पूरी दुनिया के लोगों को उनके ही नियमों का पालन करना चाहिए। यह प्रवृत्ति धार्मिक आतंकवाद को प्रोत्साहित करती है। धर्म की इस अनुचित व्याख्या और समझ के कारण ही विश्व के विभिन्न भाग आतंकवाद से त्रस्त हैं।

समय के साथ-साथ उपनिवेशों की समाप्ति की प्रक्रिया में अनेक छोटे-बड़े राष्ट्रों ने स्वतंत्रता प्राप्त की। इन राष्ट्रों में कुछ लोग अपनी विशेष जातीयता एवं धार्मिक समूह की पहचान के लिए पृथक् राष्ट्रों की मांग करने लगे, जिसके लिए इन समूहों ने संगठित एवं सुनियोजित आंदोलन प्रारंभ किए। भारत, रूस, श्रीलंका आदि देशों में जो आतंकवाद का स्वरूप है, वह इन बातों की पुष्टि भी करता है। लिट्टे, हमास, रेड आर्मी, अलकायदा, लश्कर ए तोएबा आदि आतंकवादी संगठन कहीं न कहीं अपनी जातीयता एवं धार्मिक समूह की पहचान दिलाने के लिए सुनियोजित तरीके से इन गतिविधियों को अंजाम तक पहुंचाते हैं। वैसे कई राष्ट्रों में अलगाववाद तथा आतंकवाद का कारण वहां की राष्ट्रीय सरकारों द्वारा किसी जाति विशेष या क्षेत्र विशेष की उपेक्षा करना भी माना जाता रहा है। इजरायल में हागानाह नामक एक संगठन है। इसकी स्थापना इजरायल के उदय से पूर्व 1920 में ही हो गई थी। इस संगठन को ही आधुनिक धार्मिक आतंकवाद का जनक माना जाता है। हागानाह का संस्थापक एक कट्टरपंथी यहूदी जिबोलिस्की था, जिसने धार्मिक आतंकवाद के पांच बुनियादी सिद्धांत स्थापित किए थे। ये सिद्धांत थे-

- धर्म के लोगों की पहचान और उनके अस्तित्व की सुरक्षा से जोड़ना।
- केवल समान धर्मावलंबियों से ही भाईचारा रखना तथा उन्माद की हद तक इस विचार को स्थापित करना।
- लोगों के मन में यह बात बैठाना कि दुनिया में सबसे प्राचीन और गौरवशाली धर्म उन्हीं का है और बाकी सब धर्म निकृष्ट और भ्रष्ट हैं।
- लोगों को इस सीमा तक भावुक बनाना कि उन्हें अपने धर्म के लिए कुछ भी करने में हिचक न हो।
- लोगों में यह भावना उत्पन्न करना कि सारी दुनिया में भिन्न धर्मावलंबी उनके शत्रु हैं।

आतंकवाद के लिए वित्त-पोषण

पृष्ठभूमि

- भारत ने इस्लामिक आतंकी संगठन को वित्तीय सहायता उपलब्ध कराने वाले गुप्त नेटवर्क का पता लगाने और उनसे निपटने के विषय पर चर्चा

करने के लिए पेरिस में आयोजित अब तक की पहली विश्वस्तरीय बैठक में हिस्सा लिया।

- बैठक का उद्देश्य आतंकी संगठनों को मिलने वाली वित्तीय सहायता को रोकने और मनी लांड्रिंग के विषय पर विस्तृत चर्चा करना था। यह बैठक वित्तीय कार्य-बल सचिवालय (Financial Action Task Force–FATF) द्वारा आयोजित की गई थी।
- आतंकवाद वित्त पोषण को आतंकवाद का प्राण माना जा रहा है, जो आतंकवाद के लगातार बढ़ते खतरे का एक सबसे प्रमुख कारण है।

फाइनेंसियल एक्शन टास्क फोर्स (FATF): एक परिचय

- एफएटीएफ यानी फाइनेंसियल एक्शन टास्क फोर्स एक अंतर्सरकारी निकाय है, जिसकी स्थापना वर्ष 1989 में की गई थी, जिसका उद्देश्य विश्वभर में मनी लांड्रिंग और आतंकी गतिविधियों से सीधे जुड़े अन्य वित्तीय अपराधों से निपटने के लिए विश्वस्तरीय राजनयिक आचार-संहिता और मानदंड स्थापित करना है।
- भारत इस प्रतिष्ठित वैश्विक निकाय का एक पूर्ण-सदस्य है। इसमें 33 अन्य सदस्य राष्ट्र हैं।
- इसी वर्ष एफ एटीएफ द्वारा जारी एक रिपोर्ट में फंडिंग (वित्त-पोषण) के उस ''जटिल'' पैटर्न को रेखांकित किया गया था, जिसका प्रयोग आई एस आई एस आतंकियों को लामबंद करने और घातक हथियारों तथा गोला-बारूदों को गोपनीय ढंग से एक स्थान से दूसरे पर पहुंचाने में किया जा रहा है।

भारत द्वारा उठाए गए कदम

- **विमुद्रीकरण (नोटबंदी)** : सरकार द्वारा उठाए गए इस कदम का उद्देश्य जाली नोट को चलन से बाहर करना है, जो आतंकी गतिविधियों को वित्त-पोषण उपलब्ध कराने का एक सबसे महत्वपूर्ण स्रोत है। एक अध्ययन के अनुसार, देश की अर्थव्यवस्था में हर साल 70 करोड़ रुपए की जाली मुद्रा आ रही थी।
- **नए करेंसी नोटों में संशोधित सुरक्षा चिन्हों का प्रयोग**-नए करेंसी नोटों मे प्रयुक्त सुरक्षा चिन्हों को बहुत उन्नत तरीके से तैयार किया गया है, जिनकी नकल करना बहुत मुश्किल काल है।
- राज्य/केंद्र की विभिन्न सुरक्षा एजेंसियों के बीच गोपनीय सूचनाओं के आदान-प्रदान के लिए गृह-मंत्रालय के अधीन एक स्पेशल एफआईसीएफ कोऑर्डिनेशन ग्रुप (Special FICN Co-ordination Group) बनाया गया है।

- **परिसंपत्तियों पर रोक**–भारत में अभी हाल में एफएटीएफ की रिपोर्ट दी गई थी इसने आतंकी गतिविधियों के लिए वित्तीय सहायता उपलब्ध कराने और मनी लांड्रिंग के मामलों में तीन दर्जन संगठनों की 3 लाख यूरो (2.12 करोड़ रुपए) की परिसंपत्तियों पर रोक लगाई है।
- गैर कानूनी गतिविधि (निवारण) अधिनियम, 1967 को वर्ष 2013 के संशोधन द्वारा और सुदृढ़ बनाया गया है। संशोधन के बाद अब इसके अंतर्गत ऐसी किसी भी संपत्ति को शामिल किया जाएगा, जिसका प्रयोग आतंकवाद या आतंकी गतिविधियों के लिए किया जाता है और साथ ही आतंकी गतिविधि हेतु धन जुटाने के लिए निर्धारित सजा से संबंधित एक्शन 17 के क्षेत्र को और विस्तृत करते हुए इसके अंतर्गत ऐसे हर मामले को शामिल किया गया है, जिसमें किसी आतंकवादी संगठन या आतंकवादी गुट या (व्यक्तिगत) आतंकवादी द्वारा वैध या अवैध किसी भी स्रोत से धन जुटाया जाता है।

जाली भारतीय करेंसी नोट (Fake Indian Currency Note–FICN)

- जाली नोटों के मामलों में समस्या यह है कि खुले बाजार में इनकी पहचान और गणना करना एक मुश्किल काम है, क्योंकि बैंकिंग सिस्टम में आ जाने के बाद ही इनका पता लग पाता है।
- 90 प्रतिशत मामलों में पाया गया है कि जाली नोट पाकिस्तान में छापकर बांगलादेश पहुंचाए गए और फिर स्मगलरों (तस्करों) के माध्यम से भारतीय बाजार में खपाए गए।
- भारत और पाकिस्तान दोनों ही देशों में नोट छापने में प्रयुक्त कागज, इंक और सिल्वर थ्रेड (चांदी की पतली धारी) सब कुछ एक ही स्रोत से प्राप्त किए जाने के कारण पुराने नोटों में कुछ सुरक्षा खामियां थीं।

फाइनेंसियल इंटेलिजेंस यूनिट-आई एन डी (Financial Intelligence Unit-IND)

- फाइनेंसियल इंटेलिजेंस यूनिट-आईएनडी (FIU-IND) संदेहास्पद वित्तीय लेन-देन से संबंधित सूचनाएं जुटाने, उनका विश्लेषण और प्रसारण करने के लिए उत्तरदायी एक राष्ट्रीय एजेंसी है।
- एफ आई यू- आई एन डी मनी लांड्रिंग और अन्य संबद्ध अपराधों के खिलाफ राष्ट्रीय और अंतराष्ट्रीय इंटेलिजेंस तथा जांच एवं प्रवर्तन एजेंसियों के प्रयासों में समन्वय स्थापित करने के लिए भी उत्तरदायी है।

आतंकवाद के संदर्भ में संस्थागत ढांचा

वर्ष 2008 के पहले आतंकवाद का मुकाबला करने के लिए मुख्य रूप से जिम्मेदारी राज्य पुलिस बल, केंद्रीय सशस्त्र बलों और IB की होती थी। IB ने विभिन्न राज्यों के पुलिस बल के बीच समन्वय का कार्य करने वाली आसूचना एजेंसी की भूमिका निभाती थी और कार्यवाही करने का काम राज्य पुलिस बल और केंद्रीय सशस्त्र बलों का हुआ करता था। उल्लेखनीय है कि अक्टूबर 1984 में श्रीमती इंदिरा गांधी की हत्या के बाद आतंकवाद से मुकाबला करने के लिए राष्ट्रीय सुरक्षा गार्ड (National Security Gaurd-NSG) का गठन किया गया और प्रधानमंत्री की सुरक्षा के लिए विशेष सुरक्षा गार्ड (Special Protection Group-SPG) बनाई गई। परंतु 26 नवम्बर 2008 के मुम्बई हमले के बाद आतंकवाद से निपटने के लिए अपने संस्थागत ढांचे को और मजबूत बनाने का निर्णय लिया गया और इस दिशा में एक नई एजेंसी के रूप में राष्ट्रीय जांच एजेंसी (National Investigation Ageancy-NIA) का गठन किया गया। भारत में आतंकवादी गतिविधियों से निपटने के लिए बनाने गए संस्थागत ढांचे की विवेचना निम्न शीषकों के अंतर्गत की जा सकती है-

राष्ट्रीय सुरक्षा गार्ड

राष्ट्रीय सुरक्षा गार्ड (National Security Guard-NSG): इसकी स्थापना 1985 में हरियाणा के मानेसर में की गई। इसकी स्थापना का उद्देश्य देश में ऐसे कमांडो तैयार करना है जो आतंकवादी गतिविधियों से मुकाबला कर सकें और महत्वपूर्ण लोगों को सुरक्षा उपलब्ध करा सकें। मुम्बई हमले में इसकी उत्कृष्ट भूमिका को देखते हुए इसका विस्तार किया गया और मानेसर के अतिरिक्त कोलकाता, हैदराबाद, मुम्बई और चेन्नई में इसके केंद्र खोले गए।

राष्ट्रीय जांच एजेंसी

यह एक संघीय जांच एजेंसी है, जिसकी स्थापना भारत सरकार ने अपने समवर्ती अधिकार क्षेत्र का प्रयोग करते हुए की है। जिससे इसको देश के किसी भी भाग में आतंकवादी घटनाओं और उससे जुड़े पहलुओं की तहकीकात (जांच) करने का अधिकार है। इसमें देश की संप्रभुता एवं एकता को खतरा पहुंचाने वाले बम विस्फोट, हवाई जहाज एवं समुद्री जहाज का अपहरण, परमाणु एवं रक्षा प्रतिष्ठानों पर हमला आदि को सम्मिलित किया गया। इसके जांच अधिकार क्षेत्र में आतंकवादी हमलों के अलावा जाली मुद्रा का कारोबार, मानव तस्करी, जबरन धन वसूलना, मादक द्रव्यों का व्यापार या हथियारों का अवैध व्यापार आदि को शामिल किया गया है। NIA का

उद्‌देश्य अंतर्राष्ट्रीय सर्वश्रेष्ठ मानकों के अनुरूप एक अच्छी पेशेवर जांच एजेंसी के रूप में अपने को स्थापित करना तथा आतंकवादी गतिविधियों की तह तक पहुंचना है।

राष्ट्रीय आसूचना ग्रिड

राष्ट्रीय आसूचना ग्रिड (National Intelligence Grid-NIG) एक एकीकृत सूचना ग्रिड है। इसका कार्य आसूचनाओं को एकत्रित करने के लिए व्यापक पैटर्न तय करना, विभिन्न विभागों में समन्वय बनाना और सुरक्षा से जुड़ी हुई सूचनाओं को भविष्य के लिए सुरक्षित रखना है। इसकी स्थापना का उद्‌देश्य ही वस्तुत: एक डाटा बैंक के रूप में कार्य करने के लिए एक संस्थागत ढांचे का निर्माण करना है। यह एक आतंकवादी निरोधी उपाय है। जिसके अंतर्गत टैक्स और बैंक खातों के विवरण, वीजा, क्रेडिट कार्डों का लेन-देन, रेल और हवाई यातायात से जुड़ी सूचनाओं और आंकड़ों को सुरक्षित रखा जाएगा। यही नहीं, यह सुरक्षा एजेंसियों, खुफिया एजेंसियों, आयकर विभाग, प्रवर्त्तन निदेशालय, केंद्रीय प्रत्यक्ष कर जैसी एजेंसियों के साथ मिलकर सूचनाओं को सुरक्षित रखने का काम इसके द्वारा किया जाएगा जिससे कि भविष्य में जरूरत पड़ने पर इनके आधार पर निर्णय लिया जा सके।

मल्टी एजेंसी सेंटर (MAC)

मल्टी एजेंसी सेंटर (Multi Agency Centre) की स्थापना 2002 में की गई है। आतंकवाद का मुकाबला करने के लिए MAC एक बहुआयामी एजेंसी है। इसका कार्य विभिन्न एजेंसियों के बीच आतंकवाद से जुड़ी हुई सूचनाओं को साझा करना, गुप्त सूचनओं की Coding-Decoding करना तथा दैनिक आधार पर खुफिया एवं सुरक्षा एजेंसियों के बीच संवाद को स्थापित करना है। उल्लेखनीय है कि इसका गठन कारगिल युद्ध के बाद 2002 में किया गया और 2009 में इसका पुनर्गठन किया गया।

नेशनल काउंटर टेरेरिज्म सेंटर (एनसीटीसी)

26 नवंबर 2008 को मुंबई में हुए हमले के बाद केंद्र सरकार ने आतंकवाद की समस्या से निबटने के लिए 'राष्ट्रीय आतंकवाद निरोधक केंद्र' बनाने का निर्णय लिया था। इसे एक गंभीर प्रयास के रूप में देखा जाना चाहिए था, परंतु यह भी दलगत राजनीति के भंवर में फंस गया। इसको लेकर अनेक राज्यों द्वारा विरोध किया जाने लगा। 'राष्ट्रीय आतंकवाद निरोधक केंद्र' का गठन केंद्र सरकार गैर-कानूनी गतिविधि रोकथाम अधिनियम 1967 की धारा 43 (A) के अंतर्गत कर रही थी। ध्यातव्य है कि यह अधिनियम केंद्र सरकार को अधिकार देता है कि वह गैर-कानूनी गतिविधियों की रोकथाम के लिए कोई संस्था या संगठन या एजेंसी बना सकती है

तथा उक्त संस्था या एजेंसी को गैर-कानूनी कार्य करने वाले लोगों की गिरफ्तारी का भी अधिकार होगा। परंतु उसकी अगली धारा 43 (B) में स्पष्ट कहा गया है कि गिरफ्तारी के बाद केंद्रीय एजेंसी जल्द से जल्द निकट थाना प्रभारी को गिरफ्तार किए गए आतंकी को सौंप देगी तथा पकड़े गए आतंकी के खिलाफ केस संबंधित थाने में ही दर्ज किया जाएगा और वहीं उसे अदालत में पेश कर हिरासत में लिया जाएगा। आतंकी की पहचान कर उसे गिरफ्तार करने के अलावा एनसीटीसी की और कोई भूमिका नहीं होगी। इसे 1 मार्च, 2012 से अस्तित्व में आना था, परंतु कुछ राज्यों के विरोध के कारण स्थगित कर दिया गया है। उल्लेखनीय है कि राष्ट्रीय आतंकवाद निरोधक केंद्र बनाने के लिए वर्ष 2001 में ही केंद्रीय मंत्रिमंडल ने एक प्रस्ताव पारित किया था। उसी का हवाला देकर यह केंद्र बनाया जा रहा था। इसके प्रमुख बिंदु निम्नवत् हैं-

- नेशनल काउंटर टेररिज़्म सेंटर (एनसीटीसी) या राष्ट्रीय आतंकवादरोधी केंद्र एक ताकतवर एजेंसी है।
- इसका गठन आतंकवाद के खिलाफ लड़ाई के लिए गैर कानूनी गतिविधि निरोधक कानून के तहत हुआ।
- केंद्रीय एजेंसियां आतंकवाद से जुड़े किसी भी मसले में देशभर में कहीं भी जाकर तलाशी ले सकती हैं और गिरफ्तारी कर सकती हैं।
- राज्य की पुलिस को भरोसे में लेंगी, लेकिन राज्य सरकार की पुलिस से अनुमति जरूरी नहीं।
- एनसीटीसी खुफिया एजेंसी गृह मंत्रालय के जरिए आईबी के तहत आएंगी।
- आईबी के अतिरिक्त निदेशक के रैंक का अधिकारी इस एजेंसी का प्रमुख होगा।
- इसके दायरे में कई और एजेंसी आएगी।
- इसके दायरे में एक स्टैंडिंग काउंसिल होगी, जिसमें राज्यों की आतंक निरोधी फोर्स के मुखिया शामिल होंगे।
- काउंसिल रोजाना सामने आने वाली आतंकी धमकियों और चुनौतियों का विश्लेषण करेगी।
- एनसीटीसी के तीन हिस्से होंगे—एक में खुफिया जानकारी एकत्र होगी। दूसरा हिस्सा उसका विश्लेषण करेगा। तीसरा ऑपरेशन डिवीजन होगा।

यह आतंकवाद विरोधी कदमों की दृष्टि से एक शीर्ष समन्वित संस्था होगी। इसमें एक स्थायी परिषद् होगी, जिसमें राज्यों के आतंकवाद निरोधी बल के प्रमुख शामिल होंगे। यह परिषद् ही आतंकवाद की दैनंदिन सामने आने वाली धमकियों और चुनौतियों का विश्लेषण करेगी। आतंकवादरोधी केंद्र के तीन हिस्से होंगे। इनमें एक गुप्तचर जानकारी एकत्र करेगा, दूसरा उसका विश्लेषण करेगा और तीसरा

ऑपरेशन डिवीजन यानी क्रियान्वयन विभाग होगा। सूचना के विश्लेषण के बाद वह अगली कार्रवाई का निर्णय करेगा। इसकी गुप्तचर एजेंसी सीधे गृह मंत्रालय के जरिए गुप्तचर ब्यूरो या आईबी के अधीन होगी। गुप्तचर ब्यूरो के अतिरिक्त निदेशक रैंक का अधिकारी इस एजेंसी का प्रमुख होगा। पूरा देश यह महसूस कर रहा था कि आतंकवाद से लड़ने के लिए कोई एक ऐसा समन्वित ढांचा बनना चाहिए जिसके पास संबंधित सारी मशीनरी एवं विभाग हों, ताकि वह हर क्षण आतंकवाद के विरुद्ध सक्रिय रहे, साजिशों पर पैनी नजर रखे, उसे पकड़े,उसके खिलाफ कानूनी कार्रवाई करे तथा हमला हो जाने पर छानबीन से लेकर कानूनी प्रक्रिया तक पूरी करे। राष्ट्रीय आतंकवादरोधी केंद्र इसी आवश्यकता की पूर्ति करने वाला एक स्वाभाविक और बहुप्रतीक्षित संस्था के रूप में सामने आया है।

कोई भी यह स्वीकार करेगा कि इससे आतंकवाद के विरुद्ध लड़ाई को ताकत मिलेगी और यह पहले से ज्यादा प्रभावी, वस्तुनिष्ठ, फोकस्ड और बेहतर परिणामों वाला होगा। राज्यों एवं केंद्र की एजेंसियों के बीच तालमेल के अभाव का जो रोना रोया जाता था, इससे उसका अंत हो सकेगा। इसके अंतर्गत मैक यानी बहु-एजेंसी केंद्र, राष्ट्रीय जांच एजेंसी यानी एनआईए और एनएसजी यानी नेशनल सिक्योरिटी गार्ड मिलकर काम कर सकेंगी। आतंकवाद की घटना को लेकर राज्य और केंद्र सरकार की एजेंसियां जिस ढंग से एक-दूसरे के सिर ठीकरा फोड़ने का उपक्रम करती हैं, उसका अंत हो जाएगा। वास्तव में इसके बाद आतंकवाद से संबंधित घटनाओं और कार्रवाइयों के लिए कोई एक संस्था जिम्मेवार होगी।

एनसीटीसी और राज्य

भारत इस मायने में विश्व का अकेला देश होगा जहां आतंकवाद विरोधी उपायों पर केंद्र एवं राज्यों के बीच ऐसी मोर्चाबंदी होती है। आप नजर उठा लीजिए, दुनिया के जिन प्रमुख देशों में वर्तमान वैश्विक जेहादी आतंकवाद ने सिर उठाया या, जहां इसका खतरा दिखा, सबने अपनी सुरक्षा व्यवस्था में व्यापक परिवर्तन किए, इससे संबन्धित कानूनों में हरसंभव आवश्यक बदलाव किए, लेकिन वहां आपको ऐसी तू-तू, मैं-मैं का उदाहरण तक नहीं मिलेगा। केंद्र एवं कुछ राज्यों के मुख्यमंत्रियों के बीच की मोर्चेबंदी पर आम नागरिक केवल हतप्रभ है। उसे संघवाद या संविधान में केंद्र एवं राज्यों के बीच शक्ति-विभाजन की पेचीदगियों से कोई लेना-देना नहीं, उसे तो बस अपने देश में खून और विध्वंस की लीला मचाने वाले आतंकवाद पर नियंत्रण चाहिए। निश्चय ही राष्ट्रीय आतंकवादरोधी केंद्र के गठन को लेकर मचा मौजूदा घमासान देश के आम नागरिक को धक्का पहुंचाने वाला है। भारत सरकार की तो इस बात के लिए आलोचना की जाती रही

है कि आतंकवाद के शीर्ष रडार पर होने के बावजूद उसको इसके विरुद्ध जो कानूनी और सुरक्षा उपाय करने चाहिए, वह उसने नहीं किए। उसकी आलोचनाओं में आतंकवादरोधी केंद्र की स्थापना में विलंब किया जाना भी शामिल रहा है। इसे विडंबना नहीं तो और क्या कहेंगे कि जब केंद्र ने कदम उठाया तो सिर मुंडाते ही ओले पड़े जैसी कहावत चरितार्थ हो रही है। एनसीटीसी की आलोचना निम्नलिखित आधार पर की जा रही है—

- विरोधी मुख्यमंत्री कह रहे हैं कि कानून व्यवस्था बनाए रखने और जांच करने का अधिकार राज्यों के पास है, जिसे एनसीटीसी के द्वारा अतिक्रमित किया जा सकता है। राज्यों की आपत्तियां एवं आशंकाएं वाजिब हैं या नावाजिब, इसे समझने के पूर्व आतंकवादरोधी केंद्र पर सरसरी नजर डालनी जरूरी है। इस केंद्र की स्थापना की योजना काफी पहले की है। राजग सरकार में भी ऐसा केंद्र स्थापित करने पर विचार हुआ था। संप्रग सरकार ने अपने पहले कार्यकाल में 'पोटा' की जगह जिस गैर कानूनी गतिविधि निरोधक कानून को आतंकवाद विरोधी नया कलेवर दिया, उसी में इसका प्रावधान किया गया। कायदे से इसका गठन कम से कम तीन साल पहले हो जाना चाहिए था, लेकिन विलंबित संस्कार के हमारे सरकारी महकमे के अंदर मानो आपातस्थिति होती ही नहीं। 3 फरवरी, 2012 को केंद्र सरकार ने आतंकवादरोधी केंद्र को स्वीकृति दी और इसे 1 मार्च से सक्रिय हो जाना था।
- यह तो कोई भी स्वीकार करेगा कि कानून और व्यवस्था राज्यों का विषय है, लेकिन आतंकवाद, खासकर वैश्विक जेहादी समूहों का जो व्यापक तंत्र चारों ओर फैल चुका है, उसका मुकाबला केवल राज्य नहीं कर सकते। इसलिए एक ऐसी शीर्ष राष्ट्रीय एजेंसी अपरिहार्य है, जो देश भर में आतंकवाद विरोधी गतिविधियों को समन्वित करे तथा उसकी दिशा का एकरूप निर्धारण करे। जिस एक प्रावधान पर इन राज्यों को सर्वाधिक आपत्ति है, वह है इसकी गुप्तचर एजेंसी को दिया गया छानबीन एवं गिरफ्तारी का अधिकार। इसके बाद आतंकवाद के किसी मामले में केंद्रीय एजेंसियों को कहीं भी किसी की तलाशी लेने का अधिकार होगा और कानूनी प्रक्रिया पूरी कर वह किसी को भी गिरफ्तार कर सकती है। इसमें राज्यों की पुलिस को विश्वास में तो लिया जा सकता है, लेकिन उसकी अनुमति की आवश्यकता नहीं होगी। इसी तरह गुप्तचर ब्यूरो का भाग बना दिए जाने के कारण यह आशंका भी पैदा हो रही है कि भविष्य में सरकारें इसका दुरुपयोग कर सकती हैं।
- केंद्र व राज्य सरकारों के बीच विश्वास का जो संकट आज चरम पर है, उसके ऐतिहासिक कारण हैं। राज्य की सरकारों को जिस तरह से संविधान

के अनुच्छेद 356 का सहारा लेकर हटाया जाता रहा है या राजनीतिक कारणों से केंद्र का सौतेलापन विपक्षी दलों की राज्य सरकारों को झेलना पड़ता रहा है, वह सब इसी परिप्रेक्ष्य में देखा जाना चाहिए। कहीं ऐसा तो नहीं कि यह संकट 'भेड़िया आया' का भाव लिए हो? दूसरा, न तो केंद्र को, न ही राज्य की सरकारों को यह भूलना चाहिए कि सुप्रीम कोर्ट के बोम्मई फैसले के बाद से अनुच्छेद 356 को लेकर केंद्र की स्वायत्तता काफी हद तक कम हुई है और ऐसे में राज्यों को अनावश्यक रूप से डरने का कोई कारण नहीं है।

- राष्ट्रीय आतंकवाद निरोधी केंद्र (एनसीटीसी) को लेकर अनेक राज्यों ने जिस तरह की प्रतिक्रिया दी, उससे यह आभास हुआ कि आतंकवाद जैसे मुद्दे पर भी राजनीतिक वर्ग और सत्तानशीं लोग उतने गंभीर नहीं हैं, जितना अपेक्षित था।
- राज्य सरकारें अगर अपने स्तर पर सब कुछ सही कर रही होतीं तो अधिकार अतिक्रमण के प्रति उनकी आशंका को जनता से भी समर्थन मिलता, लेकिन हो ठीक उलटा रहा है। उदाहरण के तौर पर राष्ट्रीय ग्रामीण स्वास्थ्य मिशन में केंद्र द्वारा दिए गए 8800 करोड़ रुपयों में से उत्तर प्रदेश सरकार के मंत्रियों व अफसरों ने 5000 करोड़ डकार लिए, हत्या-दर-हत्या हो रही है। उधर, मनरेगा में तमाम राज्य सरकारें मरे हुए आदमियों के नाम पर काम दिखाकर अपनी जेबें भर रही हैं। केंद्र की मजबूरी यह है कि इन बेहतरीन योजनाओं का क्रियान्वयन राज्य सरकारों के हाथ में है।

क्या होता है लोन वुल्फ अटैक

- 'लोन वुल्फ अटैक' का मतलब ऐसा घातक हमला, जिसे बिना टीम के अंजाम दिया जाता है। इस हमले के मॉडयूल में अकेला आतंकी ही ऐसे हमले को अंजाम दे सकता है, जिसमें वह ज्यादा से ज्यादा लोगों को अपनी जद में ले सके। दरअसल 'लोन वुल्फ अटैक' भेड़िए की तरह अकेले हमला करने की रणनीति है। इस अटैक में छोटे हथियारों, चाकुओं, ग्रेनेड का इस्तेमाल किया जाता है। ये ग्रुप लीडर से जुड़े बिना हमला करते हैं।
- ऐसे में सुरक्षा एजेंसियों के लिए किसी अकेले आतंकी के काम करने का पता लगाना काफी मुश्किल हो जाता है। ऐसे हमले काफी कम खर्च में अंजाम दिए जाते हैं। हालांकि कई बार इसमें आतंकियों का ग्रुप भी शामिल हो जाता है। गौरतलब है कि आईएसआईएस की मैगजीन 'इंसपायर' में ऐसे हमले के बारे में जिक्र किया गया है।

- एनसीटीसी का विरोध भी इसी संदर्भ में देखा जाना चाहिए। यहां एक घटना उद्धृत करना उचित होगा। गोकुल स्वीटहाउस के विस्फोट के बाद पुलिस को यह अंदाजा हुआ कि आतंकवादी एक खास मोहल्ले में, जिसमें एक समुदाय

की ही आबादी के लोग रहते थे, छिपे हैं। जब राज्य के पुलिस अधिकारियों ने मुख्यमंत्री को उस इलाके को घेरने और तलाशी लेने की बात कही, तब मुख्यमंत्री ने स्पष्ट रूप से मना कर दिया कारण समझना कोई मुश्किल नहीं है। मुख्यमंत्री को उस वर्ग का वोट न मिलने का डर सता रहा था। कम से कम एनसीटीसी के आने के बाद ऐसी स्थिति नहीं रहेगी।

- विश्व के किसी भी समुन्नत प्रजातंत्र में आतंकवाद को लेकर संजीदगी का इतना अभाव नहीं देखा गया है। म्यूनिख की घटना के तत्काल बाद जर्मनी में आतंकवाद विरोधी जबर्दस्त संरचनात्मक सुधार किए गए और एक संघीय एजेंसी की नियुक्ति की गई, जो सीधे देश के चांसलर को रिपोर्ट करती है। अमेरिका में 9/11 के आतंकी हमले के बाद होमलैंड सिक्योरिटी ऐक्ट और उसके बाद 2004 में व्यापक खुफिया-तंत्र संबंधी कानून बनाए गए। एक राष्ट्रीय आतंकवाद निरोधी केंद्र अस्तित्व में लाया गया और यह इतना सशक्त था कि राज्य संबंधी सारे विवादों से ऊपर इसका दर्जा रखा गया।
- यह वह अमेरिका है, जहां पर राज्यों की शक्ति भारत से बेहद अधिक है। पूरे अमेरिका में एक व्यक्ति ने भी न इस कानून का विरोध किया, न ही पूरे देश में स्थापित किए गए आतंक निरोधी केंद्र का। मेड्रिड के ट्रेन धमाके के बाद स्पेन में तथा लंदन बस धमाके के बाद भी वहां के समूचे सुरक्षा तंत्र में आमूल-चूल परिवर्तन किए गए, एक भी आवाज इसके खिलाफ नहीं उठी। लेकिन भारत, जोकि एक सॉफ्ट स्टेट है, जहां पर देशज (होम ग्रोन) आतंकवादी पाकिस्तान के इशारे पर अमन-चैन छीन रहे हैं और जहां देश को रोज नए किस्म के आतंकवाद की समस्या से जूझना पड़ रहा है, 12 मुख्यमंत्रियों का विरोध यही दर्शाता है कि इनको अधिकार अमन-चैन से ज्यादा प्रिय हैं।
- लेकिन गैर-कानूनी गतिविधि निरोधक कानून (यूएपीए) 1967 की धारा 43 के तहत इस केंद्र की स्थापना की जा रही है। जब इस कानून में संशोधन किया गया, तब किसी राज्य सरकार ने कोई विरोध नहीं किया। केंद्र सरकार के लिए यह बेहतर होता कि आतंकवाद को लेकर इंटेलीजेंस-ऑपरेशन-प्रिवेन्शन के संरचनात्मक ढांचे को स्वायत्त दर्जा दिया जाता और उसके लिए एक अलग से कानून बनाकर उसके अस्तित्व को एक पुख्तगी दी जाती। कम से कम एक मायने में राज्य सरकारों की चिंता सही है। अभी तक इंटेलीजेंस ब्यूरो का काम महज राजनीतिक विरोधियों के बारे में लेखा-जोखा रखना ही रह गया था। गैर-सत्ताधारी दलों या राज्यों की शंका में दम है। लिहाजा केंद्र सरकार को अगर एनसीटीसी को तलाशी, गिरफ्तारी या राज्य के पुलिस अधिकारियों

से जानकारी की शक्ति देनी थी, तब उसके लिए एक माहौल तैयार करने की जरूरत थी और साथ ही इस संस्था को पूर्ण रूप से स्वतंत्र रखना था।

- राष्ट्रीय आतंकवादरोधी केंद्र (एनसीटीसी) का गठन गैर-कानूनी गतिविधि निरीधिक अधिनियम, 1967 की धारा 43 ए के तहत किया गया है और जिसका विरोध 12 राज्यों के मुख्यमंत्री कर रहे हैं, उसके बारे में कहा जा रहा है कि यह प्रावधान कानून में पहले से था। ऐसा क्यों होता है कि कानून जब बनाया जा रहा होता है, तब कोई उस ओर ध्यान नहीं देता, चाहे वह रोजमर्रा में फंसा आम आदमी हो या फिर किसी राज्य का मुखिया। आम आदमी की बात थोड़ी देर के लिए जाने दी जाए, क्योंकि उसे होश कहां कि वह देखे कि सरकार कौन-सा कानून बनाने में लगी है, लेकिन जिम्मेदार पद पर बैठे लोगों को तो इसका विरोध उसी वक्त करना चाहिए था। खैर, देर से ही सही, लेकिन उनका विरोध एकदम वाजिब है।
- यह कानून सिर्फ इसलिए आपत्तिजनक नहीं है कि इसे लागू करने के पहले राज्यों के मुख्यमंत्रियों से परामर्श नहीं किया गया, बल्कि राज्यों को कानून-व्यवस्था के मामले में काफी हद तक इसके अधीन कर दिया गया है, जिसे संविधान सम्मत संघीय ढांचे का उल्लंघन कहा जा रहा है। यों तो इस कानून को लाए जाने का विचार 26/11 की आतंकवादी घटना के बाद ऐसी घटनाओं पर अंकुश लगाने के लिए आया, जैसा कि सरकार कह रही है, लेकिन इसके अन्यत्र इस्तेमाल से इंकार नहीं किया जा सकता।

केंद्रीय नीति में राज्यों की सहमति जरूरी

हम एक राष्ट्र के रूप में आतंकवाद को समाप्त करने के बारे में गंभीर क्यों नहीं, जबकि सब जानते हैं कि आतंक का साया आज देश के लगभग हर राज्य पर मंडराने लगा है? जब कभी आतंकवाद का सामना करने के लिए कोई कदम उठाया जाता है तो क्यों वह किसी न किसी विवाद का मुद्‌दा बन जाता है? इस विसंगति के विभिन्न कारणों में एक बड़ा कारण यह भी है कि केंद्र और राज्यों के बीच न तो लक्ष्य में सहमति होती है और न ही कार्यशैली में।

मौजूदा विवाद राष्ट्रीय आतंकवादरोधी केंद्र के गठन पर आरंभ हुआ है। अनेक राज्यों ने आरोप लगाया है कि इस कदम से केंद्र सरकार राज्यों के अधिकार क्षेत्र में हस्तक्षेप कर रही है और देश के संघीय ढांचे को बिगाड़ रही है। सबसे पहले इस बात को जानना जरूरी है कि क्या किसी ऐसी व्यवस्था की आवश्यकता है जिसमें आतंकवाद के विरुद्ध राष्ट्रीय स्तर पर कार्रवाई की जा सके? हम जानते हैं कि हमारे पास कई नियम-कायदे हैं, जिनके माध्यम से आज आतंकवाद जैसे

अपराधों का सामना किया जाता है। यह भी साफ है कि केंद्र के अतिरिक्त राज्यों के पास भी कई व्यवस्थाएं हैं और इन पर अमल करने के लिए कई संगठन हैं। ये संगठन जांच, गिरफ्तारी और दंड-सबके बारे में हैं, लेकिन अक्सर तालमेल के अभाव में कार्रवाई या तो समय पर नहीं होती या आरंभ होने पर भी बीच में अटक जाती है।

आतंकवाद संगठित अपराध होता है, जो जितना जमीन के ऊपर होता है, उतना ही जमीन के नीचे। आतंकवादी कोई सिरफिरा नहीं होता, जो किसी प्रतिशोध की भावना से या किसी व्यक्तिगत जुनून के वश मारकाट मचाता हो। ऐसे अपराध मानव सभ्यता के आरम्भिक दौर से ही होते रहे हैं। आतंकवाद के पीछे एक विचारधारा होती है और जिससे प्रेरित कुछ संगठन सुनियोजित तरीके से आतंकवाद का इस्तेमाल अपने राजनैतिक या सांप्रदायिक लक्ष्यों को पाने के लिए समर नीति के रूप में करते हैं।

हमारे देश में आतंकवाद अलगाववादी लक्ष्य पाने के लिए आरंभ हुआ, लेकिन पूर्वोत्तर और कश्मीर के आरम्भिक दौर में आतंकवाद के स्वरूप में अब गुणात्मक अंतर आया है। अब यह देशों की प्रतिरक्षा समरनीति का भी अंग बन गया है। हमारे देश में आतंकवाद पाकिस्तान की भारत विरोधी समरनीति बन चुका है। यानी इसके बाकायदा अंतर्राष्ट्रीय आयाम खुल गए हैं। एक चिंताजनक आयाम विभिन्न आतंकवादी गुटों के बीच व्यापक तालमेल के कारण खुल गया है।

भारत जैसे विशाल देश में आंचलिक क्षेत्रों में अलगाव की प्रवृत्ति अस्वाभाविक नहीं है। पूर्वोत्तर, पंजाब और कश्मीर के आतंकवादी गुटों के लक्ष्यों में समानता न होते हुए भी एक समानता यह है कि सबका लक्ष्य भारत राष्ट्र को कमजोर करना है, क्योंकि कमजोर भारत में ही उनके उद्देश्य पूरे होने की आशा की जा सकती है। इस एक उद्देश्य के लिए इन संगठनों में समरनीतिक तालमेल पैदा हो गया है। इस तालमेल में विदेशी एजेंसियों की भूमिका भी स्पष्ट है। विदेशी सहयोग और आर्थिक सहायता से लैस संगठित तंत्र के रूप में आज आतंकवाद भारत संघ के सामने बहुत बड़ी चुनौती बन गया है। आतंकवाद राज्यों की सीमाएं नहीं मानता और न ही उसे भारत के संघीय और राज्यों के अधिकारों की चिंता है। ऐसे राष्ट्रव्यापी खतरे का सामना टुकड़ों में नहीं हो सकता है। सवाल उठता है कि क्या ममता बनर्जी, नीतीश कुमार, जयललिता या नरेन्द्र मोदी को नहीं मालूम कि आतंकवाद की पहुंच कहां तक है और उससे निबटने के लिए एक अखिल भारतीय पहल की आवश्यकता है? अगर मालूम है तो क्या यह मान लें कि ये मुख्यमंत्री, जो आतंकवाद विरोधी केंद्र का विरोध कर रहे हैं, नहीं चाहते कि राष्ट्र शक्तिशाली रहे? ये सभी राज्य किसी न किसी सीमा तक आतंकवाद के भुक्तभोगी हैं और इनमें से कुछ तो आतंकवाद के

विरुद्ध शून्य सहनशीलता के पक्षधर हैं। फिर भी अगर वे केंद्र सरकार के इस कदम का विरोध कर रहे हैं तो क्या माना जाए कि केंद्रीय कार्रवाई में ही कोई खोट है?

दरअसल राज्यों को केंद्र सरकार की नीयत पर ही शक है। अपनी विश्वसनीयता खोने के लिए केंद्र सरकार स्वयं उत्तरदायी है। केंद्र सरकार स्वयं आतंकवाद के खिलाफ लड़ाई में ईमानदार नहीं दिखती। महत्वपूर्ण मामलों में भी सरकार ने ऐसी धारणा बनाई है कि वह आतंकवादी घटनाओं को दलगत राजनीति के आइने से ही देखती है और कभी-कभी आतंकवादी घटनाओं का राजनीतिक इस्तेमाल भी करती है। बाटला हाउस कांड के बारे में दोमुंही नीति के कारण लोगों का असमंजस बढ़ गया है कि कांग्रेस पार्टी के प्रवक्ता सही हैं कि सरकार के गृहमंत्री? अफजल गुरू की याचिका पर जिस तरह सरकार टालमटोल करती रही है, उससे आतंकवाद के प्रति सरकारी गंभीरता पर संदेह स्वाभाविक है। राज्यों के साथ भी केंद्र का रवैया राजनीति प्रेरित रहा है। गुजरात के तत्कालीन मुख्यमंत्री नरेंद्र मोदी ने सरकारी कदम का विरोध करते हुए कहा था कि आतंकवाद हमारे लिए बहुत अहम मुद्दा है, लेकिन जब हमने राज्य में आतंकवाद विरोधी विधेयक पारित करवाना चाहा तो केंद्र के इशारे पर कई बार राज्यपाल ने उसे अस्वीकार कर दिया। अगर राज्य भरोसे लायक नहीं हैं तो राज्य केंद्र पर कैसे भरोसा कर सकते हैं?

अगर बात केवल नरेंद्र मोदी की ही होती तो गोधरा कांड के बाद दंगों में राज्य सरकार के संदेह के घेरे में आने के कारण केंद्र के व्यवहार को तर्कसंगत ठहराया जा सकता था, लेकिन केंद्र की कार्रवाई पर सबसे पहले तो बगावत का झंडा उन ममता बनर्जी ने उठाया, जिनकी पार्टी केंद्र सरकार में सहयोगी पार्टी थी। उनका साथ दिया ओडिशा के नवीन पटनायक ने, जिन्होंने पिछले चुनाव में ही भाजपा से नाता तोड़ दिया था। नीतीश कुमार, मोदी और जयललिता तो बाद में शामिल हो गए थे। सबका कहना है कि यह राज्यों के अधिकार क्षेत्र में दखल है और इसका केंद्र दुरुपयोग कर सकता है।

सवाल है कि क्या नई व्यवस्था का राजनीतिक दुरुपयोग हो सकता है? इस केंद्र के गठन का उद्देश्य आतंकवाद के बारे में सारी जानकारियां एक स्थान पर केंद्रित करना है, ताकि उचित समय पर इसका उपयोग हो सके। कुछ विदेशी जासूसों संगठनों की तरह यह ऐसा संगठन है जिसके पास न केवल जानकारियां हों, अपितु जो आने वाले खतरे को समय रहते भांप भी सके। लेकिन जानकारी संकलन का माध्यम केंद्रीय खुफिया ब्यूरो है। फिर इस संगठन को बिना किसी से पूछे गिरफ्तारी की भी छूट है। इस व्यवस्था के विरोधियों का कहना है कि दुनिया में जानकारी संग्रह करने वाला ऐसा कोई जासूसी संगठन नहीं, जिसे अपने आप गिरफ्तारी का अधिकार भी हासिल हो। इस व्यवस्था का बेजा इस्तेमाल हो सकता है। इस मामले

में जयललिता का आरोप है कि अनुभव बताता है कि इस संगठन का भी उसी तरह इस्तेमाल हो सकता है, जिस तरह केंद्रीय खुफिया ब्यूरो का किया जा रहा है। जयललिता तो इसके खिलाफ अदालत तक पहुंच गई थीं।

केंद्र और केंद्रीय सरकार चलाने वाली पार्टी में भरोसे का यह अभाव वर्तमान व्यवस्था लागू करने के बारे में दिखाई देता है। जिस कदम से राज्यों के अधिकार क्षेत्र में दखल का संदेह पैदा होता हो, उसमें भी राज्यों से बातचीत किए बिना घोषणा करने के पीछे उसी एक तरफा कार्रवाई की प्रवृत्ति दिखाई देती है, जिसके कारण राज्य और केंद्र सरकार में विश्वास की इतनी बड़ी खाई पैदा हो गई है। आश्चर्य है कि केंद्र अक्सर विवाद पैदा होने के बाद ही बातचीत आरंभ करता है, लेकिन देर से ही सही, वार्ता सहभागिता के आधार पर होनी चाहिए, ताकि आतंकवाद से लड़ाई दलगत राजनीति का विवाद न बने।

आतंकवाद के संदर्भ में कानूनी ढांचा

श्रीमती इंदिरा गांधी की हत्या के पूर्व आतंकवाद के संदर्भ में कोई कानूनी ढांचा नहीं था। उस समय गैर कानूनी गतिविधियां निवारण अधिनियम के माध्यम से आतंकवादी गतिविधियों पर नियंत्रण स्थापित करने का प्रयास किया जाता था। परंतु श्रीमती इंदिरा गांधी की हत्या ने सरकार को इस दिशा में कानून बनाने को बाध्य किया और TADA नामक कानून बनाया गया और यहीं से आतंकवाद के संदर्भ में कानूनी ढांचे की बातचीत होने लगती है। आतंकवाद के संदर्भ में बनाए गए कानून इस प्रकार हैं:-

आतंकवादी एवं विघटनकारी गतिविधियां निवारण अधिनियम 1985 (TADA–Terrorism Anti Distractive Act)

यह अधिनियम 1985 में बनाया गया, जिसका उद्देश्य आतंकवादी गतिविधियों पर नियंत्रण स्थापित करने के लिए एक विधिक पहलू या कानूनी ढांचे का निर्माण करके आतंकवाद को नियंत्रित करना था। इस अधिनियम को 1987 में संशोधित किया गया। इस अधिनियम में यह प्रावधान किया गया था कि आतंक और समाज विरोधी गतिविधियों में लिप्त किसी व्यक्ति को गिरफ्तार करने के 24 घण्टे के अंतर्गत उसे न्यायिक मजिस्ट्रेट के सामने प्रस्तुत करने के लिए पुलिस बाध्य नहीं होगी और बिना चार्जशीट दाखिल किए हुए गिरफ्तार व्यक्ति को एक वर्ष तक हिरासत में रखा जा सकता है। इस अधिनियम में यह भी प्रावधान किया गया था कि पुलिस अधिकारी के सामने दिए गए बयान को कोर्ट में अभियोजन पक्ष एक

साक्ष्य के रूप में प्रस्तुत करेगा। इस अधिनियम में यह भी प्रावधान किया गया था कि इससे संबंधित अपराधों के निपटारे के लिए सरकार द्वारा विशेष कोर्ट का गठन किया जाएगा और मुकदमें की सुनवाई कही भी और गोपनीय रूप में होगी तथा गवाहों के नाम गुप्त रखे जाएंगे। इसके साथ-साथ आतंकवादी गतिविधियों में लिप्त लोगों की संपत्ति को जब्त कर लिया जाएगा। इस अधिनियम का दुरुपयोग होने पर 1995 में इसे समाप्त कर दिया गया।

आतंकवाद निरोधक अधिनियम 2002 (Prevention of Terrorism Act, 2002)

यह अधिनियम 2001 में संसद पर हुए हमले को देखते हुए वर्ष 2002 में बनाया गया और इसके लिए संसद का संयुक्त अधिवेशन बुलाना पड़ा, क्योंकि दोनों सदनों में गतिरोध था तथा इस स्थिति में इस विधेयक को पारित कराने के लिए संसद का संयुक्त अधिवेशन बुलाना पड़ा। यह अधिनियम TADA जैसा ही था। कही कुछ प्रावधानों को सरल तो कहीं कुछ प्रावधानों को कठोर बनाया गया था। इस अधिनियम में यह प्रावधान किया गया था कि पुलिस आरोपी को न्यायालय में चार्जशीट पेश किए बिना 180 दिन तक हिरासत में रख सकती है और प्रवर्तन एजेंसियों को गवाह की पहचान गुप्त रखने का अधिकार दिया गया था। यही नही, अधिनियम की धारा 7(A) के अंतर्गत पुलिस अधिकारी को यह अधिकार दिया गया था कि गिरफ्तार किए गए व्यक्ति की संपत्ति को जब्त कर सकता है, चाहे मुकदमे का निस्तारण अभी क्यों न हुआ हो। इसके साथ-साथ इस अधिनियम में यह भी प्रावधान किया गया था कि इस अधिनियम के प्रावधान इस अधिनियम के लागू होने के एक वर्ष पहले घटित हुई आतंकवादी घटनाओं पर भी लागू किए जाएंगे। यह अधिनियम 2005 में संयुक्त प्रगतिशील गठबंधन सरकार द्वारा समाप्त कर दिया गया।

गैर कानूनी गतिविधियां निवारण अधिनियम (Illegal Activities Prevention Act)

यह अधिनियम पहली बार 1967 में बनाया गया, जिसका मुख्य उद्देश्य गैर कानूनी गतिविधियों को नियंत्रित करना और इस प्रकार का वातावरण उत्पन्न करना था जिससे गैर कानूनी गतिविधियों को बढ़ावा ना मिल सके। इस अधिनियम में 1969, 1972, 1986, 2004, 2008, 2012 में संशोधन किया गया और ऐसा करने का उद्देश्य बदली हुई परिस्थितियों में कानून को प्रभावी बनाकर आतंकवादी गतिविधियों पर भी नियंत्रण करना था। 2012 में इस अधिनियम में किए गए

संशोधन के उपरांत इसमें आर्थिक अपराधों को भी सम्मिलित कर दिया गया और आतंकवादी गतिविधियों को नए सिरे से परिभाषित किया गया। इस अधिनियम के अंतर्गत देश की आर्थिक सुरक्षा को खतरा पैदा करने वाले अपराधों, हथियारों के प्रेषण, आतंकवादी गतिविधियों के लिए धन उपलब्ध कराना, जाली मुद्रा तैयार करना और उसको प्रचलन में लाना या ड्रग की तस्करी अथवा अन्य कुछ अनैतिक गतिविधियों को भी इसमें सम्मिलित किया गया।

राष्ट्रीय जांच एजेंसी अधिनियम 2008: (National Investigation Agency act 2008

वर्ष 2008 में मुम्बई हमले के बाद एक संघीय एजेंसी के रूप में NIA का गठन करने के लिए एक विशेष अधिनियम बनाया गया, जिसे NIA अधिनियम 2008 के नाम से जाना जाता है। इस अधिनियम में यह प्रावधान किया गया है कि NIA आतंकवादी घटनाओं के संबंध में देश में कहीं भी जाकर गिरफ्तार व जांच कर सकती है और आतंकवादी घटना को रोकने के लिए या उससे उत्पन्न स्थिति का सामना करने के लिए कदम उठा सकती है और इस संदर्भ में मुकदमा पंजीकृत करा सकती है। NIA अधिनियम 2008 के अंतर्गत विशेष न्यायालय गठित किए जाने का प्रावधान किया गया है। वर्तमान में यह अधिनियम प्रभावी तरीके से लागू है।

महाराष्ट्र संगठित अपराध नियंत्रित अधिनियम 1999 Maharastra Organisied Crime Control Act 1999

महाराष्ट्र सरकार द्वारा संगठित अपराध या संगठित आपराधिक गिरोह द्वारा संचालित आपराधिक गतिविधियों के नियंत्रण और उससे उत्पन्न चुनौतियों से निपटने के लिए एक विशेष अधिनियम बनाया गया, जो फरवरी 1999 में लागू हो गया। इस अधिनियम में संगठित आपराधिक गिरोह द्वारा संचालित की जाने वाली आपराधिक गतिविधियों और इससे संबद्ध एवं सदृश्य मामलों के प्रतिषेध एवं नियंत्रण और उससे उत्पन्न चुनौतियों के समाधान के लिए प्रावधान किया गया। इस अधिनियम के प्रमुख बिंदु निम्नवत् हैं-

- इस अधिनियम का क्षेत्र संपूर्ण महाराष्ट्र है और यह अधिनियम फरवरी 1999 में लागू हुआ।
- इस अधिनियम में संगठित अपराध को परिभाषित किया गया है। संगठित अपराध से आशय किसी व्यक्ति द्वारा अकेले अथवा संयुक्त रूप से किसी

संगठित आपराधिक गिरोह के सदस्य के रूप में या किसी समूह की ओर से हिंसा का प्रयोग करना या हिंसा की धमकी देना या डराना-धमकाना अथवा गैर-कानूनी तरीके से आर्थिक लाभ अर्जित करना अथवा स्वयं या किसी व्यक्ति के लाभ के लिए अथवा विद्रोह को बढ़ावा देने के लिए अथवा समाज में भय का माहौल उत्पन्न करने के लिए संचालित की जाने वाली गतिविधियों से है।

- इस अधिनियम में यह प्रावधान किया गया है कि संगठित अपराध के संदर्भ में विशेष दंडात्मक प्रक्रिया अपनाई जाएगी। यदि अपराध के फलस्वरूप किसी व्यक्ति या लोगों की मृत्यु हो जाती है तो संगठित अपराध करने पर अपराधी को मृत्युदंड अथवा आजीवन कारावास की सजा और न्यूनतम एक लाख रुपए का आर्थिक जुर्माना की सजा देने का प्रावधान है।
- जो कोई भी संगठित अपराध, संगठित अपराध के लिए तैयारी करने का षड्यंत्र करता है अथवा अपराध का प्रयास करता है अथवा इसकी वकालत करता है, दुष्प्रेरित करता है अथवा जानबूझकर सुविधा प्रदान करता है, वह पांच वर्ष तक की अवधि के लिए कारावास की सजा का हकदार होगा, किंतु इस अवधि को आजीवन कारावास तक बढ़ाया जा सकता है और न्यूनतम पांच लाख रुपए के अर्थदंड का भी भागीदार होगा।
- जो कोई भी किसी संगठित आपराधिक गिरोह के किसी सदस्य को शरण प्रदान करता है अथवा छुपाता है, शरण प्रदान करने या छुपाने का प्रयास करता है, वह कम से कम पांच वर्षों के कारावास की सजा का भागीदार होगा किंतु इसे आजीवन कारावास की सजा का विस्तार किया जा सकता है और वह न्यूनतम पांच लाख रुपए के अर्थदंड का भागीदार होगा।
- कोई व्यक्ति, जो किसी संगठित आपराधिक गिरोह का सदस्य है, वह कम से कम पांच वर्ष की अवधि के कारावास की सजा का भागीदार होगा, किंतु इसे बढ़ाकर आजीवन कारावास की सजा के रूप में बदला जा सकता है और वह न्यूनतम पांच लाख रु. के अर्थदंड का भी भागीदार होगा।
- जिस किसी के पास संगठित अपराध कृत्य से व्युत्पन्न या प्राप्त संपत्ति अपने पास रखता है, अथवा जो संपत्ति संगठित आपराधिक गिरोह की निधि से प्राप्त की गई है तो यह व्यक्ति कम से कम तीन वर्ष की सजा, जिसे बढ़ाकर आजीवन कारावास किया जा सकता है, का हकदार होगा और वह न्यूनतम दो लाख रुपए के अर्थदंड का भी भागीदार होगा।
- इस अधिनियम में विशेष न्यायालय का गठन का प्रावधान किया गया है। विशेष न्यायालय की अध्यक्षता उस न्यायाधीश द्वारा की जाएगी, जिसकी

नियुक्ति राज्य सरकार द्वारा मुंबई उच्च न्यायालय के मुख्य न्यायाधीश के परामर्श से की गई हो। आवश्यकतानुसार विशेष न्यायालय में न्यायाधीशों की संख्या बढ़ाई या घटाई जा सकती है।

- प्रत्येक विशेष न्यायालय में राज्य सरकार किसी व्यक्ति को लोक अभियोजक के रूप में नियुक्ति करेगी और आवश्यकता पड़ने पर अतिरिक्त लोक अभियोजकों की भी नियुक्ति की जा सकेगी।
- इस अधिनियम में यह प्रावधान किया गया है कि संगठित अपराध प्रत्यक्ष या अप्रत्यक्ष रूप से करने वाले लोगों की संपत्ति को आरोप सिद्ध होने के पूर्व भी सक्षम अधिकारी की अनुमति से सरकार जब्त कर सकती है।
- इस अधिनियम में यह प्रावधान किया गया है कि आरोपी व्यक्ति को बिना चार्जशीट दाखिल किए पुलिस 30 दिन से अधिक समय तक अपने हिरासत में रख सकती है। उल्लेखनीय है कि सरकारी वकील की सिफारिश पर बिना चार्जशीट दाखिल किए 90 दिन तक हिरासत में रख सकती है।
- इस अधिनियम में पुलिस को फोन टेप करने का अधिकार दिया गया है और उसे साक्ष्य के रूप में न्यायालय में पुलिस प्रस्तुत कर सकती है और न्यायालय इसे साक्ष्य के रूप में स्वीकार करने के लिए बाध्य होगा।
- विशेष न्यायालय के द्वारा दिए निर्णय के विरुद्ध राज्य उच्च न्यायालय में अपील की जा सकती है।

गुजरात संगठित आतंकवाद नियंत्रित अधिनियम (Gujarat Organised Terrorism Control Act)

यह विधेयक महाराष्ट्र के MCOCA के पैटर्न पर बनाया गया है। इस अधिनियम को पहली बार 2004 में बनाया गया, जिसे तत्कालीन राष्ट्रपति महोदय ने विधान सभा को वापस लौटा दिया। इसके बाद 2008 में पुनः गुजरात विधान सभा ने पारित करके राष्ट्रपति के पास प्रेषित किया, जिसे तत्कालीन राष्ट्रपति महोदया ने वापिस लौटा दिया। वर्ष 2015 में गुजरात विधान सभा ने तीसरी बार इस अधिनियम को पारित करके राष्ट्रपति के पास स्वीकृति के लिए भेजा, परंतु राष्ट्रपति ने कुछ अतिरिक्त सूचना मांगते हुए इस विधेयक को गृह मंत्रालय को वापस लौटा दिया और प्रावधानों को नए तरीके से स्पष्ट करने को कहा। गुजरात आतंकवाद और संगठित अपराध नियंत्रण अधिनियम 2015 के प्रमुख बिंदु निम्न हैं:-

- इस विधेयक के अंतर्गत गिरफ्तार किए गए किसी व्यक्ति को बिना चार्ज शीट दाखिल किए 30 दिन तक हिरासत में रखा जा सकता है। जबकि वर्तमान में यह प्रावधान 15 दिन है।

- सरकारी वकील की सिफारिश पर बिना चार्जशीट दाखिल किए हुए गिरफ्तार व्यक्ति को 180 दिन तक पुलिस अपनी हिरासत में रख सकती है। उल्लेखनीय है कि अभी यह प्रावधान 90 दिन का है।
- इस अधिनियम में पुलिस को फोन टेप करने का अधिकार, फोन टेपिंग, ई-मेल जैसी इलेक्ट्रोनिक व्यवस्था को साक्ष्य के तौर पर न्यायालय को स्वीकार करने के लिए बाध्य बनाया गया।
- इस अधिनियम में अग्रिम जमानत का कोई प्रावधान नहीं है।
- यह अधिनियम यह भी प्रावधान रखता है कि इससे संबंधित अपराधों के लिए गुजरात सरकार गुजरात उच्च न्यायालय के परामर्श से विशेष न्यायालय का गठन करेगी।
- इस अधिनियम में आतंकवाद की परिभाषा का विस्तार किया गया है और अनेक परंपरागत अपराधों को इसमें सम्मिलित किया गया है।

आतंकवाद के संदर्भ में भारतीय एजेंसी की रणनीति

- आसूचना एकत्र करना।
- प्रशिक्षण एवं आपरेशन।
- जांच करना।
- अभियोजन पक्ष।

आतंकवाद के संदर्भ में अंतर्राष्ट्रीय संबंध

आतंकवाद की समस्या एक वैश्विक समस्या है। इसलिए इसका समाधान बिना वैश्विक सहयोग के संभव नहीं है। आतंकवाद के संदर्भ में द्विपक्षीय और बहुपक्षीय दोनों प्रकार के सहयोग की आवश्यकता पड़ती है। वर्तमान में भारत सरकार ने अंतर्राष्ट्रीय आतंकवाद सहित अन्य संगठित अपराधों से निपटने के लिए कानूनी व्यवस्था के अंतर्गत आपराधिक मामलों में परस्पर कानूनी सहायता, समझौता, आतंकवाद का मुकाबला और मुकाबला करने के लिए संयुक्त कार्य समूह का गठन आदि संदर्भो में कुछ देशों के साथ द्वि-पक्षीय सहयोग और समझौते के माध्यम से इसे निपटने के लिए रणनीति बना रहा है या कार्य कर रहा है तो दूसरी तरफ बहुपक्षी सहयोग की व्यवस्था को अपना रहा है। जैसाकि G-20 के देशों के साथ संपन्न समझौते से स्पष्ट है।

जांच में परस्पर कानूनी सहायता के विस्तृत उपाय, अपराधों की रोकथाम, कानूनी या अदालती दस्तावेजों का संप्रेषण सुनिश्चित करना या आरोपी को हिरासत में

लेने या जब्त सामान की आमद सुनिश्चित करने, अपराध से संबंधित अभिलेखों को संबंधित पक्षों को सौंपने और पाने की दिशा में कार्यवाही करने के लिए पारस्परिक संधि या समझौते भी भारत सरकार द्वारा की जा रही हैं और केंद्रीय सरकार का विदेश मंत्रालय इस संदर्भ में नोडल एजेंसी है।

भारत सरकार के विदेश मंत्रालय ने आतंकवाद को रोकने के लिए संयुक्त कार्यवाही करने और रणनीति बनाने के लिए विभिन्न देशों के साथ मिलकर कार्य समूह का गठन किया है और वह उनके साथ संपर्क बना करके या मिलकर रणनीति बना करके इस समस्या का हल खोजना चाहता है।

आतंकवाद का मानव मूल्य

प्रधानमंत्री श्री नरेन्द्र मोदी ने भारत के शंघाई सहयोग संगठन का सदस्य बनते वक्त आतंकवाद को बुनियादी मानव मूल्य व मानवाधिकार का उल्लंघन बताया।

विदेशी धरती पर लड़ाई करने के लिए पश्चिमी देश जो अरबों डॉलर खर्च कर रहे हैं या अमेरिका द्वारा पाकिस्तान को लाखों डॉलर की जो रक्षा सहायता की जाती है, यदि उसका इस्तेमाल ऐसे देशों के उन शिक्षित लोगों को विभिन्न एनजीओ के माध्यम से दिया जाए जो बच्चों को तकनीकी, इंजीनियरिंग, शिक्षा, मानवाधिकार इत्यादि के बारे में शिक्षित करें तो मानव मूल्य की रक्षा व उसे बढ़ावा मिल सकता है। इसी प्रकार आज विश्व की एक-तिहाई आबादी कुपोषित हैं, एक-चौथाई आबादी भुखमरी की शिकार है। यदि उपर्युक्त धन का इस्तेमाल ऐसे लोगों के कुपोषण व भोजन उपलब्ध कराने के लिए किया जाए तो बुनियादी मानव मूल्यों की रक्षा हो सकेगी।

दलाई लामा के अनुसार, अहिंसा एक बुनियादी मानव मूल्य है और आतंकवाद पर काबू पाने में इस मूल्य की बड़ी भूमिका हो सकती है। उनके मुताबिक प्रतीकारात्मक कार्रवाई या सैन्य कार्रवाई के द्वारा आतंकवाद का खात्मा नहीं किया जा सकता। आतंकवाद घृणा का परिणाम है और इस घृणा का प्रसार होने से रोकना बहुत जरूरी है। यदि इसे नहीं रोका गया तो कल दूसरा ओसामा बिन लादेन पैदा लेगा। आतंकवाद से लड़ने के लिए वे मानव मूल्य व सौहार्द्रता को अधिक महत्ता देने की आवश्यकता महसूस करते हैं। पूरे विश्व में शांति के लिए सहयोग एवं धर्मनिरपेक्षता का आभास जरूरी है। परिवार, समाज एवं देश में सौहार्द्रता के लिए मित्रता, दया व सहिष्णुता जैसे बुनियादी मानव मूल्यों पर बल दिया जाना जरूरी है। विविधता में एकता व दया स्थायी शांति की रीढ़ की हड्डी हैं और इन्हें कारखानों में निर्मित नहीं किया जा सकता और न ही इन्हें बाजार से खरीदा जा सकता है। मानव इसे अपने प्रयास से भी हासिल कर सकता है। उपर्युक्त सारे उपायों से परिवार, समाज, देश एवं विश्व में घृणा को कम किया जा सकता है, जिससे आतंकवाद के प्रसार को रोकने में सफलता मिल सकती है।

प्रत्येक धर्म की अपनी परंपराएं व दर्शन है व प्रत्येक धर्म की अपनी दार्शनिक असहमतियां हैं। परंतु मानव मूल्य के संदेश प्रसारित करने के लिए जरूरी नहीं है कि धर्म का सहारा लिया जाए। मदर टेरेसा ने जिस मित्रता, प्यार, दया एवं सच्चाई का पाठ पढ़ाया, वे किसी एक धर्म की विरासत नहीं है। ये वांछनीय मानव मूल्य हैं जो सभी धर्मों में हो सकते हैं।

आतंकवाद का मानवाधिकार पर प्रभाव

आतंकवाद मानवाधिकार, लोकतंत्र व विधि के शासन को विनष्ट करने का लक्ष्य लेकर चलता है। यह उन मूल्यों पर चोट करता है, जो संयुक्त राष्ट्र संघ एवं अन्य अंतर्राष्ट्रीय संगठनों के चार्टर के हृदय हैं। मसलन मानवाधिकार का सम्मान, विधि का शासन, सशस्त्र संघर्ष को शासित करने वाले व नागरिकों की रक्षा करने वाले नियम, लोगों एवं देशों के बीच सहिष्णुता तथा संघर्षों के शांतिपूर्ण समाधान।

- आतंकवाद मानव द्वारा व्यक्तिगत स्तर पर पालन कर रहे कई अधिकारों पर चोट करता है खासकर जीवन का अधिकार, स्वतंत्रता एवं भौतिक सत्यनिष्ठा पर।
- आतंकवादी गतिविधियां सरकारों को अस्थिर कर सकती हैं, सिविल सोसायटी की उपेक्षा कर सकती हैं, शांति एवं सुरक्षा को खतरे में डाल सकती हैं, सामाजिक-आर्थिक विकास पर पानी फेर सकती हैं। इन सभी का मानवाधिकारों के अनुपालन से प्रत्यक्ष संबंध है।
- प्रत्येक जगह यह मानव गरिमा व सुरक्षा को धमकाता है, निर्दोष लोगों की जान लेता है या उसे खतरे में डालता है ऐसे माहौल का सृजन करता है, जो लोगों के भय से मुक्ति को समाप्त कर देता है, मूल स्वतंत्रताओं पर चोट करता है।

आतंकवाद को रोकने के लिए सुझाव

आतंकवाद एक बहुआयायी समस्या है। जिसका समाधान करने के लिए हमें बहुआयामी रणनीति अपनानी होगी। इस संदर्भ में सामाजिक-आर्थिक-कानूनी और सुरक्षात्मक पहलूओं पर विशेष ध्यान केन्द्रित करना होगा। इस दिशा में उठाए जाने वाले कदमों को दो भागों में विभाजित करके अध्ययन करना अधिक उपयुक्त होगा:-

- सुरक्षा बलों, खुफिया एजेंसियों और पुलिस प्रशासन को प्रभावी बनाकर उनका आधुनिकीकरण करना।
- संवाद, सहयोग और विकास को बढ़ावा देना।

आतंकवाद को रोकने के लिए पहली रणनीति के अंतर्गत हमें अपने सुरक्षा बलों, पुलिस प्रशासन और खुफिया एजेंसियों की कार्यक्षमता में न केवल वृद्धि करनी

होगी, बल्कि इनका आधुनिकीकरण करके इनको और कुशल एवं दक्ष बनाना होगा। इसके साथ-साथ उनमें समन्वय भी स्थापित करना होगा।

आतंकवाद को रोकने की दूसरी रणनीति के अंतर्गत संवाद, सहयोग और विकास को बढ़ावा देना होगा। इसके अंतर्गत हमें निम्नलिखित कदम उठाने होंगे:-

- आवश्यकता के अनुसार ऐसे लोगों और पक्षों से संवाद स्थापित किया जाना चाहिए, जो प्रत्यक्ष या अप्रत्यक्ष रूप में आतंकवादी गतिविधियों से जुड़े हुए हैं। बातचीत करके उनको राष्ट्र की मुख्यधारा में लाने के लिए प्रेरित किया जाना चाहिए।
- बातचीत के माध्यम से समस्याओं के मूल कारण का पता लगा करके उसका हल खोजने पर बल दिया जाना चाहिए। इसके साथ-साथ संबंधित पक्ष को इस बात के लिए प्रेरित किया जाना चाहिए कि समस्या का समाधान बातचीत के माध्यम से ही संभव है और संविधान के दायरे में ही इसका हल निकाला जाएगा।
- आतंकवाद की समस्या शासन-प्रशासन की नीतियों में समान न होना या न्याय आधारित न होना, आदि के कारण भी उत्पन्न होती है। कभी-कभी क्षेत्र विशेष की समस्या के प्रति उपेक्षात्मक दृष्टिकोण या भेदभावमूलक दृष्टिकोण अपनाए जाने के कारण भी उत्पन्न होती है। अतः इस समस्या के समाधान के लिए यह आवश्यक है कि हमारी नीतियां समता और न्याय पर आधारित होने के साथ-साथ परिस्थितिजन्य और आवश्यकता के अनुसार होनी चाहिए।
- आतंकवाद की समस्या गरीबी एवं बेरोजगारी से भी जुड़ी हुई है। अतः इस समस्या का हल खोजने के लिए हमें विकासात्मक गतिविधियों को बढ़ावा देना होगा तथा उन सुविधाओं की उपलब्धता सुनिश्चित करनी होगी, जो एक व्यक्ति के समग्र विकास के लिए आवश्यक हैं।
- आतंकवाद की समस्या जागरूकता के अभाव के कारण भी उत्पन्न होती है। इसलिए यह जरूरी है कि गुणवत्तायुक्त शिक्षा का विकास प्रसार करेंगे। यह सुनिश्चित किया जाए कि लोग आतंकवादी गतिविधियों से प्रत्यक्ष या अप्रत्यक्ष रूप में अपने को न जोड़ें और ऐसे लोगों से किसी भी प्रकार का संबंध न रखें या उनको संरक्षण न दें।
- आतंकवाद की समस्या के समाधान के लिए सामाजिक सशक्तिकरण को बढ़ावा दिया जाना चाहिए। इस प्रकार का माहौल उत्पन्न किया जाना चाहिए कि लोग आपस में मिलकर रहें और आतंकवाद के विरुद्ध एकजुट होकर कार्य करें।

- आतंकवाद की समस्या धार्मिक एवं सांस्कृतिक पहलू से भी जुड़ी हुई है। इसलिए यह आवश्यक है कि इसका समाधान करने के लिए विभिन्न धर्मों के बीच की टकराहट को रोका जाए और धार्मिक संवाद स्थापित करके पारस्परिक मतभेदों को दूर किया जाए और आतंकवाद के विरुद्ध लड़ने के लिए धार्मिक एकजुटता दिखाई जाए।
- आतंकवाद की समस्या एक वैश्विक समस्या है। इसलिए इसका समाधान करने के लिए वैश्विक सहयोग और समर्थन की भी आवश्यकता है। अत: इस संदर्भ में वैश्विक संवाद स्थापित करने, दोहरे मापदण्ड को कम करने और आतंकवादी गतिविधियों को प्रत्यक्ष या अप्रत्यक्ष रूप में आतंकवादी गतिविधियों को संरक्षण देने वालों के विरुद्ध कार्य करने की संस्कृति विकसित करना और संयुक्त अभियान चलाने पर बल दिया जाना चाहिए।
- ऐसे संगठनों या देशों को ऐसी सभी प्रकार की आर्थिक सहायता बंद कर दी जानी चाहिए, जो प्रत्यक्ष या अप्रत्यक्ष रूप में आतंकवादी गतिविधियों को बढ़ावा देते है।

आतंकवादी हमलों का नया परिप्रेक्ष्य

आईएस के हमले में कुछ बातें बार-बार दोहराई जाती हैं। लंदन में हुए दोनों हमलों में ही वैन का इस्तेमाल किया गया था। स्थानीय लोग भी इसमें शामिल दिखे। आईएस द्वारा संचालित कुछ अन्य हमलों में भी वैन और ट्रक का इस्तेमाल किया गया था। स्टॉकहोम, एन्टवर्थ, बर्लिन तथा नीस में हुए हमलों में भी, जो पिछले दो वर्षों में देखे गए, हमले के तरीके में एक समानता सी दिखाई देती हैं।

- इन सब घटनाओं को एक विशेष परिदृश्य में देखने की आवश्यकता है। जब विश्व के विभिन्न इस्लामिक आतंकवादी संगठनों की बात हो, क्योंकि इन संगठनों में एक जटिल प्रकार का संबंध है। जहां आईएस एक पवित्र इस्लाम, खिलाफत जैसी बातों की वकालत करता है, वहीं अन्य आतंकवादी इस्लामिक संगठन आईएस के इस विचार से सहमत नहीं है। सच तो यह है कि वर्तमान के कई आतंकवादी संगठनों का जन्म एक ही धारा से हुआ है, जैसे आईएस और अलकायदा, परंतु अब ये एक-दूसरे के प्रतिद्वंद्वी भी हो सकते हैं।
- एक ही धारा से उत्पन्न होने के कारण कार्यवाही के स्तर पर इनमें आपसी सहयोग होना अवश्यंभावी है। साथ ही इनके दाव-पेंच, तौर-तरीके, तकनीकियों में भी समानता हो सकती है। यहां तक कि ये एक ही प्रकार के विस्फोट टीएटीपी (ट्राईएसीटोन ट्रोइपेरोक्साइड) का ही इस्तेमाल करते हैं।

- इन आतंकवादी संगठनों के बीच तुलना करने के दौरान इस बात को नजरअंदाज नहीं किया जा सकता है कि इन संगठनों की गतिविधियों में तारतम्यता का अभाव आजकल कुछ ज्यादा ही दिखने लगा है। जैसे–जैसे नए आतंकवादी संगठनों का जन्म होता जा रहा है, ये बातें और स्पष्ट होती जा रही हैं।
- इन संगठनों के बीच समझौतों के जो मुद्दे होते हैं, उनमें 'मीन टाइम' हमले में अधिक नफासत और समझदारी आदि मुख्य रूप से शामिल हैं ताकि आतंक को प्रभावशाली तरीके से फैलाया जाएं।
- आतंकवादी कार्यवाहियों के लिए साधन और क्रियाविधि जैसे मुद्दे खास महत्वपूर्ण हैं। आजकल डाइरेक्ट टू होम जिहाद तथा लोनवुल्फ जैसी नई बातों के मायने अब बदलने लगे हैं। वर्तमान में इंटरनेट ने आतंकवाद को एक नया आयाम दिया है। इंटरनेट के माध्यम से दुष्प्रचार आतंकवादियों के लिए अब एक नया हथियार बन गया है, अर्थात् अब वे नए सदस्यों को इंटरनेट के जरिए सिर्फ बहाल ही नहीं करते, बल्कि दुष्प्रचार के लिए भी इस्तेमाल करते हैं।
- आतंकवादी संगठन अब इंटरनेट वीडियो जारी कर नए सदस्यों की बहाली से दुनिया को अवगत करा ही रहे हैं, जिसमें सोशल मीडिया मुख्य भूमिका निभा रहा है। ये सारी गतिविधियां इस्लामिक मुल्कों को बेहद आकर्षित करती हैं।
- इससे भी खतरनाक बात तो यह है कि आजकल आतंकवाद सूचना प्रौद्योगिकी के माध्यम से फैलाने की प्रवृत्ति उभरकर आई है। इसे आईटी आधारित आतंकवाद नाम दिया गया है। इसे एक बेहद खतरनाक प्रवृत्ति के रूप में देखा जा रहा है। इससे आतंकवादी गतिविधियां पहले से अधिक जटिल हो गई हैं, जिसका पता लगाना अब और मुश्किल हो गया है। अब आतंकवाद के परिदृश्य लोनवुल्फ एकमात्र गतिविधि नहीं रह गई है। इंटरनेट आधारित आतंकवाद के अंतर्गत आतंक और हिंसा आदि की योजना और निर्देशन 'कंट्रोलर्स' द्वारा किया जाता है और ये कंट्रोलर्स 'जीरो ग्राउंड' से हजारों मील दूर योजना बनाते हैं। आतंकी हमलों की योजना मीलों दूर बनाई जाती है और इसे इंटरनेट के द्वारा निर्देशित किया जाता है। इसके अंतर्गत जो वास्तविक हमलावर होता है और हिंसा को अंजाम देता है, वह एक 'रोबोट' के जैसा व्यवहार करता है।
- रिमोट कंट्रोल से अथवा आईटी आधारित आतंकवाद पहले की आतंकवादी गतिविधियों से मौलिक रूप से भिन्न होता है। रिमोट नियंत्रण करने वाला आतंकी लक्ष्य को निर्धारित करता है। वास्तविक हमलावर हमले की

प्रकृति तथा हिंसा के लिए हस्तेमाल किए जाने वाले हथियार आदि अब पहले जैसे नहीं रहे।

- एक गुमनाम के रूप में कार्य करने वाला आतंकी अब अंधेरे में अर्थात् गुमनाम ही बना रहता है। साथ ही आतंकी संगठनों के अन्य हमलावर आतंकियों के बारे में भी पता लगाना अब मुश्किल हो रहा है। इस क्रियाविधि में कई आतंकी हमले के लिए इस्तेमाल तो किए जाते हैं, मगर उनका सुराग अब मिल पाना मुश्किल हो गया है।
- वर्तमान में सबसे स्पष्ट उदाहरण है आईएस, जो इंटरनेट के माध्यम से आतंकियों की बहाली कर रहा है। फिर इन्हें गुमनाम हैंडलर्स द्वारा कई महीनों तक प्रशिक्षित और निर्देशित किया जाता है, ताकि वे हमले को अंजाम दे सकें। इससे आतंकी गतिविधियों की दुनिया में एक अद्‌भुत और खतरनाक परिवर्तन दृष्टिगोचर हो रहा है। इसका असर समूची दुनिया के लिए बेहद डरावनां साबित हो सकता है।
- वर्तमान में इन गतिविधियों के क्षेत्र में आईएस (आतंकी संगठन) सबसे आगे है। विश्व के अन्य आतंकवादी संगठन भी अब धीरे-धीरे आईटी आधारित रिमोट प्लौटिंग की तकनीक को अपना रहे हैं। इससे आतंकी संगठनों को प्लौटर्स के लिए अब किसी सुरक्षित आश्रय की आवश्यकता नहीं होगी, क्योंकि ये प्लौटर्स गुमनाम होते हैं। वीजा प्रतिबंध, एयरपोर्ट की सुरक्षा आदि की सुरक्षा का पारंपरिक तरीका अब बहुत अर्थपूर्ण नहीं रह गया है, क्योंकि हमलावरों को अब हमले के लिए लंबी दूरी तय नहीं करनी है, न तो हमले के लिए और न ही प्रशिक्षण के लिए, क्योंकि अब ये सब इंटरनेट के माध्यम से संभव है।
- साइबर प्लानर्स की एक नई दुनिया विश्व में अवतरित हो चुकी है। ये साइबर प्लानर्स ही अब आतंकी हमले की योजना बनाएंगे। नए सदस्यों की बहाली हेतु पहचान सुनिश्चित करेंगे, विभिन्न अवसरों का मूल्यांकन करेंगे तथा वर्चुअल कोच बनकर सिर्फ गाइड की भूमिका ही नहीं निभाएंगे, बल्कि आतंकियों को प्रोत्साहित करने जैसा काम भी लगातार करते रहेंगे।
- नए युग के आतंकी संगठनों को इंटरनेट के रूप में अब एक बेहद खतरनाक हथियार हाथ लग गया है। आईएस जैसे कुछ आतंकी संगठनों के बारे में कहा जा रहा है कि अब वे डीप वेब इस्तेमाल करने की तैयारी कर रहे हैं। साथ ही डार्क नेट भी। यह डार्क नेट अब एक बेहद खतरनाक हथियार बनकर उभर सकता है, खासकर आईएस जैसे आतंकी संगठनों के लिए।

भारत में सक्रिय प्रमुख आतंकवादी संगठन

इंडियन मुजाहिदीनः यह भारत में कार्यरत एक इस्लामिक आतंकवादी संगठन है। इसे लश्कर-ए-तौएबा का सहयोगी माना जाता है। उल्लेखनीय है कि इसका जन्म एलईटी एवं हूजी की प्रेरणा से हुआ। इसे भारत आधारित संगठन माना जाता है। जिससे कि भारत आतंकवादी गतिविधियों में पाकिस्तान की संलग्नता को छिपाया जा सके। यह संगठन इस बात का प्रचार करता है कि भारत में आतंकवाद मुसलमानों से हो रहे दुर्व्यवहार, नाइंसाफी और अन्याय के फलस्वरूप उत्पन्न हुआ है। इसके द्वारा भारत के विभिन्न भागों में असैनिक ठिकानों पर आतंकी हमले को अंजाम दिया गया। भारत सरकार ने 2010 में इसे एक आतंकवादी संगठन घोषित किया और इस पर प्रतिबंध लगा दिया गया। यही नहीं, न्यूजीलैंड, ब्रिटेन और संयुक्त राज्य अमेरिका में भी इस संगठन पर प्रतिबंध लगा हुआ है। ध्यातव्य है कि इस संगठन का उद्देश्य दक्षिण एशिया में इस्लामिक राज्य की स्थापना करना है। अपने इस लक्ष्य की प्राप्ति के लिए यह देश के बेरोजगार और गुमराह मुसलमानों को अपने समूह में भर्ती करने के साथ-साथ धर्म के नाम पर शिक्षित मुस्लिम नवयुवकों को भर्ती करता है। कुछ वर्ष पहले गिरफ्तार यासिन भटकल इसका प्रमुख सरगना था।

स्टूडेंट इस्लामिक मूवमेंट ऑफ इंडिया (Students Islamic Movements of India-SIMI): इसकी स्थापना 1977 में की गई। इसकी स्थापना का उद्देश्य पाश्चात्य संस्कृति के प्रभाव से भारतीयों को मुक्त कराना तथा मुस्लिम समुदाय को इस्लामिक संस्कृति के अनुसार रहने के लिए के लिए प्रेरित करना था। परंतु कालांतर में हिन्दू और मुस्लिम संगठनों के बीच सांप्रदायिक दंगों और हिंसा की पृष्ठभूमि में यह उग्रवादी संगठन में तब्दील हो गया और भारत में में आतंकी गतिविधियों को अंजाम देने लगा। इसका मुख्य कार्य जगह-जगह बम विस्फोट कराकर लोगों में भय उत्पन्न करना और कट्टरवाद को बढ़ावा देना है। इसका आदर्श वाक्य- 'संपूर्ण भारत को इस्लामिक संस्कृति के अनुसार कार्य करने के लिए बाध्य करना तथा भारत को इस्लामिक देश बनाना है।' इसकी आतंकी गतिविधियों में लिप्तता बढ़ने पर 2001 में भारत सरकार ने इसे प्रतिबंधित कर दिया और तब से यह प्रतिबंधित है।

लश्कर-ए-तौएबाः इसकी स्थापना 1990 में हाफिज सईद ने की। इसे 'खालिश लोगों की आर्मी' कहा जाता है। यह एशिया ही नहीं, बल्कि विश्व के शक्तिशाली और बड़े आतंकी संगठनों में से एक है। यह मुख्यतः पाकिस्तान और पाक अधिकृत कश्मीर से संचालित होता है। यह भारत में सैनिक और असैनिक ठिकानों पर आक्रमण करता है और खून-खराबे को बढ़ावा देता है और ऐसा करके भारतीय जनमानस में दहशत और भय का माहौल पैदा करना चाहता है। इसके द्वारा 2001 में भारतीय संसद और 2008 में मुंबई आतंकी हमला किया गया। वर्तमान में इस

संगठन को भारत सहित अनेक देशों में प्रतिबंधित किया गया। इसके प्रमुख सरगना हाफिज सईद को पाकिस्तान में नजरबंद किया गया है और लश्कर-ए-तौएबा छद्म नामों से अपनी संगठनात्मक गतिविधियों को संचालित कर रहा है।

जैश-ए-मोहम्मद (Jaish-e-Mohammed): इसकी स्थापना मार्च 2000 में मसूद अजहर ने की। उल्लेखनीय है कि 1999 में हरकत-उल-मुजाहिदीन द्वारा इंडियन एयरलांइस के विमान आईसी-814 को काठमांडु से अपहरण करके कंधार ले जाया गया और यात्रियों के बदले मसूद अजहर सहित दो अन्य आतंकवादियों को रिहा करने की मांग की गई। मजबूर होकर भारत सरकार ने आतंकियों को रिहा कर दिया और इसके पश्चात् मसूद अजहर ने जैश-ए-मोहम्मद आतंकी संगठन का गठन किया, जो पाकिस्तान आधारित है और यह भारत के जम्मू-कश्मीर और विभिन्न क्षेत्रों में आतंकी गतिविधियों को अंजाम देता है।

हिजबुल मुजाहिदीन (Hizbul Mujahideen-HM): इसकी स्थापना 1989 में की गई। यह कश्मीर आधारित आतंकवादी ग्रुप है, जिसका संस्थापक सैय्यद सलाउद्दीन है, जो पाक अधिकृत कश्मीर में रहता है। यह कश्मीरी नवयुवकों को भारत में आतंकवाद फैलाने के लिए प्रोत्साहित करता है और उनको धन उपलब्ध करता है। यह जम्मू-कश्मीर से देश के अन्य भागों में आतंकी गतिविधियों को समय-समय पर अंजाम देते रहता है।

हरकत-उल-जिहाद-अल-इस्लामिक (Harkat-ul-Jihad-al-Islami-HUJI): यह एक इस्लामिक आतंकवादी संगठन है, जो पाकिस्तान एवं बांग्लादेश आधारित है। यह पाकिस्तान, बांग्लादेश और भारत में काम कर रहा है। उल्लेखनीय है कि सोवियत संघ की अफगानिस्तान से वापसी के बाद इसने अफगानिस्तान में भी आतंकी गतिविधियों को बढ़ावा दिया। बाद में तालिबान के अस्तित्व में आने पर यह उसके सहयोगी संगठन के रूप में काम करने लगा। इसने भारत में 2006 में बनारस और 2011 में दिल्ली में हुए बम विस्फोट की जिम्मेदारी ली। यह मुख्य रूप से धार्मिक स्थानों पर विस्फोट कराता है।

स्लीपर सेलः यह एजेंटों का एक पृथक् समूह है, जो तब तक शिथिल रहता है, जब तक कि इनको सक्रिय रहने का आदेश नहीं मिलता या सक्रिय होने का निर्णय नहीं लिया जाता। वस्तुतः यह जासूसों का एक समूह है, जिसे लक्षित देश या संगठन में रखा जाता है और इनको तुरंत कार्य नहीं करना पड़ता है, बल्कि आवश्यकता पड़ने पर इनको कार्य में लगाया जाता है। लश्कर-ए-तौएबा, हिजबुल मुजाहिदीन, हरकत-उल-जिहाद-अल-इस्लामिक और सिम्मी द्वारा अपने स्पीलर सेल बनाए गए हैं।

इस्लामिक स्टेट्स ऑफ इराक एंड सीरिया (ISIS): यह इराक और सीरिया आधारित वैश्विक आतंकी संगठन है, जिसका चरणबद्ध तरीके से विकास हुआ है।

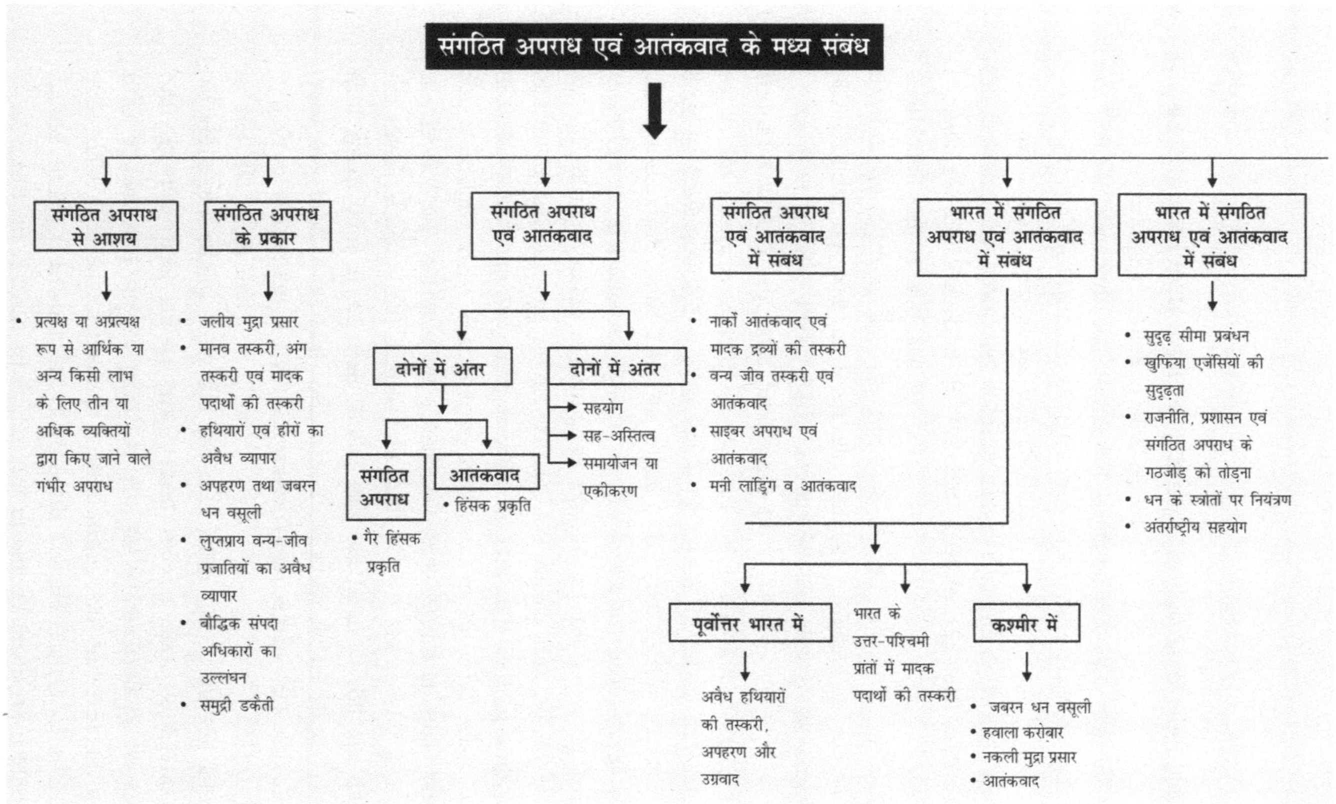
संगठित अपराध एवं आतंकवाद के मध्य संबंध
संगठित अपराध से आशय
• प्रत्यक्ष या अप्रत्यक्ष रूप से आर्थिक या अन्य किसी लाभ के लिए तीन या अधिक व्यक्तियों द्वारा किए जाने वाले गंभीर अपराध
संगठित अपराध के प्रकार
• जलीय मुद्रा प्रसार
• मानव तस्करी, अंग तस्करी एवं मादक पदार्थों की तस्करी
• हथियारों एवं हीरों का अवैध व्यापार
• अपहरण तथा जबरन धन वसूली
• लुप्तप्राय वन्य-जीव प्रजातियों का अवैध व्यापार
• बौद्धिक संपदा अधिकारों का उल्लंघन
• समुद्री डकैती
संगठित अपराध एवं आतंकवाद
दोनों में अंतर
संगठित अपराध
• गैर हिंसक प्रकृति
आतंकवाद
• हिंसक प्रकृति
दोनों में अंतर
सहयोग
सह-अस्तित्व
समायोजन या एकीकरण
संगठित अपराध एवं आतंकवाद में संबंध
• नार्को आतंकवाद एवं मादक द्रव्यों की तस्करी
• वन्य जीव तस्करी एवं आतंकवाद
• साइबर अपराध एवं आतंकवाद
• मनी लॉड्रिंग व आतंकवाद
भारत में संगठित अपराध एवं आतंकवाद में संबंध
पूर्वोत्तर भारत में
अवैध हथियारों की तस्करी, अपहरण और उग्रवाद
भारत के उत्तर-पश्चिमी प्रांतों में मादक पदार्थों की तस्करी
कश्मीर में
• जबरन धन वसूली
• हवाला करोबार
• नकली मुद्रा प्रसार
• आतंकवाद
भारत में संगठित अपराध एवं आतंकवाद में संबंध
• सुदृढ़ सीमा प्रबंधन
• खुफिया एजेंसियों की सुदृढ़ता
• राजनीति, प्रशासन एवं संगठित अपराध के गठजोड़ को तोड़ना
• धन के स्त्रोतों पर नियंत्रण
• अंतर्राष्ट्रीय सहयोग

यह इस्लाम धर्म के प्रभुत्व की स्थापना, सभी मुस्लिमों की इस्लाम धर्म में निष्ठा, पाश्चात्य संस्कृति से मुसलमानों को दूर रखना और इस्लामिक गणराज्य की स्थापना करना अपना प्रमुख उद्देश्य मानता है। पश्चिमी संस्कृति और अन्य संस्कृतियों के समूल को नष्ट करने के लिए जिहाद का नारा देता है। उल्लेखनीय है कि इस समूह के अलग-अलग नाम हैं। इसकी स्थापना 1999 में जोर्डन के कट्टरपंथी अबु मुसाब-अल-जरकारी ने की और उस समय इसका नाम 'जमात अल तबीद वा अल जेहाद' रखा गया।

2004 में अल जरकबी ने इसका नाम बदलकर तनीम कायदात अल जेहाद फी बिलाद अल रफीदायन कर दिया, जिसे इराक में अलकायदा के नाम से जाना जाने लगा। जनवरी 2006 में कई सुन्नी उग्रवादी समूह का विलय हो गया और एक नया संगठन 'मुजाहिदीन शूरा काउंसिल' कर दिया। 2006 में अल जरकावी के मारे जाने के बाद एक नया समूह अद-दवलाह-अल-इराक अस्तित्व में आया, जिसे शुरू में इस्लामिक स्टेट्स ऑफ इराक की संज्ञा दी गई थी और इसका नेतृत्व अबु उमर अल-बगदादी और अबु-अयूब-अलमसरी को दिया गया। 2010 में अमेरिकी ऑपरेशन में इनके मारे जाने के बाद अबु वक्र अल-बगदादी समूह का नया नेता बना, जो आज भी आतंकी गतिविधियों को संचालित कर रहा है। बाद में इसमें सीरिया के आतंकी संगठनों को सम्मिलित हो जाने के बाद यह आईएसआईएस बन गया। जिसका मुख्य उद्देश्य इराक और सीरिया में इस्लामिक गणराज्य की स्थापना करना है। इसके काले झंडे में लिखा गया है कि अल्लाह के अलावा कोई ईश्वर नहीं है और इस्लामिक के अतिरिक्त कोई दूसरा धर्म नहीं है। इसलिए इस्लामिक राज्य की स्थापना के लिए जेहाद हमारा कर्तव्य है।

वर्ष 2013 में इसका विस्तार सीरिया तक हो गया। इस समूह ने अद-दवलाह अल-इस्लामिया फी ईराक वा-श-शम नाम अपनाया। उल्लेखनीय है अल-शाम एक ऐसा क्षेत्र है जिसकी तुलना ग्रेट सीरिया के साथ की जाती है। इस समूह को अलग-अलग नामों से जाना जाता है-

'इस्लामिक स्टेट ऑफ ईराक एंड अल-शाम, इस्लामिक स्टेट ऑफ ईराक एंड सीरिया' (दोनों का संक्षिप्त रूप आईएसआईएस है।) या 'इस्लामिक स्टेट ऑफ ईराक एंड द लेवेंट' (संक्षिप्त रूप आईएसआईएल)।

मई 2014 में, यूनाइटेड स्टेट्स डिपार्टमेंट ऑफ स्टेट ने अपने निर्णय की घोषणा की, जिसके अनुसार समूह का प्राथमिक नाम 'इस्लामिक स्टेट ऑफ ईराक एंड द लेंवेट' (आईएसआईएल) उपयोग में लाया जाएगा।

जून 2014 में इस संगठन ने अपने को विश्वव्यापी इस्लाम प्रभुत्व घोषित कर दिया।

अबु वकर अल बगदादी ने अपने को इस्लामिक का संप्रभु घोषित कर दिया और वह विश्वभर के मुसलमानों पर धार्मिक राजनीतिक और सैन्य प्राधिकार का दावा करता है। अबु वकर अल बगदादी अपने को अल्लाह का प्रतिनिधि मानता है और संपूर्ण विश्व पर इस्लाम के शासन की स्थापना करना चाहता है। अपने इस लक्ष्य को पाने के लिए वह संपूर्ण विश्व में मुस्लिम समुदाय से जेहाद में भाग लेने की अपील करता है और मुस्लिम नवयुवकों से अपने समूह में सम्मिलित होने के लिए भावनात्मक, धार्मिक और सभी प्रकार के माध्यमों का सहारा लेता है। वर्तमान में इसके द्वारा इराक और सीरिया में समानांतर सरकार की स्थापना करके वहां की वैधानिक सरकार के विरुद्ध संघर्ष किया जा रहा है। आईएसआईएस को समाप्त करने लिए संयुक्त राज्य अमेरिका के नेतृत्व में नाटो की सेनाएं तथा रूस की सेनाएं अपनी गतिविधियां संचालित कर रही हैं।

आईएसआईएस की गतिविधियां संपूर्ण विश्व में फैल चुकी हैं और इसे कई इस्लामिक देशों का समर्थन भी प्राप्त है, जिसके कारण मानवता और वैधानिक सरकारों के लिए आईएसआईएस एक चुनौती बन चुका है। सीमित रूप में ही सही आईएसआईएस भारत में भी अपना पैर फैलाता जा रहा है। यहां के मुस्लिम नवयुवकों को सोशल मीडिया के माध्यम से अनुषंगी संगठनों के माध्यम से प्रशिक्षण देने, कट्टरवाद को बढ़ावा देने और जेहाद करने के लिए प्रेरित किया जाता है।

महाराष्ट्र आंतरिक सुरक्षा अधिनियम 2016 का मसौदा जारी

महाराष्ट्र राज्य सरकार ने महाराष्ट्र की सुरक्षा हेतु 'आतंरिक सुरक्षा अधिनियम 2016' का मसौदा सार्वजनिक डोमेन में जारी किया। महाराष्ट्र प्रथम ऐसा राज्य है जिसने आंतरिक सुरक्षा हेतु इस प्रकार का मसौदा कानून जारी किया। इस मसौदे के तहत विभिन्न हितधारकों सहित राजनीतिक दल तथा बड़े पैमाने पर जनता जांच के दायरे में होंगे। महाराष्ट्र के अतिरिक्त मुख्य सचिव के अनुसार कानून व्यवस्था से संबंधित मौजूदा कानून सुरक्षा की दृष्टिकोण से अपर्याप्त हैं। अभी तक राजनीतिक स्तर पर राज्य सरकार द्वारा महाराष्ट्र आंतरिक सुरक्षा अधिनियम को स्पष्ट नहीं किया गया है। कुछ राजनीतिक दलों ने इस मसौदे की आलोचना की है कि इसके द्वारा नागरिकों को संविधान प्रदत्त अधिकारों का हनन होने की संभावना है। यही कारण है कि 'महाराष्ट्र आंतरिक सुरक्षा अधिनियम' के मसौदे को सार्वजनिक डोमेन से वापस ले लिया गया है। उल्लेखनीय है कि 26/11 के मुंबई आतंकवादी हमले के बाद आरडी प्रधान की अध्यक्षता में एक समिति गठित की गई जिसने आंतरिक

सुरक्षा से संबंधित महत्वपूर्ण सिफारिशें की थी। इन्हीं सिफारिशों को ध्यान में रखते हुए एक ऐसी प्रणाली को अपनाने की जरूरत है जिसमें मानवीय तत्व पर निर्भरता कम हो जैसे जवाबी सुरक्षा उपायों को सक्रियता एक वायरलेस सुरक्षा योजना के माध्यम से हो। इसके अलावा आंतरिक सुरक्षा ढांचे में समाज के प्रत्येक वर्ग को विभिन्न प्रतिष्ठानों और संगठनों (सरकारी एवं निजी) को शामिल किया जाए तथा 'महाराष्ट्र आंतरिक सुरक्षा अधिनियम' मसौदे की प्रमुख विशेषताएं निम्नवत् हैं:-

- सार्वजनिक क्षेत्र में सुरक्षा सुनिश्चित करने के लिए जहां 100 से अधिक व्यक्ति हैं उनके लिए पुलिस से विशेष अनुमति लेने की जरूरत है।
- यह अधिनियम परमाणु रिएक्टरों, बांधों, पुलों, प्रमुख परियोजनाओं, अपतटीय क्षेत्रों आदि जैसे महत्वपूर्ण ढांचागत प्रतिष्ठानों पर विशिष्ट सुरक्षात्मक कदम उठाने के लिए सरकार को सक्षम बनाता है। यह अधिनियम ऐसे संगठनों और समूहों जो 'सांप्रदायिक हितों' विध्वसंक गतिविधियों आदि को बढ़ावा देते हैं पर अंकुश लगाने में सक्षम है।
- यह हथियार और विस्फोटक पदार्थ, वर्जित वस्तुओं तथा बेहिसाब धन का निरीक्षण और नियंत्रण बनाए रखने के लिए शक्ति प्रदान करता है। इस अधिनियम के तहत अपराधी को तीन वर्ष से अधिक समय तक जेल में रखा जा सकता है।

❑❑❑

अभ्यास हेतु प्रश्न

1. आतंकवाद एक नकारात्मक विचारधारा है, स्पष्ट कीजिए।
2. राज्य प्रायोजित और गैर-राज्य प्रायोजित आतंकवाद में अंतर स्पष्ट कीजिए। भारतीय संदर्भ में विदेशी राज्यकर्ताओं और गैर-राज्यकर्ताओं की भूमिका का परीक्षण कीजिए।
3. भारत में आतंकवाद के संदर्भ में बनाए गए संस्थागत ढांचे का मूल्यांकन कीजिए और उसको प्रभावी बनाने के लिए सुझाव दीजिए।
4. दक्षिणपंथी आतंकवाद से क्या आशय है? इस प्रकार का आतंकवाद प्रतिक्रिया के फलस्वरूप उत्पन्न होता है? भारत में दक्षिणपंथी आतंकवाद की उपस्थिति पर प्रकाश डालिए।
5. भारत में आतंकवाद रोकने के लिए विद्यमान विधायी ढांचे का आलोचनात्मक मूल्यांकन कीजिए।
6. क्या भारत में आतंकवाद के संदर्भ में राजनीतिक दलों में पूर्वाग्रह व्याप्त है, जिसके कारण टाडा और पोटा जैसे कानून को समाप्त किया गया?

7. क्या आतंकवाद का अच्छे और बुरे आतंकवाद में वर्गीकरण उचित है? स्पष्ट कीजिए।
8. आतंकवाद के वित्तीय स्रोतों पर प्रकाश डालते हुए स्पष्ट कीजिए कि इस दिशा में अंतर्राष्ट्रीय व्यवस्था प्रभावी नहीं है।
9. एनसीटीसी की संकल्पना पर प्रकाश डालते हुए स्पष्ट कीजिए कि वर्तमान परिप्रेक्ष्य में इसकी क्यों आवश्यकता है?
10. भारत में कार्यरत प्रमुख आतंकवादी संगठनों पर प्रकाश डालिए। क्या आप इस बात से सहमत हैं कि इनको विदेशी और धार्मिक समर्थन प्राप्त है?
11. आतंकवाद को रोकने के लिए भारत द्वारा अपनाई जा रही रणनीति का समीक्षात्मक अध्ययन कीजिए।
12. राष्ट्रीय जांच एजेंसी की कार्यप्रणाली और उसकी भूमिका का परीक्षण कीजिए।

6. ड्रग्स आतंकवाद और उसके मौलिक कारक

मादक पदार्थों के व्यापार को एक संगठित अपराध के रूप में देखा जा रहा है। मादक पदार्थों के व्यापार से न केवल आर्थिक संसाधनों का संग्रहण किया जा रहा है और इससे लोगों की अर्थव्यवस्था को कमजोर बनाया जा रहा है, बल्कि इसके माध्यम से देश की युवा आबादी को इसका आदी बनाकर उनसे गलत कार्य करवाने के लिए उन्हें तैयार किया जा रहा है। मादक पदार्थों के व्यापार से जहां सामाजिक विघटन को बढ़ावा मिलता है, वहीं लोगों के मनोबल पर नकारात्मक प्रभाव पड़ता है तथा देश की बौद्धिक क्षमता प्रभावित होती है और साथ ही इससे अनैतिक गतिविधियों को प्रत्यक्ष और अप्रत्यक्ष रूप में बढ़ावा मिलता है। मादक पदार्थों के व्यापार से प्राप्त धन का उपयोग आतंकवादी समूहों को वित्त-पोषण करने में और आतंकवादी गतिविधियों को संचालित करने में किया जाता है, जैसाकि पाक व अफगानिस्तान में देखने को मिल रहा है। भारत में भी मादक पदार्थों का व्यापार संगठित रूप में तेजी से बढ़ा है और पूर्वोत्तर भारत, पंजाब या महानगरों में इसका प्रभाव दिखाई पड़ता है। सीमापार से होने वाले अवैध व्यापार में मादक पदार्थों का व्यापार तस्करी का मुख्य स्त्रोत है। इसे रोकने के लिए जहां सीमा सुरक्षा प्रबंधन को मजबूत बनाना होगा, वहीं दूसरी तरफ स्थानीय लोगों को जागरूक करना होगा। इसके साथ-साथ देश में जागरूकता अभियान भी

चलाना होगा। उल्लेखनीय है कि मादक पदार्थों के व्यापार को यह अभियान तात्कालिक और दीर्घकालिक रूप में प्रभावित करता है।

नारको आतंकवाद

नशीले पदार्थ का आतंकवादी गतिविधियों के रूप में उपयोग ड्रग ट्रैफिकर्स द्वारा आतंकवादी कृत्यों और उनकी गतिवधियों को समर्थन देने के लिए सशस्त्र समूहों द्वारा नशीली दवाओं की तस्करी हेतु किया जाता है। सर्वप्रथम 'नारको आतंकवाद' शब्द का प्रयोग पेरू के पूर्व राष्ट्रपति फर्नाडो बेलाडे टेरी ने 1983 में अपने देश में नारको टेररिज्म के विरोध में पुलिस पर किए गए आतंकवादी हमलों के संबंध में किया था। अपने मूल अर्थ में मादक द्रव्यों के सेवन को हिंसा, अपहरण, विस्फोट जैसी घटनाओं से धमकाने के माध्यम से सरकार या नागरिक समाज की नीतियों को प्रभावित करने और व्यवस्थित खतरों और हिंसा का उपयोग करके नशीली दवाओं का प्रसार करना होता है।

ड्रग तस्करी, अंतर्राष्ट्रीय आपराधिक संगठन के द्वारा वित्त-पोषण प्रदान करने में महत्वपूर्ण भूमिका निभाते हैं।

आतंकवादी और संगठित आपराधिक नेटवर्क

आतंकवादी और संगठित आपराधिक नेटवर्क के लिए धन के प्रमुख स्रोतों में से एक नशीली दवाओं की तस्करी है। इसे आपराधिक समूहों द्वारा एशिया, लैटिन अमेरिकी देशों में असुरक्षा का वातावरण तैयार किया जाता है। एशिया में गोल्डेन त्रिभुज थाईलैंड, लाओस और म्यांमार का क्षेत्र आता है, जोकि दवाओं के उत्पादन क्षेत्र के रूप में जाना जाता है।

गोल्डेन त्रिभुज

ऐतिहासिक रूप से यह क्षेत्र अपने अफीम उत्पादन और नशीली दवाओं के व्यापार के लिए प्रसिद्ध था, जिसमें नशीले पदार्थों की तस्करी, हिंसा तथा लोगों की तस्करी भी शामिल थी। अफीम युद्ध चीन और ब्रिटिश व्यापारियों के बीच हुआ। व्यापारियों ने नकदी उत्पादन करने के लक्ष्य के साथ चाय की खरीद के लिए भुगतान के रूप में भारत और चीन में अफीम की तस्करी शुरू की।

भारत के संदर्भ में स्थिति

म्यांमार, लाओस और थाईलैंड, जोकि व्यापाक अफीम उत्पादन के लिए जाने जाते हैं, भारत के उत्तर-पूर्वी राज्यों से दवाएं अवैध रूप में भारत में लाई जाती हैं।

भारत के उत्तर-पूर्वी राज्यों को विद्रोही गुटों द्वारा राजस्व अवैध तस्करी के माध्यम से ही पहुंचाया जाता है।

भारत के उत्तर-पूर्वी राज्यों से ड्रग न केवल भारत, बल्कि समुद्री मार्गों से पूरे विश्व में पहुंचाया जाता है। गोल्डेन त्रिभुज के साथ अवैध व्यापार से पूर्वोत्तर भारत के लिए गंभीर खतरे हैं। मादक पदार्थों की लत, जो वर्तमान में पूर्वोत्तर भारत विशेषत: मणिपुर में युवाओं की क्षमता को नष्ट कर रहा है।

गोल्डेन क्रीसेन्ट (Golden Cresent)

यह केंद्रीय, दक्षिण और पश्चिमी एशिया में स्थित देशों के नाम पर है, जिनमें पाकिस्तान, अफगानिस्तान तथा ईरान शामिल है। राज्यों के पर्वतीय क्षेत्र सम्मिलित हैं, जिसमें कि पाकिस्तान तथा अफगानिस्तान उच्च मात्रा में अफीम का उत्पादन करते हैं, जबकि ईरान एक अफीम का तस्करी मार्ग है।

एशिया के इस क्षेत्र से मादक पदार्थो की तस्करी से धन को एकत्रित किया जाता है, जिसका प्रयोग आतंकवादी गतिविधियों में होता है। अंतर्राष्ट्रीय बाजारों में अफीम तथा इससे बनने वाले मादक पदार्थों का मूल्य काफी अधिक होता है, जिससे इसके व्यापार में अधिक धन प्राप्त होता है। चूंकि अफगानिस्तान में सुरक्षा शून्य की स्थिति होने के कारण आतंकवादी संगठन इसका उत्पादन बड़े पैमाने पर करते हैं। अफीम के उत्पादन में अफगानिस्तान प्रथम स्थान पर है। इसके व्यापार से प्राप्त धन का उपयोग आतंकवादी संगठन अपने राजनीतिक हितों के लिए करते हैं।

अंतर्राष्ट्रीय और घरेलू आतंकवादी संगठन और उनके समर्थक आईएसआईएस, अलकायदा, हिजुबुल, बोको हराम, अल-शबात, तहरीक-ए-तालिबान जैसे आतंकी संगठन आपराधिक गतिविधियों से संचित निधियां आतंकी गतिविधियों के लिए फंडिंग का जरिया बनती है। इन अपराधों में जबरन वसूली, अपहरण, डकैती, विदेशी तस्करी, हथियारों की तस्करी, साइबर अपराध आदि भी शामिल होते हैं।

प्रमुख तथ्य यह भी है कि पाकिस्तान आधारित विभिन्न आतंकी संगठन ड्रग्स की बड़ी-बड़ी खेपें नेपाल, पंजाब, राजस्थान तथा कश्मीर के रास्ते भारत में पहुंचाने में सफल हो रहे हैं। जिससे उनके दोहरे मिशन को सफलता मिल रही है। प्रथम भारत में आतंकी गतिविधियों को धन मुहैया कराना तथा द्वितीय भारतीय युवाओं के भविष्य को धूमिल करना।

वर्ष 2013 की संयुक्त राष्ट्र ड्रग एवं अपराध कार्यालय की एक रिपोर्ट के अनुसार अफगानिस्तान में अकेले दुनिया की 93 प्रतिशत हेरोइन की फसल होती है। विशेष बात यह है कि अफगानिस्तान में अफीम का उत्पादन दक्षिणी प्रांत में प्रमुखता से होता है, जहां तालिबानी चरमपंथ हावी है, यानी तालिबानी चरमपंथ का मूल आधार ही अफीम की तस्करी से है।

गोल्डेन क्रीसेन्ट से बड़ी मात्रा में हेरोइन और अफीम बाल्कन के रास्ते यूरोप और अमेरिका भेजकर अत्यधिक लाभ कमाते हैं, क्योंकि दक्षिणी अमेरिकी देशों तथा पूर्वी यूरोपीय राज्यों में मादक पदार्थों की अत्यधिक मांग भी होती है।

चीन का यून्नान प्रांत भी भारी मात्रा में अफीम का उत्पादन करता है तथा समुद्री रास्तों से शेष विश्व में आसानी से पहुंचाता है। उधर लेबनान की बेका घाटी में कैन्नाबीस तथा अफीम और लैटिन अमेरिकी देश पेरू और कोलम्बिया तथा मैक्सिको में कोकीन का भारी मात्रा में उत्पादन होता है। इस प्रकार देखा जाए तो ड्रग अर्थव्यवस्था संपूर्ण वैश्विक अर्थव्यवस्था में समानांतर रूप से स्थापित हो चुकी है। दक्षिण एशिया के साथ-साथ भारत के लिए यह कारोबार बड़ा चुनौती का विषय बना हुआ है। संयुक्त राष्ट्र संघ तथा भारत सरकार के सामाजिक न्याय और पर्यावरण मंत्रालय द्वारा हाल ही में कराए गए सर्वेक्षणों से ज्ञात होता है कि पंजाब में 79.7%, राजस्थान में 76.7%, हरियाणा में 58%, उत्तर प्रदेश में 43.9% तथा हिमाचल प्रदेश में 37.3% लोग हेरोइन का उपयोग मादक पदार्थ के रूप में करते हैं।

ड्रग एवं संगठित अपराध पर अंतर्राष्ट्रीय संगठनों की प्रतिक्रियाएं

ड्रग ट्रैफिकिंग एवं संगठित अपराध, अपराधी तत्वों द्वारा धन लाभ की आकांक्षा हेतु अवैध रूप से संचालित अंतर्राष्ट्रीय, राष्ट्रीय एवं स्थानीय स्तर पर विद्यमान समस्याओं में से एक है। इन आपराधिक संगठनों में से कुछ आपराधिक संगठन राजनीति से प्रेरित होते हैं और इस ड्रग ट्रैफिकिंग के माध्यम से चरमपंथी घटनाओं को धन की फंडिंग करते हैं। इन मुद्दों को नियंत्रित करने के लिए निम्नलिखित अंतर्राष्ट्रीय प्रयास किए गए हैं:-

संयुक्त राष्ट्र सम्मेलन (1997)

इस सम्मेलन में ड्रग ट्रैफिकिंग, अंतर्राष्ट्रीय हिंसा, आपराधिक गतिविधियां आदि को संगठित अपराध की श्रेणी में रखा गया है। ये शांति व सुरक्षा के लिए खतरा है तथा संपूर्ण विश्व की सामाजिक, आर्थिक, राजनीतिक स्थिति और नागरिक विकास को प्रभावित करते हैं। संगठित अपराध के अंतर्गत निम्नलिखित अवैध गतिविधियां शामिल हैं, जिनके माध्यम से धन कमाना मुख्य उद्देश्य होता है:-

- जाली मुद्रा का प्रसार
- मानव तस्करी एवं अंग तस्करी
- मादक पदार्थों की तस्करी

- हथियारों व विस्फोटक पदार्थों का अवैध व्यापार, ब्लैकमेलिंग आदि और लुप्तप्राय वन्य जीवों का अवैध व्यापार।
- आतंकवादी घटनाएं आदि संगठित अपराधों की वैश्विक श्रेणी में आते हैं। सीमापार गतिविधियों के माध्यम से इन्हें बढ़ावा मिलता है।

आतंक जी-20 का आतंकरोधी एक्शन प्लान

जी-20 के वार्षिक सम्मेलन में सभी राष्ट्राध्यक्षों द्वारा मानव तस्करी, आतंकवाद के सभी रूपों, सीमापार अवैध फंडिंग, मादक पदार्थों के व्यापार आदि के बारे में UN Security Council Resolution 2309 (2016) के अनुसार इस समस्या से निपटने का आह्वान किया गया। Resolution 2309 विश्व सुरक्षा के लिए आतंकवादी घटनाओं के सभी रूपों पर आपसी सहयोग की बात करता है। इसके साथ-साथ Financial Action Task Force (FATF) के गठन करने की बात की गई है।

काउंटर आतंकवाद पर ब्रिक्स शिखर सम्मेलन

ब्रिक्स के गोआ सम्मेलन में सभी सदस्य देशों द्वारा जल्द से जल्द संयुक्त राष्ट्र के कन्वेंशन (Comprehensive Convention International Terrorism-CCIT) के प्रावधानों को अपनाने पर जोर दिया गया।

ड्रग्स आतंकवाद से भारत पर पड़ने वाले प्रभाव

ड्रग्स आतंकवाद, आतंकवाद का ही रूप है। इससे आतंकवाद किसी भी देश में अपनी आसानी से जड़ें जमा लेता है। भारतीय सीमा पर स्थित पाकिस्तान, म्यांमार तथा अफगानिस्तान के कारण ड्रग्स ट्रैफिकिंग और आतंकवाद दोनों से दो-चार होना पड़ता है। भारत पर ड्रग्स आतंकवाद के प्रभाव निम्नलिखित है-

- भारतीय राज्य जम्मू-कश्मीर तथा पंजाब इससे सबसे ज्यादा प्रभावित हैं।
- आए दिन भारत में आतंकवादी गतिविधियों के कारण ये क्षेत्र अशांत रहते हैं।
- पंजाब के युवा इस लत के कारण एक महत्वपूर्ण भारतीय संपत्ति के रूप में खोते जा रहे हैं।
- ड्रग्स ट्रैफिकिंग के कारण अवैध व्यापार प्रोत्साहित होता है, जो अंततः वापस आतंकवाद को धन मुहैया कराता है।
- मादक पदार्थों की तस्करी से अवैध रूप से अपराधी संगठनों द्वारा समानांतर अर्थव्यवस्था का संचालन किया जाता है, जिसका उपयोग हिंसक घटनाओं को प्रोत्साहन देने में किया जाता है।

- गोवा, पांडिचेरी, महाराष्ट्र जैसे राज्यों में ड्रग माफियाओं द्वारा वेश्यावृत्ति को बढ़ावा दिया जाता है तथा अल्पवयस्कों को इसमें धकेलकर उनके भविष्य को बेकार किया जाता है।
- भारत के उत्तर-पूर्वी राज्य भी ड्रग की तस्करी से प्रभावित होते हैं। वहां इससे उग्रवादी संगठनों को धन की प्राप्ति कराई जाती है; साथ ही साथ वहां के युवाओं को अवैध गतिविधियों में संलग्न होने पर मजबूर भी किया जाता है।

❐❐❐

अभ्यास हेतु प्रश्न

1. नारको आतंकवाद से क्या आशय है? यह परंपरागत आतंकवाद से किस प्रकार भिन्न है, स्पष्ट करें।
2. नारको आतंकवाद देश की सामाजिक एवं आंतरिक सुरक्षा के लिए किस प्रकार चुनौती है, विवेचना कीजिए।
3. निम्नलिखित पर टिप्पणी लिखिए:-
    1. गोल्डेन त्रिभुज।
    2. गोल्डेन क्रीसेंट।

7. नक्सलवादः समस्या, कारण, चुनौती और समाधान

नक्सलवाद वर्तमान में आंतरिक सुरक्षा के लिए एक बहुत बड़ी चुनौती के रूप में उत्पन्न हो चुका है और इसे आतंकवाद से बड़ी समस्या के रूप में देखा जा रहा है। इसकी विरोधाभासी प्रवृत्ति ने इसे और अधिक भयावह बना दिया है। नक्सलवाद का उद्भव मई 1967 में हुआ और इसके जन्मदाता चारू मजूमदार, कान्हू सान्याल तथा जंगल संथाल को माना जाता है, परंतु प्रमुख भूमिका चारू मजूमदार और कान्हू सान्याल की ही रही है। उल्लेखनीय है कि यह सभी नेता कार्लमार्क्स के वर्ग संघर्ष सिद्धांत से प्रभावित थे। भारत में नक्सलवाद की शुरुआत उत्तरी बंगाल के दार्जिलिंग जिले के नक्सलबाड़ी गांव से किसानों के विद्रोह के रूप में होती है। इसका मुख्य कारण सामाजिक, आर्थिक, राजनीतिक असमानता और शोषण को माना जाता है। बेरोजगारी, गरीबी और असंतुलित विकास ने नक्सली आंदोलन को तीव्रता के साथ-साथ नई दिशा प्रदान की है। सामाजिक, आर्थिक और राजनैतिक समानता स्थापित करने के लिए उन नेताओं ने उस दौर में बेरोजगार युवकों एवं किसानों को साथ लेकर गांव के भू-स्वामियों के विरुद्ध एक आंदोलन चलाया, जिसका केंद्रबिंदु अमारबाड़ी, तुम्हारबाड़ी तथा नक्सलबाड़ी गांव थे। वस्तुतः भूमि सुधारों के असंतोषजनक होने, जमींदारों द्वारा शोषण करने और इस संदर्भ में शासन-प्रशासन द्वारा की गई उपेक्षा ने इस आंदोलन को जन्म

दिया। शुरू में इस आंदोलन की गंभीरता को नहीं समझा गया और धीरे-धीरे यह आंदोलन देश के बड़े भू-भाग में फैलता गया। शुरुआती दौर में इस आंदोलन को रोकने के लिए दमनात्मक कार्यवाही प्रारंभ की गई, जिसका नकारात्मक प्रभाव पड़ा और लोगों के मन में एक नकारात्मक सोच उत्पन्न हो गई। धीरे-धीरे यह आंदोलन जन समर्थन प्राप्त करने लगा और इस आंदोलन को चीन की कम्युनिस्ट राजनीति ने प्रभावित किया।

नक्सलवाद का दार्शनिक आधारः मार्क्सवाद एवं माओवाद

नक्सलवादी आंदोलन मुख्यतः माओत्से तुंग की विचारधारा पर आधारित है, जिसे 'माओवाद' कहा जाता है। वस्तुतः माओवाद की विचारधारा में मार्क्सवादी और लेनिन विचारधारा में दोनों का ही समावेश है। इनमें माओ ने चीन की परिस्थितियों के अनुकूल कुछ परिवर्तन किया।

वस्तुतः मार्क्सवाद एक भौतिक विचारधारा है, जिसके अनुसार भौतिक तत्व ही सत्य है, आत्मा या ईश्वर जैसी कोई चेतना अस्तित्व में नहीं है। जगत् के विकास का नियम द्वन्द्वात्मक भौतिकवाद है। इसके अंतर्गत दो परस्पर विरोधी तत्व वाद और प्रतिवाद टकराते हैं और फिर संवाद की प्रक्रिया चलती है और तब तक चलती रहती है, जब तक साम्यवाद की स्थापना नहीं हो जाती है।

मार्क्स के अनुसार किसी भी समाज की उत्पादन प्रणाली ही उस समाज का मूल ढांचा या आधार होती है, शेष सभी प्रणाली, जैसे सामाजिक चेतना, सामाजिक संघर्ष, राजनीति, धर्म और संस्कृति आदि ऊपरी ढांचे का निर्माण करते हैं। मानव इतिहास को पांच युगों में विभाजित किया है और कार्ल मार्क्स ने युगों की व्याख्या या परिवर्तन उत्पादन प्रणाली के आधार पर किया है। उनका मत है कि प्रत्येक युग में उत्पादन के साधनों के स्वामित्व के आधार पर दो वर्ग बनते है:-

1. संपत्ति युक्त वर्ग।
2. संपत्ति विहीन वर्ग।

इन दोनों के मध्य संघर्ष होता है और इन संघर्षों के कारण एक नए युग की शुरुआत होती है।

मानव इतिहास का पहला युग आदिम साम्यवाद का था। जहां उत्पादन अधिशेष न होने के कारण सामान्यतः इस युग में न संपत्ति की अवधारणा थी और न वर्ग की।

नक्सलवाद उत्पन्न होने के कारण

नक्सलवाद उत्पन्न होने के लिए किसी एक कारण को जिम्मेदार नहीं ठहराया जा सकता, बल्कि इसके लिए कई कारण जिम्मेदार हैं जिनमें से प्रमुख जल-जमीन-जंगल, विकास का अभाव, सुशासन का अभाव और सामाजिक व्यवस्था है।

जल, भूमि, जंगल

- भूमि सुधार कार्यक्रमों को प्रभावपूर्ण तरीके से लागू न किया जाना।
- असरकारी तथा समुदायी जमीन पर अतिक्रमण।
- परंपरागत भूमि अधिकारों का नियमन न होना।
- बिना समुचित मुआवजा और पुनर्वास किए भूमि का अधिग्रहण करना।
- आदिवासियों के परंपरागत अधिकारों का अतिक्रमण करना और वन उत्पादों या जंगली संपदा में उनको अधिकार न देना।

विकास की अपर्याप्तता

- भेदभावमूलक परंपरागत व्यवस्थाएं।
- मानव अधिकारों का उल्लंघन।
- प्रतिष्ठापूर्ण जीवन के लिए अधिकारों का उल्लंघन।
- समाज की मुख्य धारा से अलग होना।
- जागरूकता की कमी।
- सरकार के प्रति उनके मन में व्यापक असंतोष।

बेहतर एवं प्रभावी सुशासन का अभाव

- रोजगार के अवसरों की कमी।
- निर्धनता।
- मूलभूत भौतिक एवं सामाजिक सुविधाओं की कमी।
- गुणवत्तायुक्त एवं प्रभावी शिक्षा का अभाव।
- स्वास्थ्य सुविधाओं का अभाव।

सामाजिक व्यवस्था का विसंगतियुक्त होना

- प्रशासन में जवाबदेही और संवदेनशीलता की कमी।
- सामान्य प्रशासन का अभाव।
- अक्षम, निष्क्रिय और अप्रशिक्षित एवं कमजोर मनोबल वाले कर्मचारियों का प्रशासन में विद्यमान होना।
- प्रशासन में भ्रष्टाचार का विद्यमान होना।
- सामाजिक योजनाओं का लाभ लोगों को न मिलना।
- चुनावी राजनीति।
- अधिकारों का विकेंद्रीकरण न किया जाना।

कार्ल मार्क्स के अनुसार आदिम साम्य के बाद दास व्यवस्था का उदय हुआ और इस व्यवस्था में स्वामी और दास दो वर्ग बन गए। दासों को स्वामी की संपत्ति माना जाने लगा और दासों का शोषण किया जाने लगा।

मानव समाज का तीसरा युग सामंत युग था, जिसमें दो वर्ग सामंत और अर्द्धकृषक बने और इनके बीच संघर्षों को बढ़ावा मिला और सामंतों द्वारा किसानों का शोषण किया जाता था। इसके बाद औद्योगिक क्रान्तियां होने लगती हैं और औद्योगिक क्रान्ति के बाद पूंजीवाद का जन्म होता है और इसमें दो वर्ग पूंजीपति और सर्वहारा (श्रमिक वर्ग) हुए। श्रमिक पूंजीपतियों की शर्त पर श्रम बेचने के लिए तैयार होने लगे, क्योंकि उनकी विवशता थी। मार्क्स ने पूंजी और श्रम के बीच संबंधों के निर्धारण के लिए मूल्य और अतिरिक्त मूल्य सिद्धांत का प्रतिपादन किया। इनके अनुसार उत्पादन में श्रम की विशेष भूमिका होती है, लेकिन उत्पादन का समस्त भाग पूंजीपति रख लेता है और श्रमिकों को उनकी पूरी कीमत नहीं देता। एक ओर जहां पूंजीपति बिना श्रम किए धन संचय करने लगता है तो दूसरी तरफ श्रमिकों को श्रम करने के बावजूद अमानवीय स्थिति में गुजर करने के लिए बाध्य होना पड़ता है।

मार्क्स के अनुसार अन्याय पर आधारित पूंजीवादी व्यवस्था अपने अंदर अंतर्निहित विसंगतियों के कारण समाप्त हो जाएगी और इसके लिए सर्वहारा क्रान्ति की आवश्यकता पड़ेगी। सर्वहारा क्रान्ति को हिंसक क्रान्ति के माध्यम से राजा, पूंजीपति या राजसत्ता को समाप्त करने के लिए कार्य करना होगा, जो सर्वहारा क्रान्ति का दूसरा चरण होगा। इस चरण को कार्लमार्क्स ने सर्वहारा की तानाशाही कहा और इस चरण में ही सर्वहारा क्रान्ति की अन्तिम अवस्था उत्पन्न होती है, जिसे साम्यवादी समाज या व्यवस्था कहा जाता है, जो वर्ग विहीन, राज्य विहीन समाज होता है, जो समानता पर आधारित होता है।

कार्लमार्क्स की विचारधारा में माओत्से तुंग ने परिवर्तन किया। चूंकि जहां पर औद्योगिक श्रमिक वर्ग नहीं था, वहां ग्रामीण कृषक और कृषि मजदूर वर्ग को माओत्से तुंग ने आंदोलन के लिए प्रेरित किया। जहां मार्क्स की क्रान्ति साम्यवाद स्थापित होने के बाद समाप्त हो जाती है, वहीं माओत्से तुंग की क्रान्ति निरंतर जारी रहती है। माओत्से तुंग ने अपनी पुस्तक 'अंतर्विरोध विचार और विवेचना' में निरंतर क्रान्ति का आह्वान किया है।

भारत में नक्सलवाद

भारत में नक्सलवाद की शुरुआत 1967 में पं. बंगाल के दार्जलिंग जिले के नक्सलबाड़ी, तुमारबाड़ी और अम्मारबाड़ी गांव से होती है, जिसका नेतृत्व कान्हू सान्याल और चारू मजूमदार ने किया। यह आंदोलन किसानों का जमींदारों के विरुद्ध चलाया गया एक आंदोलन था, जो माओवादी विचारधारा पर आधारित है वस्तुतः नक्सलवाद माओत्से तुंग और उग्र वामपंथी विचारधारा पर आधारित हिंसक आंदोलन

है। यह सशस्त्र क्रांति के द्वारा राजनीतिक सत्ता परिवर्तन और हिंसक साधनों के माध्यम से शोषितों के पक्ष में सामाजिक-आर्थिक सुधारों पर बल देता है। इसलिए इसको माओवादी आंदोलन भी कहा जाता है। नक्सलबाड़ी गांव से किसानों ने यह आंदोलन शुरू किया था, जिसके कारण इसे 'नक्सलवाद' कहा गया। इस आंदोलन का मुख्य उद्देश्य जमींदारों के शोषण से किसानों को मुक्ति दिलाना और भूमि का लोगों में बंटवारा करके भूमि सुधार कार्यक्रमों को प्रभावपूर्ण तरीके से लागू करवाना था। शुरू में यह आंदोलन असंगठित रूप में था, परंतु मई, 1968 में वामपंथी नेताओं ने कम्युनिस्ट क्रान्तिकारी अखिल भारतीय समन्वय समिति का गठन किया, जिसने चार लक्ष्य घोषित किए-

- माओवाद के अनुसार लम्बा जन आंदोलन चलाना।
- गुरिल्ला लड़ाई की रणनीति को अपनाना।
- ग्रामीण क्षेत्रों में अपने आधार को बढ़ावा देना।
- शहरों को चारों ओर से घेरना और संसदीय चुनावों का बहिष्कार करना।

बाद में वामपंथियों ने मार्क्सिस्ट-लेनिनिस्ट पार्टी की स्थापना की, जिसके आधार पर यह आंदोलन पं. बंगाल से बिहार, उड़ीसा और आंध्र प्रदेश में फैल गया और इस आंदोलन के समर्थक किसान और आदिवासी समुदाय के लोग थे। धीरे-धीरे इस आंदोलन से गरीब और बेरोजगार व्यक्ति जुड़ते चले गए और यह आंदोलन उग्र होता चला गया। परंतु पश्चिम बंगाल की तत्कालीन सरकार ने इस आंदोलन को पुलिस कार्यवाही के माध्यम से समाप्त कराने में तात्कालिक रूप से सफल रही परंतु आपातकाल के बाद यह आंदोलन और अधिक उग्र हो गया। 1967 से 1980 तक की अवधि को भारत में नक्सलवाद का पहला चरण माना जाता है, जबकि 1980 से 2004 तक की अवधि को नक्सलवाद का दूसरा चरण माना जाता है। 2005 से नक्सलवाद का तीसरा चरण शुरू होता है, जो अब तक चल रहा है।

नक्सलवाद का लक्ष्य, उद्देश्य एवं कार्यप्रणाली

नक्सलवाद का उद्देश्य सरकार की वैधता को समाप्त करके आम लोगों को स्वीकार जन आधार वाली सरकार बनाना है। इनका उद्देश्य लगातार जन संघर्ष की हिंसात्मक लड़ाई के द्वारा राजनैतिक सत्ता की प्राप्ति करना और भारतीय जन प्रजातान्त्रिक संघीय गणतन्त्र की स्थापना करना है। नक्सली मुख्य तौर पर पुलिस व्यवस्थाओं और सुरक्षा बलों पर हमले करते हैं। उनके द्वारा मूलभूत ढांचे जैसे-रेलवे, सड़क यातायात और बिजली वितरण पर हमला किया जाता है। इसके साथ-साथ उनके द्वारा अपने क्षेत्र में विकास कार्यो को बाधित किया जाता है। अपने जन-आंदोलन के प्रति आम लोगों और बुद्धिजीवी वर्ग को आकर्षित करने के लिए, अपने सिद्धांतों को लोगों के बीच पहुंचाने के लिए प्रचार का सहारा लिया जाता है और सरकारी कानूनों का विरोध किया जाता है।

विकास कार्यो को बाधित करके, राज्य अधिकारों को चुनौती देकर नक्सली एक साथ क्षेत्र में विकास की कमी का लाभ उठाते हैं और सरकारी तन्त्र में विद्यमान कमियों और उदासीनता को आधार बनाकर आंदोलन करने के लिए लोगों को आन्दोलित किया जाता है। नक्सलवाद की कार्य प्रणाली को चार भागों में बांटा जाता है–

- संगठनात्मक ढांचे को मजबूत बनाना और उनका स्तरीकरण करना।
- गुरिल्ला लड़ाई को अंजाम देना।
- शक्तिशाली दुष्प्रचार तंत्र की स्थापना करना।
- हमला विरोधी रणनीति बनाना।

नक्सलवाद के कारण उत्पन्न समस्याएं तथा चुनौतियां

नक्सलवाद की समस्या एक बहुआयामी प्रकृति वाली समस्या है और इसके कारण जो चुनौतियां उत्पन्न होती हैं उसकी प्रकृति भी बहुआयामी ही होती है। नक्सलवाद केवल कानून एवं व्यवस्था के लिए ही चुनौती उत्पन्न नहीं करता है, बल्कि यह सामाजिक सहयोग एवं सामाजिक सौहार्द्र, सामाजिक एकता, राष्ट्रीय सुरक्षा और राष्ट्रीय एकता को प्रभावित करता है। नक्सलवाद के कारण उत्पन्न होने वाली चुनौतियां निम्नवत् हैं-

- कानून एवं व्यवस्था के सम्मुख उत्पन्न चुनौतियां।
- सामाजिक सुरक्षा और शांति को बनाए रखने की चुनौती।
- सामाजिक संघर्ष और सामाजिक विघटन को रोकने की चुनौती।
- वर्तमान व्यवस्था में लोगों के विश्वास को बनाए रखने की चुनौती।
- आर्थिक विकास में बाधाओं का उत्पन्न होना और इसे दूर करने की चुनौती।
- गरीबी एवं बेरोजगारी के बढ़ने के कारण उत्पन्न चुनौती।
- आन्तरिक सुरक्षा को बनाए रखने की चुनौती।
- राजनीतिक समस्याओं का उत्पन्न होना।

नक्सलवाद की समस्या के लिए अपनाई जाने वाली रणनीति

केंद्र सरकार ने नक्सली समस्या के समाधान के लिए द्विआयामी रणनीति अपनाई। जहां एक तरफ नक्सलियों के विरुद्ध निरंतर कार्यवाही और सुरक्षा बलों को अधिक अधिकार प्रदान करके उन पर दबाव बनाने की कोशिश की जा रही है, वहीं दूसरी तरफ नक्सल प्रभावी क्षेत्रों में विकास को बढ़ावा देकर उन्हें समाज की मुख्यधारा में

लाने का प्रयास किया जा रहा है। सरकार यह प्रयास कर रही है कि नक्सल प्रभावित क्षेत्रों में रह रहे लोग शांति एवं सुरक्षा के वातावरण में रहकर सरकारी योजनाओं का लाभ उठा सकें। केंद्र सरकार ने गृह मंत्रालय के अंतर्गत कार्यरत आंतरिक सुरक्षा विभाग में नक्सल प्रभाग का गठन किया है, जो सरकार की गंभीरता को प्रदर्शित कर रहा है। नक्सल प्रबंधन प्रभाग द्वारा इस संदर्भ में योजनाएं चलाई जा रही हैं, जो निम्नलिखित हैं-

- केंद्र सरकार राज्य सरकार को उसके पुलिस बल का आधुनिकीकरण करने के लिए आधुनिक हथियार, नवीनतम संचार उपकरण और सचलता तथा आंतरिक अवसंरचना के विकास के लिए विशेष संसाधन उपलब्ध करा रही है।
- वामपंथी प्रभावित क्षेत्रों और राज्यों संवेदनशील पुलिस थानों और चौकियों की पहचान करने तथा उनकी घेराबंदी करने को कहा गया है।
- नक्सलवाद प्रबंधन प्रभाग द्वारा नक्सली समस्या के समाधान के लिए चलाए जा रहे ऑपरेशनल व्यय के साथ-साथ राज्य सरकार की आत्मनिर्भरता, उनकी स्थिति मजबूत करने, आत्मसर्पण करने वाले वामपंथी, उग्रवादी कैडरों पर होने वाले व्यय, सामुदायिक पुलिस व्यवस्था, ग्राम रक्षा समिति द्वारा सुरक्षा और संरचना और प्रसार सामग्री के लिए सहायता प्रदान की जाती है। विशेष अवसंरचना संबंधित योजनाओं के लिए इन राज्यों के संदर्भ में अलग से संसाधन उपलब्ध कराया जाता है, जिससे कि वामपंथी उग्रवाद से प्रभावित क्षेत्रों में आवश्यक बुनियादी सुविधाओं का विकास किया जा सके और लोगों को विशेष सहायता उपलब्ध कराई जा सके। इसके अंतर्गत दुर्गम क्षेत्रों में सड़क निर्माण, हेलीपैड, मोबाइल पुलिस, अस्पताल और अन्य सुविधा केंद्रों की स्थापना करने पर बल दिया जाता है।
- केंद्र सरकार राज्य सरकारों के माध्यम से नक्सलवाद, उग्रवाद से प्रभावित क्षेत्रों में वहां के लोगों तथा प्रभावित परिवारों को विशेष आर्थिक एवं सामाजिक सुरक्षा, उपलब्ध कराती है, जिसके अंतर्गत नकद सहायता से लेकर आजीविका उपलब्ध कराने के लिए रोजगार तक उपलब्ध कराए जाते हैं।

विकासात्मक रणनीति

नक्सलवाद की समस्या के समाधान के लिए विकासात्मक पहलुओं पर अधिक ध्यान केन्द्रित करना होगा। इसके माध्यम से सामाजिक, आर्थिक समस्याओं का हल खोज करके लोगों को मुख्यधारा में लाना होगा। सरकार इस तथ्य को समझते हुए नक्सल प्रभावित क्षेत्रों में विकासात्मक गतिविधियों को बढ़ावा दे रही है और लोगों को अधिकार उपलब्ध कर रही है। नक्सलवाद की समस्या के समाधान के लिए सरकार ने नक्सल प्रभावित क्षेत्रों में अपनी विकासात्मक रणनीति के अंतर्गत निम्नलिखित कदम उठाए हैं या उठाए जा रहे हैं-

- नक्सलवाद प्रभावित क्षेत्रों में आधारिक संरचना का विकास करना, सड़क, विद्युत और संचार का विकास करना।
- नक्सल प्रभावित क्षेत्रों में शिक्षा, स्वास्थ्य और पेयजल जैसी सुविधाओं की उपलब्धता सुनिश्चित करना।
- नक्सलवाद प्रभावित क्षेत्रों में राष्ट्रवादी प्रवृत्तियों का विकास करना।
- राजनैतिक एवं सामाजिक चेतना का विकास करना।
- अधिकारों का विकेंद्रीकरण करना और पंचायती संस्थाओं को मजबूत बनाना।
- नक्सल प्रभावित क्षेत्रों में स्थानीय संसाधनों के उपयोग तथा रोजगार उत्पन्न करने के लिए आर्थिक गतिविधि को बढ़ावा देना।

सुरक्षात्मक रणनीति

नक्सलवाद की समस्या के समाधान के लिए सरकार को विकासात्मक पहलुओं पर ध्यान केन्द्रित करने के साथ-साथ सुरक्षात्मक पहलुओं पर भी ध्यान केन्द्रित करना होगा। सुरक्षात्मक रणनीति को सामान्य तौर पर चार भागों में बांटकर अध्ययन करना उपयुक्त होगा–

- राज्य पुलिस प्रशासन का आधुनिकीकरण करना, उनको सक्षम बनाना। प्रशिक्षित करना तथा नए पुलिस स्टेशनों की स्थापना करना।
- केंद्रीय सुरक्षा बलों की नक्सलवाद प्रभावित क्षेत्रों में तैनाती करना, आधुनिक हथियार उपलब्ध कराना और राज्य पुलिस प्रशासन के साथ समन्वय बनाने पर बल देना।
- खुफिया एजेंसियों को प्रभावी बनाना और लोगों के बीच अपने एजेंटों की तैनाती करना।
- नक्सल प्रभावित क्षेत्रों को कई क्षेत्रों-सामान्य क्षेत्र,संवेदनशील क्षेत्र, अति संवेदनशील क्षेत्र में विभाजित करके अलग-अलग रणनीति बनाना।

उपरोक्त चार रणनीतियों के अतिरिक्त सरकार नक्सल प्रभावित क्षेत्रों में तकनीक का भी सहारा ले रही है। सूचना प्रौद्योगिकी और अंतरिक्ष प्रौद्योगिकी के माध्यम से सरकार ऐसे क्षेत्रों की पहचान कर रही है जहां पर नक्सलियों का केंद्रण अधिक होता है या छिपे होने की संभावना अधिक है। पुलिस संगठनों के बीच समन्वय बनाने, विस्फोटक पदार्थो की उपलब्धता पर नियंत्रण बनाने, स्थानीय लोगों को सहयोग लेने पर विशेष बल दे रही है, जिससे कि समस्या के समाधान के लिए बहुआयामी और चतुर्दिक कार्यवाही की जा सके।

संवाद से संबंधित रणनीतिः सरकार नक्सलवाद की समस्या के समाधान के लिए संवाद की रणनीति अपना रही है। उसके अंतर्गत नक्सल प्रभावित क्षेत्रों के लोगों, नक्सली संगठनों से जुड़े हुए लोगों या नक्सलियों के स्वयंभू कमांडर या उनके

नेताओं से मध्यस्थों के माध्यम से संपर्क स्थापित करके उनकी समस्याओं और मांगों को जानने का प्रयास कर रही है और उनको मुख्यधारा में लौटने के लिए प्रेरित कर रही है। अपने इस मिशन में गैर-सरकारी संगठनों को भी प्रयोग में ला रही है।

संवाद के माध्यम से सरकार अपनी योजनाओं, उनके विकास के लिए किए जा रहे कार्यों और उनकी उचित मांगों को पूरा करने का भरोसा दिला रही है, जिससे उनको कानून विरोधी गतिविधियों से दूर किया जा सके। यहां तक कि सरकार उनको आम माफी देने पर भी विचार करती रही है और समर्पण करने वालों को आम माफी दी भी है जिससे कि वह मुख्यधारा में लौट सकें।

'समाधान (SAMADHAN) *क्या है'*

ऑपरेशन 'समाधान' (SAMADHAN) भारत में नक्सली समस्या के हल या समाधान के लिए सरकार के गृह-मंत्रालय द्वारा शुरू की गई एक पहल है। 'समाधान' यानी SAMADHAN का विस्तृत रूप है:

S–स्मार्ट लीडरशिप (चाक-चौबंद नेतृत्व)– राज्यों के पास नक्सल-विरोधी अभियान संचालित करने और "गुरिल्लाओं" से निपटने के लिए एक समन्वित रणनीति तैयार करने का "स्वत्वाधिकार" होगा।

A–एग्रेसिव स्ट्रेटजी, (आक्रमक रणनीति)– अभियानों के लिए अधिक हेलीकॉप्टर सपोर्ट, नक्सल क्षेत्र में 400 मोर्चाबंद पुलिस थानों की स्थापना।

M–मोटिवेशन एंड ट्रेनिंग (अभिप्रेरण एवं प्रशिक्षण)- नक्सलियों पर नियंत्रण स्थापित करने के लिए तैयान किए जाने वाले बलों को भारतीय सेना या विशेषीकृत बलों- जैसे- ग्रेहाउंड्स (Greyhounds)– द्वारा विशेष प्रशिक्षण।

A–एक्शनेबल इंटेलिजेस (अभियोज्य गुप्तचर व्यवस्था)- अंतर्राज्जीय सीमाओं पर संयुक्त कार्य बलों का गठन। बेहतर अंतर्राज्जीय समन्वयन और गोपनीय सूचनाओं का आदान-प्रदान।

D–डैशबोर्ड बेस्ड के पी आई (KPIs – key performance indicators)– और के. आर. ए. (Key Result Areas)।

H–हारनेसिंग टेक्लोलॉजी - माओवाद प्रभावित क्षेत्रों के लिए यूएवी UAVs और ड्रोन (चालक-रहित विमान); जीपीएस ट्रैकिंग, एचएचटीआई (हस्तचालित थर्मल इमेज) उपकरण, रडार, सैटलाइट इमेजरी, हथियारों में ट्रैकर्स यानी खोजी उपकरणों का प्रयोग।

A–एक्शन पलान फॉर ईच थिएटर- प्रत्येक थिएटर के लिए कार्य-योजना।

N–नो एक्सेज टू फाइनेंसिंग यानी वित्त पोषण से वंचन- एल. डब्ल्यू. ई. संगठनों को वित्तीय सहायता रोकने के लिए प्रीवेंशन ऑफ मनी लांड्रिंग ऐक्ट (PMLA) की समीक्षा।

नक्सलियों का संगठनात्मक ढांचा

नक्सली संगठनों की संरचना केंद्रीय समिति से लेकर दलम तक होती है। छः सदस्यों वाली केंद्रीय संगठन समिति प्रमुख इकाई होती है। इस समिति का प्रमुख सचिव होता है। आंचलिक समिति मजदूरों एवं छात्रों की गतिविधियां संचालित करती है। आंचलिक समितियों में आदिवासी किसान संघ, आदिवासी महिला संघ, स्टूडेंट यूनियनों की ज्यादा भागीदारी होती है। मंडल समिति का प्रमुख कार्य सभी कार्यकर्ताओं को पार्टी लाइन में रखना है। दलम पूरे संगठन के मेरूदंड का कार्य करता है, यह सशस्त्र गुरिल्ला दस्ता है।

देश एवं विदेश में कई विश्वविद्यालयों एवं अन्य शैक्षणिक संस्थाओं में वामपंथी एवं माओवादी विचारों को प्रेरित किया जा रहा है। ऐसे स्कॉलर्स एवं विद्यार्थी नक्सलवादियों को समर्थन करते हैं। कई बुद्धिजीवी एवं सामाजिक कार्यकर्ता नक्सलवाद को आज भी एक सामाजिक आंदोलन मानकर उसका बचाव करते देखे जा सकते हैं। यह नक्सलवादी रणनीति का एक हिस्सा है। इसलिए नक्सलियों को आजकल 'द एनेमी विदिन' तथा 'द फिफ्थ कालमिस्ट' आदि नामों से पुकारा जा रहा है। नक्सली संगठनों का ढांचा माओवादी संगठनों के ढांचे पर आधरित है, जो निम्नवत् हैं-

नक्सलवाद की वर्तमान दशा और दिशा

यद्यपि नक्सलवाद की उत्पत्ति किसान विद्रोह के रूप में हुई और वह कान्हू सान्याल की विचारधाराओं पर आधारित था, परंतु बाद में नक्सलवाद का विकास चारू मजूमदार के विचारों के आधार पर आगे बढ़ा और वह गांव एवं शहरों तक फैल गया। शुरू से ही युवा वर्ग इससे प्रभावित रहा। शोषण और दमन का विरोध करने वाले समाजवाद, साम्यवाद, मार्क्सवाद, लेनिनवाद और माओवाद जैसे शब्द इस वर्ग में और अन्याय के विरुद्ध शंखनाद ने उन्हें पूरी तरह से उत्तेजित कर दिया और इसमें छात्रों की प्रमुख भूमिका रही। दुर्भाग्य यह रहा कि तत्कालीन भारत सरकार और पश्चिम बंगाल की सरकार ने इस आंदोलन की गंभीरता को नहीं समझा और संवाद के माध्यम से इसका हल खोजने का प्रयास नहीं किया, बल्कि इसे कुचलने का निर्णय लिया। तत्कालीन रूप में सरकार इसे दबाने में सफल रही, परंतु सरकार की दमनात्मक कार्यवाही के फलस्वरूप आंदोलन की दिशा में परिवर्तन हुआ और यह अन्य प्रदेशों में फैलने लगा।

1980 में आंध्र प्रदेश के तेलंगाना क्षेत्र में 'पीपुल्स वार ग्रुप' नाम से एक नया संगठन अस्तित्व में आया और इसने नक्सलवाद का दूसरा चरण शुरू किया, जो ओडिशा, झारखंड और छत्तीसगढ़ में फैल गया। नक्सलवाद के जन्म से लेकर अब तक विचारधारा एवं राजनीति के आपसी मतभेदों के कारण इसमें अनेक गुट बन गए। परंतु 21 सितम्बर 2004 को प्रभावी गुटों पीपुल्स वार ग्रुप और भारतीय माओवादी कम्युनिस्ट सेंटर ने आपसी समन्वय से एक नई पार्टी बनाई, जिसका नाम कम्युनिस्ट पार्टी ऑफ इंडिया (माओवादी) रखा, जो नेपाल से बिहार, ओडिशा, छत्तीसगढ़ को होते हुए आंध्र प्रदेश तक अपना प्रभुत्व स्थापित कर चुकी है, जिसे 'लाल गलियारा' के नाम से पुकारा जाता है। नक्सलवाद की अधिकांश गतिविधियां उन सुदूर वनवासी अंचलों में हो रही है जहां रेलवे, नगरों की सुविधाएं और विकास की किरण पहुंच नहीं पाई। इससे स्पष्ट है कि इसके गर्भ में भी विकास का न होना छिपा हुआ है। इसलिए कहने में कोई संकोच नहीं होना चाहिए कि विकास और नक्सलवाद में घनिष्ठ संबंध है और यह संबंध अप्रत्यक्ष है। यह माना जाने लगा है कि जैसे-जैसे विकास को बढ़ावा मिलेगा, वैसे-वैसे नक्सलवाद में कमी आएगी।

वर्तमान में नक्सलवाद दिशाहीन हो चुका और नक्सलवाद के समर्थकों में एक विजन का अभाव दिखाई पड़ रहा है। जिसके कारण वह संवाद की प्रक्रिया से अपने को नहीं जोड़ पा रहे हैं और एक उपयुक्त कार्यक्रम न हो पाने के कारण सरकार द्वारा बातचीत की पेशकश को भी ठुकरा दे रहे हैं, जिसके कारण समस्या का भी समाधान नहीं निकल पा रहा है तो दूसरी तरफ वर्तमान में नक्सलवाद के भी

भिन्न-भिन्न समूह बन चुके हैं, जो अलग-अलग विचारधाराओं पर कार्य कर रहे हैं। जिसके कारण नक्सलवाद की दशा और दिशा को लेकर कोई स्पष्ट टिप्पणी नहीं की जा सकती। परंतु इतना सत्य है कि नक्सलवाद के केंद्र में हिंसा और आर्थिक शोषण आ चुका है। नक्सलवादी अपनी गतिविधियों को संचालित करने के लिए आर्थिक उगाही करने लगे हैं इसके साथ-साथ नक्सली नेता विलासितापूर्ण जीवन व्यतीत करने लगे हैं। नक्सलवाद में दूसरा परिवर्तन जो सबसे महत्वपूर्ण है, वह है महिला नक्सलियों की बढ़ती हुई सहभागिता। वर्तमान में नक्सलवादी गतिविधियों में महिला उग्रवादियों की भूमिका लगातार बढ़ रही है और उनके द्वारा हिंसक गतिविधियों को बर्बरता के साथ अंजाम दिया जा रहा है, जैसाकि छत्तीसगढ़ में कांग्रेसी नेताओं के हत्या के दौरान देखने को मिला।

वर्तमान में नक्सलवाद अपने तीसरे चरण में पहुंच चुका है, जो पहले की तुलना में अधिक खुंखार हो चुका है और इसके स्वरूप में भी बदलाव आ रहा है। जहां यह पहले की तुलना में संसाधनों का संग्रहण करने पर अधिक बल दे रहा है और उसके माध्यम से अवैध हथियारों की तस्करी को प्रोत्साहित कर रहा है, तो दूसरी तरफ इसके संगठनात्मक ढांचे में भी या उनकी सोच में भी परिवर्तन देखने को मिल रहा है।

वह बच्चों और महिलाओं को ढाल बनाकर के अपनी गतिविधियां संचालित कर रहे हैं। दूसरे दौर में नक्सलवाद व्यवस्था के विरोध में एक बुद्धिजीवी आंदोलन के रूप में पनपा। दूसरे दौर में नक्सलियों ने सशस्त्र बलों पर आक्रमण करना शुरू किया और इस चरण में नक्सली आतंक का सर्वाधिक विस्तार हुआ और पूरे भारत में 'लाल गलियारे' का निर्माण होने लगा। जिन क्षेत्रों में निर्धनता, निरक्षरता और विषमता अधिक थी वहीं नक्सलवाद का विकास हुआ, परंतु दूसरा चरण नक्सलवाद के लिए संक्रमण काल भी रहा, क्योंकि इनकी नीतियों में और विचारों में दोहरापन दिखाई देने लगा, जिसका परिणाम यह हुआ कि नक्सलवादी आंदोलन दिशाहीन हो गया और आज यह आर्थिक उगाही और शोषण का प्रतीक बन गया है। मजबूर होकर भारत सरकार और राज्य सरकारों ने अपनी रणनीति में परिवर्तन किया और इनके प्रति सहानुभूति को त्याग दिया और इसके साथ-साथ नक्सलवाद की समस्या का हल खोजने के लिए सशस्त्र बलों का सहारा लिया। इस संदर्भ में जहां 'कोबरा फोर्स' जैसी अन्य विशेष सुरक्षा बलों का गठन किया गया तो वहीं दूसरी तरफ 'ऑपरेशन ग्रीन हंट' जैसे सफल अभियान भी चलाया गया। जिसका सार्थक परिणाम देखने को मिला और आंध्र प्रदेश में नक्सलवाद लगभग समाप्त सा हो गया और कुछ राज्यों में नक्सली हिंसा में कमी भी आई है, तो कुछ राज्यों में वृद्धि भी हो रही है।

नक्सली आंदोलन का अंतर्राष्ट्रीय संगठनों से संबंध

नक्सलबाड़ी गांव से 1967 में शुरू हुए इस आंदोलन के प्रमुख चारू मजूमदार भी माओ के सशस्त्र आंदोलन की तरह ही भारत में व्यवस्था बदलना चाहते थे। उस समय बीजिंग रेडियो से भी नक्सली आंदोलन के समर्थन की खबरें प्रसारित हो रही थीं। नक्सलियों द्वारा अपनाई गई रणनति में माओ की विचारधारा स्पष्ट परिलक्षित होती है। नक्सली गतिविधियां जिस तरह से बढ़ती जा रही है, उससे स्पष्ट होता है, कि इसके उभरने के लिए मात्र गरीबी एवं पिछड़ेपन को जिम्मेदार नहीं ठहराया जा सकता। बाहरी संपर्क नक्सली आंदोलन के लिए खाद एवं पानी का कार्य कर रहा है। नक्सली संगठनों के सबसे करीबी संबंध नेपाली माओवादियों से हैं। इनके नेपाली माओवादियों से हथियार खरीदने के प्रमाण मिल चुके है। विभिन्न नामों से सक्रिय माओवादियों का देश के भीतर सुचारू नेटवर्क है। इसके साथ-साथ पूर्वोत्तर के उग्रवादी गुटों और कई अंतर्राष्ट्रीय उग्रवादी संगठनों के साथ इनके गहरे संबंध हैं। नक्सलियों की योजना भारत, नेपाल, श्रीलंका और बांग्लादेश के बीच एक 'अंतर्राष्ट्रीय लाल गलियारा' बनाने की है। नेपाल से लेकर श्रीलंका तक इनके तार फैले हैं। पेरू की लिबरेशन आर्मी और कुर्दिस्तान वर्कस पार्टी के साथ भी पीपुल्स वार ग्रुप ने बढ़चढ़कर भाग लिया। लिट्टे ने पीपुल्स वार ग्रुप को प्रशिक्षण एवं हथियार दिए हैं। इसके अलावा दक्षिण एशिया के तमाम माओवादी संगठनों से पीडब्ल्यूजी के संबंध पहले ही स्पष्ट हो चुके हैं। वर्ष 2001 में भारत, नेपाल, श्रीलंका और बांग्लोदश के 9 माओवादी संगठनों ने मिलकर एक संगठन बनाया, जिसका नाम 'कोआर्डिनेशन कमेटी ऑफ माओइस्ट पार्टीज एंड ऑर्गेनाइजेशन' रखा गया। इस संगठन का लक्ष्य दक्षिण एशिया की सभी माओवादी पार्टियों और संगठनों की गतिविधियों के मध्य समन्वय स्थापित करना है।

सघन क्रांतिकारी क्षेत्र

दक्षिण एशिया के माओवादी संगठनों की नेपाल से लेकर बिहार और दण्डकारण्य क्षेत्र से आंध्र प्रदेश तक 'सघन क्रांतिकारी क्षेत्र' अथवा 'रैड कोरिडोर' बनाने की योजना है। इसके तहत वामपंथी उग्रवादियों की गतिविधियां उत्तर से दक्षिण भारत तक फैलाई जाएंगी। रैड कोरिडोर योजना को प्रभावी बनाने के लिए विभिन्न गुटों में बंटे नक्सलियों में एकता स्थापित की जा रही है। इसी क्रम में सीपीएमएल-पीडब्ल्यू तथा एमसीसी आई का भारतीय कम्युनिस्ट पार्टी-माओवादी नामक नए दल के रूप में विलय हो गया, जो मुप्पाला लक्ष्मण उर्फ गणपति के समग्र नेतृत्व में कार्य करेगा। 21 सितम्बर, 2004 को हुए इस विलय का लक्ष्य जन भावनाओं को पूरा करने के लिए आंदोलन तेज करना है। नक्सलियों का नया खुला संगठन 'रिवोल्यूशनरी डेमोक्रेटिक फ्रंट' समूचे उत्तर प्रदेश, उत्तराखंड, पंजाब और हरियाणा में पैठ बढ़ाने में लगा है। जिसका मुख्य कार्य बुद्धिजीवियों को माओवादी विचारधारा के आसपास एकत्र करना है।

नक्सलियों और माओवादियों के बीच बढ़ती घनिष्ठता देश के लिए एक नई चुनौती बनती जा रही है। सर्वविदित है कि नेपाली माओवादियों के पीछे चीन का हाथ है। इस प्रकार नेपाल, चीन जैसे देशों के मार्क्सवादी एवं माओवादी संगठन नक्सलियों की मदद कर रहे हैं।

नक्सलवाद के संदर्भ में सरकार का दृष्टिकोण

नक्सलवाद को एक प्रमुख चुनौती के रूप में लेते हुए सरकार द्वारा इसके संदर्भ में एक समग्र दृष्टिकोण अपनाया गया है जिसके अंतर्गत सुरक्षा, विकास, प्रशासन तथा जन अवरोधन आदि के माध्यम से नक्सलवाद और माओवाद से समग्र रूप से निपटने की रणनीति है। कई दशकों पुरानी इस समस्या पर गंभीर चिंतन-मनन करने के बाद केंद्र सरकार राज्य सरकारों के साथ उचित विचार-विमर्श के बाद इस निर्णय पर पहुंची कि इन क्षेत्रों को दो भागों में विभाजित करके अपनी रणनीति अपनानी आवश्यक होगी। कम प्रभावित क्षेत्रों और अधिक प्रभावित क्षेत्रों, दोनों के लिए अलग-अलग रणनीति अपनानी होगी। केंद्र सरकार ने वामपंथी उग्रवादी हिंसा से प्रभावित क्षेत्रों में हिंसा के विस्तार और प्रवृतियों का विश्लेषण किया। तत्पश्चात् 9 राज्यों के सर्वाधिक प्रभावित 35 जिलों को चयनित किया गया है, जिन पर नियोजन तथा विकास योजनाओं के क्रियान्वयन और निगरानी के दृष्टिकोण से विशेष ध्यान दिया जाए। पुलिस और लोक व्यवस्था राज्य सूची का विषय होने से कानून एवं व्यवस्था बनाए रखने के संबंध में कार्यवाही करना राज्य सरकारों का क्षेत्राधिकार है। परंतु देश की शांति एवं सुरक्षा व्यवस्था को मद्देनजर रखते हुए केंद्र सरकार गहन निगरानी करती है और राज्यों के प्रयासों में उनकी सहायता करती है। केंद्र सरकार जहां राज्यों को केंद्रीय अर्द्धसैनिक बल, कमांडो फोर्स उपलब्ध कराने के साथ-साथ राज्य पुलिस बल के आधुनिकीकरण, गोपनीय सूचना तंत्र को मजबूत बनाने, उनका उन्नयन करने तथा विशेष ऑपरेशन चलाने के लिए एक तरफ राज्यों को सहायता देती है तो, वहीं दूसरी तरफ वह अवसंरचना संबंधित कमियों को दूर करने, रक्षा मंत्रालय, केंद्रीय पुलिस संगठनों तथा पुलिस अनुसंधान एवं विकास ब्यूरो के माध्यम से राज्य पुलिस प्रशासन को प्रशिक्षण देने, रक्षा मंत्रालयों, केंद्रीय पुलिस संगठनों के साथ सूचनाओं का आदान-प्रदान करने, अंतर्राज्यीय समन्वय को प्रभावी बनाने तथा सामुदायिक पुलिस व्यवस्था करने तथा नागरिक कार्यों में सहायता पहुंचाने तथा विभिन्न केंद्रीय मंत्रालयों की अनेक योजनाओं के माध्यम से विकास कार्यों में सहायता देती है।

समीक्षा और निगरानी तंत्र

वामपंथी उग्रवाद की स्थिति से संबंधित विभिन्न आयामों और उससे निपटने के लिए आवश्यक उपायों के संदर्भ में अनेक समीक्षा एवं निगरानी तंत्र स्थापित किए गए हैं, जो निम्नलिखित हैं-

- राजनैतिक सुरक्षा तथा विकास के मोर्चे पर वामपंथी उग्रवाद की समस्या से निपटने के लिए एक समन्वित नीति बनाने तथा विशिष्ट कदम उठाते हुए केंद्रीय गृहमंत्री की अध्यक्षता में संबंधित राज्यों के मुख्यमंत्रियों की एक स्थायी समिति बनाई गई है।
- वामपंथी उग्रवाद की समस्या से एकीकृत रूप में उनका हल खोजने के लिए मंत्रिमंडल सचिव की अध्यक्षता में एक समीक्षा दल का गठन किया गया है, जो सभी प्रकार के इनसे जुड़े हुए कार्यक्रमों की समीक्षा करता है और उनको प्रभावी बनाने के लिए दिशा-निर्देश देता है।
- संबंधित राज्य सरकारों के प्रयासों की समीक्षा करने और उनमें समन्वय स्थापित करने के लिए केंद्रीय गृह सचिव की अध्यक्षता में एक समन्वय केंद्र बनाया गया, जिसमें राज्यों के मुख्य सचिव और पुलिस महानिदेशक उनका प्रतिनिधित्व करते हैं।
- वामपंथी उग्रवाद की गतिविधियों से निपटने के लिए आवश्यक प्रचालन उपायों और विभिन्न राज्यों के प्राधिकारियों के बीच आवश्यकतानुसार समन्वय बनाने के लिए आसूचना एजेंसियों, केंद्रीय अर्धसैनिक बलों, राज्य पुलिस बलों के वरिष्ठ अधिकारियों को मिलाकर गृह मंत्रालय द्वारा आंतरिक सुरक्षा विभाग के विशेष सचिव की अध्यक्षता में एक कार्यदल बनाया गया है।
- वामपंथी उग्रवाद से प्रभावित क्षेत्रों में त्वरित सामाजिक-आर्थिक विकास के लिए विकास योजनाओं के प्रभावी क्रियान्वयन की निगरानी हेतु विभिन्न मंत्रालयों तथा योजना आयोग के अधिकारियों को सम्मिलित करके एक अंतर-मंत्रालय समिति का गठन किया गया है।

नक्सलवाद को रोकने के लिए उठाए गए प्रमुख कदम

सुरक्षा संबंधित व्यय योजना

केंद्र सरकार नक्सलवाद की समस्या के समाधान के लिए सुरक्षा व्यवस्था को प्रभावी बनाने पर बल दे रही है। इसके लिए सुरक्षा बलों का बीमा कराना, उनको प्रशिक्षण देना, आधुनिक हथियार उपलब्ध कराना, निगरानी व्यवस्था को प्रभावी

बनाना, ग्रामीण प्रतिरक्षा सेवा शुरू करना, समर्पण करने वाले उग्रवादियों के पुनर्वास की व्यवस्था करना, उनको रोजगार उपलब्ध कराना जैसे कार्य संचालित किए जा रहे है। इन गतिविधियों पर आने वाले व्यय को केंद्र सरकार द्वारा वहन किया जाता है। यही नहीं, केंद्र सरकार उनके संस्थागत ढांचे में सुधार के लिए सहायता उपलब्ध करा रही है।

विशिष्ट मूलभूत सुविधा योजना

वर्ष 2007 में 11वीं पंचवर्षीय योजना के दौरान विशिष्ट मूलभूत सुविधा योजना केंद्र प्रायोजित योजना के रूप में शुरू की गई। इसके अंतर्गत सड़क निर्माण को बढ़ावा देना, पुलिस स्टेशनों की स्थापना करना, चेक-पोस्ट बनाना, हेलीपेड बनाना, सुरक्षा बलों को आधुनिक हथियार उपलब्ध कराना और आम लोगों के लिए चिकित्सा केंद्रों की स्थापना करना तथा सामुदायिक सहायता उपलब्ध कराने पर बल दिया जाता है। इस योजना का सर्वाधिक सकारात्मक प्रभाव उड़ीसा के नक्सल प्रभावित क्षेत्रों में देखने को मिल रहा है।

एकीकृत एक्शन प्लान

देश के 88 पिछड़े जिलों, विशेषतः नक्सल प्रभावित जिलों में सामाजिक, आर्थिक विकास को बढ़ावा देने के लिए योजना आयोग द्वारा यह योजना राज्यों के सहयोग से चलाई जा रही है। इस योजना का उद्देश्य संबंधित जिले के लोगों को सुविधा और सेवा प्रदान करना है। इस योजना की निगरानी और प्रभावी क्रियान्वयन करने के लिए जिलाधिकारी की अध्यक्षता में एक तीन सदस्यीय समिति बनाई गई, जिसमें जिलाधिकारी के साथ-साथ पुलिस अधीक्षक और जिला वन अधिकारी सम्मिलित होते हैं। इस योजना के अंतर्गत लक्षित जिलों में सभी प्रकार की बुनियादी सुविधाएं, सार्वजनिक वितरण प्रणाली की दुकानें, पंचायत भवन और सामुदायिक भवनों के निर्माण आदि को सम्मिलित किया गया है। यही नहीं, इसके अंतर्गत सिंचाई सुविधाओं के विकास और विस्तार को बढ़ावा देने कृषि आधारित उद्योगों को प्रोत्साहित करने और लघु उद्योगों के विकास को बढ़ावा देने की रणनीति अपनाई गई।

सिविक एक्शन प्रोग्राम

इस योजना के अंतर्गत नक्सल प्रभावित क्षेत्रों में गृह मंत्रालय की देखरेख में विकासात्मक और सुरक्षात्मक कार्यक्रम चलाए जाते हैं। इसके अंतर्गत विकासात्मक कार्यों को स्थानीय प्रतिनिधियों द्वारा सुरक्षा बलों की देखरेख में संपन्न किया जाता है इस योजना का मुख्य उद्देश्य नक्सल प्रभावित क्षेत्रों में सुरक्षा बलों द्वारा विकास और सेवा कार्य संपादित करना है। जिससे वहां के लोगों का दिल और दिमाग बदल सके तथा वे राष्ट्र की मुख्यधारा में आ सकें। यह योजना स्थानीय लोगों द्वारा संचालित

की जा रही है, जिसमें स्थानीय सड़कों का निर्माण, सार्वजनिक वितरण प्रणाली की दुकानों का संचालन, प्रशिक्षित स्वास्थ्य कर्मियों के माध्यम से दवा वितरण करना और गैर संस्थागत शिक्षा उपलब्ध कराना है। इस कार्य में गैर सरकारी संगठनों की भूमिका काफी महत्वपूर्ण है।

सलवा जुडूम

यह नक्सली आतंकवाद से जूझने के लिए छत्तीसगढ़ के स्थानीय लोगों का संगठन है। इस संगठन को सरकार भी किसी न किसी स्तर पर समर्थन देती है। यह संगठन सरकार के सहयोग से स्थानीय आदिवासियों को हथियार चलाने का प्रशिक्षण देता है। ताकि नक्सली हमले से आत्मरक्षा की जा सके। यह संगठन लगातार विवादों में रहा है, क्योंकि इस पर आरोप है कि यह सरकार द्वारा स्थापित किया गया प्रति-आतंकवादी संगठन है। इस संगठन पर मानवाधिकारों के उल्लंघन और बाल-सैनिकों के उपयोग का भी आरोप है। सबसे पहले वर्ष 1991 में आदिवासी कांग्रेस नेता महेन्द्र कर्मा ने नक्सलियों के विरुद्ध 'जन जागरण अभियान' चलाया था, जो असफल हो गया था। वर्ष 2005 में छत्तीसगढ़ सरकार ने नक्सली हिंसा के विरुद्ध स्थानीय लोगों को संगठित कर सलवा जुडूम आंदोलन की शुरुआत की, जिसका नेतृत्व महेन्द्र कर्मा को सौंपा गया था।

इस आंदोलन में प्रायः वे आदिवासी शामिल हुए, जो नक्सली हिंसा का शिकार हुए थे। इस आंदोलन के तहत नक्सलियों से लड़ने के लिए आमजनों को हथियार दिए गए। सलवा जुडूम और नक्सली संघर्ष में करीब डेढ़ लाख लोग विस्थापित हुए। आंदोलन में युवाओं समेत स्थानीय लोगों के सहयोग की वजह से इसे पक्ष-विपक्ष दोनों राजनीतिक दलों का समर्थन मिला। वर्ष 2008 में उच्चतम न्यायालय ने मानवाधिकार आयोग की रिपोर्ट के मुताबिक इसकी आलोचना की और राज्य सरकार को अन्य विकल्पों पर विचार करने का निर्देश दिया। जुलाई 2011 में उच्चतम न्यायालय ने सलवा जुडूम को गैर-कानूनी घोषित करते हुए कहा कि लोगों को दिए गए हथियार वापस लिए जाएं। इसके बाद सरकार ने इस कार्यक्रम को बंद कर दिया।

नक्सलवाद के संदर्भ में चलाए गए सफल कार्यक्रम

संदेश कार्यक्रम

संदेश कार्यक्रम बिहार के भोजपुर जिले के 11 पंचायतों में जनसहयोग के माध्यम से शुरू किया गया, जो बाद में 24 पंचायतों तक फैल गया। इस कार्यक्रम के अंतर्गत जहां नक्सलवाद के संदर्भ में लोगों में जागरूकता उत्पन्न की गई, वहीं दूसरी तरफ ऐसे नक्सलवादियों या नक्सलियों को और उनको संरक्षण देने वाले लोगों को मजबूर किया गया कि वह अपने क्षेत्र की मुख्यधारा में लौट आएं तथा नक्सली

संगठनों से अपने संबंधों का विच्छेद करें। इस कार्यक्रम में सामाजिक बहिष्कार की रणनीति अपनाई गई, जिसका काफी प्रभाव हुआ। लोगों ने धीरे-धीरे नक्सलवाद को समर्थन देना बंद कर दिया या उनके विरुद्ध संघर्ष करने लगे और नक्सलियों से संबंध रखने वाले लोगों का सामाजिक बहिष्कार किया जाने लगा।

आशद्वार योजना

आशद्वार कार्यक्रम बिहार के जहानाबाद जिले में चलाया गया एक कार्यक्रम है जो जन सहभागिता और सहयोग पर आधारित है। यह कार्यक्रम नक्सलवाद के विरुद्ध जन चेतना उत्पन्न करने, नक्सल प्रभावित लोगों को सहायता देने, उस क्षेत्र के गरीबों का विकास करने और पुलिस के साथ मिलकर सुरक्षात्मक कार्यवाही को अंजाम देना और जन पुलिस का गठन करने जैसी गतिविधियों को इसमें सम्मिलित किया गया आशद्वार कार्यक्रम अभी भी जहानाबाद की 5 पंचायतों में चलाया जा रहा है।

आंध्र मॉडल

आंध्र प्रदेश नक्सलवाद को नियंत्रित करने के लिए विकास और सुरक्षा का संयुक्त अभिनव प्रयोग किया गया है, जिसके अंतर्गत जहां पर पुलिस प्रशासन को खुली छूट देकर नक्सलियों के विरुद्ध यथासंभव कार्यवाही करने का अधिकार दिया गया तो दूसरी तरफ नक्सल प्रभावित क्षेत्रों में बहुआयामी विकास को बढ़ावा देने की रणनीतियां अपनाई गई जिसका सकारात्मक प्रभाव सामने आया। धीरे-धीरे आन्ध्र प्रदेश में नक्सलवाद समाप्त हो गया और नक्सलवाद से जुड़े हुए लोग राज्य की मुख्यधारा में लौट आए, आंध्र प्रदेश मॉडल में पुलिस सक्रियता, जन सक्रियता, जन सहयोग, आक्रामकता, अवसर प्रदान करना, सामाजिक सुरक्षा और विकास को बढ़ावा देने की रणनीति को समाहित किया गया, जिसके परिणामस्वरूप सकारात्मक संदेश लोगों के बीच गया और नक्सलवाद की समस्या से मुक्ति मिली।

रोशनी योजना

नक्सलवाद से संबंधित अति संवेदनशील क्षेत्रों में जो आदिवासी बाहुल्य क्षेत्र हैं, उन क्षेत्रों के विकास और रोजगार उपलब्ध कराने के लिए रोशनी नामक योजना पिछले पांच वर्षों से चलाई जा रही है। इस योजना के माध्यम से आदिवासी क्षेत्रों में बुनियादी सुविधाएं उपलब्ध कराने, आदिवासी संस्कृति को बढ़ावा देना, आदिवासी क्षेत्रों में विद्युत की उपलब्धता सुनिश्चित करना और वन आधारित उद्योगों के विकास को बढ़ावा देना शामिल है।

वर्ष 2009 से केंद्र सरकार नक्सलवाद या उग्रवादी घटनाओं को प्रभावित लोगों या परिवारों को आर्थिक सहायता उपलब्ध कराती है। इस योजना के अंतर्गत पीड़ित परिवारों को 3 लाख रुपए से 10 लाख रुपए तक की वित्तीय सहायता दी जाती है।

केंद्र सरकार राज्य सरकारों के सहयोग से नक्सलवाद प्रभावित क्षेत्रों में विशेष पुलिस स्टेशनों की स्थापना करने, मोबाइल पुलिस की स्थापना करने आदि योजनाओं पर कार्य कर रही है।

सलवा जुडूम आपरेशन

यह ऑपरेशन छत्तीसगढ़ में चलाया गया था छत्तीसगढ़ में नक्सलियों द्वारा किए गए अत्याचार के विरोध में वहां के स्थानीय लोगों ने सरकार के माध्यम से संगठित होकर नक्सलियों से जवाबी कार्यवाही करने का कार्य करने लगे सरकार स्थानीय लोगों को और समर्पण करने वाले नक्सलियों को प्रशिक्षण देती थी और हथियार उपलब्ध कराती थी। इसका परिणाम हुआ कि सलवा जुडूम से जुड़े लोग नक्सलियों के विरुद्ध अति आक्रामक कार्यवाही करने लगे जिसके कारण क्षेत्र में हिंसा का जवाबी दौर और अधिक बढ़ गया सलवा जुडूम को एक प्रतिक्रियावादी आतंकी संगठन भी कहा जाने लगा।

सलवा जुडूम के लोगों द्वारा सरकार से प्रदत्त अधिकार और सुविधाओं का दुरुपयोग किया जाने लगा, जिसको लेकर लोगों ने, विशेषत: मानवाधिकार संगठनों से जुड़े हुए लोगों में असंतोष उमड़ने लगे और उनके द्वारा सरकार की नीतियों के विरुद्ध कार्य किया जाने लगा। इसके साथ ही सलवा जुडूम के विरुद्ध लोगों को भड़काया जाने लगा। इसके बाद मानवाधिकार संगठनों की अपील पर उच्चतम न्यायालय ने इसे बंद करने का आदेश दिया। फलत: सरकार ने इसे वापस ले लिया। कहा जाता है कि सलवा जुडूम के असफल होने का मुख्य कारण सुनियोजित रणनीति का अभाव, उपयुक्त मार्गदर्शन व नेतृत्व का न होना और अति उत्साह था।

सरकार की नई पहलें

प्रधानमंत्री की अध्यक्षता में वामपंथी उग्रवाद से प्रभावित राज्यों के मुख्यमंत्रियों की समय-समय पर होने वाली विभिन्न बैठकों में वामपंथी उग्रवाद के बढ़ते खतरे को रोकने के लिए प्रभावित राज्यों को और अधिक सहायता उपलब्कध करवाने हेतु अनेक निर्णय लिए गए। इन निर्णयों के अनुसरण में, अन्य बातों के साथ-साथ, निम्नलिखित नई पहलें भी की गई हैं-

- वामपंथी उग्रवादी हिंसा से सर्वाधिक प्रभावित छत्तीसगढ़, पश्चिम बंगाल, झारखंड तथा ओडिशा राज्यों में से प्रत्येक में एकीकृत कमान की स्थापना। इस एकीकृत कमान में सिविल प्रशासन का प्रतिनिधित्व करने वाले सिविल अधिकारियों के अतिरिक्त सुरक्षा प्रतिष्ठानों के अधिकारी भी शामिल होंगे तथा यह कमान सावधानीपूर्वक सुनियोजित नक्सलरोधी अभियानों का संचालन करेगी।
- वामपंथी उग्रवाद से प्रभावित पश्चिम बंगाल, झारखंड, छत्तीसगढ़ तथा ओडिशा राज्यों में स्थापित कमान एवं नियंत्रण ढांचे की पुनर्संरचना की गई है तथा

इन राज्यों में से प्रत्येक में वहां तैनात केंद्रीय रिजर्व पुलिस बल का एक महानिरीक्षक उस राज्य में तैनात महानिरीक्षक (नक्सलरोधी कार्रवाई) के साथ गहन समन्वय बनाकर कार्य करेगा।

- केंद्र सरकार ने वामपंथी उग्रवाद से प्रभावित जिलों में 2 करोड़ रुपए प्रति थाने की दर से 400 किलेबंद पुलिस थानों के निर्माण/सुदृढ़ीकरण में राज्य सरकारों की सहायता करने की एक नई योजना शुरू की है। जिसमें मौजूदा आवंटन के अतिरिक्त केंद्र और राज्य के हिस्से का अनुपात 80:20 होगा।
- केंद्र सरकार द्वारा छत्तीसगढ़, झारखंड, ओडिशा, आंध्र प्रदेश तथा महाराष्ट्र राज्यों में आसूचना तंत्र के सुदृढ़ीकरण तथा नक्सलरोधी कार्रवाईयां चलाने हेतु सुरक्षा बलों को वृहत्तर सहायता देने के रूप में 12000 अतिरिक्त विशेष पुलिस अधिकारियों को नियुक्त करने की स्वीकृति दी है।

आतंकवाद, उग्रवाद (विद्रोह) और नक्सलवाद में अंतर

प्रायः आतंकवाद, उग्रवाद (विद्रोह) और नक्सलवाद में अंतर को लेकर चर्चाएं होती रहती है। कुछ लोग आतंकवाद और उग्रवाद को एक ही मानते हैं तो कुछ लोग इसमें अंतर स्पष्ट करते हैं। वस्तुतः आतंकवाद और उग्रवाद दोनों ही कार्यशैली या विचारधारा हैं। जहां आतंकवाद एक राजनीतिक, धार्मिक एवं सांस्कृतिक या वैचारिक या आर्थिक उद्देश्यों की प्राप्ति के लिए सुनियोजित तरीके से संगठित और व्यवस्थित रूप में हिंसा का प्रयोग करना या हिंसा के माध्यम से लक्ष्य प्राप्त करने पर बल देता है।

आतंकवाद एक सामान्य शब्द है। नक्सलवाद और उग्रवाद या विद्रोह इसके विभिन्न रूप है। उग्रवाद या विद्रोह सरकार को अपदस्थ करने की दृष्टि से समाज की एक वर्ग द्वारा सशस्त्र संघर्ष और हिंसक कार्यवाही या गतिविधियों को अंजाम देता है और इनके इस कृत्यों को जनता के एक भाग का भी समर्थन प्राप्त होता है। सभी प्रकार के उग्रवाद को देशद्रोह की श्रेणी में नहीं रखा जा सकता है, क्योंकि सभी उग्रवादी देश के विरोध में कार्य नहीं करते, बल्कि वह व्यवस्था के विरोध में कार्य करते हैं। आतंकवाद सदैव देश विरोधी होता है, परंतु उग्रवाद सदैव देश विरोधी नहीं होता है। उल्लेखनीय है कि पूर्वोत्तर भारत के विद्रोहियों को वहां की जनता का भी समर्थन प्राप्त है और सभी विरोधी देश विरोधी नहीं है। इसलिए उनको देशद्रोही या आतंकी कहना उपयुक्त नहीं है। वही उल्फा जैसे पूर्वोत्तर के कुछ उग्रवादी संगठन देश विरोध में कार्य करते हैं, उनको आतंकी संगठन कहना उपयुक्त है।

नक्सलवाद माओवादी विचाराधारा पर आधारित भारत में प्रचलित एक उग्रवादी आंदोलन है, जो हिंसात्मक गतिविधियों के माध्यम से अस्थिरता उत्पन्न करना चाहते हैं और अपनी सरकार स्थापित करना चाहते हैं। नक्सलवादियों को आतंकवादी नहीं कहा जा रहा है और न ही उनकी गतिविधियों को राष्ट्रद्रोह की श्रेणी में रखा जा रहा है। यद्यपि उनके कृत्य समाज और कानून विरोधी हैं।

- केंद्र सरकार के स्तर पर एक अधिकार प्राप्त अधिकारी दल का गठन किया गया है, जो वामपंथी उग्रवाद से प्रभावित क्षेत्रों में त्वरित विकास के लिए स्थानीय आवश्यकताओं एवं स्थितियों के आलोक में विभिन्न विकास कार्यक्रमों तथा फ्लैगशिप योजनाओं के क्रियान्वयन संबंधी मौजूदा अनुदेशों में संशोधन/सुधार करने का कार्य करेगा।
- वामपंथी उग्रवाद से प्रभावित राज्यों से पंचायत (अनुसूचित क्षेत्रों का विस्तार) अधिनियम, 1996 के उपबंधों को प्राथमिकता के आधार पर प्रभावी ढंग से क्रियान्वित करने का अनुरोध किया गया है, जिनमें लघु वन उत्पादों के अधिकार विशिष्ट रूप से ग्राम सभाओं को सौंपे गए हैं।

नक्सलवाद की समस्या के समाधान के लिए सुझाव

नक्सली समस्या कई दशकों से चली आ रही एक समस्या है जो अब केवल एक आर्थिक, सामाजिक एवं प्रशासनिक समस्या ही नहीं रह गई है बल्कि एक वैचारिक समस्या भी बन गई है, इसलिए इसका हल खोजते समय हमें वैचारिक उपाय भी प्रस्तुत करने होंगे। इस समस्या के समाधान के लिए उठाए जाने वाले कदमों को दो भागों में बांटकर अध्ययन करना समीचीन होगा-तात्कालिक कदम और दीर्घकालिक कदम।

आठ सूत्रीय 'समाधान SAMADHAN' सिद्धांत

S–कुशल नेतृत्व
(Smart Leadership)

A–आक्रामक रणनीति
(Aggressive Strategy)

M–अभिप्रेरणा एवं प्रशिक्षण
(Motivation and Training)

A–कारगर खुफिया तंत्र
(Actionable Intelligence)

D–मुख्य निष्पादन संकेतक एवं मुख्य परिणाम क्षेत्र पर आधारित कार्ययोजना के मानक
(D-Dashboard based KPIs Key Performance Indicators and KRAs 'Key Result Areas')

H–कारगर प्रौद्योगिकी
(Harnessing Technologhy)

A–प्रत्येक रणनीति की कार्ययोजना
(Action Plan for each theatre)

N–वामपंथी उग्रवादियों के वित्तपोषण को विफल करने की रणनीति
(No access to financing)

तात्कालिक कदम

तत्कालीन कदमों के अंतर्गत निम्नलिखित पहलुओं पर विचार किया जाना चाहिए-

- प्रभावित क्षेत्रों में स्थानीय पुलिस बल का सशक्तिकरण।
- गुप्तचर व्यवस्था को प्रभावी बनाना।
- पुलिस तंत्र एवं गुप्तचर व्यवस्था में समन्वय स्थापित करना।
- पुलिस और स्थानीय लोगों में सहयोग विकसित करना।
- अर्धसैनिक बलों एवं पुलिस के बीच सामंजस्य स्थापित कर और उन्हें आधुनिक हथियारों की आपूर्ति सुनिश्चित करना।
- तत्कालीन रूप में लोगों को बुनियादी सुविधाएं उपलब्ध कराना।

दीर्घकालिक कदम

नक्सलवाद की समस्या कुछ राज्यों में इतनी गहरी जड़ें जमा चुकी है कि इन्हें केवल सुरक्षा बलों के सहारे अभियान चलाकर पूर्णतः समाप्त नहीं किया जा सकता है इसके लिए आवश्यक है कि नक्सलवाद से जुड़े हुए लोगों और माओवादी कैडरों को समाज की मुख्यधारा में लाने के लिए ठोस पहल की जानी चाहिए। नक्सल प्रभावित क्षेत्रों में अभाव, उपेक्षा, निर्धनता का दंश झेल रहे लोगों के लिए सरकारी स्तर पर सुविधाएं उपलब्ध कराना प्राथमिकता सूची में शीर्ष पर होना चाहिए। यद्यपि वर्तमान में माओवादी कैडरों के लिए आत्मसमर्पण की नीति अपनाई जा रही है। परंतु यह देखना होगा कि मुख्यधारा में इन कैडरों की वापसी की दिशा में यह कदम कितना प्रभावी सिद्ध होगा। इस नीति को सफल बनाने के लिए सार्थक सोच का होना भी आवश्यक है। जब कोई माओवादी या नक्सलवादी आत्मसमर्पण करता है तो इसका अर्थ है कि वह समाज की मुख्यधारा में सम्मिलित होना चाहता है परंतु इसे बनाए रखने के लिए हर उस व्यक्ति को सरकारी स्तर पर ऐसी सुविधाएं मिलनी चाहिए, ताकि वह फिर माओवादी विचारधारा की तरफ न जाए।

नक्सल प्रभावित क्षेत्रों में यदि कुछ प्रभावी हो सकता है तो वह है विकास। इन क्षेत्रों में एक सघन अभियान चलाकर विकासात्मक कार्यक्रमों पर विशेष बल देना होगा, तभी नक्सली विचारधारा से लोगों को दूर करने में मदद मिलेगी।

वर्तमान में यह चर्चा भी बलवती होती जा रही है कि नक्सलवाद आतंकवाद से भी बड़ी एक चुनौती है। नक्सलवाद के रूप में आज ऐसे संगठनों से जुझना पड़ रहा है जो हिंसा और भय के बल पर शासन एवं विधि व्यवस्था को चुनौती दे रहे हैं तथा सरकारी संपत्तियों को नष्ट कर रहे हैं। विकासात्मक कार्यों को नहीं होने दे रहे हैं या बाधित कर रहे हैं। समाज में प्रशासन एवं शासन के विरुद्ध लोगों के मन में नफरत एवं घृणा का भाव उत्पन्न कर रहे हैं। माओवादियों की मंशा शुरू से ही शासन बंदूक के बल पर करने की रही है या समानांतर सत्ता स्थापित करने की रही है या पिछड़े हुए

क्षेत्रों में उनको ऐसा करने में सफलता भी मिली है। प्रभावित क्षेत्रों में इनके समर्थक हैं। विचारधारा के स्तर पर इनकी सक्रियता ऐसी है कि लोग भ्रमवश कैडरों से जुड़ते चले जाते हैं। इन स्थितियों में लोगों को इनसे प्रभावित होने से रोकने के लिए और प्रयास किए जाने चाहिए। केवल समस्या का अनुमान लगाने से उसका निदान होने वाला नहीं है। साथ ही यह भी सही है कि इस समस्या का इलाज भी आसान नहीं है। परंतु असंभव भी नहीं है। इसके लिए सतत कार्य योजनाबद्ध तरीके से चलाने की आवश्यकता है।

नक्सल प्रभावित राज्यों में उठाए जाने वाले सभी कदमों की जिम्मेदारी राज्य सरकार को लेनी होगी और जब राज्य सरकारें माओवादी संगठनों से निपटने में सक्षम होगी, तभी बेकाबू हो चुके नक्सलवाद पर लगाम लगाने में सफलता मिलेगी।

नक्सलवाद को केवल कानून एवं व्यवस्था के दृष्टिकोण से देखना उचित नहीं है, बल्कि इस समस्या से निपटने के लिए विशेष प्रयास करने होंगे। खनिज एवं वन संपदा से संपन्न आदिवासी क्षेत्रों में नक्सलवाद के उत्पन्न होने का मूल कारण इनका पिछड़ापन और विकास का अभाव है।

नक्सल विचारधारा को मानने वाले लोग लोकतंत्र और संवैधानिक मूल्यों के साथ-साथ राज़नैतिक व्यवस्था को नहीं मानते हैं। वर्तमान में माओवादी दो तरफ की चुनौती प्रस्तुत कर रहे हैं- 1. विचारधारा के स्तर पर 2. अपराध के स्तर पर। जिसमें जबरन धन उगाही, अपहरण, हत्या, लूटपाट, सरकारी संपत्ति को क्षति पहुंचाना आदि सम्मिलित हैं। अतः नक्सलवाद की समस्या के समाधान के लिए निम्नलिखित दीर्घकालिक सुझाव प्रस्तुत हैं-

- भौगोलिक परिस्थितियों के अनुरूप समस्याओं को परिभाषित करना।
- केंद्र-राज्यों के बीच बेहतर समन्वय बनाना।
- आधारित संरचना के विकास को प्रोत्साहित करना।
- पिछड़े हुए क्षेत्रों में निवेश को बढ़ावा देना।
- आदिवासी अधिकारों की सुरक्षा सुनिश्चित करना।
- भूमि सुधार एवं भूमि अधिकारों की सुरक्षा सुनिश्चित करना।
- खाद्य सुरक्षा सुनिश्चित करना और शिक्षा को बढ़ावा देना।
- भ्रष्टाचार विरोधी अभियानों को प्रोत्साहित करना।
- गहन वार्त्ता और संवाद को बढ़ावा देना।
- सामाजिक सक्रियता उत्पन्न करना।
- ग्राम रक्षा समितियों के गठन को बढ़ावा देना।
- पुलिस प्रशासन को सक्षम एवं जवाबदेह बनाना।
- सामाजिक विसंगतियों को समाप्त करना।

आठ सूत्रीय समाधान सिद्धांत

देश में वामपंथी उग्रवाद की समस्या काफी पुरानी है। भारत में वामपंथी उग्रवाद की शुरुआत 1967 में पश्चिम बंगाल के नक्सलबाड़ी से हुई, जिससे इस आंदोलन का इसका नाम मिला। हालांकि इस विद्रोह को तो पुलिस ने कुचल दिया, लेकिन उसके बाद के दशकों में मध्य एवं पूर्वी भारत के कई हिस्सों में वामपंथी गुटों का प्रभाव बढ़ा है। स्वतंत्र भारत में किसानों एवं मजदूरों की दुर्दशा के खिलाफ पश्चिम बंगाल में सत्ता के खिलाफ यह आंदोलन शुरू किया गया था, लेकिन जल्द ही यह राह से भटक गया। वर्तमान में नक्सलवादी आंदोलन को वामपंथी उग्रवाद (Left Wing Extremism-LWE) या वामपंथी आतंकवाद (Left Wing Terrorism-LWT) के नाम से जाना जाता है। आज वामपंथी उग्रवाद की समस्या से छत्तीसगढ़, झारखंड, बिहार, ओडिशा, आंध्र प्रदेश सबसे अधिक प्रभावित हैं। छत्तीसगढ़ का बड़ा आदिवासी क्षेत्र वामपंथी उग्रवादियों का गढ़ बन चुका है। यहां नक्सली समानांतर सरकार चलाते हैं। वे न केवल आदिवासियों को डरा-धमकाकर अपना हित साध रहे हैं, बल्कि वे इनका इस्तेमाल सरकार के खिलाफ भी कर रहे हैं। पिछले दिनों सुकमा में आदिवासियों को ढाल बनाकर ही वामपंथी उग्रवाद ने सुरक्षा बलों पर हमला किया था। इस हमले में 25 जवान शहीद हो गए। वामपंथ की समस्या को समाप्त करने के लिए सरकार ने नई रणनीति तैयार की है।

देश के पूर्वी भाग में बिहार से लेकर दक्षिण में आंध्र प्रदेश तक फैला लेफ्ट विंग आतंकवाद भारत की राष्ट्रीय सुरक्षा के लिए सबसे बड़ा खतरा है। देश के 180 जिलों यानी भारत के भूगोल का लगभग 40% हिस्सा नक्सलवादियों या माओवादियों के प्रभाव में है, जो देश के 10 राज्यों- छत्तीसगढ़, बिहार, झारखंड, ओडिशा, पश्चिम बंगाल, महाराष्ट्र, तेलंगाना, उत्तर प्रदेश, मध्य प्रदेश और आंध्र प्रदेश आदि तक फैला हुआ है। इस इलाके का नाम ही 'रेड कॉरिडोर' पड़ गया है। माओवादी हिंसा से प्रभावित इलाका 92 हजार वर्ग किलोमीटर क्षेत्र में फैला हुआ है।

केंद्र सरकार ने 8 मई, 2017 को माओवादी हिंसा से प्रभावित दस राज्यों में एकीकृत कमान के गठन की पहल करते हुए सभी राज्यों से साझा रणनीति बनाकर लेफ्ट विंग आतंकवाद की समस्या से निपटने के लिए स्थायी 'समाधान SAMADHAN' का सूत्र बताया। आठ सूत्रीय 'समाधान सिद्धांत' के तहत कुशल नेतृत्व, आक्रामक रणनीति, प्रोत्साहन एवं प्रशिक्षण, कारगर खुफिया तंत्र, कार्ययोजना के मानक, कारगर प्रौद्योगिकी, प्रत्येक रणनीति की कार्ययोजना और लेफ्ट विंग आतंकवादियों के वित्त-पोषण को विफल करने की रणनीति को शामिल करने की जरूरत बताई।

1. कुशल नेतृत्व (S-Smart Leadership)

नेतृत्व ही वार्ता या संवाद की योजना को सफलता के चरम तक ले जाता है। लीडर वह होता है जो असंभव को संभव, असफलता को सफलता और हार को जीत में तब्दील कर देता है। स्मार्ट नेतृत्व के प्रमुख गुण हैं-विजन (Vision), लक्ष्य (Mission), जुनून (Passion) और आत्मविश्वास (Self belief)। आत्मबल से भरपूर नेतृत्व के पास ठोस दूरदृष्टि होनी चाहिए कि कैसे वह भविष्य की चुनौतियों को देखेगा और उसके लिए अपनी टीम को तैयार करेगा तथा अपनी टीम को अपना लक्ष्य मिशन मोड पर हासिल करने के लिए ऊर्जावान बनाएगा। अपनी टीम को सुरक्षित, अनुशासित और विजयी बनाना ही उसके लिए सर्वोपरि होना चाहिए। वामपंथी उग्रवाद के मोर्चे पर हमें ऐसा नेतृत्व चाहिए, जो विपरीत परिस्थितियों के बावजूद जवानों को उत्साह से भरपूर रखे और उन्हें सिर्फ जीतना सिखाए।

2. आक्रामक रणनीति (A-Aggressive Strategy)

पिछले कुछ वर्षों में वामपंथी उग्रवाद के विरुद्ध सरकार की बहुआयामी रणनीति (Multi Pronged Strategy) के अच्छे परिणाम सामने आए हैं। वर्ष 2014 से 2016 तक के हिंसा के आंकड़े इसे दर्शाते हैं। वर्ष 2016 में वर्ष 2015 की अपेक्षा 150% अधिक वामपंथी उग्रवादी मारे गए और गिरफ्तारियों तथा आत्मसमर्पण में 47% की वृद्धि हुई है। वर्ष 2016 में वामपंथी उग्रवादियों को भारी हानि उठानी पड़ी है। वर्ष 2017 में भी अभी तक के आंकड़े दर्शाते हैं कि वामपंथी उग्रवाद संबंधित घटनाओं में 23.3% (377 से 289) की कमी आई है, लेकिन 2-3 घटनाएं ऐसी हुई हैं जिनमें सुरक्षा बलों को काफी नुकसान उठाना पड़ा। अत: इन घटनाओं का विश्लेषण आवश्यक है। पुरानी घटनाओं से सीख लेते हुए हमें अपनी नीति में आक्रामकता लाने की आवश्यकता है; जैसे सोच में आक्रामकता, रणनीति में आक्रामकता, बलों की तैनाती में आक्रामकता, ऑपरेशंस में आक्रामकता, विकास में आक्रामकता, सड़क निर्माण में आक्रामकता।

3. अभिप्रेरणा एवं प्रशिक्षण (M-Motivation and Training)

सरकार के पास वामपंथी उग्रवादियों से बेहतर संसाधन, प्रशिक्षण और प्रौद्योगिकी है, परंतु वामपंथी उग्रवादियों की रणनीति को बेधने के लिए और बेहतर समन्वित प्रयासों की आवश्यकता है। इस मोर्चे पर कामयाबी सिर्फ भावनाओं से ही नहीं मिल सकती। सफलता के लिए आवश्यक है—सही नजरिया, सही रणनीति, संसाधनों का कुशल उपयोग, दुश्मन की शक्ति और कमजोरियों का ज्ञान, अपने सुरक्षा बलों को प्रशिक्षण, उनकी सुविधाओं और साधनों की व्यवस्था, सुरक्षा बल जिन शिविरों में रहते हैं उन्हें सुविधाजनक बनाना होगा, जहां बिजली, पानी, कनेक्टिविटी के साथ

ही ऐसी सभी सुविधाएं हों, जहां वे तनावरहित रह सकें और आवश्यकतानुसार घर-परिवार से संपर्क साध सकें। पदस्थापना के स्थानों की जानकारी के साथ-साथ वहां की भाषा, बोली व परंपराओं और संस्कृति की जानकारी भी सुरक्षा बलों को होनी चाहिए, ताकि वे स्थानीय परिस्थितियों में ढल सकें और स्थानीय लोगों का विश्वास अर्जित कर सकें। सुरक्षा बलों में मानक संचालन प्रक्रिया (Standard Operating Procedure) के पालन की आदत डलवानी चाहिए, ताकि सुरक्षा को लेकर वे स्वयं जागरूक रहें।

4. कारगर खुफिया तंत्र (A-Actionable Intelligence)

प्रभावी खुफिया तंत्र के लिए विभिन्न खुफिया एजेंसियों एवं सुरक्षा बलों को स्थानीय जनता के साथ अच्छा नेटवर्क विकसित करना चाहिए। आत्मसमर्पण करने वाले वामपंथी उग्रवादियों का उपयोग सूचना एकत्र करने में अधिकाधिक होना चाहिए। तेलंगाना तथा आंध्र प्रदेश की तुलना में छत्तीसगढ़ के बस्तर अंचल में तकनीकी इंटेलिजेंस इनपुट बहुत कम हैं और इसका बड़ा कारण बस्तर में सिर्फ 20% प्रभावी कनेक्टिविटी का होना है। सुकमा जैसे जिले में यह केवल 4% है। संपूर्ण वामपंथी उग्रवाद प्रभावित क्षेत्र में कनेक्टिविटी बढ़ाने के लिए यूनिवर्सल सर्विस ऑब्लिगेशन फंड के माध्यम से विशेष कार्ययोजना बनाने की आवश्यकता है। खुफिया सूचना के आदान-प्रदान तथा उपयोग के लिए स्थानीय पुलिस तथा केंद्रीय बलों के बीच निश्चित कार्यप्रणाली निर्धारित करने की आवश्यकता है।

5. मुख्य निष्पादन संकेतक एवं मुख्य परिणाम क्षेत्र पर आधारित कार्ययोजना के मानक (D-Dashboard based KPIs Key Performance Indicators and KRAs 'Key Result Areas')

पुलिस तथा केंद्रीय सशस्त्र पुलिस बल में मुख्य निष्पादन संकेतक (Key Performance Indicators) तथा मुख्य परिणाम क्षेत्र (Key Result Areas) का निर्धारण किया जाना चाहिए। इससे न सिर्फ किसी यूनिट की तैयारियों, उनके कार्य निष्पादन, नियमित प्रगति की समीक्षा की जा सकेगी, बल्कि प्रत्येक जवान की व्यक्तिगत क्षमताओं का आकलन भी किया जा सकेगा।

6. कारगर प्रौद्योगिकी (H-Harnessing Technologhy)

प्रौद्योगिकी एक बलगुणक (Force Multiplier) है। अंतरिक्ष (Space) सूचना प्रौद्योगिकी एवं संचार सहित कई तकनीकों (Technologies) ने दुनिया में बहुत क्रांतिकारी परिवर्तन ला दिया है। कानून व्यवस्था तथा अपराध से निपटने में भी अनेक नई तकनीकों का उपयोग किया जा रहा है। वामपंथी उग्रवाद मोर्चे पर नई तकनीक

(जैसे- हाई रेसोलुशन पीटीजेड कैमरा, जीपीएस ट्रैकिंग, हैंडहेल्ड थर्मल इमेजिंग रडार एवं उपग्रह चित्र इत्यादि) का और अधिक इस्तेमाल करने की आवश्यकता है। वर्तमान में मानवरहित विमान या ड्रोन का इस्तेमाल बहुत कम हो रहा है, जिसे बढ़ाने और सही स्थान पर उपयोग करने की जरूरत है।

7. प्रत्येक रणनीति की कार्ययोजना (A-Action Plan for each theatre):

विभिन्न राज्यों में वामपंथी उग्रवाद की परिस्थितियां अलग-अलग हैं। विभिन्न राज्यों में वामपंथी उग्रवाद से निपटने के लिए एक साथ अनेक मोर्चों पर लड़ने की जरूरत है और हमें हर मोर्चे के लिए विशिष्ट एक्शन प्लान बनाना होगा। ताकि व्यवस्थित तरीके से हर मोर्चे पर सफलता प्राप्त की जा सके। इसके लिए अलग-अलग लघु अवधि (Short-Term), मध्यावधि (Medium-Term), दीर्घकालिक (Long-Term) रणनीतियां बनाने की जरूरत है, जिनके लक्ष्य तथा समय सीमा स्पष्ट निर्धारित हों और कार्यान्वयन मिशन मोड (Implementation Mission Mode) में हो तथा सतत् अनुश्रवण (Continuous Monitoring) के लिए मुख्य निष्पादन संकेतक (Key Performance Indicators) तथा मुख्य परिणाम क्षेत्र (Key Result Areas) भी इन रणनीतियों के साथ संरेखित (Aligned) होने चाहिए।

नक्सल प्रभावित राज्य और जिले

गैर सरकारी आंकड़ों के अनुसार देश के 20 राज्य और 236 जिले नक्सल प्रभावित हैं जिनमें एक-चौथाई जिलों में नक्सलियों की मजबूत स्थिति मानी जाती है। ऐसे राज्यों और जिलों की सूची निम्नलिखित है-

- **झारखंडः** पलामू, गढ़वा, लातेहर, चतरा, लोहरदग्गा, गुमला, रांची, हजारीबाग, बोकारो, गिरिडीह, कोडरमा, सिमडेगा, सरायेकला-खरसावां, पश्चिम सिंहभूम, खूंटी, रामगढ़।
- **बिहारः** अरवल, पूर्वी चम्पारण, भोजपुर, गया, जमुई, जहानाबाद, सासाराम, नालंदा, नवादा, रोहतासगंज, औरंगाबाद, सीतामढ़ी, मुंगेर, मुजफ्फरपुर।
- **आंध्रप्रदेशः** गुंटूर, करीमनगर, अनंतपुर, आदिलाबाद, खम्मम, कुर्नल, मेंडक, महबूब नगर, प्रकाशम, श्रीकाकुलम, विशाखापट्टनम, विजयनगरम, वारंगल, निजामाबाद।
- **छत्तीसगढ़ः** बीजापुर, बस्तर, दंतेवाड़ा, जशपुर, कांकेर, कोरिया, नारायणपुर, राजनंदगांव, सरगुजा।
- **उत्तर प्रदेशः** चंदौली, मिर्जापुर, सोनभद्र।
- **पश्चिम बंगालः** बांकुड़ा, मिदनापुर, पुरूलिया।
- **उड़ीसाः** गजपति, गंजम, कोरापुट, क्योंझर, मलकानगिरि, मयूरभंज, नवरंगपुर, रायगढ़, संभलपुर, सुंदरगढ़, नयागढ़, कंधमाल, देवगढ़, जसपुर, ढेंकानाल।

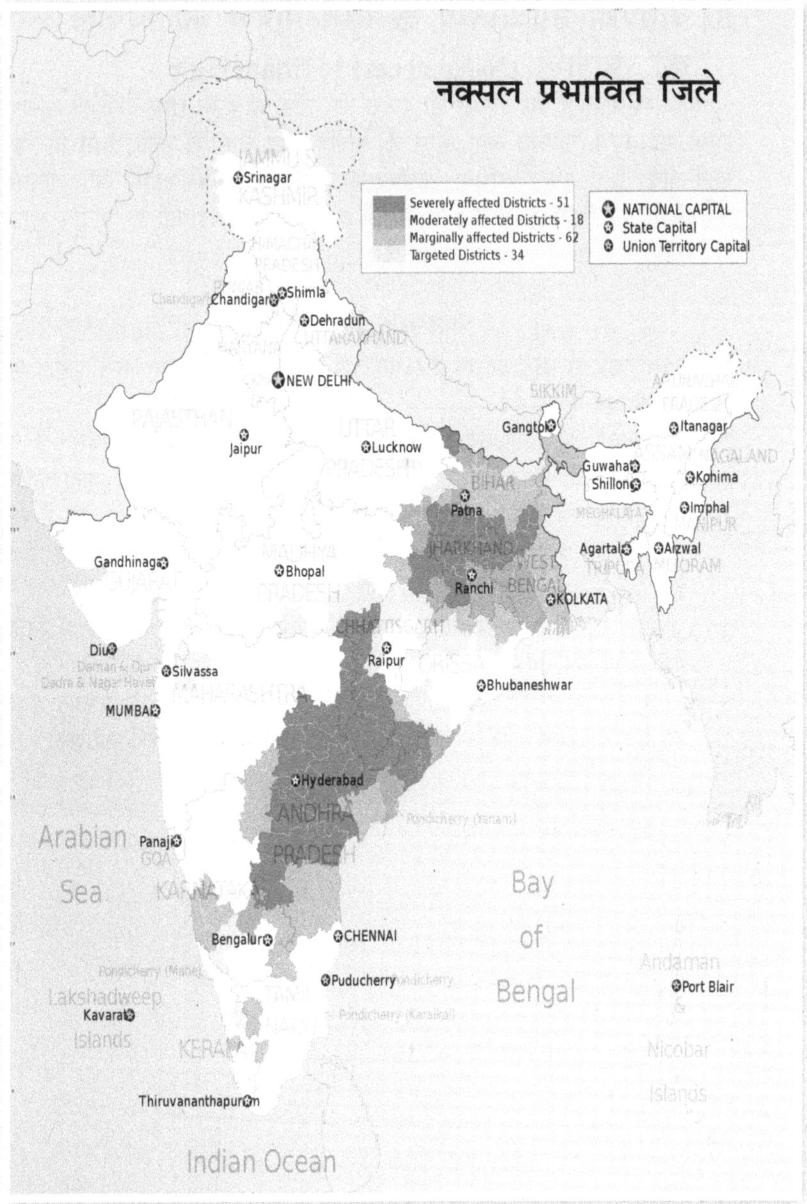
नक्सल प्रभावित जिले
Severely affected Districts - 51
Moderately affected Districts - 18
Marginally affected Districts - 62
Targeted Districts - 34
NATIONAL CAPITAL
State Capital
Union Territory Capital
Srinagar
Chandigarh
Shimla
Dehradun
NEW DELHI
Jaipur
Lucknow
Gangtok
Itanagar
Guwahati
Shillong
Kohima
Imphal
Patna
Agartala
Aizwal
Gandhinagar
Bhopal
Ranchi
KOLKATA
Diu
Silvassa
Raipur
Bhubaneshwar
MUMBAI
Hyderabad
ANDHRA PRADESH
Arabian Sea
Panaji
Bay of Bengal
Bengaluru
CHENNAI
Puducherry
Andaman & Nicobar Islands
Port Blair
Lakshadweep Islands
Kavarati
Thiruvananthapuram
Indian Ocean

8. वामपंथी उग्रवादियों के वित्त-पोषण को विफल करने की रणनीति (N-No access to financing):

यह सर्वविदित है कि किसी भी लड़ाई या काम करने के लिए आर्थिक संसाधन सबसे महत्वपूर्ण भूमिका अदा करते हैं, क्योंकि जब धनराशि होगी, तभी तो रहने, खाने-पीने, गोला-बारूद, हथियार खरीदने का इंतजाम संभव हो पाएगा। अतः वामपंथी उग्रवादियों को विभिन्न माध्यमों से मिलने वाली वित्तीय सहायता पर लगाम लगाना इस लड़ाई का सबसे आधारभूत मंत्र है।

अभ्यास हेतु प्रश्न

1. नक्सलवाद से क्या आशय है? यह देश की सुरक्षा के लिए किस प्रकार एक चुनौती बन चुका है?
2. नक्सलवाद और आतंकवाद में अंतर स्पष्ट कीजिए। क्या आप सहमत हैं कि नक्सलवाद की समस्या के समाधान के लिए सेना का उपयोग किया जाना चाहिए।
3. नक्सलवाद को एक वैचारिक अवधारणा के रूप में भी देखा जा रहा है और बुद्धिजीवियों के एक वर्ग द्वारा इसका समर्थन किया जा रहा है, क्या यह उचित है? तर्क सहित अपने विचारों को प्रस्तुत कीजिए।
4. 'नक्सलवाद की समस्या का समाधान विकास और संवाद के गर्भ में निहित है।' स्पष्ट कीजिए।
5. भारत में नक्सलवाद उत्पन्न होने के लिए जबावदेह कारकों पर प्रकाश डालते हुए इसके लक्ष्यों और उद्‌देश्यों का समालोचनात्मक विश्लेषण कीजिए।

8. साइबर अपराध बनाम साइबर सुरक्षा

इंटरनेट ने सूचना एवं संचार के क्षेत्र में अभूतपूर्व बदलाव लाकर जीवन को सुगम बनाया तथा ग्लोबल विलेज की अवधारणा को सार्थकता प्रदान की, लेकिन उसका दुरुपयोग आपराधिक मानसिकता के लोगों ने शुरू कर दिया। साइबर अपराध उन आपराधिक प्रवृत्ति के लोगों की देन है, जो इंटरनेट का गलत इस्तेमाल निजी स्वार्थों के लिए करते हैं। यानी अपराध के विषैले दंश से अब इंटरनेट भी अछूता नहीं रहा है। चूंकि इंटरनेट का विश्वव्यापी संजाल पूर्णतः स्वतंत्र है, अतएव इस पर निगरानी या नियंत्रण रखा पाना टेढ़ी खीर है। इसका लाभ आपराधिक प्रवृत्ति के लोग उठाने से नहीं चूकते हैं। यही कारण है कि धीरे-धीरे साइबर क्राइम का ग्राफ ऊपर की तरफ बढ़ रहा है। लोग दिनोंदिन साइबर अपराध का शिकार बन रहे हैं। एक अच्छे एवं प्रभावी माध्यम को कलंकित करने का खेल साइबर अपराध के रूप में शुरू हो गया है। इस समस्या से भारत ही नहीं, सारा विश्व ग्रस्त एवं चिंतित है। साइबर क्राइम सिर्फ भारत की समस्या नहीं है, यह तो विश्वभर की समस्या है। इंटरनेट पर पहचान छुपाए रखने की सुविधा साइबर अपराध ों के संदर्भ में अभिशाप बन गई है। इसी वजह से इसका दुरुपयोग दिनोंदिन बढ़ रहा है। यह साइबर अपराधों का मुख्य केंद्र बन गया है। अपराधी तो इसके दुरुपयोग में लिप्त हैं ही, कतिपय ऐसे लोग भी साइबर अपराधों के

दायरे में आकर काम कर रहे हैं, जिनका मकसद खिलवाड़ करना होता है। इस प्रवृत्ति के पनपने से स्थिति और बिगड़ रही है। साइबर अपराधों से जुड़ी एक विशिष्टता यह भी है कि ये तत्काल सूक्ष्म समय अंतराल में घटित होते हैं। यानी इन्हें अंजाम देने में समय नहीं लगता है। माउस की एक क्लिक के साथ एक बड़ा अपराध हो जाता है।

साइबर अपराधः एक परिचय

साइबर अपराध 20वीं शताब्दी के अंतिम दशक या 21वीं शताब्दी की प्रारंभिक दशक की उपजी हुई एक नकारात्मक अवधारणा है, जिसका जन्म तकनीकी विकास और सूचना प्रौद्योगिकी के गर्भ से हुआ है। वस्तुतः साइबर अपराध से आशय किसी न किसी ऐसे अपराधों से है, जिसमें किसी न किसी रूप में इलेक्ट्रानिक उपकरणों और सूचना प्रौद्योगिकी का प्रयोग किया जाता है। धर्म, जाति स्थान, भाषा, क्षेत्र आदि के आधार पर दो या दो से अधिक समुदायों के मध्य नफरत उत्पन्न करना, ई-मेल खाते की हैकिंग करना, ऑनलाइन प्रक्रियाओं के माध्यम से फर्जी तरीके से भुगतान लेना या देना, मनी लांड्रिंग को बढ़ावा देना, कापीराइट का उल्लंघन, गलत तरीके से सूचनाओं का आदान-प्रदान करना, किसी को क्षति पहुंचाने के लिए दूसरे के नेटवर्क या इलेक्ट्रानिक उपकरण को प्रयोग में लाना, किसी के बैंक खाते से फर्जी तरीके से पैसा निकालना, वेबसाइट विकृत करना अथवा रेलवे नेटवर्क को प्रभावित करना जैसे अपराधों को साइबर अपराध की श्रेणी में रखा जाता है। साइबर अपराध वर्तमान परिप्रेक्ष्य में हमारे तकनीकी विकास का एक नकारात्मक पहलू है। परंपरागत अपराधों की तुलना में यह अधिक खतरनाक और विध्वंसक है। UNO के अनुसार, साइबर अपराध वर्तमान में सभी अपराधों में सबसे अधिक जघन्य अपराध है, जो विश्व समुदाय और मानवता के लिए एक खतरा है।

साइबर अपराध के उद्देश्य

साइबर अपराध बहुउद्देश्यीय है, जिसको मोटे तौर पर दो भागों में विभाजित किया जाता है-आर्थिक उद्देश्य और गैर-आर्थिक उद्देश्य।

साइबर अपराध के आर्थिक उद्देश्य के अंतर्गत धनार्जन करने के दृष्टिकोण से आपराधिक या अवांछित गतिविधियों को बढ़ावा दिया जाता है। इसके अंतर्गत Online प्रक्रियाओं के माध्यम से धोखाधड़ी करना, फर्जी तरीके से भुगतान प्राप्त करना या बैंक खाते या नेटवर्क को विकृत करने के लाभ प्राप्त करना, जाली नोटों की डिजाइन करना या प्रिंटिंग के कार्य में प्रत्यक्ष और अप्रत्यक्ष रूप से सहयोग करना आदि प्रमुख हैं। कभी-कभी साइबर अपराध का आर्थिक उद्देश्य भी राष्ट्रीय सुरक्षा को व्यापक रूप में प्रभावित करता है।

साइबर अपराध का दूसरा उद्देश्य गैर आर्थिक होता है, जिसका मुख्य उद्देश्य किसी भी देश की आंतरिक सुरक्षा को चुनौती देना, अराजकता उत्पन्न करना, सांप्रदायिकता को बढ़ावा देना और उससे महत्वपूर्ण सूचनाओं को गलत तरीके से प्राप्त करके उसका दुरुपयोग करना जैसी गतिविधियां इससे सम्मिलित होती हैं। साइबर अपराध का गैर आर्थिक उद्देश्य अधिक व्यापक और भयावह होता है, इससे किसी भी देश की समग्र सुरक्षा प्रभावित होती है।

साइबर अपराध और उसका वर्गीकरण

साइबर अपराध का वह प्रारूप असंगठित साइबर अपराध कहलाता है, जब किसी व्यक्ति द्वारा जाने या अनजाने में साइबर अपराध को अंजाम दिया जाता है। इसका मुख्य उद्देश्य सामान्यत: गैर-आर्थिक होता है और इसका कोई संगठित स्वरूप नहीं होता है। असंगठित रूप में साइबर अपराध या तो आर्थिक दृष्टिकोण से किया जाता है या विकृत मानसिकता के कारण किया जाता है।

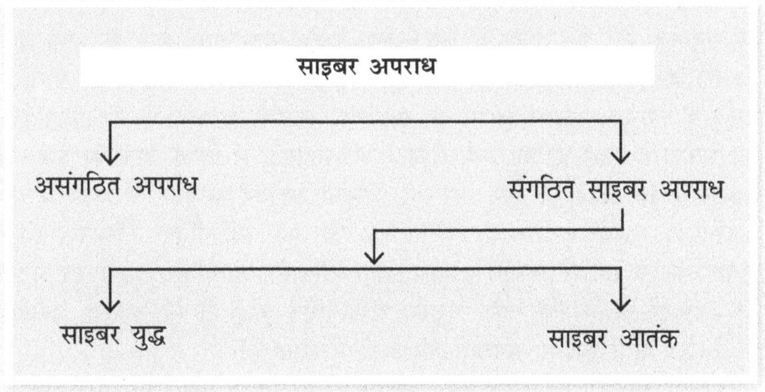

साइबर अपराध का दूसरा पहलू संगठित साइबर अपराध है, जिसे सदैव एक प्रभावी नेटवर्क या संगठन के माध्यम से अंजाम दिया जाता है और इसके दो प्रारूप है-साइबर युद्ध और साइबर आतंक।

साइबर युद्ध और साइबर आतंक

यद्यपि साइबर युद्ध की कोई सर्वमान्य परिभाषा नहीं दी गई है परंतु साइबर युद्ध के बारे में कहा जाता है कि जब किसी देश द्वारा दूसरे देश के विरुद्ध सुनियोजित तरीके से साइबर अपराध को बढ़ावा दिया जाता है तो इसे साइबर युद्ध कहा जाएगा। जब किसी देश की नीति दूसरे देश में सूचना प्रौद्योगिकी का प्रयोग करके या उसकी जासूसी करवाकर या वहां के नेटवर्क को प्रभावित करके प्रत्यक्ष या अप्रत्यक्ष रूप

में अराजकता उत्पन्न करने या उन्माद फैलाने या तोड़-फोड़ कराने का कार्य किया जाता है तो इसको साइबर युद्ध की श्रेणी में रखा जाएगा, जैसे चीन के हैकरों पर समय-समय पर यह आरोप लगते हैं कि उनके द्वारा अपने पड़ोसी देशों या अन्य देशों में साइबर अपराध को अंजाम दिया जाता है और वहां की अर्थव्यवस्था को प्रभावित करने का प्रयास किया जाता है।

साइबर अपराध का वह प्रारूप साइबर आतंक कहलाता है, जिसके अंतर्गत किसी संगठन द्वारा या उससे जुड़े हुए लोगों द्वारा समाज में भय उत्पन्न करने या अराजकता की स्थिति पैदा करने या सुरक्षा व्यवस्था को प्रभावित करने का काम किया जाता है। उल्लेखनीय है कि साइबर आतंक साइबर अपराध का एक संगठित प्रारूप है, जिसके माध्यम से आतंकी संगठनों द्वारा विभिन्न देशों में अराजकता उत्पन्न करने या धार्मिक उन्माद फैलाने का कार्य किया जा रहा है।

साइबर अपराध का दायरा

साइबर अपराध से आशय उन अपराधों से है, जो इंटरनेट, कंप्यूटर एवं प्रौद्योगिकी से संबंधित होते हैं। जानकारों का कहना है कि सामान्यतः कोई भी ऐसा काम, जिससे कंप्यूटर प्रतिकूल रूप से प्रभावित होता हो, साइबर क्राइम की परिधि में आता है। वस्तुतः साइबर क्राइम को एक ऐसे अपराध के रूप में परिभाषित किया जा सकता है जिसे इंटरनेट एवं कंप्यूटर की सहायता से किया जाता है। कहने का आशय है कि कोई भी ऐसा अपराध, जिसका उद्देश्य कंप्यूटर के काम में बाधा डालना हो, साइबर अपराध है। 'द आर्गेनाइजेशन फॉर इकोनॉमिक कोऑपरेशन एण्ड डेवलपमेंट' ने साइबर अपराध को इस प्रकार परिभाषित किया है- 'बिना पूर्व अनुमति के आंकड़ों के संसाधन और संचरण से संबंधित कोई भी गैर-कानूनी, अनैतिक, अनधिकृत काम साइबर अपराधों की श्रेणी में आता है।'

साइबर अपराधों का दायरा बहुत व्यापक है, क्योंकि ये विश्व स्तर पर घटित होते हैं। कहीं भी बैठकर इन्हें अंजाम दिया जा सकता है। ये दूसरे प्रकार के अपराधों को संचालित करने में भी सहायक की भूमिका निभाते हैं। वायरस के माध्यम से व्यवस्था को बाधित करना, चाइल्ड पोर्नोग्राफी, आपत्तिजनक प्रसारण, ईमेल पर धमकी देना या परेशान करना, पैसों की मांग करना, आतंकवादी गतिविधियों का संचालन, कंप्यूटर से संबंधित प्रोपर्टी को नष्ट करना, किसी कंपनी या व्यक्ति के डाटाबेस को चुरा लेना, साइट हैक करना, इंटरनेट के माध्यम से ठगी करना जैसे अवैध एवं अनाधिकृत कृत्य साइबर क्राइम की श्रेणी में आते हैं।

साइबर क्राइम श्वेतवसन अपराधों का तेजी से उभरता नया प्रतिमान है। साइबर क्राइम भौगोलिक एवं भौतिक सीमाओं से परे अंतर्राष्ट्रीय, अंतरमहाद्वीय अपराध हैं,

जिनके अनेक स्वरूप देखे जा सकते हैं, जैसे साइबर-आतंकवाद, ई-मेल-स्पूफिंग, पोर्नोग्राफी, डाटा डिडलिंग, मेल-हाईजेकिंग, वेब-हाईजेकिंग, वायरस-वार्म अटैक, क्रेडिट कार्ड फ्रॉड, मनी लांड्रिंग, साइबर स्टाकिंग, ई-मेल बाम्बिंग, ट्रोजन हार्स इत्यादि।

अश्लील साइट्स भी साइबर अपराध का ही अंग है। इन्होंने अश्लीलता को बढ़ाया है। इससे सांस्कृतिक क्षरण शुरू हुआ है। युवा पीढ़ी तेजी से इस अश्लीलता की गिरफ्त में आ रही है। अश्लील साइटें सांस्कृतिक एवं वैचारिक प्रदूषण फैलाने का काम कर रही हैं। इसने उस अपसंस्कृतिक को जन्म दिया है, जिसकी मजबूत पकड़ आज के युवा पर इस कदर बन गई है कि उसे अच्छे-बुरे का फर्क करने की समझ नहीं रह गई है।

यह एक विडंबना है कि जीवन को सुलभ और आसान बनाने वाली इंटरनेट तकनीक का ज्यों-ज्यों विकास हो रहा है, त्यों-त्यों इससे जुड़े खतरे भी बढ़ रहे हैं। सबसे बड़ा खतरा आतंकवाद का है। इंटरनेट आतंकवादियों के लिए मददगार साबित हो रहा है। यह गुप्त संदेशों के आदान-प्रदान का सुरक्षित एवं त्वरित माध्यम बन रहा है। जहां आतंकवादियों ने इंटरनेट को कट्टरपंथ फैलाने का हथियार बना लिया है, वहीं यह आतंकवाद के प्रशिक्षण में भी सहायक बन रहा है। साइबर हमलों की संभावना बढ़ी है।

आतंकवादी गुप्त संदेशों के आदान-प्रदान के रोज नए-नए तरीके निकालकर सुरक्षा एजेंसियों के समक्ष चुनौतियां पेश किया करते हैं। शाब्दिक संदेशों के पकड़े जाने का ज्यादा खतरा रहता है, इसे ध्यान में रखकर आतंकवादियों ने संदेशों का आदान-प्रदान कोडित और इनक्रिप्टेड संदेशों में जरिए करना शुरू कर दिया है, जिन्हें विकोडित कर उनके अर्थ को समझ पाना सुरक्षा एजेंसियों के नुमाइंदों के लिए आसन नहीं होता हैं। आतंकवाद में इंटरनेट की बढ़ती भूमिका को लेकर संयुक्त राज्य अमेरिका जैसा विकसित देश भी चिंतित है। एक अमेरिकी रिपोर्ट में बताया गया है कि अग्रणी पंक्ति के विश्व के आतंकवादी संगठनों ने संदेशों के आदान-प्रदान के लिए 'स्टेगैनोग्रामी' का उपयोग शुरू कर दिया गया है। इसके माध्यम से इनक्रिप्टेड संदेशों को इलेक्ट्रॉनिक फाइलों में छिपाया जाता है। आतंकवादी अपनी योजनाओं के खाके एवं अन्य गोपनीय संदेशों को चैट रूम, अश्लील वेबसाइटों के बुलेटिन बोर्ड और अन्य ऐसी वेबसाइटों में रख रहे हैं, जिन पर आसानी से शक नहीं होता।

इंटरनेट बैंकिंग में भी साइबर अपराध के घातक प्रभाव देखने को मिल रहे हैं। क्लोन वेबसाइटों ने तहलका मचा रखा है। खातों से रकम चोरी की घटनाएं निरंतर बढ़ रही हैं। स्थिति इतनी भयावह हो चुकी है कि अच्छी और त्वरित सेवा के लिए हमें अपनी बैंकिंग से संबंधित कोई भी निजी सूचना या जानकारी इंटरनेंट पर कदापि जारी नहीं करनी चाहिए। कुल मिलाकर यह देखने को मिल रहा है कि साइबर अपराधों ने इंटरनेट के चेहरे को नकारात्मक बनाना शुरू कर दिया है।

साइबर सुरक्षा और उसके विविध पहलू

साइबर अपराध का निरोधक पहलू साइबर सुरक्षा है। साइबर सुरक्षा की अवधारणा साइबर अपराध के जन्म के साथ ही उत्पन्न होती है। साइबर सुरक्षा एक व्यापक पहलू है, जिसके अंतर्गत सभी प्रकार के साइबर अपराध को नियंत्रित करने की रणनीति अपनाई जाती है। साइबर सुरक्षा के अंतर्गत एक देश द्वारा या एक संगठन द्वारा अपने विभिन्न नेटवर्क या महत्वपूर्ण दस्तावेजों या प्रतिष्ठानों अथवा सूचना के स्रोतों को संरक्षित रखने के लिए तकनीकी व्यवस्था में विद्यमान कमियों को दूर करने का प्रयास किया जाता है। इसके अंतर्गत हम अपनी व्यवस्था को दोषमुक्त बनाने का प्रयास करते हैं। साइबर सुरक्षा के अंतर्गत तीन प्रकार के कदम उठाए जाते हैं– 1. विधायी, 2. संस्थागत, 3. तकनीकी उन्नयन।

उपरोक्त कदमों के साथ-साथ सामाजिक जागरूकता, तकनीकी साक्षरता आदि को भी बढ़ावा दिया जाता है।

साइबर सुरक्षा के संबंध में निरोधकारी व्यवस्था

साइबर अपराध पर नियंत्रण एवं निगरानी रख पाना मुश्किल काम है। चूंकि ये नए किस्म के अपराध हैं, अतएव इनकी कानूनी घेराबंदी भी मजबूत नहीं हो पाई है, दूसरे, इसका क्षेत्र पूरा विश्व है। बहुत दूर किसी देश में बैठा हुआ अपराधी अपराध कर सकता है। समस्या यह पैदा होती है कि जिस देश में अपराध होता है, वहां की पुलिस कुछ भी कर पाने में समर्थ नहीं होती है। आपराधिक दायित्व सुनिश्चित करने में भी मुश्किल आती है। अक्सर ऐसे अपराधों की सुनवाई में यह मुश्किल पेश आती है कि मुख्य अपराधी का निर्धारण किस प्रकार किया जाए। आरोप इंटरनेट सर्विस प्रोवाइडर पर तय किया जाए अथवा सामग्री उपलब्ध कराने वाली वेबसाइट पर? टेलीकम्युनिकेशन यूनियन अंतर्राष्ट्रीय स्तर पर संयुक्त राष्ट्र की एजेंसी के रूप में (आईटीयू) साइबर सुरक्षा हेतु काम कर रही है।

इंटरनेट पर अपराधों की रोकथाम के लिए आईसीसीसी विश्व स्तर पर एक प्रहरी की भूमिका निभा रहा है। इस काम में एफबीआई तथा नेशनल व्हाइट कॉलर क्राइम सेंटर का सहयोग प्राप्त किया जा रहा है। इस कार्य में बीजेए द्वारा वित्त-पोषण किया जा रहा है।

साइबर अपराधों पर अंकुश एवं इनसे बचाव के लिए विश्व के सभी देश कानून बनाने में जुटे हैं। भारत भी इस दिशा में प्रयासरत है। भारत सरकार ने अगस्त 2000 में सूचना प्रौद्योगिकी अधिनियम पारित करके इस दिशा में प्रयास किए और सूचना प्रौद्योगिकी को भी कानूनी दायरे में लाने का काम किया। इस किस्म के अपराधों पर नियंत्रण के लिए देश में साइबर क्राइम इन्वेस्टिगेशन सेल और साइबर क्राइम

रिसर्च एण्ड डेवलपमेंट यूनिट की स्थापना की गई है। इन तमाम प्रयासों के बावजूद दोष सिद्ध कर पाना बहुत मुश्किल हो जाता है। अतः अपराधी बच निकलते हैं। साइबर अपराधों से जुड़े थाने भी देश में गिने-चुने हैं। अतः अपराध दर्ज कराने में भी मुश्किल आती है। लोगों को इस बारे में पर्याप्त जानकारी भी नहीं है। एक विशेष बात यह भी है कि इस तरह के अपराध अनपढ़ या गंवार नहीं करते हैं। इस प्रकार के अपराधों को करने में पढ़ा-लिखा तबका आगे है, जो सुनियोजित तरीके से साइबर अपराधों को करता है और सबूत भी नहीं छोड़ता है। हाईप्रोफाइल व्यक्ति साइबर अपराधों में अधिक लिप्त देखे जा रहे हैं, जिससे स्थिति और भयावह हुई है।

भारत में साइबर सुरक्षा से संबंधित विधायी पहलू

भारत में साइबर सुरक्षा से संबंधित प्रावधान सृजित करने की प्रक्रिया वर्ष 2000 में शुरू होती है। उल्लेखनीय है कि 1999 में संयुक्त राष्ट्र संघ द्वारा साइबर सुरक्षा के संदर्भ में एक संकल्प प्रस्ताव पारित किया गया, जिसमें सभी देशों से साइबर सुरक्षा के संदर्भ में एक व्यापक कानून बनाने और आपस में सूचनाओं का आदान-प्रदान करने पर बल दिया गया। इसके बाद विभिन्न देशों में सूचना प्रौद्योगिकी अधिनियम बनाने की प्रक्रिया शुरू होती है। इसी अनुक्रम में भारत में भी वर्ष 2000 सूचना प्रौद्योगिकी अधिनियम बनाया गया। सोशल साइट्स का उद्‌भव और दुरुपयोग को देखते हुए 2008 में सरकार ने सूचना प्रौद्योगिकी अधिनियम 2000 में संशोधन करने का निर्णय लिया और एक नया अधिनियम बनाया, जिसे संशोधित सूचना प्रौद्योगिकी अधिनियम 2008 के नाम से जाना जा रहा है, जिसमें साइबर अपराध की परिभाषा, प्रारूप, निष्पादन और निस्तारण (विवाद का हल खोजना) आदि के संदर्भ में प्रावधान किए गए हैं। इसके प्रमुख प्रावधान निम्नवत् हैं-

- संशोधित सूचना प्रौद्योगिकी अधिनियम की धारा 45 में न केवल साइबर अपराध को परिभाषित किया गया है, बल्कि उसके विभिन्न प्रारूपों का उल्लेख करने के साथ-साथ साइबर अपराध को नियंत्रित करने और उसके तौर-तरीकों पर भी प्रकाश डाला गया है तथा इसी धारा में साइबर अपराध के दोषी पाए जाने पर दण्डात्मक प्रावधानों का भी उल्लेख किया गया है, जिसमें यह कहा गया है कि संबंधित व्यक्ति के दोषी पाए जाने की स्थिति में जेल भेजने के साथ 1 करोड़ रुपए का जुर्माना भी उस पर लगाया जा सकता है।
- संशोधित सूचना प्रौद्योगिकी अधिनियम की धारा 46 में यह प्रावधान किया गया है कि किसी व्यक्ति या संस्था पर साइबर अपराध का आरोप लगता है तो इस संदर्भ में केंद्र सरकार या उसके द्वारा नियुक्त सक्षम अधिकारी द्वारा

जांच अधिकारी नियुक्त किया जाएगा। जांच अधिकारी की नियुक्ति करते समय अपराधों की श्रेणी और गंभीरता को देखा जाएगा। इसके साथ-साथ जांच अधिकारी किस स्तर का होगा और उसको क्या अधिकार होगा, यह सब कुछ पूर्व में परिभाषित होगा। परंतु जांच अधिकारी को आरोपी व्यक्ति को अपना बचाव करने का अवसर देना होगा और उससे पूछताछ व्यापक परिप्रेक्ष्य में की जानी चाहिए। जांच अधिकारी सरकार द्वारा निर्धारित दिशा-निर्देशों के आलोक में काम करेगा और उसको सिविल न्यायालय के अधिकार और शक्तियां प्राप्त होगी।

- इसके साथ-साथ उसके द्वारा की गई कार्यवहियों को IPC की धारा 193 और 228 के अंतर्गत न्यायिक हिस्सा माना जाएगा। जांच अधिकारी को तीन माह के अंतर्गत अपनी रिपोर्ट या कार्यवाही पूरी करनी होती है। उल्लेखनीय है कि जांच अधिकारी केवल जांच का ही कार्य नहीं करता है, बल्कि उसके द्वारा न्यायिक प्रक्रिया भी संपन्न की जाती है, जांच अधिकारी आर्थिक जुर्माना और दण्ड का निर्धारण करते समय निम्नलिखित बिंदुओं को ध्यान में रखता है-

1. पीड़ित पक्ष को होने वाली क्षति।
2. आपराधिक कृत्य से होने वाले आर्थिक लाभ (यदि उसकी गणना संभव हो)।
3. अपराध की पुनरावृत्ति।

उपर्युक्त आधार पर जांच अधिकारी एक वर्ष से लेकर पांच वर्ष तक की सजा दे सकता है। परंतु अगर यह अपराध देशद्रोह की श्रेणी में आता है तो यहां पर आजीवन कारावास भी दिया जा सकता है।

साइबर अपीलीय न्यायाधिकरण

संशोधित सूचना प्रौद्योगिकी अधिनियम, 2008 की धारा 48 और 59 में साइबर अपीलीय न्यायाधिकरण के गठन और उसके अधिकार एवं शक्तियों का उल्लेख किया गया है। धारा 48 में कहा गया है कि केंद्र सरकार द्वारा एक या एक से अधिक अपीलीय न्यायाधिकरण का गठन किया जा सकता है, जिसे साइबर रेगुलेशन अपीलेट ट्रिब्युनल (साइबर यिम अपीलीय न्यायाधिकरण) के नाम से जाना जाएगा। इस अधिनियम की धारा 48 और 59 में इसके अधिकारों और शक्तियों एवं संरचना के बारे में प्रकाश डाला गया है। इस Tribunal से संबंधित बिंदु निम्नवत् हैं-

इस अधिनियम में यह कहा गया कि साइबर अपीलीय न्यायाधिकरण सिविल प्रक्रिया संहिता 1908 के प्रावधानों से अलग हटकर के कार्य करेगा। इसे पूरा अधिकार होगा कि यह सुनवाई किस प्रकार और कैसे और कहां करेगा। परंतु इसके बावजूद इसको भी प्राकृतिक न्याय के सिद्धांत का अनुपालन करना होगा।

इसके द्वारा घटनाक्रम से प्रत्यक्ष या अप्रत्यक्ष संबंध रखने वाले किसी भी व्यक्ति को समन देने का अधिकार है और उसके माध्यम से लिखित और मौखिक दोनों रूपों में पूछताछ कर सकता है।

किसी भी इलैक्ट्रॉनिक उपकरण या दस्तावेज को सुरक्षित रखने का अधिकार या उसकी खोज करने या विभिन्न विभागों के निरीक्षण करने का अधिकार है। इसको सभी प्रकार के साक्ष्यों, सबूतों की जांच करने का अधिकार है।

प्रमुख साइबर अपराध एवं सजाः एक दृष्टि में

- **कंप्यूटर साधन कोड से छेड़छाड़ः** धारा 65 (सजा 3 वर्ष कारावास या 2 लाख रुपए जुर्माना)
- **आक्रामक एवं धमकी वाले संदेशः** धारा 66 (सजा 3 वर्ष कारावास या 2 लाख रुपए जुर्माना)
- **पहचान या पासवर्ड चोरी (प्रतिरूपण):** धारा 66 सी, डी (सजा 3 वर्ष कारावास या 2 लाख रुपए जुर्माना)
- **साइबर आतंकवादः** धारा 66 (च) (सजा आजीवन कारावास) यह अवधारणा सर्वप्रथम जेरेडे वोट्स (1997) द्वारा प्रयुक्त की गई।
- **अश्लील प्रकाशनः** धारा 67 (सजा 5 वर्ष कारावास या 5 लाख रुपए जुर्माना)
- **संरक्षित प्रणाली तक अनधिकृत पहुंचः** धारा 70 (सजा 10 वर्ष कारावास या जुर्माना)

साइबर अपराध निवारण हेतु उपाय

साइबर अपराध को रोकने के लिए ब्रिटेन में ड्राफ्ट कम्युनिकेशन बिल, अमेरिका में साइबर इंटेलीजेंस शेयरिंग प्रोटेक्शन कानून, इ-जी-8 सम्मेलन एवं फ्रांस-न्यूजीलैंड-रूस द्वारा 'थ्री स्ट्राइक्स' नामक अभियान चलाया गया है। भारत में सूचना एवं प्रौद्योगिकी अधिनियम 2000 तथा इसमें संशोधन 2008 द्वारा कुछ प्रयास किए गए हैं। प्रमुख कारगर उपाय निम्नलिखित हैं-

- देश की राष्ट्रीय सुरक्षा, अर्थव्यवस्था, लोक व्यवस्था प्रभावित करने वाली क्रिटिकल इंफोर्मेशन इन्फ्रास्ट्रेक्चर को संरक्षित प्रणाली घोषित किया गया है, धारा-10 (IT Act)।
- क्रिटिकल इंफोर्मेशन इन्फ्रास्ट्रेक्चर की सुरक्षा एवं शोध हेतु राष्ट्रीय नोडल एजेंसी का गठन, धारा 70 ए (IT Act)
- साइबर सुरक्षा के कार्यों हेतु भारतीय कंप्यूटर आपात प्रतिक्रिया टीम की नियुक्ति, धारा 70बी (IT Act)

किसी भी विषयवस्तु की तकनीकी जांच के लिए इसको तकनीकी विशेषज्ञ नियुक्त करने का भी अधिकार प्राप्त है।

इसे अपील को खारिज करने या अपने निर्णयों पर पुनर्विचार करने का अधिकार है। उल्लेखनीय है कि इसे जिला न्यायालय का दर्जा प्राप्त है और इसके निर्णय के विरुद्ध उच्च न्यायालय में अपील की जा सकती है।

भारत में साइबर सुरक्षा की राजनीति

विधायी पहलू

- सूचना प्रौद्योगिकी (संशोधन) अधिनियम, 2008

इसके प्रावधान इलेक्ट्रॉनिक लेन-देन, डिजिटल हस्ताक्षर, साइबर अपराध, साइबर सुरक्षा और डेटा संरक्षण के घटनापरक महत्त्व से जुड़े हैं।

सुरक्षा नीति, अनुपालन और आश्वासन

- सभी विभागों और मंत्रालयों में कंप्यूटर सुरक्षा दिशा-निर्देशों का परिचालन।
- महत्वपूर्ण संगठनों की तैयारी के मूल्यांकन हेतु साइबर सुरक्षा ड्रिल का आयोजन।
- आईटी अवसंरचना जांच हेतु पैनल।
- साइबर हमलों और साइबर आतंकवाद से निपटने हेतु संकट प्रबंधन योजना को जारी करना।
- राष्ट्रीय साइबर सुरक्षा नीति।

संगठित अपराध एवं आतंकवाद

- निम्नलिखित क्षेत्रों में अनुसंधान और विकास।
- क्रिप्टोग्राफी और क्रिप्टोएनालिसिस
- स्टेग्नोग्राफी।
- नेटवर्क और प्रणाली सुरक्षा आश्वासन।
- नेटवर्क निगरानी।
- साइबर न्यायिक जांच।
- साइबर सुरक्षा के क्षेत्र में क्षमता विकास हेतु सहायता।

सुरक्षा घटना-शीघ्र चेतावनी और प्रत्युत्तर

- राष्ट्रीय साइबर चेतावनी प्रणाली।
- सर्ट-इन और क्षेत्रीय सर्ट।
- अंतर्राष्ट्रीय सर्ट के साथ सूचना का आदान-प्रदान।

सुरक्षा प्रशिक्षण

- कौशल और सक्षमता विकास।
- क्षेत्र विशेष पर आधारित प्रशिक्षण-साइबर जांच विज्ञान, नेटवर्क और प्रणाली सुरक्षा प्रशासन।

सहयोग

- अतर्राष्ट्रीय
- राष्ट्रीय

'नेत्र' इंटरनेट सर्विलांस सिस्टम

भारत सरकार ने इंटरनेट सर्विलांस सिस्टम 'नेत्र' नामक एक कार्यक्रम प्रारंभ किया है, जो साइबर अपराधों की रोकथाम के लिए बहुत ही कारगर साबित हो सकता है। देश में सोशल मीडिया के बढ़ते दुरुपयोग को देखते हुए इस कार्यक्रम की आवश्यकता महसूस की गई। इसके दुरुपयोग की आशंकाएं भी हैं, इसलिए हमें यह भी ध्यान देना होगा कि इस सर्विलांस सिस्टम के जरिए किसी नागरिक के मौलिक अधिकारों का तो हनन नहीं होता हैं। लोगों की निजता किसी भी सूरत में भंग न हो। भारत में अब तक 'नेत्र' जैसे इंटरनेट सर्विलांस सिस्टम के लिए किसी भी तरह का कानून पारित नहीं किया गया है। इस वजह से इसके खिलाफ विरोध के स्वर मुखर हुए। लेकिन 26/11 के मुंबई हमले ने यह साबित कर दिया कि तकनीक का इस्तेमाल भारत की अखंडता और सुरक्षा को प्रभावित करने के लिए किया जा सकता है। मुबंई हमले के बाद भारत सरकार को तकनीक के गलत इस्तेमाल पर रोक लगाने के लिए 'नेत्र' जैसे कार्यक्रम की जरूरत महसूस हुई। हालांकि ऐसा नहीं है कि भारत में पहली बार सोशल नेटवर्किंग साइट्स की मॉनीटरिंग करने की योजना है। इससे पहले भी सरकार ने सूचना प्रौद्योगिकी अधिनियम 2000 में संशोधन कर राज्यों को सर्विलांस करने का अधिकार दिया था, लेकिन ये अधिकार बहुत ही सीमित थे। राज्य सरकारें अपने इन अधिकारों का इस्तेमाल विशेष परिस्थितियों में ही कर सकती थीं।

राष्ट्रीय साइबर सुरक्षा नीति, 2013

इलैक्ट्रॉनिक्स एवं सूचना प्रौद्योगिकी विभाग, भारत सरकार द्वारा वर्ष 2013 में साइबर सुरक्षा के संदर्भ में एक नीतिगत कदम उठाते हुए राष्ट्रीय साइबर सुरक्षा नीति घोषित की गई, जिसका मुख्य उद्देश्य देश के साइबर स्पेस को प्रभावपूर्ण तरीके से सुरक्षित एवं निरापद बनाना है। और इसके साथ-साथ देश में इस नीति का मुख्य उद्देश्य इलेक्ट्रॉनिक लेन-देन को एक ऐसा मजबूत सुरक्षा कवच प्रदान करना है, जिससे कि विश्वास का वातावरण निर्मित हो। साइबर जगत से जुड़े लोगों का इसमें मार्गदर्शन भी लिया जाएगा, जोकि सुरक्षा बढ़ाने में सहायक होगा। सरकार, नागरिकों एवं व्यापारियों के लिए साइबर जगत को सुरक्षित एवं लचीला बनाने के प्रयास किए गए हैं।

देश में साइबर अपराध से जुड़े पेशेवरों की कमी को दूर करने के उद्देश्य से इस नीति में यह प्रावधान है कि आगामी पांच वर्षों में पांच लाख साइबर सुरक्षा पेशेवरों का सृजन किया जाएगा। इसके लिए क्षमता निर्माण और कौशल विकास को प्रोत्साहित करने की योजना है। साइबर सुरक्षा संबंधी बुनियादी ढांचे में भी वृद्धि की जाएगी।

इस नीति के तहत जहां रणनीति के स्तर पर उन कारकों की मान्यता दी गई है, जो अंतर्राष्ट्रीय स्तर पर अपनाएं जाते हैं, वहीं एक ऐसी सहयोगात्मक और सामूहिक

कार्यवाही की रूपरेखा भी तैयार की गई है, जो सभी स्तरों की साइबर चुनौतियों से निपटने में सक्षम हो। इस नीति में साइबर हमलों से राष्ट्र की सुरक्षा को सर्वोपरि रखा जाता हैं, इसके मद्देनजर सुरक्षा से जुड़ी खामियों को दूर किया जाएगा।

हितधारकों के मध्य समन्वय एवं सहयोग बढ़े, यह बात भी इस नीति के केंद्र में है। साथ ही इसमें सरकारी और निजी भागीदारी को भी प्रोत्साहित किया गया है। इस नीति के तहत साइबर सुरक्षा को तो सुदृढ़ बनाया ही गया है, साइबर अपराधों की निगरानी का भी एक सुदृढ़ तंत्र विकसित किया जाएगा। नीति में इस बात का भी उल्लेख है कि राष्ट्रीय स्तर पर एक 'कंप्यूटर आपात अनुक्रिया टीम' का गठन होगा। राष्ट्रीय साइबर सुरक्षा नीति 2013 के प्रमुख बिंदु निम्नवत् हैं–

- देश में साइबर विशेषज्ञों का पुल बनाना, जिसे आवश्यकतानुसार प्रयोग में लाया जा सके। उल्लेखीय है कि मानव संसाधन विकास मंत्रालय द्वारा जारी की गई एक रिपोर्ट के अनुसार 2018 तक एक लाख साइबर विशेषज्ञों की आवश्यकता पड़ेगी, जो वर्तमान में उपलब्ध नहीं हैं। इसलिए सरकार साइबर एजुकेशन को बढ़ावा देकर साइबर विशेषज्ञ तैयार करने पर बल दे रही है।
- देश में एक सुरक्षित साइबर पारिस्थितिकी तंत्र बनाने, सूचना प्रौद्योगिकी प्रणाली एवं साइबर स्पेस के लेन-देन में पर्याप्त विश्वास एवं भरोसा पैदा करते हुए अर्थव्यवस्था के सभी क्षेत्रों में सूचना प्रौद्योगिकी के उपयोग को बढ़ावा देना।
- इस नीति में 24 × 7 के पैटर्न पर साइबर सुरक्षा के संदर्भ में साइबर सुरक्षा से संबंधित जानकारियां उपलब्ध कराने के लिए साइबर केंद्रों की स्थापना निरोधक केंद्र के रूप में की जा रही है। यह केंद्र सामान्य और संकटकालीन दोनों ही परिस्थितियों में काम करेगा। इस नीति में साइबर सुरक्षा और गोपनीयता की संस्कृति विकसित करने पर बल दिया गया है, जिससे कि एक प्रभावी संचार के माध्यम से कार्यवाही और नीति का व्यवहार किया जा सके।
- इस नीति में साइबर सुरक्षा को लेकर देश के विभिन्न विभागों और एजेंसियों के बीच बेहतर तालमेल स्थापित करने और सूचनाओं का आदान-प्रदान करने पर बल दिया गया।
- यह नीति प्रक्रिया, संचालन, भण्डारण एवं पारगमन (भंजना) के दौरान सूचना की सुरक्षा को सक्षम करने के लिए विशेष संस्थागत नीतिगत और शुद्धात्मक कार्यो के माध्यम रहे आंकड़ों या सूचनाओं की सुरक्षा सुनिश्चित करने का काम करेगी। इसके साथ-साथ यह नीति इस बात पर भी बल देती है कि

एक ऐसा साइबर पारितंत्र (वातावरण) विकसित किया जाए, जहां साइबर अपराध न्यूनतम हों और उससे होने वाली क्षति न्यूनतम हो।

- यह नीति अभियोजन पक्ष और विधायी पहलुओं को प्रभावी बनाने पर बल देती है, जिससे कि साइबर अपराधियों को बचने का अवसर न मिल सके।

आधार और राष्ट्रीय सुरक्षा

आधार और राष्ट्रीय सुरक्षा के बीच सकारात्मक संबंधा

- राष्ट्रीय सुरक्षा को ध्यान में रखते हुए इसकी शुरुआत की गई है–राष्ट्रीय सुरक्षा की स्थिति की समीक्षा के लिए गठित कारगिल समीक्षा समिति ने सबसे पहले सीमावर्ती गांवों में रहनेवाले लोगों के लिए "बहुउद्देशीय राष्ट्रीय पहचान पत्र (Multi-Purpose National Identity Card)" जारी करने की सिफारिश की थी। बाद में इसे सभी नागरिकों के लिए अनिवार्य कर दिया गया।
- **पता लगाने में आसानी**–अब आतंकवाद या तस्करी जैसी गतिविधियों के लिए अवैध तरीके से लेन-देन करने हेतु बायोमीट्रिक्स या अन्य डाटा का दुरुपयोग करने वाले व्यक्ति के बारे में पता लगाना पहले से कहीं ज्यादा आसान हो गया है।
- **संसाधनों के डुप्लीकेशन पर रोक**–इससे वित्तीय संसाधनों का प्रयोग विकास कार्यों में किया जा सकेगा।
- **मजबूत सामाजिक सुरक्षा**–इससे संवेदनशील वर्गों को सामाजिक सुरक्षा प्रदान करने के लिए एक ठोस और प्रभावी व्यवस्था कायम की जा सकती है। परंतु सरकार को यह ध्यान रखने की जरूरत है कि समग्र जनसंख्या की डाटाबेसिंग से राष्ट्रीय सुरक्षा का खतरा कहीं और न बढ़ जाए। इसके लिए उसे निम्नलिखित समस्याओं का हल निकालना होगा:–
- **अवैध निगरानी का डर**-इससे किसी व्यक्ति की स्वीकृति के बिना उस पर अवैध रूप से नजर रखे जाने का डर भी है।
- **साइबर सुरक्षा की समस्या**-साइबर हमले या डाटा चोरी से बचने के लिए आवश्यक सुरक्षा उपाय भी किए जाने की जरूरत है: उदाहरण के लिए, फैडरल रिजर्व बैंक ऑफ न्यूयॉर्क में बांग्लादेशी बैंक एकाउंट पर हुआ साइबर हमला या वन्नाक्रारैंसमवेयर (Wannacryransomware), जिससे लगभग 150 देश प्रभावित हुए।
- **वित्तीय सुरक्षा की समस्या**-अब, चूंकि बैंक खाते और पैन कार्ड आदि को आधार से जोड़ा जा रहा है, इसलिए व्यक्तियों या कंपनियों की वित्तीय सुरक्षा

से जुड़ी संवेदनशील जानकारियों को यू.आई.डी. (UID) डाटाबेस से चुराकर लीक किए जाने का डर है: उदाहरण के लिए, एक्सिस बैंक और ई-मुद्रा (e-Mudra) से जुड़े मामले, जिनमें भुगतान के लिए अवैध रूप से आधार बायोमीट्रिक्स की स्टोरिंग की गई।

- **आंतरिक धोखाधड़ी**-एक इंवेस्टिगेटिव वेबसाइट द्वारा रिपोर्ट प्रकाशित की गई है कि ऐसे (आधार) कार्ड भी बनें हैं, जिनममें संबंधित व्यक्ति का कोई निवास या पहचान प्रमाण ही नहीं लगा है। इससे यह आशंका बढ़ जाती है कि अवैध तरीके से देश में रहनेवाले किसी आप्रवासी के नाम पर भी आधार कार्ड बन सकता है।
- **आधार के कार्ड में प्रयुक्त सुरक्षा चिन्ह**-आधार कार्ड पर कोई होलाग्राम या डिजिटल हस्ताक्षर नहीं होता है, बस, एक क्यू आर (QR) कोड होता है, ऐसे में इसकी रंगीन फोटोकॉपी मूल कार्ड की तरह ही दिखाई देगी।
- **राष्ट्रीय सुरक्षा की परिभाषा**-'राष्ट्रीय सुरक्षा' को परिभाषित किया जाना चाहिए, ताकि आधार अधिनियम के सेक्शन 32 में उल्लिखित 'राष्ट्रीय सुरक्षा' क्लॉज का दुरुपयोग न किया जा सके।

आधार प्रणाली में सुरक्षा उपाय

सरकार ने आधार प्रणाली में विभिन्न प्रकार के सुरक्षा उपाय भी किए हैं, उदाहरण के लिए:

- आधार प्रणाली में ऐसी जानकारी नहीं होती कि उसके जरिए जो लेन-देन किया जा रहा है, वह किस उद्देश्य से किया जा रहा है।
- प्रत्येक डाटा पैकेट एंक्रिप्टेड फार्म (खुदे हुए चिह्नों के रूप) में होता है, जिसे परगमन के दौरान बदला या संशोधित नहीं किया जा सकता है; इस प्रकार, कोई अन्य सिस्टम या व्यक्ति उसका दुरुपयोग नहीं कर सकता है।
- इसमें दी गई सूचनाओं को राष्ट्रीय सुरक्षा के अलावा किसी अन्य उद्देश्य से प्रदर्शित नहीं किया जा सकता है, जिसे संयुक्त सचिव स्तर का एक अधिकारी लिखित रूप में दर्ज करेगा। इस पर नजर रखने के लिए एक उच्च स्तरीय समिति भी बनाई गई है।
- यूआईडी डाटा को पोर्टल पर प्रकाशित करने के लिए तीन साल की कैद का प्रावधान किया गया है।

सिफारिशें

- **निजता या गोपनीयता के लिए ठोस कानून**-इस सिस्टम से नागरिकों का यह विश्वास बढ़ेगा कि राष्ट्रीय सुरक्षा के नाम पर उन पर किसी तरह से नजर नहीं

रखी ज़ा रही है। साथ ही डाटा का रख-रखाव करने वाली कंपनी की जवाबदेही तय करने के लिए आईटी कानूनों को भी आधुनिक बनाया जाना चाहिए।

- **स्मार्ट कार्डों के लिए बायोमीट्रिक**-इससे केंद्रीकृत बायोमीट्रिक डाटाबेस की जरूरत नहीं रह जाती, जिससे आपराधिक प्रवृत्ति के लोगों या विदेशियों की नजर में आने का डर कम हो जाता है।
- **आधार डाटाबेस क्रिटिकल इंफ्रास्ट्रक्चर (सीआई) की परिभाषा में समावेश**-यह बहुत महत्वपूर्ण है, क्योंकि अंतराष्ट्रीय स्तर पर यह मान्य है कि शांतिकाल में सशस्त्र संघर्ष के दौरान क्रिटिकल इंफ्रांस्ट्रक्चर पर हमला नहीं होना चाहिए।
- **ऐप सुरक्षा**-आधार-आधारित सभी ऐप-जैसे BHIM आदि की सुरक्षा जांच।
- **मोबाइल लैपटॉप सुरक्षा**-मोबाइल और लेपटॉप के लिए डिवाइस, लेवल एंक्रिप्शन को प्रोत्साहन दिया जाए, ताकि हैकिंग के जरिए आधार से जुड़ी व्यक्तिगत सूचनाओं या लेन-देन तक न पहुंचा जा सके।
- **इमरजेंसी (आपातकाल) की स्थिति से निपटने के लिए एक क्विक रेस्पांस टीम (त्वरित कार्यदल)**-आधार पर किसी तरह के हमले की स्थिति से निपटने के लिए एक आपातकालीन कार्यदल बनाया जाए।

भारत में साइबर क्षेत्र में उठाए गए संस्थागत कदम

भारत में साइबर क्षेत्र को प्रभावी बनाने, साइबर क्षेत्र में अनुसंधान को प्रोत्साहित करने और उसको सुरक्षित बनाने लिए उठाए गए प्रमुख संस्थागत कदम निम्नवत् हैं-

- **राष्ट्रीय साइबर सहयोग केंद्रः** इस केंद्र की स्थापना साइबर आक्रमणों का अनुमान लगाने की तैयारी के बारे में साइबर सुरक्षा परिस्थिति पर जागरूकता सृजन के लिए की गई है। एनसीसीसी वास्तविक समय पर खतरे का मूल्यांकन करने और परिस्थिति जागरूकता के लिए देश में विभिन्न चिह्नित संसाधनों से साइबर खतरों संबंधित सूचनाएं एकत्र करेगा ताकि विश्लेषण तथा समय पर अलर्ट और संविधिक रिपोर्टों में मदद मिल सके। इस कार्यक्रम से साइबर सुरक्षा में मदद मिलेगी और लोगों की विशेषज्ञता, मानक प्रक्रियाओं की तैनाती और संसाधनों को साझा करके साइबर सुरक्षा को मजबूत बनाया जा सकता है।
- बोटनेट क्लीनिंग एंड मालवेयर एनालिसिस सेंटर इंडियन कंप्यूटर इमरजेंसी रिस्पॉन्स टीम (सीईआरटी-इन) भारत में जोखिम प्रणालियों का पता लगाने और अधिसूचित करने और आगे के संक्रमणों को रोकने के लिए उपयोगकर्ताओं के सिस्टमों को स्वच्छ व सुरक्षित रखने के लिए बोटनेट क्लीनिंग एंड

मालवेयर एनालिसिस सेंटर लागू कर रही है। यह परियोजना इंटरनेट सेवा प्रदाताओं तथा उद्योग के सहयोग से लागू की जा रही है।

- **साइबर अपीली अधिकरण (सीएटी):** आईटी अधिनियम, 2000 की धारा 48(1) के अंतर्गत प्रावधानों के अनुसार अक्टूबर 2006 में साइबर नियामक अपीली अधिकरण (सीएटी) की स्थापना की गई। आईटी अधिनियम के अनुसार प्रमाणन प्राधिकार नियंत्रक या कानून के तहत किसी न्यायिक अधिकारी के आदेश से यदि कोई व्यक्ति आहत है तो वह साइबर अपीली अधिकरण के समक्ष अपील कर सकता है। इस अधिकरण का प्रमुख आईटी अधिनियम, 2000 की धारा 49 के अंतर्गत अधिसूचना के माध्यम से सरकार द्वारा नियुक्त अध्यक्ष होता है। कार्यक्रमों और योजनाओं को चलाने के लिए विभिन्न संगठन हैं, जो इलेक्ट्रॉनिक्स और सूचना प्रौद्योगिकी मंत्रालय के अंतर्गत आते हैं।
- **इंडियन कंप्यूटर इमरजेंसी रिस्पॉन्स टीम (सीईआरटी-इन):** यह इलेक्ट्रॉनिक्स और सूचना प्रौद्योगिकी, संचार तथा सूचना प्रौद्योगिकी मंत्रालय का संचालित संगठन है। सीईआरटी-इन सूचना प्रौद्योगिकी (संशोधन) अधिनियम, 2008 की धारा 70बी के अंतर्गत बनाई गई है, ताकि साइबर सुरक्षा के क्षेत्र में यह राष्ट्रीय एजेंसी के रूप में निम्नलिखित कार्य कर सके-
    - साइबर सुरक्षा घटनाओं पर सूचना संग्रहण, विश्लेषण और प्रसार
    - साइबर सुरक्षा घटनाओं का पूर्वानुमान लगाना और अलर्ट करना
    - साइबर सुरक्षा घटनाओं से निपटने में आपातकालीन कदम उठाना
    - साइबर सुरक्षा घटना से संबंधित प्रतिक्रिया गतिविधियों में समन्वय करना
    - सूचना, सुरक्षा व्यवहारों, प्रक्रियाओं, रोकथाम, प्रतिक्रिया और साइबर घटनाओं की रिपोर्टिंग के संबंध में दिशा-निर्देश, परामर्श, नीतिगत कमी संबंधी टिप्पणी और श्वेत-पत्र जारी करना।
    - साइबर सुरक्षा से संबंधित अन्य निर्धारित कार्य करना।
- **सेंटर फॉर डेवलपमेंट ऑफ एडवांस्ड कम्प्यूटिंग (सी-डैक):** सी-डैक आज सूचना प्रौद्योगिकी तथा इलेक्ट्रॉनिक्स में देश के प्रतिष्ठित अनुसंधान और विकास संगठन के रूप में उभरा है। यह संगठन क्षेत्र में हुए वैश्विक विकास के संदर्भ में राष्ट्रीय प्रौद्योगिकी क्षमताओं को मजबूत बनाने और चुनिंदा फाउंडेशन क्षेत्रों में बाजार आवश्यकताओं में परिवर्तन को देखते हुए प्रतिक्रियात्मक कार्य कर रहा है। उच्च अनुसंधान और विकास संस्थान के रूप में सी-डैक सूचना प्रौद्योगिकी क्रांतियों में अग्रणी रहा है, उभरती/सक्षम प्रौद्योगिकी में क्षमता सृजन कर रहा है, नवाचार कार्य में लगा है और देश की अर्थव्यवस्था के विभिन्न क्षेत्रों के लिए अपनी विशेषज्ञता, क्षमता, आईटी उत्पादों और समाधानों के विकास और तैनाती में निरंतर रूप से क्षमता सृजन कर रहा है।

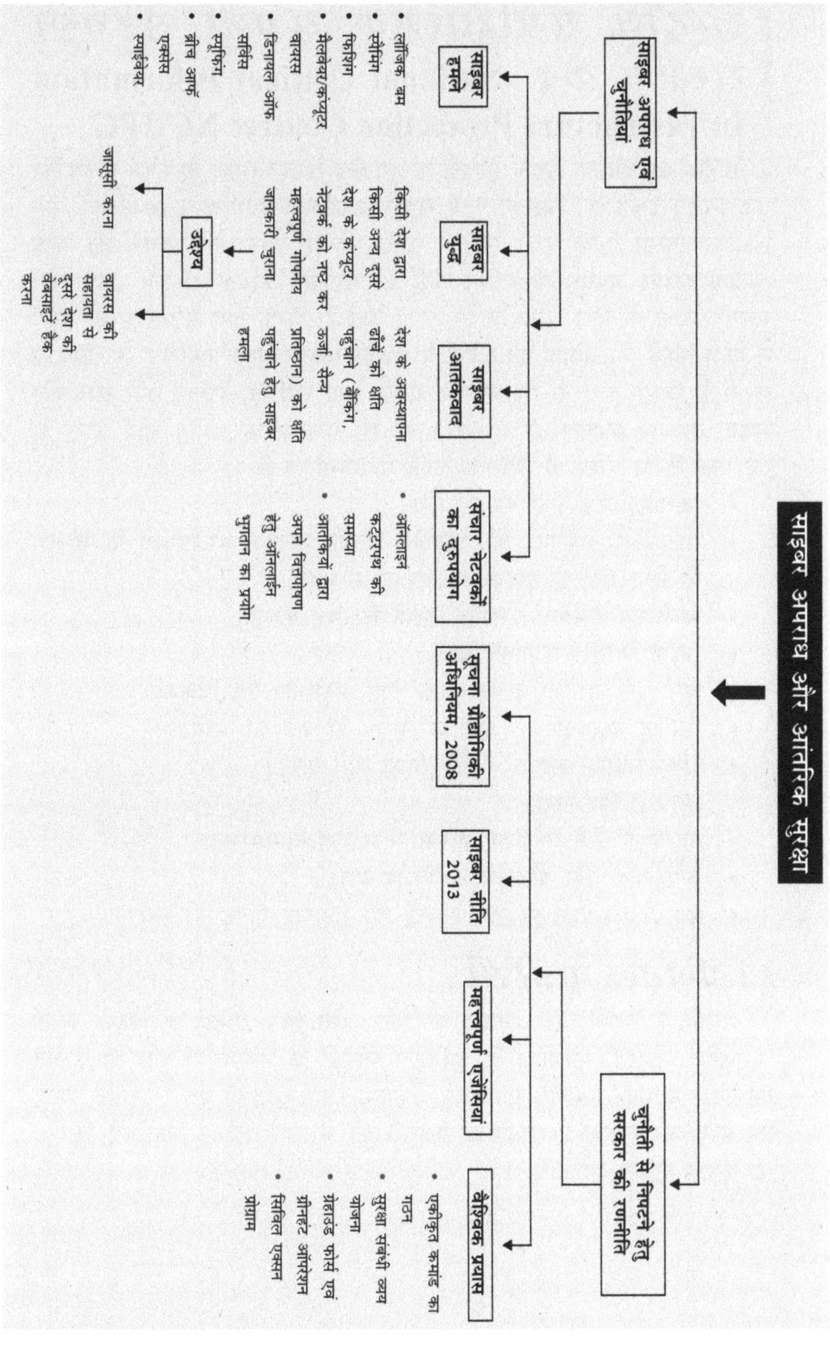
साइबर अपराध और आंतरिक सुरक्षा
साइबर अपराध एवं चुनौतियां
चुनौती से निपटने हेतु सरकार की रणनीति
साइबर हमले
साइबर युद्ध
साइबर आतंकवाद
संचार नेटवर्कों का दुरुपयोग
सूचना प्रौद्योगिकी अधिनियम, 2008
साइबर नीति 2013
महत्त्वपूर्ण एजेंसियां
वैश्विक प्रयास
लॉजिक बम
स्पैमिंग
फिशिंग
मैलवेयर/कंप्यूटर वायरस
डिनायल ऑफ सर्विस
स्नूफिंग
ब्रीच ऑफ एक्सेस
स्पाईवेयर
किसी देश द्वारा किसी अन्य दूसरे देश के कंप्यूटर नेटवर्क को नष्ट कर महत्त्वपूर्ण गोपनीय जानकारी चुराना
उद्देश्य
जासूसी करना
वायरस की सहायता से दूसरे देश की वेबसाइटें हैक करना
देश के अवस्थापना ढाँचे को क्षति पहुंचाने (बैंकिंग, ऊर्जा, सैन्य प्रतिष्ठान) को क्षति पहुंचाने हेतु साइबर हमला
ऑनलाइन कट्टरपंथ की समस्या
आतंकियों द्वारा अपने वित्तपोषण हेतु ऑनलाईन भुगतान का प्रयोग
एकीकृत कमांड का गठन
सुरक्षा संबंधी व्यय योजना
ग्रेहाउंड फोर्स एवं ग्रीनहंट ऑपरेशन
सिविल एक्सन प्रोग्राम

राष्ट्रीय समीक्षात्मक सूचना संरचना संरक्षण केंद्र National Critical Information Infrastructure Protection Centre: NCIIPC

राष्ट्रीय समीक्षात्मक सूचना संरचना संरक्षण केंद्र साइबर सुरक्षा के संदर्भ में स्थापित एक विशेष इकाई है, जिसका गठन सूचना प्रौद्योगिकी अधिनियम 2008 की धारा 70 के अनुसार किया गया। इसके द्वारा देश के उन क्षेत्रों की पहचान की जाती है जहां साइबर अपराध या साइबर चोरी की संभावना अधिक हो और उसके बाद साइबर सुरक्षा के लिए विशेष कदम उठाए जाते हैं। इसके द्वारा साइबर सुरक्षा संदर्भ में शोध कार्यो को बढ़ावा देकर देश में प्रभावी साइबर सुरक्षा तकनीक का विकास करना है जिससे देश के महत्वपूर्ण क्षेत्रों के लिए सुरक्षित, मजबूत और लोचशील साइबर तंत्र की स्थापना की जा सके। यह गृह मंत्रालय के अधीन कार्य करता है। यह एक विशेष मिशन है, जिसके कार्यों में सम्मिलित हैं-

- महत्वपूर्ण उप-क्षेत्रों की पहचान।
- सीआईआई मालिकों की उपयुक्त नीतियों, मानकों, सीआईआई के संरक्षण के लिए सर्वोत्तम उपायों को अपनाने में मदद।
- जोंबी एवं मैलवेयर प्रसारित आईपी का पता लगाना।
- साइबर फोरेंसिक्स गतिविधियां।
- चुस्त और सुरक्षित वातावरण के लिए अनुसंधान एवं विकास।
- चयनित महत्वपूर्ण उप क्षेत्रों की सूचना संरचना का अध्ययन।
- दैनिक/मासिक साइबर अलर्ट/परामर्श जारी करना।
- मैलवेयर विश्लेषण।
- महत्वपूर्ण क्षेत्रों के लिए वार्षिक सीआईएसओ सम्मेलन।
- जागरूकता और प्रशिक्षण पर विशेष बल।
- 24×7 के पैटर्न पर कार्यप्रणाली और सहायता यूनिट की स्थापना।

डिजिटल पाइरेसी

वास्तविक स्वामी की अनुमति के बिना चोरी-छिपे सामग्री को प्राप्त करना 'डिजिटल पाइरेसी' कहलाता है। डिजिटल पाइरेसी के माध्यम से कोई भी व्यक्ति कॉपीराइट सामग्री, मसलन सॉफ्टवेयर, फिल्म, किताब, ड्रामा एवं व्याख्यानों आदि को प्राप्त कर सकता है। डिजिटल पाइरेसी की समस्या वर्तमान तकनीकी विकास के कारण उत्पन्न हुई है।

डिजिटल पाइरेसी की समस्या के कारण फिल्म एवं टेलीविजन उद्योग को भारी नुकसान का सामना करना पड़ा है। उदाहरण के तौर पर फिल्म की रिलीज के पहले यदि उसे ऑनलाइन तरीके से प्रसारित कर दिया जाता है तो उत्पादक एवं निर्माता के साथ-साथ सरकार को भी राजस्व का नुकसान उठाना पड़ता है। इस प्रकार जब तक किसी व्यापारिक गतिविधि में न्यूनतम लाभ नहीं मिलेगा, तब तक उसका अस्तित्व में रहना कठिन होगा।

कानून प्रवर्तन एजेंसियां और डिजिटल पाइरेसी

- केवल कानून प्रवर्तन एजेंसियों के माध्यम से डिजिटल पाइरेसी की समस्या से निपटना कठिन है, क्योंकि डिजिटल पाइरेसी की कोई सीमा नहीं है।
- डिजिटल पाइरेसी से संबंधित वेबसाइट्स मसलन टोरेंट, डार्क वेब आदि की न तो कोई भौतिक उपस्थिति है और न ही कोई कानूनी पहचान आदि है।
- कानून प्रवर्तन एजेंसियों को अपराध का पता लगाने एवं दोषियों को सजा दिलाने में समय लगता है, किंतु पाइरेसी से संबंधित नई वेबसाइट को खोलने में कुछ घंटे का समय ही लगता है।
- सबसे बढ़कर कानून प्रवर्तन एजेंसियों के पास न तो समुचित आधारभूत ढांचा है और न ही कुशल कार्यबल, जिसके कारण अपेक्षित कार्यवाही कठिन है।
- कानून प्रवर्तन एजेंसियों को दिए गए अधिक अधिकारों का प्रयोग कभी-कभी अभिव्यक्ति की स्वतंत्रता को कुचलने में भी किया जा सकता है।

डिजिटल पाइरेसी से निपटने के उपाय

- डाउनलोड करने की अनुमति न प्रदान करना। सामग्री या फिल्म के रिलीज होने के बाद डाउनलोड करने की अनुमति दी जा सकती है।
- लोगों में जागरूकता फैलाने की जरूरत, ताकि वे पाइरेटेड सामग्री का उपयोग न करें। उदाहरण के तौर स्कैंडेनेवियन देशों में लोगों ने पाइरेटेड सामग्री का प्रयोग पूरी तरह से बंद कर दिया है।
- लोगों को अवगत कराना कि पाइरेसी अप्रत्यक्ष तौर पर देश के विकास से भी संबंधित है। उदाहरण के तौर पर पाइरेसी से उत्पादक को नुकसान होगा, जिससे सरकार को कर की प्राप्ति नहीं होगी। फलतः विकास कार्यों पर कम व्यय होगा।
- केरल के साइबरडोम मॉडल को अपनाया जा सकता है। केरल का साइबरडोम मॉडल एक पीपीपी मॉडल है, जिससे सूचना प्रौद्योगिकी कंपनियों का तकनीकी सहयोग प्राप्त है।

- राष्ट्रीय साइबर सुरक्षा नीति के तहत अंतर्राज्यीय सहयोग के लिए ढांचे का गठन किया जाना चाहिए।
- कॉरपोरेट सामाजिक दायित्व के तहत गूगल, याहू जैसी कंपनियों का यह दायित्व निर्धारित कर दिया जाना चाहिए कि वे पाइरेसी से संबंधित वेबसाइट्स की सूचना शीघ्रतिशीघ्र प्रवर्तन एजेंसियों को प्रदान करें।

निष्कर्षतः कहा जा सकता है कि डिजिटल पाइरेसी एक जटिल समस्या है, क्योंकि इसका स्वरूप तकनीकी है। इस समस्या के निराकरण के लिए कानून प्रवर्तन एजेंसियों के साथ-साथ अन्य स्तरों पर भी काम करने की जरूरत है।

ग्लोबल साइबर सिक्योरिटी इंडेक्स

05 जुलाई को इंटरनेशनल टेलीकम्युनिकेशन यूनियन (आईटीयू) द्वारा ग्लोबल साइबर सिक्योरिटी इंडेक्स (जीसीआई) को जारी किया गया। इस इंडेक्स के अनुसार दुनिया के लगभग 38% देशों ने साइबर सिक्योरिटी से संबंधित रणनीति बनाई है, जबकि 12% देश इसे विकसित करने की प्रक्रिया में हैं। इस इंडेक्स के अनुसार साइबर सुरक्षा जैसे महत्वपूर्ण क्षेत्र में अधिक प्रयास करने की आवश्यकता है। खासकर जब सरकार डिजिटल खतरों को उच्च प्राथमिकता मानती है।

साइबर हमलाः पेट्या रैंसमवेयर

मई 2017 में 150 देशों में रैंसमवेयर वायरस के माध्यम से हैकरों ने साइबर हमला किया, जिसके फलस्वरूप दुनिया के सभी देशों ने साइबर सुरक्षा को लेकर एक नई चुनौती उत्पन्न हो गई। विशेषज्ञों का यह मत है कि यह हमला संयुक्त राज्य अमेरिका की साइबर सुरक्षा एजेंसी एनएसए से चुराए गए साइबर हथियार इंटर्नल ब्लू से किया गया। उल्लेखनीय है कि इसे बान्नाक्राई रैंसमवेयर के नाम से जाना जाता है। इसके माध्यम से हैकर कम्प्यूटर्स पर हमला करते हैं और इसे ई-लिंक के माध्यम से भेजा जाता है। लिंक पर क्लिक करने पर कंप्यूटर लॉक हो जाता है। स्क्रीन पर एक संदेश बॉक्स में आता है और लॉक खोलने के लिए फिरौती मांगी जाती है और फिरौती न देने पर कंप्यूटर डाटा को उड़ा दिया जाता है। उल्लेखनीय है कि बान्नाक्राई रैंसमवेयर वायरस एक विशेष प्रकार का वायरस है। इसका पूरा नाम- रैनसम : वि 32. वान्नाक्रिप्ट. है। यह खासकर माइक्रोसॉफ्ट के विंडोज ऑपरेटिंग सिस्टम को निशाना बनाता है। कुछ आईटी विशेषज्ञों ने वायरस को पेट्राप के रूप में पहचाना जो पेट्या रैंसमवेयर का एक संशोधित संस्करण है, जिसका हमला अभी कुछ समय पहले ही हुआ था।, जिसमें डाटा की वापसी के बदले पीड़ितों से पैसे की मांग की थी।

माना जा रहा है कि इस हमले को शैडो ब्राकर्स नाम के ग्रुप ने अंजाम दिया और अप्रत्यक्ष रूप में 14 अप्रैल को ही इस ग्रुप ने इस हमले की चेतावनी दे दी थी। जबकि कुछ

विशेषज्ञ इस हमले के लिए उत्तर कोरिया के लैजारस ग्रुप को जिम्मेदार मानते हैं। वैश्विक साइबर सिक्योरिटी फर्म कस्पेस्की लैब ने कहा-'हमारे प्रारंभिक निष्कर्ष बताते हैं कि यह पेटा रैंसमवेयर का एक प्रकार नहीं है, लेकिन यह एक ऐसा नया रैंसमवेयर है, जिसे पहले नहीं देखा गया है'

- साइबर सुरक्षा एक ऐसा पारिस्थितिकी तंत्र है जहां कानून, संगठन, कौशल, सहयोग और तकनीकी कार्यान्वयन को सबसे अधिक प्रभावी बनाने के लिए प्रयास किया जाना चाहिए। रिपोर्ट में कहा गया है कि साइबर सुरक्षा देश के निर्णय और नीति-निर्माण में अधिक से अधिक प्रासंगिक हो रही है।
- वैश्विक साइबर सुरक्षा सूचकांक (जीसीआई), आईटीयू ग्लोबल साइबर सिक्योरिटी इंडेक्स एजेंडा (जीसीए) और इसके पांच स्तंभ (कानूनी, तकनीकी, संगठनात्मक, क्षमता-निर्माण और सहयोग) के चारों ओर घूमती है। इन स्तंभों में से प्रत्येक के लिए, प्रतिबद्धता का आकलन करने के लिए प्रश्न विकसित किए गए थे। विशेषज्ञों के एक समूह के साथ परामर्श के माध्यम से इन सवालों का संपूर्ण भार जीसीआई स्कोर पर पहुंचने के लिए किया गया था।
- आईटीयू वैश्विक रेडियो स्पेक्ट्रम और उपग्रह के कक्षाओं को आवंटित करने के लिए जिम्मेदार है। यह तकनीकी मानकों का विकास भी करता है, जो नेटवर्क और प्रौद्योगिकियों को निर्बाध रूप से एक-दूसरे के साथ जुड़ने के लिए सुनिश्चित करते हैं।
- वैश्विक साइबर सुरक्षा सूचकांक (जीसीआई) एक सर्वेक्षण है, जो साइबर सुरक्षा में जागरूकता बढ़ाने के लिए सदस्य राज्यों को प्रतिबद्धता को दर्शाता है।

❑❑❑

अभ्यास हेतु प्रश्न

1. साइबर सुरक्षा किसी देश की एकता तथा अखण्डता बनाए रखने में किस प्रकार सहायक है?
2. साइबर अपराध को परिभाषित करते हुए यह स्पष्ट कीजिए कि यह किसी भी देश की समस्त सुरक्षा को किस प्रकार प्रभावित करता है?
3. साइबर सुरक्षा क्या है? किसी भी देश के लिए साइबर सुरक्षा क्यों महत्वपूर्ण होती जा रही है? स्पष्ट कीजिए।

9. साइबर अधिनियम

अभिव्यक्ति का अधिकार और धारा 66 ए

देश में जैसे-जैसे विज्ञान-प्रौद्योगिकी का विकास होने लगा, उसी प्रकार देश में कानूनों की मांग भी होने लगी। संचार-सूचना प्रौद्योगिकी के क्षेत्र में उत्पन्न चेतना तथा विकास के फलस्वरूप लोगों की दूरियां तो कम हुईं और आपस में संयोजकता में वृद्धि हुई। लोगों तक सूचनाओं के आदान-प्रदान की द्रुतगामी व्यवस्था उत्पन्न हुई। इसी को दृष्टिगत रखते हुए सरकार ने जनमानस की भावनाओं तथा सूचना प्रौद्योगिकी का दुरुपयोग न हो। इसको ध्यान में रखकर सूचना प्रौद्योगिकी अधिनियम 2000 सृजित किया, परंतु बाद में इसमें संशोधन भी किया गया। सूचना प्रौद्योगिकी के उद्‌भव के साथ-साथ सोशल साइटों का भी उद्‌भव हुआ। सोशल साइटों का प्रभाव यह हुआ कि जहां लोग खुल करके अपनी भावनाएं व्यक्त करने लगे तथा एक-दूसरे से जुड़ने लगे वहीं दूसरी तरफ अवांछित तत्वों द्वारा ऐसी सूचनाएं भी प्रसारित की जाने लगीं जिससे समाज में नफरत फैल रही हो तथा राष्ट्र की सामाजिक एकता पर भी खतरा मंडराने लगा। इन सबको ध्यान में रखते हुए सरकार को उन पर प्रतिबंध भी लगाना पड़ता है। बालासाहेब ठाकरे की मृत्यु के बाद मुंबई बंद को लेकर फेसबुक पर की गई टिप्पणियों के कारण दो लड़कियों की गिरफ्तारी ने कुछ प्रश्न भी उत्पन्न कर दिया था, जिसको लेकर उन दिनों काफी बहस भी हुई थी तथा न्यायपालिका भी टिप्पणी कर चुकी है। सूचना प्रौद्योगिकी अधिनियम 2008 की एक धारा 66ए है जो विशेष चर्चा में है जिसे अभिव्यक्ति के अधिकार पर एक प्रतिबंध के रूप में देखा जा रहा है।

भारत में साइबर कानून

भारत विश्व में सूचना प्रौद्योगिकी के अग्रणी देशों में शामिल है। वह 121 मिलियन आबादी के साथ विश्व का तीसरा सबसे बड़ा इंटरनेट उपभोक्ता है। भारत पर विश्व के पांचवें सबसे बड़े नकलची होने का धब्बा भी लगा है। भारत में प्रत्येक 100 में से 60 व्यक्ति नकली डिजिटल उत्पादों से काम लेते हैं। इससे हर वर्ष तकरीबन 75 करोड़ डॉलर की क्षति होती है। भारत में साइबर कानून में समय के अनुसार बदलाव किए गए।

सूचना प्रौद्योगिकी अधिनियम 2000

व्यापार, शिक्षा तथा मनोरंजन के क्षेत्रों में कंप्यूटर व इंटरनेट की उपयोगिता समझते हुए इसका उचित उपयोग सुनिश्चित करने के लिए भारत सरकार ने 17 अक्टूबर, 2000 को सूचना प्रौद्योगिकी अधिनियम लागू किया। यह देश में इंटरनेट, ई-कॉमर्स व इलेक्ट्रॉनिक दस्तावेजों को कानूनी पहचान देने का पहला प्रयास था। इसका लक्ष्य देश में सुरक्षित ई-दस्तावेज, ई-अनुबंध, ई-कॉमर्स व ई-गवर्नेंस को बढ़ावा देना था। सूचना प्रौद्योगिकी 2000 के खास उद्देश्य इस तरह हैं-

- बैंकिंग या व्यापारिक सौंदों में इलेक्ट्रॉनिक माध्यम से सूचना संप्रेषण या आंकड़ों के आदान-प्रदान को कानूनी मान्यता देना।
- अंकीय हस्ताक्षर को विधिक पहचान देना, जिससे किसी भी सूचना या मामले को कानून के अंतर्गत विधिक प्रक्रिया में सत्यापित किया जा सके।
- सरकारी विभागों के दस्तावेजों की इलेक्ट्रॉनिक (कंप्यूटरीकृत) प्रतियां दर्ज करना।
- इलेक्ट्रॉनिक डाटा भंडारण को सुसाध्य बनाना।
- बैंक व वित्तीय संस्थानों में इलेक्ट्रॉनिक फंड ट्रांसफर को विधिक पहचान देना।
- बैंकों के खातेदारों से संबंधित सूचनाओं को इलेक्ट्रॉनिक प्रारूप में मुहैया कराना व इसे कानूनी मान्यता देना।

भारतीय दंड संहिता के साक्ष्य अधिनियम, 1872 में संशोधन, बैंकरों की बही साक्ष्य अधिनियम, 1891 और भारतीय रिजर्व बैंक अधिनियम, 1934 में संशोधन।

सूचना प्रौद्योगिकी संशोधन अधिनियम 2008

9 जून, 2000 को जब सूचना प्रौद्योगिकी अधिनियम 2000 पहली बार लागू किया गया उस समय अश्लील वेबसाइटों के माध्यम से देश में साइबर हमलों की बाढ़ आई हुई थी। उस लिहाज से यह कानून बहुत ही धीमा और अप्रभावी था। मीडिया की लगातार रिपोर्टिंग और एक-दो बार सरकारी वेबसाइटों के हैक होने के बाद सूचना एवं प्रसारण मंत्रालय ने एक उच्च स्तरीय विशेषज्ञ समिति गठित की, जिससे सूचना प्रौद्योगिकी अधिनियम 2000 में आवश्यक सुधार किया जा सके।

2005 में गठित इस समिति ने 2006 में मंत्रालय को एक रिपोर्ट दी, जिसमें सूचना प्रौद्योगिकी अधिनियम में तमाम संशोधनों की अनुशंसा की गई, जिनमें कुछ महत्वपूर्ण संशोधनों में 66ए भी शामिल है। इन अनुशंसाओं के आधार पर सूचना प्रौद्योगिकी (संशोधन) अधिनियम, 2008 लागू किया गया।

साइबर कानून की शुरुआत

साइबर अपराधों की शुरुआत अमेरिका से हुई, इसलिए सबसे पहले वहां 1984 में पहला साइबर कानून बना, जिसमें कंप्यूटर से होने वाले फर्जीवाड़े और दुरुपयोग को रोके जाने के प्रबंध किए गए। इसके बाद वहां साइबर सुरक्षा व कानून के क्षेत्र में संगठित ढांचे का विकास किया गया और जरूरतों के अनुसार जल्दी-जल्दी नए कानून बनाए। अमेरिका में वर्तमान में 20 से ज्यादा संघीय कानून हैं, जो साइबर सुरक्षा और अपराधों से अलग-अलग स्तर पर निपटने में सक्षम हैं। साथ ही कई केंद्रीकृत एजेंसियां व कार्यदल बनाए गए हैं, जो इन कानूनों को लागू करने और साइबर अपराधों से निपटने में अमेरिकी सरकार की मदद करते हैं। इन एजेंसियों में एफबीआई, एनआईपीसी, एनडब्ल्यूथ्रीसी व आईएफसीसी प्रमुख हैं। चीन भी बेहतर साइबर कानून से लैस व साइबर सुरक्षा और अपराधों से निपटने में भारत से कहीं ज्यादा सक्षम है।

इस अधिनियम में कुल 13 अध्याय और 94 धारा हैं। पहले अध्याय में दो धाराओं में अधिनियम का परिचय व धारा 1 के उपखंड 2 में परिभाषाएं दी गई हैं। अध्याय-2 में 3 धारा हैं, जिनमें डिजिटल हस्ताक्षर, (सूचना प्रौद्योगिकी संशोधन अधिनियम, 2008 के बाद) डिजिटल या इलेक्ट्रॉनिक हस्ताक्षर को स्पष्ट किया गया है। धारा 3 में इलेक्ट्रॉनिक सूचना के सत्यापन की विधियां बताई गई हैं। यह धारा किसी व्यक्ति की डिजिटल या इलेक्ट्रॉनिक पहचान की प्रक्रिया बताती है। अधिनियम के तीसरे अध्याय में इलेक्ट्रॉनिक गवर्नेंस की व्यवस्था दी गई है। अध्याय 3 के धारा 4 से 10 में ई-पहचान को वैधानिक मान्यता, सेवा प्रदाताओं द्वारा सेवाओं से संबंधित नियोजन, ई-दस्तावेजों के भंडारण, ई-दस्तावेजों का लेखा परीक्षण, कानूनों, नियमों व राजपत्रित सूचनाओं का ई-प्रकाशन आदि के आदेश व निर्देश दिए गए हैं। धारा 9 में स्पष्ट किया गया है कि धारा 6, 7 व 8 में जो व्यवस्थाएं दी गई हैं, उन्हें लागू करने के लिए किसी मंत्रालय, विभाग या अधिकरण को ई-प्रारूप में दस्तावेज स्वीकारने या उपलब्ध कराने के लिए बाध्य नहीं किया जा सकता।

धारा 10 केंद्र सरकार को इलेक्ट्रॅनिक हस्ताक्षर से संबंधित कानून बनाने की शक्तियां प्रदान करती है। अध्याय 4 में किसी इलेक्ट्रॉनिक संदेश का प्रेषण, स्वीकृति व उन्मोचन की व्यवस्थाएं दी गई हैं। धारा 11 संदेश या संवाद की संबद्धता को स्पष्ट करती है। धारा 12 में संबद्धता की विधिक प्रक्रिया में स्वीकार्यता की शर्तें स्पष्ट की गई हैं। धारा 13 में किसी संदेश का प्रेषण या उन्मोचन कैसे माना

जाएगा, यह बताया गया है। अध्याय 5 में इलेक्ट्रॉनिक दस्तावेजों व हस्ताक्षरों की सुरक्षा से संबंधित उपबंध दिए गए हैं। धारा क14 में इलेक्ट्रॉनिक दस्तावेजों का संरक्षण बताया गया है।

धारा 15 में इलेक्ट्रॉनिक सिग्नेचर के संरक्षण व संधारण की व्याख्या दी गई है व अध्याय 2 में दी गई परिभाषा के अनुकूल डिजिटल या इलेक्ट्रॉनिक हस्ताक्षर अर्थात् गोपनीय अंक अथवा कूट के संरक्षण की व्यवस्था दी गई है। धारा 16 में सूचना प्रौद्योगिकी के अंतर्गत सुरक्षा के उपायों की व्यवस्था दी गई है जो केंद्र सरकार को व्यापारिक सौदों, इलेक्ट्रॉनिक हस्ताक्षर या किसी भी दस्तावेज अथवा संदेश के संरक्षण के लिए परिस्थितियों के अनुकूल आवश्यक उपाय करने की शक्ति देता है। अध्याय 6 सत्यापक अधिकरणों के नियंत्रण के प्रबंध करता है। अधिनियम के उपबंधों को लागू करने के लिए एक नियंत्रक व अधिकारियों की नियुक्ति की अनुशंसा की गई है। धारा 17 से 34 में नियंत्रक, अधिकारी, सत्यापन अधिकरण, विदेशी सत्यापक अधिकरण, सत्यापक अधिकरणों को अनुज्ञा-पत्र जारी करना, अनुज्ञा-पत्रों का नवीनीकरण व निरस्तीकरण, अधिकरणों के दायित्व, नियंत्रक व अधिकारियों के कार्य व शक्तियां आदि का उल्लेख किया गया है।

अध्याय सात में धारा 35 से 40 के अंतर्गत इलेक्ट्रॉनिक हस्ताक्षर प्रमाण-पत्र के संबंध में उल्लेख है। इसके धारा 35 में ई-विधि से निर्धारित प्रारूप में अधिकतम 20 हजार रुपए तक के शुल्क से किसी प्रार्थना-पत्र या प्रवेश-पत्र के जारी करने या प्राप्त करने संबंधी अनुबंधों की शर्तों के साथ ई-हस्ताक्षर प्रमाण-पत्रों का निरस्तीकरण या स्थगन आदि का उल्लेख किया गया है।

अध्याय आठ में धारा 40 से 42 में अभिदाता अर्थात् भुगतानकर्ता के दायित्व बताए गए हैं।

अध्याय नौ में धारा 43 से 47 में दंड और न्याय की व्यवस्थाओं को बताया गया है। जिसमें कंप्यूटर को क्षति, संरक्षित आंकड़ों को क्षति व पुनर्भरण के बाद लाने के आधारों को स्पष्ट किया गया है।

अध्याय दस में धारा 48 से 64 में सूचना प्रौद्योगिकी से संबंधित अपराधों या विवादों के निपटारे के लिए एक न्यायाधिकरण गठित करने के निर्देश दिए गए हैं, जिसे साइबर अपेलिट ट्रिब्यूनल नाम दिया गया है। इसमें न्यायाधिकरण के गठन, नियुक्ति के लिए अध्यक्ष व सदस्यों की अहर्ताएं, कार्यकाल, वेतन, शक्तियां, कर्मचारियों की भर्तियां, न्यायाधिकरण में वाद दर्ज कराने संबंधी निर्देश दिए गए हैं।

अध्याय ग्यारह में धारा 65 से 78 के अंतर्गत सूचना प्रौद्योगिकी से संबंधित अपराधों को विनिर्धारित किया गया है।

धारा 65 में कंप्यूटर व कंप्यूटरीकृत दस्तावेजों से छेड़छाड़ को अपराध घोषित किया गया है। इसमें किसी के कंप्यूटर से उसकी अनुमति के बिना दस्तावेज या किसी प्रोग्राम को मिटाना अथवा खराब कर देना एक अपराध होगा। इसे हैकिंग भी माना गया है, जिसके लिए धारा 66 में 2 लाख रुपए अर्थदंड या 3 वर्ष का कारावास अथवा दोनों का प्रावधान किया गया है। धारा 74 जालसाजी के उद्देश्य से किए गए प्रकाशन को चिह्नित व दंडित करने की व्यवस्था देता है। धारा 75 भारत की सीमाओं से बाहर किए साइबर अपराध के कृत्यों पर कानून को लागू करने की व्यवस्था देता है। धारा 76 इस कानून के अधीन किए गए किसी भी अपराध में प्रयुक्त कंप्यूटर या सूचना संचार यंत्र की कुर्की के निर्देश और शक्तियां देता है। धारा 78 के अंतर्गत किसी साइबर अपराध की सक्षम अधिकारी द्वारा जांच की व्यवस्थाएं की गई है।

अंतर्राष्ट्रीय दूरसंचार संघ

यह अंतर्राष्ट्रीय रेडियो और दूरसंचार तंत्र को नियमित और मानकीकृत करने वाली संस्था है। इसकी स्थापना पेरिस (फ्रांस) में 17 मई, 1865 में हुई थी। इसके मुख्य कार्यों में रेडियो वर्णक्रम का मानकीकरण, रेडियो वर्णक्रम का आवंटन, विभिन्न देशों के बीच अंतरसंबंध प्रबंधन आदि शामिल हैं, जिससे अंतर्राष्ट्रीय फोन कॉल की अनुमति दी जा सके। संघ तीन वृत्तखंडों से बना है:-

- **दूरसंचार मानकीकरण वृत्तखंडः** इसका सचिवालय दूरसंचार मानकीकरण ब्यूरो है, जिसे 1992 से पूर्व अंतराष्ट्रीय दूरभाष और तारप्रेषण सलाहकार समिति कहते थे।
- **रेडियो संचार वृत्तखंड (ITU-R):** इसका सचिवालय रेडियो संचार ब्यूरो (BR) है, जिसे 1992 से पहले (International Ratio Consultative Committee-CCIR) कहते थे।
- **दूरसंचार विकास वृत्तखंड (ITU-D):** इसका सचिवालय दूरसंचार विकास ब्यूरो या (BDT) है, जिसकी स्थापना 1992 में की गई। 2011 तक आईटीयू द्वारा घोषित व संयुक्त राष्ट्र संघ द्वारा अनुशंसित अंतर्राष्ट्रीय टेलीकाम रेगुलेशन (ITR) को 193 देशों ने स्वीकार कर लिया है। आईटीयू के 567 निजी क्षेत्र से व 217 अकादमिक सदस्य हैं। सूचना तकनीक से संबंधित यह एकमात्र वैश्विक प्रोटोकॉल है।

अध्याय 12 में निश्चित मामलों में सेवा प्रदाताओं को दायित्वों से उन्मोचित किया गया है। धारा 79 में वे परिस्थितियां दी गई हैं। जिनमें किसी उपभोक्ता द्वारा किए गए अपराध के लिए सेवा प्रदाता उत्तरदायी नहीं होगा। अध्याय 12 ए में इस अधिनियम से भारतीय दंड संहिता के साक्ष्य अधिनियम में संशोधन कर इलेक्ट्रॉनिक साक्ष्यों को मान्यता व उनके परीक्षण की व्यवस्था दी गई है। अध्याय 12 ए के धारा 79 ए में केंद्र सरकार द्वारा इलेक्ट्रॉनिक साक्ष्य परीक्षक नियुक्त करने के निर्देश दिए गए हैं। अधिनियम के अंतिम अध्याय 13 में विविध विषयों पर चर्चा की गई है।

साइबर अपीलीय न्यायाधिकरण

2009 में संशोधन के बाद साइबर अपीलीय न्यायाधिकरण को साइबर अपील अधिकरण के रूप में जाना जाता है। यह सूचना प्रौद्योगिकी विभाग का भाग है। केंद्र सरकार द्वारा अधिसूचित या नियुक्त अध्यक्ष साइबर कानून कार्यान्वयन सम्मेलन का आयोजन कर सकता है, जिसमें भारत के सर्वोच्च न्यायालय के न्यायाधीश, उच्च न्यायालयों के न्यायाधीश, राज्यों के मुख्य न्यायाधीश, न्यायिक और अधिकारी व भारत सरकार के वरिष्ठ अधिकारी सम्मिलित होते हैं। भारत में साइबर क्राइम से निपटने के लिए भारतीय कंप्यूटर आपात प्रतिक्रिया दल किसी भी प्रकार के साइबर खतरे से निपटने के लिए सर्वोच्च निकाय है। इसके अतिरिक्त प्रमुख बड़े शहरों में साइबर पुलिस थाने भी गठित किए जा रहे हैं। किसी भी प्रकार के साइबर अपराध को शुरू में पुलिस द्वारा ही जांचा जाता है। मामले की गंभीरता को देखते हुए केंद्रीय अन्वेषण ब्यूरो या किसी अन्य एजेंसी से भी जांच करवाई जा सकती है। इसके अतिरिक्त 'समीर' (Society for Applied Microwave Electronics Engineering and Research) व सी-डैक (Centre for Development of Advanced Computing-C-DAC) भी भारत में साइबर अपराधों से निपटने में सरकार का सहयोग करती हैं।

धारा 80 में पुलिस अधिकारियों व अन्य अधिकारियों को छानबीन आदि की शक्तियां दी गई हैं। धारा 81 में स्वचालित प्रक्रियाओं के प्रभाव पर उपबंध किए गए हैं। धारा 82 में साइबर न्यायाधिकरण के अधिकारी व कर्मचारियों और लोकसेवक का दर्जा दिया गया हैं। धारा 83 केद्र सरकार को राज्य सरकारों को आवश्यक परिस्थितियों में निर्देश जारी करने की शक्तियां देती है। धारा 84 की व्यवस्थाओं के अंतर्गत केंद्र सरकार, राज्य सरकार या नियंत्रक अथवा न्यायाधिकरण के अधिकारियों द्वारा जनहित में उठाए गए कदम किसी भी तरह के वाद से मुक्त होंगे। धारा 85 के अंतर्गत सेवा प्रदाता कंपनी के कर्मचारी द्वारा काम के दौरान इस अधिनियम के किसी भी नियम, सूचना या निर्देश का उल्लंघन करने पर व्यक्ति व साथ में कंपनी भी उस अपराध के लिए उत्तरदायी होगी। धारा 86 के अनुसार इस अधिनियम को प्रभावी करने में आने वाली बाधाओं से निपटने के लिए केंद्र सरकार द्वारा अधिनियम के किसी भी प्रावधान को आधिकारिक सूचना से राजपत्र में प्रकाशित कर अप्रभावी या निरस्त किया जा सकता है। धारा 87 केंद्र सरकार को इस अधिनियम के अंतर्गत राजपत्र में सूचना द्वारा नए नियम प्रकाशित कर उन्हें प्रभावी करने के अधिकार प्रदान करती है। धारा 88 केंद्र सरकार को साइबर नियंत्रक सलाहकार समिति गठित करने का निर्देश देता है। यह समिति इस अधिनियम के प्रभाव में आने के बाद इसमें समय-समय पर परिवर्तन या सुधारों के लिए केंद्र सरकार को सलाह देगी। धारा 89 नियंत्रक को विनियमन की शक्तियां देता है। धारा 90 राज्यों को साइबर तंत्र को

नियंत्रित करने व इस अधिनियम को लागू करने के लिए कानून या नियम बनाने को अधिकृत करता है। धारा 91 से 94 के प्रावधान 2008 के संशोधित अधिनियम में निरस्त कर दिए गए। जिन कारणों के चलते सूचना प्रौद्योगिकी ऐक्ट की धारा 66ए विवाद का विषय बन गई है, उन्हें रेखांकित कर रहे हैं।

सूचना प्रौद्योगिकी अधिनियम की धारा 66 A तथा विवाद

भारतीय सूचना प्रौद्योगिकी अधिनियम, 2000 की धारा 66ए को लेकर पिछले दिनों काफी विवाद खड़े हुए हैं। हाल ही में मुबंई में शाहीन और रेनू श्रीनिवासन को बाल ठाकरे की मौत के बाद मुंबई बंद के खिलाफ फेसबुक पर टिप्पणी के लिए जेल में डालने पर देश में ही नहीं विदेश में भी सरकार की आलोचना हुई थी। मजबूत होकर महाराष्ट्र सरकार को दोनों लड़कियों के मामले वापस लेने पड़े। धारा 66ए के दुरुपयोग का यह अकेला मामला नहीं है। इससे पहले भी अनेक लोगों पर इस धारा के अंतर्गत मामले दर्ज किए गए और बाद में मामले वापस भी लिए गए। फेसबुक पर कार्टून प्रसारित करने पर प्रो. अंबिकेश महापात्र को गिरफ्तार किया गया। इसी प्रकार राव श्रीनिवासन के ट्वीट पर भी इसी धारा के अंतर्गत मामला दर्ज कर लिया गया। मुबंई के केवी राव और मंयक को फेसबुक पर राजनेताओं के खिलाफ कथित आपात्तिजनक टिप्पणी पर गिरफ्तार किया गया। किंतु उन्होंने कानून में कोई खामी न बताकर इसके दुरुपयोग का ठीकरा राज्य सरकारों के सिर फोड़ दिया है।

इंटरनेट के माध्यम से कोई भी सूचना, जो मोटे तौर पर अपमानजनक हो, यानी धमकी या खतरा निहित हो, प्रसारित करना धारा 66ए के अंतर्गत अपराध है। इसके अलावा कोई भी गलत सूचना, जिससे किसी को परेशानी या पीड़ा हो, असुविधा हो, खतरा महसूस हो, काम में बाधा पहुंचे, अपमान हो, जिससे व्यक्ति घायल हो जाए, भय पैदा हो, दुश्मनी हो, नफरत फैले या जो दुर्भावना से भरी हो उसे प्रसारित करना धारा 66ए के अंतर्गत अपराध है। ध्यातव्य है कि धारा 66ए कंप्यूटर, मोबाइल या फिर अन्य इलेक्ट्रॉनिक उपकरण से सूचना भेजने पर ही लागू होती है। धारा 66 ए के प्रावधानों को समझने के लिए कुछ सूचनाओं की बानगी पेश करना जरूरी है, जिन्हें भेजने से हम इसके दायरे में आ जाएंगे। अगर आप किसी को बुरा-भला कहते हैं या फिर गाली देते हैं, तो यह अपमानजनक, पीड़ा पहुंचाने वाली या अप्रिय सूचना की श्रेणी में आ जाएगा। इसी प्रकार किसी के लिए अपमानजनक शब्दों या प्रतीकों का इस्तेमाल करना, किसी को उल्टे-सीधे नाम से पुकारना, आपत्तिजनक स्थिति में किसी की तस्वीर को जारी करना या तस्वीर के साथ छेड़छाड़ करके उसे

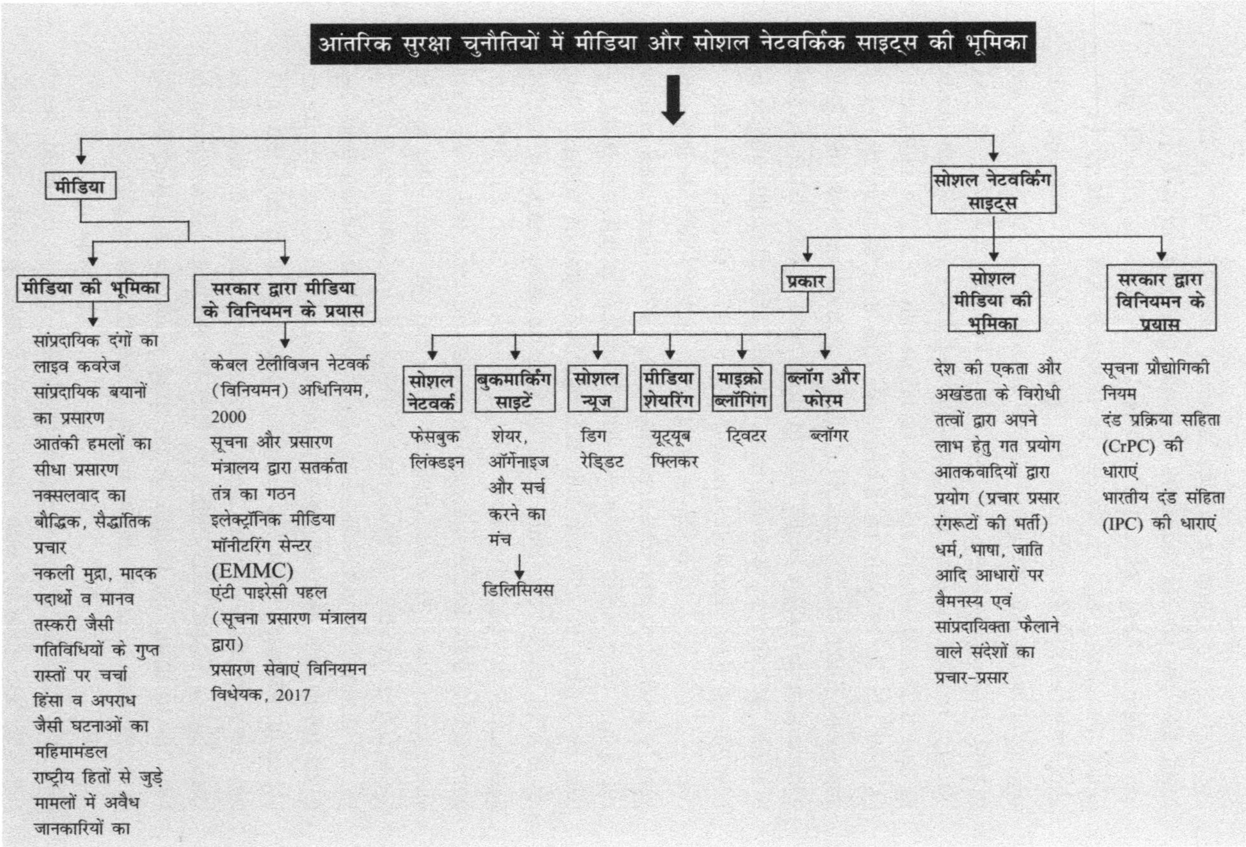
आंतरिक सुरक्षा चुनौतियों में मीडिया और सोशल नेटवर्किंक साइट्स की भूमिका
मीडिया
मीडिया की भूमिका
सांप्रदायिक दंगों का लाइव कवरेज
सांप्रदायिक बयानों का प्रसारण
आतंकी हमलों का सीधा प्रसारण
नक्सलवाद का बौद्धिक, सैद्धांतिक प्रचार
नकली मुद्रा, मादक पदार्थों व मानव तस्करी जैसी गतिविधियों के गुप्त रास्तों पर चर्चा
हिंसा व अपराध जैसी घटनाओं का महिमामंडल
राष्ट्रीय हितों से जुड़े मामलों में अवैध जानकारियों का
सरकार द्वारा मीडिया के विनियमन के प्रयास
केबल टेलीविजन नेटवर्क (विनियमन) अधिनियम, 2000
सूचना और प्रसारण मंत्रालय द्वारा सतर्कता तंत्र का गठन
इलेक्ट्रॉनिक मीडिया मॉनीटरिंग सेन्टर (EMMC)
एंटी पाइरेसी पहल (सूचना प्रसारण मंत्रालय द्वारा)
प्रसारण सेवाएं विनियमन विधेयक, 2017
सोशल नेटवर्किंग साइट्स
प्रकार
सोशल नेटवर्क
फेसबुक लिंक्डइन
बुकमार्किंग साइटें
शेयर, ऑर्गेनाइज और सर्च करने का मंच
डिलिसियस
सोशल न्यूज
डिग रेड्डिट
मीडिया शेयरिंग
यूट्यूब फ्लिकर
माइक्रो ब्लॉगिंग
ट्विटर
ब्लॉग और फोरम
ब्लॉगर
सोशल मीडिया की भूमिका
देश की एकता और अखंडता के विरोधी तत्वों द्वारा अपने लाभ हेतु गत प्रयोग
आतकवादियों द्वारा प्रयोग (प्रचार प्रसार रंगरूटों की भर्ती)
धर्म, भाषा, जाति आदि आधारों पर वैमनस्य एवं सांप्रदायिक्ता फैलाने वाले संदेशों का प्रचार-प्रसार
सरकार द्वारा विनियमन के प्रयास
सूचना प्रौद्योगिकी नियम
दंड प्रक्रिया सहिता (CrPC) की धाराएं
भारतीय दंड संहिता (IPC) की धाराएं

पोस्ट करना, किसी के गलत कामों को उजागर करने की धमकी देना या उजागर करना, किसी पंथ के देवी-देवताओं को अशोभनीय रूप में पेश करना आदि धारा 66ए के अंतर्गत दंडनीय है।

इन उदाहरणों से स्पष्ट हो जाता है कि इस प्रावधान का दायरा इतना व्यापक है। कि यह इंटनरेट के इस युग में किसी को भी प्रभावित कर सकता है। धारा 66ए के अंतर्गत कानूनी शब्दावली की भाषा और दायरा बहुत व्यापक है और इसकी नाना प्रकार से व्याख्या की जा सकती है। एक और दृष्टिकोण यह है कि धारा 66ए एक ऐसा औजार है, जिसके माध्यम से वैध स्वतंत्र ऑनलाइन अभिव्यक्ति पर प्रतिबंध लगाया जा सकता है। धारा 66ए के साथ एक बड़ी समस्या यह है कि इसके प्रावधान बहुत व्यापक है और कानून लागू करने की एंजेसियों द्वारा इन प्रावधानों की मनमाने ढंग से व्याख्या की जा सकती है। उदाहरण के लिए कानून में कोई दिशा-निर्देश नहीं दिए गए हैं कि किसी प्रकार की सूचनाएं घृणा फैलाने वाली या या फिर दूसरों का अपमान या उन्हें पीड़ा पहुंचाने वाली है। इस कारण धारा 66ए ऐसा लचर प्रावधान बन जाता है, जिसे परिस्थितियों के अनुरूप किसी भी रूप में स्वीकार किया जा सकता है। इसका सबसे बड़ा नुकसान यह हुआ कि वैध ऑनलाइन अभिव्यक्ति का बहुत बड़ा भाग धारा 66ए के दायरे में आ जाता है। पिछले कुछ वर्षो में जिस प्रकार प्रौद्योगिकी के नए अवतार सामने आए हैं और लोगों में इनका चलन बढ़ा है, ऐसे में लाखों मामले इस तरह के हो सकते है, जिन्हें धारा 66ए के अंतर्गत अपराध घोषित किया जा सकता है।

जब तक संशोधित भारतीय सूचना प्रौद्योगिकी अधिनियम, 2000 की धारा 66ए में संशोधन नहीं किया जाता, तब तक भलाई इसी में है कि इंटरनेट के माध्यम से कोई भी सूचना अग्रसरित करते समय, विशेषत: सोशल मीडिया पर बेहद सावधानी बरती जाए। जहां ध्यान देने वाली बात यह है कि धारा 66ए का फोकस आपत्तिजनक सूचना को प्रकाशित करना नहीं, बल्कि सूचना को भेजने पर है। धारा 66ए का मसौदा तैयार करने में ही भारी समस्या है। यद्यपि इस प्रावधान का उद्देश्य लोगों के सम्मान की रक्षा करने और इंटरनेट के दुरुपयोग को रोकने के आदर्श से प्रेरित था, किंतु यह अपने लक्ष्यों को प्राप्त करने में बुरी तरह विफल रहा है, बल्कि देखने में यह आ रहा है कि इस प्रावधान का इस्तेमाल राजनीतिक हितों को साधने या फिर बदले की भावना से किया जा रहा है। धारा 66ए भारत के संविधान के अनुच्छेद 19(2) के अंतर्गत प्रदत्त अभिव्यक्ति की स्वतंत्रता के हनन में बहुत आगे निकल जाती है। भारत में अभिव्यक्ति की स्वंतत्रता जैसे नाजुक विषय पर प्रतिबंध लागू करने पर बहुत सी बंदिशें होनी चाहिए या इस लायक बिल्कुल नहीं होना चाहिए कि कोई भी अधिकारी इसकी मनमाफिक व्याख्या कर सके।

अभ्यास हेतु प्रश्न

1. भारत में साइबर कानून के विकास पर प्रकाश डालिए। क्या आप इस बात से सहमत है कि सूचना प्रौद्योगिकी अधिनियम 2008 में साइबर अपराध रोकने में सक्षम है?
2. संशोधित सूचना प्रौद्योगिकी अधिनियम 2008 के प्रमुख प्रावधानों का आलोचनात्मक मूल्यांकन कीजिए।
3. सूचना प्रौद्योगिकी अधिनियम 2008 की धारा 66ए और अभिव्यक्ति के अधिकार के बीच टकराहट का दौर जारी हैं। स्पष्ट करें।
4. निम्न पर टिप्पणी कीजिए–
    1. साइबर अपीलीय न्यायालय
    2. अंतर्राष्ट्रीय दूरसंचार संघ

10. सोशल मीडिया

प्रतिबंध और व्यक्तिगत स्वायत्तता में समन्वय

आवश्यकता ही आविष्कार की जननी है। कई खोजों का आज भले ही दुरुपयोग किया जा रहा हो, लेकिन जब इनकी खोज की गई थी तो उसका एकमात्र उद्देश्य जनकल्याण था। डायनामाइट और क्लाशिनकोव इसके उदाहरण हैं। तकनीकी समृद्धि मानव सभ्यता के विकास की परिचायक है। सभ्यता का विकास आर्थिक, सामाजिक और राजनीतिक बदलाव को दर्शाता है। मीडिया के नए अवतार सोशल मीडिया की आम और सार्वभौमिक स्वीकारोक्ति इस खोज की सार्थकता बताने के लिए काफी है। हर चीज के दो पहलू होते हैं, अच्छा और बुरा। सोशल मीडिया भी इससे अछूता नहीं है। इसमें तमाम खूबियां हैं, लेकिन एक बुराई इसकी सभी अच्छाइयों पर भारी पड़ने लगती है। बुराई की भलाई पर जीत दिखने लगती है। यह सब हमारी कमजोरियों के चलते होता दिखता है। असम-हिंसा से जुड़े फर्जी और नफरत फैलाने वाले कुछ संदेशों से हम सहम जाते हैं। हमारी सरकार सोशल गतिविधियों के इस प्लेटफॉर्म पर प्रतिबंध लगाने की कसरत करने लगती है। अगर हमने उन संदेशों का वहीं तीव्र विरोध किया होता तो शायद स्थिति जुदा होती। असम-हिंसा से जुड़ी अफवाहें फैलाने वाले संदेशों के बाद सोशल मीडिया की भूमिका को लेकर सवाल खड़े किए जा रहे हैं। एक ऐसा प्लेटफॉर्म जहां पर किसी भी नकारात्मक विचार का उसी के अंदाज में विरोध करने की सहूलियत हो, को प्रतिबंधित करना एक तरह से अभिव्यक्ति की स्वतंत्रता का हनन करने जैसा है। ऐसे में आधुनिक परिवेश में सोशल मीडिया की भूमिका की पड़ताल हम सबके लिए बड़ा गंभीर मुद्दा है।

सोशल मीडियाः एक परिचय

इंटरनेट और मोबाइल आधारित एक ऐसी तकनीक जिसके माध्यम से संस्थाओं, समुदायों और लोगों के बीच परस्पर संवाद स्थापित किया जा सके, सोशल मीडिया कहलाती है। सोशल मीडिया को मीडिया का नया रूप माना जा रहा है। परंपरागत मीडिया के अंतर्गत अब तक एकतरफा संवाद होता रहा है। हालांकि अब यहां भी पाठकों एवं दर्शकों की तरफ से दोतरफे संवाद की प्रक्रिया ने तेजी पकड़ी है। आज दुनिया में ये तकनीक कई रूपों में प्रभावशाली तरीके से काम कर रही हैं। इंटरनेट फोरम, वेबलोंग्स, सोशल ब्लॉग्स, माइक्रोब्लॉगिंग, विकीज, सोशल नेटवर्क्स, पोडकास्ट, फोटोग्राफ या पिक्चर्स, वीडिया, रेटिंग और बुकमार्किंग जैसे इसके उदाहरण हैं।

'सोशल मीडिया' शब्द दो बेहद महत्वपूर्ण और संबंधित संकल्पनाओं को एक साथ जोड़ता है। सोशल मीडिया का उद्‌भव इस युग में विशेष अहमियत रखता है। जब सामाजिक और आर्थिक परिवर्तनों ने मानवीय संबंधों पर गंभीर दबाव डाला है। इस प्रकार सोशल (मानव जीवन) और मीडिया (मानवीय संबंधों को स्थापित करने का माध्यम) का एक साथ आना महत्वपूर्ण घटनाक्रम है।

सोशल मीडिया, मीडिया के अन्य माध्यमों से कुछ मामलों में अनोखा है। यह समान रुचि के विषयों पर समुदायों के बीच संवाद स्थापित करता है। सिर्फ यही नहीं, विभिन्न विषयों पर वाद-विवाद और विचार-विमर्श भी करता है।

सोशल मीडिया एक अड्‌डा, डायनिंग रूम टेबल और कॉफी हाउस है। यह ध्यान देने वाली बात है कि यह महिलाओं और अपेक्षाकृत गरीबों के लिए सुविधाजनक है जिनकी इन स्थानों तक ज्यादा पहुंच नहीं है। इसमें वास्तविक सामाजिक जगत् बनने की संभावनाएं हैं। हमारे समाज में सोशल मीडिया का रोल इसलिए भी अहम है, क्योंकि जीविका और शिक्षा के लिए एक से दूसरे क्षेत्र में बड़े पैमाने पर होने वाले गमन में इसकी बड़ी भूमिका है। संचार का यह साधन 'मोबाइल' जनसंख्या के लिए सुविधाजनक होता है। यही कहा जा सकता है कि सोशल मीडिया में समाज की प्रतिध्वनि ही दिखाई देती है। यद्यपि सोशल मीडिया को सभी समस्याओं का हल नहीं माना जा सकता, किंतु इस मामले में राज्य के हस्तक्षेप की सलाह को तर्कसंगत नहीं ठहराया जा सकता। यह नहीं कहा जा सकता कि मीडिया द्वारा आत्म नियंत्रण ही सबसे बेहतरीन समाधान है, लेकिन इतिहास में राज्य द्वारा सुझाए समाधानों ने विचार-विमर्श की प्रक्रिया में रोड़े लगाने का काम ही किया है। सिविल सोसायटी की प्रतिध्वनि में राज्य भी अंग होना चाहिए। इसको सार्वजनिक बहस का विकल्प बनाने की अनुमति नहीं देना चाहिए।

सोशल मीडिया का क्षेत्र और उसकी भूमिका

सोशल मीडिया की पहुंच प्रत्येक क्षेत्र में तेजी से हो रही है। सूचनाओं से लेकर, शिक्षा कारोबार, मनोरंजन, तकनीक सहित तमाम क्षेत्रों में इसने अपनी पैठ बना ली है। इसके इस्तेमाल से आप कोई भी सटीक जानकारी प्राप्त कर सकते हैं।

सोशल मीडिया के सकारात्मक पक्ष

- सूचनाओं और घटनाओं के संप्रेषण का सर्वाधिक सुविधाजनक माध्यम
- सहभागी लोकतंत्र को बढ़ावा देने में सहायक
- सामाजिक जागरूकता उत्पन्न करने में सहायक
- सामाजिक आंदोलनों को प्रभावी बनाने तथा उसके क्षेत्र को व्यापक बनाने में सहायक
- सामाजिक-सांस्कृतिक, आर्थिक और राजनीतिक मुद्दों पर बहस एवं संवाद की संस्कृति को बढ़ावा।
- बड़े मीडिया घरानों के एकाधिकार में कमी।
- मनोरंजन का सरल और सस्ता माध्यम।

सोशल मीडिया के नकारात्मक पक्ष

- गलत एवं समाज विरोधी सूचनाओं को फैलाने में मददगार।
- अपवाह फैलाने में मददगार।
- आतंकवाद, उग्रवाद और देशविरोधी गतिविधियों को बढ़ावा देरे में मददगार।
- सांप्रदायिकता को बढ़ावा देना।
- गलत आदतों का हावी होना।

क्या आप जानते हैं कि 2004 में इंडोनेशिया में आए भूकंप से उठी सुनामी की खबर सबसे पहले किसने दी थी? पाकिस्तान में ओसामा बिन लादेन के ठिकाने पर अमेरिकी हमले की सबसे पहले सूचना कहां से आई? जी हां, ऐसी तमाम बड़ी सूचनाओं को सबसे पहले देने वाला स्रोत अब सोशल मीडिया बन चुका है। आप कहीं पर हैं और वहां कोई बड़ी घटना हो जाती है तो आप तुरंत उस घटना को सोशल मीडिया पर डाल देते हैं। आए दिन बड़ी खबरों में ट्विटर या फेसबुक से जुड़ी खबरें शामिल रहती हैं। वे चाहे किसी सेलेब्रिटी से जुड़ी हों या किसी राजनेता या अभिनेता का बयान हो। सोशल मीडिया की भूमिका की विवेचना निम्न शीर्षकों के अंतर्गत की जा सकती है-

- **बड़ी क्रांतियों का माध्यमः** फेसबुक, ट्विटर, यूट्यूब, फ्लिकर, ब्लॉग्स, पॉडकास्ट्स, गूगल आदि डिजिटल माध्यमों की दिनोंदिन होती सर्वव्यापी पहुंच से इनके महत्व और उपयोग को कई नए आयाम मिले हैं। विभिन्न आयु एवं पेशागत वर्गों में भी ये माध्यम अपनी पैठ बढ़ाते जा रहे हैं। इन प्लेटफॉर्मों से आपका संदेश बहुत आसानी से लोगों तक पहुंच जाता है।

मिस्र, सीरिया, लीबिया, ट्यूनीशिया, बहरीन जैसे मुल्कों में क्रांति का बिगुल सोशल मीडिया की मार्फत ही वहां की जनता ने बजाया। शक्तिशाली संयुक्त राज्य अमेरिका को हिलाने वाले आक्युपाड वॉलस्ट्रीट आंदोलन को भी इसी मीडिया ने परवान चढ़ाया। भारत में अन्ना हजारे के लोकपाल अभियान को सोशल मीडिया ने बहुत बल दिया।

- **चुनाव प्रचार का सशक्त माध्यमः** आज सोशल मीडिया शक्ति का एक नया केंद्र बन चुका है, जिससे सभी देशों के राजनीतिक दल व नेता जुड़ना चाहते हैं। फ्रांस में हुए राष्ट्रपति चुनाव हो या अमेरिका का चुनाव या भारत में हो रहे चुनावों में सोशल मीडिया की प्रमुख भूमिका रहती है। ओबामा ने युवा मतदाताओं को लुभाने के लिए इस माध्यम का खूब उपयोग किया। पाकिस्तान में इमरान खान और उनकी पार्टी 'तहरीक-ए-इंसाफ' लोगों से इसी माध्यम से संवाद कायम रखे हुए हैं।
- **सशक्त दबाव समूहः** सत्ता पक्ष पर दबाव बनाने के लिए यह एक सशक्त माध्यम बनकर उभरा है। ऑनलाइन माध्यम से इनकी रायशुमारी के लिए आज सरकारें विवश हैं। किसी भी मसले पर जनता की राय जानने के लिए उसे सरकारी वेबसाइटों पर डाला जाने लगा है। समाज हित में कोई काम करवाने के लिए ऑनलाइन समुदायों का दबाव काम आ रहा है। कई सरकारी विभाग जैसे पुलिस और यातायात, इस प्लेटफार्म का प्रभावी इस्तेमाल कर रहे हैं।
- **सतर्क उपभोक्ताः** आप किसी भी उत्पाद के बारे में जानना-समझना चाहते हैं तो अपनी आशंका ऑनलाइन पोस्ट कर सकते हैं। उस उत्पाद या सेवा को इस्तेमाल कर रहे या कर चुके ऑनलाइन समुदाय के लोग आपकी जिज्ञासा चुटकियों में शांत कर देते हैं।

सोशल मीडिया और सरकार

सोशल मीडिया के बढ़ते हुए उपयोग और उसकी उपयोगिता को देखते हुए सरकार के समक्ष उसको नियंत्रित करने और नियमित करने की चुनौती उत्पन्न हो चुकी है। चाहे यूपीए सरकार रही हो या एनडीए सरकार हो, दोनों के ही सम्मुख यह चुनौती विद्यमान रही है। ध्यातव्य है कि पूर्व में यूपीए सरकार असम में हिंसा या मुजफ्फरनगर में सांप्रदायिक हिंसा में सोशल मीडिया की नकारात्मक भूमिका सामने आने पर उसको नियंत्रित और प्रतिबंधित करने की दिशा में कदम उठाने पर विचार करने लगी तो इसे कुछ लोगों द्वारा अभिव्यक्ति की आजादी में सरकार के हस्तक्षेप या अभिव्यक्ति की स्वतंत्रता को प्रतिबंधित करने और मौलिक अधि कारों के उल्लंघन की बात कही जाने लगी। यही नहीं, वर्तमान में एनडीए सरकार

भी जम्मू-कश्मीर में सोशल मीडिया पर समय-समय पर प्रतिबंध लगाकर कानून व्यवस्था को बनाए रखने का कार्य कर रही है। परंतु दूसरी तरफ आलोचकों का कहना है कि सरकार अपने विरोधियों का मुंह बंद करने की कोशिश कर रही है। इसका दूसरा पहलू यह भी है कि इसमें कोई दो राय नहीं है कि अभिव्यक्ति की आजादी समाज में सांप्रदायिक घृणा फैलाने और लोगों को भड़काने का लाइसेंस नहीं है और कोई भी समाज इसकी इजाजत नहीं दे सकता है।

इसके बावजूद सरकार जिस तरह से सांप्रदायिक घृणा और भड़काऊ प्रचार को रोकने के नाम पर सोशल मीडिया पर नियंत्रण लगाने की कोशिश कर रही है, उसे अधिकांश लोगों के लिए पचा पाना मुश्किल हो रहा है।

क्या है कानून

- इंफॉर्मेशन टेक्नोलॉजी ऐक्ट 2000 को भारतीय साइबर कानून का जनक कहा जाता है। मुंबई आतंकी हमले के बाद इसमें संशोधन करके इंफॉर्मेशन टेक्नोलॉजी (संशोधन) ऐक्ट 2008 लागू किया गया। इसके जरिए सरकार को इंटरसेप्शन, ब्लॉकिंग, डिक्रिप्शन और मॉनीटरिंग का अधिकार दिया गया।
- इंफार्मेशन टेक्नोलॉजी ऐक्ट 2000 के सेक्शन 2 (1) (डब्ल्यू) के तहत सभी सोशल मीडिया सर्विस प्रदाता केवल मध्यवर्ती संस्थाएं हैं।
- इस ऐक्ट के सेक्शन 79 के मुताबिक ये संस्थाएं कानून के दायरे में ही अपनी सेवाएं प्रदान करेंगी।
- इंफॉर्मेशन टेक्नोलॉजी नियम, 2011 के अनुसार ये संस्थाएं अपने नियम एवं सेवा शर्तों में यूजरों को बताएंगी कि कानून का उल्लंघन करने वाली सूचनाओं को प्रकाशित या प्रसारित नहीं करें। इसके बावजूद यदि वे ऐसा करते हैं तो प्रभावित पार्टी या सरकार की आपत्ति के बाद सेवा प्रदाता को 36 घंटे के भीतर इन आपत्तिजनक सूचनाओं को हटाना ही होगा।

हालांकि सरकार शुरू से यह दावा करती रही है कि वह सोशल मीडिया पर नियंत्रण नहीं लगाना चाहती है और चाहती है कि सोशल मीडिया से जुड़ी एजेंसियां खुद ही कंटेंट को जांच-परखकर अपलोड करें, लेकिन सरकार की मंशा शुरू से संदेह के घेरे में थी।

वर्तमान में सरकार को अभिव्यक्ति की आजादी को भी सुनिश्चित करना है तो दूसरी तरफ सामाजिक सौहार्द्र, भाईचारा, सामाजिक बंधुत्व और सामाजिक समरसता तथा कानून व्यवस्था को बनाए रखने की भी चुनौती है। इसलिए सरकार का वैधानिक दायित्व है कि वह सोशल मीडिया को नियमित और नियंत्रित करके कानून व्यवस्था को बनाए रखे। परंतु आलोचकों का यह भी कहना है कि बुनियादी बात यह है कि

सोशल मीडिया सिर्फ माध्यम भर है। उसकी असली ताकत यह है कि वे करोड़ों लोगों को एक-दूसरे से जुड़ने, खुलकर अपनी राय जाहिर करने की आजादी दे रहे हैं। मुश्किल यह है कि मुख्यधारा के पारंपरिक कारपोरेट मीडिया को मैनेज करने में कामयाब सरकारें इसे मैनेज करने में नाकाम रही हैं। इसीलिए वे इसे नियंत्रित करने के बहाने ढूंढ़ने में लगी हुई हैं।

प्रतिबंध की प्रक्रिया

इंटरनेट पर विद्यमान अरबों की संख्या में वेबसाइटों में से प्रत्येक का दुनिया के किसी हिस्से में एक होस्ट सर्वर होता है। जब हम ब्राउजर पर किसी वेबसाइट को खोजते हैं तो डोमेन नेम सिस्टम के चलते वह हमारे सामने खुल जाती हैं। किसी वेबसाइट को ब्लॉक किए जाने का मतलब होता है कि जब आप अपने कंप्यूटर पर उसका यूआरएल लिखते हैं तो ब्राउजर बताता है कि यह साइट आपके लिए सुलभ नहीं है।

- **प्रावधानः** इंफॉर्मेशन टेक्नोलॉजी ऐक्ट, 2000 की धारा 69 ए सरकार को किसी भी वेबसाइट को ब्लॉक करने की ताकत देती है। हालांकि इस विशेषाधिकार का इस्तेमाल विशेष परिस्थितियों में ही किया जा सकता है।
- **कदमः** किसी वेबसाइट को ब्लॉक करने का निर्देश सरकार की तरफ से संबंधित किसी सक्षम अधिकारी द्वारा दिया जाता है। यह अधिकारी सूचना प्रौद्योगिकी मंत्रालय के आईटी विभाग के साइबर लॉ प्रभाग में समूह कोआर्डिनेटर होता है। अगर यह अधिकारी इस निष्कर्ष पर पहुंचता है कि फलां वेबसाइट को ब्लॉक करना है तो वह किसी सरकारी एजेंसी या मध्यस्थ को लिखित निर्देश जारी करता है। ऐसे हर मामलों में दूरसंचार विभाग अधिसूचना जारी करता है। यह विभाग सभी इंटरनेट सेवा कंपनियों और मध्यस्थों को उस वेबसाइट को ब्लॉक करने का निर्देश देता है।
- **प्रभावीः** भले ही किसी भी वेबसाइट को कहीं भी ब्लॉक किया गया हो, लेकिन इंटरनेट पर मौजूद टूल्स, सॉफ्टवेयर और प्रॉक्सी सर्वरों की सहायता से उसे खोला जा सकता है। ऐसा इसलिए होता है कि किसी खास वेबसाइट को खास क्षेत्र के लिए ब्लॉक किया जाता है। दुनिया के अन्य हिस्सों में उसे आसानी से एक्सेस किया जा सकता है।
- **निर्देश की अवहेलनाः** किसी वेबसाइट को ब्लॉक करने वाले सरकार के निर्देश का अनुपालन किसी एजेंसी या मध्यस्थ द्वारा नहीं किया जाना इंफॉर्मेशन टेक्नोलॉजी ऐक्ट 2000 की धारा 69 ए के तहत अपराध की श्रेणी में आता है। इसके लिए सात साल तक की सजा और अर्थदंड का भी प्रावधान है।
- **अभिव्यक्ति का प्लेटफार्मः**सोशल मीडिया विचारों की अभिव्यक्ति का प्लेटफॉर्म उपलब्ध कराता है। यह एक ऐसा फोरम है जो विभिन्न पृष्ठभूमि के लोगों को जोड़ता है। इससे एक शक्तिशाली प्रभाव पैदा होता है। इस प्रकार सोशल मीडिया संवाद और विचार-विमर्श को प्रभावित करने की योग्यता रखता है।

वर्ष 2014 के लोकसभा चुनाव और उसके बाद के विधानसभा चुनावों में सोशल मीडिया को काफी उपयोग में लाया गया है और इसके माध्यम से सकारात्मक और नकारात्मक दोनों प्रकार प्रचार किए गए और मतदाताओं को प्रभावित करने का प्रयास किया गया, यही नहीं अनेक व्यापारिक घरानों, औद्योगिक इकाइयों और संगठनों द्वारा सोशल मीडिया के माध्यम से अपने उत्पादों और नीतियों के बारे में जानकारी दी जा रही है। जो सकारात्मक भी है। इसके साथ-साथ कुछ संगठनों द्वारा सोशल मीडिया के माध्यम से नकारात्मक तत्वों, गतिविधियों और अवांछित क्रियाकलापों को बढ़ावा दिया जा रहा है। इसके साथ-साथ समाज विरोधी और देश की एकता-अखंडता एवं संप्रभुता को चुनौती देने वाली अवांछित घटनाओं और कार्यक्रमों को सोशल मीडिया के माध्यम से प्रसारित किया जा रहा है। ऐसे में कोई भी संवैधानिक और संवेदनशील सरकार सोशल मीडिया पर प्रतिबंध क्यों न लगाएं? और समाज का भी कर्तव्य बनता है कि वह सरकार को सहयोग करें।

आज सोशल मीडिया को गंभीरता से लेने की जरूरत है। यह साइबर आतंक फैलाने का कारगर हथियार हो सकता है। सोशल मीडिया वेबसाइटों को यह सुनिश्चित करना होगा कि उनके प्लेटफॉर्म को आपराधिक गतिविधियों के लिए इस्तेमाल नहीं किया जा सके। देशों को साइबर सुरक्षा रणनीतियां ही नहीं बनानी चाहिए, बल्कि साइबर सेना भी बनानी चाहिए। साइबर डोमेन में संप्रभुता की रक्षा के लिए साइबर योद्धा भी होने चाहिए। पेंटागन ने युद्ध के लिहाज से साइबर को पृथ्वी, जल, सागर और वायु के बाद पांचवां डोमेन (क्षेत्र) बनाया है।

इंटरनेट की ताकत का दुरुपयोग

सोशल मीडिया के तमाम मंचों की ताकत आजकल उसकी बड़ी कमजोरी के रूप में देखी जा रही है। असम हिंसा, कश्मीर हिंसा, म्यांमार में मुस्लिम समुदाय के लोगों पर अत्याचार और मुंबई व कई अन्य शहरों में प्रदर्शन के बीच सोशल मीडिया और मोबाइल एसएमएस के जरिए पूर्वोत्तर के लोगों को जिस तरह निशाना बनाया गया, वह अपने आप में न केवल बेहद संवेदनशील मामला है, बल्कि चेताने वाला भी है। पूर्वोत्तर के लोगों को धमकाने के लिए फेसबुक, ट्विटर और यूट्यूब जैसे मंचों का इस्तेमाल 'सोशल मीडिया आतंकवाद' के नए ट्रेंड की तरफ इशारा कर रहा है।

सोशल मीडिया से फैलती अफवाहें कोई नई बात नहीं है। बड़ी हस्तियों के निधन की फर्जी खबरें तो लगातार सामने आई हैं। वैंकूवर में फुटबॉल मुकाबले और लंदन में दंगों के दौरान सोशल मीडिया के जरिए अराजक तत्वों द्वारा घिनौना खेल खेलने का मामला सामने आया था। बीते साल मैक्सिको में हुई घटना के बाद गृह सचिव ने 'ट्विटर टेररिज़्म' का पहली बार सही मायने में जिक्र भी किया था। वहां एक स्कूल में बच्चों का अपहरण होने और बंदूकधारी द्वारा गोलियां चलाए जाने की

खबर ट्विटर पर प्रसारित हुई तो लोगों के बीच भगदड़ मच गई। कई माता-पिता ने अपने बच्चों को सुरक्षित देखने के लिए सड़कों पर फर्राटा कार दौड़ाई। इस वजह से कई सड़क दुर्घटनाएं हुईं और कई लोग घायल हो गए। आपातकालीन फोन लाइन जाम हो गई। हालांकि आरोपितों का कहना था कि उन्होंने वही लिखा, जो इंटरनेट पर देखा-पढ़ा।

सूचनाओं के बिना फिल्टर हुए प्रसारित होने के गुण-दोष के बीच ट्विटर टेररिज़्म या सोशल मीडिया टेररिज़्म एक नए किस्म का जुमला था, लेकिन अब आशंका सही साबित होती दिख रही है। असामाजिक तत्व बाकायदा रणनीतिक तरीके से सोशल कर रहे हैं। असम हिंसा के साए में पूर्वोत्तर के लोगों के खिलाफ साइबर अभियान इसी का नतीजा दिखता है। भारत में पहली बार सोशल मीडिया की ताकत नकारात्मक रूप में इस तरह सामने आई है और इस लिहाज से सोशल मीडिया के दुरुपयोग से जुड़े सवालों और इस समस्या से निपटने के समाधानों पर बहस जरूरी है।

कानून की बात करें तो आईटी ऐक्ट 2008 में हुए संशोधन के मुताबिक सेक्शन 66-ए में प्रावधान है कि सोशल मीडिया के तहत सामाजिक माहौल को बिगाड़ने वाली अफवाहें फैलाने वाले के खिलाफ कार्रवाई हो सकती है। जुर्म साबित होने पर तीन साल की सजा भी हो सकती है, लेकिन क्या ऐसे लोगों को पकड़ना आसान है? सोशल मीडिया आतंकवाद के मद्देनजर इस समस्या को देखें तो सोशल मीडिया आतंकवादी तो इस तरह की अफवाहों को रणनीतिक तरीके से पैदा करेंगे, जबकि नादानी या अज्ञानता की वजह से फैलाने में सहयोग आम लोग ही देंगे।

सोशल मीडिया की ताकत की तरह उसका भयंकर दुरुपयोग संभव है और इस दुरुपयोग को रोकने के लिए सरकारी स्तर पर भी रणनीतिक तैयारी जरूरी है। अलबत्ता सोशल मीडिया पर प्रतिबंध की बात न केवल अव्यावहारिक है, बल्कि अधूरी समझ का नतीजा भी है। सवाल है कि क्या फेसबुक, ट्विटर और यूट्यूब आदि सोशल मीडिया के मंचों पर भारत की छवि प्रभावित नहीं होगी? क्या यह सवाल नहीं उठेगा कि सूचना तकनीक के क्षेत्र में अग्रणी भारत के पास अफवाहों को रोकने के लिए सोशल मीडिया पर पाबंदी के सिवाय कोई दूसरा उपाय नहीं है? फिर कई तकनीकी सवाल अलग हैं।

सही मायने में पुलिस का एक विभाग इस बात के लिए आने वाले दिनों में तैयार रहना चाहिए कि वह सोशल मीडिया पर फैलती अफवाहों से फौरन निपटे। सोशल मीडिया का सटीक इस्तेमाल अब पुलिस व दूसरी सरकारी एजेंसियों को सीखना होगा। सिर्फ अफवाहें ही नहीं, बल्कि सोशल मीडिया पर लिखे-कहे जा रहे उन शब्दों पर लगातार निगरानी की जरूरत है, जो देश की अखंडता को तार-तार कर सकती है। लोगों के हाथ में इंटरनेट और सोशल मीडिया के रूप में अपार ताकत दी गई है, लेकिन इस ताकत को संचालित करने के लिए जरूरी ट्रेनिंग नहीं दी गई। यह सवाल

इसलिए भी महत्वपूर्ण है कि सोशल मीडिया के तमाम मंचों पर सबसे अधिक सक्रिय किशोर और युवा हैं। सोशल मीडिया पर अफवाह जंगल में आग की तरह फैलती है। भारत में अभी सोशल मीडिया पर सक्रिय उपभोक्ताओं की संख्या सात-आठ करोड़ के करीब है और अभी ही हम इसकी नकारात्मक ताकत के आगे जूझते दिखाई दे रहे हैं। ऐसे में अगर यह आंकड़ा पचास करोड़ के आसपास हुआ तो इस तरह की अफवाहों से होने वाले नुकसान का हम आकलन भी नहीं कर सकते। असम की आग को फैलाने के लिए सोशल नेटवर्किंग साइट को जिम्मेदार कहना ठीक नहीं है। सोशल मीडिया के मंच सिर्फ माध्यम भर हैं। महत्वपूर्ण बात इनके माध्यम से संदेश भेजने वालों की नीयत का है। सवाल देश की साइबर सुरक्षा की जिम्मेदारी संभाले तकनीकी टीम के कौशल का है। असम संकट के दौर में सोशल मीडिया के जरिए उत्पन्न किए गए संकट के गहरे निहितार्थ हैं, जिन्हें अब कायदे से समझ लेना चाहिए।

सोशल मीडिया/साइटों पर प्रतिबंध के पक्ष में तर्क

नौजवान पीढ़ी की रोजमर्रा की जिंदगी का अहम हिस्सा बन चुकी सोशल नेटवर्किंग साइटों पर प्रतिबंध को देश का एक बड़ा वर्ग अभिव्यक्ति की आजादी पर हमला मान रहा है। परंतु इसको नियमित और नियंत्रित करने तथा समयानुसार प्रतिबंधित करने के पक्ष में निम्नलिखित तर्क दिए जा सकते हैं-

- देश की एकता और अंखडता को नकारात्मक रूप से प्रभावित करने वाले विषयों पर प्रतिबंध लगाना।
- सामाजिक सौहार्द्र-भाईचारा, सामाजिक व्यवस्था, कानून एवं व्यवस्था को बनाए रखने के लिए।
- नैतिक मूल्यों को संरक्षण प्रदान करने के लिए।
- समाज में सामाजिक मूल्यों को बनाए रखने के लिए।
- सांप्रदायिकता और धार्मिक उन्माद को रोकने के लिए।
- आंतरिक सुरक्षा को मजबूत बनाए रखने के लिए।
- देश के विविध आंकड़ों को सुरक्षित रखने के लिए।
- निजता एवं गरिमा के अधिकार को सुरक्षित रखने के लिए।
- बाह्य हस्तक्षेप को रोकने के लिए।
- मानवीय मूल्यों को बनाए रखने के लिए।

सोशल मीडिया और वैधानिक प्रावधान

संशोधित सूचना प्रौद्योगिकी अधिनियम 2008 के अनुसार धारा 66-ए में प्रावधान है कि सोशल मीडिया के तहत सामाजिक माहौल बिगाड़ने वाली अफवाहें फैलाने वाले के खिलाफ कार्रवाई हो सकती है। जुर्म साबित होने पर तीन साल की सजा

का भी प्रावधान है। नए कानून की वकालत से बेहतर मौजूदा कानून का इस्तेमाल है। बड़ा मुद्दा साइबर आतंकवादियों की धरपकड़ का है, जो तकनीकी झंझटों की वजह से दुरुह है। भविष्य में सोशल मीडिया आतंकवादी रणनीतिक तरीके से ऐसे हथकंडे अपनाएंगे, जबकि नादानी या अज्ञानता की वजह से आम उपभोक्ता उनके चंगुल में फंस सकते हैं।

सोशल मीडिया की उपयोगिता अद्‌भुत है और इस पर रोक का कोई भी कदम जायज नहीं। दरअसल, सरकार अब खुद इन मंचों पर अपनी ताकत खड़ी कर चुकी हैं। राष्ट्रीय तकनीकी अनुसंधान संस्थान के मुताबिक चीन इस वक्त 6 करोड़ डॉलर इंटरनेट की दुनिया में अपना वर्चस्व स्थापित करने में खर्च कर रहा है और उसकी साइबर सेना में 10,000 से ज्यादा लोग हैं।

भारत चीन की राह पर नहीं चल सकता लेकिन एक सशक्त साइबर तंत्र विकसित करने की जरूरत अब है। असम हिंसा के दौरान कथित पाकिस्तानी साजिश ने जता दिया है कि आने वाले दिनों में अगर इस तरह के खतरों से भी हमें निपटना है तो तैयारी पूरी रखनी होगी। घर जल जाने के बाद आग बुझाने की कवायद से कोई फायदा नहीं होगा।

सोशल मीडिया और परंपरागत मीडिया में अंतर

सोशल मीडिया परंपरागत मीडिया का एक परिमार्जित एवं नवीनतम रूप है। सोशल मीडिया का प्रयोग वर्तमान में व्यापक पैमाने पर और त्वरित रूप में किया जा रहा है। परंतु सोशल मीडिया को परंपरागत मीडिया से अलग रख करके देखा जा रहा है। सोशल मीडिया निम्न संदर्भों में परंपरागत मीडिया से भिन्न है–

- सोशल मीडिया अपने उपभोक्ताओं तक तेजी से सूचनाओं, घटनाओं और तथ्यों का संप्रेषण करता है और वास्तविक जानकारी उपलब्ध कराता है। सोशल मीडिया द्रुतगामी है और कम समय में इसके द्वारा सूचनाओं को प्रसारित कर दिया जाता है। इसलिए इसका प्रभाव परंपरागत मीडिया चाहे वह प्रिंट मीडिया हो, इलेक्ट्रॉनिक मीडिया या संचार के अन्य साधनों तक उनकी तुलना में अधिक प्रभावी और सुविधाजनक है।
- परंपरागत मीडिया सूचनाओं के संप्रेषण का एकतरफा माध्यम है, क्योंकि यह उपयोगकर्ताओं या उपभोक्ताओं को केवल जानकारी प्रदान करता है। जबकि सोशल मीडिया पर विभिन्न विषयों एवं मुद्दों पर संवाद स्थापित किया जाता है। इसलिए सोशल मीडिया लोगों के मध्य अधिक लोकप्रिय है। सोशल मीडिया न केवल पारदर्शिता को बढ़ाते हुए सरकार की जवाबदेही सुनिश्चित करता है, बल्कि हमारी लोकतांत्रिक व्यवस्था, प्रशासनिक व्यवस्था

में जनसहभागिता को अधिक बढ़ावा देता है, जो किसी भी सामाजिक व्यवस्था या लोकतांत्रिक व्यवस्था या प्रशासनिक व्यवस्था या आर्थिक व्यवस्था को मजबूत बनाने के लिए संबल प्रदान करने हेतु अति आवश्यक है, क्योंकि संवाद के माध्यम से ही विभिन्न प्रकार की समस्याओं का समाधान और नीतियों का निर्माण होता है।

सोशल मीडिया को प्रभावी बनाने के संदर्भ में सुझाव

वर्तमान में सोशल मीडिया जीवन का अंग बन चुका है जो, हमें सकारात्मक और नकारात्मक दोनों रूपों प्रभावित कर रहा है। सोशल मीडिया को हमें एक सकारात्मक कारक के रूप में लेना चाहिए और इस संदर्भ में निम्नलिखित सुझाव दिए जा सकते हैं-

- सोशल मीडिया को नियमित एवं नियंत्रित करने के लिए दूर-संचार नियामक प्राधिकरण (ट्राई) के पैटर्न पर एक नियामिकीय संस्था का गठन किया जाना चाहिए।
- सोशल मीडिया के संदर्भ में सरकार को सामाजिक जागरूकता उत्पन्न करने की दिशा में कार्य करना चाहिए और लोगों को इसके नकारात्मक और सकारात्मक पहलुओं से अवगत कराया जाना चाहिए।
- सोशल मीडिया को प्रभावी बनाने के लिए साइबर शिक्षा को प्रभावी बनाना होगा और इसके लिए अनौपचारिक साइबर शिक्षा और औपचारिक साइबर शिक्षा दोनों को ही बढ़ावा देना होगा।
- सोशल साइट्स को जबावदेह बनाना होगा और इस संदर्भ में सरकार को दिशा-निर्देश जारी करना चाहिए।
- सोशल साइट्स पर अपलोड होने वाले विषय सामग्रियों की नियमित जांच होनी चाहिए और नकारात्मक सामग्रियों को प्रस्तुत करने वालों के विरुद्ध प्रभावी कार्यवाही करनी चाहिए और इस संदर्भ में दंडात्मक प्रावधान स्पष्ट और कड़े होने चाहिए।
- देश में साइबर विशेषज्ञों को उत्पन्न करने के लिए एक व्यापक कार्ययोजना सरकार को बनानी चाहिए और साइबर विशेषज्ञों के एक व्यापक प्रशिक्षित कार्यबल का गठन किया जाना चाहिए, जो समय के अनुसार कदम उठा सके।
- सोशल मीडिया के दुरुपयोग का मामला केवल किसी एक देश की समस्या नहीं है, बल्कि यह एक वैश्विक समस्या बन चुकी है। इस दिशा में वैश्विक सहयोग की आवश्यकता है। इसे देखते हुए बहुपक्षीय समझौते करने चाहिए और वैश्विक विधायी प्रावधानों का सृजन करके साइबर क्षेत्र को सुरक्षित बनाने का प्रयास किया जाना चाहिए।

- पारंपरिक प्रिंट मीडिया और इलेक्ट्रॉनिक मीडिया पर कुछ लोगों और व्यापारिक घरानों का नियंत्रण है। इसलिए उन पर आरोप लगता है कि वह निष्पक्ष नहीं हैं और तथ्यों सूचनाओं या समाचार को अपने दृष्टिकोण से प्रसारित करते हैं तथा इसके साथ-साथ चुनाव के समय किसी विशेष राजनीतिक दल से प्रभावित होकर अपने गतिविधियों को संचालित करते हैं। परंतु सोशल मीडिया

के साथ ऐसा नहीं है क्योंकि सोशल मीडिया लोगों के हाथों में है। इसे किसी व्यक्ति, समूह या घरानों द्वारा नियंत्रित नहीं किया जा सकता है। उल्लेखनीय है कि सोशल मीडिया ने मीडिया घरानों के वर्चस्व और एकाधिकार को तोड़ने का कार्य किया है। सोशल मीडिया ने अधिक से अधिक पारदर्शिता सुनिश्चित करने, लोगों को अपने विचारों को अभिव्यक्त करने और अधिक से अधिक लोगों को अवसर उपलब्ध कराने का कार्य किया है।

- सोशल मीडिया का उद्‌भव एक सामाजिक क्रांति है जिसने समाज में अनेक सामाजिक आंदोलनों को न केवल जन्म दिया है, बल्कि उसको प्रभावी बनाने में अहम भूमिका निभाई है। चाहे वह अन्ना हजारे का आंदोलन रहा हो या नरेन्द्र मोदी को प्रधानमंत्री बनाने का प्रचार अभियान रहा हो। परंपरागत मीडिया नियंत्रित होने के कारण सामाजिक आंदोलनों को सही प्रकार से लोगों के समाने में प्रस्तुत करने में विफल रहा है।

इंटरनेट की स्वतंत्रता पर प्रतिबंध लगाने की अंतर्राष्ट्रीय पहल

डरावनी फिल्मों में अक्सर डरने के क्षण तब आते हैं, जब पीछे से कोई ऐसा राक्षस सामने आ जाता है, जिसे आप देख नहीं पाते। असल जिंदगी में भी ऐसा होता है। विशेषत: ऑनलाइन जिंदगी में तो ऐसा होता दिख ही रहा है। पिछले कुछ वर्षों से कई सरकारें गुपचुप तरीके से इंटरनेट पर मिली आजादी को वापस ले लेने की जुगत में लगी हैं। व्यक्ति को बंधनमुक्त करने के लिए ईजाद की गई एक तकनीक को अब लोगों की निगरानी और नियंत्रण का औजार बनाने की कोशिश हो रही है। अगले कुछ महीनों में इस प्रक्रिया का अंतर्राष्ट्रीयकरण होने जा रहा है। इंटरनेट को अब यूएन की एक एजेंसी के अधिकार क्षेत्र में लाने की कोशिश हो रही है।

अगर यह कोशिश सफल हो गई तो इससे वेब के इस्तेमाल को सेंसर करने और नागरिकों की निगरानी की सरकारों की कोशिश को जबरदस्त बढ़ावा मिलेगा। दुनिया की लगभग सभी सरकारें ऐसा करने की कोशिश कर रही हैं। कुछ इस दिशा में ज्यादा ही सक्रिय हैं। हाल में रूस ने 'अतिवादी' सामग्री का हवाला देते हुए वेबसाइटों की एक काली सूची जारी की। इंटरनेट की आजादी पर हमले का यह बिल्कुल नया उदाहरण है। अधिनायकवादी सरकारें साइबर स्पेस को अपनी ताकत के खिलाफ सबसे बड़ी चुनौती मानती आई हैं। इन सरकारों के ऐसे प्रयासों को उन कथित लोकतांत्रिक देशों का भी समर्थन मिल रहा है जो साइबर स्पेस में ताक-झांक करने वाले अधिकारियों के हाथ मजबूत करने के लिए कानून लाना चाहते हैं। ब्रिटिश सरकार के मौजूदा कम्युनिकेशन बिल का मसौदा देखें तो पता

चलेगा कि यह एक ऐसी व्यवस्था की वकालत कर रहा है, जिससे उसे किसी भी ऑनलाइन डाटा को हासिल करने और इसे अपने पास रख लेने का अधिकार हो जाएगा। प्राइवेसी इंटरनेशनल नाम के एक संगठन ने बिल में इस विसंगति पर सवाल उठाया है। संगठन का कहना है कि इसके तहत जो तकनीक अपनाई जाएगी, वह फिलहाल कजाकिस्तान, चीन और ईरान में इस्तेमाल भी की जा रही है। इससे नागरिकों के निजी जीवन में सीधा और लगातार हस्तक्षेप हो रहा है।

चाहे कैसी भी सरकारें हों, वे एक ही तरह की चुनौती का हवाला देती हैं- आतंकवाद और असंगठित अपराध का। चाइल्ड पोर्नोग्राफी और बौद्धिक संपदा अधिकार के मामले दूसरी अहम वजहें होती हैं। इसमें आश्चर्य नहीं कि थोड़े-बहुत हेरफेर के साथ तानाशाह सरकारें इसी तरह के तर्कों का सहारा लेती हैं। ये तानाशाह अपने बचाव में पश्चिमी दुनिया के कथित ढकोसले का तर्क पेश कर देते हैं। इंटरनेट अपनी अवधारणा में सीमा मुक्त है। सिद्धांत रूप में बैंडविड्थ तक पहुंच वाला कोई भी व्यक्ति इंटरनेट के जरिए कोई सूचना हासिल कर सकता है या फिर किसी से संवाद कायम कर सकता है। तकनीकी तरक्की की वजह से कुछ हद तक अभिव्यक्ति की आजादी और आंकड़ों और निजता की पहचान एक बड़ा मुद्दा बनकर उभरा है। इंटरनेट के सवाल पर राज्य के सुरक्षा के अधिकार पर बहस जारी है।

इंटरनेट गवर्नेंस फोरम

इस मुद्दे पर जिस जगह पर सबसे तगड़ी बहस चलती रही है, वह है इंटरनेट गवर्नेंस फोरम। वर्ष 2005 में इसकी स्थापना के बाद से ही इसने सरकारों, निजी सेक्टरों की छोटी-बड़ी कंपनियों, अकादमिकों और सिविल सोसायटी के सदस्यों को बहस के एक मंच पर लाने में कामयाबी हासिल की है।

अब जबकि इंटरनेट पर आजादी के मामले में तलवारें खिंच चुकी हैं तो सबसे महत्वपूर्ण है पारदर्शिता और समावेशन। अगर इंटरनेट को अभी की तरह तदर्थ आधार पर चलाने के बजाय सुचारू ढंग से चलाना है तो इसे सिर्फ सरकार के भरोसे नहीं छोड़ा जाना चाहिए। इंटरनेट के संचालन के लिए कभी कोई केंद्रीय प्रशासन नहीं रहा है। यह अपने विकेंद्रित मॉडल की वजह से ही बढ़ता गया। लेकिन लगता है कि अब उल्टा हो रहा है। इंटरनेशनल टेलीकम्यूनिकेशन यूनियन यानी आईटीयू इंटरनेट पर अपना नियंत्रण कायम करने की तमन्ना जाहिर कर रही है। यह संयुक्त राष्ट्र की एक एजेंसी है, जो यह दावा करती है कि 193 देश इसके सदस्य हैं। नियमन के अपने पोर्टफोलियो में अब वह इंटरनेट को शामिल करना चाहती है। इसके सबसे तगड़े समर्थक चीन, रूस, ताजिकिस्तान और उज्बेकिस्तान हैं।

दुबई समिट और इसके बाहर भी इन देशों और इनके सहयोगियों के तीन मुख्य लक्ष्य हैं। पहला, साइबर कम्यूनिकेशन पर राष्ट्र की संप्रभुता का हवाला देते हुए दबाव

बनाने की कोशिश। साइबर स्पेस में सूचना कोडों पर नियंत्रण और इंटरनेट के ग्लोबल गवर्नेंस में बदलाव कराना दूसरे लक्ष्य हैं। बहुत से पाठकों को इस बारे में ज्यादा पता नहीं होगा, लेकिन यह सच है कि इंटरनेट पर नियंत्रण के लिए आईटीयू की आधिकारिक कोशिश गुपचुप तरीके से चल रही है। इसे वह रोजमर्रा का काम बता रही है, लेकिन उनकी तैयारियों को लीक करने वाली एक साइट ने यह जगजाहिर कर दिया है। आईटीयू खुद को एक ऐसा संगठन करार देती है, जिसकी कई प्रतिबद्धताएं हैं, लेकिन यह दावा झूठा है। वह कहती है कि उसके एजेंडे में सभी पक्षों को शामिल करना है, लेकिन यह सच है कि ज्यादातर फैसले ऐसे मंच पर लिए जाते हैं जिसमें सिर्फ सरकारें ही हिस्सा ले सकती हैं। इंटरनेट पर नियंत्रण के लिए लॉबिंग कई महीनों से पर्दे के पीछे से चल रही है। नेट का इस्तेमाल करने वाला आम यूज़र इस प्रक्रिया से बाहर है। बहरहाल, इस पूरे खेल में एक और मुद्दा उछालकर माहौल बनाया जा रहा है। इस बात पर कई विकासशील और उभरती अर्थव्यवस्था वाले देश सक्रिय हो उठे हैं कि इंटरनेट का न्यायक्षेत्र अमेरिका से बाहर होना चाहिए। यह एक गहरी चाल है। वैसे शुरुआत से ही इंटरनेट पर अमेरिकी सरकार, कंपनियों, सिविल सोसाइटी समूहों और यूजर का वर्चस्व रहा है। लेकिन इसमें तेजी से बदलाव आ रहा है। सवाल यह नहीं है कि इंटरनेट पर किस देश का नियंत्रण है? सवाल यह है कि जिस देश पर इसका नियंत्रण है, वहां शासन का स्वरूप क्या है? किस तरह की मानसिकता वाले शासन के हाथ में इसकी कमान है? नियंत्रण राज्यों का पहली प्रवृत्ति रहा है। दिसंबर 2012 में हुआ आईटीयू का सम्मेलन दो वर्गों की लड़ाई की शुरुआत है। एक वर्ग तुलनात्मक तौर पर इंटरनेट को नियंत्रण से मुक्त रखना चाहता है और दूसरा इस प्रक्रिया को उलटने के लिए कुछ भी करने को तैयार है।

❑❑❑

अभ्यास हेतु प्रश्न

1. सोशल मीडिया से क्या आशय है और यह परंपरागत मीडिया से किस प्रकार अलग है?
2. सोशल साइट्स की सकारात्मक तथा नकारात्मक भूमिका का परीक्षण कीजिए?
3. सोशल मीडिया को नियमित करने के लिए ट्राई संस्थागत अभिकरणों की आवश्यकता है, पक्ष-विपक्ष में तर्क प्रस्तुत कीजिए।
4. भारत में सोशल मीडिया के संदर्भ में बनाए गए विधायी प्रावधानों का मूल्यांकन कीजिए।
5. सोशल मीडिया को प्रभावी बनाने और उसका दुरुपयोग रोकने के संदर्भ में सुझाव प्रस्तुत कीजिए।

11. उत्तर-पूर्वी भारत: उग्रवाद और अलगाववाद

पूर्वोत्तर भारत या उत्तर-पूर्वी राज्य देश अशांत राज्यों में से एक है और देश की आंतरिक सुरक्षा के लिए चुनौती बने हुए हैं। पूर्वोत्तर भारत या उत्तर-पूर्वी राज्यों में अस्थिरता, अशांति, उग्रवाद एवं अलगाव के लिए किसी एक कारण को जिम्मेदार नहीं ठहराया जा सकता, बल्कि इसके लिए अनेक कारण सामूहिक रूप से जिम्मेदार हैं। इनमें ऐतिहासिक कारणों के साथ-साथ तात्कालिक कारण भी सम्मिलित हैं। पूर्वोत्तर भारत की यह समस्या गरीबी-बेरोजगारी, शिक्षा की कमी, आधारिक संरचना का अभाव, भाषायी संघर्ष, जाति संघर्ष, अप्रत्यक्ष रूप से विदेशी हस्तक्षेप, सामाजिक जागरूकता की कमी, राष्ट्रवाद की भावना की कमी और सामाजिक उदासीनता की कमी से जुड़ी हुई है। पूर्वोत्तर भारत में उग्रवाद और अलगाववाद के साथ-साथ देशद्रोह की प्रवृत्तियां भी सीमित रूप में ही सही, कार्यरत हैं और पूर्वोत्तर भारत में देश विरोधी गतिविधियां संचालित हो रही हैं।

उत्तर-पूर्वी राज्यों में अलगाववाद और उसके कारण

भारत एक ऐसा देश है जहां विभिन्न नृजातीय समूह के लोग रहते हैं। ये समूह अलग-अलग समय में विश्व के विभिन्न क्षेत्रों से भारत आए। इनमें छः नृजातीय

समूह प्रमुख हैं-नीग्रिटो, प्रोटो ऑस्ट्रेलायड, मंगोलायड, भूमध्यसागरीय, ब्रैकिसेफल (विशाल सिर वाले पश्चिमी लोग) तथा नॉर्डिक। मंगोलायड समूह के लोग मुख्य तौर पर भारत के पूर्वोत्तर राज्यों असम, नागालैंड, मिजोरम, मेघालय, अरुणाचल प्रदेश, मणिपुर और त्रिपुरा में पाए जाते हैं।

पूर्वोत्तर भारत, भारत के सर्वाधिक पूर्वी क्षेत्रों की ओर संकेत करता है, जिसमें एक साथ जुड़े 'सेवन सिस्टर्स' के नाम से प्रसिद्ध राज्य (अरुणाचल प्रदेश, असम, मेघालय, मणिपुर, मिजोरम, नागालैंड और त्रिपुरा) तथा सिक्किम (सिक्किम 1947 में भारतीय संरक्षित राज्य और 1975 में पूर्ण राज्य बना) शामिल हैं। बंगाल के कुछ उत्तरी भाग (दार्जिलिंग, जलपाईगुड़ी और कूच पश्चिम बिहार के जिले) को भी इसमें सम्मिलित माना जाता है। इन आठ राज्यों को मिलाकर बना पूर्वोत्तर क्षेत्र 2 लाख 62 हजार वर्ग किलोमीटर खेत्र में विस्तृत है। यह क्षेत्र एक संकरी पट्टी, जिसे 'सिलीगुड़ी गलियारा या चिकेन-नेक' के नाम से जाना जाता है, के द्वारा भारत के शेष राज्यों से जुड़ा है। यह न केवल आर्थिक विकास के दृष्टिकोण से महत्वपूर्ण क्षेत्र है, अपितु इसका अंतर्राष्ट्रीय, राजनीतिक और संवेदनशील सीमावर्ती क्षेत्र होने के कारण सामाजिक व रणनीतिक महत्व भी है।

आज भारत के पूर्वोत्तर राज्यों में सैकड़ों जातीय समूह हैं और इतनी ही बोलियों के कारण यह क्षेत्र व्यापक विविधताओं से भरा है। अरुणाचल प्रदेश, मेघालय, मिजोरम और नागालैंड जैसे पहाड़ी राज्यों में विशेष तौर पर आदिवासी समूह के लोगों का वर्चस्व है। तिब्बत, म्यांमार, थाइलैंड और बांग्लादेश से भी इन क्षेत्रों में लोगों का पलायन हुआ है। इस कारण इन राज्यों में जातीय विविधता काफी अधिक देखने को मिलती है।

पूर्वोत्तर भारत के लोग विभिन्न भाषाओं, अपनी रीति-रिवाजों और परंपराओं के साथ समृद्धि एवं व्यापक सांस्कृतिक विरासत के साए में जीवन-यापन करते थे। ब्रिटिश शासनकाल के दौरान आदिवासी जनजातियां बहुसंख्यक थीं और इस क्षेत्र में अन्य जातियों की संख्या बहुत कम थी। ब्रिटिश सरकार ने इस क्षेत्र को विशेष प्रशासनिक क्षेत्र का दर्जा दिया था। परंतु सोची-समझी रणनीति के अंतर्गत अन्य क्षेत्र के लोगों को इस क्षेत्र में प्रवेश करने पर प्रतिबंध लगा दिया था। ब्रिटिश सरकार ने इस क्षेत्र के सामाजिक, सांस्कृतिक और राजनीतिक ढांचे के साथ कोई खिलवाड़ नहीं किया और बाहर के लोगों को आदिवासी क्षेत्रों में भूमि आदि खरीदने पर प्रतिबंध लगा दिया।

ब्रिटिश सरकार ने इस दौरान ईसाई मिशनरियों को इस क्षेत्र में स्कूल, कॉलेज, अस्पताल और चर्च बनाने के लिए प्रोत्साहित किया। इसके कारण पूर्वोत्तर भारत की सामाजिक व्यवस्था में परिवर्तन आया और आदिवासी नवयुवकों में आधुनिक

विचारों को अपनाने के लिए प्रोत्साहन मिलने लगा। इस प्रवृत्ति से ब्रिटिश सरकार को आदिवासी बहुल क्षेत्रों में राष्ट्रवादी विचारधारा को उत्पन्न होने या उनको इससे दूर रखने में मदद मिली। जिसका परिणाम यह रहा कि पूर्वोत्तर भारत देश की आबादी या जनमानस से अलग-थलग रहा। इस क्षेत्र के लोगों का शेष भारत के साथ किसी भी प्रकार का सामाजिक एवं सांस्कृतिक, राजनीतिक, धार्मिक, व्यावसायिक या भौगोलिक संबंध स्थापित नहीं हो पाया। यही नहीं भारत के स्वतंत्रता संघर्ष का पूर्वोत्तर भारत के आदिवासियों पर कोई विशेष प्रभाव नहीं पड़ा और उनके अंदर स्वतंत्र भारत का हिस्सा होने की भावना जागृत नहीं हुई और अलग-थलग बने रहे।

पूर्वोत्तर भारत में उग्रवाद के कारण

पूर्वोत्तर भारत में उग्रवाद किसी एक कारण का परिणाम नहीं रहा, बल्कि यह कई कारणों का संयुक्त परिणाम है। इनमें से प्रमुख कारण निम्नवत् हैं-

- आदिवासी जनजातियों या जनसंख्या के बीच पिछड़ा और अलग होने की भावना।
- आदिवासी समुदाय में योग्य, सक्षम, प्रभावी और दूरदर्शी नेतृत्व की कमी।
- विकास एवं आधारिक संरचनात्मक सुविधाओं की कमी।
- शासन-प्रशासन की उदासीनता।
- शासन-प्रशासन में भ्रष्टाचार का विद्यमान होना।
- शासन-प्रशासन में मानवीय दृष्टिकोण की कमी तथा उनका संवेदनशील न होना।
- देश के अन्य भागों और लोगों से उनका संपर्क न होना।
- शस्त्र और विफोस्टक पदार्थों की आसानी से उपलब्धता।
- राजनीतिक दलों द्वारा संरक्षण।
- सीमापार से अवैध घुसपैठ के कारण जनसंख्या संबंधी ढांचे में परिवर्तन अप्रत्यक्ष रूप से विदेशी समर्थन।
- म्यांमार और बांग्लादेश की सीमाओं की भौगोलिक स्थिति।
- सामाजिक जागरूकता की कमी।

स्वतंत्रता प्राप्ति के पश्चात् भारत सरकार ने पूर्वोत्तर भारत के लोगों के बीच पारस्परिक संबंध बनाने पर ध्यान केन्द्रित किया और आदिवासियों के लिए सुधारात्मक नीतियों का सृजन करने लगी। यही नहीं, संविधान की छठीं अनुसूची में इस क्षेत्र के लोगों के लिए विशेष व्यवस्था की गई, जिसमें स्वशासन, स्वायत्तता और विकेंद्रीकरण सम्मिलित है। परंतु कालांतर में इस क्षेत्र में धीरे-धीरे अलगाव और उग्रवाद की प्रवृत्तियां उत्पन्न होने लगीं। उल्लेखनीय है कि पूर्वोत्तर भारत में शुरू में केवल एक ही राज्य असम तथा केंद्रशासित क्षेत्र 'नेफा' (नार्थ-ईस्ट फ्रंटियर एजेंसी) था। बाद में 'नेफा' को अरुणाचल प्रदेश नाम दिया गया और 1987 में अरुणाचल प्रदेश को राज्य का दर्जा दे दिया गया।

पूर्वोत्तर भारत में उग्रवाद की शुरुआत राजनीतिक महत्वाकांक्षा के कारण सर्वप्रथम 1950 के दशक में नागालैंड में शुरू होती है, जिसकी शुरुआत फिजो द्वारा की गई, जो धीरे-धीरे मिजोरम, मणिपुर, त्रिपुरा और मेघालय तक पहुंच गई। उल्लेखनीय है कि 1960 में असमी भाषा को राज्यभाषा का दर्जा दिए जाने के बाद आदिवासी जिलों में तीव्र विरोध हुआ और आंदोलन हिंसक हो गया। असमी भाषा को राज्यभाषा का दर्जा दिए जाने के कारण आदिवासी समुदाय के लोग अपने अस्तित्व और पहचान को खतरा मानने लगे और उनकी यह सोच उन्हें उग्रवाद और अलगाव के रास्ते पर ले गई। जिसमें उनकी गरीबी, बेरोजगारी, प्रभावी नेतृत्व की कमी, भारत सरकार की उदासीनता और अप्रत्यक्ष रूप से विदेशी समर्थन ने पूर्वोत्तर भारत को उग्रवाद और अलगाववाद की ओर धकेल दिया है।

नागालैंड में उग्रवाद और अलगाववाद की समस्या

नागालैण्ड उ॰पू॰ के राज्यों में सबसे प्रभावित और अशांत राज्य है। नागालैण्ड में अलगाववाद 1950 के दशक में उस समय शुरू होता है, जब फिजो के नेतृत्व में एक अलग राज्य की मांग नागाओं के लिए होने लगती है। वस्तुतः नागा पूर्वी हिमालय के पहाड़ी क्षेत्रों के निवासी हैं, जिनकी सीमाएं म्यांमार से लगती है और यहां पर अनेक प्रकार के जनजातीय समूह है जो विभिन्न प्रकार की भाषाएं बोलते हैं। उल्लेखनीय है कि 1826 में असम पर नियंत्रण करने के पश्चात् अंग्रेजों ने धीरे-धीरे नागा पहाड़ियों पर भी अपना प्रभुत्व जमा लिया। ब्रिटिश शासनकाल के दौरान नागाओं का शेष भारत के साथ किसी भी प्रकार का कोई सामाजिक और राजनैतिक संबंध नहीं था। अंग्रेजों ने उ॰पू॰ भारत के संदर्भ में उदारवादी नीतियों को अपनाया और बाहरी लोगों को इस क्षेत्र में बसने की अनुमति नहीं दी गई और आदिवासी समुदाय की संस्कृति, परंपरा, रीति-रिवाजों को संरक्षित रखने का प्रयास किया गया। जिसका कारण यह था कि अंग्रेज इस क्षेत्र के लोगों को शेष भारत के लोगों से संपर्क नहीं रखना चाहते थे।

कालांतर में ईसाई मिशनरियों द्वारा उ॰पू॰ क्षेत्रों में विद्यालय, अस्पतालों की स्थापना को बढ़ावा दिया गया, जिसका प्रभाव यह हुआ कि पूर्वोत्तर क्षेत्र में अलगाववादी प्रवृत्ति की विचारधारा का जन्म हुआ। वहां के लोग एक अलग राज्य की मांग करने लगे।

अप्रैल 1945 में जिले में नागा के विभिन्न दलों के एक फोरम के रूप में ''नागा पहाड़ी'' आदिवासी जिला समिति की स्थापना की गई। फरवरी, 1946 में नागाओं ने एक राजनीतिक दल के रूप में राष्ट्रीय नागा समिति की स्थापना की,

जिसका उद्देश्य ब्रिटिश सरकार के सत्ता छोड़ने के बाद या भारत के स्वतंत्र होने के बाद भारत सरकार के साथ बातचीत कर अपने संबंधों का निर्धारण करना था।

1947 में नागा नेता फिजो द्वारा एक नए राज्य के रूप में नागलैण्ड की मांग को लेकर आंदोलन शुरू कर दिया गया, जो शुरुआती दौर में शांतिपूर्ण रहा और बाद में हिंसक हो गया। फलस्वरूप भारत सरकार के दिशा-निर्देशों के आधार पर असम सरकार और नागाओं के बीच एक समझौता हुआ जिसे 'नौ बिंदु समझौता' कहा जाता है। इस समझौते में नागाओं को न्यायिक, कार्यकारी और वैधानिक अधिकारों के साथ-साथ भू-संबंधी मामलों में स्वायत्तता प्रदान करने का प्रावधान किया गया और यह भी व्यवस्था की गई कि 10 वर्ष के पश्चात् भारत सरकार इस समझौते की समीक्षा कर सकती है। नागाओं के अनुरोध पर इसे बढ़ाया जा सकता है। परंतु अधिकांश नागा नेता इस समझौते को लेकर सहमत नहीं थे। इनका कहना था कि यह समझौता केवल जिला स्तर पर स्वायत्तता प्रदान करता है, जबकि हमारी मांग एक नए राज्य के रूप में हैं।

स्वतंत्रता प्राप्ति के बाद भारत सरकार ने नागा क्षेत्रों का असम के साथ एकीकरण करना और भारत के साथ जोड़ना प्रारंभ किया और इसको लेकर राष्ट्रीय नागा समिति के लोगों ने विरोध किया और एक पृथक् नागालैण्ड की मांग करने लगे और उनको कुछ अंग्रेज अधिकारियों और ईसाई मिशनरियों द्वारा समर्थन भी प्राप्त होने लगा। 1955 में नागा नेताओं ने एक स्वतंत्र सरकार की घोषणा कर डाली। फलतः भारत सरकार को पूरे क्षेत्र को अंशात क्षेत्र घोषित करना पड़ा और असम को सेना के हवाले करना पड़ा। विद्रोह के बाद नागा क्षेत्र में शांति की स्थापना हेतु भारत सरकार ने बातचीत की भी प्रक्रिया शुरू की और विकास को बढ़ावा देना शुरू किया और कूटनीति का सहारा लेते हुए राष्ट्रीय नागा समिति में फूट पैदा करवा दी और नागाओं के एक नेता डॉ. इमकोंगलिंगा ने भारतीय संविधान के दायरे में रहकर एक नए राज्य के रूप में नागालैण्ड की स्थापना हेतु मांग भारत सरकार के सम्मुख रखी। जिसे भारत सरकार ने स्वीकार कर लिया और 1963 में नागालैण्ड की स्थापना भारतीय गणराज्य के अंदर 16वें राज्य के रूप में की।

नागालैण्ड के नए राज्य के रूप में गठन के बाद वहां एक तरह से हिंसक आंदोलन समाप्त हो गया परंतु ग्रेटर नागालैण्ड की मांग होती रही। 1975 के बाद नागालैण्ड में हिंसक आंदोलन एक बार पुनः तेज हो गए और जनवरी 1980 में नेशलिस्ट सोशलिस्ट कांउसिल ऑफ नागालैण्ड की स्थापना इसाक-चीसी सूब युंगलांग द्वारा की गई और इसने भारत सरकार और राष्ट्रीय नागा समिति के बीच संपन्न समझौते का विरोध शुरू किया। भारत सरकार से बातचीत करने के मुद्दों को लेकर यह दो भागों में बंट गया, जिसमें से इसाक गुट भारत से बातचीत करने के पक्ष में था, जबकि एम.सी-खापलैंग गुट बातचीत न करने के पक्ष में था।

2001 में NSNC–इसाक गुट ने भारत सरकार के साथ एक समझौते के माध्यम से संघर्ष विराम के लिए सहमति व्यक्त की और अपना हिंसक आंदोलन स्थागित कर दिया, परंतु NSNC–खापलैंग ने हिंसक गतिविधियां जारी रखीं।

नागा समझौता-2015

2015 में भारत सरकार और नेशलिस्ट सोशलिस्ट नागालैण्ड कांउसिल-इसाक गुट के बीच एक समझौता हुआ। यह समझौता जहां एक तरफ सामाजिक-आर्थिक विकास का रोडमैप है तो वहीं दूसरी तरफ नागाओं को राष्ट्र की मुख्यधारा में लाने हेतु माफी का प्रावधान करता है और उनसे हथियार डाल देने का भी प्रावधान करता है और इस समझौते को 1 वर्ष के अंदर लागू किया जाना है। इस समझौते के माध्यम से नागाओं का विशेषाधिकार, उनकी सांस्कृतिक रीति-रिवाज व परंपराओं को संरक्षित रखने की व्यवस्था की गई है। साथ ही इस समझौते में कहा गया है कि NSNC के सभी सदस्य हिंसक गतिविधियां छोड़कर राजनीतिक प्रक्रिया में भाग लेंगे और वर्तमान व्यवस्था में पूर्णतया विश्वास रखेंगे।

असम में उग्रवाद और अलगाववाद

यह उत्तर-पूर्व का सबसे प्रमुख राज्य है। स्वाधीनता प्राप्ति के समय मूलतः उत्तर-पूर्वी राज्यों का सारा भौगोलिक क्षेत्र असम के पास था और इस क्षेत्र में विकसित होने वाले सभी नए राज्य असम से ही उत्पत्ति हुई है। असम की जनांकीय और भौगोलिक स्थितियां कुछ ऐसी हैं कि आतंकवाद पैदा होने के खतरे स्वभावतः उसमें निहित हैं।

कार्बी एंगलोंग मामला

असम के 27 जिलों में से कार्बी एंगलोंग सबसे बड़ा जिला है। इस जिले का प्रशासनिक कार्यालय दीपू में है और यह देश के सबसे पिछड़े हुए जिलों में से एक है। इस जिले में अनेक जनजाति रहती हैं, जिनमें कार्बी जनजाति प्रमुख है। इसके साथ-साथ यहां अन्य जनजाति में दीमा-सास, रेंगा सास, गारों, टीवास, खासो, मार्स और चलमा भी है। कार्बी एंगलोंग जिले में गरीबी एवं बेरोजगारी प्रमुख समस्या है और इस समस्या का समाधान न हो पाने के कारण इस जिले के लोग राज्य की मांग करते है, जिसका कार्बी समुदाय के लोग नेतृत्व करते हैं, जबकि दूसरी तरफ अन्य जनजातियों को लेकर विरोध कर रहे है। इसी को लेकर 2012-13 में यहां हिंसा भी बड़े पैमाने पर हुई और यहां के स्थानीय उग्रवादी संगठनों को उल्फा का समर्थन प्राप्त है।

पूर्वोत्तर के हिंसाग्रस्त राज्यों में असम एक है। 1979 से असम के लोग यह मांग करते रहे हैं कि बांग्लादेश से असम में आए गैर कानूनी लोगों की पहचान करके

उन्हें वापस बांग्लादेश भेजा जाए। अखिल असम विद्यार्थी संघ के नेतृत्व में यह आंदोलन अहिंसा, सत्याग्रह, बहिष्कार और गिरफ्तारी देने पर आधारित था। जो लोग लगातार विरोध कर रहे थे, उनके विरुद्ध पुलिस कार्यवाही की गई और 1983 के असम में विधानसभा चुनाव का अनेक राजनैतिक दलों ने बहिष्कार किया और उस चुनाव के बाद असम में और अधिक हिंसा बढ़ गई। इसको देखते हुए केंद्र सरकार और असम-गण-परिषद् के बीच एक समझौता हुआ और इस समझौते के अनुसार असम विधानसभा को भंग करके नए सिरे से चुनाव कराया गया। इस समझौते में निम्नलिखित प्रावधान किए गए थे:-

- ऐसे लोग जिन्होंने गैर कानूनी रूप से जनवरी 1966 और मार्च 1971 के बीच राज्य में प्रवेश लिया था, उनको 10 वर्ष के लिए मताधिकार से वंचित कर दिया जाएगा।
- ऐसे लोग जो 1971 के बाद बांग्लादेश से अवैध रूप से असम में आए हैं उनको वापस भेजा जाएगा।
- भारतीय नागरिकता अधिनियम में संशोधन करके ऐसे बाहरी नागरिकों को, जो 1961 से 1971 के बीच आए थे, उनको कुछ समय के लिए प्रदान किया जाएगा और उनकी जांच करा करके इस बारे में निर्णय किया जाएगा।

इस समझौते के बाद असम में विधानसभा का नया चुनाव हुआ और असम गण परिषद् की सरकार बनी। परंतु समस्या ज्यों की त्यों बनी रही जो आज भी विकृत रूप में विद्यमान है।

असम में कई ऐसे संगठन हैं जो असम को स्वतंत्र होने की बात करते है और असम को एक नए देश के रूप में स्थापित करवाना चाहते हैं। इनमें उल्फा (United Liberation Front of Assam) प्रमुख है। इसका मुख्य उद्देश्य असम को स्वतंत्र कराना है और असम में नागरिक सरकार की स्थापना करना है।

उल्फा के द्वारा भारतीय सेना और गैर-सैनिक नागरिकों पर भी आतंकवादी हमले किए जाते हैं। उल्फा के कार्यकर्ता अपने राजनैतिक विरोधियों और पुलिस प्रशासन के लोगों या सुरक्षा बलों के लोगों की हत्या करते हैं। इसके साथ-साथ लूटपाट, अपहरण आदि घटनाएं इनके द्वारा संचालित की जाती हैं। उल्फा का नक्सलवादी और माओवादियों के साथ निकट संबंध है। यह माना जाता है कि उल्फा के कार्यकर्त्ता भूटान के जंगलों में रहकर के हिंसक गतिविधियों को अंजाम देते है। उल्फा की बढ़ती हुई सक्रियता को देखकर भारत सरकार ने 1986 में उल्फा को प्रतिबंधित कर दिया और असम को एक समस्याग्रस्त क्षेत्र घोषित किया।

भारत के बढ़ते हुए दबाव के कारण भूटान ने अपने यहां उल्फा के विरुद्ध कार्यवाही की और उल्फा के नेताओं को भूटान छोड़ने पर विवश कर दिया। इसके

बाद उल्फा के नेताओं ने बांग्लादेश में शरण ली और वहां रहकर अपनी गतिविधियां संचालित करने लगे, परंतु भारत सरकार के दबाव पर उल्फा के नेता परेश बरूआ और अनूप चेतिया को गिरफ्तार करके भारत को सौंप दिया। भारतीय सेना और सुरक्षा बल के बढ़ते दबाव और सफल कार्यवाहियों के बाद उल्फा की गतिविधियां धीमी व कमजोर हुई हैं परंतु असम की समस्या ज्यों की त्यों बनी हुई है। वर्तमान में असम की समस्या को तीन बिंदुओं के अंतर्गत देखा जा सकता है:-

- बांग्लादेश से आए हुए अवैद्य मुस्लमानों से उत्पन्न समस्या।
- उल्फा से उत्पन्न चुनौतियां।
- बोडो की समस्या।

बोडोलैंड और एनडीएफबी (National Democratic Front of Bodo) की समस्या

बोडो असम के सबसे बड़े समतल भाग के आदिवासी हैं। जिन्होंने 1980 के दशक में एक पृथक् राज्य की स्थापना को लेकर सशस्त्र संघर्ष शुरू किया। इस सशस्त्र संघर्ष के दौरान बोडो उग्रवादियों ने ब्रह्मपुत्र नदी के उत्तरी किनारे पर बसे गैर-बोडो जनजातियों का एक तरह से सफाया कर दिया। 1990 के बाद बोडो आंदोलन और अधिक हिंसक हो गया। 1993 में 'बोडोलैंड क्षेत्रीय समिति समझौते' पर हस्ताक्षर किए गए, परंतु इस समझौते को पूरी तरह से लागू नहीं किया जा सका। 2003 में एक बार नए सिरे से पुनः बोडोलैंड क्षेत्रीय समिति के समझौते पर हस्ताक्षर किए गए, इस समझौते का गैर बोडो लोगों और ऐसे मुसलमान, जो बांग्ला भाषा बोलते हैं, बांग्लादेश से आकर बसे हुए है, उनका विरोध किया जिससे आंदोलन और हिंसक हो गया।

बोडो द्वारा अलग राज्य की मांग के कारण गैर बोडो लोग इस आंदोलन से अलग हो गए है। गैर बोडो लोगो के विरोध के बावजूद बोडोलैण्ड परिषद् की स्थापना इस ओर संकेत करती है कि बोडो जनजाति के लोग इस क्षेत्र में अल्पमत में आ चुके हैं और मुसलमानों की निरंतर बढ़ती हुई आबादी से वे अपने आप को खतरा महसूस करते हैं। मुस्लिम आबादी मूलतः बोडोलैण्ड के जंगली या रेतीले भागों में बसी हुई है।

जुलाई 2012 में बोडो व मुस्लिम समुदाय के बीच सांप्रदायिक दंगा भड़क गया और यह दंगा पूरे असम में मुस्लिम बनाम गैर-मुस्लिम हो गया और असम के मूल लोग मुसलमानों की पहचान करके देश से बाहर निकालने की मांग करने लगे। 2012 के संघर्ष के बाद असम में और जातीय तनाव बढ़ गया था तथा समस्या का स्वरूप स्थायी हो गया। इसके बाद भारत सरकार की पहल पर बोडो समुदाय के लोगों और असम सरकार के बीच एक समझौता हुआ, जिसके माध्यम से

बोडोलैंड स्वायत क्षेत्रीय परिषद् के गठन का निर्णय लिया गया। यह कुछ मामलों को छोड़कर शेष सभी मामलों में कार्य करेगी और बोडोलैंड विकास आदि के बारे में राज्य सरकार के साथ मिलकर कार्यक्रम बनाएगी। बोडोलैंड क्षेत्रीय स्वायत परिषद् एक राजनैतिक संस्था होगी जो बोडो जनजाति के आर्थिक, शैक्षणिक और भाषाई आकांक्षाओं को पूरा करने का कार्य करेगी। यह बोडो जनजाति के लोगों को भूमि अधिकार, सामाजिक एवं सांस्कृतिक जनजातीय पहचान को बनाए रखने और इनकी स्वतंत्र पहचान को सुरक्षित रखने का काम करेगी। परंतु इस समझौते का मुस्लिम समुदाय द्वारा विरोध किया जा रहा है। जिससे यह समस्या ज्यों की त्यों गंभीर बनी हुई है।

असम की समस्या और उसका इतिहास

असम में 58% हिन्दू, 24% मुस्लिम तथा 18% आदिवासी जनसंख्या है। इसके अतिरिक्त ब्रह्मपुत्र नदी असम को दो भौगोलिक क्षेत्रों में बांटती है—ऊपरी असम तथा निचला असम। ऊपरी भाग में प्राय: असम के मूल निवासी केंद्रित है, जबकि निचले असम में प्राय: अप्रवासियों की बहुलता है। ये अप्रवासी भी कई प्रकार के हैं। इनमें से कुछ अप्रवासी संथाल आदि जनजातियों के हैं, जिन्हें ब्रिटिश सत्ता के दौरान इसलिए वहां बसाया गया था, ताकि चाय के बागानों पर अधिक उत्पादन किया जा सके। दूसरे प्रकार के अप्रवासी प्राय: मारवाड़ी वर्ग के हैं जिनकी संख्या काफी कम है, किंतु असम की अर्थव्यवस्था पर उनका काफी प्रभाव है। तीसरे प्रकार के अप्रवासी बांग्ला अप्रवासी हैं, जो बांग्लादेश के संकटों के कारण भागकर यहां पहुंचे हैं।

इन जटिल स्थितियों के कारण असम में कई प्रकार की आतंकवादी स्थितियां पैदा हुई हैं। आतंकवाद के विकास की मूल स्थिति वह थी, जिसमें शिक्षित बंगालियों, मेहनत करने वाले संथालों तथा अर्थव्यवस्था पर नियंत्रण रखने वाले मारवाड़ी समूहों से असम के मूल निवासी भयभीत होने लगे। यह भी सबसे अधिक बांग्ला अप्रवासियों के लगातार पड़ने वाले प्रभाव से पैदा हुआ तथा इसके विरोध में उल्फा जैसे संगठन विकसित हुए।

असम की दूसरी समस्या बोडोलैंड की मांग से संबंधित है। बोडो एक जनजातीय समूह हैं, जो निचले असम में संकेन्द्रित है। असम की पूरी जनसंख्या में बोडो जनसंख्या मात्र 6% है, किंतु यह असम में विविधतामूलक समाज का एक बड़ा हिस्सा जरूर है। पिछले कई वर्षों से बोडो आंदोलनकारियों ने एक पृथक् राज्य की मांग उठाई है। उनका प्रमुख संगठन एबीएसयू है।

इनकी मांग को देखते हुए केंद्र सरकार ने बोडोलैंड स्वायत्तशासी परिषद् का गठन कर दिया तथा उस परिषद् में बोडो प्रतिनिधि चुने भी गए। चूंकि बोडो जनसंख्या

में आधे से काफी कम थे, इसलिए उनके सामने यह खतरा लगातार बना हुआ था कि वे पुनः अल्पमत में न आ जाएं। इस खतरे से बचने के लिए सत्ता में बैठे बोडो अधिकारियों तथा एबीएसयू आदि संगठनों ने मिलकर नृजातीय संहार शुरू कर दिया। इससे यह समस्या धीरे-धीरे और बढ़ती गई।

असम की तीसरी समस्या सांप्रदायिक संघर्षों की है, जो पिछले कुछ वर्षों में तेजी से बढ़ने लगी है। बंगाल के शरणार्थियों में बड़ा हिस्सा मुस्लिम शरणार्थियों का है और उन्होंने अपनी सुरक्षा के लिए सांप्रदायिक आधार पर एकता स्थापित करने के प्रयास किए है। इस विचारधारा के अनुकूल चलने वाले आतंकवादी संगठन सांप्रदायिक आतंकवाद को प्रेरित करते हैं।

- असम साम्राज्य की स्थापना 13वीं शताब्दी में बर्मा मूल के अहोम समुदाय के लोगों द्वारा की गई थी। 1826 ई. में अंग्रेजों द्वारा नियंत्रण करने के पूर्व तक इस पूरे क्षेत्र पर इनका अधिकार रहा। 1947 में ब्रिटिश भारत के भारत एवं पाकिस्तान में विभाजन के दौरान असम का लगभग संपूर्ण भाग भारत को मिला। 1959 से ही असम की उत्तरी सीमा असुरक्षित रही है। 1960 के दशक के अंतिम वर्षों में विभिन्न जनजातियों द्वारा वृहत राजनैतिक प्रभाव अथवा असम से स्वतंत्रता की मांग के कारण राज्य में असुरक्षा एवं अस्थायित्व अपेक्षाकृत और बढ़ गया। काफी हद तक इसी के परिणामस्वरूप 1970 के दशक के प्रारंभिक वर्षों में मेघालय एवं मिजोरम अलग राज्य बनाए गए। वर्तमान में असम का क्षेत्रफल 78438 वर्ग किमी. तथा जनसंख्या लगभग तीन करोड़ है।
- इस राज्य की अंतर्राष्ट्रीय सीमा बांग्लादेश एवं भूटान के साथ लगी हुई है। यहां की सबसे महत्वपूर्ण नदी ब्रह्मपुत्र है जोकि उत्तर-पूर्व से दक्षिण-पश्चिम दिशा में प्रवाहित होती है। यह नदी डिब्रूगढ़ से बंगाल की खाड़ी तक नौवहन के योग्य है। राज्य में अधिक वर्षा वाली उपोष्ण कटिबंधीय जलवायु है। यह बाढ़ एवं भूकंप का क्षेत्र है। राज्य का अधिकांश भाग बांस के घने सदाबहारी उष्ण कटिबंधीय जंगलों से ढका हुआ है।
- राज्य की अधिकांश जनता ग्रामीण एवं खेतिहर है। पहाड़ी क्षेत्रों में चाय की खेती होती है। इस तरह यह राज्य संपूर्ण विश्व के चाय का 15% उत्पादन करता है। ब्रह्मपुत्र नदी घाटी में मुख्य रूप से धान, जोकि असम का मुख्य खाद्य है, का उत्पादन होता है। अन्य कृषि उत्पादों में जूट, गन्ना, कपास, संतरे एवं आलू प्रमुख हैं। राज्य के कई क्षेत्रों में रेशम कीटपालन आम है।
- असम के जिलों में जब बांग्लादेशी घुसपैठिए बहुसंख्यक स्थिति में आने लगे तो यहां के युवकों ने ऑल असम स्टूडेंट यूनियन (आसू) का गठन किया।

प्रारंभ में प्रफुल्ल कुमार महंत एवं भृंग कुमार फूकन ने इस आंदोलन का नेतृत्व किया, किंतु इस आंदोलन में कुछ ऐसे युवा थे जो इसके अहिंसक स्वरूप से संतुष्ट नहीं थे। ऑल असम स्टूडेंट यूनियन (आसू) में समिरण गोगोई उर्फ प्रदीप गोगोई व भद्रेश्वर मोहन ने प्रमुख भूमिका निभाई। बाद में 7 अप्रैल, 1979 को इन पांचों प्रमुखों ने अहोम राजशाही के केंद्र रंगधर (शिवसागर) में 'यूनाइटेड लिबरेशन फ्रंट ऑफ असम' (उल्फा) की नींव रखी। 'उल्फा' के गठन के उपरांत विदेशी घुसपैठियों के विरुद्ध हिंसक आंदोलन प्रारंभ कर दिया गया। इसके साथ ही 'आसू' का आंदोलन अत्यधिक हिंसक हो गया। 1985 में तत्कालीन भारतीय प्रधानमंत्री राजीव गांधी एवं आसू के मध्य असम समझौता हुआ। बाद में आसू के छात्र नेताओं ने असम गण परिषद् का गठन किया और प्रफुल्ल कुमार महंत मुख्यमंत्री बने। हालांकि आसू के आंदोलन के दौरान उल्फा अधिक नहीं उभरा, किंतु 1986 में उल्फा का नेशनल सोशलिस्ट काउंसिल ऑफ नागालैंड-आईएम से संपर्क हो गया। नागा विद्रोहियों ने उल्फा विद्रोहियों को आतंकवाद एवं छापामार युद्ध के लिए प्रशिक्षित किया। इसके साथ ही अपहरणों, फिरौती, बैंक डकैतियों तथा अन्य माध्यमों से काफी धन इकट्ठा किया और इसका उपयोग शस्त्रास्त्रों की खरीददारी एवं संगठन को मजबूत करने में किया।

- असम गण परिषद् सरकार में गृहमंत्री रहे भृंगुकुमार फूकन एवं मुख्यमंत्री प्रफुल्ल कुमार महंत के विवादों के बीच केंद्र की सलाह पर महंत सरकार को बर्खास्त कर राष्ट्रपति शासन लगा दिया गया। राष्ट्रपति शासन के दौरान प्रथम बार 27-28 नवंबर, 1990 को असम में 'ऑपरेशन बजरंग' के तहत सैनिक कार्यवाही प्रारंभ की गई। इस सैन्य अभियान में बहुत से उल्फा उग्रवादी मारे गए, पकड़े गए तथा उसके अनेकों नेताओं ने दूसरे देशों में शरण ले ली। इसी बीच कांग्रेस के हितेश्वर सैकिया असम के नए मुख्यमंत्री बने और सैन्य अभियान स्थगित कर दिया गया।
- असम में बोडो आंदोलन की गंभीर समस्या है। ईसाई मिशनरियों के कारण यहां बड़े पैमाने पर बोडो जनजाति के लोग ईसाई बन गए हैं। इसके परिणामस्वरूप अपनी ही भूमि पर बोडो लोग अल्पसंख्यक हो गए। अत: अपने अस्तित्व को बचाए रखने के लिए असम के लोगों के विचार में एक बोडोलैंड बनाना आवश्यक है। बाद में बोडो सेक्युरिटी फोर्स एवं ऑल बोडोलैंड छात्र संगठन में विभाजित हो गया। इसमें बोडो सेक्युरिटी फोर्स हिंसात्मक जबकि ऑल बोडोलैंड छात्र संगठन ने लोकतांत्रिक मार्ग अपनाया।

मणिपुर में उग्रवाद और अलगाववाद की समस्या

मणिपुर में मैती, कूकी और नागा जनजाति के लोग हैं। मणिपुर की कुल आबादी का लगभग 40% भाग मैती जनजाति के लोगों का है, जो हिन्दु धर्म को मानते है और वैष्णव परंपरा का पालन करते है। हालांकि मैती लोगों में कुछ मुस्लिम एवं ईसाई भी हैं, वे भी अपने को हिन्दू धर्म का अनुयायी मानते हैं। मैती मणिपुर के समतलीय भागों में बसे हुए हैं जबकि कूकी, नागा पहाड़ी जिलों में बसे हुए हैं। यहां पर अलगाववादी आंदोलन की शुरुआत 1964 में होती है और 1972 में मणिपुर को एक पृथक् राज्य का दर्जा दिया गया।

शुरुआती दौर में मणिपुर में आंदोलन मणिपुर को एक स्वतंत्र राज्य बनाने को हुआ और राज्य की स्थापना के बाद यह आंदोलन समाप्त सा हो गया। परंतु 1978 में यहां पुनः हिंसक आंदोलन शुरू हो गया और लोगों ने विकास और पिछड़ापन को आधार बनाकर भारतीय गणराज्य से अपने को अलग होने की मांग करने लगी और यह आंदोलन हिंसक होता गया। भारतीय सुरक्षा बलों द्वारा हिसंक आंदोलन को रोकने के लिए की गई कार्यवाही के दौरान मानवधिकार के उल्लंघन की घटनाएं भी सामने आती है जिससे यह आंदोलन और उग्र हो गया। वर्तमान में मणिपुर में दोनों विचारधारा के लोग है और कहा जा रहा है कि छोटे-मोटे 34 कार्यदल सक्रिय है जो हिंसा व अहिंसा दोनों का समर्थन करते हैं। परंतु सबकी एक संयुक्त मांग है—भारत से आजाद होना। इसके अलावा मणिपुर में नागा, कूकी के बीच भी समय-समय पर संघर्ष होता रहता है। कूकी जनजाति के लोग अपनी जाति के लिए एक अलग राज्य की मांग करते हैं और ये लोग Manipur People Liberation Front की छत्रछाया में काम करते हैं, जो वहां के उग्रवादी संगठन का समूह है।

बाह्य राजकीय एवं गैर-राजकीय अभिकरणों की भूमिका

सशस्त्र बल विशेषाधिकार अधिनियम (AFSPA)

- केंद्र सरकार ने अरुणाचल प्रदेश के तीन जिलों में सशस्त्र बल विशेषाधिकार अधिनियम लागू करने का भी निर्णय लिया है।
- अभी हाल में गृह मंत्रालय ने असम और मणिपुर में सशस्त्र बल (विशेषाधिकार) अधिनियम को प्रभावी रखने या उसे हटाने के निर्णय का अधिकार अपने पास से हटाते हुए दोनों राज्यों को दे दिया है।

ए एफ एस पी ए -AFSPA (सशस्त्र बल विशेषाधिकार) अधिनियम के बारे में:

वर्ष 1985 में सशस्त्र बल (विशेषाधिकार) अधिनियम (AFSPA) उपद्रवग्रस्त क्षेत्रों में सामान्य कार्य-व्यवस्था बहाल करने के लिए सशस्त्र बलों को विशेष अधिकार और सुरक्षा प्रदान करता है। इसमें शामिल किए गए कुछ विशेष अधिकार निम्नलिखित हैं:

- उपद्रवग्रस्त क्षेत्र में कानून-व्यवस्था के खिलाफ काम करने वाले किसी भी व्यक्ति पर पूर्व-चेतावनी के बाद गोली चलाना।
- किसी भी व्यक्ति को बिना वारंट के गिरफ्तार करना।
- किसी भी वाहन अथवा यान को रोककर उसकी तलाशी लेना।
- सशस्त्र बलों के जवानों को अपनी कार्यवाहियों के लिए न्यायिक सुरक्षा मिली है।

वर्तमान में पूर्वोत्तर के छह राज्यों और जम्मू-कश्मीर में एएफएसपीए प्रभाव में है। त्रिपुरा से अभी हाल में इसे हटा लिया था।

एएफएसपीए के विपक्ष में तर्क

- ऐसा माना जा रहा है कि सशस्त्र बलों द्वारा अधिनियम से प्राप्त विशेष अधिकारों और सुरक्षा का दुरुपयोग किया जा रहा है, जिससे फर्जी मुठभेड़ तथा यौन अपराध जैसे अपराधों को बढ़ावा मिला है।
- इससे संविधान द्वारा नागरिकों को दी गई स्वतंत्रता और मौलिक अधिकारों का हनन होता है, जो लोकतांत्रिक मूल्यों के खिलाफ है।
- आलोचकों का मानना है कि 50 वर्षों से अस्तित्व में होने के बावजूद यह उपद्रवग्रस्त क्षेत्रें में सामान्य कानून-व्यवस्था बहाल करने के अपने उद्देश्य को प्राप्त करने में असफल रहा है।
- न्यायमूर्ति वर्मा समिति और रेड्डी समिति, दोनों ने ही सशस्त्र बल विशेषाधिकार अधिनियम के अंतर्गत सशस्त्र बलों को दी गई पूर्ण सुरक्षा को हटाने की सिफारिश की है।

ए एफ एस पी ए के पक्ष में तर्क

- उपद्रवग्रस्त और उग्रवाद प्रभावित क्षेत्रों में सशस्त्र बलों को प्रभावी ढंग से काम करने के लिए यह अधिनियम जरूरी है।
- उपद्रवग्रस्त क्षेत्रों में कानून-व्यवस्था बनाए रखने में इस अधिनियम के प्रावधानों का महत्वपूर्ण योगदान रहा है जिससे देश की सुरक्षा और संप्रभुता की रक्षा होती है।

- सशस्त्र बलों के सैकड़ों जवान हर साल उग्रवादियों और उपद्रवी तत्वों के हाथों मारे जाते हैं, जिसे देखते हुए सशस्त्र बलों का सशक्तिकरण बहुत जरूरी है। ऐसे में यदि इस अधिनियम को हटा लिया जाता है, तो सशस्त्र बलों का मनोबल गिरेगा।

निष्कर्ष

- ध्यान देने की बात है कि मानवाधिकारों केंद्र अनुपालन और सशस्त्र बलों की कार्रवाई, दोनों का उद्देश्य एक ही है, जो अलग-अलग या एक-दूसरे के विपरीत नहीं हो सकता। वस्तुतः मानवाधिकार से जुड़े सिद्धांतों और मानदंडों के अनुपालन से किसी बल की उग्रवाद निरोधी सक्षमता और भी बढ़ जाती है।
- (अधिनियम के अंतर्गत) ऐसे प्रावधान होने चाहिए, जो सुरक्षा बलों के संरक्षण या सुरक्षा के साथ-साथ उनकी जिम्मेदारी और जवाबदेही भी सुनिश्चित करें। इसके लिए जरूरी हो जाता है कि मौजूदा या किसी भी नए बनने वाले कानून में ठोस सुरक्षा-प्रवाधान किए जाएं।
- अधिनियम की परिभाषा में प्रयुक्त ''उपद्रवग्रस्त'' ''खतरनाक'' और ''जमीन पर लड़नेवाले बल'' जैसे शब्दों को और स्पष्ट किए जाने की जरूरत है, ताकि अधिनियम की परिभाषा स्पष्ट हो सके।
- मौजूदा मामलों की स्थिति के संचार और संप्रेषण में और अधिक पारदर्शिता लाते हुए उसे सेना और सरकार की वेबसाइटों पर उपलब्ध कराया जाना चाहिए।
- मानवाधिकार के पुराने मामलों को सरकार द्वारा उठाए गए कदमों पर प्राप्त होने वाले फीडबैक की समीक्षा।

मिजोरम में उग्रवाद और अलगाववाद की समस्या

मिजोरम की अधिकांश जनसंख्या मिजो लोगों की है। मिजो स्वयं कई अन्य प्रजातियों में बंटे हैं, जिनमें लुशाई लोगों की संख्या सबसे अधिक है और यह राज्य की जनसंख्या का दो-तिहाई से अधिक है। अन्य प्रमुख प्रजातियों में रालते, म्हार, पोई और वाई हैं। गैर मिजो प्रजातियों में सबसे प्रमुख चकमा प्रजाति है। 19वीं शताब्दी में यहां ब्रिटिश मिशनरियों का प्रभाव फैल गया, इसीलिए अधिकांश मिजो ईसाई धर्मावलंबी हैं।

1891 में ब्रिटिश अधिकार में जाने के बाद कुछ वर्षों तक उत्तर का लुशाई पर्वतीय क्षेत्र असम के और आधा दक्षिणी भाग बंगाल के अधीन रहा। 1898 में दोनों को मिलाकर एक जिला बना दिया गया, जिसका नाम लुशाई हिल्स जिला

था। 1972 में केंद्रशासित प्रदेश बनने से पहले तक यह असम का एक जिला था। फरवरी 1987 में यह भारत का 23वां राज्य बना।

मिजोरम में अलगाववादी आंदोलन साठ के दशक में प्रारंभ हुआ। इस आंदोलन की कमान 'मिजो नेशनल फ्रंट' नाम के एक राजनीतिक संगठन के हाथ में थी, जो 22 अक्टूबर, 1961 को गठित हुआ था। लालडेंगा के नेतृत्व में मिजो नेशनल फ्रंट ने अलग राष्ट्र 'ग्रेटर मिजोरम' का अभियान छेड़ दिया था। धीरे-धीरे इस आंदोलन ने हिंसक रूप लिया और 28 फरवरी, 1966 को मिजोरम के कई महत्वपूर्ण शहरों में सरकारी कार्यालयों पर एक साथ आक्रमण किया गया।

1967 में मिजो नेशनल फ्रंट पर प्रतिबंध लगा दिया गया लेकिन मिजोरम में अलग राज्य की मांग और जोर पकड़ने लगी। मई 1971 में एक मिजो प्रतिनिधि-मंडल तत्कालीन भारतीय प्रधानमंत्री इंदिरा गांधी से मिला और एक अलग राज्य बनाए जाने की मांग की। भारत सरकार ने जुलाई 1971 में मिजोरम को केंद्रशासित प्रदेश बनाए जाने का प्रस्ताव रखा।

मिजो नेता इसके लिए तैयार हो गए, लेकिन उन्होंने शर्त रखी कि मिजोरम को बाद में राज्य बना दिया जाएगा। अंततः 21 जनवरी 1972 को मिजोरम एक केंद्रशासित प्रदेश बन गया। संसद में मिजोरम के लिए दो सीटें रखी गई—एक लोकसभा में और एक राज्यसभा में।

एक दशक बाद 1984 में प्रधानमंत्री इंदिरा गांधी की हत्या के बाद राजीव गांधी प्रधानमंत्री बने और मिजोरम की राजनीति ने एक नई करवट ली। 15 फरवरी 1985 को लालडेंगा ने राजीव गांधी से मुलाकात की और सारे विवादास्पद मुद्दे उनके सामने रखे।

भारत सरकार को भी ऐसा लग रहा था कि मिजो समस्या कुछ ज्यादा ही खिंच रही है और उधर अलगाववादियों को लग रहा था कि शांति का एकमात्र रास्ता यही है कि भारत में ही बना रहा जाए। अंततः 30 जून, 1986 को मिजो नेशनल फ्रंट और भारत सरकार के बीच एक समझौता हुआ। इस समझौते पर लालडेंगा और भारत के तत्कालीन गृह सचिव आरडी प्रधान ने हस्ताक्षर किए।

इसके बाद मिजो नेशनल फ्रंट के भूमिगत कार्यकर्ता बाहर आने लगे और समर्पण करने लगे। समझौते के बाद पहले दो सप्ताह में ही मिजो नेशनल फ्रंट के 614 कार्यकर्ताओं ने अस्त्रों सहित समर्पण कर दिया।

लेकिन मिजो नेशनल फ्रंट ने मिजोरम को पूर्ण राज्य बनाए जाने की मांग अभी भी छोड़ी नहीं थी। अंततः 5 अगस्त, 1986 को लोकसभा में मिजोरम को राज्य बनाए जाने के संबंध में एक विधेयक स्वीकार कर लिया गया और 20 फरवरी, 1987 को मिजोरम को औपचारिक रूप से पूर्ण राज्य बनाए जाने की घोषणा की गई। मिजो नेशनल फ्रंट अभी भी मणिपुर के मिजो बहुलता वाले क्षेत्र को मिजोरम में शामिल करना चाहता है।

मिजोरम में चकमा शरणार्थियों की समस्या है। इससे मिजोवासियों की सांस्कृतिक पहचान, शिक्षा, व्यापार एवं रोजगार के साथ-साथ मिजोरम की अर्थव्यवस्था को भी खतरा उत्पन्न हो गया। इसीलिए 'मिजो नेशनल आर्मी' ने इन्हें मिजोरम खाली करने की चेतावनी दी तथा सरकार के साथ-साथ इनके विरुद्ध भी संघर्ष प्रारंभ कर दिया।

मिजो लोगों को सबसे बड़ा डर इस बात का रहा है कि असमियों के प्रभाव के चलते कहीं वे अपनी पहचान न खो दें। यह उस वक्त की बात है जब मिजोरम एक पहाड़ी जिला परिषद् के रूप में असम राज्य का हिस्सा था। इसके अलावा शासन में विभिन्न स्तर पर मिजो लोगों के खिलाफ बरते जा रहे भेदभाव ने भी असंतोष को भड़काने का काम किया और 1956 के अकाल के दौरान असम व केंद्र सरकार द्वारा मिजो को अनदेखा करने की लापरवाही ने आखिरकार इस क्षेत्र में आतंकवाद की शुरुआत करा दी। शुरुआत में तो मिजो नेशनल फ्रंट का आंदोलन अहिंसक रहा।

मेघालय में उग्रवाद और अलगाववाद की समस्या

मेघालय 2 अप्रैल 1970 को एक स्वायत्तशासी प्रदेश बना और 1 जनवरी, 1971 को इसे पूर्ण राज्य का दर्जा दे दिया गया। अप्रैल, 1970 से पहले मेघालय असम राज्य का हिस्सा था। मेघालय असम के तीन जिलों गारो, खासी और जयंतिया को मिलाकर बनाया गया है। गारो, खासी और जयंतिया तीन पहाड़ियां हैं इन पहाड़ियों पर निवास करने वाले लोगों को गारो, खासी और जयंतिया के नाम से जाना जाता है। इनमें से गारो का संबंध बोडो से माना जाता है और मेघालय की कुल जनसंख्या में आदिवासी जनसंख्या का हिस्सा 85% है और जिनमें से 50% खासी जनजाति के लोग है। इसके बाद गारो जाति के लोग है। जिनकी हिस्सेदारी एक-तिहाई है। मेघालय में जयंतिया और हजोंग जाति के लोग हैं। मेघालय में 15% आबादी गैर-जनजातीय है। मेघालय ईसाई बहुल राज्य है।

मेघालय में प्रतिबंधित संगठन हनीट्रैप नेशनल लिबरेशन काउंसिल नामक खासी अलगाववादी संगठन है। जो अलग-अलग राज्य की मांग करता है।

करीब एक दशक तक चले और अलग पहाड़ी राज्य की स्थापना के शांतिपूर्ण आंदोलन के बाद केंद्र ने पहले इसे राज्य और फिर पूर्ण राज्य का दर्जा दे दिया। मेघालय में आतंकवाद की शुरुआत 80 के दशक में हुई, जब यहां के मुख्य जनजातीय समूहों ने अपने-अपने लिए अलग संप्रभु राज्य की मांग शुरू की। बाहरी लोगों को राज्य से बाहर निकालने की मांग को लेकर 1992 में खासी स्टूडेंट्स यूनियन व फेडरेशन ऑफ खासी, जयंतिया एवं गारो पीपुल्स ने राज्य भर में बड़ा आंदोलन चलाया, जिससे वहां बड़े पैमाने पर दंगे हुए। इसके बाद 1994 में राज्य में एक बार फिर

बड़े पैमाने पर दंगे भड़क उठे। उस साल चुनाव आयोग ने सभी मतदाताओं के लिए फोटो पहचान-पत्र बनाने के आदेश दिए थे, जिसका खासी स्टूडैंट्स यूनियन ने विरोध किया। खासी स्टूडैंट्स यूनियन का कहना था कि फोटो पहचान पत्र तभी बनेंगे, जब मतदाता सूची 1951 के आधार पर तैयार होगी। इससे राज्य में बड़े पैमाने पर हिंसा हुई थी। इन सबके अलावा जनजातीय समूहों के आपसी झगड़े राज्य में हिंसा का दूसरा बड़ा कारण हैं। केंद्र सरकार व राज्य सरकार 1990 के दशक से ही राज्य में शांति स्थापना के प्रयास कर रही है, लेकिन अब तक इसमें सफलता नहीं मिली है।

त्रिपुरा में उग्रवाद और अलगाववाद की समस्या

यह एक उत्तर-पूर्वी राज्य है और यहां की मूल समस्या में भी जनजातीय आक्रोश महत्वपूर्ण है। मूल समस्या यह है कि बांग्लादेश से सटे होने के कारण बहुत से बांग्ला शरणार्थियों ने त्रिपुरा में प्रवेश किया। यह स्थिति सबसे पहले भारत की आबादी के तुरंत बाद आई। उसके बाद पाकिस्तानी जनरल याह्याखान आदि के शासनकाल के दौरान पूर्वी पाकिस्तान पर अत्यधिक अत्याचार होने के कारण और सबसे भयानक रूप में तब आई, जब 1971 के आसपास दमन बढ़ने से लेकर भारत-पाक युद्ध होने और बांग्लादेश के रूप में स्वतंत्र राष्ट्र का उदय होने जैसी महत्वपूर्ण घटनाएं घटीं।

इन घटनाओं के कारण धीरे-धीरे त्रिपुरा का जनांककीय ढांचा ही बदल गया। 1931 की जनगणना में जनजातीय जनसंख्या 52% थी, जबकि 1991 की जनगणना तक आते-आते यह 31% पर सीमित हो गई। ऐसी स्थिति में त्रिपुरा के आदिवासी वर्गों के सामने अपनी पहचान का संकट खड़ा हो गया और उनके बीच कई आतंकवादी संगठन जैसे टीएनयू, एनएलएफटी तथा एटीएटीएफ विकसित हो गए। सरकार ने इन्हें शांत करने के लिए त्रिपुरा राज्य के भीतर त्रिपुरा जनजातीय क्षेत्र स्वायत्तशासी परिषद का गठन किया जिसके चुनावों में प्रायः आदिवासियों को विजय मिली किंतु इन स्थितियों में धीरे-धीरे बंगाली अप्रवासियों में असुरक्षा की भावना पैदा हुई और उन्होंने प्रति-आतंकवाद का सहारा लिया। उनका मुख्य संगठन है यूबीएलएफ।

त्रिपुरा की दूसरी समस्या जनजातियों के आपसी झगड़ों की है। जब सभी जनजातियों ने मिलकर बंगाली अप्रवासियों के विरुद्ध आतंकवादी गतिविधियां शुरू कीं तो कुछ जनजातियों ने नेतृत्व हासिल कर लिया तथा कुछ इस दौड़ में पिछड़ गई। ऐसी स्थिति में कुछ जनजातियों ने इन संगठनों के विरोध में अपने संगठन खड़े कर लिए। ऐसे संगठनों में बीएनएफएफ प्रमुख है, जिसकी जड़ें मिजोरम राज्य में हैं तथा जिसका निर्माण एनएलफीटी के विरुद्ध हुआ।

1947 में त्रिपुरा का भारत में विलय हो गया। राज्य पुनर्गठन 1956 के बाद त्रिपुरा को संघशासित प्रदेश बनाया गया। 21 जनवरी 1972 को त्रिपुरा को पूर्ण राज्य का दर्जा दे दिया। त्रिपुरा के उत्तरपूर्व में असम है तथा यह तीन तरफ से बांग्लादेश से घिरा है।

त्रिपुरा में करीब 19 जनजातीय समूहों के लोग निवास करते हैं। काकबरक इन लोगों की आम बोलचाल की भाषा है। यहां की आबादी में लगभग 31% विभिन्न कबीलों के आदिवासी तथा 15% दलित वर्ग के लोग हैं। प्रदेश की संपूर्ण जनसंख्या का 75% भाग गरीबी रेखा के नीचे जीवन-यापन कर रहा है। 60 साल की स्वतंत्रता के बाद भी त्रिपुरा तक कोई रेलमार्ग नहीं हैं। स्वतंत्रता के पहले त्रिपुरा में राजतंत्र कायम था। वहां की जनता ने कम्युनिस्टों के नेतृत्व में ब्रिटिशराज और उसकी हिमायत करने वाले, दोनों के विरुद्ध लंबा संघर्ष किया था।

पिछले कुछ वर्षों में त्रिपुरा की स्थिति में काफी नकारात्मक परिवर्तन आया है। त्रिपुरा की सरकारों ने कई बार मांग की कि उसे बड़े पैमाने पर सुरक्षाबल उपलब्ध कराए जाने चाहिए। असम एवं कश्मीर में सीमा-सुरक्षा बल की एक बटालियन 15-28 किलोमीटर दूरी तक की देखरेख करती है, जबकि त्रिपुरा में एक बटालियन 95 किलोमीटर तक निगहबानी करती है।

देश विभाजन का त्रिपुरा पर बहुत बुरा असर पड़ा। लाखों शरणार्थी बांग्लादेश से यहां आकर बस गए और आदिवासियों का बहुमत अल्पमत में बदल गया। बहुत बड़ी संख्या में आदिवासी अपनी ही जमीन से बेदखल होने के बाद मजदूरी एवं जंगलों की उपज पर गुजर-बसर करने वाले बन गए। इसके परिणामस्वरूप पीपुल्स लिबरेशन आर्मी तथा त्रिपुरा नेशनल वालंटियर्स (1978) द्वारा शरणार्थियों के विरुद्ध हिंसात्मक गतिविधियां प्रारंभ की गईं। नेशनल सोशलिस्ट काउंसिल ऑफ नागालैंड ने इन्हें सैन्य प्रशिक्षण एवं सुविधाएं प्रदान की। बाद में कई इस्लामी संगठन जैसे मुस्लिम लिबरेशन आर्मी, इस्लामिक लिबरेशन आर्मी तथा इस्लामिक रिवोल्यूशनरी फ्रंट भी सक्रिय हो गए। समस्त उत्तर-पूर्व की तरह यहां भी आतंकवादी संगठन सक्रिय हैं किंतु इस संपूर्ण क्षेत्र में यह एकमात्र प्रांत है जहां अनेक कोशिशों के बावजूद विघटनकारी शक्तियां आदिवासी एवं गैर-आदिवासी जनता के बीच एकता को तोड़ने में बहुत सफल नहीं हुए। हालांकि कुछ अलगाववादी संगठन त्रिपुरा में कई दशकों से सक्रिय है। पूर्वोत्तर भारत में विप्लव की समस्या का सामना कम या अधिक भारत सरकार ने स्वतंत्रता प्राप्ति के समय से ही किया है। उत्तर-पूर्व के संपूर्ण घटनाक्रमों के परिणामस्वरूप कई हजार हत्याएं हुई होंगी और लोग घायल हुए होंगे।

पूर्वोत्तर भारत की समस्या के समाधान के लिए भारत सरकार द्वारा अपनाई गई रणनीति

भारत सरकार ने पूर्वोत्तर भारत की समस्या के समाधान के लिए बहुआयामी रणनीति अपना रही है। वह इसका समाधान राजनीतिक, आर्थिक और प्रशासनिक उपायों के माध्यम से खोजना चाहती है। इसके लिए वह त्रिस्तरीय रणनीति अपना रही है-विकासात्मक, संवादात्मक और सुरक्षात्मक।

पूर्वोत्तर भारत के लिए सरकार द्वारा की गई पहल

पूर्वोत्तर सीमावर्ती क्षेत्र है जिसके कारण यहां की समस्याओं के प्रति सरकारों का संवेदनशील होना अति आवश्यक है वर्तमान में भारत सरकार पूर्वोत्तर क्षेत्र के विकास के लिए वहां सुरक्षा और शांति की व्यवस्था कायम करने के लिए या लोगों के मन में विश्वास और सुरक्षा का भाव उत्पन्न करने के लिए सरकार द्वारा बहुआयामी रणनीति अपनाई जा रही हैं पिछले दशक से ही पूर्वोत्तर क्षेत्र के सामरिक और रणनीतिक महत्व को देखते हुए केंद्र सरकार ने वहां नई पहल करना शुरू किया है जिसमें आर्थिक और प्रशासनिक कदम प्रमुख है। जहां एक तरफ भारत सरकार पूर्वोत्तर क्षेत्र की समस्याओं के समाधान के लिए तात्कालिक और दीर्घकालिक विकासात्मक रणनीति अपना रही है, तो दूसरी तरफ भारत सरकार का गृह मंत्रालय राज्य पुलिस प्रशासन का आधुनिकीकरण करने, अलगाववादी समूहों से बातचीत करने और राज्य सरकारों को केंद्रीय सुरक्षा बल उपलब्ध कराकर वहां का सुरक्षा सुनिश्चित कर रहा है। पूर्वोत्तर भारत के संदर्भ में उठाए गए कदम या की गई पहलें निम्न हैं:

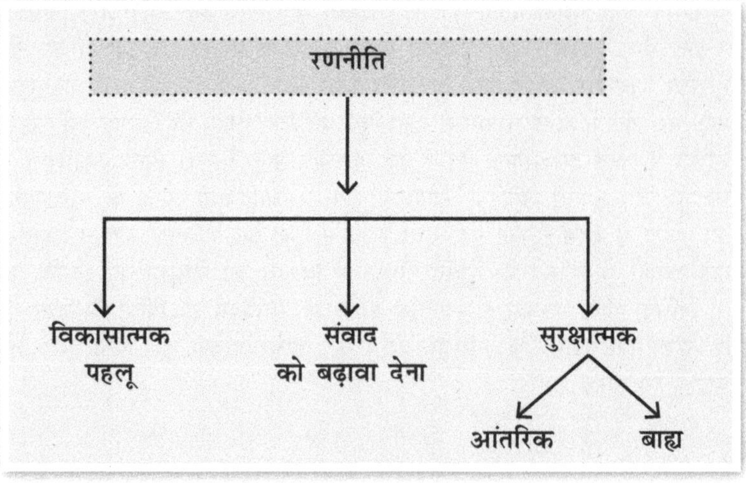

पूर्वोत्तर क्षेत्र दृष्टिकोण-2020

'पूर्वोत्तर क्षेत्र दृष्टिकोण-2020' का दस्तावेज जुलाई, 2008 में तैयार किया गया था। इस दस्तावेज में पूवोत्तर क्षेत्र में शांति और समृद्धि तथा विभिन्न क्षेत्रों में व्यापक विकास के लिए लक्ष्यों और चुनौतियों के साथ-साथ कार्यान्वयन के लिए नीतियों का उल्लेख किया गया है और सभी संबद्ध पक्षों केंद्र सरकार, योजना आयोग, पूर्वोत्तर परिषद् और राज्य सरकार के लिए कार्यों की रूपरेखा दी गई है। पूर्वोत्तर क्षेत्र के व्यापक विकास के लिए इसके मुख्य उद्देश्य निम्नानुसार हैं-

- क्षेत्र में विकास के सूचकांकों में सुधार ताकि पूर्वोत्तर क्षेत्र देश के बाकी हिस्सों के समकक्ष आ सकें।
- सकल घरेलू उत्पाद के समकक्ष राज्य सकल घरेलू उत्पाद की वृद्धि दर के लिए विकास की नीतियों में आवश्यक परिवर्तन करके पूर्वोत्तर राज्यों की अर्थव्यवस्थाओं में आधारभूत परिवर्तन लाना।
- भागीदारी योजना के आधार पर और विकास में निजी क्षेत्र की भागीदारी से निर्धनता दूर करना।
- लोगों, संस्थाओं और परंपरागत/स्थानीय संस्थाओं के क्षमता निर्माण के जरिए स्व-शासन को बढ़ावा देना, ताकि वह विकास की प्रक्रिया में भागीदार बन सकें।
- विकास के लिए उपलब्ध स्थानीय संसाधनों का उपयोग करना।
- अवसंरचना ढांचे को मजबूत बनाना।
- व्यापार और वाणिज्य का विकास करना।
- क्षेत्र में शांति और सामंजस्य बनाए रखने के लिए प्रभावी शासन की व्यवस्था करना।

इस दृष्टिकोण पत्र में पूर्वोत्तर क्षेत्र में व्यापक विकास के लिए छह स्तरीय रणनीति का सुझाव दिया गया है:-

- समावेशी विकास को बढ़ावा देने के लिए जमीनी स्तर की योजना के जरिए स्वशासन तथा भागीदारी विकास को बढ़ाकर लोगों का सशक्तिकरण।
- कृषि तथा उससे संबंधित गतिविधियों में उत्पादकता बढ़ाकर ग्रामीण क्षेत्रों के लिए विकास के अवसरों का सृजन।
- प्रदेश में कृषि प्रसंस्करण, पनबिजली उत्पादन जैसे क्षेत्रों का विकास।
- लोगों के कौशल तथा दक्षता को बढ़ाना और सरकारी एवं बाहरी संस्थानों के भीतर क्षमता का निर्माण करना।
- निजी क्षेत्र द्वारा, विशेषकर अवसंरचना ढांचे में निवेश को बढ़ावा देने के लिए निवेश का माहौल बनाना।

- विजन के उद्देश्य को पूरा करने के लिए सरकारी तथा निजी क्षेत्र में संसाधनों का उपयोग करना।

सशस्त्र बलों की सहायता

केंद्रीय गृह मंत्रालय राज्य पुलिस बलों के आधुनिकीकरण के लिए भी योजनाएं चला रहा है जिसके तहत अन्य बातों के साथ-साथ निगरानी, संचार, विज्ञान प्रयोगशालाओं आदि के लिए आधुनिक उपकरणों की अधिप्राप्ति, हथियार, वाहन, कंप्यूटरीकरण, प्रशिक्षण, पुलिस के लिए आधारभूत संरचना जैसे कि आवास/पुलिस स्टेशन बाह्य चौकियों/बैरक आदि के निर्माण हेतु सहायता प्रदान की जा रही है। देश के पूर्वोत्तर क्षेत्रों में अवसंरचनात्मक ढांचा विकसित करने के लिए पंचवर्षीय योजनाओं में सरकार विशेष व्यवस्था करती है।

वार्ता के माध्यम से समाधान के प्रयास

अनेक असंतुष्ट समूहों और अलगाववादी समूहों के साथ संवाद में प्रगति हुई है। असम में दीमा हसाओ क्षेत्र के दीमा हालम दावोगाह के दोनों गुटों के साथ एक समझौता ज्ञापन पर हस्ताक्षर किए गए हैं। फरवरी 2013 में त्रै-मेतेई विद्रोही समूहों ने एक समझौता ज्ञापन पर हस्ताक्षर किए। नेशनल सोशलिस्ट काउंसिल ऑफ नागालैंड के साथ भी वार्त्ता जारी है।

इसके अलावा अलग-अलग जातीय दलों की बहुलता और क्षेत्र में परिणामी जटिल परिस्थिति को ध्यान में रखते हुए सरकार ने ऐसे दलों के साथ वार्ता का प्रस्ताव किया है, जो चरणबद्ध तरीके से हिंसा छोड़ने के लिए तैयार हैं। परिणामस्वरूप जिन दलों ने हिंसा त्यागने की मंशा व्यक्त की और भारतीय संविधान की रूपरेखा के तहत अपनी समस्याओं का शांतिपूर्ण हल चाहा, उन कई समूहों के साथ कार्रवाई स्थगन समझौते भी किए गए।

गोरखालैंड क्षेत्रीय प्रशासन का गठन अगस्त, 2012 में गोरखालैंड क्षेत्र के प्रशासन तथा उसका समग्र विकास सुनिश्चित करने के लिए एक स्वायत्तशासी संस्था के रूप में किया गया था। केंद्र जीटीए क्षेत्र के सामाजिक-आर्थिक बुनियादी ढांचे को विकसित करने की परियोजनाओं पर तीन साल तक दो सौ करोड़ रुपए सालाना वित्तीय सहायता देने के लिए प्रतिबद्ध है।

भारत में भाषाई, जातीय, क्षेत्रीय, सांप्रदायिक विवाद भीतर ही भीतर सुलग रहे हैं और राष्ट्र निर्माण की सम्यक समझ और प्रयास के बिना वे सभी भी फूट पड़ते हैं और हमारी राष्ट्रीय संरचना को खंडित करते हैं। पूर्वोत्तर में अलगाववाद के पीछे एक बड़ा कारण बेरोजगारी है। उद्योग के प्रसार और व्यापार अवसरों को उपलब्ध कराकर इस समस्या का हल निकाला जा सकता है। लेकिन इस समस्या का एक

सकारात्मक पहलू यह है कि पूर्वोत्तर के प्रति भारत में अब वैसी उदासीनता नहीं है, जैसी पहले हुआ करती थी।

धुबरी और कोकराझार की समस्या की प्रतिध्वनि पुणे और बेंगलुरु तक सुनाई देती है और लोग मात्र अफवाहें फैलाकर पूर्वोत्तर के युवाओं को पहले विस्थापित करते हैं जबकि बाद में उन्हें वापस बुलाने और सुरक्षा देने के लिए अभियान भी चलाते हैं।

भारत सरकार उन सभी गुटों और संगठनों के साथ बातचीत करके किसी संतोषजनक परिणाम तक पहुंचने के लिए प्रतिबद्ध है जो, हिंसा का रास्ता छोड़कर संविधान के ढांचे के तहत समस्याएं सुलझाना चाहते हैं। सरकार पूर्वोत्तर राज्यों को उनकी कानून और व्यवस्था लागू करने की क्षमताओं को बढ़ावा देने के लिए सहायता जारी रखने के लिए भी प्रतिबद्ध है।

अपार संभावनाओं से भरा यह क्षेत्र कुछ भौगोलिक व अन्य कई कारणों से विकास के लक्ष्यों से दूर है। उदाहरणस्वरूप इंफाल-बैंकॉक की दूरी 2000 किमी. से भी कम है, जबकि गुवाहाटी से मुंबई 2800 किमी दूर है। थाईलैंड-पूर्वोत्तर राजमार्ग के विषय में बातचीत चल रही है, जिसे शीर्ष प्राथमिकता दी जानी चाहिए। पूर्वोत्तर इलाका सुदूर पूर्व के लिए प्रवेशद्वार बन सकता है।

आवश्यकता इस बात की है कि बेहतर कार्य नीतियों व समन्वित नियोजन के साथ इस क्षेत्र का विकास तय किया जाए। साथ ही सरकार को विकास के समग्र परिभाषित लक्ष्यों की प्राप्ति के लिए अपनी उत्कृष्ट तकनीक व विशेषज्ञीय क्षमता को दिखाना होगा। क्षेत्र के युवाओं में विचलन की प्रवृत्ति काफी अधिक रही है। इससे निपटने के लिए रोजगार सृजन के प्रयास करने होंगे। भारतीय संविधान के दायरे में यथासंभव स्वायत्तता प्रदान करते हुए उन्हें केंद्रीय आर्थिक सहायता जारी रखना और साथ ही साथ उग्रवादी संगठनों के साथ सख्ती से निपटना ही पूर्वोत्तर की समस्या का सही समाधान है।

पूर्वोत्तर तथा जम्मू-कश्मीर में कनेक्टिविटी

भारतीय रेलवे ने ब्रॉडगेज रेलवे नक्शे पर कटरा, जम्मू-कश्मीर को लाने वाली उधमपुर-कटरा ब्रॉडगेज लाइन को पूरा किया। जम्मू-कश्मीर राज्य में बनिहाल-बारामूला फास्ट तथा बडगाम-बारामूला डीईएमयू नामक यात्रियों को लाने-ले जाने वाली तीव्र रेलगाड़ी को शुरू किया गया। असम की बराक वेली को सीमलेस बीजी कनेक्टिविटी उपलब्ध कराने के लिए लुम्डिंग-सिलचर बड़े गेज सेक्शन का उद्घाटन किया गया। मेघालय में गुवाहाटी से मेडीपथेर तक पहली रेलगाड़ी की शुरुआत के साथ मेघालय रेलवे के नक्शे पर आया। प्रधानमंत्री ने मिजोरम की राजधानी आइजोल को रेल से जोड़ने के लिए एक नई लाइन की नींव रखीं।

पूर्वोत्तर में उग्रवाद से निपटने के लिए उठाए गए कदम

- अलग-अलग वंशीय दलों की बहुलता और क्षेत्र में परिणामी जटिल परिस्थिति को ध्यान में रखते हुए, सरकार ऐसे दलों के साथ वार्त्ता के लिए तैयार है जो चरणबद्ध तरीके से हिंसा को छोड़ने के लिए तैयार हैं। परिणामस्वरूप जिन दलों ने हिंसा त्यागने की मंशा व्यक्त की और भारत के संविधान की रूपरेखा के तहत अपनी समस्याओं का शांतिपूर्ण हल चाहा, उन कई ग्रुपों के साथ कार्रवाई स्थगन (एसओओ) करार किए गए हैं।
- भारत सरकार, असम सरकार और एनडीएफबी के बीच कार्रवाई स्थगन (एसओओ) करार पर हस्ताक्षर 24 मई, 2005 को किए गए थे और यह 01 जून, 2005 से प्रभावी है। एनडीएफबी के साथ हस्ताक्षरित कार्रवाई स्थगन करार के सहमत मूल नियमों में संशोधन किया गया है और यह 31 दिसंबर, 2013 तक वैध है।
- सरकार ने 23 जुलाई, 2004 से मेघालय में अधिकृत नेशनल वॉलंटियर काउंसिल (एएनवीसी) के साथ कार्रवाई स्थगन करार पर हस्ताक्षर किए गए। इस संगठन के साथ यह एसओओ करार 30 सितम्बर, 2013 तक वैध था।
- श्री पीसी हलदर, जिन्हें एनडीएफबी और एएनबीसी के साथ बातचीत करने के लिए भारत सरकार का प्रतिनिधि नियुक्त किया गया था, ने इन संगठनों के साथ शांति वार्ता जारी रखी।
- मणिपुर में कुकी ग्रुपों के साथ कार्रवाई स्थगन करार (एसओओ) पर 23 अगस्त, 2008 को हस्ताक्षर किए गए हैं और यह 21 अगस्त, 2013 तक वैध था।
- इन ग्रुपों के संबंध में सहमत मूल नियमों के कार्यान्वयन की आवधिक समीक्षा, भारत सरकार, राज्य सरकार, सुरक्षा बलों और संबंधित गुटों के प्रतिनिधियों वाले एक संयुक्त निगरानी दल द्वारा की जाती है।
- केंद्र सरकार ने उग्रवाद-रोधी कार्रवाई करने और सुभेद्य स्थापनाओं एवं संस्थानों में सुरक्षा मुहैया कराने के लिए राज्य प्राधिकारियों की मदद हेतु केंद्रीय सशस्त्र पुलिस बलों (सीएपीएफ) की तैनाती की है; केंद्र सरकार सतत आधार पर राज्य सरकारों के साथ आसूचना का आदान-प्रदान भी करती है। पुलिस आधुनिकीकरण स्कीम के तहत यह पुलिस बलों को सुदृढ़ बनाने के लिए वित्तीय सहायता भी देती है। सुरक्षा संबंधी व्यय की प्रतिपूर्ति के जरिए केंद्रीय बलों/सेना के रख-रखाव, पीड़ितों को मुआवजा, इंडिया

रिजर्व बटालियनें आदि गठित करने की लागत सहित विद्रोह के कारण हुए व्यय को पूरा करने के लिए पूर्वोत्तर के राज्यों को वित्तीय सहायता प्रदान की जा रही है।

- निम्नलिखित तथ्यों से असम में शांति प्रक्रिया के परिणाम स्पष्ट हो जाते हैं-(i) समझौता हुआ और यूपीडीएस ने अपना विघटन कर लिया। (ii) डीएचडी/जे के साथ समझौता हुआ और इसने अपना विघटन कर लिया। (iii) डीएचडी (एन) विघटन की प्रक्रिया में है।
- मेघालय में, एएनवीसी के साथ समझौता ज्ञापन को अंतिम रूप प्रदान किया गया है।
- मणिपुर में, भारत सरकार द्वारा की गई एक बड़ी पहल के परिणामस्वरूप, त्रै-मेतेई विद्रोही समूहों ने अपने काडरों और नेताओं के आत्मसमर्पण के लिए 13 फरवरी, 2013 को भारत सरकार और राज्य सरकार के साथ समझौता ज्ञापन पर हस्ताक्षर किए हैं। यूनाइटेड रिवोल्यूशनरी फ्रंट (यूआरएफ), जिसमें कांगलेईपाक काम्युनिस्ट पार्टी (केसीपी) के विभिन्न गुट शामिल हैं और इसके मिलिटरी विंग मणिपुर आर्मी (एमए) ने 90 काडरों और 50 हथियारों के साथ आत्मसमर्पण किया। यूआरएफ के मुख्य संघटक केसीपी (लांहेहबा), केसीपी (चिंगखेगांबा) और केसीपी (सुनील मेइतेई) हैं। समझौता ज्ञापन पर हस्ताक्षर करने वाला दूसरा समूह केसीपी (लाम्फेल) था, जिसमें केसीपी के तीन गुट अर्थात् केसीपी (लाम्फेल), केसीपी (सिटी मेइतेई) और केसीपी (ताइबांगांबा) शामिल हैं और इसने 40 काडरों और 27 हथियारों के साथ आत्मसमर्पण किया। समझौता ज्ञापन पर हस्ताक्षर करने वाले तीसरे समूह कांगलेई यवल कन्ना लुप (केवाईकेएल) के दो गुट अर्थात् अथाउबा गुट और अचाउबा गुट हैं। इस समूह ने 67 काडरों और 61 हथियारों के साथ आत्मसमर्पण किया।

इंडिया रिजर्व बटालियनों का गठन

भारत सरकार, विद्रोह/उग्रवाद से निपटने के लिए राज्य सरकारों के पुलिस बलों को संवर्धित और उन्नत बनाने के लिए उनकी मदद करती है। इस उद्देश्य की पूर्ति के लिए सिक्किम सहित पूर्वोत्तर राज्यों हेतु 51 इंडिया रिजर्व बटालियनों को मंजूरी प्रदान की गई। इनमें ये शामिल हैं—असम के लिए 09, त्रिपुरा के लिए 09 और मणिपुर के लिए 09, नागालैंड के लिए 07, अरुणाचल प्रदेश और मिजोरम में प्रत्येक के लिए पांच-पांच, मेघालय के लिए 04 तथा सिक्किम के लिए 03 बटालियनें। मंजूर की गई 51 बटालियनों में से अब तक 48 इंडिया रिजर्व बटालियनों का गठन, सिक्किम सहित पूर्वोत्तर राज्यों में कर दिया गया है।

सुरक्षा संबंधी व्यय की प्रतिपूर्ति

केंद्र सरकार उग्रवाद/विद्रोह से प्रभावित राज्यों हेतु सुरक्षा संबंधी व्यय (एसआरई) की प्रतिपूर्ति की स्कीम का कार्यान्वयन कर रही है। इस स्कीम को मिजोरम और सिक्किम को छोड़कर इस क्षेत्र के सभी राज्यों में कार्यान्वित किया जा रहा है। इसके अंतर्गत, इंडिया रिजर्व बंटालियनों के गठन, राज्य में तैनात सीएपीएफ को प्रदान किए गए संभार तंत्र, उग्रवादी हिंसा के पीड़ितों को अनुग्रह अदायगी एवं सहानुभूति राहत, अभियानों में पीओएल (पेट्रोल, तेल और ल्यूब्रीकैन्ट) पर किए गए खर्च का 75% तथा सुरक्षा उद्देश्य के लिए तैनात ग्रामीण गार्डों/ग्रामीण रक्षा समितियों/होम गार्डों को प्रदान किए गए मानदेय और ऐसे ग्रुपों, जिनके साथ केंद्र सरकार/राज्य सरकारों ने कार्रवाइयों को स्थगित रखने हेतु करार किया है, के लिए स्थापित किए गए निर्धारित शिविरों के अनुरक्षण पर खर्च किए गए व्यय की प्रतिपूर्ति की जा रही है।

सुरक्षा से संबंधित व्यय (एसआरई) की प्रतिपूर्ति योजना के तहत ग्राम रक्षा दलों (वीडीपी)/ग्राम गार्डों (वीजी)/विशेष पुलिस अधिकारियों (एसपीओ) पर किए गए व्यय की 100% तक की प्रतिपूर्ति संबंधित राज्य सरकारों को की जा रही है। उग्रवाद से प्रभावित प्रत्येक राज्य में एसआरई योजना के तहत प्रतिपूर्ति के लिए पात्र वीडीपी/वीजी/एसपीओ की संख्या, प्रतिपूर्ति किए जाने से पहले गृह मंत्रालय द्वारा अनुमोदित की जानी होती है। वीडीपी/वीजी/एसपीओ की तैनाती असम, मणिपुर, नागालैंड और त्रिपुरा में की गई है। वीडीपी/वीजी/एसपीओ के कर्तव्यों में परियोजनाओं को सुरक्षा प्रदान करने के साथ-साथ आसूचना एकत्र करने में राज्य पुलिस की सहायता करना शामिल है। राज्य सरकारें विभिन्न दरों पर वीडीपी/वीजी/एसपीओ को पारिश्रमिक का भुगतान कर रही हैं, तथापि एसआरई योजना के तहत प्रतिपूर्ति किए जाने के प्रयोजनार्थ प्रति वीडीपी/वीजी/एसपीओ पारिश्रमिक, जो 500/-रुपए प्रतिमाह तक सीमित था, 08 दिसंबर 2010 से बढ़ाकर 1500/-रुपए प्रतिमाह कर दिया गया है।

पूर्वोत्तर में उग्रवादियों के आत्मसमर्पण एवं पुनर्वास संबंधी योजना में संशोधन

गृह मंत्रालय 01 अप्रैल, 1998 से उग्रवादियों के आत्मसमर्पण एवं पुनर्वास संबंधी एक योजना कार्यान्वित कर रहा है। इस योजना में वर्ष 2000, 2006, 2009, 2010, 2011 और 2012 में संशोधन किया गया है। संशोधित दिशा-निर्देशों के अनुसार-

- प्रत्येक आत्मसमर्पणकर्ता को 1.5 लाख रुपए का तत्काल अनुदान दिया जाएगा, जिसे 3 वर्षों की अवधि के लिए सावधि जमा के रूप में आत्मसमर्पणकर्ता के नाम से बैंक में रखा जाएगा। इस धनराशि का प्रयोग आत्मसमर्पणकर्ता

द्वारा स्वरोजगार हेतु बैंक से ऋण हासिल करते हुस कोलैटरल सिक्युरिटी/ मार्जिन मनी के रूप में किया सकता है।

- 01 दिसंबर, 2009 से एक वर्ष की अवधि के लिए प्रत्येक आत्मसमर्पणकर्ता के वजीफे को 2000 रुपए प्रतिमाह से बढ़ाकर 3500 रुपए प्रतिमाह करना। राज्य सरकारें, यदि लाभार्थियों को एक वर्ष से अधिक समय तक सहायता देना अपेक्षित समझती हैं, तो वे इस मंत्रालय से परामर्श कर सकती हैं।
- आत्मसमर्पणकर्ता को स्वरोजगार हेतु व्यावसायिक प्रशिक्षण का प्रावधान करना।

राज्य पुलिस बलों का आधुनिकीकरण

गृह मंत्रालय, राज्य पुलिस बलों के आधुनिकीकरण हेतु राज्य सरकारें को सहायता प्रदान कर रहा है। इस स्कीम के अंतर्गत अन्य बातों के साथ-साथ निगरानी, संचार, विधि विज्ञान प्रयोगशालाओं हेतु आधुनिक उपकरणों की अधिप्राप्ति, हथियार, वाहनों, कंप्यूटरीकरण, प्रशिक्षण आधारभूत संरचना तथा पुलिस की आधारभूत संरचना जैसे कि आवास/पुलिस स्टेशन/बाह्य चौकियों/बैरक आदि के निर्माण हेतु सहायता प्रदान की जा रही है। एमपीएफ योजना के अंतर्गत सभी पूर्वोत्तर राज्य, पुलिस बलों का आधुनिकीकरण करने की अपनी अनुमोदित वार्षिक योजना हेतु 100% केंद्रीय सहायता पाने के हकदार हैं।

वामपंथी उग्रवादी विद्रोह

यद्यपि भारत के कतिपय भागों में पिछले कुछ दशकों से वामपंथी उग्रवाद (एलडब्ल्यूई) के कुछ ग्रुप सक्रिय हैं, लेकिन पिछले दशक या इसके आस-पास की अवधि के दौरान समस्या का गंभीर स्वरूप दिखाई दिया है। भौगोलिक फैलाव की दृष्टि से छत्तीसगढ़, झारखंड, ओडिशा और बिहार सर्वाधिक प्रभावित राज्य हैं। एलडब्ल्यूई की समस्या, महाराष्ट्र, पश्चिम बंगाल, आंध्र प्रदेश, मध्य प्रदेश और उत्तर प्रदेश राज्य के कुछ क्षेत्रों में है। सीपीआई (माओवादी) अभी भी सर्वाधिक प्रमुख और हिंसक एलडब्ल्यूई ग्रुप बना हुआ है, जिसने हिंसा और हत्या की 80% से अधिक वारदातें कीं।

सरकार का दृष्टिकोण और नीति यह है कि मुख्यतः उपर्युक्त दो क्षेत्रों में संबंधित राज्य सरकारों की क्षमता निर्माण को सुकर बनाकर वामपंथी उग्रवादी हिंसा से प्रभावी ढंग से निपटा जाए। तद्नुसार सरकार सुरक्षा वातावरण में सुधार करने संबंधी योजनाओं का कार्यान्वयन कर रही है अर्थात् सुरक्षा से संबंधित व्यय योजना, विशेष अवसंरचना योजना, सुरक्षित पुलिस स्टेशनों के निर्माण की योजना आदि। इसके साथ ही विकास और शासन के मुद्दों पर, विशेष रूप से महत्वपूर्ण स्तर पर भी विशेष ध्यान दिया जा रहा है।

इस संदर्भ में राज्यों को पिछड़ा क्षेत्र अनुदान निधि, महात्मा गांधी राष्ट्रीय ग्रामीण रोजगार गारंटी योजना, प्रधानमंत्री की ग्राम सड़क योजना, राष्ट्रीय ग्रामीण विद्युतीकरण योजना और सर्वशिक्षा अभियान जैसी विशेष महत्व वाली विभिन्न केंद्रीय योजनाओं के तहत निधियां आवंटित की जाती हैं। इन योजनाओं के कार्यान्वयन पर राज्य सरकारों के साथ-साथ केंद्र सरकार द्वारा भी निकट से नजर रखी जाती है। इसके अलावा, सरकार चुने हुए 82 जिलों में लोक अवसंरचना और सेवाओं में विकासात्मक कमी को दूर करने के लिए एकीकृत कार्ययोजना (आईएपी) कार्यान्वित कर रही है। सरकार, सड़क परिवहन और राजमार्ग मंत्रालय के माध्यम से भारत के वामपंथी उग्रवाद से सर्वाधिक प्रभावित 34 जिलों में महात्वाकांक्षी सड़क विकास योजना भी कार्यान्वित कर रही है। वन अधिकार अधिनियम, 2006 का कार्यान्वयन, विशेष रूप से व्यक्तियों और समुदायों को हक विलेख आवंटित किए जाने संबंधी उपबंधों का कार्यान्वयन किया जाना, प्राथमिकता प्राप्त क्षेत्र है।

समीक्षा एवं अनुवीक्षण तंत्र

सरकार ने वामपंथी उग्रवाद (एलडब्ल्यूई) की समस्या के विभिन्न पहलुओं और उनसे निपटने के आवश्यक उपायों के संदर्भ में अनेक समीक्षा और अनुवीक्षण तंत्र स्थापित किए हैं। इनमें निम्नलिखित शामिल हैं-

- राजनीतिक, सुरक्षा और विकास के मोर्चें पर वामपंथी उग्रवउदी समस्या से निपटने के लिए समन्वित नीति और विशिष्ट उपायों को तैयार करने के लिए केंद्रीय गृहमंत्री की अध्यक्षता में संबंधित राज्यों के मुख्यमंत्रियों की एक स्थायी समिति।
- कई प्रकार के विकास एवं सुरक्षा उपायों की समीक्षा करने के लिए मंत्रिमंडल सचिव के तहत एक समीक्षा समूह।
- जिन राज्य सरकारों का प्रतिनिधित्व मुख्य सचिवों एवं पुलिस महानिदेशकों द्वारा किया जाता है, वहां राज्य सरकारों के प्रयासों की समीक्षा एवं उनका समन्वय करने के लिए केंद्रीय गृह सचिव की अध्यक्षता में एक समन्वय केंद्र की स्थापना करना।
- एलडब्ल्यूई-रोधी प्रयासों की निगरानी और समन्वय करने के लिए आसूचना एजेंसियों, केंद्रीय सशस्त्र पुलिस बलों और राज्य पुलिस बलों के वरिष्ठ अधिकारियों के साथ विशेष सचिव (आंतरिक सुरक्षा), गृह मंत्रालय के अधीन एक कार्यबल का गठन करना।
- वामपंथी उग्रवाद से प्रभावित क्षेत्रों में स्थानीय जरूरतों और स्थितियों को ध्यान में रखते हुए विभिन्न विकास कार्यक्रमों और प्रमुख योजनाओं के कार्यान्वयन

से सबंधित वर्तमान निर्देशों को हटाने या उनमें संशोधन करने लिए सरकार द्वारा सदस्य सचिव योजना आयोग की अध्यक्षता में अधिकारियों के लिए अधिकार प्राप्त समूह का गठन किया गया है। प्रभावित राज्यों से भी राज्य में अधिकार प्राप्त समूह का गठन करने के लिए कहा गया है।

केंद्र सरकार द्वारा किए गए विशिष्ट उपाय

पुलिस और लोक व्यवस्था चूंकि राज्य के विषय हैं, अतः कानून एवं व्यवस्था को बनाए रखने के संबंध में कार्रवाई करना प्राथमिकता उन्हीं संबंधित राज्य सरकारों के दायरे में आता है। केंद्र सरकार स्थिति की गहन रूप से निगरानी करती है और कई तरीके से एलडब्ल्यूई समस्या से निपटने में उनके प्रयासों में समन्वय और सहायता प्रदान करती है। इनमें केंद्रीय सशस्त्र पुलिस बलों (सीएपीएफ) तथा कमांडो बटालियन फॉर रिजोल्यूट एक्शन (कोबरा) को मुहैया कराया जाना; इंडिया रिजर्व (आई आर) बटालियनों की स्वीकृति प्रदान करना, विद्रोहरोधी एवं आतंकवाद-विरोधी (सीआईएटी) विद्यालयों की स्थापना करना, राज्य पुलिस बलों की आधुनिकीकरण योजना के अंतर्गत राज्य पुलिस एवं उनके आसूचना तंत्र को आधुनिक बनाना तथा उन्नत करना, सुरक्षा संबंधी व्यय की प्रतिपूर्ति करना, वामपंथी उग्रवाद से प्रभावित राज्यों में विशेष अवसंरचना योजना के अंतर्गत मुख्य अवसरंचनात्मक कमियों को पूरा करना, एलडब्ल्यूई प्रभावित जिलों में 400 सुरक्षित पुलिस स्टेशनों के निर्माण/सुदृढ़ीकरण के लिए सहायता, रक्षा मंत्रालय, केंद्रीय पुलिस संगठनों तथा पुलिस अनुसंधान एवं विकास ब्यूरो के माध्यम से राज्य पुलिस के प्रशिक्षण में सहायता करना, आसूचना का आदान-प्रदान करना, सामुदायिक पुलिस व्यवस्था एवं नागरिक कार्यवाहियों में सहायता देना तथा विभिन्न केंद्रीय मंत्रालयों की शृंखलाबद्ध योजनाओं के माध्यम से विकास कार्यों में सहायता प्रदान करना शामिल है।

पूर्वोत्तर भारत को शेष भारत से जोड़ने की आवश्यकता है

भौगोलिक और सांस्कृतिक रूप से पूर्वोत्तर शेष भारत से कटा हुआ मालूम पड़ता है। राजनीतिक ताकत न होने की वजह से लोक नीतियों में उपेक्षा से उपजी हताशा को दूर करना होगा। देश के दूरदराज के इलाकों खासतौर से पूर्वोत्तर के हिस्सों में बुनियादी ढांचा विकसित करना हर पंचवर्षीय योजना का मंत्र बन गया, बिल्कुल वैसा, जैसा गरीबी हटाने के मामले में हुआ। हालांकि गरीबी में उल्लेखनीय कमी आई मगर अफसोस कि पूर्वोत्तर आज भी उतना दूर है जितना वह पहले था। फिलहाल

गुवाहाटी रेलमार्ग से देश के अधिकांश प्रमुख शहरों से जुड़ा है, मगर पूर्वोत्तर की पट्टी गुवाहाटी से भी आगे 600 किलोमीटर के दायरे में फैली हुई है।

शानदार यूनि-गेज और राष्ट्रीय राजमार्ग परियोजनाओं के बावजूद भूतल परिवहन के पैमाने पर पूर्वोत्तर पहुंच और गुणवत्ता दोनों मामलों में देश के दूसरे हिस्सों से बहुत पीछे है। हम कोंकण रेलवे और कारगिल में बनाए नए राजमार्ग की शान से मिसाल देते हैं, लेकिन कोलकाता से पूरब की ओर जाने वाली सड़कें उपेक्षा की शिकार हैं। इस बीच चीन ने तिब्बत और शिनच्यांग में कहीं अधिक दुरुह हालात में रेल एवं सड़क मार्ग विकसित किए। फिर भी चीन से हमने एक और सबक यह नहीं सीखा कि देश की सीमा के किनारों को महफूज रखने के लिए समस्त देश एक सूत्र में पिरोने की तत्काल जरूरत है।

भौगोलिक दूरी वाणिज्यिक हितों पर भी कुठाराघात करती है। पूर्वोत्तर में हाथ से बने चित्ताकर्षक कपड़े जैसी गुणवत्ता का कपड़ा परंपरा का गुणगान करने वाली बुटीक में भी नहीं मिलता। आज भी जो कुछ कारोबार बचा है, वह मुख्य रूप से राजस्थानी व्यापारियों की कड़ी मेहनत की वजह से ही है, जो मुश्किलों के बावजूद कारोबार में लगे हैं।

सांस्कृतिक दूरी भी काफी बढ़ी हुई है। पूर्वोत्तर के इलाकों में विभिन्न नागा जनजातियां दृढ़तापूर्वक अपने अलगाववाद पर जोर देती हैं। उनके और उनके जैसे दूसरे कई तबकों के लिए भारत अंग्रेजों के बाद की एक परवर्ती शक्ति है पर जैसाकि वह चीन के दखल से पहले तिब्बत में था। केंद्र में सत्तारूढ़ हुई एक के बाद एक सरकारों ने विरक्ति के इस भाव को दूर करने की दिशा में बहुत कम कदम उठाए। यद्यपि वर्तमान में मोदी सरकार इस दिशा में सराहनीय कदम उठा रही है।

प्रशासनिक और सुरक्षा के मोर्चे पर सख्ती से शायद इस क्षेत्र को एकजुट कर उसे मुख्यधारा में लाने में कामयाबी नहीं मिली, लेकिन उन्होंने पूर्वोतर को हमारे लोकतंत्र का अनैतिक पहलू जरूर बना दिया। अपेक्षाकृत समतावादी और शोषण विरोधी स्थानीय संस्कृति पर अब उपद्रवी राजनीति हावी हो रही है और उसकी बुराइयां उसे जकड़ रही हैं। लालचियों का कोई इलाका या नस्ल नहीं होती। इसका जवाब देने के लिए कोई इनाम नहीं मिलने जा रहा है कि विकास के लिए पूर्वोत्तर के अधिकांश संसाधनों का उपयोग कहां हुआ?

समग्र रूप से यह पूरा इलाका विकास के मामले में शेष भारत से हमेशा पिछड़ा ही रहा। कभी भी किसी राज्य के सकल घरेलू उत्पाद की विकास दर राष्ट्रीय औसत से ऊपर नहीं रही। वर्ष 1991-92 में ये राष्ट्रीय औसत के 99 प्रतिशत (अरुणाचल प्रदेश) और 62 प्रतिशत (त्रिपुरा) के दायरे में ही चलती रही। पिछले 25 वर्षों में आर्थिक सुधारों की बयार के बाद भी इस स्थिति में सुधार नहीं हुआ।

वर्ष 2006-07 में यह दायरा 85 से 68 प्रतिशत के बीच रहा। असम, मणिपुर और नागालैंड की स्थिति तो इस दौरान और भी खराब रही। वर्ष 2008-09 की आर्थिक समीक्षा में यह संज्ञान लिया गया कि पूर्वोत्तर के कुछ राज्यों ने शताब्दी के शुरुआती वर्षों में बेहतर प्रदर्शन किया, मगर इससे भी वे कमजोर वृद्धि के चक्र से बाहर नहीं निकल पाए। आर्थिक पिछड़ेपन की वजह से आजीविका की तलाश में भारी तादाद में युवाओं का पलायन हुआ है, जो फिलहाल सुर्खियों में है।

उत्तर प्रदेश और बिहार के अनुभव से इसका पूर्वानुमान लगाना चाहिए, मगर अभी भी पूर्वोत्तर के गरीब नीति-निर्माताओं के लिए अदृश्य बने हुए हैं। गंगा के मैदानी इलाकों वाले राज्यों के उलट वे बड़ी राजनीतिक ताकत भी नहीं रखते। दूरी और अनदेखी के दूसरे नतीजे कहीं अधिक अनिष्टकारी हैं जहां स्थनीय उग्रवादियों के जरिए अलगाववाद की आग अक्सर भड़कती रहती है। नागा और मिजो जनउभार तो जगजाहिर है लेकिन दूसरे इलाकों में भी संकट कम नहीं है। त्रिपुरा में मूल निवासियों और भारी संख्या में विस्थापित बंगालियों के बीच तनाव कायम है।

नागा और मणिपुर के बीच मैतियों के संघर्ष अक्सर खबरों में आते हैं, मगर उन्हें जल्द ही भुला भी दिया जाता है। हमें भले ही नाकेबंदी का दर्द न पता हो, लेकिन मणिपुर को अक्सर यह झेलना पड़ता है, जहां केंद्र और राज्य खतरनाक दर्जे की राजनीति में मशगूल हैं। ये टकराव नए नहीं हैं। 1980 के दशक की शुरुआत में उग्रवादियों ने मणिपुर में रहनुमा माने जाने वाले सुब्रत भौमिक की नृशंस हत्या कर दी थी। उनका अपराध यही था कि वह एक बंगाली थे। मौजूदा घटनाएं तबाही को लेकर चेतावनी से ज्यादा नहीं हैं।

माहौल बिगाड़ने वाले लोग सोशल मीडिया के जरिए और भी गड़बड़ कर तबाही का सबब बन सकते हैं। अगर हमने पूर्वोत्तर को लेकर कश्मीर की तरह संजीदगी दिखाई होती और उतने संसाधन खर्च किए होते, तो हालात इस कदर नहीं बिगड़ते। हम केवल 'हर किसी के लिए मुफीद आकार' सरीखी सामान्य योजनाओं पर ही कुछ ध्यान देते हैं, बिना यह जाने कि क्या प्रथम दृष्टया उनसे समस्या का समाधान निकलेगा या नहीं?

अभ्यास हेतु प्रश्न

1. पूर्वोत्तर भारत की पूर्ण सामाजिक एवं अन्य समस्याओं का अवलोकन कीजिए, जिसके कारण वहां उग्रवाद और अलगाववाद का जन्म हुआ।
2. पूर्वोत्तर भारत में उग्रवाद के फैलाव के प्रमुख कारणों पर प्रकाश डालते हुए उसके समाधान के लिए उठाए गए कदमों की समीक्षा कीजिए।

12. जम्मू-कश्मीरः उग्रवाद और अलगाववाद

जम्मू-कश्मीर समस्या केवल कानून एवं व्यवस्था से जुड़ी समस्या ही नहीं है, बल्कि यह आंतरिक सुरक्षा और जम्मू-कश्मीर के भविष्य से जुड़ा हुआ राजनीतिक मुद्दा भी है, जिसका समाधान आर्थिक और राजनीतिक उपायों में निहित है और इसके लिए व्यापक संवाद की आवश्यकता है। आज आए दिन कश्मीर की घाटी में अलगाववाद का तूफान या विरोध की बयार देखने को मिल रही है। दिल्ली अमन की अपील करती है, तो बुद्धिजीवी संवाद की और कश्मीरी युवा अलगाववाद से की। प्रश्न यह है कि घाटी का माहौल इतना असुरक्षित एवं अराजक कैसे हो गया है, जन्नत, जहन्नुम में कैसे तब्दील हो गई है? यह प्रश्न बार-बार किसी भी संवेदनशील भारतीय के मन में न केवल उत्पन्न हो रहा है बल्कि हमारे नीति-निर्माताओं को संशय की दृष्टि से देख रहा है। जम्मू-कश्मीर की समस्या को कभी कानून की विफलता, तो कभी आंतरिक सुरक्षा के लिए चुनौती के दृष्टिकोण से, तो कभी इस्लामिक के कट्टर वहाबी विचारधारा का परिणाम माना जाता है तो कभी पाकिस्तान प्रायोजित समस्या माना जाता है। कुछ लोग कश्मीर को पंडित नेहरू की कूटनीतिक विफलता मानते हैं तो कुछ लोग महाराजा हरि सिंह की महत्वाकांक्षा का परिणाम मानते हैं जबकि कुछ लोग ब्रिटिश साजिशों का दुष्परिणाम मानते हैं तो दूसरी तरफ एक मत यह भी है कि

कश्मीर की समस्या पाकिस्तान की राजनीतिक-सामाजिक महत्वाकांक्षा और दुष्टता का परिणाम है। इस प्रकार जम्मू-कश्मीर की समस्या को देखने के दृष्टिकोण अलग हैं लेकिन समाधान का तरीका एक भी नहीं है। सर्वविदित है कि दृष्टिकोण में भिन्नता की वजह से समाधान की एकरूपता कदापि संभव नहीं है। यही कारण है कि जम्मू-कश्मीर आज भी भारत-पाकिस्तान की राजनीतिक महत्वाकांक्षा का क्रीड़ास्थल बनने को बाध्य है।

जम्मू-कश्मीर और उसकी समस्या

जम्मू और कश्मीर की समस्या स्वतंत्रता प्राप्ति के समय से ही जुड़ी हुई एक समस्या है, जिसका संबंध जम्मू और कश्मीर के भारत में विलय और उसके स्वामित्व से जुड़ा हुआ है। उल्लेखनीय है कि कैबिनेट मिशन के प्रावधानों के अनुसार सभी रियासतों को यह अधिकार दिया गया कि वह अपनी स्वेच्छा से भारत या पाकिस्तान में विलय कर सकती है या एक स्वतंत्र देश के रूप में अपने को स्थापित कर सकती है। यद्यपि जम्मू-कश्मीर रियासत में मुस्लिम आबादी अधिक थी, जो आज भी है, परंतु वहां के शासक सदैव से हिन्दू हुआ करते चले आए। स्वतंत्रता प्राप्ति के समय जम्मू-कश्मीर के तत्कालीन महाराजा हरि सिंह ने अपनी मुस्लिम जनता की भावनाओं का सम्मान करते हुए भारत और पाकिस्तान दोनों के साथ जाने से इंकार कर दिया और एक स्वतंत्र देश के रूप में अपने को बनाए रखने की घोषणा की परंतु इसी बीच पाकिस्तान समर्थित कबीलाई समुदाय के लोगों ने जम्मू-कश्मीर पर आक्रमण कर दिया, जिनकी अप्रत्यक्ष रूप से पाकिस्तानी सेना भी मदद कर रही थी। इस आक्रमण के माध्यम से पाकिस्तान ने जम्मू-कश्मीर के एक बड़े भाग पर अपना नियन्त्रण कर लिया और इसके बाद जम्मू-कश्मीर के तत्कालीन महाराजा ने भारत से सहायता मांगी और भारत में विलय करने का निर्णय लिया और एक समझौते पर हस्ताक्षर कर दिए इसके बाद भारतीय सेना ने कबीलाई समुदाय को आगे बढ़ने से रोका परंतु तब तक देर हो चुकी थी यहीं से जम्मू-कश्मीर की समस्या उत्पन्न होती है जहां भारत कहता है कि जम्मू-कश्मीर के तत्कालीन महाराजा हरि सिंह ने भारत में जम्मू-कश्मीर का स्वेच्छा से विलय किया है और इसलिए संपूर्ण जम्मू-कश्मीर भारत का हिस्सा है, केवल विवाद पाक अधिकृत कश्मीर (POK) का है, तो दूसरी तरफ पाकिस्तान इसे मानने से इंकार करता है ओर उसका कहना है कि यह विलय अवैधानिक है, क्योंकि भारत ने तत्कालीन महाराजा को डरा-धमका कर विलय कराया है।

1949 में इस मामले को तत्कालीन प्रधानमंत्री ने संयुक्त राष्ट्र संघ में उठाया परंतु बाद में इसे वापस ले लिया, 1951 में संयुक्त राष्ट्र संघ ने अपने एक आदेश में कहा

कि पाक अधिकृत कश्मीर से पाकिस्तानी सेना अलग हट जाए और जम्मू-कश्मीर में भारत भी अपनी सेना को कम करे और इसके बाद इस समस्या का हल खोजा जाना चाहिए, परंतु इसको मूर्त रूप नहीं दिया जा सका।

वर्तमान में जहां भारत केवल पाक अधिकृत कश्मीर को ही जम्मू-कश्मीर की समस्या मानता है, जबकि पाकिस्तान संपूर्ण कश्मीर के संदर्भ में तीसरे पक्ष की मध्यस्थता चाहता है परंतु भारत इसे द्विपक्षीय मामला मानता है और इसमें किसी तीसरे पक्ष के होने की संभावना से इंकार करता है।

जम्मू-कश्मीर की समस्या में निहित तत्व/कारक

जम्मू-कश्मीर की समस्या के केंद्रबिंदु में निम्नलिखित कारकों या तत्वों को रखना उपयुक्त होगा–

- जम्मू-कश्मीर के विलय से उत्पन्न समस्या
- अनुच्छेद 370 और उसकी प्रासंगिकता
- पाक प्रायोजित अलगाववाद, आतंकवाद का विद्यमान होना
- अलगाववादियों की अस्पष्ट नीतियां और गलत मांगें।
- अलगाववादियों को स्थानीय सीमित जन समर्थन प्राप्त होना।
- अलगाववादियों को राजनैतिक समर्थन प्राप्त होना।
- केंद्र और राज्यों में समन्वय न होना।
- जम्मू-कश्मीर में सकारात्मक सामाजिक चेतना उत्पन्न करने में भारत सरकार की विफलता।
- भारत के राजनीतिक दलों के दृष्टिकोण में मतभेद।
- पाकिस्तान और मानवाधिकार संगठनों को दुष्प्रचार।
- जम्मू-कश्मीर की समस्या का एक केंद्र बिंदु जम्मू-कश्मीरी पंडित भी हैं।

जहां पाकिस्तान जम्मू-कश्मीर में जनमत संग्रह की मांग करता है, वहीं भारत इसका विरोध करता है। भारत कैबिनेट मिशन प्रस्ताव का हवाला देते हुए कहता है कि उस प्रस्ताव के अनुरूप जम्मू-कश्मीर का भारत में किया गया विलय पूरे तरीके से वैधानिक है, इसलिए जनमत संग्रह की आवश्यकता नहीं है, वर्तमान में जम्मू-कश्मीर की समस्या के मूल प्रारूप में पाक प्रायोजित आतंकवाद, अलगाववाद और अलगाववादियों को पाक राजनैतिक समर्थन प्राप्त होता है। जहां अलगाववादी जम्मू-कश्मीर को विशेष राजनीतिक स्वतंत्रता चाहते हैं वहीं, भारत सरकार का कहना है कि संविधान के अनुसार उनको अधिकार दिया गया है और उनको राजनीतिक सत्ता प्राप्त करने के लिए लोकतांत्रिक प्रक्रियाओं का सहारा लेना होगा और इसमें सम्मिलित होना होगा।

भारत सरकार जम्मू-कश्मीर की समस्या का समाधान **शिमला समझौते और लाहौर घोषणा-पत्र** के दायरे में करना चाहती है, जिसे पाकिस्तान नहीं मानता और वह अलगाववादियों को समर्थन देकर जम्मू-कश्मीर में अशांति पैदा कर रहा है।

जम्मू-कश्मीर की समस्या के समाधान के लिए भारत सरकार द्वारा अपनाई गई रणनीति

भारत सरकार जम्मू-कश्मीर की समस्या के समाधान के लिए बहुआयामी रणनीति अपना रही है। वह इसका समाधान राजनीतिक, आर्थिक और प्रशासनिक उपायों के माध्यम से खोजना चाहती है। इसके लिए वह त्रिस्तरीय रणनीति अपना रही है-विकासात्मक, संवादात्मक और सुरक्षात्मक।

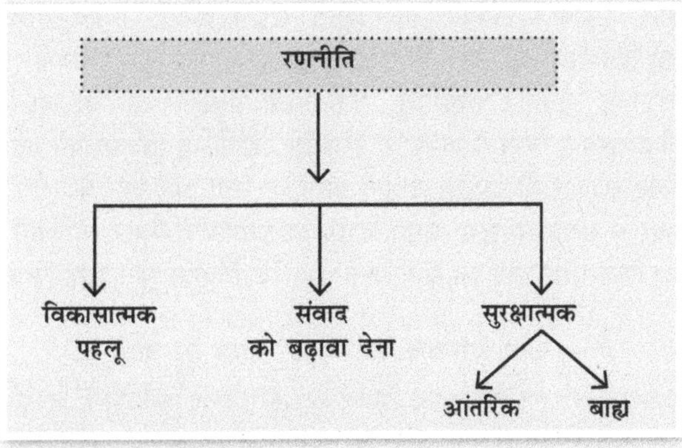

विकासात्मक पहलू

जम्मू-कश्मीर में विद्यमान अलगाववाद और आतंकवाद की समस्या के समाधान के लिए भारत सरकार विकासात्मक पहलुओं पर भी ध्यान दे रही है, जिसके अंतर्गत सामाजिक, आर्थिक, आधारिक संरचनाओं का विकास, लोगों को बेहतर बुनियादी सुविधाएं उपलब्ध कराना और शिक्षा के विकास एवं विस्तार पर विशेष बल दिया जा रहा है। विकासात्मक पहलू के अंतर्गत केंद्र सरकार राज्य सरकार से मिलकर वहां पर निम्नलिखित रणनीति अपना रही है–

- परिवहन क्षेत्र के विकास को बढ़ावा दिया जा रहा है, जिससे सामाजिक और आर्थिक गतिशीलता को प्रोत्साहन मिल सके। इस अनुक्रम में जम्मू-कश्मीर में रेलवे नेटवर्क का विकास और विस्तार करने, राष्ट्रीय राजमार्ग और राज्य

मार्ग के निर्माण, विकास और रख-रखाव को बढ़ावा देना तथा ऊर्जा की उपलब्धता सुनिश्चित करने पर बल दिया जा रहा है।

- जम्मू-कश्मीर में रोजगार के नए अवसर उत्पन्न करने के लिए जहां आधुनिक शिक्षा व्यवस्था उपलब्ध कराने पर बल दिया जा रहा है, वहीं तकनीकी और कौशल विकास पर भी विशेष बल दिया जा रहा है जिससे कि लोगों की कार्य-क्षमता में वृद्धि हो सके। इसी समय हिमायत योजना और रोशनी योजना चलाई जा रही है।
- जम्मू-कश्मीर में सामाजिक चेतना उत्पन्न करने और सांस्कृतिक जागरूकता और सहयोग को बढ़ावा देने के लिए सरकार जहां एक तरफ सामाजिक सरोकार से संबंधित कार्यक्रम चला रही है तो दूसरी तरफ पर्यटन क्षेत्र में विकास को बढ़ावा देने के लिए कदम उठा रही है।
- विकासात्मक पहलूओं के अंतर्गत सरकार लोकतांत्रिक प्रक्रियाओं को निष्पक्ष मान, स्थानीय निकायों का चुनाव संपन्न कराने, राजीव गांधी पंचायती सशक्तिकरण अभियान के अंतर्गत जम्मू-कश्मीर की पंचायतों को अधिक संसाधन आवंटित करने जैसे गतिविधियां संचालित की जा रही हैं।
- केंद्र सरकार जम्मू-कश्मीर के स्थानीय उद्योगों के विकास को बढ़ावा देने के लिए रोजगार के अवसर उत्पन्न करने के लिए और वहां के लोगों के जीवन स्तर में सुधार के लिए समय-समय पर प्रधानमंत्री पैकेज कार्यक्रम देती रहती है, जिससे कि वहां का सामाजिक-आर्थिक विकास सुनिश्चित किया जा सके।

पाक-अधिकृत कश्मीर पर भारत का दावा

- पाक-अधिकृत कश्मीर का विस्तार उत्तर में गिलगित-बाल्टिस्तान (जी-बी) से लेकर पश्चिम में जमीन की एक पट्टी मीरपुर-मुजफ्फराबाद सेक्टर तक है।
- पाक-अधिकृत कश्मीर के बारे में जब भी बात होती है तो ज्यादातर बातचीत का केंद्रबिंदु मीरपुर-मुजफ्फराबाद सेक्टर रहता है। जी-बी को स्वायत्तता प्रदान करने के पाकिस्तान के ढोंग का भारत ने हमेशा जोरदार ढंग से विरोध किया है
- भारत सरकार ने पाक-अधिकृत कश्मीर पर अधिकार जताते हुए इस मुद्दे को पुनर्जीवित किया हैं। वर्ष 2015 में राष्ट्रीय सुरक्षा सलाहकार अजीत डोभाल ने जी-बी अफगान सीमा का हवाला देते हुए कहा कि 'हमारी अफगानिस्तान के साथ 106 किमी. लंबी सीमा-रेखा है।'
- प्रधानमंत्री नरेन्द्र मोदी ने लद्दाख व जम्मू-घाटी सहित पूरे पाक के कब्जे वाले कश्मीर को भारत का अभिन्न हिस्सा बताया है। इसके साथ ही प्रधानमंत्री ने पाकिस्तान के कब्जे वाले शिया बहुल जी-बी क्षेत्र में खराब मानवाधिकार की स्थिति पर उसे आड़े हाथों लिया है।
- भारत ने पाक-अधिकृत कश्मीर के जी-बी और मीरपुर सेक्टर में पाकिस्तान के बनावटी सरकार चलाने का नियमित रूप से पर्दाफाश करने की रणनीति बनाई है।

संवाद से संबंधित रणनीति

किसी भी समस्या के समाधान में संवाद की भूमिका महत्वपूर्ण होती है। संवाद आन्तरिक स्तर और बाह्य स्तर पर संचालित किया जाना जरूरी होता है। इसी अनुक्रम में भारत सरकार समय-समय पर संवाद का कदम उठाती रही है। भारत सरकार जम्मू-कश्मीर के राजनीतिक दलों, सामाजिक संगठनों और अलगाववादी संगठनों से भी बातचीत करती रहती है परंतु उनके द्वारा इस दिशा में सकारात्मक सहयोग नहीं दिया जाता है। उल्लेखनीय है कि संयुक्त प्रगतिशील गठबंधन सरकार (UPA) ने टाइम्स ऑफ इंडिया के संपादक दिलीप पंडवाकर की अध्यक्षता में एक समिति का गठन भी किया था जिसने गहन संवाद और संपर्क करने के बाद अपनी रिपोर्ट में जम्मू-कश्मीर की समस्या के समाधान के लिए विकासात्मक गतिविधियों को बढ़ावा देने और सुरक्षा बलों को और अधिक अधिकार देने तथा अलगाववादी तत्वों के प्रति कठोरता की नीति अपनाने पर बल दिया। उल्लेखनीय है कि पिछले वर्ष सर्वदलीय सांसदों का एक शिष्टमंडल जम्मू-कश्मीर के विभिन्न संगठनों और अलगाववादी संगठनों से बातचीत करने के लिए जम्मू-कश्मीर गया था, परंतु उनके द्वारा कोई सकारात्मक सहयोग नहीं किया गया। इससे स्पष्ट है कि अलगाववादी संगठन समस्या का समाधान नहीं चाहते।

यही नहीं, अपने संवाद की रणनीति के अंतर्गत भारत सरकार पाकिस्तान से भी बातचीत करती रही है। इस संदर्भ में शिमला समझौता और लाहौर घोषणा-पत्र भी एक संस्थागत ढांचे के रूप में विद्यमान है, परंतु दूसरा पक्ष इसका सम्मान नहीं करता है, भारत और पाक के अधिकारियों के मध्य वार्ता, सुरक्षा बलों के बीच बातचीत होती रहती है, परंतु इसके बाद भी समस्या का हल नहीं हो पा रहा है।

सुरक्षा संबंधी रणनीति

जम्मू-कश्मीर की सुरक्षा के संदर्भ में त्रिस्तरीय व्यवस्था अपनाई जा रही है जिसके अंतर्गत

- बाह्य सुरक्षा को प्रभावी बनाना और सीमापार से होने वाली अवैध गतिविधियों को नियंत्रित करना।
- आंतरिक निरीक्षण निगरानी कार्यों को अंजाम देना।
- सेना और केंद्रीय सुरक्षा बल द्वारा राज्य पुलिस प्रशासन के साथ मिलकर आतंक विरोधी कार्य को संचालित करना।

उपयुक्त रणनीति के अंतर्गत केंद्र सरकार सुरक्षा बलों और सेना का आधुनिकीकरण करने और उनको संसाधन उपलब्ध कराने, सीमाओं के साथ-साथ राज्य के विभिन्न भागों में सुरक्षा बलों की पेट्रोलिंग को बढ़ावा देने और लोगों के साथ संवाद स्थापित

करने पर बल दिया जा रहा है। समय-समय पर इस अनुच्छेद को समाप्त करने की मांग होती रहती है। इसके पक्ष और विपक्ष में दलीलें दी जाती हैं उल्लेखनीय है कि 1974 में भारत सरकार और शेख अब्दुल्ला के बीच एक समझौता हुआ था, जिसमें इस अनुच्छेद को बनाए रखने के प्रति प्रतिबद्धता व्यक्त की गई। यद्यपि विशेषत: एक वर्ग का कहना है कि राष्ट्रपति सरकारी अधिसूचना द्वारा इस अनुच्छेद को समाप्त करने, कुछ अपवादों और संशोधनों के साथ इसे जारी रखने और इसके प्रभावी होने की तारीख की घोषणा कर सकते हैं परंतु राष्ट्रपति को इस प्रकार की अधि सूचना जारी करने से पहले राज्य की विधानसभा से अनुमति प्राप्त करनी होगी। इस आधार पर अनुच्छेद-370 को हटाना मुश्किल प्रतीत होता है क्योंकि जम्मू-कश्मीर की विधानसभा इस संदर्भ में अनुमति शायद ही प्रदान करे। दूसरी तरफ विशेषज्ञों का एक वर्ग यह भी कहता है कि अनुच्छेद-370 में संसद सीधे संशोधन कर सकती है क्योंकि संसद संप्रभु है और जब अनुच्छेद 370 बना तो उस समय जम्मू-कश्मीर की अपनी विधानसभा भी नहीं थी कि उसे इसकी स्वीकृति से लागू किया गया। अब संसद बिना स्वीकृति के हटा सकती है। कुछ समय पहले सर्वोच्च न्यायालय ने अपने एक निर्णय में कहा कि अनुच्छेद 370 भी भारतीय संविधान का एक हिस्सा है, अत: संसद उसमें संशोधन कर सकती है या उसे समाप्त कर सकती है।

अनुच्छेद 370 के समाप्त करने और न करने दोनों सन्दर्भों में अपने-अपने तर्क दिए जा रहे हैं। अनुच्छेद 370 को जो लोग समाप्त करने की मांग कर रहे हैं, उनका कहना है कि अनुच्छेद-370 को निम्नलिखित आधार पर समाप्त किया जाना चाहिए–

- क्योंकि यह एक अस्थायी प्रावधान है, जिसका उल्लेख संविधान में किया गया।
- इस अनुच्छेद के कारण जम्मू-कश्मीर और देश के विभिन्न राज्यों में दूरियां पैदा हो रही हैं इससे अलगाववाद को बढ़ावा मिल रहा है।
- इस अनुच्छेद के कारण भेदभाव को प्रोत्साहन मिलता है और जम्मू-कश्मीर के लोगों को जो विशेषाधिकार प्राप्त हैं, उसका दुरुपयोग किया जा रहा है।
- यह जम्मू-कश्मीर के मुस्लिम समुदाय को याद दिलाता है कि उनका विलय भारत में पूरी तरह से नहीं हुआ है।
- इसके विरोध में जो पक्ष तर्क देते हैं, उनका कहना है कि इस अनुच्छेद को समाप्त करने से जम्मू-कश्मीर में और अधिक अस्थिरता उत्पन्न हो सकती है और इससे अलगाववादी गतिविधियों को बढ़ावा मिलेगा और अलगाववादी जनमत संग्रह कराने की मांग करने के लिए प्रोत्साहित होंगे।

इसके समर्थकों का तर्क है कि यदि अनुच्छेद 370 के कारण (विशेषाधिकार के कारण) जम्मू-कश्मीर में अलगाववाद को बढ़ावा मिल रहा है तो पंजाब और असम को तो विशेषाधिकार नहीं दिया गया, फिर भी वहां क्यों अलगाववाद है?

इसके समर्थकों की तर्क है कि इसको समाप्त करने से एक गलत संदेश जाएगा और यह कहा जाएगा कि भारत सरकार समझौतों का पालन नहीं कर रही है और

साथ ही पाकिस्तान द्वारा अंतर्राष्ट्रीय मंचों द्वारा उठाया जाने लगेगा, जिससे संयुक्त राष्ट्र संघ को इस मामले में हस्तक्षेप करने का अवसर मिल जाएगा।

सुरक्षा की स्थिति

- जम्मू-कश्मीर राज्य सीमापार से प्रायोजित और समर्थित आतंकवाद और अलगाववादी हिंसा से लगभग दो दशकों से प्रभावित रहा है।
- केंद्र सरकार ने राज्य सरकार के साथ मिलकर सीमापार की घुसपैठ रोकने के लिए बहुआयामी दृष्टिकोण अपनाया है जिसमें अन्य बातों के साथ-साथ, अंतर्राष्ट्रीय सीमा/नियंत्रण रेखा के साथ-साथ तथा हर समय बदल रहे घुसपैठ के मार्गों के निकट सीमा प्रबंधन को सुदृढ़ बनाना और बहुस्तरीय तथा बहु-मॉडल की तैनाती करना, सीमा पर बाड़ का निर्माण करना, बीएसएफ के लिए उन्नत प्रौद्योगिकी, हथियार और उपस्कर का प्रावधान करना, बेहतर आसूचना और परिचालनात्मक समन्वय और घुसपैठ रोकने के लिए आसूचना का सुचारू प्रवाह सुनिश्चित करना और राज्य के अंदर आतंकवादियों के विरुद्ध कार्रवाई करना शामिल है।
- राज्य की शांति में बाधा डालने के लिए उग्रवादियों के प्रयासों और क्षमताओं को निष्क्रिय करने के लिए सरकार ने आतंकवादियों के विरुद्ध विभिन्न रणनीतियां अपनाई हैं। सरकार ने युवाओं को मुख्यधारा में लाने की नीतियों को भी बढ़ावा दिया है और उग्रवाद में शामिल होने से स्थानीय युवाओं को हतोत्साहित किया है।
- जम्मू-कश्मीर की सुरक्षा की स्थिति पर जम्मू-कश्मीर के मुख्यमंत्री द्वारा एकीकृत मुख्यालय/कमान में राज्य सरकार, सेना, केंद्रीय सशस्त्र पुलिस बलों और अन्य सुरक्षा एजेंसियों के वरिष्ठ प्रतिनिधियों के साथ निगरानी रखी जाती है और समीक्षा की जाती है। गृह मंत्रालय भी राज्य सरकार और रक्षा मंत्रालय के साथ मिलकर सुरक्षा से संबंधित स्थिति की गहन और लगातार मॉनीटरिंग करता है। सरकार का निम्नलिखित कार्य करने का प्रयास रहा है-
- सीमापार से आतंकवादियों की घुसपैठ कम करने के लिए सभी बीएसएफ द्वारा तुरंत उचित उपाय करना; और उन आतंकवादियों की पहचान करना, पता लगाना और गिरफ्तार करना जो सीमापार करें; और उनके स्थानीय साथियों के विरुद्ध भी यही कार्रवाई करना।
- यह सुनिश्चित करना कि प्रजातांत्रिक प्रक्रिया अपनाई जाए और राज्य में उग्रवाद के प्रभावों के कारण लोगों के सामने आ रही सामाजिक-आर्थिक समस्या को प्रभावी ढंग से निपटाने के लिए सिविल प्रशासन की बहाली को प्राथमिकता दी जाए।

- स्थायी शांति सुनिश्चित की जाए और राज्य में सभी वर्गों के उन लोगों को पर्याप्त अवसर प्रदान करना और उन्हें प्रभावी ढंग से अपने विचार प्रकट करने का अवसर प्रदान करना तथा उनकी वास्तविक शिकायतों को दूर करना।

केंद्र सरकार यथावश्यक केंद्रीय सशस्त्र पुलिस बल उपलब्ध करा रही है और राज्य पुलिस को सुदृढ़ बनाने में भी सहायता कर रही है। भारत सरकार सुरक्षा से संबंधित विभिन्न उपायों पर राज्य सरकार द्वारा किए जा रहे व्यय की भी प्रतिपूर्ति करती है। इनमें सिपाहियों को लाने-ले-जाने में हो रहे व्यय, सामग्री की आपूर्ति, आवास का किराया, विशेष पुलिस अधिकारियों को मानदेय, सिविक कार्रवाई कार्यक्रम, एयर-लिफ्ट प्रभार, इंडिया रिजर्व बटालियनें गठित करने की लागत, परिवहन ठहरने और खान-पान का व्यय, सुरक्षा बलों के लिए वैकल्पिक आवास आदि शामिल हैं।

जम्मू और कश्मीर को केंद्रीय सहायता

केंद्र सरकार, चहुंमुखी आर्थिक विकास करने के राज्य सरकार के प्रयासों और लोगों को लाभप्रद रोजगार के अवसर प्रदान करने में राज्य सरकार का निरंतर रूप से समर्थन और सहायता करती रही है, जिसमें नियोजित और संतुलित क्षेत्रीय, विकास पर ध्यान दिया जाता है।

भौतिक, आर्थिक और सामाजिक अवसंरचना का निर्माण करने को प्राथमिकता दी जाती है जिसके द्वारा राज्य के लोगों की जीवन की गुणवत्ता में सुधार लाने के अलावा संभावित उत्पादकता में सुधार किया जाता है।

जम्मू-कश्मीर के लिए प्रधानमंत्री की पुनर्निर्माण योजना

प्रधानमंत्री ने 17 नवंबर, 2014 और 18 नवंबर, 2004 के जम्मू और कश्मीर के अपने दौरे के दौरान लगभग 24,000 करोड़ रुपए के परिव्यय से जम्मू और कश्मीर के लिए एक ऐसी पुनर्निर्माण योजना की घोषणा की जिसमें मोटे तौर पर वे परियोजनाएं/स्कीमें शामिल हैं, जिनका उद्देश्य रोजगार और आय सृजन के कार्यकलापों पर जोर देते हुए आर्थिक आधारभूत संरचना का विस्तार करना और बुनियादी सेवाओं का प्रावधान करना तथा जम्मू और कश्मीर में उग्रवाद से प्रभावित विभिन्न ग्रुपों को राहत और पुनर्वास प्रदान करना है। प्रधानमंत्री की पुनर्निर्माण योजना में शामिल सभी स्कीमों की वर्तमान अनुमानित लागत 32,009 करोड़ रुपए है।

पुनर्निर्माण योजना-2004 में परिकल्पित परियोजनाओं/स्कीमों का कार्यान्वयन संबंधित प्रशासनिक मंत्रालयों द्वारा राज्य सरकार के साथ परामर्श करके किया जाता है। पीएमआरपी की 67 परियोजनाओं/स्कीमों के कार्यान्वयन की प्रगति पर, जिसमें 19 मंत्रालय शामिल हैं, इन योजनाओं पर गृह मंत्रालय और योजना आयोग द्वारा

नियमित रूप से निगरानी रखी जा रही है। उक्त 67 परियोजनाओं/स्कीमों में से 33 परियोजनाएं/स्कीमें पूरी हो चुकी हैं। शेष 34 परियोजनाओं/स्कीमों में से 29 परियोजनाएं कार्यान्वयन के विभिन्न चरणों में हैं और बाकी 03 परियोजनाएं तैयारी की अवस्था में हैं और दो परियोजनाएं संबंधित मंत्रालयों के कार्यक्रमों में शामिल कर ली गई हैं।

जम्मू और कश्मीर के लिए विशेष उद्योग की पहल

यूपीए शासन काल में प्रधानमंत्री की आर्थिक सलाहकार परिषद् के अध्यक्ष डा. सी. रंगराजन की अध्यक्षता में गठित विशेषज्ञ ग्रुप को जम्मू और कश्मीर राज्य के लिए जॉब प्लान तैयार करने का कार्य सौंपा गया था और उसने अनुसार जम्मू और कश्मीर के लिए योजना के द्वारा पांच वर्ष की अवधि में 12वीं पंचवर्षीय योज़ना के दौरान अधिक वृद्धि वाले महत्वपूर्ण क्षेत्रों में प्रतिवर्ष जम्मू और कश्मीर में 8000 स्नातकों और अन्य शिक्षित युवकों का कौशल प्रदान करना और रोजगार के अवसरों में वृद्धि किया जाना है। कार्यक्रम में प्रशिक्षित मानवशक्ति को अच्छे वेतन वाले रोजगार प्रदान किए जाने का लक्ष्य रखा गया है। इस योजना का कार्यान्वयन, राष्ट्रीय कौशल विकास निगम (एनएसडीसी) और कॉरपोरेट क्षेत्र द्वारा पब्लिक प्राइवेट भागीदारी पद्धति पर किया जा रहा है।

जम्मू और लद्दाख क्षेत्रों के लिए विशेष कार्यबल

जम्मू और लद्दाख क्षेत्रों की विकासात्मक जरूरतों को पूरा करने के उद्देश्य से, जिसमें अवसंरचना की कमियों और उचित सिफारिशों करने का विशेष संदर्भ निहित है, जम्मू और लद्दाख क्षेत्रों के लिए क्रमशः योजना आयोग के सदस्य डॉ. अभिजीत सेन और योजना आयोग के सदस्य डॉ. नरेन्द्र जाधव की अध्यक्षता में दो विशेष कार्यबलों (एसटीएफ) का गठन किया गया था। जम्मू और लद्दाख क्षेत्रों में 24 माह की समयावधि में तत्काल कार्यान्वित किए जाने के लिए क्रमशः 497 करोड़ रुपए और 416 करोड़ रुपए की कुल लागत की अल्पावधिक परियोजनाओं की सिफारिश की गई है। योजना आयोग ने 13 जुलाई, 2012 को हुई अपनी बैठक में वर्ष 2012-13 के लिए राज्य योजना में जम्मू के लिए 150 करोड़ रुपए और लेह के लिए 50 करोड़ रुपए तथा कारगिल प्राथमिकता प्राप्त परियोजनाओं के लिए 50 करोड़ रुपए और स्थायी जीर्णोद्धार कार्यों के लिए 50 करोड़ रुपए के आवंटन का अनुमोदन किया है। अधिकांश परियोजनाओं में कार्य शुरू हो चुका है।

कश्मीरी प्रवासियों को राहत और पुनर्वास

जम्मू-कश्मीर में आतंकवादी हिंसा/उग्रवाद की वजह से, विशेषकर इसके पहले दौर में घाटी से कश्मीरी पंडितों का बड़े पैमाने पर जम्मू, दिल्ली और देश के अन्य

भागों में प्रवास हुआ। वित्तीय सहायता/राहत तथा अन्य पहलों के माध्यम से विगत वर्षों से कई उपाय किए गए हैं, ताकि एक वृहत नीतिगत ढांचे के अंतर्गत प्रभावित परिवारों को इस आधार पर सहायता एवं मदद दी जा सके कि जो लोग प्रवास कर गए हैं। वे आखिरकार घाटी में लौट आएंगे।

क़ुल 59,442 कश्मीरी प्रवासी परिवार हैं, जो जम्मू (38,119), दिल्ली (19,338) और अन्य राज्यों/संघ राज्य क्षेत्रों (1985) में हैं। राज्य सरकार, जम्मू क्षेत्र में रह रहे 17248 पात्र परिवारों को अधिकतम 6600 रुपए प्रति परिवार प्रतिमाह की सीमा तक प्रति व्यक्ति 1650 रुपए की नगद राहत और सूखा राशन प्रदान कर रही है। राष्ट्रीय राजधानी क्षेत्र दिल्ली सरकार भी 3385 पात्र परिवारों को 6600 रुपए प्रति परिवार प्रतिमाह की सीमा तक प्रति व्यक्ति 1650 रुपए की नगद राहत दे रही है। अन्य राज्य सरकारें/संघ राज्य क्षेत्र प्रशासन भी अपने राज्यों/संघ राज्य क्षेत्रों में रह रहे कश्मीरी प्रवासियों को उनके द्वारा निर्धारित किए गए मानदंडों के अनुरूप राहत प्रदान कर रहे हैं।

केंद्र सरकार ने भी इन प्रवासी परिवारों को पक्का आश्रय प्रदान करने के लिए उपाय किए हैं। प्रधानमंत्री की घोषणा और अंतर-मंत्रालयी टीम (आईएमटी) की सिफारिशों के अनुसरण में, जम्मू में इस समय शिविरों में रह रहे सभी प्रवासी परिवारों को खपाने के लिए 385 करोड़ रुपए के व्यय से दो कमरे वाले 5242 मकानों का निर्माण किया गया है।

कश्मीरी प्रवासियों की वापसी के लिए, केंद्र सरकार ने 22.90 करोड़ रुपए की लागत से प्रयोगात्मक आधार पर बडगाम जिले में शेखपुरा में 200 फ्लैटों के निर्माण की स्वीकृति प्रदान की। फ्लैटों का निर्माण पूरा हो चुका है। इन फ्लैटों का आवंटन साझा आधार पर उन प्रवासियों को किया गया है, जिनकी नियुक्ति पीएम पैकेज के रोजगार संघटक के तहत की गई है।

जम्मू-कश्मीर महत्वपूर्ण तथ्यः एक दृष्टि में

तिथि	विवरण
15 अगस्त, 1947	भारत को स्वतंत्रता प्राप्त हुई। कश्मीर के महाराजा हरि सिंह ने अपने राज्य को भारत तथा पाकिस्तान दोनों से अलग रखने का निर्णय लिया।
अक्टूबर, 1947	पाकिस्तान द्वारा कश्मीर में सांप्रदायिक हिंसा फैलाई गई तथा कबायलियों के माध्यम से दबाव डालने वाली कार्यवाही की गई। इसके बाद पाकिस्तान द्वारा सैनिक हस्तक्षेप भी किया गया।
26 अक्टूबर, 1947	जम्मू-कश्मीर के तत्कालीन नरेश हरि सिंह ने जम्मू-कश्मीर का भारत में विलय करने का प्रस्ताव रखा, जिसमें राज्य का प्रशासनिक ढांचा यथावत चलना था, केवल विदेश, रक्षा तथा संचार मामलों में भारतीय संसद को कानून बनाने का अधिकार दिया गया।

31 अक्टूबर, 1947	31 अक्टूबर 1947 को जब पाकिस्तानी सेना जम्मू-कश्मीर पर आक्रमण करते हुए बारामुला जिले में घुसी तो महाराजा हरि सिंह ने भारत से सहायता मांगते हुए विलय-पत्र पर हस्ताक्षर कर दिए। तत्पश्चात् भारत ने कदम उठाते हुए वहां से सेना को हटाया।
अप्रैल, 1948	संयुक्त राष्ट्र ने पाकिस्तान से सेना को वापस लेने और भारत से सेना की टुकड़ी में कमी करने को कहा।
1 जनवरी, 1949	युद्धविराम समझौता संपन्न हुआ। इसके बाद 'युद्ध रोको' समझौता हुआ। यह कश्मीर के एक-तिहाई भाग को पाकिस्तान ने हड़प लिया था जिसे आजाद कश्मीर की संज्ञा पाकिस्तान द्वारा दी गई है।
1 अक्टूबर, 1949	कश्मीर की प्रशासकीय व्यवस्था के लिए वहां की सरकार द्वारा अनुच्छेद 306ए भी बनाया गया, जिसके द्वारा अंतरिम शासन की व्यवस्था की जानी थी।
1 जनवरी, 1951	कश्मीर में संविधान सभा के लिए संपन्न चुनाव में नेशनल कांफ्रेंस को बहुमत मिला। अनुच्छेद 306ए को ही संशोधनों के साथ अनुच्छेद, 370 के रूप में पारित किया गया। अनुच्छेद, 370 को भारतीय संविधान सभा में श्री गोपाल स्वामी आयंगर ने प्रस्तुत किया तथा कश्मीर तथा केंद्र सरकार के संबंधों के आधार पर अनुच्छेद 370 को चिह्नित किया।
जुलाई, 1952	कश्मीर सरकार के प्रतिनिधियों को नेहरू जी ने दिल्ली आमंत्रित किया। इसके बाद दिल्ली में शेख अब्दुल्ला तथा नेहरू के, मध्य समझौता हुआ। परंतु कश्मीर वापस आने पर शेख अब्दुल्ला समझौता लागू न करके, विरोध ही करने लगे। अनुच्छेद 370 की व्यवस्थाओं के विरोध में जनसंघ के श्यामा प्रसाद मुखर्जी ने आमरण अनशन शुरू किया। बाद में श्यामा प्रसाद मुखर्जी को जेल भेज दिया गया और जेल में ही उनकी मृत्यु हो गई।
10 फरवरी, 1954	जम्मू-कश्मीर की विधानसभा द्वारा भारत में जम्मू-कश्मीर राज्य के विलय के प्रति सहमति जताई गई।
20 अक्टूबर, 1956	संविधान का अनुच्छेद-3 सर्वसम्मति से पारित किया गया। ध्यातव्य है कि इस अनुच्छेद में कहा गया है कि जम्मू-कश्मीर भारत का अभिन्न अंग है तथा अभिन्न अंग बना रहेगा।
17 नवम्बर, 1956	संविधान सभा द्वारा राज्य का पृथक् संविधान पारित।
26 जनवरी, 1957	जम्मू-कश्मीर का नया संविधान लागू।
1970	पाकिस्तान ने भारत के उत्तरी क्षेत्रों पर कब्जा करते हुए मीरपुर-मुजफ्फराबाद सेक्टर में आभासी सरकार बैठा दी, इस तरह जी-बी पाकिस्तान का उपनिवेश बनकर रह गया।
जुलाई 1972	शिमला समझौते पर इंदिरा गांधी तथा जुल्फिकार अली भुट्टो द्वारा हस्ताक्षर।
24 फरवरी, 1975	इंदिरा गांधी तथा शेख अब्दुल्ला के मध्य समझौता संपन्न हुआ।

कश्मीरी प्रवासियों के लिए प्रधानमंत्री का पैकेज-2008

प्रधानमंत्री ने 25 अप्रैल, 2008 को जम्मू-कश्मीर के अपने दौरे के दौरान, अन्य तथ्यों के साथ-साथ, घाटी में कश्मीरी प्रवासियों की वापसी एवं पुनर्वास के लिए 1618.40 करोड़ रुपए के पैकेज की घोषणा की। इस पैकेज में आवास, अस्थायी निवास, नगद राहत की निरंतरता, छात्रों के लिए छात्रवृत्तियां, रोजगार, कृषकों/बागवानी करने वालों को सहायता तथा ऋणों पर ब्याज की माफी के लिए सहायता का प्रावधान शामिल है।

राज्य सरकार ने पैकेज के प्रभावी कार्यान्वयन की देखरेख करने के लिए जम्मू व कश्मीर के राजस्व मंत्री की अध्यक्षता में सिंतबर, 2009 में एक शीर्ष सलाहकार समिति का गठन किया है। राज्य सरकार ने कश्मीर के प्रवासी बेरोजगार युवाओं के लिए 3000 अतिरिक्त पदों का सृजन किया है। भर्ती नियम भी अधिसूचित कर दिए गए हैं। अब तक 2184 प्रवासियों को नियुक्ति-पत्र जारी किए जा चुके हैं, जिनमें से 1446 उम्मीदवारों ने घाटी में पदों का कार्यभार ग्रहण भी कर लिया है। तथापि यथा स्थिति बनाए रखने के उच्च न्यायालय के निर्देशों के अनुसार भर्ती प्रक्रिया रोक दी गई है।

कश्मीरी पंडितों को अस्थायी आवास प्रदान करने के संघटक के तहत 505 यूनिटों का निर्माण शुरू किया गया है। 405 यूनिटों का निर्माण पूरा हो चुका है। शेष यूनिटों का निर्माण भी शीघ्र पूरा होने की आशा है। पूरी हुई यूनिटों का आवंटन साझा आधार पर उन कश्मीरी प्रवासियों को किया गया है, जो रोजगार संघटक के तहत घाटी में आ गए हैं।

जम्मू-कश्मीर की समस्या के समाधान के संदर्भ में विचारणीय विषय

- क्या अनुच्छेद 370 को समाप्त कर दिया जाना चाहिए?
- क्या कश्मीर में जनमत संग्रह कराया जाना चाहिए?
- क्या कश्मीर में आतंकवादी शिविरों को नष्ट करने के लिए सर्जिकल ऑपरेशन और अधिक किए जाने चाहिए?
- क्या जम्मू-कश्मीर को विभाजित करके तीन राज्यों-जम्मू, कश्मीर और लद्दाख अलग-अलग राज्य बना दिए जाने चाहिए?
- कश्मीरी पंडितों के संदर्भ में हमारी रणनीति क्या होनी चाहिए?
- क्या कश्मीर के संदर्भ में हमारी रणनति में बदलाव करने की आवश्यकता है?
- क्या कश्मीर समस्या के समाधान के लिए हमें तीसरे पक्ष की मध्यस्थता स्वीकार करनी चाहिए?

भारत सरकार ने वित्तीय वर्ष 2011-12 के दौरान राहत और पुनर्वास व्यय के लिए 106.62 करोड़ रुपए की प्रतिपूर्ति की है। उग्रवाद से पीड़ित लोगों को मनोवैज्ञानिक सहायता और आर्थिक पुनर्वास प्रदान करने के उद्देश्य से जम्मू और कश्मीर राज्य सरकार ने उग्रवाद से पीड़ित विधवाओं, अनाथों, विकलांग व्यक्तियों और वृद्ध लोगों के पुनर्वास के लिए वर्ष 1995 में एक परिषद् का गठन किया था। इस परिषद् का पंजीकरण जम्मू और कश्मीर में विधवा, अनाथ, विकलांग और वृद्ध व्यक्तियों (उग्रवाद से पीड़ित) की पुनर्वास परिषद् के नाम से सोसायटी पंजीकरण अधिनियम के तहत सोसायटी के रूप में किया गया है। भारत सरकार भी समय-समय पर कारपस/अनुदान के रूप में जम्मू-कश्मीर पुनर्वास परिषद् को सहायता प्रदान करती रही है।

❑❑❑

अभ्यास हेतु प्रश्न

1. जम्मू-कश्मीर की समस्या की ऐतिहासिकता पर प्रकाश डालते हुए स्पष्ट कीजिए कि इसका मूल कारण जम्मू-कश्मीर के भारत में विलय के गर्भ में छिपा हुआ है।
2. जम्मू-कश्मीर की वर्तमान राजनीतिक एवं सुरक्षा संबंधी स्थिति का मूल्यांकन कीजिए।
3. जम्मू-कश्मीर की समस्या का समाधान प्रशासनिक और सैन्य कार्यवाही में निहित नहीं है, बल्कि इसकी विकासात्मक गतिविधियों को भी बढ़ावा देना उपयुक्त होगा। स्पष्ट कीजिए।
4. जम्मू-कश्मीर की समस्या के समाधान के लिए भारत सरकार द्वारा अपनाई जाने वाली रणनीति का समीक्षात्मक अध्ययन प्रस्तुत कीजिए।
5. जम्मू-कश्मीर में उग्रवाद और अलगाववाद को बढ़ावा देने में पाकिस्तान, विशेषतः वहां की गुप्तचर एजेंसी आईएसआई की भूमिका और रणनीति का मूल्यांकन कीजिए।

13. जम्मू-कश्मीरः संवैधानिक समस्या के विभिन्न आयाम

भारतीय संविधान की प्रस्तावना में राष्ट्र की एकता एवं अखण्डता की परिकल्पना की गई है। केंद्र के समक्ष प्रत्येक राज्य समान है और उन्हें किसी प्रकार की उन्मुक्ति अथवा विशेष सुविधा न दिए जाने का आश्वासन संविधान में दिया गया है। किंतु संविधान का अनुच्छेद 370 संविधान द्वारा प्रदत्त इन आश्वासनों का अपवाद है। इस अनुच्छेद द्वारा जम्मू-कश्मीर को विशेष राज्य का दर्जा प्रदान किया गया है। इसी आधार पर जम्मू-कश्मीर को कुछ उन्मुक्तियां भी प्रदान की गई हैं। स्वतंत्रता के बाद जम्मू-कश्मीर राज्य के भारत संघ में विलय के साथ ही अनुच्छेद 370 विवादित हो गया था। इसका कारण जम्मू-कश्मीर के संबंध में भारतीय संविधान में परस्पर विरोधी आशय के अनुच्छेदों की उपस्थिति है। एक तरफ तो संविधान में अनुच्छेद (1) के साथ पढ़ी जाने वाली अनुसूची एक के क्रमांक संख्या 15 पर जम्मू-कश्मीर का नाम भारत के एक राज्य के रूप में दर्ज है। इसी प्रकार चौथी अनुसूची के क्रमांक संख्या 17 पर राज्यसभा में जम्मू-कश्मीर के लिए स्थानों के आवंटन का उल्लेख है। ठीक इसके विपरीत संविधान में अनुच्छेद 370 को समाविष्ट कर इसे न केवल उन्मुक्तियां प्रदान की गई हैं, अपितु इस राज्य के संबंध में भारतीय संप्रभुता को भी सीमित किया गया है। जम्मू-कश्मीर की स्वायत्तता को लेकर आए दिन जो विवाद उठते हैं, उसके पीछे वास्तव में यही अनुच्छेद है।

विवाद की ऐतिहासिकता

1947 में भारत के स्वतंत्र होते ही जम्मू-कश्मीर सहित भारत की सभी देशी रियासतों से ब्रिटिश संप्रभुता समाप्त हो गई। इन रियासतों को सुविधानुसार भारत अथवा पाकिस्तान में शामिल होने की छूट थी। जिन रियासतों ने भारत संघ के साथ विलय संधि पर हस्ताक्षर किए, उनके लिए संधि-पत्र में प्रावधान था कि इन रियासतों के विदेश, प्रतिरक्षा एवं संचार मामलों पर केंद्र का अधिकार होगा। संविधान में इन रियासतों को अनुच्छेद 238 के अंतर्गत 'ख' श्रेणी के राज्य का स्तर प्रदान किया गया था। 15 अगस्त, 1947 तक जम्मू-कश्मीर के तत्कालीन महाराजा हरि सिंह ने भारत अथवा पाकिस्तान में विलय की कोई स्पष्ट मंशा नहीं जाहिर की थी। इस प्रकार जम्मू-कश्मीर एक पृथक् रियासत बनी रही। अक्टूबर 1947 में पाकिस्तान ने जम्मू-कश्मीर को अपने में मिलाने के लिए आक्रमण कर दिया। इस आक्रमण से विचलित महाराजा हरि सिंह ने भारत से सैनिक सहायता की मांग करते हुए विलय-पत्र पर हस्ताक्षर किए। इस विलय को पाकिस्तान द्वारा मान्यता नहीं दी गई और आक्रमण जारी रखा अंततः भारतीय राज्य में पाकिस्तानी आक्रमण का यह मामला संयुक्त राष्ट्र सुरक्षा परिषद् को सौंप दिया गया। तत्कालीन प्रधानमंत्री जवाहर लाल नेहरू द्वारा अलगाववादियों को तुष्ट करने हेतु जनमत संग्रह का वायदा भी किया गया। जम्मू-कश्मीर मसले का अंतर्राष्ट्रीयकरण हो जाने के कारण इस राज्य को अनुच्छेद 238 में स्थान दिया जाना संभव नहीं था। अतः अनुच्छेद 370 की विशेष व्यवस्था कर प्रावधान किया गया कि केवल विलय संधि में उल्लिखित विषयों विदेश, रक्षा एवं संचार पर ही केंद्र सरकार राज्य सरकार की सहमति से विधि निर्माण कर सकेगी। शेष विषयों पर राज्य विधानमंडल का अधिकार होगा।

इस विशेष उपबंध के क्रियान्वयन के क्रम में अनुच्छेद 370 के अंतर्गत राष्ट्रपति द्वारा प्रथम संविधान आदेश, 1950 (जम्मू-कश्मीर पर लागू) जारी किया गया। इस आदेश द्वारा केंद्र सरकार को विलय-पत्र में उल्लिखित विषयों पर विधि निर्माण का अधिकार दिया गया। सदर-ए-रियासत तथा वजीर-ए-आजम जैसे पदों को मान्यता प्रदान की गई।

सितंबर, 1951 में संविधान सभा के गठन हेतु प्रत्यक्ष निर्वाचन संपन्न हुआ। 75 सदस्यों वाली इस सभा के लिए नेशनल कांफ्रेंस के सर्वाधिक सदस्य निर्वाचित हुए। 20 नवंबर, 1951 को अंतरिम संविधान स्वीकार किया गया। इसी संविधान के अंतर्गत जम्मू-कश्मीर में राजशाही को समाप्त करने का निर्णय लिया गया। जून, 1952 में भारत सरकार एवं कश्मीर सरकार के मध्य नई दिल्ली में एक समझौता हुआ। इसे 'दिल्ली समझौता' के नाम से जाना जाता है। इस समझौते के मुख्य प्रावधान इस प्रकार थे–

- सदर-ए-रियासत राष्ट्रपति के प्रसाद पर्यंत अपना पद धारण करेगा। इसके पहले तक सदर-ए-रियासत राज्य विधानसभा के प्रति उत्तरदायी था।
- विलय-पत्र के अधीन वर्णित विषयों के अतिरिक्त राज्य सूची के कुछ अन्य विषयों पर भी केंद्र सरकार को विधि निर्माण का अधिकार होगा।
- राज्य को पृथक् ध्वज रखने का अधिकार होगा किंतु भारत के ध्वज को वरीयता प्रदान की जाएगी।
- 1 जनवरी, 1949 को युद्ध विराम के समय पाकिस्तान द्वारा अधिकृत भू भाग के शरणार्थियों को राज्य में बसने की सुविधा दी जाएगी।

फरवरी 1954 में जम्मू-कश्मीर संविधान सभा द्वारा दिल्ली समझौते तथा जम्मू-कश्मीर के भारत में विलय की पुष्टि की गई। 1954 में राष्ट्रपति आदेश, 1954 जारी किया गया। इस आदेश द्वारा भारतीय संविधान के कुछ अनुच्छेदों को जम्मू-कश्मीर पर भी प्रभावी घोषित किया गया। 1954 में भारत सरकार ने शेख अब्दुल्ला से एक अन्य समझौता किया। इस समझौते के अंतर्गत सदर-ए-रियासत एवं वजीर-ए-आजम का पद समाप्त कर उसके स्थान पर राज्यपाल एवं मुख्यमंत्री का पद स्थापित किया गया। 24 फरवरी, 1975 को एक अन्य समझौता शेख अब्दुल्ला एवं तत्कालीन प्रधानमंत्री श्रीमती इंदिरा गांधी के साथ हुआ। 'कश्मीर समझौता' के नाम से विख्यात इस समझौते के प्रावधान इस प्रकार हैं–

- संविधान के उपबंध, जिन्हें बिना किसी परिवर्तन अथवा संशोधन के जम्मू-कश्मीर राज्य पर 1953 के बाद लागू किया गया है, उनमें कोई परिवर्तन नहीं किया जाएगा।
- जम्मू-कश्मीर भारत संघ का अभिन्न अंग है।
- भारत तथा जम्मू-कश्मीर के मध्य प्रशासकीय संबंध संविधान के अनुच्छेद 370 के दायरे में ही होंगे।
- केंद्र सरकार को भारत की संप्रभुता, एकता तथा अखण्डता, राष्ट्रगान तथा राष्ट्रीय ध्वज के अपमान को रोकने वाली ऐसी विधियां, जिनका विस्तार जम्मू-कश्मीर तक हो, का निर्माण करने का अधिकार होगा।
- विधि निर्माण की अवशिष्ट शक्तियां राज्य विधान सभा में निहित होंगी।

राज्य की वर्तमान संवैधानिक स्थिति

जम्मू-कश्मीर का कुल क्षेत्रफल 222236 वर्ग किमी. है। इसमें पाक अधिकृत कश्मीर का 78114 वर्ग किमी. क्षेत्र चीन द्वारा अधिकृत 37555 वर्ग किमी. क्षेत्र तथा पाकिस्तान द्वारा चीन को दिया गया 5180 वर्ग किमी. क्षेत्र शामिल है। कुल तीन डिविजनों में विभक्त इस राज्य के जम्मू डिविजन में 6, कश्मीर डिविजन में 6

तथा लद्दाख डिविजन में 2 जिले हैं। पाक अधिकृत कश्मीर में भी तीन डिविजन हैं। भारत के साथ विलय-पत्र पर हस्ताक्षर के बाद सितंबर, 1951 में जम्मू-कश्मीर में संविधान सभा के गठन हेतु प्रत्यक्ष निर्वाचन हुआ। **31 अक्टूबर, 1951** को संविधान सभा की पहली बैठक हुई और **20 नवंबर, 1951** को अंतरिम संविधान स्वीकृत किया गया। संविधान सभा द्वारा फरवरी, 1954 में जम्मू-कश्मीर को भारत का अभिन्न अंग घोषित किया गया तथा **26 जनवरी, 1957** से जम्मू-कश्मीर का संविधान लागू हुआ। जम्मू-कश्मीर की वर्तमान संवैधानिक स्थितियों को निम्न बिंदुओं द्वारा समझा जा सकता है–

- **राज्य की स्थिति**–जम्मू-कश्मीर का संविधान राज्य को भारत संघ का अविभाज्य अंग घोषित करता है। राज्य के संविधान के अनुसार राज्य का राज्य क्षेत्र 15 अगस्त, 1947 को राज्य के शासक के अधीन आने वाले सभी क्षेत्रों तक विस्तृत होगा।
- **नागरिकता**–जम्मू-कश्मीर भारत का एकमात्र ऐसा राज्य है जहां दोहरी नागरिकता का प्रावधान है। राज्य के संविधान के अनुसार राज्य के स्थायी निवासी ही राज्य के नागरिक हैं। पाकिस्तान से आए हुए शरणार्थियों को राज्य की नागरिकता प्राप्त नहीं है, जबकि वे भारत के नागरिक हैं।
- **कार्यपालिका**–राज्य की समस्त कार्यपालिकीय शक्तियां राज्यपाल में निहित है। राष्ट्रपति द्वारा राज्यपाल की नियुक्ति 5 वर्ष के लिए होती है और वह मंत्रिपरिषद् की सलाह से कार्य करता है। मंत्रिपरिषद् सामूहिक रूप से विधान सभा के प्रति उत्तरदायी होती है।
- **न्यायपालिका**–राज्य में एक उच्च न्यायालय है। उच्च न्यायालय के न्यायाधीशों की नियुक्ति राष्ट्रपति सर्वोच्च न्यायालय के प्रधान न्यायाधीश तथा राज्यपाल की सलाह से करता है।
- **विधायिका**–राज्यपाल, विधानसभा तथा विधान परिषद् को मिलाकर राज्य विधानमंडल का गठन होता है। विधान सभा में 87 प्रतिनिधि होते हैं। पाक अधिकृत कश्मीर में 24 निर्वाचन क्षेत्र हैं, जो इसके अतिरिक्त हैं। विधान परिषद् में 36 सदस्य होते हैं।
- **लोक सेवा आयोग**–राज्य का अपना लोक सेवा आयोग है जिसके अध्यक्ष की नियुक्ति राज्यपाल करता है। राज्य का प्रत्येक लोक सेवक कुछ शर्तों के अधीन राज्यपाल के प्रसाद पर्यंत लोक पद धारण करता है।
- **भाषा**–राज्य की भाषा उर्दू है, किंतु शासकीय कार्यों के लिए अंग्रेजी भाषा का प्रयोग होता है।

संविधान संशोधन-राज्य के संविधान में विधानमंडल द्वारा संशोधन किया जा सकता है, किंतु ऐसा संशोधन प्रस्ताव दोनों सदनों द्वारा कुल सदस्य संख्या के दो– तिहाई बहुमत द्वारा ही पारित होना चाहिए। जम्मू-कश्मीर विधान सभा अपने संविधान में कोई भी ऐसा संशोधन नहीं कर सकती है जिसका प्रभाव राज्य के भारत संघ से संबंधों पर पड़ता हो। विधान सभा राज्य पर प्रभावी भारतीय संविधान के अनुच्छेदों अथवा उसके अंशों को प्रभावित करने वाला कोई संशोधन नहीं पारित कर सकती है।

जम्मू-कश्मीरः प्रमुख तथ्य

राज्य का नाम–जम्मू-कश्मीर (प्रथम अनुसूची, क्रमाक 15)

राजधानी–श्रीनगर (ग्रीष्मकालीन), जम्मू (शीतकालीन)

क्षेत्रफल–2,22,236 वर्ग किमी (78114 वर्ग किमी. पाकिस्तान के कब्जे में तथा 5180+37555 वर्ग किमी. क्षेत्र चीन के प्राधिकार में है।)

मुख्य भाषा–कश्मीरी, डोगरी, बाल्टी, दादरी, लद्दाखी, उर्दू।

राजकीय भाषा–उर्दू।

राज्य दिवस–6 फरवरी।

जिले–14 (कश्मीर तथा जम्मू डिविजन में 6-6 तथा लद्दाख डिविजन में 2)

सीमा–उत्तर में चीन, दक्षिण में हिमाचल प्रदेश एवं पंजाब, पूर्व में तिब्बत तथा पश्चिम में पाकिस्तान)

विधानमंडल–द्विसदनात्मक (विधानसभा एवं विधान परिषद्)

विधान सभा में स्थानों की संख्या-111 (24 विधान सभा क्षेत्र पाक अधिकृत कश्मीर में हैं)

विधानपरिषद में स्थानों की संख्या-36

लोकसभा में स्थानों की संख्या–6

राज्यसभा में स्थानों की संख्या–4

उच्च न्यायालय-श्रीनगर एवं जम्मू

जम्मू-कश्मीर का भारत में विलय–26 अक्टूबर, 1947

संविधान सभा का प्रथम अधिवेशन-31अक्टूबर, 1951

विलय का अनुमोदन-फरवरी, 1954

राज्य के संविधान का प्रवर्तन–26 नवंबर, 1957

इंदिरा गांधी-शेख अब्दुल्ला समझौता–24 फरवरी, 1975

राज्य पर संघीय शक्ति का विस्तार–

- सातवें संवैधानिक संशोधन द्वारा भारत सरकार द्वारा जम्मू-कश्मीर को भारत का अभिन्न अंग घोषित किया गया।
- जून, 1952 के 'दिल्ली समझौते' के बाद कश्मीर राज्य के वैदेशिक, संचार एवं प्रतिरक्षा के अतिरिक्त संघ सूची के अन्य विषयों पर भी भारत संघ के अधिकार को विस्तार दिया गया।
- 1958 में इस राज्य को अखिल भारतीय सेवाओं के दायरे में लाया गया।
- 1960 में भारत के सर्वोच्च न्यायालय की अधिकारिता को जम्मू-कश्मीर राज्य तक का विस्तार दिया गया।
- 1964 में संविधान के अनुच्छेद 356 एवं 357 को जम्मू-कश्मीर तक विस्तार दिया गया। अनुच्छेद 352 भी इस राज्य पर लागू है किंतु यह अनुच्छेद राज्य सरकार की सहमति के बाद ही यहां लागू होगा। अनुच्छेद 356 के अंतर्गत जम्मू-कश्मीर में राज्यपाल शासन लगाया जाता है। राष्ट्रपति शासन की स्थिति इसके बाद आती है। राज्य में वित्तीय आपात के प्रावधान लागू नहीं होते।
- 1986 में नियंत्रक महालेखा परीक्षक की शक्तियों को इस राज्य तक विस्तार दिया गया। निर्वाचन आयोग की अधिकारिता भी इस राज्य पर लागू है।

संसद की अधिकारिता

- संसद जम्मू-कश्मीर राज्य के संबंध में संघ सूची में वर्णित सभी विषयों पर विधि निर्माण कर सकती है।
- संसद जम्मू-कश्मीर राज्य के संबंध में समवर्ती सूची में वर्णित विषयों में से कुछ विषयों पर विधि निर्माण कर सकती हैं। समवर्ती सूची के अधिकांश विषयों पर राज्य विधानमंडल विधि निर्माण हेतु अभिकृत है। समवर्ती सूची के विषय पर केंद्र एवं राज्य विधानमंडल की विधियों में टकराव की स्थिति में अन्य राज्यों की भांति केंद्रीय विधि की सर्वोच्चता का सिद्धांत लागू नहीं होगा।
- राज्य सूची पर जम्मू-कश्मीर विधानमंडल का एकाधिकार है किंतु संविधान के अनुच्छेद 249 के प्रावधानों के अनुसार संसद राष्ट्रीय हित में राज्यसूची के विषयों पर विधि निर्माण कर सकती है। (संविधान आदेश, 1986)
- विधि निर्माण की अवशिष्ट शक्तियां राज्य विधानमंडल में निहित हैं।

कतिपय विषयों पर राज्य की स्वायत्तता

जम्मू-कश्मीर राज्य को निम्नलिखित विषयों पर स्वायत्तता प्राप्त है–

- राज्य का अपना पृथक् ध्वज तथा पृथक् संविधान है। जम्मू–कश्मीर देश का एकमात्र राज्य है, जिसका पृथक् संविधान है।
- भारतीय संसद को राज्य विधानमंडल की स्वीकृति के बिना राज्य के क्षेत्र, नाम एवं सीमा में परिवर्तन का अधिकार प्राप्त नहीं है।
- केंद्र सरकार को राज्य विधानमंडल की स्वीकृति के बिना राज्य के भौगोलक क्षेत्र में परिवर्तन करने वाली कोई अंतर्राष्ट्रीय संधि का करार हस्ताक्षरित करने का अधिकार प्राप्त नहीं है।
- केंद्र के निर्देशों के अनुपालन में असफल रहने की स्थिति में अनुच्छेद 365 के अंतर्गत केंद्र सरकार कोई कार्यवाही नहीं कर सकती है। अनुच्छेद 365 के अंतर्गत किए गए प्रावधान के अनुसार ऐसी स्थिति में अन्य राज्य के मामले में राष्ट्रपति का यह मानना विधिपूर्ण होगा कि राज्य के शासन संविधान के उपबंधों के आधार पर नहीं चलाया जा रहा है।
- राज्य में वित्तीय आपात लागू नहीं किया जा सकता है।
- संविधान में वर्णित मौलिक अधिकार जम्मू-कश्मीर में पूर्ण रूप से लागू नहीं है। राज्य के संविधान में मौलिक अधिकारों का अलग से उल्लेख है।
- संपत्ति का मौलिक अधिकार राज्य में लागू है। साथ ही राज्य से बाहर का कोई व्यक्ति राज्य में न तो स्थायी रूप से बस सकता है और न ही संपत्ति क्रय कर सकता है।
- भारतीय संविधान में वर्णित नीति–निर्देशक सिद्धांत यहां लागू नहीं हैं। राज्य के संविधान में नीति-निर्देशक सिद्धांतों का अलग से उल्लेख है।

स्वायत्तता की मांग पर विवाद

जुलाई, 2002 में नेशनल फ्रंट के नवनिर्वाचित अध्यक्ष उमर अब्दुल्ला द्वारा राज्य को स्वायत्तता दिए जाने की मांग के बाद से इस मुद्दे पर फिर से विवाद उभरा है। उल्लेखनीय है कि इसके पूर्व जम्मू-कश्मीर के मुख्यमंत्री शेख अब्दुल्ला द्वारा राज्य को और स्वायत्तता दिए जाने की मांग समय-समय पर की जाती रही है। 1975 में इंदिरा गांधी और शेख अब्दुल्ला के मध्य जो समझौता हुआ था। उसमें भारत सरकार द्वारा उदार दृष्टिकोण अपनाते हुए कई ऐसे उपबंध किए गए थे। जो राज्य को और अधिक स्वायत्तता प्रदान करते थे। इतने पर भी राज्य के अलगाववादी तत्व लगातार स्वायत्तता की मांग करते रहे। इस समझौते में शेख अब्दुल्ला ने जनमत संग्रह की मांग छोड़ दी किंतु यह भी तय किया गया कि अनुच्छेद 370 के अधीन राज्य की

विशेष स्थिति बनी रहेगी। इस समझौते का राज्य के प्लेबिसाइट फ्रंट द्वारा भारी विरोध किया गया। प्लैबिसाइट फ्रंट को शेख अब्दुल्ला का समर्थन प्राप्त था किंतु सत्ता प्राप्त करने के लोभ में उन्होंने फ्रंट की मांगों को समर्थन देना कुछ समय के लिए बंद कर दिया था। फरवरी, 1975 में समझौते के बाद मीर कासिम ने मुख्यमंत्री पद से त्यागपत्र दे दिया और शेख अब्दुल्ला मुख्यमंत्री नियुक्त हुए। जुलाई, 1975 में हुए निर्वाचन में शेख अब्दुल्ला निर्वाचित हुए और पुनः मुख्यमंत्री बने।

1975 का यह समझौता विवादित हो जाने के कारण इसे लागू करने वाला राष्ट्रपति आदेश नहीं जारी किया गया। यही स्थिति आज तक बनी हुई है। समझौते में एक प्रावधान यह भी था कि संविधान के जिन उपबंधों को उनके मूलरूप में बिना किसी संशोधन के 1953 के बाद लागू किया गया है, उसमें कोई परिवर्तन नहीं किया जाएगा। इस बिंदु पर भी बाद में विवाद हो जाने के कारण तत्कालीन प्रधानमंत्री इंदिरा गांधी द्वारा आश्वासन दिया गया था कि 1953 के बाद के सभी उपबंधों, जो जम्मू-कश्मीर के संबंध में है, पर सहानुभूतिपूर्वक विचार किया जाएगा। किंतु इस पर कभी विचार नहीं किया गया और न ही कभी राज्य सरकार द्वारा इस पर दबाव बनाया गया।

26 जून, 2000 को राज्य विधानमंडल द्वारा गुलाम मोहिउद्दीन शाह की अध्यक्षता वाली राज्य स्वायत्तता समिति के प्रस्ताव को दो-तिहाई बहुमत से पारित किया गया। उल्लेखनीय है कि इस समिति का गठन कर्ण सिंह की अध्यक्षता में 1996 में किया गया था। बाद में कर्ण सिंह के त्यागपत्र दिए जाने के बाद गुलाम मोहिउद्दीन शाह इस समिति के अध्यक्ष बनाए गए। इस प्रस्ताव में 1953 के पूर्व की स्थिति को बहाल करने की मांग की गई है। वैदेशिक संबंध, संचार एवं सुरक्षा के अतिरिक्त शेष सभी मामलों पर राज्य को पूर्ण स्वायत्तता प्रदान करने तथा राज्य के राज्यपाल को सदर-ए-रियासत तथा प्रधानमंत्री को वजीर-ए-आजम नाम देने की संस्तुति प्रस्ताव में की गई है। समिति ने चुनाव तथा मानवाधिकार जैसे विषयों पर भी पूर्ण स्वायत्तता का प्रस्ताव किया है। प्रस्ताव के मुख्य बिंदु इस प्रकार हैं–

- राज्य का अपना अलग संविधान हो।
- रक्षा, विदेश और दूरसंचार के मामले केंद्र के अधीन हों, लेकिन इसके अलावा सारे मामलों पर फैसले का अधिकार राज्य को हो।
- मुख्यमंत्री का पद समाप्त कर दिया जाए और उसकी जगह राज्य में वजीरे-ए-आजम का पद हो।
- राज्य संविधान में मौलिक अधिकारों के लिए अलग से एक नया अध्याय हो।
- भारत के संविधान के अनुच्छेद 246 में किए गए सभी संशोधनों को निरस्त किया जाए।

- राज्यपाल शासन की घोषणा किए जाने पर राज्य की विधानसभा से दो माह के भीतर उसका अनुमोदन कराया जाना अनिवार्य हो और ऐसा न होने पर राज्यपाल शासन को निरस्त माना जाए।
- केंद्र सरकार द्वारा किए गए चुनाव संबंधी परिवर्तन वापस लिए जाएं और राज्य में चुनाव कराने के बारे में तथा उसमें किसी परिवर्तन के बारे में पूरा अधिकार राज्य के पास हो।
- वित्त, संपत्ति करार और मुकदमों के मामलों पर 1952 में हुए 'दिल्ली समझौते' के अंतर्गत राज्य सरकार और केंद्र सरकार के प्रतिनिधियों के बीच विचार-विमर्श किया जाए।
- भारत के संविधान के 21वें भाग में, 'अस्थायी' शब्द को हटा दिया जाए और अनुच्छेद 370 के शीर्षक में उल्लेखित 'अस्थायी' शब्द के स्थान पर 'विशेष' शब्द शामिल किया जाए।
- कुछ विशेष वर्गों से संबंधित विशेष प्रावधानों, जिनकी व्यवस्था भारत के संविधान के अनुच्छेद 338 और 342 में की गई है, को हटा दिया जाए। इनके स्थान पर राज्य के संविधान में इस बात की व्यवस्था की जाए।

हालांकि यह सुस्पष्ट है कि राज्य विधान सभा द्वारा पारित स्वायत्तता प्रस्ताव का तब तक कोई महत्त्व नहीं है, जब तक कि भारतीय संसद द्वारा इसे पारित न किया जाए। जून, 2000 में इस प्रस्ताव को राज्य विधानमंडल में न ले जाने की सलाह केंद्र सरकार से फारुख अब्दुल्ला को दी थी। तत्कालीन गृहमंत्री लालकृष्ण आडवाणी ने इस प्रस्ताव को पूरी तरह नकार दिया था। जुलाई 2002 में भी उप प्रधानमंत्री लालकृष्ण आडवाणी तथा गृह राज्यमंत्री आई.डी. स्वामी ने स्पष्ट कर दिया कि स्वायत्तता का प्रस्ताव केंद्र सरकार को किसी भी स्थिति में ग्राह्य नहीं है।

अनुच्छेद 370 : समस्या का प्रमुख बिंदु

जैसाकि पूर्व में उल्लिखित है, जम्मू-कश्मीर के महाराजा हरि सिंह द्वारा भारत में विलय संबंधी पत्र पर हस्ताक्षर के समय रियासत पर पड़ोसी राष्ट्र के सैनिकों द्वारा अतिक्रमण किया जा रहा है था। यह वास्तव में संक्रमण काल था और जम्मू-कश्मीर के मामले में स्थिति और भी नाजुक थी। इस स्थिति को देखते हुए जम्मू-कश्मीर राज्य को संविधान के अनुच्छेद 238 में स्थान न देकर इसके लिए अनुच्छेद 370 में अस्थायी उपबंध किया गया। इस अनुच्छेद को संविधान में स्थान देने के पूर्व संविधान सभा में इसके प्रारूप पर न केवल विचार किया गया था, बल्कि इस पर बहस भी की गई थी। संविधान सभा में अनुच्छेद 370 के मसौदे को प्रस्तुत करते हुए संविधान सभा के सदस्य गोपाल स्वामी आयंगर ने निम्न तर्क प्रस्तुत किए थे–

- रियासत पर शत्रु राष्ट्र द्वारा आक्रमण किया जा रहा है तथा युद्ध अभी जारी है।
- युद्ध के कारण राज्य की आंतरिक स्थिति सामान्य नहीं है तथा अशांति की स्थिति बनी हुई है।
- रियासत का कुछ भाग अलगाववादियों के कब्जे में है।
- रियासत पर आक्रमण का मामला संयुक्त राष्ट्रसंघ में विचाराधीन है।
- भारत सरकार ने रियासत के नागरिकों को स्व-निर्णय का अधिकार देने का वादा किया है।
- राज्य का संविधान अभी नहीं बना है और राज्य पर भारतीय संविधान के विस्तार की रूपरेखा अभी तैयार नहीं है।

वास्तव में विलय के समय ही महाराजा हरि सिंह ने भारत के तत्कालीन गवर्नर जनरल लॉर्ड माउंटबेटेन को यह स्पष्ट कर दिया था कि विलय-पत्र पर हस्ताक्षर का अर्थ यह न समझा जाए कि रियासत ने अपनी संप्रभुता त्याग दी है अथवा भारत के संविधान को स्वीकार कर लिया है। गवर्नर जनरल द्वारा महाराजा हरि सिंह की इस शर्त को स्वीकार करने के साथ ही यह स्पष्ट हो गया था कि राज्य का अपना अलग संविधान होगा तथा भारतीय संविधान का विस्तार वहीं तक होगा, जहां तक यह रियासत के विधानमंडल को स्वीकार्य होगा। इस प्रकार यह भी स्पष्ट हो गया था कि जम्मू-कश्मीर को उन रियासतों की श्रेणी में नहीं स्थान दिया जा सकता है, जो पूरी तरह से भारत की संप्रभुता स्वीकार करते हैं। दूसरी ओर जम्मू-कश्मीर का न तो संविधान बना था और न ही विधानमंडल का गठन हुआ था। ऐसी संक्रमण कालीन स्थिति में इस रियासत के लिए अलग से प्रावधान अपरिहार्य हो गया था।

अनुच्छेद 370 के प्रावधान–अनुच्छेद 370 को संविधान के 21वें भाग में स्थान दिया गया है। यह भाग अस्थायी प्रकृति का है जो तत्कालीन स्थितियों को देखते हुए विशेष उपबंध के रूप में संविधान में रखा गया था। अनुच्छेद 370 जो जम्मू-कश्मीर राज्य के संबंध में व्यवहृत होता है, के उपबंध इस प्रकार हैं–

1. इस संविधान में किसी बात के होते हुए भी–

(क) अनुच्छेद 238 के उपबंध जम्मू-कश्मीर राज्य के संबंध में लागू नहीं होंगे।

(ख) उक्त राज्य के लिए विधि बनाने की संसद की शक्ति–

- संघ सूची एवं समवर्ती सूची के उन विषयों तक सीमित होगी, जिनको राष्ट्रपति उस राज्य की सरकार से परामर्श करके, उन विषयों के तत्स्थानीय विषय घोषित कर दे, जो भारतीय डोमिनियन में उस राज्य के अधिमिलन को शासित करने वाले अधिमिलन-पत्र में ऐसे विषयों के रूप में विनिर्दिष्ट हैं, जिनके संबंध में डोमिनियन विधानमण्डल उस राज्य के लिए विधि बना सकता है।

- उक्त सूचियों के उन अन्य विषयों तक सीमित होगी, जो राष्ट्रपति उस राज्य की सरकार की सहमति से आदेश द्वारा विनिर्दिष्ट करें।

स्पष्टीकरण–इस अनुच्छेद के प्रयोजनों के लिए राज्य की सरकार से वह व्यक्ति अभिप्रेत हैं, जिसे राज्य की विधान सभा की सिफारिश पर राष्ट्रपति ने राज्य की तत्समय पदारूढ़ मंत्रिपरिषद् की सलाह पर कार्य करने के लिए जम्मू-कश्मीर के सदर-ए-रियासत (अब राज्यपाल) के रूप में मान्यता प्रदान की हो।

(ग) अनुच्छेद 1 और इस अनुच्छेद के उपबंध उस राज्य के संबंध में लागू होंगे।

(घ) इस संविधान के ऐसे अन्य उपबंध ऐसे अपवादों और उपांतरणों के अधीन रहते हुए, जो राष्ट्रपति आदेश द्वारा विनिर्दिष्ट करें, उस राज्य के संबंध में लागू होंगे।

परंतु ऐसा कोई आदेश, जो उपखण्ड (ख) के पैरा (1) में विनिर्दिष्ट राज्य के अधिमिलन-पत्र में विनिर्दिष्ट विषयों से संबंधित है, उस राज्य की सरकार से परामर्श करके ही जारी किया जाएगा, अन्यथा नहीं। परंतु यह और कि ऐसा कोई आदेश जो अंतिम पूर्ववर्ती परांतुक में विनिर्दिष्ट विषयों से भिन्न विषयों से संबंधित है, उस सरकार की सहमति से ही जारी किया जाएगा, अन्यथा नहीं।

2. यदि खण्ड (1) के उपखण्ड (ख) के पैरा (II) में या उस खण्ड के उपखण्ड (घ) के दूसरे परांतुक में निर्दिष्ट उस राज्य की सरकार की सहमति, उस राज्य का संविधान बनाने के प्रयोजन के लिए संविधान सभा के बुलाए जाने से पहले दी जाए, तो उसे ऐसी संविधान सभा के समक्ष ऐसे विनिश्चय के लिए रखा जाएगा, जो वह उस पर करे।

3. इस अनुच्छेद के पूर्वगामी उपबंधों में किसी बात के होते हुए भी, राष्ट्रपति लोक अधिसूचना द्वारा घोषणा कर सकेगा कि यह अनुच्छेद प्रवर्तन में नहीं रहेगा, या ऐसे अपवादों और उपान्तरणों सहित ही और ऐसी तारीख से, जो वह विनिर्दिष्ट करे, प्रवर्तन में रहेगा। परंतु राष्ट्रपति द्वारा ऐसी अधिसूचना जारी किए जाने से पहले खण्ड (2) में निर्दिष्ट उस राज्य की संविधान सभा की सिफारिश आवश्यक होगी।

उपर्युक्त उपबंधों के विश्लेषण से ज्ञात होता है कि यह एक अस्थायी उपबंध था और स्थितियों में परिवर्तन के साथ ही इसे समाप्त किया जाना था। उपबंध के तीसरे खण्ड में इसे निरस्त करने की विधि की व्याख्या भी की गई है। कतिपय विशेषज्ञों का मत है कि अनुच्छेद 370 में दी गई व्यवस्था के अनुसार इसका निरसन संविधान सभा की सिफारिश से ही हो सकता है और चूंकि जम्मू-कश्मीर में अब कोई संविधान सभा नहीं है, अत: अब इसका निरसन नहीं हो सकता है, किंतु वास्तव में ऐसा कुछ नहीं है। इसे समाप्त करने के लिए प्रथमत: भारत सरकार को 1951 में तब प्रयास करना चाहिए था। जब संविधान सभा का गठन हुआ था। संविधान सभा स्वयं भी इस तरह की सिफारिश भारत सरकार से कर सकती थी।

किंतु भारत सरकार की उदासीनता के कारण ऐसा नहीं हुआ। इसके विपरीत संविधान सभा ने 5 नवंबर, 1951 को इस अनुच्छेद को जारी रखने की संस्तुति की। जहां तक जनमत संग्रह की बात है, वह उसी समय समाप्त हो गई, जब प्रत्यक्ष निर्वाचन द्वारा चुनी गई संविधान सभा ने रियासत के भारत में विलय की पुष्टि की। संविधान सभा चूंकि जनता द्वारा निर्वाचित प्रतिनिधियों से गठित हुई थी, अतः इस पुष्टि को जनता की इच्छा माना जाना चाहिए था। संविधान निर्माण के बाद संविधान सभा ही नहीं रही, उसका स्थान विधानसभा ने ले लिया। भारत सरकार अनुच्छेद 370 के समाप्त करवाने हेतु विधानसभा से सिफारिश मांग सकती थी किंतु दृढ़ इच्छाशक्ति के अभाव में तत्कालीन राजनेताओं ने इसकी आवश्यकता नहीं समझी।

आज जम्मू-कश्मीर में अलगाववाद की जो बयार बह रही है, उसके मूल में संविधान का अनुच्छेद 370 ही है। इस अनुच्छेद के तहत राज्य को विशेष दर्जा प्राप्त है। इस विशेष स्थिति के कारण राज्य की जनता अपने को अन्य राज्यों के निवासियों के मुकाबले या तो श्रेष्ठ समझती हैं अथवा अलग-थलग समझती है। उसका संपूर्ण भारत की जनता के साथ भावनात्मक रूप से एकीकरण नहीं हो पा रहा है। जम्मू-कश्मीर में शेष भारत के नागरिकों द्वारा संपत्ति क्रय करने तथा वहां के स्थायी निवासी होने पर प्रतिबंध है। इस प्रतिबंध के कारण जम्मू-कश्मीर में सांस्कृतिक बदलाव नहीं आ पा रहा है। यदि इस प्रतिबंध को समाप्त कर दिया गया होता तो आज इस राज्य की तस्वीर दूसरी होती और संभवतः अलगाववाद की समस्या अब तक समाप्त हो गई होती। वास्तव में इस अनुच्छेद को समाप्त किए जाने में ही राज्य की भलाई है किंतु इसके लिए भारत तथा जम्मू-कश्मीर के राजनेताओं को दृढ़ इच्छाशक्ति का परिचय देना होगा।

नियंत्रण रेखा (Line of Control)

जम्मू-कश्मीर की विवादास्पद स्थिति का एक अन्य पहलू है सीमा-रेखा विवाद। यद्यपि इस विवाद का भारतीय संविधान से कोई संबंध नहीं है, तथापि दोनों देशों के मध्य सीमा-रेखा के इस विवाद को सार रूप में समझ लेना आवश्यक होगा।

पाकिस्तान द्वारा कश्मीर पर अक्टूबर, 1947 में किए गए आक्रमण के बाद संयुक्त राष्ट्र सुरक्षा परिषद् के प्रयास से 1 जनवरी, 1949 की अर्धरात्रि को युद्धविराम लागू हुआ। युद्धविराम के समय तक पाकिस्तान भारत के 78114 वर्ग किमी. क्षेत्र पर आधिपत्य प्राप्त कर चुका था। कारगिल, जो 1999 में भारतीय तथा पाकिस्तानी फौजों के मध्य संघर्ष का मुख्य स्थल था, इसी सीमा रेखा पर मौजूद है। 1965 तथा 1971 में पाकिस्तान द्वारा अधिकृत प्वाइंट-13620, जो कारगिल के निकट ही सामरिक दृष्टि से महत्त्वपूर्ण पहाड़ी है, पर भारतीय फौज ने कब्जा कर लिया था

किंतु बाद में संपन्न शांति समझौते के अंतर्गत इसे भारत ने पाकिस्तान को वापस कर दिया था। भारत तथा पाकिस्तान के मध्य वास्तविक नियंत्रण रेखा (Line of Actual Control) की लंबाई 740 किमी. है। इसके दोनों ओर भारत तथा पाकिस्तान की कुल 12000 चौकियां हैं।

1 जनवरी, 1949 को युद्ध विराम के समय जो भाग पाकिस्तान के अधिकार में रह गया था उसे भारत में 'पाक अधिकृत कश्मीर' (Pak Occupied Kashmir-POK) कहा जाता है जबकि पाकिस्तान इसे स्वतंत्र कश्मीर कहता है। पाकिस्तान द्वारा इस क्षेत्र के प्रशासन हेतु 1947 में आजाद कश्मीर अंतरिम संविधान अधिनियम पारित किया गया था। इस क्षेत्र का प्रशासन एक रेजिडेंट कमिश्नर के माध्यम से प्रधानमंत्री की अध्यक्षता वाली 5 सदस्यीय समिति द्वारा किया जाता है। प्रशासकीय सुविधा की दृष्टि से इस क्षेत्र को गिलगिट, दाययार, स्कार्दू, गिजिर तथा चिलास के नाम से विभाजित किया गया है। न्यायिक प्रशासन की दृष्टि से इसे पांच दीवानी जिलों में बांटा गया है। इन जिलों के नाम हैं–गिलगिट, स्कार्दू, चिलास, गाहकाच एवं कालपू न्यायिक प्रशासन हेतु न्यायिक कमिश्नर की नियुक्ति की जाती है। वास्तविक नियंत्रण रेखा के उस पार अधमुकाम, चकौठी, कोटली छम्ब, दुधनियान आदि मुख्य शहर हैं जो भारतीय चौकियों के निशाने पर हैं। इस पार राजौरी, पुंछ, नौशेरा, कारगिल, सियाचिन, उड़ी, कुपवाड़ा, रिटवाल, केरन आदि शहर हैं जो पाकिस्तानी चौकियों के निशाने पर हैं।

अनुच्छेद 370 और उसकी प्रासंगिकता

अनुच्छेद–370 हमेशा से ही चर्चा में रहा है। माननीय नरेंद्र मोदी के प्रधानमंत्री बनने के तुरंत बाद यह अनुच्छेद पुनः चर्चा में आ गया। प्रधानमंत्री कार्यालय में मंत्री जितेन्द्र सिंह ने यह मुद्दा उठाकर एक बार पुनः इस पर बहस की मांग छेड़ दी। अभी हाल में जम्मू-कश्मीर की मुख्यमंत्री महोदया ने भी अनुच्छेद 370 का मुद्दा उठाकर इसको एक नया आयाम दे दिया। इसको लेकर तीव्र प्रतिक्रियाएं पक्ष तथा विपक्ष दोनों ही तरफ से देखने को मिल रही हैं। जम्मू-कश्मीर के भारत में विलय और राज्य पर भारतीय संविधान को पूरी तरह लागू करने की मांग को लेकर जो आंदोलन 1947 से 1953 में नेहरू-अब्दुल्ला के बीच हुई संधि तक चला, वहीं आंदोलन करवट लेते हुए कालांतर में कश्मीर में अलगाववाद की चपेट में आ गया। कश्मीर में हिंदू, सिख, डोगरा और बौद्धों के विस्थापन से लेकर उनकी सामाजिक, आर्थिक व शैक्षिक बदहाली की जड़ में यही अनुच्छेद है। इस लिहाज से यदि संवैधानिक प्रावधान अनुच्छेद 370 जम्मू-कश्मीर के मूल बाशिंदों के लिए लाभकारी साबित नहीं हुआ है तो उस पर विचार-विमर्श से परहेज क्यों? वास्तव में

आज अनुच्छेद 370 के तहत जम्मू-कश्मीर को जिस तरह के अधिकार प्राप्त हैं, उससे न केवल अलगाववाद को हवा मिल रही है, बल्कि सभी गैर मुस्लिम समुदाय असमानता और अन्याय का दंश झेलते हुए आत्मरक्षा के संकट से भी जूझ रहे हैं। इससे केवल अब्दुल्ला और मुफ्ती मोहम्मद सईद परिवार को राजनीतिक-आर्थिक लाभ हुआ है, इसलिए 370 पर बहस को तरजीह दी जानी चाहिए।

अनुच्छेद-370 और उसके प्रावधानः अनुच्छेद-370 के मूल प्रावधान इस प्रकार हैं–अनुच्छेद-370 जम्मू-कश्मीर राज्य के संबंध में एक स्थायी उपबंध है जिसमें कहा गया है कि (1) जम्मू-कश्मीर भारत का एक अंग है परंतु अनुच्छेद 238 के उपबंध जम्मू एवं कश्मीर राज्य के संबंध में लागू नहीं होंगे। ध्यातव्य है कि 7वें संविधान संशोधन द्वारा अनुच्छेद 238 को सन् 1956 में निरसित कर दिया गया।

(2) उस राज्य के लिए विधि बनाने की संसद की शक्ति–(i) संघ सूची और समवर्ती सूची के उन विषयों तक सीमित होगी, जिनको राष्ट्रपति उस राज्य की सरकार से परामर्श करके उन विषयों को तत्स्थायी विषय घोषित कर दें जो भारत डोमोनियन में उस राज्य के अधिमिलन को शासित करने वाले अधिमिलन पत्र में ऐसे विषयों के रूप में विनिर्दिष्ट हैं जिनके संबंध में डोमिनियन विधानमंडल उस राज्य के लिए विधि बना सकता है। और (ii) उक्त सूचियों के उन अन्य विषयों तक सीमित होगी, जो राष्ट्रपति उस राज्य की सरकार की सहमति से आदेश द्वारा विनिर्दिष्ट करें।

इस अनुच्छेद के प्रयोजनों के लिए उस राज्य की सरकार से वह व्यक्ति अभिप्रेत है, जिसे राष्ट्रपति से जम्मू-कश्मीर के महाराजा की मार्च, 1948 की उद्घोषणा के अधीन तत्समय पदस्थ मंत्रिपरिषद की सलाह पर कार्य करने वाले जम्मू-कश्मीर के महाराजा के रूप में तत्सम मान्यता प्राप्त थी।

(ग) अनुच्छेद-1 और इस अनुच्छेद के उपबंध उस राज्य के संबंध में भी लागू होंगे।

(घ) इस संविधान के ऐसे अन्य उपबंधों ऐसे अपवादों तथा उपांतत्वों के अधीन रहते हुए जो राष्ट्रपति आदेश द्वारा विर्निदिष्ट करें, उस राज्य के संबंध में लागू होंगे। परंतु ऐसा कोई आदेश, जो उपखंड (ख) के पैरा (प) में निर्दिष्ट राज्य अधिमिलन-पत्र में विर्निदिष्ट विषयों से संबंधित है, उस राज्य की सरकार से परामर्श करके ही जारी किया जाएगा, अन्यथा नहीं। परंतु यह और कि ऐसा कोई आदेश, जो अंतिम पूर्ववर्ती परंतुक में निर्दिष्ट विषयों से भिन्न विषयों से संबंधित है, उस राज्य सरकार की सहमति से जारी किया जाएगा, अन्यथा नहीं। (2) यदि खण्ड-(ii) के उपखण्ड (ख) के पैरा (ii) में या उस खण्ड के उपखण्ड (घ) के दूसरे परांतुक में निर्दिष्ट उस राज्य की सहमति, उस राज्य का संविधान बनाने के प्रयोजन के लिए संविधान के बुलाए जाने से पहले दी जाए तो उसे ऐसी संविधान सभा के समक्ष

ऐसे विनिश्चय के लिए रखा जाएगा, जो वह उस पर करें (3) इस अनुच्छेद के पूर्वगामी उपबंधों मे किसी बात के होते हुए भी राष्ट्रपति अधिसूचना द्वारा घोषणा कर सकेगा कि यह अनुच्छेद प्रवर्तन में नहीं रहेगा या ऐसे अपवादों और उपांतरणों सहित ही और ऐसी तारीख से प्रवर्तन में रहेगा, जो वह विनिर्दिष्ट करें।

परंतु राष्ट्रपति द्वारा ऐसी अधिसूचना जारी किए जाने से पहले खण्ड (2) में निर्दिष्ट उस राज्य की संविधान सभा की सिफारिश आवश्यक होगी।

नोट–इस अनुच्छेद के द्वारा प्रदत्त शक्तियों का प्रयोग करते हुए राष्ट्रपति ने जम्मू और कश्मीर राज्य की संविधान सभा की सिफारिश पर यह घोषणा की थी कि 17 नवम्बर, 1952 के उक्त अनुच्छेद 370 के इस रूपांतरण के साथ प्रवर्तनीय होगा कि उसके खण्ड (1) स्पष्टीकरण के स्थान पर निम्नलिखित स्पष्टीकरण रख दिया जाए अर्थात्–

स्पष्टीकरण–इस अनुच्छेद के प्रयोजनों के लिए राज्य की सरकार से वह व्यक्ति अभिप्रेत है। जिसे राज्य की विधानसभा की सिफारिश पर राष्ट्रपति ने राज्यों की तत्समय पदारूढ़ मंत्रिपरिषद् की सलाह पर कार्य करने वाले जम्मू-कश्मीर के सदरे रियासत (अब राज्य पाल) विधि मंत्रालय आदेश संख्या अ–447 दिनांक 15 नवम्बर, 1952) के रूप में मान्यता प्रदान कर दी।

अनुच्छेद 370 की प्रमुख विशेषताएं

अनुच्छेद 370 की प्रमुख विशेषताएं निम्नवत् हैं–

- अनुच्छेद 370 के माध्यम से जम्मू-कश्मीर राज्य को भारतीय संविधान के कानूनों और भारतीय संसद के व्यवस्थापनों के प्रभाव से एकदम अलग रखा गया है।
- भारत सरकार को केवल विदेश रक्षा तथा संचार के क्षेत्र में ही जम्मू-कश्मीर के लिए कानून बनाने का अधिकार प्राप्त है। परंतु इसके बारे में भी राज्य सरकार से विचार-विमर्श करना होगा। यह अलग बात है कि यह भारत सरकार राज्य सरकार की सलाह को मानने के लिए बाध्य नहीं है।
- यदि किन्हीं विशेष परिस्थितियों में अथवा कारण से भारतीय संविधान के प्रावधानों तथा संसद द्वारा पारित कानूनों को जम्मू-कश्मीर पर भी लागू करना आवश्यक है तो उस स्थिति में राज्य सरकार की सहमति प्राप्त करनी होगी।
- भारतीय संविधान के प्रावधानों तथा संसद के कानूनों को कश्मीर पर लागू करने के लिए क्षेत्र सहमति पर्याप्त नहीं है। यह सहमति राज्य की संविधान सभा द्वारा पुष्टिकरण के तौर पर अभिव्यक्त की जानी चाहिए। यदि ऐसी स्वीकृति राज्य का संविधान बनने के पूर्व अर्थात् अनुच्छेद 370 के पारित

होने से पूर्व व्यक्त की गई है तो उसकी भी पुष्टि राज्य के संविधान सभा अथवा विधानसभा द्वारा करनी होगी।

- राज्य सरकार ऐसी स्वीकृति या सहमति तभी तक दे सकती है जब तक संविधान सभा का अस्तित्व है। संविधान सभा समाप्त हेने के बाद अनुच्छेद 370 की व्यवस्थाओं में केंद्रीय संसद एवं राष्ट्रपति द्वारा परिवर्तन नहीं किया जा सकेगा।
- अनुच्छेद 370 (3) में व्यवस्था है कि राष्ट्रपति के आदेशों को जम्मू-कश्मीर में राज्य की संविधान की सिफारिश पर ही लागू किया जाएगा।

भारतीय संविधान निर्माताओं ने अनुच्छेद 370 को विशेष महत्व दिया है। यही कारण है कि अनुच्छेद 368 के प्रभाव से भी इसको अलग रखा गया है। कोई भी संविधान संशोधन करते हुए गोपाला स्वामी आयंगर ने 17 अक्टूबर, 1949 में कहा था कि कश्मीर से संबंधित संवैधानिक परिवर्तन अर्थात् अनुच्छेद 370 की व्यवस्थाओं से संशोधन या परिवर्तन राज्य की संविधान सभा द्वारा ही किया जा सकता है। अनुच्छेद 370 को जवाहर लाल नेहरू ने एक अस्थायी उपबंध की संज्ञा दी थी। इसके पीछे उनका विचार यह था कि जम्मू-कश्मीर का विलय भारत में जिस जल्दबाजी तथा कठिन परिस्थितियों में हुआ है, उसके कारण अनुच्छेद 370 बना रहेगा। परंतु स्थिति के सामान्य होने के बाद कश्मीर भी अन्य राज्यों की तरह भारतीय संघ अथवा गणराज्य का एक राज्य बन जाएगा तथा समग्र व्यवस्था उस पर भी लागू होगी, जैसे अन्य राज्यों पर होती है। यही कारण है कि अनुच्छेद 370 को भाग-21 में रखा गया है। ध्यातव्य है कि भाग-21 में अस्थायी व्यवस्था वाले अनुच्छेदों को रखा जाता है। संवैधानिक सिर्फ राज्य की संविधान सभा ही कर सकती है। यह निर्णय सर्वोच्च न्यायालय से संपत प्रकाश बनाम जम्मू-कश्मीर राज्य तथा मुहम्मद मकबूल दमन बनाम जम्मू-कश्मीर राज्य में दिया गया है। संविधान के अनुच्छेद 370 में प्रदत्त शक्तियों का प्रयोग करते हुए राष्ट्रपति ने जम्मू-कश्मीर राज्य में निवारक नजरबंदी कानूनों को भारतीय संविधान के अनुच्छेदों 21–22 से मुक्त रखा है, जिसके कारण वहां के नागरिकों के अधिकार सीमित रहे और जम्मू-कश्मीर राज्य के उच्च न्यायालय तथा सर्वोच्च न्यायालय ने इसे वैध भी ठहराया है।

जम्मू-कश्मीर के संविधान में दूसरे दर्जे के नागरिक–अनुच्छेद 370 के अंतर्गत भारतीय संविधान से जम्मू-कश्मीर को अपना अलग से एक संविधान अपनाने का अधिकार प्राप्त है। इस संविधान में अलग नागरिकता भी है, इसलिए अलग नागरिकता से ही यह निष्कर्ष निकलता है कि जम्मू-कश्मीर के नागरिकों के अधिकारों और शेष भारत के नागरिकों के अधिकारों में भी फर्क है। अनुच्छेद 370 के कारण कोई भी भारतीय कानून जम्मू-कश्मीर पर तब तक नहीं लागू होगा जब तक स्थानीय विधानसभा

और सरकार उसका अनुमोदन नहीं कर देती है। जम्मू-कश्मीर के नागरिक उसी अर्थ में भारत के नागरिक है, जिस अर्थ में देश के अन्य राज्यों के नागरिक, परंतु अन्य राज्यों के नागरिक जम्मू-कश्मीर के नागरिक नहीं हो सकते हैं। अन्य शब्दों में, जिनको राज्य का नागरिक घोषित नहीं किया गया है। ऐसे लोगों को जम्मू-कश्मीर विधान सभा के लिए वोट देने का अधिकार नहीं है। ध्यातव्य है कि जम्मू-कश्मीर राज्य का नागरिक भी सिर्फ वही व्यक्ति बन सकता है जो पुश्तैनी तौर पर राज्य का निवासी हो तथा नागरिकता तय करने के लिए जम्मू-कश्मीर के संविधान में लगभग उन्हीं नियमों का अनुकरण किया हो जो महाराजा हरि सिंह के समय में रियासत के संविधान में निहित है। तत्कालीन रियासती संविधान में नागरिकों के कई वर्ग थे जिसमें प्रथम दर्जे का नागरिक वह था जो मूल रूप से जम्मू-कश्मीर का निवासी हो जबकि दूसरे दर्जे के नागरिकों को स्वीकार नहीं किया गया है। ध्यातव्य है कि सर्वोच्च न्यायालय में एक ऐसे दूसरे दर्जे के व्यक्ति ने याचिका प्रस्तुत की थी कि हमें कश्मीर में आए 40 वर्ष हो गए हैं परंतु हमको मतदान करने, जायदाद खरीदने, नौकरी पाने आदि का भी अधिकार प्राप्त नहीं है। कश्मीर में ऐसे लोगों की जनसंख्या लगभग 7–8% है। सर्वोच्च न्यायालय के न्यायाधीश चिन्नया रेड्डी ने 1987 में निर्णय देते हुए दुखी मन से कहा कि इस अभागे नागरिक को हम कोई अधिकार नहीं दे सकते हैं।

यद्यपि जम्मू-कश्मीर में आज अनुच्छेद 370 का वह रूप तो नहीं है जो शेख अब्दुल्ला के समय में था। वर्तमान में जम्मू-कश्मीर में प्रधानमंत्री के स्थान पर मुख्यमंत्री है, सदरे रियासत की जगह पर राज्यपाल है, सर्वोच्च न्यायालय के आदेश जम्मू-कश्मीर पर लागू होते हैं तथा कश्मीर जाने के लिए कश्मीर सरकार की अनुमति भी नहीं लेनी पड़ती है। परंतु शेष देश का नागरिक आज भी वहां जाकर न तो बस सकता है और न उसे वोट देने का अधिकार है और न ही उसे संपत्ति बनाने का खरीदने का अधिकार है और यह सब कुछ अनुच्छेद 370 के कारण। जिससे जम्मू-कश्मीर में अलगावाद ने अपनी जड़ें जमाई है। विगत 40 वर्षों में अनुच्छेद 370 के कारण कश्मीर का औद्योगिक विकास भी नहीं हो सका क्योंकि निजी क्षेत्र के उद्योगपति वहां कोई उद्योग स्थापित नहीं कर सकते हैं। परंतु अभी तक न तो भारत सरकार और न ही देश के बुद्धिजीवियों ने आम जनता को इस संवैधानिक व्यवस्था के स्वरूप, आवश्यकता और परिणामों के बारे में शिक्षित करने की कोशिश की।

अनुच्छेद 370 पर बहस का औचित्य

अनुच्छेद 370 को अब तक भारत की राष्ट्रीय अखंडता और संप्रभुता जैसे बड़े सवालों से जोड़कर देखा जाता रहा है। इसके साथ ही कश्मीर को वहां रह रहे

हिंदुओं की सुरक्षा और विस्थापित पंडितों की समस्या के बरअक्स भी देखा जाता रहा है। हालांकि भाजपा को छोड़ अन्य राजनीतिक दलों के लिए विस्थापित पंडित इसलिए महत्वपूर्ण नहीं हैं, क्योंकि वे अपनी संख्या बल के आधार पर राजनीति में जय-पराजय का परिणाम देने वाला हस्तक्षेप नहीं कर पाते। हालांकि बीते लोकसभा चुनाव परिणाम से तय हो गया है कि अब मुस्लिम तुष्टिकरण की राजनीति करके भी चुनाव नहीं जीते जा सकते हैं। किंतु कश्मीर समस्या तमाम अनुत्तरित सवालों से ही जुड़ी नहीं है, यह कश्मीरी डोगरे, लद्दाखी बौद्ध, सिख और अन्य दलित व पिछड़ी जातियों के मानवाधिकार हनन से भी जुड़ी है।

यह समस्या 1947 में बंटवारे के बाद भड़की सांप्रदायिक हिंसा के परिणामस्वरूप पश्चिमी पाकिस्तान से पलायन करके जम्मू क्षेत्र में आए हिंदुओं से भी जुड़ी है। चूंकि ये लोग 65 साल पहले जम्मू-कश्मीर के मूल निवासी नहीं थे, इसलिए इन लाचारों को भारत की नागरिकता तो मिल गई है, लेकिन आज तक जम्मू-कश्मीर की नागरिकता नहीं मिली है। जबकि विडंबना देखिए, विभाजन की मार को लेकर पाकिस्तान से आए सभी शरणार्थी देश में जहां भी बसे, वहां की उन्हें नागरिकता दे दी गई। आज वे सभी सम्मानित भारतीय नागरिक हैं। तय है, कश्मीर घाटी में बहुसंख्यक मुस्लिम समुदाय को छोड़ अन्य धर्म और जनजातियों के लोग बदहाली और आत्मरक्षा के संकट से जूझ रहे हैं।

अनुच्छेद-370 बनाम अलगाववाद

भाजपा सांसद जितेंद्र सिंह ने अनुच्छेद-370 का व्यापक परिप्रेक्ष्य में मूल्यांकन करने की वकालत की है तो इसे गंभीरता से लेने की जरूरत है। इसके पहले एक चुनावी सभा को संबोधित करते हुए नरेंद्र मोदी ने कहा कि जम्मू-कश्मीर में दलित, बौद्ध, स्थानीय जनजातियां और महिलाएं अन्य राज्यों की तुलना में समान अधिकार से वंचित हैं। इसलिए इस संवैधानिक प्रावधान से वाकई कश्मीरियों को कोई फायदा हुआ भी है या नहीं, इसकी समीक्षा होनी चाहिए। यहां ध्यातव्य है कि जब देश में मुस्लिम समुदाय के सामाजिक और आर्थिक आकलन की दृष्टि से सच्चर समिति बिठाई जा सकती है और देश के सभी अल्पसंख्यकों व दलितों की यथार्थ तस्वीर सामने लाने के लिए रंगनाथ मिश्र आयोग से रिपोर्ट तैयार कराई जा सकती है तो जम्मू-कश्मीर में रह रहे अल्पसंख्यकों व दलितों की हकीकत जानने के लिए अनुच्छेद 370 के व्यापक परिप्रेक्ष्य में इन लोगों की सामाजिक और आर्थिक हैसियत की समीक्षा क्यों नहीं कराई जा सकती?

कश्मीर में इंसानियत कितनी बदहाल है, यह भारत-विभाजन के दौरान पश्चिम पाकिस्तान से जम्मू क्षेत्र में बसे हिंदुओं के हालात से जाना जा सकता है। चूंकि ये

लोग रिफ्यूजी थे और इनका संबंध महाराजा हरि सिंह के तत्कालीन राज्य से नहीं था, इसलिए इन्हें जम्मू-कश्मीर राज्य की नागरिकता आज तक नहीं मिली है। अलबत्ता, इनके पास भारतीय नागरिकता जरूर है। क्या इस परिप्रेक्ष्य में अनुच्छेद 370 की समीक्षा की जरूरत नहीं है? दरअसल, इस अनुच्छेद में प्रावधान है कि जम्मू-कश्मीर के परंपरागत मूल निवासियों को ही नागरिकता के अधिकार दिए जाएंगे, जो राज्य विषय के अंतर्गत आते हैं। इसी विषय के अंतर्गत आने वाले लोग यहां घर और भूमि का क्रय-विक्रय कर सकते हैं। उन्हें ही उच्च शिक्षा प्राप्त करने का हक है। सरकारी नौकरियों पर भी उन्हीं का एकाधिकार है। राज्य विषय से इतर लोग देश के नागरिक भले ही हैं, लेकिन राज्य के नागरिक नहीं हैं। इसलिए ये लोग कल्याणकारी लाभ से वंचित हैं, क्योंकि इनके पास राशन कार्ड नहीं हैं। इन्हें ग्राम पंचायत, नगरीय निकाय और विधानसभा चुनाव में लड़ने का अधिकार तो छोड़िए, वोट डालने तक का अधिकार नही है। हां, संसदीय चुनाव में जरूर ये वोट डालने का अधिकार रखते हैं।

संविधान में अनुच्छेद 370 का प्रावधान रखते वक्त पं. नेहरू ने खुद उम्मीद जताई थी कि समय के साथ राज्य को विशेष दर्जा देने वाले प्रावधान की जरूरत ही नहीं रह जाएगी। दुर्भाग्य से ऐसा निजी राजनीतिक लिप्साओं और सत्ता में बने रहने की महत्वाकांक्षाओं के चलते नहीं हो पाया। वरना, 26 अक्टूबर, 1947 को जम्मू-कश्मीर का भारत में विलय हुआ था, तभी यह राज्य भारत का अविभाजित हिस्सा बन गया था। यह स्वीकृति ब्रिटिश और भारतीय संसद के विभिन्न कानूनों के अनुरूप थी, जो अंतर्राष्ट्रीय कानूनों के तकाजों पर भी खरी उतरती थी। महाराजा हरि सिंह ने राज्य विलीनीकरण के दस्तावेजों पर ठीक उसी तरह दस्तखत किए थे, जिस तरह से अन्य रियासतों के राजाओं ने किए थे। लेकिन इसी वक्त शेख अब्दुल्ला ने भारतीय संविधान के दायरे से कश्मीर को अलग रखने की कवायद शुरू कर दी थी। यह वह समय था, जब पाकिस्तानी कबाइलियों ने घाटी पर हमला बोल दिया। हमले से भयभीत होकर महाराजा हरि सिंह श्रीनगर से प्राण बचाकर भाग निकले। हरि सिंह के इस पलायन को शेख अब्दुल्ला ने एक सुनहरा अवसर मानते हुए कहा कि हरि सिंह राज्य छोड़कर भाग खड़े हुए हैं, इसलिए जम्मू-कश्मीर का विलीनीकरण वैध नहीं ठहराया जा सका।

जम्मू-कश्मीर को ऐसे मिला विशेष दर्जा

भारत की तमाम रियासतों के विलीनीकरण की समस्या से तो सरकार वल्लभ भाई पटेल निपटे, लेकिन जम्मू-कश्मीर के विलय के मुद्दे को नेहरू ने अपने पास ही रखा। नेहरू का कश्मीर से लगाव इसलिए भी था, क्योंकि यह उनकी जन्मभूमि थी। श्यामा प्रसाद मुखर्जी उस समय जम्मू को कश्मीर से अलग रखते हुए हिंदू बहुल राज्य बनाने की कोशिश में थे। मुखर्जी शेख अब्दुल्ला की मांग के विरोध

में 'एक विधान, एक निशान' के हिमायती थे, जबकि अब्दुल्ला भारतीय संविधान के अनुच्छेद 370 के अंतर्गत विशेष राज्य का दर्जा देने की मांग कर रहे थे। इसी दौरान जम्मू की जेल में मुखर्जी की रहस्यमय में परिस्थिति में मौत हो गई। नतीजतन पूरे जम्मू-कश्मीर क्षेत्र में उग्र और हिंसक आंदोलन भड़क गया। शेख अब्दुल्ला की गिरफ्तारी हुई। इसके बाद नेहरू और अब्दुल्ला के बीच 1953 में एक समझौता हुआ और अनुच्छेद 370 के तहत कश्मीर को विशेष राज्य का दर्जा मिल गया।

देश की बहुसंख्यक जनसंख्या के मन में यह प्रश्न हमेशा से उठता रहा है कि जब देश की आजादी के बाद रियासतों का भारत में विलय बिना किसी लेन-देन अथवा रियासतों को बिना विशेष दर्जा दिए हुए हुआ, तो जम्मू-कश्मीर को आजादी के इतने सालों बाद भी विशेष दर्जा क्यों? भारत का एक आम नागरिक धरती के स्वर्ग में अपनी जन्नत नहीं तलाश सकता? पाकिस्तान का कोई नागरिक यदि कश्मीरी लड़की से शादी कर ले तो उसे कश्मीर की नागरिकता मिल जाती है, किंतु यही देश के किसी भी राज्य का नागरिक करे, तो उसे कश्मीर की नागरिकता से वंचित रखा जाता है! आखिर क्यों? क्या यही अनुच्छेद 370 का औचित्य है कश्मीर में?

कश्मीर के महाराजा हरि सिंह ने 27 अक्टूबर, 1947 को पत्र लिखकर भारत में विलय की स्वीकृति दे दी थी। भारत में जो भी रजवाड़े मिले, उनके क्षेत्रों को वही संवैधानिक दर्जा मिला जो भारतीय गणराज्य के अन्य राज्यों को मिला था। उनके नागरिकों को वही अधिकार मिले, जो अन्य राज्य के नागरिकों को मिले थे, किंतु जम्मू-कश्मीर के मामले में जवाहर लाल नेहरू के अधीन तत्कालीन सत्ता अधिष्ठान ने अदूरदर्शिता बरती। जूनागढ़, हैदराबाद और कश्मीर को छोड़कर 565 रियासतों ने स्वेच्छा से भारत में शामिल होने की स्वीकृति दी थी। जूनागढ़ का नवाब जन-विद्रोह के कारण स्वयं पाकिस्तान भाग गया था। किंतु महाराजा हरि सिंह के साथ व्यक्तिगत बैरशोधन के लिए नेहरू ने शेख अब्दुल्ला का साथ देने की गलती की। विलय पर महाराजा की सहमति मिल जाने के बावजूद केंद्र हस्तक्षेप करने में हीला-हवाली करता रहा। हैदराबाद के नवाब को जमीन पर लाने वाले सरदार पटेल के हाथ से कश्मीर मसला छीनकर नेहरू ने अपने पास रख लिया। आज भी कश्मीर में अलगाववाद है तो इसमें अनुच्छेद 370 का बड़ा योगदान है। 22 अक्टूबर, 1947 को कबीलाइयों के वेश में पाकिस्तान की सेना ने जम्मू-कश्मीर रियासत पर आक्रमण कर दिया था। हरि सिंह ने भारत से सैन्य सहायता की अपील की। भारतीय सेना दुश्मनों को परास्त करती हुई आगे बढ़ रही थी कि अचानक 1 जनवरी 1949 को नेहरू ने एकतरफा युद्धबंदी की घोषणा कर दी। जम्मू-कश्मीर के जो हिस्से पाकिस्तानी सेना की मौजूदगी वाले क्षेत्र में रह गए, उन पर आज पाकिस्तान का कब्जा है और वहां

भारत को लहूलुहान करने के लिए जिहादी प्रशिक्षण शिविर चल रहे हैं। बाद में जम्मू-कश्मीर का मसला नेहरू संयुक्त राष्ट्र में ले गए, जहां वह आज भी लंबित है।

जम्मू-कश्मीर के भारत में विलय के बाद नेहरू ने राज्य की कमान शेख अब्दुल्ला को सौंप दी, जो खुद को 'सदर-ए-रियासत' घोषित कर अपनी महत्वाकांक्षा सींचने लगे। वे विशेष राज्य का दर्जा और 'दो प्रधान, दो विधान और दो निशान' के लिए नेहरू पर दबाव डालने लगे। लंबी बहस के बाद जो सहमति बनी उसे 'दिल्ली समझौता' (जुलाई, 1952) कहा गया। इसके अंतर्गत अवशिष्ट और समवर्ती शक्तियां राज्य के अधीन रहीं, विशेष नागरिकता अधिकार राज्य का अधिकार बना रहा। राष्ट्रीय तिरंगे के साथ एक अलग झंडा फहराने की अनुमति दी गई। इन व्यवस्थाओं के लिए भारतीय संविधान में अनुच्छेद 370 का समावेश किया गया।

भारतीय गणराज्य के स्वरूप पर आघात करने वाले इस प्रावधान का जनसंघ के संस्थापक डॉ. श्यामा प्रसाद मुखर्जी ने कड़ा विरोध किया था। जम्मू-कश्मीर में प्रवेश के लिए तब परमिट लेना पड़ता था। देश की अस्मिता व संप्रभुता के साथ हो रहे खिलवाड़ का प्रतिकार करने के लिए डॉ. मुखर्जी ने बिना परमिट के जम्मू जाने का निर्णय लिया। डॉ. मुखर्जी 11 मई, 1953 को जम्मू की सीमा में स्थित रावी के पुल पर पहुंचे तो कठुआ के पुलिस सुपरिंटेंडट ने उन्हें राज्य की सीमा में न घुसने का आदेश दिया। डॉक्टर साहब ने इसे मानने से इंकार कर दिया, जिस पर उन्हें गिरफ्तार कर नजरबंद कर दिया गया। नजरबंदी के 43वें दिन अर्थात् 23 जून, 1953 को रहस्यमय परिस्थितियों में उनकी मृत्यु हो गई। डॉ. मुखर्जी की शहादत आज भी एक रहस्य है। डॉ. मुखर्जी के बलिदान के बाद 'दो प्रधान, दो निशान' विभिन्न प्रावधानों के अंतर्गत समाप्त हो गए, किंतु अनुच्छेद 370 के माध्यम से 'दो विधान' अब भी कायम है। भारत के नागरिकों को जम्मू-कश्मीर में कई वर्षो तक रहने के बावजूद यह अधिकार नहीं है कि वे वहां के स्थायी निवासी बन सकें और वहां जमीन या मकान खरीद सकें। उन्हें राज्य विधानसभा, स्थानीय या पंचायत के चुनावों में मतदान करने का अधिकार नहीं है। वहीं जम्मू-कश्मीर के नागरिक को देश के किसी भी भाग में बसने और कारोबार की छूट है। जम्मू-कश्मीर में वित्तीय आपात की घोषणा नहीं हो सकती, क्योंकि भारतीय संविधान की अनुच्छेद 360 वहां लागू नहीं होती। अनुच्छेद 356 के अंतर्गत भारत के राष्ट्रपति को अपने संवैधानिक दायित्व का पालन नहीं करने वाली राज्य सरकार को बर्खास्त करने का अधिकार है। जम्मू-कश्मीर के मामले में राष्ट्रपति संवैधानिक संकट में भी राज्य में हस्तक्षेप करने के अधिकारी नहीं हैं।

सन् 1956 में भारत सरकार ने संविधान में सातवां संशोधन कर जम्मू-कश्मीर को अपना अभिन्न अंग बना लिया था। नेशनल कांफ्रेंस की कुटिल मंशा इसे निरस्त कराने की है। इसके समाप्त होते ही राष्ट्रपति के सभी अध्यादेश, संवैधानिक

संशोधन, संसद के अधिकार और सर्वोच्च न्यायालय का नियंत्रण अपने आप समाप्त हो जाएगा। भारतीय संविधान का अनुच्छेद 356 भारत के राष्ट्रपति को यह अधिकार देता है कि वह किसी राज्य में संघ का शासन लागू करे। वास्तव में अनुच्छेद 370 हटाने के विरोध में कश्मीर घाटी के अलगाववादी मुखर हैं, जिन्हें पाकिस्तान का प्रश्रय प्राप्त है। जम्मू और लद्दाख के लोग इसे अविलंब निरस्त करने के पक्षधर हैं। अनुच्छेद 370 को हटाए बिना कश्मीरी पंडितों की घर वापसी संभव नहीं है। देश की जनता जम्मू-कश्मीर को देश के मुख्य अनुच्छेद में शामिल करने की हिमायती है। अनुच्छेद 370 का हटना देशहित में है, इससे सांप्रदायिक सौहार्द्र बढ़ने के साथ राज्य का समेकित विकास संभव है।

कश्मीर के संदर्भ में तथ्य

- कश्मीर समस्या की जड़ें मूलतः भारत की आजादी से जुड़ी हुई हैं। यह महाराजा हरि सिंह की महत्वाकांक्षाओं, कश्मीरियों के आत्मनिर्णय के अधिकारों का हनन, पाकिस्तान की दुष्टता और ब्रिटेन की साजिशों का परिणाम मालूम पड़ता है।
- कश्मीर समस्या को कभी कानून व्यवस्था के चश्मे से देखा गया तो कभी आंतरिक सुरक्षा के नजरिए से, कभी इसे इस्लाम की कट्टर वहाबी विचारधारा के प्रसार का परिणाम माना गया तो कभी पाकिस्तान प्रायोजित आतंकवाद के खतरे का नतीजा।
- नितांत मौलिक प्रश्न यह है कि कश्मीर मसले में क्या मूल कश्मीरी-जन (मुस्लिम, बौद्ध, हिन्दू, सिख) की भावनाओं का विवेचन नहीं किया जाना चाहिए?
- भारत ने कभी 'दो राष्ट्र' के सिद्धांत को स्वीकार ही नहीं किया। साथ ही, भारत ने कभी भी धर्म को राज्य का आधार नहीं माना, भारत की निष्ठा शुरू से ही धर्मनिरपेक्षता के प्रति रही है।
- यद्यपि पाकिस्तान 1947 में कश्मीर पर किए गए अपने हमले को इस आधार पर जायज ठहराने की कोशिश करता है कि जूनागढ़ और हैदराबाद के मामले में भारत ने भी सेना भेजकर जन समर्थन के जरिए उसे भारतीय संघ में शामिल किया, तो फिर पाकिस्तान जम्मू-कश्मीर के संबंध में ऐसा क्यों नहीं कर सकता है?
- 1987 के चुनाव में सरकारी तंत्र द्वारा खुद धांधली करके जब कश्मीर घाटी के जमीनी नेताओं को जीतने नहीं दिया गया, तब वे अलगाववाद-आतंकवाद की तरफ बढ़ गए और आजादी की मांग भी करने लगे।
- यद्यपि कश्मीर शुरू से ही स्वायत्तता बढ़ाने की मांग को लेकर काफी अग्रसर रहा, लेकिन उस मांग में कहीं भी अलगाव या आजादी की बात नहीं थी।
- कश्मीर पर भारत का दावा हर दृष्टिकोण से उचित और जायज है। यह पाकिस्तान की कारस्तानी और दुष्ट महत्वाकांक्षा का नतीजा ही है, इसलिए कश्मीर समस्या आज भी विद्यमान है।
- यद्यपि धारा 370 के तहत भारतीय संविधान ने जम्मू-कश्मीर राज्य को 'स्पेशल

स्टेटस' प्रदान किया है, किंतु कुछ अलगाववादी चरमपंथी लोग आजादी और पाकिस्तान में विलय की मांग करते हैं, जिसे भारत कभी स्वीकार नहीं कर सकता।

- हां, लेकिन आम कश्मीरी अवाम की जायज मांगों पर सहृदयतापूर्वक विचार करना, कश्मीर में अफ्स्पा की समीक्षा करना तथा अलगाववादी-चरमपंथियों से भी संवाद कायम करते हुए संवैधानिक दायरे में कश्मीर के विकास का प्रयास ही कश्मीर समस्या को कम कर सकता है।

जम्मू-कश्मीर को और अधिक स्वायत्तता देना उचित है

स्वतंत्रता प्राप्ति के समय से ही जम्मू-कश्मीर की समस्या भारतीय नीति-नियंताओं के लिए एक चुनौती के रूप में रही है और समय-समय पर भारतीय नीति-नियंताओं द्वारा इस समस्या के समाधान के लिए कदम भी उठाया जाता रहा, परंतु समस्या का समाधान नहीं निकल सका, बल्कि समस्या और उलझती ही गई। वर्ष 2010 में केंद्र सरकार ने जम्मू-कश्मीर की समस्या के लिए एक बार पुनः संवाद की प्रक्रिया स्थापित की तथा इस क्रम को बढ़ाते हुए दिलीप पडगांवकर की अध्यक्षता में तीन सदस्यीय एक वार्ताकार दल का गठन किया। इस वार्ताकार दल ने जम्मू-कश्मीर के विभिन्न वर्गों के साथ संवाद स्थापित किया तथा लोगों से समस्या के समाधान के लिए सुझाव भी मांगे गए। ध्यातव्य है कि उक्त वार्ताकार दल में दिलीप पडगांवकर के अतिरिक्त एस. एम. अंसारी तथा राधा कुमार थे।

उक्त वार्ताकार दल ने विभिन्न दलों, धार्मिक प्रतिनिधियों तथा राज्य के संगठनों से बातचीत की तथा उनकी मांगों का गहन अध्ययन किया। तत्पश्चात्, वार्ताकार दल ने अपनी रिपोर्ट अक्टूबर 2011 में गृहमंत्री को प्रस्तुत कर दी।

जम्मू-कश्मीर में स्थायी शांति का उपाय सुझाने के लिए गठित उक्त वार्ताकार दल ने राज्य को अधिक स्वायत्तता देने की मांग की है, परंतु यह 1953 के पहले जैसे नहीं होगी। जम्मू-कश्मीर के सभी क्षेत्रों तथा वर्गों की भावनाओं को समाहित करते हुए वार्ताकारों ने स्पष्टतः स्वीकार किया है कि यदि अलगाववादी भी वार्ता प्रक्रिया में सम्मिलित होते तो रिपोर्ट और बेहतर बन सकती थी। इस रिपोर्ट को सर्वदलीय प्रतिनिधिमंडल के सम्मुख विचारार्थ रखा जाएगा। इसके बाद ही इसे लागू करने का अंतिम निर्णय लिया जाएगा। उक्त रिपोर्ट में जनता की भलाई को केंद्र में रखा गया है और स्थायी शांति बहाली का रोडमैप तैयार किया गया है। इस रिपोर्ट के प्रस्तुत किए जाने के बाद पुनः एक बार स्वायत्तता का प्रश्न उभरकर सामने आया है तथा इस पर बहस होने लगी है कि क्या जम्मू-कश्मीर की समस्या का हल स्वायत्तता में ही है और कब तक इस प्रकार स्वायत्तता दी जाती रहेगी।

यह आवश्यक है कि यहां स्वायत्तता का अर्थ समझ लिया जाए। इतिहास इस बात का साक्षी है कि जम्मू-कश्मीर की जनता सदा से अपनी एक अलग पहचान रखती है। पाकिस्तानी कबाइलियों के आक्रमण के बाद जम्मू-कश्मीर (लद्दाख सहित) राज्य ने अपने को एक स्वतंत्र राज्य घोषित करते हुए भारत तथा पाकिस्तान से अलग रहने की घोषणा की, परंतु कश्मीर में मुस्लिम आबादी की बहुलता को आधार मानकर जम्मू-कश्मीर को अपने में सम्मिलित करने की मांग पाकिस्तान ने की और इसी को आधार मानकर 1948 में जम्मू-कश्मीर पर आक्रमण कर दिया। पाकिस्तान के आक्रमण के बाद जम्मू-कश्मीर में अराजकता की स्थिति उत्पन्न हो गई। परिस्थितियों के आगे नतमस्तक होकर जम्मू-कश्मीर के तत्कालीन राजा हरि सिंह ने भारत से सहायता मांगी तथा भारत के साथ विलय करने का प्रस्ताव किया। 27 अक्टूबर 1947 को हरि सिंह तथा भारत सरकार के मध्य समझौता हुआ। समझौते के परिणामस्वरूप जम्मू-कश्मीरी वैधानिक दृष्टिकोण से भारत का अभिन्न अंग बन गया। विलय संबंधी दस्तावेज में भारत सरकार को विदेश, रक्षा एवं संचार संबंधी क्षेत्र में अधिकार दिए गए तथा शेष अधिकार जम्मू-कश्मीर राज्य की सरकार के लिए सुरक्षित रख लिए गए। जम्मू-कश्मीर राज्य ने 1950 में अंगीकृत संविधान को पूर्व में ही स्वीकार करने से मना कर दिया था, बल्कि जम्मू-कश्मीर द्वारा अपना अलग से एक संविधान तैयार कराया गया। जम्मू-कश्मीर ने अपना संविधान 16 अक्टूबर, 1949 को अनुच्छेद 360ए के नाम से लागू किया। यही बाद में 1957 में संशोधित होकर अनुच्छेद 370 के नाम से स्वीकृत किया गया। यही अनुच्छेद 370 कश्मीर स्वायत्तता का आधार भी है।

जम्मू-कश्मीर के भारत में विलय संबंधी दस्तावेज में धारा-5 में जम्मू-कश्मीर की स्वायत्तता के संदर्भ में स्पष्ट उपबंध किया गया है। धारा-7 में स्पष्ट रूप में कहा गया है कि कश्मीर की सरकार (शासक) को भविष्य में भारतीय संविधान को मानने के लिए बाध्य नहीं किया जा सकता है। विदेश, रक्षा तथा संचार के क्षेत्र को छोड़कर किसी भी क्षेत्र में भारत सरकार द्वारा हस्तक्षेप नहीं किया जाएगा। जम्मू-कश्मीर के भारत में विलय के बाद शेख अब्दुल्ला के नेतृत्व में अंतरिम सरकार बनी। ध्यातव्य है कि उस समय सरकार के मुखिया को प्रधानमंत्री की संज्ञा दी गई थी। बाद में बदलकर मुख्यमंत्री कर दिया गया। शेख अब्दुल्ला के दबाव में अनुच्छेद-360ए तथा बाद में अनुच्छेद-370 पारित किया गया और 1957 में जम्मू-कश्मीर में चुनाव के बाद शेख अब्दुल्ला ने ही सरकार बनाई।

स्वायत्तता समिति, 1999

जम्मू-कश्मीर सरकार ने राज्य स्वायत्तता के निर्धारण करने तथा राज्य-केंद्र संबंधों की स्वायत्तता के संबंध में फिर से निर्धारित करने के लिए 1999 में दो

समितियों का गठन किया था। स्वायत्तता समिति के अध्यक्ष बलराज पुरी थे, जबकि केंद्र-राज्य संबंधों की समिति के अध्यक्ष कर्ण सिंह थे। स्वायत्तता समिति ने अपना प्रतिवेदन 1999 में ही सरकार को प्रस्तुत कर दिया था। जून, 2000 में स्वायत्तता समिति के प्रतिवेदन को जम्मू विधानसभा में दोबारा मुख्यमंत्री ने विचारार्थ प्रस्तुत किया। जम्मू-कश्मीर विधानसभा ने विचार-विमर्श के बाद 26 जून को इसे स्वीकार कर लिया। स्वायत्तता समिति ने जम्मू-कश्मीर राज्य एवं केंद्र सरकार के संबंधों को 1953 के पूर्व की स्थिति पर लाने की मांग की है। इसका आशय यह हुआ कि जम्मू-कश्मीर की विधानसभा अनुच्छेद, 370 की व्यवस्था को यथा रूप में लागू करना चाहती है अर्थात् 1949 से अब तक कश्मीर की स्थिति में जो परिवर्तन हुआ, उसको रद्द करके 1953 में जो स्थिति थी, उस पर लाना चाहते हैं। स्वायत्तता समिति की रिपोर्ट के मुख्य बिंदु निम्नवत् हैं-

- भारतीय संविधान के भाग-21 के शीर्षक से 'अस्थायी' शब्द हटाया जाए और इसी भाग के अनुच्छेद-370 में लिखे गए 'अस्थायी' शब्द की जगह 'विशेष' शब्द लिया जाए।
- रक्षा, विदेश और संचार एवं उससे संबंधित मामलों को छोड़कर शेष अन्य मामले राज्य के हवाले कर दिए जाएं।
- संविधान के अनुच्छेद-246, 248, 249, 250 और 251 के प्रावधानों से कश्मीर राज्य को मुक्त कर दिया जाए। (इन अनुच्छेदों में राज्य और केंद्र के बीच विधायी संबंधों का उल्लेख है, जिनमें कुछ स्थितियों में संसद को राज्य के संदर्भ में कानून का अधिकार दिया गया है।)
- संविधान के अनुच्छेद-254 को जम्मू-कश्मीर पर लागू न माना जाए। (इस अनुच्छेद में संसद द्वारा बनाए गए कानून को सर्वोपरि माना गया है।)
- संविधान के अनुच्छेद-262 और 263 से जम्मू एवं कश्मीर को मुक्त रखा जाए। (इन अनुच्छेदों में जल एवं राज्यों के बीच समन्वय संबंधी विवादों को ध्यान में रखकर राज्यों पर कुछ अंकुश लगाए गए हैं।)
- राज्य में चुनाव आयोग का अधिकार क्षेत्र समाप्त किया जाए, जैसाकि 1953 में पहले था। चुनाव कराने के लिए राज्य अपना अलग चुनाव आयोग बनाएगा।
- आपातकाल की घोषणा किए जाने पर राज्य की विधानसभा से दो माह के भीतर उसका अनुमोदन कराया जाना अनिवार्य हो और ऐसा न होने पर आपातकाल को निरस्त माना जाए-यह वाक्य संविधान के अनुच्छेद-352 में जम्मू-कश्मीर के लिए जोड़ा जाए।
- अनुच्छेद 355ए 356ए 357ए 358ए 359 और राज्य पर नहीं लागू होने चाहिए, जैसाकि 1954 तक था। (ये सारे अनुच्छेद आपातकाल के प्रावधानों से संबंधित हैं)।

- संविधान में मौजूद मौलिक अधिकारों वाले पूरे भाग-3 को राज्य पर लागू न माना जाए। राज्य के संविधान में मौलिक अधिकारों का एक अलग अध्याय शामिल किया जाए।
- संविधान के अनुच्छेद-72 (1-सी) एवं 72(3) को राज्य पर लागू न माना जाए। (इस अनुच्छेद में राष्ट्रपति को क्षमादान का अधिकार दिया गया है।)
- संविधान के अनुच्छेद 133, 134, 135, 136, 138, 145(1-सी) और 151 (2) भी राज्य पर लागू न हों। (इन अनुच्छेदों के लागू न होने से राज्य का उच्च न्यायालय ही सर्वोच्च होगा।)
- संविधान के अनुच्छेद 149, 150 तथा 151 राज्य पर जरूर लागू हों लेकिन उस रूप में जैसाकि 1954 से पहले था। (यह होने से राज्य की ऑडिटिंग के संदर्भ में नियंत्रक-महालेखापरीक्षक-सीएजी) की भूमिका समाप्त हो जाएगी।
- संविधान के अनुच्छेद 218, 220, 222 एवं 226 को राज्य में लागू न माना जाए। (ऐसा होने से न सिर्फ भारत के सर्वोच्च न्यायालय की सर्वोच्चता समाप्त होगी बल्कि राज्य के उच्च न्यायालय के न्यायाधीशों की नियुक्ति का अंतिम अधिकार भी राज्य सरकार को ही होगा)।
- वित्त संपत्ति संविदाएं और वाद वाले संविधान के भाग-12 से राज्य को पूरी तरह मुक्त रखा जाए। इस संदर्भ में 1952 के दिल्ली समझौता को आधार मानकर राज्य के प्रतिनिधियों से बातचीत कर केंद्र नीति निर्धारित करे।
- संघ एवं राज्य की संवाओं के संदर्भ में लागू होने वाले अनुच्छेद-312 को जम्मू-कश्मीर पर लागू न माना जाए। आदेश 1958 के जरिए इसमें जम्मू-कश्मीर राज्य सहित शब्द जोड़ा गया था जिसे अब निकाल दिया जाए।
- कुछ वर्गों एवं जातियों से संबंधित विशेष प्रावधानों वाले संविधान के अनुच्छेद 338, 339, 340, 341 और 342 से राज्य को मुक्त किया जाए और राज्य के संविधान में इसके लिए अलग से प्रावधान किए जाए।
- जम्मू-कश्मीर से संबंधित अब तक हुए 1953 के बाद के सारे संविधान संशोधनों और आदेशों को रद्द किया जाए।

जब अनुच्छेद-370 पारित हुआ था, उस समय की स्थितियों तथा आज की स्थिति में काफी अंतर आ चुका है। विगत 50 वर्षों में जम्मू-कश्मीर से संबंधित अनेक संवैधानिक आदेश पारित हो चुके हैं। उसका क्रियान्वयन भी हो चुका है। उन्हीं के कारण जम्मू-कश्मीर राज्य का विकास संभव हुआ है। अनुच्छेद-370 को यथा रखकर यह सब नहीं हो सकता है। यही कारण है कि जम्मू-कश्मीर की सभी सरकारों ने संशोधित अनुच्छेद 370 को स्वीकार किया। 1975 में शेख अब्दुला तथा इंदिरा गांधी के मध्य संपन्न समझौता इसी का परिणाम है।

स्वायत्तता की मांग के कारण

कश्मीर की जनता के दिमाग में अनुच्छेद 370 और भारत के साथ विलय की स्थिति, विलय कर दस्तावेज, उसकी शर्तें, कश्मीर का स्पेशल स्टेटस आदि बातें पूरी तरह छाई हुई हैं। कश्मीर की जनता 1950 के बाद जम्मू-कश्मीर में हुए परिवतनों से खुश नहीं है। वहां के लोगों को यह लगता है कि सरकार ने उनके साथ वायदा खिलाफी की तथा समझौते की अवहेलना करके कश्मीर को प्रदत्त विशेष राज्य के दर्जे में हेर-फेर किया है। इसके अतिरिक्त उनको यह भी लगता है कि जम्मू-कश्मीर के विकास के विषय में सौतेलेपन की नीति भारत सरकार द्वारा अपनाई जाती है। जम्मू-कश्मीर में कोई औद्योगीकरण नहीं हुआ है, बेरोजगारी में कमी नहीं आई है, उद्योग-धंधों में वृद्धि नहीं हुई है और इसके साथ राज्य में हिंसा, घृणा, आतंकवाद, जानमाल का खतरा, बाहरी संकट तथा आंतरिक स्तर पर सांप्रदायिकता का संकट उत्पन्न हो गया है। जम्मू-कश्मीर में लोगों के जीवन की कोई सुरक्षा नहीं है। पुलिस की दखलंदाजी से बेकसूर लोगों को भी परेशान होना पड़ता है। इन कारणों से भी जम्मू-कश्मीर की जनता में हताशा, निराशा, आक्रोश तथा केंद्र के प्रति नाराजगी बढ़ती रही है। अपनी दुर्दशा के लिए जम्मू-कश्मीर के लोग केंद्र को दोषी मानते हैं जबकि वस्तुस्थिति यह है कि केंद्र जम्मू-कश्मीर की समस्याओं के लिए जिम्मेदार नहीं है, बल्कि उनकी समस्याओं का जन्म राज्य की आंतरिक स्थिति में विद्यमान विरोधाभास के कारण वहां के नेतृत्व की संकीर्ण मानसिकता के कारण हुआ है।

शिमला समझौता

बांग्लादेश के निर्माण के बाद पाकिस्तान का मानचित्र बदल चुका था और वैश्विक स्थितियों भी काफी बदली हुई थीं। इन्हीं परिस्थितियों में पाकिस्तान के प्रधानमंत्री भुट्टो ने भारत के साथ संधि की पहल की। मास्को के जरिए भारत को रजामंद करने की कोशिश हुई और अंततः 3 जुलाई 1972 को 'शिमला समझौता' पर हस्ताक्षर हुए। दोनों देश निम्नलिखित बिंदुओं पर सहमत हुए।

- संयुक्त राष्ट्र चार्टर दोनों देशों के रिश्ते का नियंत्रण करेगा।
- दोनों देश एक-दूसरे की क्षेत्रीय अंखडता एवं राजनैतिक स्वतंत्रता के विरुद्ध धमकी या हथियारों का प्रयोग नहीं करेंगे।
- दोनों देश भविष्य में सभी आपसी मतभेदों को शांतिपूर्ण द्विपक्षीय बातचीत के द्वारा हल करेंगे।
- दोनों देश आपसी द्विपक्षीय संबंधों को बढ़ाने हेतु-1. डाक, तार, वायु, समुद्री तथा स्थल संबंध बनाएंगे। 2. नागरिकों को यात्रा सुविधा प्रदान करेंगे। 3. आर्थिक एवं व्यापारिक संबंध बनाएंगे, तथा 4. वैज्ञानिक एवं आर्थिक विकास का आदान-प्रदान करेंगे।

- दोनों देश तीस दिन के अंदर अपनी-अपनी सेनाओं को अंतर्राष्ट्रीय सीमा तक वापस कर लेंगे। यहां 'सीमा' से अभिप्राय 17 दिसंबर 1971 को युद्ध विराम की नियंत्रण रेखा से है।
- चरणबद्ध तरीके से रिश्तों को सामान्य करने का प्रयास दोनों देश करेंगे।

जम्मू-कश्मीर विधानसभा द्वारा जून 2000 में स्वायत्तता प्रस्ताव पारित कर दिया गया। इस प्रस्ताव के पारित कर देने के बाद पूरे देश में जम्मू-कश्मीर को लेकर एक उद्वेलित वातावरण बन गया। इस प्रस्ताव के पास होने के बाद पूरे देश में विभिन्न प्रतिक्रियाएं देखने को मिलीं, परंतु सभी का सार यह था कि यह प्रस्ताव राष्ट्र की एकता तथा अखंडता के लिए घातक है। अतःकेंद्र सरकार ने स्वायत्तता प्रस्ताव को अस्वीकार कर दिया। उस समय का स्वायत्तता प्रस्ताव जम्मू विधानसभा के पारित करने का कोई औचित्य नहीं था, बल्कि तत्कालीन मुख्यमंत्री फारूख अब्दुल्ला की अपनी आंतरिक स्थिति थी। वर्तमान में भी जम्मू-कश्मीर के राजनीतिक दल अपनी-अपनी आंतरिक स्थितियों से परेशान है और इसलिए अलगाववादियों की मांगों पर स्पष्ट मत प्रकट नहीं कर रहे हैं।

विकास की प्रक्रिया ठप है, राज्य में रोजगार नहीं हैं, पिछड़ापन है। युवा वर्ग आतंकवादियों की गिरफ्त में है क्योंकि उनके पास पैसा कमाने का और कोई रास्ता नहीं है। पुलिस प्रशासन तथा सेना को आतंकी कार्रवाइयों से निबटने के लिए विशेष अभियान चलाने पड़ रहे हैं जिससे कभी-कभी मानवाधिकार हनन की घटना भी घट सकती हैं। जहां तक राज्य सरकार का प्रश्न है, तो वह लोगों की समस्याओं के प्रति उदासीन बनी रहती है तथा स्वयं को सुरक्षित बचाने के लिए प्रयास करती है। ऐसे में वहां के लोगों में असंतोष बढ़ना स्वाभाविक है।

इसलिए जम्मू-कश्मीर की सरकार वर्तमान में स्वायत्तता की मांग कर रही है और ऐसे में दिलीप पडगांवकर की रिपोर्ट आग में घी डालने का काम करेगी, जिसमें और अधिक स्वायत्तता देने की मांग की गई है। जहां तक स्वायत्तता का प्रश्न है, तो यह पूरी तरह अनुचित है, क्योंकि वर्तमान परिस्थितियों में अनुच्छेद-370 मूल स्थिति में लाना अब संभव नहीं है। वैसे भी अनुच्छेद-370 जम्मू-कश्मीर में अलगाववाद को ही बढ़ावा देता है। कश्मीर की स्वायत्तता के स्पष्ट करते हुए शेख अब्दुल्ला ने 1972 में कहा था कि उनका विवाद कश्मीर के भारत के साथ विलय को लेकर नहीं है। जम्मू-कश्मीर का विलय भारत में एक निश्चित सत्य है। उनका विवाद स्वायत्तता की प्रकृति तथा सीमा पर है। जहां तक जम्मू-कश्मीर को 1953 के पूर्व की स्थिति में लौटाने का प्रश्न है, तो यह संभव नहीं है। कश्मीर समस्या के विवाद

का समाधान 1975 के शेख अब्दुल्ला तथा इंदिरा गांधी के मध्य संपन्न समझौते में पूरी तरह निहित है। इसी समझौते को आधार मानकर ही स्वायत्तता की सीमा का निर्धारण किया जा सकता है। इसके अतिरिक्त सरकारिया कमीशन की रिपोर्ट भी इसमें मददगार साबित हो सकती है।

जहां तक कश्मीर समस्या का प्रश्न है, तो यह समस्या जम्मू-कश्मीर के जन्म के समय ही उत्पन्न हो गई थी। 27 अक्टूबर 1947 को जम्मू-कश्मीर भारत का अभिन्न अंग कानूनी रूप में बन गया, परंतु नेहरू जी ने यह आश्वासन भी दे डाला कि शांति स्थापना होने पर राज्य के लोगों की भारत या पाक में मिलने की इच्छा का पता लगाया जाएगा। नेहरू जी का यह आश्वासन एक बड़ी भूल थी और यहीं भूल कश्मीर समस्या का कारण भी बनी। इसी का परिणाम यह भी रहा कि कानून की दृष्टि से विलय पूर्ण होने पर भी भारतीय संविधान में अनुच्छेद 370 जोड़कर कश्मीर को भारत के अन्य राज्यों से अलग कर दिया गया। महाराजा हरि सिंह को गद्दी से उतारकर शेख अब्दुल्ला को प्रधानमंत्री तथा हरि सिंह के बेटे कर्ण सिंह को सदर-ए-रियासत बनाया गया। सरदार वल्लभ भाई पटेल ने इसका विरोध करते हुए सुझाव दिया था कि पाकिस्तान से उजड़कर आए लोगों को जम्मू-कश्मीर में बसाया जाए, परंतु शेख अब्दुल्ला के दबाव में नेहरू ने ऐसा करने से मना कर दिया। सबसे बड़ी विडंबना यह रही कि महाराजा हरि सिंह के प्रस्ताव के आधार पर भारत में कश्मीर का विलय पूर्ण होने के बाद भी संविधान के अनुच्छेद 370 के अंतर्गत कश्मीर का अन्य राज्यों से अलग अस्तित्व रखा गया तथा इसको विशेष दर्जा दिया गया। क्या किसी देश के दो संविधान, दो निशान तथा दो प्रधान हो सकते हैं? विश्व में भारत पहला ऐसा देश था, जहां यह हुआ। जम्मू-कश्मीर का आज तक झंडा अलग है।

जम्मू-कश्मीर के संदर्भ में विशेष वार्ताकार की नियुक्तिः

केंद्र सरकार ने हाल ही में आई बी के पूर्व निदेशक दिनेश्वर शर्मा को जम्मू-कश्मीर के संदर्भ में वार्ताकार नियुक्त किया है। इसका उद्देश्य जम्मू-कश्मीर की समस्या का स्थायी समाधान खोजना है। केंद्र सरकार ने जम्मू-कश्मीर की समस्या के समाधान के लिए अपनी प्रतिबद्धता को व्यक्त करते हुए यह कदम उठाया है। वार्ताकार को पूरा अधिकार दिया गया है कि वह जम्मू-कश्मीर के विभिन्न पक्षों से बातचीत करके संविधान के दायरे में ही सुझाव सरकार को प्रस्तुत करेंगे। उल्लेखनीय है कि इसके पूर्व यू पी ए सरकार ने टाइम्स ऑफ इंडिया के संपादक दिलीप पडगांवकर की अध्यक्षता में एक वार्ताकार दल गठित किया था जिसने अपनी रिपोर्ट सरकार को प्रस्तुत की थी, परंतु उस पर कोई निर्णय सरकार नहीं ले सकी। दिनेश्वर शर्मा को यह अधिकार दिया गया है कि वह जम्मू-कश्मीर के राजनीतिक दलों, धार्मिक संगठनों, पंचायतों, गैर-सरकारी संगठनों तथा स्थानीय मीडिया तथा आम जनता से वार्ता करके उनके मनोविज्ञान को समझकर अपने सुझाव यथाशीघ्र केंद्र सरकार को दें।

शेख अब्दुल्ला जब तक सत्ता में रहे, उनको प्रधानमंत्री कहा जाता था, जबकि भारत के सभी अन्य राज्यों में मुख्यमंत्री थे। देश के सभी राज्यों में राज्यपाल थे, जबकि जम्मू-कश्मीर में सदर-ए-रियासत था। इतना हीं नहीं, भारत के नागरिक जम्मू-कश्मीर में वीजा के बिना नहीं जा सकते थे तथा भारत के सर्वोच्च न्यायालय का निर्णय वहां नहीं लागू होता था। इन्हीं सब तथ्यों से विश्व को यह समझने तथा मानने का अवसर मिला है कि कश्मीर भारत से अलग है। जम्मू-कश्मीर में पंडित नेहरू से एक और बड़ी गलती यह हुई कि वे पाकिस्तान के हमले के मामले को सं. रा. संघ में ले गए, जिसके कारण वह अभी तक अनिर्णीत पड़ा है।

उक्त वार्ताकार दल द्वारा प्रस्तुत की गई रिपोर्ट अभी तक सार्वजनिक नहीं की गई है। सार्वजनिक होने पर ही यह पता चलेगा कि किस सीमा तक स्वायत्तता देने की अनुशंसा की गई है। परंतु जहां तक स्वायत्तता का प्रश्न है तो और अधिक स्वायत्तता देना अलगाववाद को बढ़ावा देना होगा। इससे अलगाववादियों के मनोबल बढ़ेंगे तथा उनके द्वारा भविष्य में और अधिक स्वायत्तता की मांग की जाने लगेगी। धीरे-धीरे उनके द्वारा अलग राष्ट्र की मांग उठने लगेगी। इसलिए आवश्यक है कि सरकार को स्वायत्तता की मांग को अभी से स्पष्ट रूप से अस्वीकार कर देना चाहिए तथा वहां का सामाजिक-आर्थिक पिछड़ापन दूर करने के लिए समग्र रणनीति बनानी चाहिए।

❑❑❑

अभ्यास हेतु प्रश्न

1. जम्मू-कश्मीर से संबंधित संवैधानिक पहलुओं का समीक्षात्मक मूल्यांकन कीजिए।
2. जम्मू-कश्मीर की समस्या का मूल अनुच्छेद 370 को माना जाता है। क्या आप इससे सहमत हैं? तर्क प्रस्तुत कीजिए।
3. क्या अनुच्छेद 370 को समाप्त करना जम्मू-कश्मीर की समस्या का समाधान होगा?
4. क्या जम्मू-कश्मीर को और अधिक स्वायत्तता दी जानी चाहिए? पक्ष और विपक्ष में तर्क प्रस्तुत कीजिए।

14. राजनीति का अपराधीकरण बनाम अपराध का राजनीतिकरण

राजनीति से ही देश के भाग्य का निर्धारण होता है तथा निर्धारक नेता होते हैं। इसलिए नेता के चरित्र और ज्ञान की छाप राष्ट्र की राजनीतिक, सामाजिक, आर्थिक एवं धार्मिक संस्थाओं पर पड़ना स्वाभाविक है। नेता के त्याग, संघर्ष, संवेदना, कल्पना, साहस एवं इच्छाशक्ति का परावर्तन भी इन्हीं संस्थाओं से होता है। भारत भी विश्व के अन्य देशों के सदृश्य एक लम्बी प्रक्रिया के उपरांत ही राष्ट्र का स्वरूप ग्रहण कर सका और इस निर्माणकारी प्रक्रिया में उसे राजा, मंत्री, प्रजा, समाज सुधारक, ऋषि, महात्मा, नेता का पथ प्रदर्शन, सहयोग एवं सान्निध्य मिला है। इतिहास के सभी कालखण्डों में राष्ट्र के कर्णधारों के ऊपर योग्य एवं व्यावहारिक प्रयोक्ताओं का अकुंश रहा है तथा उनको नीति-अनीति की परिभाषा से अवगत कराया जाता रहा है। आखिर ऋग्वेद, गीता, विदुर नीति तथा चाणक्य का दर्शन इन्हीं पक्षों का एक जीवंत साक्ष्य है। आधुनिक भारत के राष्ट्रपिता एवं जननायक पूज्य बापू ने सदैव साधन की पवित्रता पर बल दिया। वे लोगों को आजीवन यही शिक्षा देते रहे कि ''साधन की पवित्रता ही साध्य को पवित्र करती है'' और अपने इस संकल्प से उन्होंने अपने संपूर्ण राजनैतिक जीवन का अद्वितीय संचालन भी किया। यहीं नहीं, अपितु इस वाक्य ने उनके आध्यात्मिक, आर्थिक, सामाजिक एवं राजनैतिक जीवन के मध्य सेतु का भी कार्य किया। परंतु समाज इतना

भी नहीं समझ सका कि चावल में दूध डालने से खीर बनती है तथा पानी डालने से खिचड़ी।

राजनीति का अपराधीकरण–कारण एवं निदान

राजनीति का अपराधीकरण 20वीं शताब्दी की उत्पन्न एक अवधारणा है। जहां तक भारतीय परिप्रेक्ष्य में इसका प्रश्न है, तो इसका उद्‌भव स्वतंत्रता प्राप्ति के बाद देखने को मिला हालांकि कुछ लोगों द्वारा स्वतंत्रता आंदोलन के दौरान चलाए गए उग्र आंदोलनों में इसकी पृष्ठभूमि देखी जाती है, परंतु उस समय की घटना को राजनीति के अपराधीकरण के रूप में देखना उपयुक्त नहीं होगा। वर्तमान परिप्रेक्ष्य में भारत में राजनीति के अपराधीकरण की उत्पत्ति महात्मा गांधी की हत्या के बाद देखने को मिलती है, परंतु व्यापक रूप में राजनीति का अपराधीकरण 1970 के बाद सामने आता है। वस्तुतः राजनीति का अपराधीकरण वह प्रक्रिया है, जिसके अंतर्गत राजनीति से जुड़े हुए लोगों द्वारा प्रत्यक्ष या अप्रत्यक्ष रूप में आपराधिक कृत्यों को और ऐसा करने वालों को प्रोत्साहन, संरक्षण और सहायता दी जाती है। राजनीति के अपराधीकरण के अंतर्गत राजनैतिक वर्ग द्वारा अपने हितों के संवर्द्धन के लिए आपराधिक प्रवृत्ति के लोगों को बढ़ावा दिया जाता है और प्रशासन पर दबाव डालकर उनके विरुद्ध कार्यवाही करने से रोका जाता है और ऐसा करके प्रशासन को भी गैर-जिम्मेदाराना रवैया अपनाने के लिए बाध्य किया जाता है। यहां पर वोहरा समिति की सिफारिशों का उल्लेख करना समीचीन होगा कि 'राजनीतिज्ञों, नौकरशाहों और अपराधियों में संबंध स्थापित हो चुके हैं और इनके बीच संबंधों का एक जाल बन चुका है, जिसे बिना तोड़े समाज को या राजनीति को स्वच्छ और शुद्ध नहीं बनाया जा सकता है।'

शुरुआती दौर में राजनीति के अपराधीकरण के अंतर्गत लोगों को डरा-धमकाकर, बूथ कैप्चरिंग करा करके अपने पक्ष में मतदान करवाना और अपने पक्ष में समर्थन उत्पन्न करने का काम किया जाता था, बदले में ऐसा करने वालों को आर्थिक सहायता के साथ-साथ राजनीतिक व प्रशासनिक संरक्षण प्रदान किया जाता। इस प्रकार आपराधिक प्रवृत्ति के लोगों में यह विश्वास उत्पन्न होने लगा कि हमारे द्वारा कोई भी गलत कार्य किया जाएगा, उसके प्रतिरोधस्वरूप हमारे विरुद्ध कोई कार्यवाही नहीं होगी और इस विश्वास के कारण उनके द्वारा अन्य आपराधिक गतिविधियों को बढ़ावा दिया जाने लगा, चाहे वह अपहरण, फिरौती की घटना हो या मादक पदार्थों का व्यापार हो अथवा हथियारों के अवैध व्यापार हो, पूरी तरह इसमें संलिप्त होने लगे और यह प्रक्रिया एवं प्रवृत्ति आगे बढ़ती गई, जिसने भारतीय समाज और राजनीति, दोनों को ही नकारात्मक रूप में प्रभावित किया।

राजनीति के अपराधीकरण के कारण जहां सामाजिक वैमनस्यता, सांप्रदायिक दंगे, आगजनी और लोकतांत्रिक प्रक्रियाओं को विकृत करने की घटनाएं देखने को मिलीं, वहीं दूसरी तरफ इसका एक भयानक प्रभाव देश के युवाओं पर भी पड़ा, जो अपराधियों को अपना रोल मॉडल मानने लगे। इससे समाज में सृजनात्मकता को ठेस पहुंची और इस कारण भारत का सामाजिक-आर्थिक विकास भी प्रभावित हुआ। जिन क्षेत्रों में अपराधीकरण को बढ़ावा मिला, वहां से लोगों का पलायन अन्य क्षेत्रों की ओर हुआ और इस प्रवृत्ति के कारण वर्ग संघर्ष भी देखने को मिला।

जिन क्षेत्रों में राजनीति के अपराधीकरण को बढ़ावा मिला, वहां का सामाजिक-आर्थिक विकास न होने के कारण वहां के लोगों का जीवन-स्तर निम्न है, गरीबी व बेरोजगारी की समस्या है, परिवहन व्यवस्था अच्छी नहीं है, उद्योग-धंधे अत्यंत पिछड़ी हुई अवस्था में हैं। यू.पी. व बिहार को इसके उदाहरण के रूप में लिया जा सकता है। इसे देखते हुए यह कहा जा सकता है कि राजनीति का अपराधीकरण केवल एक प्रशासनिक समस्या नहीं है, बल्कि यह हमारे मनोभावों, इच्छाशक्ति और भविष्य से जुड़ी हुई एक गंभीर समस्या है।

अपराध का राजनीतिकरण

राजनीति के अपराधीकरण के गर्भ से उपजी हुई अवधारणा अपराध का राजनीतिकरण है और यह अवधारणा 1990 के दशक में उत्पन्न होती है और तेजी से आगे बढ़ती है। अपराध के राजनीतिकरण से आशय अपराधियों द्वारा या आपराधिक प्रवृत्ति के लोगों द्वारा या ऐसी विचारधारा का समर्थन करने वाले लोगों द्वारा राजनीतिक प्रक्रियाओं में भाग लेने से है। कानूनी विसंगतियों का लाभ उठाते हुए जब इस प्रवृत्ति के लोग, चाहे स्थानीय निकायों का चुनाव हो या विधानसभा या संसद का चुनाव हो, उसमें भाग लेने लगते हैं, तो यह प्रक्रिया अपराध का राजनीतिकरण है।

अपराध का राजनीतिकरण राजनीति में विद्यमान नकारात्मक प्रवृत्तियों के कारण हुआ और राजनेताओं के व्यवहार से उपजी निराशा ने इसे समर्थन प्रदान किया। धीरे-धीरे विधानसभाओं, संसद में आपराधिक प्रवृत्ति के लोगों की उपस्थिति बढ़ती गई, जिसका परिणाम संसदीय पराभव के रूप में देखने को मिल रहा है। अनेक विधानसभाओं में हिंसक घटनाएं घटित हो चुकी हैं और यहां तक कि लोकसभा तथा राज्यसभा में भी असंसदीय व्यवहार और घटनाएं देखने को मिल रही हैं।

दोनों प्रक्रियाओं का प्रभाव

चाहे राजनीति का अपराधीकरण हो या अपराध का राजनीतिकरण हो, यह दोनों ही समाज, देश एवं राजनैतिक प्रकियाओं के लिए घातक हैं, क्योंकि इनके कारण

जहां एक तरफ सामाजिक सौहार्द्र, सामाजिक संरचना, सामाजिक सद्‌भाव और परस्पर सहयोग एवं त्याग की भावना प्रभावित होती है वहीं दूसरी तरफ इसके कारण संसदीय मूल्यों में गिरावट आ रही है। लोकतांत्रिक प्रक्रियाएं क्षत-विक्षत हो रही हैं, समस्याओं पर गंभीर चिंतन-मनन नहीं हो रहा है, स्वस्थ मनोबल को बढ़ावा नहीं मिल रहा तथा सामाजिक तबकों में एकता के प्रोत्साहित करने वाले तत्वों को बढ़ावा नहीं मिल रहा और इन दोनों अवधारणाओं का सामाजिक, सांस्कृतिक, राष्ट्रीय एकता पर नकारात्मकता प्रभाव पड़ रहा है। इसके साथ-साथ देश की युवाशक्ति भी विचलित हो रही है, जिससे आने वाले दिनों में और स्थिति खतरनाक हो सकती है। इसे देखते हुए यह कहा जा सकता है कि यदि समय रहते इन पर नियंत्रण स्थापित नहीं किया गया, तो भारत में संसदीय परंपराएं, संसदीय मूल्य और लोकतांत्रिक प्रक्रियाएं इतिहास बनकर रह जाएंगी।

गांधी जी और राजनीतिक परिदृश्य

गांधी जी कहा करते थे कि सामाजिक सेवा की दृढ़ इच्छा रखने वाले ही राजनीतिक में आएं क्योंकि इसे त्याग से सींचकर पुष्पित एवं पल्लवित करना पड़ता है। परंतु आज राजनीति आकर्षण का केंद्र बन गई है। लोग इसे अपनी अच्छी-बुरी एवं सभी आकांक्षाओं की पूर्ति का साधन मानते हैं। आज भारतीय राजनीति जिस चौराहे पर खड़ी है, वहां इसे सिर्फ नफरत की भावना से ही देखा जाने लगा है और ऐसा स्वाभाविक भी है। वर्तमान में नेता दूसरे को नेतृत्व न प्रदान करके बल्कि दूसरे के नेतृत्व में काम कर रहे हैं तथा उनसे संचालित हो रहे हैं। सबसे दुखद पहलू तो यह है कि आज भारतीय राजनीति का तीव्रगति से अपराधीकरण हो रहा है। देश की संसद तथा विधानसभाओं में अपराधियों को अपना प्रतिनिधि चुनकर जनता भेजती है। सबसे महत्वपूर्ण बात तो यह है कि इन अपराधियों को विभिन्न राजनीतिक दलों द्वारा अपने चुनाव चिन्ह पर चुनाव लड़ाया जाता है तथा उनको संरक्षण प्रदान किया जाता है। यही नहीं, मंत्रिपरिषद में भी अपराधियों को स्थान मिलने लगा है। राज्य मंत्रिमंडलों को छोड़ भी दिया जाए तो भी जून, 1996 में केंद्र की संयुक्त मोर्चा सरकार में तस्लमुद्दीन को गृह राज्यमंत्री बनाया गया था, जो बिहार के राजद के बाहुबली सांसद थे। 16 मार्च, 2000 को बिहार के सीवान के सांसद सैयद शहाबुद्दीन और पुलिस के मध्य हुआ संघर्ष राजनीति के अपराधीकरण की कहानी स्वयं कह रहा है। यही नहीं, भारतीय लोकतंत्र के इतिहास का सर्वाधिक घृणित, वीभत्स, भयानक एवं ज्वलंत प्रसंग देश की राजधानी में 1995 में घटा था। 1995 में कांग्रेस पार्टी के एक नेता द्वारा अपनी पत्नी नयना साहनी को तंदूर में जला दिया गया था। इस घटना ने जहां एक ओर संपूर्ण मानवता पर कलंक लगाया, तो वहीं

दूसरी ओर सत्तारूढ़ लोगों के सम्मिलित होने की संभावना ने न केवल सत्तारूढ़ दल की छवि को धूमिल किया, अपितु प्रशासनिक क्रियाकलापों के साथ संलग्न लोगों को भी संदेह के घेरे में ला खड़ा किया।

भारतीय स्वतंत्रता संग्राम में महात्मा गांधी द्वारा प्रतिपादित अहिंसा के सिद्धांत की भूमिका प्रमुख रही, जिसका पालन समकालीन बुद्धिजीवियों ने किया था। इसके साथ-साथ यह भी यथार्थ है कि इस संग्राम में बाहुबल में विश्वास रखने वाले लोगों का भी पूर्ण योगदान था। इसको हम समय की मांग भी कह सकते हैं। परंतु उसी समय भारतीय बुद्धिजीवियों की मानसिकता को परखते हुए कहा गया था कि इन लोगों ने (बाहुबल में विश्वास करने वाले) स्वतंत्रता के लिए कदम से कदम तथा कंधा से कंधा मिलाकर कार्य किया। परंतु स्वतंत्रता प्राप्ति के बाद देश की प्रशासनिक व्यवस्था एवं उनके संचालन में अपनी भागीदारी नहीं बनाई। उसी समय महात्मा गांधी ने यह भी कहा था कि न्यायसंगत ढंग से उनको राजनीतिक संगठनों से अलग हो जाना चाहिए। ऐसा हुआ भी, परंतु कुछ मुट्ठीभर लोग इससे जुड़े रहे एवं उच्चस्तरीय पदों को प्राप्त किया। दूसरे स्तर पर प्रशासन के बड़े भाग पर बेरोजगार (अपवादों को छोड़कर), बहिष्कृत, कुंठित एवं आपराधिक तत्वों द्वारा रोजगार एवं व्यवसाय का अपूर्व अवसर समझकर कब्जा कर लिया गया। इसी का परिणाम है कि नित्य-नव-दुर्भाग्यपूर्ण समाचार आने लगे हैं। आज विभिन्न राजनीतिक दलों में ऐसे तत्वों की बहुलता है या उन पर वे इस प्रकार हावी हो चुके हैं कि यदि इन्हें निकालने की बात की जाएगी तो उल्टे यहीं लोग ईमानदार, कर्मठ एवं बुद्धिजीवी वर्ग को बाहर निकाल देंगे।

महात्मा गांधी जी द्वारा उस समय दी गई सलाह राजनीतिक दलों के लिए प्रवचन या औपचारिक निरीक्षण ही नहीं था, बल्कि विभिन्न राजनीतिक दलों के लिए एक मानवीय चेतावनी भी थी। महात्मा गांधी ने कहा था कि विश्व के अन्य देशों की तरह भारत में भी ऐसे लोग हैं, जो भयानक एवं संक्रामक रोग की तरह हैं। इस प्रकार के लोग शक्तिशाली एवं परिपूर्ण संगठनों में पहले बढ़ते हैं, फिर क्षय रोग या कैंसर की तरह उस संगठन को भ्रष्ट करके अंदर-अंदर ही उसके विभिन्न सूत्रों को खाते हैं। गांधी जी ने इस ओर भी राजनीतिक दलों का ध्यान आकर्षित किया था कि यदि समय रहते राजनीतिक दलों ने अपने को नहीं सुधारा तो वे भी एक दिन स्वयं शिकार हो जाएंगे और हुआ भी यही।

राजनीति के अपराधीकरण के लिए उत्तरदायी कारक

भारत में राजनीति के अपराधीकरण के लिए स्वयं राजनेता एवं उनके दल ही जिम्मेदार हैं। समय के साथ नेताओं में अकर्मण्यता बढ़ती गई और वे जनता के

प्रति अपने दायित्वों को भूल बैठे। चुनाव के समय किए वायदों को भी समय रहते पूरा नहीं किया और सत्ता के गलियारों में खो गए। चुनाव के समय उनको पुनः जनता के पास जाना ही पड़ता है तथा भारत की जनता निरक्षर होने के बाद भी अपने लिए किए गए वायदों को नहीं भूलती है। जब जनता के प्रति अपने दायित्वों को नेता नहीं पूरा करने लगे, जनता के सुख-दु:ख के प्रति उदासीन रहने लगे, तब ऐसे में जनता का सामना करने की हिम्मत नेतागणों ने खो दी, परंतु वे सत्ता की सुख-सुविधा को नहीं भूला पाए। अत: सत्ता में पहुंचने के लिए अथवा चुनाव जीतने के लिए अन्य उपायों को खोजना शुरू किया। इन उपायों में अपराधियों से सहायता लेना भी एक था। शुरू के दिनों में नेताओं ने अपराधियों को संरक्षण दिया तथा उसके बदले में अपराधी चुनाव के समय मतदान केंद्रों पर कब्जा करके फर्जी मतदान कराने तथा अपने आका के पक्ष में मतदान करने के लिए लोगों को भयभीत करते रहे। इस प्रकार नेताओं और अपराधियों के मध्य परस्पर सहयोग का खेल शुरू हुआ, परंतु कालांतर में इस प्रवृत्ति में बदलाव आया। जो अपराधी परदे के पीछे से राजनीति करते थे, वे अब खुलकर सामने आ गए। इसका कारण यह था कि अपराधियों के मन में यह भावना जागृत हो गई कि जब वे दूसरे को चुनाव जिताकर सुख-सुविधा संपन्न कर सकते हैं तो स्वयं क्यों नहीं चुनाव जीत सकते हैं? इसी विचार की कोख से अपराधियों का राजनीति में पदार्पण शुरू हुआ और जल्दी ही उनको अपनी मंजिल भी मिलने लगी।

राजनीति के अपराधीकरण का एक प्रमुख कारण राष्ट्रीय स्तर की पार्टियों की शक्ति में पराभव तथा ऐसे किसी नेता का अभाव है, जिसकी पूरे देश के ऊपर अमिट छाप हो तथा जनता उसे अपना आदर्श मानती है। राष्ट्रीय पार्टियों की शक्ति में पराभव के बाद क्षेत्रीय दलों का अभ्युदय हुआ। क्षेत्रीय दलों ने अपने तत्कालीन लाभ के लिए कुछ गलत नीतियों का सहारा लिया, जिनमें अपराधीकरण को बढ़ावा देना भी एक है। उत्तर प्रदेश में समाजवादी पार्टी फूलन देवी जैसी महिला को अपना उम्मीदवार बनाती है और वह चुनकर लोकसभा में जाती है। यह लिखने की पुनः कोई आवश्यकता नहीं है कि फूलन देवी ने बेहमई हत्याकांड करके पूरे विश्व में सनसनी फैला दी थी।

राजनीति के अपराधीकरण का एक प्रमुख कारण जातीय एवं दलगत राजनीति भी है। जनता आज जातीय गुटों में विभक्त हो चुकी है। जनता सिर्फ चुनाव के समय यह देखती है कि कौन व्यक्ति किस पार्टी का प्रत्याशी है और उसी के आधार पर अपना मत देती है। जनता द्वारा उम्मीदवार के चरित्र को दृष्टिगत नहीं रखा जाता है। जनता के इस दृष्टिकोण के कारण अपराधी चरित्र वाले व्यक्ति भी सांसद और विधायक बन जाते हैं तथा सुख-सुविधा संपन्न होते उनको देर नहीं

लगती है। सांसद या विधायक बन जाने पर वे जनता के प्रतिनिधि कहलाने लगते हैं और उनको पुलिस संरक्षण मिलने लगता है। अब परदे के पीछे से अपराध को संचालित करते हैं। राजनीति में सफल अपराधियों को देखकर अन्य अपराधी भी राजनीति की ओर उन्मुख होते हैं तथा विभिन्न प्रकार के हथकंडे अपनाकर राजनीति करते हैं। इस प्रकार जातीय एवं दलगत राजनीति भी राजनीति के अपराधीकरण के लिए पूरी तरह जिम्मेदार है।

राजनीति में अपराधीकरण के लिए जिम्मेदार कारकों में नैतिकता का पतन भी एक प्रमुख कारक है। पाश्चात्य संस्कृति के प्रभाव के कारण नैतिकता का पतन होता जा रहा है। लोग भौतिकता की ओर दौड़ रहे हैं। ऐसे में राजनीति विलासिता का एक प्रमुख माध्यम बन चुकी है। इस विलासिता को प्राप्त करने के लिए लोग प्रत्येक प्रकार के अपराधों को अंजाम दे रहे हैं और राजनीति को इसका माध्यम बना रहे हैं।

भारतीय जनमानस ने अपनी अनभिज्ञता एवं हठधार्मिता के कारण महात्मा गांधी के राजनीतिक, सामाजिक एवं अहिंसा के विचारों का अवमूल्यन करके उसे दरकिनार करते हुए स्वतंत्रता आंदोलन की तमाम उपलब्धियों को एक प्लेट में परोसकर अपराधियों के समक्ष रख दिया है, जिसका परिणाम हमारे सामने है। यद्यपि इसको रास्ता ब्रिटिश साम्राज्य ने ही दिखाया है। भारत में ब्रिटिश साम्राज्य के बाद उसकी जगह आपराधिक एवं साम्राज्यवाद और आकांक्षाओं ने ले लिया। संपूर्ण संप्रभुता अंग्रेजों से अपराधियों के हाथ में चली गई। आज विश्व का यह तथाकथित लोकतंत्र न तो जनता का है, न जनता के लिए और न जनता के द्वारा, अपितु अपराधियों का, अपराधियों के लिए एवं अपराधियों के द्वारा है। आज ऐसी परिस्थिति में इससे दूर न रहकर, इस पर धैर्य रखकर एवं विचार कर कार्य करने की आवश्यकता है। विरासत में प्राप्त इस देश की वैभवशाली संस्कृति ने अनेक विसंगतियों को झेला है। अतः आवश्यकता है अब इस पर पूर्ण चिंतन एवं मनन किया जाए।

ऐसा भी नहीं है कि वर्तमान में देश में ईमानदार, त्यागी एवं कर्मठ व्यक्तियों की कमी है, जो देश का प्रशासन कुशलतापूर्वक न संभाल सकें। परंतु ऐसे लोगों ने अपनी प्रतिभा एवं उद्यम से अपने लिए एक अच्छा जीवन प्राप्त कर लिया है तथा वे रोजगार पाने के लिए राजनीति के क्षेत्र में नहीं आना चाहते हैं। ऐसा भी नहीं है कि वे राष्ट्रवादी नहीं, बल्कि वे उच्चस्तरीय राष्ट्रवादी है। परंतु वे उस समय सामने आते हैं जब राष्ट्र संकटावस्था में होता है, जैसाकि स्वतंत्रता संग्राम में हुआ था। ये लोग स्वतंत्रता प्राप्ति के पश्चात् अपने उद्देश्यों को प्राप्त करते ही पुनः अपने-अपने मूल कार्यों में लग जाते है।

राजनीति के अपराधीकरण और अपराध के राजनीतिकरण को रोकने के संदर्भ में सुझाव

सबसे महत्त्वपूर्ण प्रश्न यह जनित होता है कि राजनीति का अपराधीकरण कैसे रोका जाए अथवा उन अपराधी तत्वों से छुटकारा कैसे पाया जाए? अत: आवश्यकता है इस पर गंभीरता से विचार करने की। इसके लिए आम जनता तथा स्वयंसेवी संस्थाओं को गंभीर पहल करनी चाहिए, क्योंकि राजनीतिक दल ऐसा कर नहीं सकते हैं। इसका कारण यह है कि इसी में वे डूबे हुए हैं तथा इसी की फसल काट रहे हैं। इसके अतिरिक्त उनके अंदर पर्याप्त इच्छाशक्ति नहीं है। 1995 में वोहरा समिति की रिपोर्ट आने के बाद यह आशा बंधी थी कि सरकार द्वारा राजनीति का अपराधीकरण रोकने के लिए कदम उठाया जाएगा, परंतु यह उम्मीद भी धूल-धूसरित हो गई। अत: राजनीति के अपराधीकरण को रोकने के लिए सरकार को निम्न कदम उठाने होंगे–

- आपराधिक रिकार्ड एवं मनोवृत्ति वाले व्यक्तियों की पहचान के लिए एक विशेष प्राधिकरण की स्थापना की जाए। आपराधिक रिकार्ड से आशय केवल उन व्यक्तियों से ही नहीं है, जो सजायाफ्ता हैं अपितु उन लोगों से भी है जिसके विरुद्ध पुलिस या कोई भी विधि द्वारा नियुक्त अधिकारी द्वारा न्यायालय में आरोपपत्र प्रस्तुत किया गया हो तथा उनको संदेह का लाभ देकर छोड़ भी क्यों न दिया गया हो।
- ऐसे लोगों का राजनीति में प्रवेश करने वाले चुनाव के दौरान किसी दल को सहयोग करने से रोकने के लिए विशेष प्रावधान का निर्माण होना चाहिए। इसकी अवहेलना पर उस दल को चुनाव में भाग लेने के लिए अनुपयुक्त घोषित कर दिया जाना चाहिए।
- आपराधिक रिकार्ड वाले व्यक्तियों को मताधिकार का अधिकार नहीं होना चाहिए।
- ऐसे तत्वों को जो बेरोजगार (अपवाद को छोड़कर एवं इसके लिए विशेष अध्ययन कर) हों एवं जिनकी आमदनी परिवार के भरण-पोषण के लिए यथेष्ट न हो, चुनाव लड़ने एवं राजनीति में प्रवेश से वंचित रखना चाहिए।
- चुनाव लड़ने वाले समस्त प्रत्याशियों द्वारा अपनी संपत्ति की घोषणा की जानी चाहिए एवं घोषित संपत्ति की यथार्थता के जांच के लिए विशेष नए पदाधिकारी की नियुक्ति की जानी चाहिए।
- जनता को प्रतिनिधित्व देने वाले एवं विभिन्न स्तरों के लिए चुनाव लड़ने वालों के लिए निश्चित एवं उपयुक्त शिक्षा अनिवार्य होनी चाहिए।

- देश में सत्तारूढ़ दल के किसी भी आपराधिक रिकार्ड वाले व्यक्ति या व्यक्तियों से किसी भी प्रकार सहयोग होने पर उसे प्रतिबंधित कर देना चाहिए तथा उसे अपने समस्त व्यय का लेखा-जोखा विशेष प्राधिकारी के समक्ष प्रस्तुत किए जाने के लिए बाधित होना चाहिए।
- देश के प्रशासन में उपयुक्त व्यक्तियों का योगदान प्राप्त करने के लिए लोगों को शिक्षित एवं प्रशिक्षित किया जाना चाहिए। साथ ही बुद्धिजीवियों को इसके प्रति प्रोत्साहित करने के लिए भी अभिप्रेरित किया जाना चाहिए।
- विभिन्न क्षेत्रों के लोगों को जो प्रशासन में लोक प्रतिनिधित्व करने योग्य हो तथा उनकी पहचानकर उनसे लोकहित में अपनी सेवाओं को प्रदान करने के लिए आह्वाहन किया जाना चाहिए, क्योंकि भारतीय बुद्धिजीवी वर्ग अपनी विनम्रता एवं सज्जनता के कारण स्वयं आगे नहीं आना चाहता है। वह भी इस अवस्था में, जब स्थिति में इस प्रकार के कार्यों में गलत ढंग से लाभ प्राप्त करने का क्षेत्र व्यापक हो।
- जनता के प्रतिनिधियों के समस्त कार्यकलापों की निगरानी एवं प्रशासन के विभिन्न स्तरों पर उसे मार्गदर्शन देने, सहायता करने एवं उस पर नियंत्रण रखने के लिए विशेष निगरानी समितियों का गठन होना चाहिए, जो संप्रभुता के राजदंड की भांति समस्त प्रशासन पर अपनी पकड़ रखे।

सुझाव

- चुनाव सुधारों को प्रभावी बनाया जाए।
- जनप्रतिनिधित्व अधिनियम 1951 को संशोधित किया जाए।
- चार्जशीट-परीक्षण सत्यता से किया जाए।
- अपराधियों को राजनीतिक प्रक्रियाओं में भाग लेने से रोका जाए
- स्टेट फंडिंग का प्रावधान सुनिश्चित किया जाए।
- 1000 लोगों का अलग-अलग प्रस्तावक एवं अनुमोदक का प्रावधान किया जाए।
- शैक्षणिक योग्यता का निर्धारण किया जाए।
- सामाजिक चेतना एवं जनमत संग्रह का प्रावधान किया जाए।
- रिकॉल करने का अधिकार दिया जाए।

अतः समय की पुकार है कि इस दिशा में शीघ्रातिशीघ्र प्रभावी कदम उठाना चाहिए। अन्यथा इतना विलंब हो चुका होगा कि देश की राजनीतिक व्यवस्था पूरी तरह से अपराधियों के चंगुल में होगी। भारतीय राजनीति के अपराधीकरण को रोकने तथा उसे अपराध विहीन करने के लिए स्वयंसेवी संगठनों यथा लोक सेवा संघ, गांधी स्मारक निधि आदि के तत्वावधान में राजनीतिज्ञों, स्वतंत्रता सेनानियों,

बुद्धिजीवियों, दार्शनिकों, शिक्षाविदों तथा पत्रकारों आदि को आमंत्रित करके इस पर खुला विचार करना चाहिए, जिससे एक निष्कर्ष निकालकर अपराधमय भारतीय राजनीति का सफल ऑपरेशन किया जा सके तथा निष्कर्ष ऐसा होना चाहिए कि भविष्य में फूलन देवी, सैयद शहाबुद्दीन तथा तस्लमुद्दीन जैसे व्यक्ति लोकसभा में न पहुंच सकें।

❑❑❑

अभ्यास हेतु प्रश्न

1. राजनीति के अपराधीकरण से क्या आशय है? इसके लिए उत्तरदायी कारकों की विवेचना कीजिए।
2. राजनीति के अपराधीकरण और अपराध के राजनीतिकरण में अंतर स्पष्ट कीजिए। क्या दोनों एक-दूसरे के पूरक हैं?
3. 'राजनीति का अपराधीकरण नैतिक मूल्यों में विचलन का परिणाम है' स्पष्ट कीजिए।
4. राजनीति के अपराधीकरण और अपराध के राजनीतिकरण के भारत की सामाजिक-आर्थिक और राजनीतिक व्यवस्था पर पड़ने वाले प्रभाव की विवेचना कीजिए।

15. कालाधन और उसका प्रभाव

यद्यपि विगत कुछ वर्षों से कालेधन का मुद्दा भारतीय अर्थव्यवस्था के साथ-साथ राजव्यवस्था के प्रमुख मुद्दे के रूप में चर्चा में बना हुआ था परंतु 8 नवंबर 2016 को भारतीय अर्थव्यवस्था में कालेधन के समूल को नष्ट करने के लिए संकल्पित होकर भारतीय प्रधानमंत्री ने विमुद्रीकरण करके कालेधन के मुद्दे को जन-जन, चाहे वह नौजवान हो, या बूढ़ा हो या बच्चा, सबकी जुबान पर ला दिया। कालेधन को लेकर देश में एक बहस छिड़ चुकी है। सरकार विमुद्रीकरण के माध्यम से कालधेन का हल खोजने की अपनी योजना को सफल बता रही है तो दूसरी तरफ इसको लेकर तीव्र प्रतिक्रिया प्रतिपक्षी दलों द्वारा व्यक्त की जा रही है। परंतु सामान्य जनों में परेशानियों के बावजूद एक संतोष का भाव छिपा हुआ है। सामान्य जन कालेधन की समस्या के समाधान के लिए सरकार के प्रत्येक कदम का समर्थन करते नजर आ रहे है। किसी भी सभ्य समाज में कालाधन एक अभिशाप के समान होता है। जो समाज को, अर्थव्यवस्था को और देश को समस्याओं के मकड़जाल में उलझाकर रख देता है। यह केवल विकास को ही प्रभावित नहीं करता है, बल्कि नैतिक एवं मानवीय मूल्यों के साथ-साथ आंतरिक सुरक्षा व्यवस्था के लिए चुनौती उत्पन्न करता है। यह वर्तमान और भविष्य दोनों के लिए एक चुनौती है। इन्हीं को ध्यान में रखकर यह आलेख इस अपेक्षा के साथ प्रस्तुत है कि देश का जनमानस कालेधन से लड़ने के लिए प्रधानमंत्री द्वारा जो संकल्प लिया गया है, उसमें अपनी प्रतिबद्धता दर्शित करते हुए भारतीय अर्थव्यवस्था को नई मंजिल तक पहुंचाने में अपना योगदान सुनिश्चित करेगा।

कालाधन और उसके विविध पक्ष

कालाधन वर्तमान में एक प्रमुख आर्थिक, सामाजिक एवं प्रशासनिक मुद्दे के रूप में उभरकर सामने आया है, जिसे सरकार की राजकोषीय विफलता और केंद्रीय बैंक की मौद्रिक नीति की विफलता के रूप में देखा जा रहा है। सामान्यत: कालेधन से आशय अवैधानिक तरीके से अर्जित किए गए धन से ही लिया जाता है, परंतु ऐसे धन को भी कालाधन कहा जाता है जो वैधानिक तरीके से अर्जित किया गया हो परंतु उस पर कर की अदायगी नहीं की गई हो और उसके स्रोतों के बारे में कुछ भी पता नहीं हो या उसे सरकार की नजरों से छिपाकर रखा गया हो। कालेधन की संरचना में अवैधानिक स्रोतों से प्राप्त आय, अवैधानिक सौदे, अवैधानिक संपत्ति, अवैधानिक आय (चाहें वह वैध तरीके से ही क्यों अर्जित की गई हो, परंतु उन पर कोई कर नहीं दिया गया हो) सम्मिलित होती है।

विश्व के किसी भी देश में कालेधन (अवैधानिक सौदों और अवैधानिक संपत्ति) के संबंध में कोई सम्यक आंकड़ा उपलब्ध नहीं होता है। यही कारण है कि अवैधानिक आय को ही कालेधन की संज्ञा दी जाती है। इस प्रकार सरल शब्दों में कालेधन का आशय उन समस्त आयों से है जिनमें अवैधानिकता का कोई भी अंश पाया जाता है। इस प्रकार की आय अवैधानिक क्रियाओं यथा जुआ, तस्करी, सट्टा, कालाबाजार, रिश्वत आदि से संबद्ध हो सकती है। इनके अतिरिक्त कुछ आय प्राप्ति की प्रक्रिया में पूर्णत: वैधानिक होती है, यथा डॉक्टर, वकील, इंजीनियर, सलाहकार एवं निजी सेवाएं प्रदान करने वाले विशेषज्ञों की आय, परंतु व्यय की प्रक्रिया में इनमें से कुछ लोगों की कुछ आय कालेधन का रूप ग्रहण कर लेती हैं, जब वे समस्त आय को आयकर अधिकारियों के पास प्रेषित प्रस्ताव में नहीं प्रस्तुत करते हैं। कभी-कभी नैतिक और वैधानिक ढंग से अर्जित आय भी कालेधन में परिवर्तित हो जाती हैं। यदि उस आय से कालाबाजार और तस्करी से कोई वस्तु खरीदी जाती है। इस प्रकार स्पष्ट है कि कालेधन का वर्गीकरण दो रूपों में किया जा सकता है-प्रथम अवैधानिक स्रोतों से अर्जित आय और द्वितीय वैधानिक स्रोतों से अर्जित आय परंतु अवैधानिक मदों पर अंशत: एवं पूर्णत: व्यय की गई राशि।

कालेधन का उद्देश्य

कालेधन का उद्देश्य केवल संपत्ति अर्जित करना ही नहीं होता, बल्कि मौलिक अर्थव्यवस्था के समानांतर अपने को स्थापित करना होता है। उल्लेखनीय है कि मौलिक अर्थव्यवस्था का उद्देश्य सामाजिक और राष्ट्रीय होता है जबकि समानांतर अर्थव्यवस्था का उद्देश्य व्यक्तिगत होता है। कालेधन की अर्थव्यवस्था का कोई सरकारी हिसाब नहीं होता है। यह अगणित, अभिलेखिक और अनरिर्पोटेड होती है। कालेधन के संगठक तत्वों को अग्रलिखित उदाहरणों से स्पष्ट किया जा सकता है-

मान लिया किसी वस्तु पर बिक्री कर आरोपित किया गया है, जिसके लिए एक निश्चित एवं निर्धारित कर छूट राशि है और यह राशि 5 लाख रुपए मूल्य की है, यदि किसी वस्तु का विक्रय मूल्य 15 लाख रुपए है, परंतु व्यापारी द्वारा उसे 10 लाख रुपए की बेची गई रिपोर्ट दी जाती है तो इस प्रकार 5 लाख रुपए मूल्य का सौदा अवैधानिक और काले सौदे में माना जाएगा।

कालेधन की अर्थव्यवस्था का दूसरा प्रमुख घटक अवैधानिक एवं काली संपत्ति होती है। इस प्रकार की संपत्ति गलत तरीके से धन प्राप्त करके अर्जित की गई होती है या सही तरीके से धन प्राप्त करके अर्जित की गई होती है, परंतु उस पर आय कर नहीं दिया गया होता है। इसके साथ-साथ रिश्वत, कमीशन, मादक द्रव्यों की तस्करी, हथियारों की अवैध बिक्री से प्राप्त आप को भी इसी श्रेणी में रखा जाता है।

कालाधन उत्पन्न होने के कारण

कालाधन एक समानांतर अर्थव्यवस्था का सृजन करता है जिसके कारण अर्थव्यवस्था में अनेक प्रकार की विसंगतियां उत्पन्न होती है और साथ ही भारतीय समाज में भी इसके नकारात्मक प्रभाव पड़ते हैं। कालाधन उत्पन्न होने का प्रमुख कारण सरकार की नीतियों का प्रभावी न होना और साथ ही केंद्रीय बैंक की मौद्रिक नीति की विफलता है।

कालाधन वर्तमान में एक आर्थिक, प्रशासनिक, सामाजिक समस्या बन चुका है और यह एक राजनैतिक स्वरूप भी लेता जा रहा है। कालाधन किसी भी अर्थव्यवस्था या देश में किसी एक कारण का परिणाम नहीं होता है, बल्कि यह अनेक कारणों का परिणाम होता है। किसी भी देश में कालाधन उत्पन्न होने के निम्नलिखित कारण हैं-

- भारत में कालेधन के सृजन का एक प्रमुख कारण प्रत्यक्ष तथा अप्रत्यक्ष करों की दरों का ऊंचा होना बताया जाता है। करों की दरों के अधिक होने के कारण उत्पादकों, व्यापारियों एवं विशेषज्ञों की व्यवसायी मनोवृत्ति में कमी होने लगती है और उनको कर चोरी की प्रेरणा मिलती है। करों की चोरी आयकर, निगम कर, केंद्रीय उत्पाद शुल्क तथा बिक्री कर के संदर्भ में अधिक होती है।
- कर की ऊंची दरें लोगों को कर से बचने के लिए बाध्य करती हैं तथा कर चोरी की प्रक्रिया में एक बार संलग्न हो जाने पर कर की नीची दर होने के बाद भी व्यक्ति चाहते हुए भी उस दुष्चक्र से नहीं निकल पाते हैं।
- ऊंची दर होने के कारण वह अपने को ठगा-सा महसूस करता है। करदाता यह सोचने लगता है कि कर प्रणाली उसके प्रतिकूल कार्य कर रही है तथा उसके श्रम एवं प्रयास का प्रतिफल उसके स्वयं की अपेक्षा सरकार को

अधिक मिलता है। वांचू समिति ने इस प्रवृत्ति को इस प्रकार प्रस्तुत किया था कि एक सीमा के बाद कर की दर इतनी अधिक ऊंची हो जाती है कि 1000 रुपए अर्जित करने की तुलना में यह दर जब तक इतनी अधिक ऊंची होगी, तब तक कर बचत की प्रक्रिया असामाजिक क्रिया सिद्ध करना कठिन हो जाता है। अतः कालेधन के नियंत्रण के लिए करों की दरों को कम करना आवश्यक है।

- करारोपण के नियमों का प्रभावी नहीं होना भी कालेधन के सृजन का एक कारण है। आयकर नियम, विक्रय कर नियम, उत्पाद शुल्क आदि से संबंधित प्रावधानों में निहित दोषों का लाभ उठाकर लोग कालाधन एकत्र करते हैं और उनके विरुद्ध इन नियमों के अंतर्गत कोई कार्रवाई नहीं हो पाती है। कालेधन के सृजन को रोकने के लिए यह आवश्यक है कि करारोपण के नियमों को प्रभावी बनाया जाए।
- कालाधन और समानांतर अर्थव्यवस्था के सृजन का एक प्रमुख कारण अर्थव्यवस्था में विभिन्न वस्तुओं की आपूर्ति में कमी हो जाना है। विभिन्न वस्तुओं की सेवाओं की आपूर्ति में होने वाली होल्डिग (जमाखोरी) की प्रवृत्ति बढ़ने लगती है। व्यापारी वस्तुओं की जमाखोरी करना शुरू कर देते हैं और उनको अधिक मूल्य पर बेचने लगते हैं। इससे लोगों (व्यापारियों) के पास अतिरिक्त आय अवैधानिक तरीका अपनाने लगती है और यही आय कालेधन के सृजन का स्रोत बनती है। भारत में वस्तुओं की आपूर्ति के लिए सुनिश्चित नियंत्रण और नियमन की नीति को स्थायी बना दिया गया है, जिसके कारण भी कालाधन संग्रहित होता जा रहा है।
- भारत में कालाधन सृजित होने का एक कारण कोटा और लाइसेंस की भी व्यवस्था है। कोटा नियंत्रण के कारण व्यापारियों को अधिकारियों को रिश्वत देकर अभ्यस्त कर पाना होता है। व्यापारी वस्तुओं को उचित कीमतों की दुकानों पर न बेचकर कालाबाजार में बेचता है। वस्तुओं की कमी की स्थिति कालाबाजारी को प्रोत्साहित करती है।
- सार्वजनिक व्ययों में वृद्धिमान प्रवृत्ति भी कालाधन अथवा समानांतर अर्थव्यवस्था के सृजन का एक कारण है। सार्वजनिक व्ययों में वृद्धि से लोक वित्त का दुरुपयोग होता है, जिसका परिणाम यह होता है कि परियोजनाएं समय पर पूरा नहीं हो पाती हैं तथा निर्धारित भौतिक लक्ष्य भी नहीं प्राप्त होते हैं। सार्वजनिक व्ययों में वृद्धि से भी कालाधन काफी मात्रा में सृजित होता है।
- भारत में कालेधन का सृजन सार्वजनिक क्षेत्र में कालेधन के कारण अधिक होता है। भारत में विभिन्न पंचवर्षीय योजनाओं में काफी निवेश किया जाता

है। सार्वजनिक क्षेत्र की विभिन्न परियोजनाएं तथा उपक्रमों को नौकरशाहों द्वारा संचालित किया जाता है। नौकरशाही द्वारा लिए गए निर्णयों की समीक्षा राजनीतिज्ञों द्वारा की जाती है। नौकरशाह अपनी पसंद के व्यक्तियों को ठेका दिलाने के लिए व्यापक पैमाने पर रिश्वत लेते हैं तथा स्वयं राजनीतिज्ञों को रिश्वत देते हैं। इस प्रक्रिया में अवैध कार्यों को प्रोत्साहन मिलता है। अवैध कार्यों से कालाधन सृजित होता है।

कालाधन उत्पन्न होने के कारण: एक नजर में

- कर की दरों का अत्यधिक होना और कर प्रणाली का प्रभावी न होना।
- समय-समय देश में बढ़ती हुई मुद्रास्फीति।
- सरकार की कीमत नीति।
- देश में बढ़ता हुआ भ्रष्टाचार और कमीशन संस्कृति।
- अचल संपत्ति का क्रय-विक्रय।
- कोटा प्रणाली।
- शैक्षाणिक संस्थाएं।
- चुनावी प्रक्रिया और चंदा।
- अयथार्थवादी कानूनों को लागू किया जाना।
- प्रशासनिक उदासीनता।
- कृषि आय पर कर का न लगाया जाना।

- भारत में कालेधन के सृजन में यहां का वर्तमान राजनीतिक परिदृश्य तथा चुनाव ढांचा भी सहायक है। लोकसभा तथा विधानसभा के चुनावों में एक निश्चित सीमा से अधिक धन व्यय करना किसी भी प्रत्याशी के लिए वर्जित है। वर्तमान स्थिति में सभी प्रत्याशी इस सीमा से अधिक धन व्यय करते हैं तथा यह अव्यावहारिक कानून मात्र दिखावे का ही रह जाता है। राजनीतिज्ञ चुनाव लड़ने के लिए विभिन्न औद्योगिक घरानों से धन अर्जित करते हैं और इस धन का कोई हिसाब नहीं होता है। औद्योगिक घरानों द्वारा सभी राजनीतिक दलों को चंदा दिया जाता है। शासक दल को अधिक मात्रा में चंदा मिलता है। इस चंदे में कालेधन का सृजन होता है। औद्योगिक घराने भी राजनीतिक दलों को चंदा देकर उनका मुंह बंद करके अवैधानिक कार्य करते हैं और अवैधानिक ढंग से धन अर्जित करते हैं तथा उनके विरुद्ध कोई कार्रवाई भी नहीं होती है। इस प्रकार राजनीतिक फंडिंग से कालेधन को प्रोत्साहन मिलता है।
- भारत में समानांतर अर्थव्यवस्था के सृजन के कारणों में भ्रष्टाचार, तस्करी, लालफीताशाही, रिश्वत, नैतिकता एवं राष्ट्रीय भावना की कमी भी है। विगत

कुछ वर्षों में पाश्चात्य सभ्यता के अनुकरण के कारण भौतिक वस्तुओं में लोगों का आकर्षण बढ़ रहा है। सुख-सुविधा और मनोरंजन की विदेशी वस्तुओं के प्रति बढ़ता आकर्षण कालेधन और काले बाजारों की समस्या को दिनोंदिन प्रगाढ़ करता जा रहा है। बढ़ता उपभोक्तावाद, प्रचार हेतु सामग्री और विधियां लोगों की मनोवृत्ति को अति उपभोग के लिए प्रेरित करती है। विभिन्न निर्माण कार्यों और दूसरी ओर निर्माण कार्यों के उचित स्तर तक बन पाने में यह बाधक होती है। विभिन्न नियामक कानूनों में शिथिलता के कारण भी कालेधन की अर्थव्यवस्था नित्य नई ऊंचाइयों की ओर अग्रसर होती जाती है।

कालेधन से उत्पन्न समस्याएं

कालेधन का सृजन और उसके कारण स्थापित समानांतर अर्थव्यवस्था अनेकों सामाजिक और आर्थिक समस्याओं को जन्म देती हैं। ये समस्याएं देश के आर्थिक ढांचे के साथ-साथ सामाजिक ढांचे को भी चुनौती प्रदान करती हैं। कालेधन के कारण जनित होनी वाली समस्याएं अग्रलिखित हैं-

- कालेधन के सृजन से सरकार को कर-आय की हानि होती है। ध्यातव्य है कि कर आय सार्वजनिक आय का प्रमुख स्रोत है। सार्वजनिक आय में कमी होने से सरकार को या तो अपने प्रस्तावित विकास कार्यों में कटौती करनी पड़ती है या उसके निमित्त घाटे की वित्त व्यवस्था करनी पड़ती है।
- समानांतर अर्थव्यवस्था अथवा कालेधन की सक्रियता के कारण अर्थव्यवस्था के वास्तविक स्थिति की जानकारी नहीं हो पाती है। इससे अर्थव्यवस्था में उत्पादन, बचत एवं पूंजी निर्माण की सम्यक स्थिति की सही जानकारी नहीं मिल पाती है। कालेधन के कारण घोषित सकल राष्ट्रीय उत्पाद की तुलना में वास्तविक सकल राष्ट्रीय उत्पाद अधिक है।
- कालेधन के सृजन के कारण विलासिता उपभोग में वृद्धि होती है। इससे समाज के लोगों पर बुरा प्रभाव पड़ता है और समाज में गैर-टिकाऊ वस्तुओं के उपभोग की प्रवृत्ति बढ़ने लगती है।
- कालेधन के बढ़ने से अनुत्पादक प्रकृति के क्षेत्र में निवेश अधिक होने लगता है। कालेधन के बढ़ने से लोग हीरे, कीमती मोती तथा पत्थर आदि क्रय करने लगते हैं। इसका समाज के ऊपर नकारात्मक प्रभाव पड़ता है।
- कालाधन बढ़ने से देश से विदेशों की ओर अवैधानिक ढंग से घरेलू पूंजी का पलायन होने लगता है। इससे देश में विकास कार्यों के लिए धन की कमी होने लगती है और देश का विकास अवरुद्ध होने लगता है।
- कालेधन के सृजन से समानता के नियम का भी उल्लंघन होता है। कालाधन असमानता तथा धन केंद्रीयकरण को बढ़ावा देती है।

- कालाधन के बढ़ने से समाज में अपराध तथा हिंसा को बढ़ावा मिलता है। कालेधन से नैतिक मूल्यों और सांस्कृतिक परंपराओं का पतन होता है। कालेधन से व्यभिचार, वेश्यावृत्ति तथा नशाखोरी की प्रवृत्ति भी बढ़ती है।

निष्कर्ष के रूप में कालेधन के बढ़ने से समाज का सांस्कृतिक, आर्थिक, सामाजिक एवं राजनीतिक विकास अवरुद्ध हो जाता है तथा अनैतिक कार्यों को प्रोत्साहन मिलता है।

कालेधन का अर्थव्यवस्था पर प्रभाव

कालाधन किसी भी देश की अर्थव्यवस्था को या समाज को या राजनीति को प्रभावित करता है तथा कालेधन के पड़ने वाले प्रभावों की विवेचना इन तीन शीर्षकों के अंतर्गत ही करना उपयुक्त होगा:-

आर्थिक प्रभाव

कालाधन किसी भी देश की अर्थव्यवस्था को प्रत्यक्ष और अप्रत्यक्ष रूप में प्रभावित करता है, कालेधन के कारण कर राजस्व की प्राप्ति कम होती है, जो एक क्षति है। कर की चोरी होने के कारण सरकार को कम कर राजस्व प्राप्त होता है। जिससे सरकार की विकासात्मक और उत्पादकीय गतिविधियां प्रभावित होती हैं। कर राजस्व कम प्रभावित होने से सरकार के पास पूंजीगत व्यय के लिए धन की कमी रहती है, जिसके कारण विकासात्मक गतिविधियां प्रभावित होती हैं। यही नहीं कर राजस्व की क्षति के कारण सरकार सामाजिक, सुरक्षा और कल्याण पर कम खर्च कर पाती है जिससे सामाजिक समस्याओं का अंत नहीं होता और लोगों का सरकार के प्रति दृष्टिकोण नकारात्मक होने लगता है। दूसरी तरफ कालेधन के कारण बहुत बड़ी पूंजी देश से बाहर चली जाती है और यह भी विकास को प्रभावित करती हैं धन के अभाव में गतिविधियों को जब बढ़ावा नहीं मिलता है तो गरीबी, बेरोजगारी जैसी समस्याएं जन्य लेती हैं।

कालेधन के कारण अर्थव्यवस्था पर सामूहिक और व्यक्तिगत दोनों प्रकार के प्रभाव पड़ते हैं। जहां एक तरफ विकास न होने के कारण लोगों पर सामूहिक प्रभाव पड़ता है वहीं दूसरी तरफ व्यक्तिगत रूप से भी लोगों पर नकारात्मक प्रभाव पड़ता है, क्योंकि कालाधन बढ़ने के कारण मुद्रास्फीति बढ़ जाती है तो इससे लोगों के जीवन पर प्रतिकूल प्रभाव पड़ता है। कालेधन का अर्थव्यवस्था पर निम्नलिखित प्रभाव पड़ता है-

- कर राजस्व की चोरी।
- मुद्रास्फीति में वृद्धि।
- विकासात्मक कार्यों के लिए धन की कमी।
- देश के घरेलू पूंजी का गलत तरीके से बाहर जाना है।
- संसाधनों का गलत उपयोग।

सामाजिक प्रभावः

कालाधन केवल अर्थव्यवस्था को ही प्रभावित नहीं करता, बल्कि इसके अनेक सामाजिक दुष्परिणाम भी होते हैं। कालेधन के कारण सामाजिक, आर्थिक विषमता उत्पन्न होती है, क्योंकि कालाधन, धन के केंद्रण को बढ़ावा देता है। इसके कारण जहां कुछ लोग विलासितापूर्ण जीवन व्यतीत करते हैं तो वहीं ईमानदार लोग सामान्य जीवन व्यतीत करने के लिए भी संघर्ष करते रहते हैं। कालाधन ईमानदार लोगों में कुंठा और निराशा की भावना उत्पन्न करता है। इसके साथ-साथ कालेधन के कारण समाज में रिश्वतखोरी, तस्करी जैसे अपराधों वृद्धि होती है। इसके साथ-साथ कालाधन समाज के गरीब एवं कमजोर वर्गों के उत्थान में बाधा पहुंचाता है, क्योंकि उनके लिए चलाए गए कार्यक्रम प्रभावपूर्ण तरीके से क्रियान्वित नहीं हो पाए। इस कारण गरीबी, बेरोजगारी जैसी समस्याओं का हल नहीं हो पाता है।

राजनीति क्षेत्र पर प्रभाव

कालेधन के कारण राजनीति प्रक्रिया भी दूषित होती है। कालेधन का चुनाव के दौरान व्यापक तौर पर उपयोग किया जाता है जिसके कारण चुनावी प्रक्रिया निष्पक्ष रूप से संचालित नहीं होती है और इस कारण ईमानदार और कर्मठ व्यक्ति चुनाव में भाग नहीं ले पाता है जिससे योग्य राजनीतिक नेतृत्व उभरकर सामने नहीं आ पाता है।

यही नहीं, कालेधन के कारण राजनैतिक वर्ग को उद्योगपतियों और व्यापारियों द्वारा बड़े पैमाने पर चंदे के रूप में धन उपलब्ध कराया जाता है, जिसके कारण सरकार पर व्यापारी और उद्योगपति भी समय-समय पर दबाव डालते रहते हैं। इसके कारण हमारी नीति-निर्माण प्रक्रिया प्रभावित होती है। कालेधन के कारण राजनैतिक दल और व्यापारिक वर्ग गलत कार्य करने के लिए भी प्रोत्साहित होते हैं, जिसका सीधा प्रभाव देश के सामाजिक एवं आर्थिक विकास पर पड़ता है।

घरेलू पूंजी के बहिर्गमन पर प्रभाव

भारत में कालेधन का एक नकारात्मक पहलू या प्रभाव देश से धन का बाहर जाना है। भारत में कालाधन अर्जित करके लोग उसे सुरक्षित और संरक्षित करने के लिए विदेश भेजते हैं और ऐसा करने के निम्नलिखित कारण हैं:-

- अचल संपत्ति या सोने में निवेश के बावजूद हमेशा यह खतरा बना रहता है कि कहीं किसी कर अधिकारी की नजर उस संपत्ति या व्यक्ति पर न पड़ जाए और उस स्थिति में कालेधन की पकड़े जाने की संभावना बढ़ जाती है, इसलिए वह धन को सुरक्षित रखने के लिए देश से बाहर भेजने का काम करते हैं।

- कालेधन का विदेश में निवेश करना अधिक लाभप्रद है। यह न केवल सुरक्षा की दृष्टि से, बल्कि रिटर्न की दृष्टि से भी यह बेहतर माना जाता है, विदेशों में इसे दो तरह से इस्तेमाल किया जाता है-एक बैंकों में जमा के रूप में, जिस पर ब्याज मिलता है तो दूसरा उत्पादक कार्यों में। इसके अतिरिक्त इन निवेशकों को विनिमय दरों में उतार-चढ़ाव का लाभ भी मिलता है।
- कालेधन के बहिर्गमन का एक दूसरा महत्वपूर्ण कारण दोहरे कराधान से छूट का समझौता भी है। साथ ही साथ पी-नोट की भी महत्वपूर्ण भूमिका होती है। भारत में रुपए की परिवर्तनीयता और पूंजी को बाहर लाने-ले-जाने की छूट ने कालेधन के बहिर्गमन को संभव बनाया है। दोहरे कराधान समझौते और पी-नोट के कारण वही धन घूमकर देश में वापस आ जाता है और इस प्रकार उसका देश के उत्पादक कार्यों में निवेश संभव हो जाता है इसके परिणामस्वरूप कालेधन की अर्थव्यवस्था में निरंतर विस्तार हो रहा है।
- पिछले दो दशकों से भारत में उदारीकरण और वैश्वीरकण की जो नीति अपनाई गई है, उसके कारण मुद्रा की परिवर्तनीयता को आसान बना दिया है। इस कारण से भी देश से बाहर धन को भेजने की प्रक्रिया सरल हुई है।

कालेधन को नियंत्रित करने के लिए सरकार द्वारा उठाए गए कदम

- भारत में कालेधन की समस्या को एक गंभीर समस्या के रूप में चिह्नित करने के बाद 'अंतरिम सरकार ने भारतीय मुद्रा का विमुद्रीकरण किया। 1949 के बाद 1978 में भी विमुद्रीकरण किया गया। 1978 में जनता सरकार द्वारा 1000 रुपए, 5000 रुपए तथा 10,000 रुपए के मूल्य के नोटों का विमुद्रीकरण किया गया।
- कालेधन के सृजन को रोकने के लिए करारोपण के नियमों को प्रभावी बनाने तथा कर संरचना में सुधार के लिए स्वतंत्रता प्राप्ति के बाद से ही प्रयास शुरू हो गए थे। 1953 में करारोपण जांच समिति, 1956 में भारतीय कर सुधार समिति, 1958 में प्रत्यक्ष कर प्रशासनिक जांच समिति तथा 1991 में राजा जे. चेलैया की अध्यक्षता में प्रत्यक्ष कर जांच समिति का गठन किया गया था। विभिन्न समितियों द्वारा भारतीय कर संरचना में निहित दोषों की ओर ध्यान आकर्षित किया गया तथा उसके निवारण हेतु सुझाव भी दिए गए।
- भारत में कालाधन नियंत्रित करने तथा रोकने के लिए स्वैच्छिक आय घोषणा योजना को एक प्रभावी अस्त्र के रूप में समय-समय पर इस्तेमाल किया गया है। सरकार ने 1951, 1965, 1995 तथा 1997 में स्वैच्छिक आय घोषणा योजना शुरू की थी।

- 1997 में कालाधन बाहर निकालने के लिए स्वैच्छिक आय घोषणा योजना चलाई गई। इसके अंतर्गत घोषित आय पर 30% कर देना था। सरकार आय के स्त्रोतों के विषय में कोई पूछताछ नहीं करने के प्रति वचनबद्ध थी। इसके अतिरिक्त इसमें प्रावधान किया गया था कि आय घोषणा करने वाले लोगों की सभी जानकारियां गुप्त रखी जाएंगी। वी.डी.आई.एस. 1997 से सरकार को 33,000 करोड़ रुपए की घोषित आय में 10,500 करोड़ रुपए की आय प्राप्त हुई। यह अब तक की सबसे सफल स्वैच्छिक आय घोषणा योजना बनी।
- इसके अतिरिक्त 1981 तथा 1991 में विशेष धारक बांड योजना चलाई गई, जो सीमित रूप से सफल रहीं। उपरोक्त विवेचना से स्पष्ट है कि सरकार से समय-समय पर कालेधन को बाहर निकालने के लिए विशेष कार्यक्रम/योजनाएं चलाई हैं, जिसमें से कुछ ने बहुत ही अच्छी सफलता प्राप्त की है, परंतु भारत में कालेधन के आकार के ऊपर कोई विशेष प्रभाव नहीं पड़ा।
- मोदी सरकार ने सत्ता में आने के बाद कालेधन की समस्या के समाधान के लिए व्यापक कदम उठाया, जिसकी विवेचना इसी अध्याय में की गई है।

भारत में कालाधन नियंत्रित करने के लिए सुझाव

भारत में कालेधन की समस्या के समाधान के लिए कठोर कदम उठाने की आवश्यकता है। इसके लिए सरकार की दृढ़ इच्छाशक्ति पहली आवयश्कता है तथा कोई भी योजना/कार्यक्रम इस दिशा में चलाए जाएं, उसे पूरी तन्मयता तथा ह्रदय से लागू करना होगा। अधूरे मन से लागू करने पर कार्यक्रम/योजनाएं प्रभावी नहीं हो पाते हैं। भारत में कालेधन की समस्या के समाधान के लिए अग्रलिखित सुझाव दिए जा सकते हैं-

- प्रशासन, विशेष रूप से वित्तीय प्रशासन को पारदर्शी, ईमानदार, जवाबदेह तथा प्रभावी बनाया जाए।
- करों की दरों का युक्तिकरण किया जाए तथा लोगों को कर देने के लिए प्रोत्साहित किया जाना चाहिए। कर ढांचा में आई विसंगतियों के निवारण के लिए प्रभावी कदम उठाने चाहिए। कर प्रशासन को दक्ष तथा कुशल बनाया जाना चाहिए।
- समाज में उन वस्तुओं और सेवाओं का बड़े पैमाने पर उत्पादन करने की आवश्यकता है, जो अनिवार्यताओं से संबद्ध हैं, जिससे कोटा और परमिट की व्यवस्था समाप्त हो सके।

- तस्करी की प्रक्रिया को न्यूनतम संभव समय में समाप्त करने के लिए विशेष प्रयास किए जाने चाहिए। विदेशों से होने वाली तस्करी रोकने के लिए अंतर्राष्ट्रीय स्तर पर बातचीत करने के साथ-साथ सुरक्षा तंत्र को प्रभावी बनाना चाहिए।
- स्थायी संपत्ति की वृद्धि किसी स्तर पर आवश्यक व अपेक्षित है। आवश्यक तो यह भी है कि निश्चित सीमा से अधिक बड़े बनने वाले भवनों पर भी रोक लगानी चाहिए।
- लोगों की सोच में बदलाव लाने की आवश्यकता है। कालेधन के दुष्प्रभावों के संदर्भ में लोगों को अवगत कराया जाना चाहिए। समाज में कालेधन के विरुद्ध चेतना एवं जागृति पैदा करने वाले कार्यक्रम चलाए जाने चाहिए। लोगों के अंदर नैतिकता तथा राष्ट्रवाद की भावना जगाने के लिए भी प्रयास किया जाना चाहिए। इससे कालेधन को नियंत्रित करने में मदद मिलेगी।

2014 के लोकसभा चुनाव के दौरान भारतीय जनता पार्टी द्वारा कालेधन वापस लाने तथा इसके समूल को नष्ट करने के लिए देश की जनता से वायदा किया गया था और वह सरकार बनाने में सफल रही। इसके बाद से वह इस दिशा में लगातार कदम उठा रही है, जिसके कुछ अपेक्षित परिणाम भी आ रहे हैं। परंतु वह पर्याप्त नहीं हैं। इसके लिए घरेलू कदम उठाने के साथ-साथ अंतर्राष्ट्रीय सहयोग प्राप्त करना होगा और अंतर्राष्ट्रीय वैधानिक सुधारों के लिए सफल कूटनीतिक प्रयास करने होंगे, क्योंकि जब तक स्विट्जरलैंड तथा टैक्स स्वर्ग माने जाने वाले देश अपने कानूनों में बदलाव नहीं करते हैं, तब तक भारत या किसी देश की सरकार वहां के बैंकों में जमा धन वापस नहीं ला सकती हैं। उल्लेखनीय है कि स्विट्जरलैंड के राजदूत ने कुछ वर्ष पूर्व बड़ी विनम्रता के साथ भारत सरकार का अनुरोध अस्वीकार कर दिया और कहा कि इस बारे में उनके देश के विद्यमान कानूनों के अंतर्गत ही कार्यवाही की जाएगी तथा कदम उठाए जाएंगे। सबसे महत्वपूर्ण बात यह है कि भारत सरकार अभी तक यह जांच भी नहीं कर पाई है कि भारत के किस व्यक्ति का कितना धन वहां के बैंकों में जमा है। ऐसे में स्विस सरकार से सहयोग की अपेक्षा अपने को धोखा देना है।

नरेन्द्र मोदी सरकार द्वारा कालेधन के संदर्भ में उठाए गए कदम

मई 2014 में सत्ता में आने के बाद नरेन्द्र मोदी सरकार ने कालेधन के संदर्भ में लोकसभा चुनाव के दौरान जनता से किए गए अपने वायदे को पूरा करने के लिए प्रतिबद्ध दिखाई पड़ रही है। उसकी प्रतिबद्धता उसके द्वारा उठाए गए निम्नलिखित कदमों से दिखाई पड़ती है।

कालाधन एसआईटी का गठन

सुप्रीम कोर्ट के आदेश पर कालेधन पर सेवानिवृत्त न्यायाधीश एम. बी. शाह की अध्यक्षता में एसआईटी का गठन किया गया।

जनधन योजना

'सभी का हो बैंक में खाता' के ध्येय से इस योजना की शुरुआत की गई। पहले ही दिन देशभर में रिकार्ड 1.5 करोड़ बैंक खाते खोले गए। आंकड़ों के अनुसार 25.45 करोड़ लोगों के बैंक खाते खुल गए हैं।

कर संधियों की पुनः वार्त्ता और स्वतः सूचना विनिमय समझौते

विदेशों में जमा कालाधन लाने के लिए संशोधित दोहरा कर बचाव संधि (डीटीएए) के तहत कई देशों के साथ समझौते किए गए। कई देश साल 2017 से अपने यहां कालाधन जमा करने वालों लोगों की सूची देने पर सहमत हुए।

विदेशी कालाधन और इम्पोजिशन ऑफ टैक्स ऐक्ट, 2015

विदेशों में जमा भारतीयों के कालाधन के संदर्भ में कालाधन और इम्पोजिशन ऑफ टैक्स ऐक्ट, 2015 को संसद में पारित किया गया। 1 जुलाई 2015 से कानून के तहत विदेश से होने वाली आय और संपत्ति के मूल्यांकन के नियमों को लागू किया गया। इसके तहत विदेशी संपत्तियों से होने वाली आय को छुपाने और कर चोरी पर 10 साल की सजा हो सकती है। इसके अलावा 300% जुर्माना लगाने की भी बात है। इस नए कानून के तहत दोषी को सेटलमेंट कमीशन के पास जाने की भी अनुमति नहीं होगी। अघोषित विदेशी संपत्ति से होने वाली आय पर अधिकतम दर से कर लगेगा

इनकम डिक्लेरेशन स्कीम-2016 (1)

आईडीएस (इनकम डिक्लेरेशन स्कीम)-1 जून 2016 से 30 सितंबर तक जारी रही। इसमें कालेधन का खुलासा करने वाले को 45% कर देना था। इसमें किसी कानूनी कार्रवाई नहीं करने के अलावा नाम पूरी तरह से गुप्त रखने की बात कही गई थी। इससे लगभग सरकार को 70 हजार करोड़ रुपए का कालाधन प्राप्त हुआ।

इनकम डिक्लेरेशन स्कीम-2016 (2)

28 नवंबर 2016 को स्वैच्छिक आय घोषणा योजना-2016 (2) की घोषणा की गई और इसके लिए कराधान कानून विधेयक 2016 में संशोधन किया गया। इसके माध्यम से अघोषित या कालेधन पर अत्यधिक जुर्माना लगाने का प्रावधान किया गया। संशोधन के तहत 30 दिसंबर, 2016 तक स्वेच्छा से घोषित की गई बिना हिसाब-किताब की अमान्य नकदी पर 50% कर, जुर्माना और उपकर लगाने का प्रस्ताव है। इस तिथि के बाद अघोषित राशि का पता चला तो उस पर कुल 85% तक का अधिभार और जुर्माना लगाया जाएगा, साथ ही जो व्यक्ति अपनी आय से संबंधित रिपोर्ट गलत देगा, उससे 200% की कर उगाही की जाएगी।

रियल एस्टेट में कालेधन पर इनकम टैक्स ऐक्ट में भी संशोधन

इस ऐक्ट के सेक्शन 269 और 269 के प्रावधान में संशोधन किया गया। इससे रियल एस्टेट में 20 हजार से ज्यादा के नकद के लेन-देन को प्रतिबंधित कर दिया गया। इसे ज्यादा लेन-देन पर 20% जुर्माने का प्रावधान। एक लाख से ज्यादा की खरीदारी और संपत्ति की बिक्री पर पैन देना अनिवार्य किया गया।

बेनामी लेन-देन (प्रतिबंध) संशोधन

कालेधन पर अंकुश लगाने के लिए बेनामी लेन-देन (प्रतिबंध) संशोधन बिल को संसद में पास किया गया। इसके जरिए रियल एस्टेट और सोने की खरीदारी में बेनामी रूप से हो रहे लेन-देन पर लगाम लगाई जाएगी।

विधेयक में विदेश में कालाधन छिपाने वालों को दस साल तक की सजा और नब्बे फीसद के जुर्माने का प्रावधान है। यह जुर्माना उस पर लगने वाले 30% कर के अतिरिक्त होगा। नए कानून में यह प्रावधान भी है कि रिटर्न फाइल करने में संपत्ति की जानकारी छिपाने पर सात साल तक की सजा होगी।

❑❑❑

अभ्यास हेतु प्रश्न

1. कालेधन से क्या आशय है? कालाधन उत्पन्न होने के कारणों पर प्रकाश डालते हुए इसके देश पर पड़ने वाले प्रभावों की विवेचना कीजिए।
2. कालेधन का उद्देश्य क्या होता है और यह किसी देश की अर्थव्यवस्था को किस प्रकार प्रभावित करता है।
3. कालाधन किसी देश की कानून एवं व्यवस्था में नकारात्मक प्रवृत्तियों को बढ़ावा देता है। स्पष्ट कीजिए।
4. कालाधन आंतरिक सुरक्षा के लिए किस प्रकार एक खतरा एवं चुनौती है, स्पष्ट करें।
5. कालेधन को नियंत्रित करने के लिए सरकार द्वारा उठाए गए कदमों की समीक्षा कीजिए।
6. विमुद्रीकरण कालेधन को नियंत्रित करने में किस प्रकार सहायक है, स्पष्ट कीजिए ।
7. कालेधन को नियंत्रित करने के लिए सुझाव प्रस्तुत करें।
8. कालाधन शासन-प्रशासन की नीतियों की विफलता का परिणाम है और शासन-प्रशासन की क्षमता को प्रभावित करता है। स्पष्ट करें।

16. मनी लांड्रिंगः एक वैश्विक आर्थिक समस्या

आर्थिक उदारीकरण के दौर में आर्थिक अपराध के भी नए नए प्रारूप सामने आ रहे हैं, जिससे वैश्विक अर्थव्यवस्था के सामने निरंतर चुनौतियां उत्पन्न हो रही हैं। ऐसे में ही एक आर्थिक अपराध मनी लांड्रिंग है। मनी लांड्रिंग न केवल अर्थव्यवस्था बल्कि समाज और शासन दोनों को ही नकारात्मक रूप में प्रभावित कर रही है। विश्व के नीति-निर्माताओं के सम्मुख यह एक प्रमुख चुनौती है कि कैसे इसको रोका जाए। इस संदर्भ में वैश्विक स्तर पर संविधिक कदम उठाए जा रहे हैं, जो प्रभावी नहीं हो रहे हैं। इन्हीं सब को देखते हुए इसके विविध पहलुओं पर प्रस्तुत अध्याय में प्रकाश डाला गया है।

मनी लांड्रिंग वह प्रकिया है जिसके अंतर्गत अवैध तरीके से अर्जित किए गए धन को अथवा वैध तरीके से ही अर्जित किए गए ऐसे धन को, जिसे कानून की नजरों से छिपाकर रखा गया हो अथवा जिस पर कर अदा नहीं किया गया हो। उसे कानूनी विसंगतियों का लाभ उठाते हुए वैध धन में बदला जाता है।

मनी लांड्रिंग की प्रक्रिया और उसके चरण

मनी लांड्रिंग की प्रक्रिया को 3 चरणों में विभाजित किया जाता है-

1. नियोजन 2. स्तरीकरण या परतीकरण 3. एकीकरण

मनी लांड्रिंग का पहला चरण प्लेसमेंट का है। इस चरण में मनी लांड्रिंग करने वाला व्यक्ति या संस्था अवैध धन को कुछ माध्यमों से बैंकों या वित्तीय संस्थाओं में जमा करते हैं, जो प्राय: नकदी के रूप में जमा किया जाता है। इस प्रक्रिया का प्रयोग कालेधन को वैध बनाए जाने के संदेह को खत्म करने के लिए किया जाता है। यह मनी लांड्रिंग प्रक्रिया का सबसे खतरनाक चरण है, क्योंकि नकद राशि की अधिक मात्रा सबका ध्यान अपनी ओर आकर्षित करती है और बैंकों को भी इस प्रकार के उच्च स्तर के लेन-देन के संबंध में जानकारी देनी पड़ती है।

पांच उद्देश्यीय से रणनीति

मनी लांड्रिंग पर अंकुश लगाने के लिए 5 उद्देश्यीय कार्यनीति भारत सरकार ने निर्धारित की है-

- कालेधन की समस्या के समाधान के लिए और मनी लांड्रिंग की गतिविधियों पर नियंत्रण स्थापित करने के लिए वैश्विक स्तर पर जो अभियान चलाए जो रहे हैं। भारत को भी उसमें सम्मिलित होना चाहिए और अपनी नीति के अनुसार भारत सरकार अंतर्राष्ट्रीय वित्तीय कार्यवाही बल का हिस्सा भी बन चुकी है।
- मनी लांड्रिंग के संदर्भ में एक उपयुक्त कानूनी ढांचा तैयार करना। प्रत्यक्ष कर संहिता को मूर्त रूप देना। धन तथा मनी लांड्रिंग से जुड़ी हुई सूचनाओं का आदान-प्रदान करना।
- अवैध निधियों (धन) के हस्तांतरण और उससे उत्पन्न समस्याओं के समाधान के लिए संस्थागत ढांचे का निर्माण करना।
- कार्यान्वयन के लिए नई प्रणालियों का विकास करना तथा इस संदर्भ में नई कर्मचारी नीति लागू करना।
- प्रभावी कार्यवाही के लिए कर्मचारियों को कुशल बनाना तथा समय-समय पर उनको प्रशिक्षण देना।

मनी लांड्रिंग का दूसरा स्तर परतीकरण का है। इस प्रक्रिया में धन को विभिन्न लेन-देन के द्वारा एक जगह से दूसरे जगह भेजा जाता है। जिससे स्रोतों का पता लगाना मुश्किल हो जाता हैं। इसमें कई बैंकों के बीच धन का हस्तांतरण होता है। विभिन्न खाते और विभिन्न देशों के विभिन्न नामों के बीच धन का ट्रांसफर होता है, जिससे अलग विभिन्न खातों में से जमा या निकासी की मात्रा अलग-अलग होती है। विभिन्न मुद्राओं में परिवर्तन किया जाता है। धन की पहचान में परिवर्तन लाने के लिए कीमती वस्तुएं खरीदी जाती हैं। यह प्रक्रिया सबसे जटिल प्रक्रिया होती है क्योंकि इससे मूल कालेधन या मौलिक रूप से कालेधन का अनुसरण करना अर्थात् उसका पता लगाना मुश्किल हो जाता है।

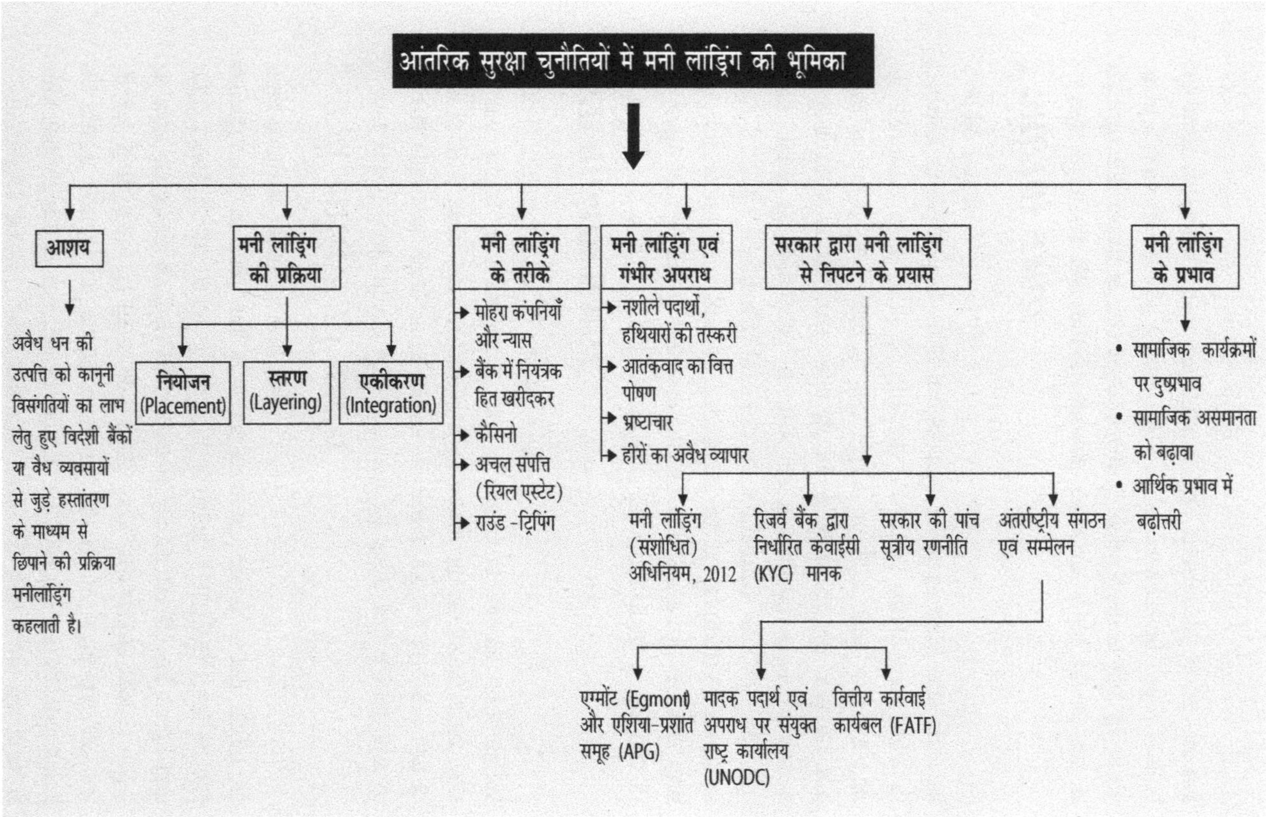
आंतरिक सुरक्षा चुनौतियों में मनी लांड्रिंग की भूमिका
आशय
अवैध धन की उत्पत्ति को कानूनी विसंगतियों का लाभ लेतु हुए विदेशी बैंकों या वैध व्यवसायों से जुड़े हस्तांतरण के माध्यम से छिपाने की प्रक्रिया मनीलॉड्रिंग कहलाती है।
मनी लांड्रिंग की प्रक्रिया
नियोजन (Placement)
स्तरण (Layering)
एकीकरण (Integration)
मनी लांड्रिंग के तरीके
मोहरा कंपनियाँ और न्यास
बैंक में नियंत्रक हित खरीदकर
कैसिनो
अचल संपत्ति (रियल एस्टेट)
राउंड -ट्रिपिंग
मनी लांड्रिंग एवं गंभीर अपराध
नशीले पदार्थों, हथियारों की तस्करी
आतंकवाद का वित्त पोषण
भ्रष्टाचार
हीरों का अवैध व्यापार
सरकार द्वारा मनी लांड्रिंग से निपटने के प्रयास
मनी लांड्रिंग (संशोधित) अधिनियम, 2012
रिजर्व बैंक द्वारा निर्धारित केवाईसी (KYC) मानक
सरकार की पांच सूत्रीय रणनीति
अंतर्राष्ट्रीय संगठन एवं सम्मेलन
एग्मोंट (Egmont) और एशिया-प्रशांत समूह (APG)
मादक पदार्थ एवं अपराध पर संयुक्त राष्ट्र कार्यालय (UNODC)
वित्तीय कार्रवाई कार्यबल (FATF)
मनी लांड्रिंग के प्रभाव
सामाजिक कार्यक्रमों पर दुष्प्रभाव
सामाजिक असमानता को बढ़ावा
आर्थिक प्रभाव में बढ़ोत्तरी

मनी लांड्रिंग का तीसरा चरण एकीकरण का है। इस चरण में धन वैध तरीके से मुख्य आर्थिक धारा में सम्मिलित हो जाता है और इसमें लेन-देन की सभी प्रक्रिया को दिखाया जाता है। यह स्थानीय व्यापार के खाते में एक अंतिम बैंक हस्तांतरण के रूप में हो सकता है। जिसमें मनी लांड्रिंग करने वाला व्यक्ति लाभ में कटौती के बदले वह निवेश करता है। इस अवस्था में अपराधी इस धन का उपयोग बिना पकड़े (भय) हुए कर सकता है। यदि पूर्व के चरणों में से किसी प्रकार का कोई कागजी प्रमाण या सबूत नहीं है तो एकीकरण की प्रक्रिया में मनी लांड्रिंग को पकड़ना अधिक कठिन हो जाता है।

मनी लांड्रिंग के प्रभाव

मनी लांड्रिंग किसी भी देश की अर्थव्यवस्था को अनेक रूपों में प्रभावित करती है। मनी लांड्रिंग के कारण शासन-प्रशासन के सम्मुख चुनौतिया तो उत्पन्न होती है, साथ ही इससे समाज और अर्थव्यवस्था पर भी व्यापक और नकारात्मक प्रभाव पड़ता है। मनी लांड्रिंग के प्रभावों को दो भागों में बांट करके अध्ययन करना उपयुक्त होगा-1. सामाजिक प्रभाव 2. आर्थिक प्रभाव।

सामाजिक प्रभाव

मनी लांड्रिंग के कारण सामाजिक असमानता को बढ़ावा मिलता है और भ्रष्टाचार की उत्पत्ति होती है। तस्करी और रिश्वतखोरी को बढ़ावा मिलता है। समाज के गरीब और कमजोर वर्गों के उत्थान के लिए चलाए जो रहे कार्यक्रमों पर नकारात्मक प्रभाव पड़ता है। कालाबाजारी, जमाखोरी को बढ़ावा मिलने लगता है। यही नहीं, मादक पदार्थों की अवैध बिक्री, कारपोरेट क्षेत्र में धोखाधड़ी कानून एवं व्यवस्था के लिए चुनौती उत्पन्न करके लोगों के मन में अविश्वास पैदा करने का कार्य इसके माध्यम से किया जाता है। मनी लांड्रिंग के कारण लोगों के मनोबल पर भी नकारात्मक प्रभाव पड़ता है। सामाजिक विघटन को बढ़ावा मिलने लगता है। जिससे न केवल आंतरिक सुरक्षा प्रभावित होती है, बल्कि हमारी बाह्य सुरक्षा भी प्रभावित होती है।

आर्थिक प्रभाव

मनी लांड्रिंग का एक बहुत ही खतरनाक नकारात्मक प्रभाव आर्थिक क्षेत्र पर पड़ता है। मनी लांड्रिंग के कारण वित्तीय क्षेत्र में अस्थिरता उत्पन्न होती है। वित्तीय कानून प्रक्रिया प्रभावित होती है। मनी लांड्रिंग के कारण बैंकों और वित्तीय कंपनियों को अपनी व्यवस्था को बुलेट प्रूफ बनाने के लिए संसाधनों का अधिक भार व्यय

करना पड़ता है। यही नहीं, मनी लांड्रिंग के कारण तरलता में वृद्धि होने से मुद्रास्फीति भी उत्पन्न होती है, जो विकास दर को प्रभावित करती है।

यही नहीं, मनी लांड्रिंग के कारण विकास प्रभावित होने पर बेरोजगारी और गरीबी में वृद्धि होती है और आर्थिक विकास दर और सकल घरेलू निवेश दर या बेरोजगारी की दर या निर्धनता की दर का सही तरीके से आकलन करना संभव नहीं हो पाता। जिससे हमारा आर्थिक प्रशासन और आर्थिक नीति निर्माण निकाय प्रभावित होता है। यही नहीं, मनी लांड्रिंग के कारण देश से पूंजी का बहिर्गमन भी होता है और सरकार को कर राजस्व की क्षति भी होती है। जिसका प्रभाव विकासात्मक और सामाजिक कल्याण कार्यक्रमों पर पड़ता है।

मनी लांड्रिंग की प्रचलित विधियां

नकदी पर जोर देने वाले व्यवसाय एक ऐसा व्यवसाय है, जो सामान्यतया नकदी जमा प्राप्त करता है। वह अपने खातों का उपयोग वैध और अवैध दोनों माध्यमों से अर्जित धन के संपूर्ण हिस्से को अपनी वैध आय बताकर जमा करने में करेगा। प्रायः व्यापार की कोई वैध गतिविधि नहीं होगी।

मोहरा कंपनियां और न्यासः न्यास और मोहरा कंपनियां धन के वास्तविक मालिक को छिपा देती हैं।

बैंक पर कब्जाः कालेधन को वैध बनाने वाले व्यक्ति या अपराधी विशेषकर ऐसे अधिकार क्षेत्र में जहां मनी लांड्रिंग पर नियंत्रण की प्रणाली कमजोर होती है, किसी बैंक में नियंत्रक हित खरीद लेते हैं और उसके बाद बैंक के माध्यम से जांच के बिना धन का आदान-प्रदान करते हैं।

कसीनो या घुड़दौड़ः कोई व्यक्ति नकदी के साथ कसीनों या रेसकोर्स में प्रवेश करेगा और चिप्स खरीदेगा, कुछ देर के लिए खेलेगा और उसके बाद अपने चिप्स को नकदी में बदल लेगा, जिसके लिए उसे एक चेक जारी किया जाएगा। उसके बाद कालेधन को वैध बनाने वाला व्यक्ति चेक को उसके बैंक में जमा करने में सक्षम होगा इस प्रकार जीती गई राशि होने का दावा करेगा। यदि कसीनो आपराधिक संगठन के नियंत्रण में है और कालेधन को अवैध बनाने वाला व्यक्ति उनके लिए काम करता है तो वह व्यक्ति अवैध रूप से प्राप्त राशि को कसीनो में किसी उद्देश्य के लिए छोड़ देगा और आपराधिक संगठन द्वारा उसका भुगतान अन्य निधि के माध्यम से किया जाएगा।

अचल संपत्तिः रिएल एस्टेट (अचल संपत्ति) को अवैध आय के पैसे से खरीदा और बेचा जा सकता है। बिक्री से प्राप्त आय बाहरी लोगों के सामने वैध आय प्रतीत होती है। वैकल्पिक रूप से, संपत्ति के मूल्य में हेरफेर किया जाता है; विक्रेता एक ऐसे अनुबंध पर सहमत होगा, जिसमें संपत्ति के मूल्य को कम करके आंका जाता है और इस अंतर को पाटने के लिए वह अवैध आय प्राप्त करेगा।

आतंकवादी वित्तपोषणः तकनीकी रूप से यह मनी लांड्रिंग की प्रक्रिया नहीं है। मनी लांड्रिंग में सामान्यतः धन के स्रोत को छिपाना शामिल होता है, जो अवैध है। आतंकवादी

वित्तपोषण संबंधी मामलों में स्वयं धन के गंतव्य को छिपाया जाता है, जोकि अवैध है।

काला वेतनः कंपनियों के पास ऐसे अपंजीकृत कर्मचारी हो सकते हैं, जिनके पास कोई लिखित अनुबंध नहीं होता और जिन्हें नकद वेतन दिया जाता है। उन्हें भुगतान करने के लिए कालेधन का प्रयोग किया जा सकता है।

बैंकों द्वारा मनी लांड्रिंग : सबसे पहले दर्जनों बेनामी खाते खोले जाते हैं। ऐसे खातों को खोलने के लिए पैन कार्ड या अपने ग्राहक को जानिए (केवाईसी) नियमों का पालन नहीं होता। इन खातों के जरिए बीमा पॉलिसी, स्वर्ण जमा योजनाओं में धन लगाया जाता है। कालेधन को रियल एस्टेट में निवेश करवाने में बैंक मध्यस्थ की भूमिका निभाते हैं। कालाधन रखने के लिए विशेष लॉकर दिया जा सकता है और विभिन्न शहरों की शाखाओं में सूचना दिए बिना धन का हस्तांतरण किया जाता है।

व्यापार आधारित मनी लांड्रिंगः फाइनेंसियल एक्शन टास्क फोर्स (एफएटीएफ) के अनुसार व्यापार आधारित मनी लांड्रिंग (टीबीएमएल) की परिभाषा एक ऐसी प्रक्रिया के रूप में है, जिसमें अपराध से प्राप्त धन और व्यापार में की गई लेन-देन के अवैध स्रोतों को छुपाकर इसे वैधता देने का प्रयास किया जाता है। आसान शब्दों में, टीबीएमएल एक ऐसी प्रक्रिया है, जिसमें व्यापारिक लेन-देन के द्वारा धन मामले का स्थानांतरण किया जाता है। वास्तव में यह कार्य मूल्य, संख्या या आयात-निर्यात की गुणवत्ता को गलत बताकर किया जा सकता है।

मनी लांड्रिंग अधिनियम 2002

मनी लांड्रिंग निरोधक अधिनियम (Prevention Act) वस्तुतः मनी लांड्रिंग को रोकने की प्रक्रिया मनी लांड्रिंग निरोधक अधिनियम कहलाती है। इस दिशा में पहली बार भारत सरकार में वर्ष 2000 एक कानून बनाने का निर्णय लिया। इसे भारतीय संसद द्वारा 2002 में पारित किया गया। जिसे मनी लांड्रिंग निरोधक अधिनियम 2002 के नाम से जाना जाता है, जो 1 जुलाई, 2005 से लागू हुआ। इस अधिनियम के अंतर्गत तीन मुख्य उद्देश्यों को निर्धारित किया गया है-

1. मनी लांड्रिंग को रोकना।
2. मनी लांड्रिंग से हासिल की गई संपत्ति को जब्त करना।
3. मनी लांड्रिंग से जुड़े अन्य किसी मुद्दे को हल करना।

मनी लांड्रिंग अधिनियम 2002 में निम्नलिखित प्रावधान किए गए हैं-

- इस अधिनियम में मनी लांड्रिंग से संबंधित अनुसूचित अपराधों के लिए 10 वर्ष तक की सजा और आर्थिक जुर्माने का प्रावधान किया गया था।
- इस अधिनियम में 28 विभिन्न नियमों के अंतर्गत 156 ऐसे अपराध हैं जिनको अनुसूचित अपराध माना गया है। जब कभी संबंधित एजेंसी किसी अनुसूचित अपराध का मामला दर्ज करती है तो प्रवर्तन निदेशालय इस अधिनियम के प्रावधानों के अनुसार धन का पता लगाने के लिए एक जांच दल का गठन

करता है और उसकी रिपोर्ट मिलने पर उपयुक्त कार्यवाही की जाती है। ऐसे मामले जिसमें प्रथम दृष्टया अपराध या मनी लांड्रिंग द्वारा धन पैदा किया गया हो, तो ऐसे मामले में मनी लांड्रिंग करने वालों की संपत्ति तुरंत जब्त कर ली जाती है और इसके बाद आगे की कार्यवाही संपन्न की जाती थी।

- ऐसा व्यक्ति प्राकृतिक या वैध, जिसके खिलाफ अनुसूचित अपराध से संबंधित मनी लांड्रिंग का अपराध स्थापित होता है। उसके खिलाफ विशेष न्यायालय में कार्यवाही की जा सकती है। मनी लांड्रिंग निरोधक अधिनियम में यह प्रावधान किया गया कि इससे जुड़े अपराधों के लिए 10 वर्ष तक की सजा तथा साथ ही 5 लाख रुपए तक का जुर्माना भी अदा करना होगा।
- इसके अंतर्गत अनुबंधित राष्ट्रों या देशों के साथ पारस्परिक व्यवस्था के लिए बाहर रखे गए धन की जब्ती संलग्नता और अधिग्रहण का प्रावधान है। भारत में 26 देशों के साथ इस प्रकार का समझौता किया हुआ है और इस अधिनियम के अनुसार मनी लांड्रिंग करने वाले व्यक्ति को दोषी पाए जाने के पश्चात् उसकी संपत्ति को वापस देश में लाए जाने के लिए भारत सरकार पूरी तरह समर्थ है। जब तक किसी व्यक्ति को न्यायालय द्वारा दोषी नहीं पाया जाता है, जब तक विदेशों में पाई गई उसकी संपत्ति को विदेश के न्यायालय द्वारा जब्त करने का अनुरोध नहीं किया जाता।
- इस अधिनियम की धारा 12 के अनुसार वित्तीय संगठन को अपने ग्राहकों की जांच करने, कागजातों का रख-रखाव करने, संदेहपूर्ण लेन-देन को वित्तीय आसूचना इकाई, भारत सरकार को सूचित करने का प्रावधान है। मनी लांड्रिंग निरोधन अधिनियम 2002 की धारा 12 का उल्लंघन किए जाने पर बैंकों और वित्तीय संगठनों पर भी जुर्माना लगाने का अधिकार दिया गया था।

संशोधित मनी लांड्रिंग अधिनियम-2012

भारतीय संसद द्वारा मनी लांड्रिंग की बदलती हुई घटनाओं और नए तौर-तरीकों और उसके क्षेत्र का निरंतर विस्तार होने को देखते हुए मनी लांड्रिंग अधिनियम 2002 में संशोधन किया गया, जिसे संशोधित मनी लांड्रिंग अधिनियम 2012 के नाम से जाना जाता है। इस अधिनियम में मनी लांड्रिंग की परिभाषा में बदलाव किया गया। उसके दायरे को पहले की तुलना में बढ़ाया गया। इसके प्रमुख प्रावधान निम्नवत् हैं-

- नई परिभाषा के अंतर्गत आतंकवादी गतिविधियों के वित्त-पोषण के लिए धन देने पर रोक लगाने के लिए 5 लाख रुपए जुर्माने के प्रावधान को समाप्त कर दिया गया है और यह व्यवस्था की गई है कि न्यायालय अपने विवेक से किसी भी सीमा तक आर्थिक जुर्माना लगा सकता है। यही नहीं, इस

अधिनियम में यह भी प्रावधान किया गया है कि अपराध सिद्ध होने के पहले भी मनी लांड्रिंग से अर्जित की गई संपत्ति का अधिग्रहण किया जा सकता है।

- संशोधित अधिनियम में यह भी प्रावधान किया गया कि सूचना देने वाले लोगों या मनी लांड्रिंग के तौर-तरीके बताने वाले लोगों या गलत तरीके से धन को निवेशित करने वाले, सलाह देने वाले लोगों, बैंकों और वित्तीय संस्थाओं को भी मनी लांड्रिंग के दायरे में रखा गया। इस नई व्यवस्था के अंतर्गत वकील, चार्टड अकाउंटेंट और अन्य विशेषज्ञ, जो इस संदर्भ में सलाह उपलब्ध कराएंगे, वह भी मनी लांड्रिंग के अपराधी माने जाएंगे।
- भारत सरकार ने गृह मंत्रालय के अधीन आतंकवादी गतिविधियों के वित्त-पोषण और मनी लांड्रिंग के संदर्भ में Cell for combating off funding of Terry नामक एक पृथक् Cell बनाया है। इसकी जिम्मेदारी है कि भारत में आतंकवादी गतिविधियों के वित्त-पोषण और जाली नोटों के कारोबार पर ध्यान रखे। भारत में निरोधक उपायों के अलावा कई एजेंसियां हैं जो मनी लांड्रिंग की समस्या को रोकने के लिए प्रयासरत हैं। इनमें से प्रवर्तन निदेशालय एक प्रमुख एजेंसी है, जिसका मुख्यालय दिल्ली में स्थित है, जो मनी लांड्रिंग रोकने के लिए सतत प्रयासरत है। मनी लॉड्रिंग निरोधक अधिनियम और 'फेमा' के प्रावधानों के उल्लंघन की जांच इसके द्वारा की जाती है।

यही नहीं, पिछले कुछ वर्षों से भारत सरकार वैश्विक स्तर पर कालेधन के मुद्दे को लेकर और मनी लांड्रिंग को लेकर काफी प्रयास कर रही है। उल्लेखनीय है कि भारत की पहल पर ही G-20 के ब्रिस्बेन सम्मेलन में पिछले वर्ष एक प्रस्ताव पारित किया गया है। जिसका मुख्य उद्देश्य मनी लांड्रिंग और कालेधन की समस्या पर नियंत्रण स्थापित करने के लिए वैश्विक सहयोग को बढ़ावा देना होगा। बिना इसके इस समस्या का समाधान संभव नहीं है।

❑❑❑

अभ्यास हेतु प्रश्न

1. मनी लांड्रिंग से क्या आशय है? मनी लांड्रिंग किसी देश की अर्थव्यवस्था और समाज को किस रूप से प्रभावित करती है। स्पष्ट कीजिए।
2. मनी लांड्रिंग के कारणों और प्रक्रियाओं पर प्रकाश डालते हुए स्पष्ट कीजिए कि यह किस प्रकार कालेधन का परिणाम और कारण दोनों है।
3. मनी लांड्रिंग निरोधक 2012 के प्रमुख प्रावधानों पर प्रकाश डालते हुए मनी लांड्रिंग को रोकने के लिए सुझाव प्रस्तुत कीजिए।
4. मनी लांड्रिंग एक राष्ट्रीय समस्या ही नहीं, बल्कि वैश्विक समस्या है, जो वैश्विक अर्थव्यवस्था और नीति-निर्माताओं के लिए एक चुनौती है। स्पष्ट कीजिए।

17. जाली नोट बनाम सुरक्षाः एक समग्र विवेचन

जाली नोट की समस्या एक आर्थिक समस्या ही नहीं बल्कि यह कानून एवं व्यवस्था से उत्पन्न हुई समस्या भी है, जो अंतर्राष्ट्रीय समस्या का रूप ले चुकी है और इसके कारण न केवल भारतीय नीति-निर्माताओं के सम्मुख ही चुनौतियों उत्पन्न नहीं हो रही हैं, बल्कि वैश्विक जनमानस के सामने भी चुनौती उत्पन्न हो रही है और यह चुनौती हमें सोचने को मजबूर कर रही है कि इसका समाधान कैसे निकाला जाए और लोगों को इसके कारण होने वाली आर्थिक और मानसिक क्षति से कैसे बचाया जाए। इसके साथ-साथ महत्वपूर्ण प्रश्न यह भी है कि जाली नोट की समस्या से निपटने के लिए न केवल घरेलू स्तर पर, बल्कि बाह्य स्तर भी पर एक प्रभावी नियामक तंत्र की स्थापना किस प्रकार की जाए।

जाली नोटः एक परिचय

जाली नोट वह नोट है, जिसे किसी भी देश में अवांछित लोगों द्वारा अवैधानिक तरीके से प्रचलन में लाया जाता है और यह जाली करंसी हमारे मूल नोट से मिलती-जुलती होती है। किसी भी देश में जाली नोट का कारोबार संगठित और असंगठित दोनों ही रूपों में होता है। जाली नोट के संगठित कारोबार से आशय

किसी संगठित समूह द्वारा या किसी संगठन द्वारा प्रचलन में लाने या कारोबार को संपादित करने से है। इसके अंतर्गत लोगों का एक संगठन और नेटवर्क होता है, जिसके माध्यम से जाली नोटों की प्रिंटिंग, आपूर्ति, प्रबंधन और संचालन का काम किया जाता है और इससे प्राप्त लाभ को आपस में पूर्व समझौते के आधार पर वितरित किया जाता है।

संगठित रूप में नकली नोटों का कारोबार कमीशन आधारित होता है। संगठन के लोग अन्य व्यक्तियों को एक निश्चित कमीशन उपलब्ध कराते हैं और उस कमीशन के लालच में संगठन के बाहर का भी व्यक्ति कार्य करता है, जबकि असंगठित रूप में जाली नोटों का कारोबार किसी समूह के अलग हुए सदस्यों और उनसे संबंधित लोगों द्वारा सीमित रूप में चलाया जाता है। उल्लेखनीय है कि जाली नोटों का कारोबार राष्ट्रीय और अंतर्राष्ट्रीय दोनों ही स्तर पर संचालित हो रहा है और इसका उद्देश्य आर्थिक होने के साथ-साथ गैर आर्थिक भी है।

सामाजिक, आर्थिक एवं सुरक्षा के क्षेत्र पर प्रभाव

जाली नोट के कारण न केवल आर्थिक चुनौतियां उत्पन्न हो रही हैं, बल्कि इससे सामाजिक एवं प्रशासनिक चुनौतियां भी उत्पन्न होती हैं। जाली नोट के अर्थव्यवस्था, समाज और प्रशासन पर नकारात्मक प्रभाव परिलक्षित होता है। जाली नोट के कारण अर्थव्यवस्था में गलत रूप से तरलता बढ़ती है। तरलता बढ़ने से मुद्रास्फीति में वृद्धि होती है और मुद्रास्फीति के कारण जहां एक तरफ विकास प्रभावित होता है, तो दूसरी तरफ अन्य सामाजिक समस्याएं भी उत्पन्न होती हैं। यही नहीं, जाली नोट कालेधन के सृजन को भी प्रोत्साहित करता है और कालाधन हमारी नीति-निर्माण की प्रक्रिया और निर्णयन की प्रक्रिया को प्रभावित करता है। जाली नोट की समस्या बढ़ने पर केंद्रीय बैंक को विमुद्रीकरण की नीति अपनानी पड़ती है, जिसे मौद्रिक नीति की विफलता के रूप में देखा जाता है।

जाली नोटों के कारण समाज में नकारात्मक प्रवृत्तियां उत्पन्न होती हैं और जहां एक तरफ कमीशन संस्कृति एवं भ्रष्टाचार को बढ़ावा मिलता है, वहीं दूसरी तरफ अविश्वास की भावना समाज में उत्पन्न होती है और यह स्थिति सामाजिक विघटन की ओर से ले जाती है, जिससे देश की एकता और अखंडता प्रभावित होती है।

जाली नोट के कारण शासन और प्रशासन के लिए भी चुनौतियां उत्पन्न होती हैं। जहां प्रशासन को इस पर नियंत्रण करने के लिए सघन अभियान चलाना पड़ता है, वहीं दूसरी तरफ शासन को इस संदर्भ में नीतिगत कदम उठाने के लिए बाध्य होना पड़ता है। इसके साथ-साथ विद्यमान विधायी प्रक्रियाओं में भी बदलाव करना पड़ता है। जहां

एक तरफ इन अभियानों पर एक बड़ी धनराशि खर्च करनी पड़ती है, वहीं दूसरी तरफ अनावश्यक रूप से हमें अपनी शक्ति को गलत कार्यों में लगाना पड़ता है। अतः जाली नोटों के प्रचलन के कारण विभिन्न एजेंसियों को अपने परंपरागत कार्यों को छोड़ करके इसका हल खोजने में लगना पड़ता है। उल्लेखनीय है कि भारत में जाली नोटों की समस्या से उत्पन्न चुनौतियों का सामना करने के लिए जहां भारतीय रिजर्व बैंक द्वारा मौद्रिक कदम उठाया जाता है, वहीं दूसरी तरफ राज्य व केंद्र सरकारें राजकोषीय कदम उठाती हैं। इसके साथ-साथ आयकर विभाग, प्रवर्तन निदेशालय, सीबीआई और आईबी को भी इस दिशा में सक्रिय रहना पड़ता है। अतः यह कहा जा सकता है कि जाली नोट की समस्या से उत्पन्न चुनौतियों का समाधान करने के लिए केंद्र और राज्य सरकारों तथा उनके अधीनस्थ एजेंसियों में समन्वय होने के साथ-साथ इस दिशा में निरीक्षण अभियान भी चलाया जाना चाहिए और बैंकों में भी धोखाधड़ी की प्रक्रिया पर रोक लगानी होगी।

जाली नोट की समस्या से निपटने के लिए सुझाव

जाली नोट की समस्या एक आर्थिक अपराध होने के साथ-साथ कानून एवं व्यवस्था का उल्लंघन तथा उसके लिए चुनौती है। इस समस्या से उत्पन्न चुनौती से निपटने के लिए निम्नलिखित सुझाव दिए जा सकते हैं-

- वैध नोटों की डिजाइनिंग और मुद्रण व्यवस्था को प्रभावी बनाया जाए।
- वैध नोटों की डिजाईनिंग और मुद्रण व्यवस्था में उच्च कोटि की तकनीक का प्रयोग किया जाए, जिससे कि इसकी नकल करना संभव न हो सके।
- वैध नोटों की वितरण व्यवस्था को प्रभावी बनाया जाए।
- जाली नोटों के कारोबार का पता लगाने के लिए आर्थिक खुफिया व्यवस्था को प्रभावी बनाया जाए।
- जाली नोटों के कारोबार को नियंत्रित करने के लिए अंतर्राष्ट्रीय सहयोग प्राप्त किया जाए और इस संदर्भ में व्यवस्था को प्रभावी बनाया जाए।
- जाली नोटों के अंतर्राष्ट्रीय कारोबार को रोकने के लिए सीमा प्रबंधन को प्रभावी बनाया जाए और सीमावर्ती क्षेत्रों में खुफिया व्यवस्था को सक्रिय किया जाए।
- बैंकिंग एवं मौद्रिक तंत्र को सक्रिय एवं सक्षम बनाया जाए। इसके अलावा उनका नियमित और आकस्मिक निरीक्षण भी किया जाए।
- जाली नोट के संदर्भ में जागरूकता उत्पन्न की जाए और इस दिशा में सरकार का बैंकिंग क्षेत्र के लोगों को जागरूक बनाने के लिए विज्ञापनों और सूचना तकनीक का सहारा लेना होगा।

- जाली नोट का कारोबार करने वाले लोगों और गिरोहों पर नजर रखी जाए और उनके विरुद्ध कठोरतम कार्रवाई की जाए। इसके साथ-साथ उन्हें संरक्षण देने वाले लोगों के विरुद्ध कार्यवाही की जानी चाहिए।

बिटकॉइन: एक परिचय

सूचना तकनीकी के दौर में नित्य नई-नई अवधारणाएं आ रही हैं, जो अर्थव्यवस्था, राजव्यवस्था और समाज को जहां एक तरफ नए अवसर प्रदान कर रही है, नवप्रवर्तन को बढ़ावा दे रही है और हमें विविध प्रकार की सुविधाएं उपलब्ध करा रही हैं तो साथ ही हमें चुनौतियों से रूबरू भी करा रही है। यही नहीं, हमें वित्तीय साक्षरता और वित्तीय क्षेत्र की तकनीकी जानकारियां प्राप्त करने के लिए विवश भी कर रही है। ऐसे में ही एक नई अवधारणा एक मौद्रिक क्षेत्र में दस्तक दे चुकी है और जिसका प्रसार होना भी शुरू हो चुका है, जिसे 'बिटकॉइन' के नाम से जाना जा रहा है, जो हमारे लिए कैशलैस ट्रेडिंग की संभावना भी उत्पन्न कर रही है। इसी को देखते हुए इसके विविध पहलुओं पर प्रकाश डाला गया है:-

- जापानी प्रोग्रामर सातोशी नकामोतो द्वारा सर्वप्रथम उल्लिखित बिटकॉइन भौतिक मुद्रा नहीं है अपितु ऑनलाइन 'आभासी मुद्रा' है, जो जटिल कंप्यूटर और गणितीय प्रक्रिया पर निर्भर करती है।
- वस्तुत: बिटकॉइन एक डिजिटल करेंसी है और जिसका बिना बैंक के लेन-देन होता है। बिटकॉइन किसी कानून के दायरे में नहीं आती है। बिटकॉइन को पैसे देकर भी क्रय किया जा सकता है।
- बिटकॉइन लेन-देन प्रक्रिया दो लोगों तथा एक सिस्टम (बिटकॉइन क्लाइंट) के बीच होती है। बिटकॉइन क्लाइंट वर्ल्ड वाइड वेब पर विद्यमान होता है।
- जब कोई व्यक्ति बिटकॉइन खरीदने के लिए लॉगइन करता है तो उसे समय, स्थिति और तारीख के साथ एक इंडेक्स नंबर अर्थात् मैंडेटरी स्ट्रिंग को कोड में बदलना होता है, इसे 'क्रिप्टोग्राफी' कहते हैं।
- यदि कोई यूजर इंडेक्स नंबर को अपने सिस्टम द्वारा निर्धारित की गई किसी खास संख्या में बदल लेने में सफल हो जाता है तो वह 50 बिटकॉइन्स के संग्रह वाले एक ब्लॉक को हासिल करने के काफी करीब पहुंच जाता है।
- लेकिन वह इसे तभी हासिल कर सकता है, जब बिटकॉइन की खोज कर रहा कोई अन्य यूजर ठीक उसी तरह अपने इंडेक्स नंबर को चिप या कोड में बदलते हुए इस ब्लॉक की पुष्टि कर दे।
- 'सोर्सफोर्ज' नामक ऑनलाइन प्लेटफॉर्म बिटकॉइन डाउनलोड करने की सुविधा देता है।

विश्व में बिटकॉइन की स्थिति

- वर्तमान में 21 मिलियन बिटकॉइन्स इंटरनेट के नेटवर्क में छिपे हुए हैं तथा नए बिटकॉइन्स का सामने आना इस बात पर निर्भर करता है कि नेटवर्क कितना लंबा काम कर रहा है।
- प्रत्येक बिटकॉइन का मूल्य वर्तमान में 500 अमेरिकी डॉलर है, जोकि इसे दुनिया की सबसे महंगी करेंसी बनाता है।
- इसे अर्जित करने की होड़ को कुछ विशेषज्ञ इसे 'गोल्डरश' की संज्ञा भी देते हैं।
- प्रत्येक 10 मिनट में बिटकॉइन का मूल्य बदलता है, जो इसे कमोडिटी का रूप दे रहा है। बिटकॉइन्स लेन-देन पर किसी देश की सरकार का नियंत्रण नहीं है।
- इस प्रकार के लेन-देन में प्रयोक्ता की पहचान जाहिर नहीं होती, इसलिए अवैध व्यापार तथा मनी लॉन्ड्रिंग की समस्या उत्पन्न होती है।
- बिटकॉइन का इस्तेमाल फंड ट्रांसफर, इंटरनेट पर सीधे लेन-देन और गैर-कानूनी खरीद-बिक्री में होता है। हालांकि बिटकॉइन को लेकर कुछ सवाल भी खड़े किए जा रहे हैं, जैसे कि इसके दाम में बेलगाम उतार-चढ़ाव दिखा है। बिटकॉन किसी सेंट्रल बैंक के कंट्रोल में नहीं है और बिटकॉइन का सौदा किससे हुआ, ये पता लगा पाना मुश्किल है।
- 2014 से माइक्रोसॉफ्ट ने अपनी सेवाओं के लिए बिटकॉइन के रूप में भुगतान लेना शुरू कर दिया है।
- साइप्रस स्थित निकोसिया विश्वविद्यालय ने सर्वप्रथम विद्यार्थियों के प्रवेश शुल्क के रूप में बिटकॉइन को स्वीकार किया।

बिटकॉइन के उपयोग एवं भविष्य

- जटिल क्रिप्टोग्राफी तकनीक और महंगे सॉफ्टवेयर इसके प्रयास में बाधक हैं।
- अमेरिकी खुफिया एजेंसी तथा सीनेट ने इसके नकारात्मक पहलुओं को स्वीकार करते हुए इसके व्यापार को अवैध माना है।
- भारत में ई-करेंसी खरीदना और संगृहीत करना तो रिजर्व बैंक के विनियामक कानून के दायरे में आते हैं, परंतु बिटकॉइन नहीं।
- विकेंद्रीकृत करेंसी होने के कारण बिटकॉइन 'लॉरेन एक्सचेंज मैनेजमेंट' के दायरे से भी बाहर है।
- बिटकॉइन ने ई-मनी तथा अहस्तक्षेप मुद्रा अथवा मुक्त बैंकिंग की अवधारणा को भी बल दिया है।

□□□

अभ्यास हेतु प्रश्न

1. जाली नोट के कारोबार से क्या आशय है? यह किसी भी देश की आर्थिक संप्रभुता और आंतरिक सुरक्षा को किस प्रकार प्रभावित करता है, स्पष्ट कीजिए।
2. जाली नोट का कारोबार सीमा प्रबंधन की विफलताओं से भी जुड़ा हुआ है। स्पष्ट कीजिए।
3. बिटकॉइन से क्या आशय है? इसके उपयोग और भविष्य पर प्रकाश डालिए।

18. हवाला कारोबार

हवाला कारोबार एक वैश्विक आर्थिक अपराध है, जो विश्व के अर्थव्यवस्था, राजव्यवस्था और सुरक्षात्मक गतिविधियों को प्रभावित कर रहा है। हवाला कारोबार अवैध धन संप्रेषण का एक माध्यम है। इसके द्वारा अवांछित समूहों द्वारा या संगठनों द्वारा लोगों को गलत कार्य करने के लिए धन उपलब्ध कराया जाता है, जिससे संबंधित देश में कानून एवं व्यवस्था को चुनौती दी जा सके तथा वहां अराजकता की स्थिति उत्पन्न की जा सके। यही नहीं, हवाला कारोबार अवैधानिक तरीके से अर्जित किए गए धन को दूसरे देश में या अन्य स्थानों में भेजकर सुरक्षित रखने का एक माध्यम भी है। यह प्रक्रिया भ्रष्टाचार को बढ़ावा देने के साथ-साथ घरेलू अर्थव्यवस्था से बाह्य धन संप्रेषण को संभव बनाती है और घरेलू अर्थव्यवस्था में असंतुलन उत्पन्न करती है। यही कारण है कि हवाला कारोबार आज एक चुनौती के रूप में नीति-निर्माताओं के सम्मुख विद्यमान है।

हवाला कारोबार और उसका उद्देश्य

हवाला कारोबार वह प्रक्रिया है जिसके माध्यम से एक स्थान से दूसरे स्थान, एक शहर से दूसरे शहर या एक राज्य से दूसरे राज्य, एक देश से दूसरे देश वैध या अवैध तरीके से अर्जित धन को प्रेषित किया जाता है और उसे लक्षित व्यक्ति तक पहुंचाया जाता है और यह सब कुछ निर्धारित कमीशन के आधार पर होता है। यह पूरी प्रक्रिया एजेंटों के एक नेटवर्क के माध्यम से संचालित की जाती है। उल्लेखनीय है कि हवाला कारोबार को विधिक या सरकारी मान्यता नहीं मिली है।

यह अवैधानिक तरीके से संचालित किया जाता है। वस्तुतः इसके माध्यम से ऐसे धन का संप्रेषण किया जाता है, जिसे वैधानिक पहलुओं से छिपाकर रखना चाहते हैं, उस पर कर नहीं देना चाहते हैं और साथ ही यह गलत तरीके से अर्जित किया गया धन होता है। वर्तमान में हवाला कारोबार राष्ट्रीय और अंतर्राष्ट्रीय स्तर दोनों पर ही संचालित हो रहा है और इसका उद्‌देश्य आर्थिक और गैर आर्थिक भी है।

हवाला कारोबार के आर्थिक उद्‌देश्य के अंतर्गत एक व्यक्ति या एक संगठन या एक संस्था अपने धन को दूसरे स्थान पर सुरक्षित पहुंचाने के लिए इसका सहारा लेती है और इसे कानून की नजरों से बचाकर रखना चाहती है, जबकि गैर आर्थिक उद्‌देश्यों के अंतर्गत हवाला कारोबार के माध्यम से गलत गतिविधियों, राष्ट्रविरोधी गतिविधि या किसी भी देश में अराजकता उत्पन्न करने और वहां अशांति व्यवस्था की स्थिति उत्पन्न करने के लिए हवाला के माध्यम से धन उपलब्ध कराया जाता है। मादक पदार्थों की तस्करी, अवैध हथियारों की तस्करी अथवा अन्य अनैतिक गतिविधियों में लिप्तता से प्राप्त धन अथवा आतंकवादी समूहों को वित्त-पोषण के लिए धन की उपलब्धता सुनिश्चित करने के लिए हवाला का सहारा लिया जाता है।

हवाला कारोबार का प्रभाव

हवाला कारोबार से देश की अर्थव्यवस्था, समाज और सुरक्षा आदि पर नकारात्मक प्रभाव पड़ रहा है। हवाला कारोबार से सरकार को कर राजस्व की क्षति हो रही है और साथ ही कालेधन के सृजन को बढ़ावा मिल रहा है, जिससे अर्थव्यवस्था में असंतुलन उत्पन्न हो रहा है, सामाजिक विषमता उत्पन्न हो रही है तथा साथ ही सरकार की नीति-निर्माण और निर्णयन प्रक्रिया भी प्रभावित हो रही है। इसके कारण आर्थिक स्थिति दुर्बल हो रही है, जिसमें सीधा प्रभाव आर्थिक निर्भरता, स्वावलंबन और विकास पर पड़ेगा। इनके प्रभावित होने पर हमारी सामाजिक सुरक्षा, प्रशासनिक सुरक्षा और रक्षा प्रशासन पर भी नकारात्मक प्रभाव पड़ेगा।

हवाला कारोबार के कारण मादक पदार्थों के तस्करी को बढ़ावा मिल रहा है, जिससे देश की युवा शक्ति का एक बड़ा भाग नशीले पदार्थों की उपभोग की गिरफ्त में आता जा रहा है और वह अपनी आदतों को पूरा करने के लिए भी गलत कार्य करने को तैयार हो जाता है। यही नहीं, नशीले पदार्थों की लत के कारण वह परिवार व समाज से अलग रहने लगता है, जिससे विघटन को बढ़ावा मिलता है और यह प्रवृत्ति सामाजिक एकता को क्षति पहुंचाती है।

हवाला के माध्यम से आतंकवादी समूहों को भी वित्त-पोषण होता रहता है और उस प्राप्त धन से आतंकवादी समूह संबंधित देश में अस्थिरता उत्पन्न करने, दहशत फैलाने, हत्याओं, आदि में प्रयोग करते हैं। ऐसी स्थिति का उत्पन्न होना किसी भी

सभ्य समाज या सरकार के लिए एक चुनौती है और यह निःस्देह हमें कमजोर बनाने का कार्य करती है।

उपरोक्त विवेचना के आधार पर यह कहा जा सकता है कि हवाला कारोबार हमारी सुरक्षा के लिए एक चुनौती है और इसका समाधान हम अपने कानूनों को प्रभावी बनाकर, एजेंसियों में बेहतर तालमेल स्थापित करके, खुफिया एजेंसियों को मजबूत बनाकर, सामाजिक जागरूकता उत्पन्न कर के और साथ ही अंतर्राष्ट्रीय सहयोग प्राप्त करके कर सकते हैं। हवाला की समस्या अब केवल एक राष्ट्रीय समस्या ही नहीं रह गई है, बल्कि यह एक अंतर्राष्ट्रीय समस्या बन चुकी है। इसलिए अंतर्राष्ट्रीय स्तर पर इसके समाधान के लिए कदम उठाना जरूरी है और इस दिशा में अंतर्राष्ट्रीय सहयोग अपेक्षित है।

❑❑❑

अभ्यास हेतु प्रश्न

1. हवाला कारोबार से क्या आशय है? इसके आर्थिक एवं गैर-आर्थिक उद्देश्यों पर प्रकाश डालिए।
2. हवाला कारोबार से किसी भी देश के सामाजिक-आर्थिक क्षेत्र पर पड़ने वाले प्रभावों की विवेचना कीजिए।
3. हवाला कारोबार किसी देश की आंतरिक सुरक्षा के लिए किस प्रकार एक चुनौती है, स्पष्ट कीजिए।

19. सीमा सुरक्षाः सीमा प्रबंधन एवं उत्पन्न चुनौतियां

देश-विरोधी तत्वों से देश की सीमाओं को सुरक्षित रखना प्रबंधन का प्रमुख उद्देश्य है। सीमा प्रबंधन के द्वारा विधि सम्मत व्यापार और वाणिज्य को सुगम बनाने हेतु देशविरोधी तत्वों को रोकने में सक्षम बनाने के लिए प्रयास रहता है। सीमाओं का उचित प्रबंधन, जो राष्ट्रीय सुरक्षा के लिए महत्वपूर्ण है, कई चुनौतियां प्रस्तुत करता है और इसमें सीमाओं की सुरक्षा करने और इनके सर्वोत्तम हितों को पूरा करने के लिए देश की प्रशासनिक, राजनयिक, सुरक्षा, कानूनी विनियामक और आर्थिक एजेंसियों द्वारा समन्वय और सुनियोजित कार्रवाई किया जाना शामिल है। अंतर्राष्ट्रीय भू-सीमा और तटवर्ती सीमाओं का प्रबंधन, सीमावर्ती पुलिस व्यवस्था और चौकसी को सुदृढ़ करने, सीमाओं पर सड़कें बनाने, बाड़ लगाने तथा तेज रोशनी की व्यवस्था करने जैसे आधारभूत कार्य करने तथा सीमावर्ती क्षेत्र का विकास कार्यान्वयन करने के लिए जनवरी 2004 में गृह मंत्रालय में सीमा प्रबंधन विभाग गठित किया गया था।

सीमा सुरक्षाः सीमा प्रबंधन तथा उत्पन्न चुनौतियां

सीमाओं को सुरक्षित रखने और देश के सीमावर्ती क्षेत्र में आधारभूत सुविधाओं का सृजन करने की रणनीति के एक भाग के रूप में सीमा प्रबंधन विभाग ने कई

पहलें की है। इनमें भारत-पाकिस्तान और भारत-बांग्लादेश सीमाओं पर बाड़ लगाना, तेज रोशनी की व्यवस्था करना और सड़कों का निर्माण करना, देश की अंतर्राष्ट्रीय सीमाओं के विभिन्न स्थानों पर एकीकृत जांच चौकियों का विकास करना और भारत-चीन और भारत-नेपाल सीमाओं पर सड़कों का निर्माण करना शामिल है। सीमा प्रबंधन के व्यापक दृष्टिकोण के एक भाग के रूप में विभाग ने बीएडीपी के तहत विकासात्मक कार्य शुरू किए हैं।

सीमा सुरक्षा किसी भी राष्ट्र की एकता, अखण्डता के लिए काफी महत्वपूर्ण होती है। यह राष्ट्र की संप्रभुता को सुरक्षित रखने का काम करती है और सीमाओं को राष्ट्र के गौरव के रूप में देखा जाता है। अंतर्राष्ट्रीय स्तर पर सीमा के तीन प्रकार हैं:-

- थल सीमा।
- जल सीमा।
- वायु सीमा।

वर्तमान वैश्विक व्यवस्था में सीमा सुरक्षा और सीमा प्रबंधन की समस्या एक जटिल समस्या है। अपराधी हमेशा थल, जल और आवश्यकता पड़ने पर वायु सीमा का भी प्रयोग करते हैं उल्लेखनीय है कि 1995 में पुरुलिया घटनाक्रम ने हमारी वायु मार्ग की सुरक्षा व्यवस्था की कमियों को उजागर किया और इस घटना ने हमारे सीमा प्रबंधन के लिए नई रणनीति अपनाने के लिए विवश किया और इस दिशा में समग्र दृष्टिकोण अपनाने पर बल दिया गया।

सीमा प्रबंधन के क्षेत्र में चुनौतियां

सीमाओं का प्रबंधन कई कारणों से जटिल है। हमारी समुद्री सीमाओं में अभी भी कुछ सीमाएं अस्थिर है। थल सीमाएं भी पूरी तरह से सीमांकित नहीं हैं। हमारी सीमाओं का बंटवारा अधिकांशतः कृत्रिम सीमा पर आधारित है, न कि प्राकृतिक तौर पर है। इन सबको देखते हुए भारतीय सीमा प्रबंधन के क्षेत्र में निम्नलिखित चुनौतियां विद्यमान है:-

- भारत की एकता एवं अखण्डता के लिए सीमा सुरक्षा को बनाए रखने की चुनौती।
- अपनी संप्रभुता को कायम रखने की चुनौती।
- अपने भू-भाग की रक्षा करने की चुनौती।
- सीमापार से होने वाली अवैध घुसपैठ और आवाजाही पर रोक लगाने की चुनौती।
- सभी प्रकार की अवैध तस्करी पर रोक लगाने की चुनौती।
- भारतीय जाली मुद्रा की तस्करी पर रोक लगाने की चुनौती।
- सामानों (वस्तुओं) की तस्करी पर रोक लगाने की चुनौती।
- सीमावर्ती क्षेत्रों में रहनेवाले लोगों में सुरक्षा की भावना पैदा करने की चुनौती।

प्रभावी सीमा प्रबंधन के लिए उपाय या तकनीक

सीमा प्रबंधन को प्रभावी बनाने के लिए निम्नलिखित तकनीक अपनाई जाती हैं-

- घेराबंदी करना।
- फ्लड लाइट की व्यवस्था करना।
- BOP (Border Out Post) की स्थापना।
- सीमावर्ती क्षेत्रों में सड़क जैसी बुनियादी सुविधाओं का विकास करना।
- सीमाओं पर गश्ती व्यवस्था को बढ़ावा देना।
- निगरानी के लिए टॉवर और मचानों की व्यवस्था करना।
- सीमावर्ती क्षेत्रों में आधुनिक कैमरा लगाना।
- रात्रि में सीमा सुरक्षा और घुसपैठ पर नजर रखने के लिए Night Vision Tech. का प्रयोग करना।
- सीमावर्ती क्षेत्रों में खुफिया तंत्र को मजबूत बनाना।
- सीमावर्ती क्षेत्रों में राष्ट्रवाद की भावना जागृत करना।
- सीमावर्ती क्षेत्रों में सामाजिक सुरक्षा योजनाओं को बढ़ावा देना।

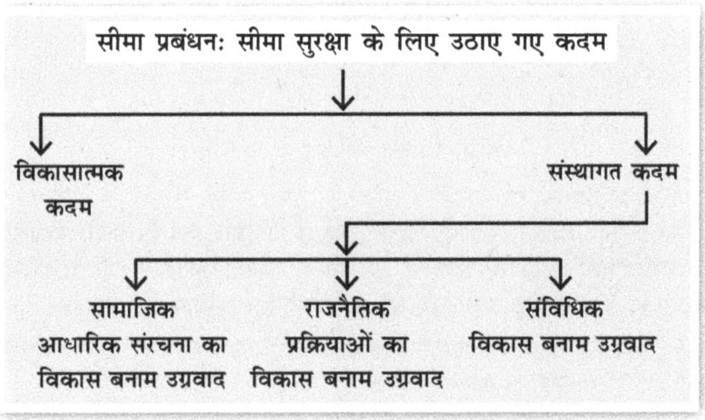

सीमावर्ती क्षेत्रों का विकास करना

दुर्गम क्षेत्रों और सुविधाओं जैसे सड़कें, शिक्षण संस्थान एवं अस्पताल की कमी के कारण सीमावर्ती क्षेत्र अगम्य और अविकसित हैं। आर्थिक अवसरों की कमी सीमावर्ती लोगों को तस्करी एवं अवैध व्यापार के लिए प्रोत्साहित तथा अन्य गलत कार्यो के लिए उनकी आर्थिक तंगहाली प्रोत्साहित करती रहती है। इन समस्याओं को

ध्यान में रखते हुए केंद्र सरकार ने पर्याप्त सामाजिक और आर्थिक बुनियादी ढांचे के विकास को बढ़ावा देने, विकास में भागीदारी सुनिश्चित करने, अलगाव की भावना को समाप्त करने और सीमा वासियों के बीच सुरक्षा की भावना पैदा करने के लिए BADP (Border Area Development Programme) कार्यक्रम सरकार चला रही है। इस योजना में समुदाय आधारित बुनियादी ढांचे का विकास जैसे, सामाजिक वानिकी को बढ़ावा देना, चिकित्सालयों की स्थापना को बढ़ावा देना, विपणन केंद्रों की स्थापना करना आदि गतिविधियां चलाई जा रही है। सीमावर्ती क्षेत्रों में संतुलित विकास को बढ़ावा देने के लिए सरकार द्वारा तात्कालिक और दीर्घकालिक दोनों प्रकार की रणनीति अपनाई जा रही हैं। विकासात्मक गतिविधियों में जनसहभागिता को बढ़ावा देने के लिए पंचायती राज व्यवस्था को प्रभावपूर्ण तरीके से कार्य करने के लिए प्रेरित किया जा रहा है।

सीमावर्ती क्षेत्रों के विकास के लिए सरकार को विभेदात्मक रणनीति भी अपनानी पड़ती है। सभी सीमावर्ती क्षेत्रों के लिए एकसमान विकासात्मक रणनीति नहीं अपनाई जा सकती है। इसी को ध्यान में रखकर भारत सरकार पूर्वोत्तर सीमीवर्ती क्षेत्रों के लिए विकास की अलग रणनीति अपनाकर कार्य कर रही है, जो इस बात पर फोकस करती है कि पूर्वोत्तर भारत में आधारिक संरचनाओं का विकास सुरक्षा की पहली शर्त है। भारत सरकार पूर्वोत्तर क्षेत्र में पूर्वोत्तर सड़क विकास कार्यक्रम को बढ़ावा दे रही है। इन क्षेत्रों में रोजगार के नए अवसर उत्पन्न करने के लिए नए उद्योग धंधों की स्थापना के साथ-साथ परंपरागत उद्योग धंधों के विकास को बढ़ावा दिया जा रहा है। इसके साथ-साथ पूर्वोत्तर भारत में शिक्षा का प्रचार-प्रसार और उसकी गुणवत्ता में सुधार लाकर लोगों को विवेकशील और प्रगतिशील बनाने पर बल दिया जा रहा है, जिससे कि लोगों में राष्ट्रवाद की भावना उत्पन्न हो सके। इस प्रकार भारत सरकार जहां सीमावर्ती क्षेत्रों में आगे बढ़कर खुद विकासात्मक गतिविधियों को बढ़ावा दे रही है वहीं दूसरी तरफ राज्य सरकारें भी सीमावर्ती क्षेत्रों में सामुदायिक सुविधाएं उपलब्ध कराने पर बल दे रही हैं, जिससे कि वहां के लोगों के जीवन स्तर में गुणात्मक सुधार हो सके।

सीमा क्षेत्र विकास कार्यक्रम

सीमा प्रबंधन विभाग, गृह मंत्रालय अंतर्राष्ट्रीय सीमा के समीप स्थित दूरदराज एवं दुर्गम क्षेत्रों में रह रहे लोगों की विशेष विकास संबंधित आवश्यकताओं को पूरा करने और केंद्रीय/राज्य बीएडीपी/स्थानीय स्कीमों की सुविधा और सहभागिता के दृष्टिकोण के माध्यम से सीमावर्ती क्षेत्रों को आवश्यक अवसंरचना मुहैया कराने और सीमावर्ती लोगों में सुरक्षा और खुशहाली की भावना पैदा करने के लिए सीमा

प्रबंधन के विस्तृत दृष्टिकोण के भाग के रूप में राज्य सरकारों के माध्यम से सीमा क्षेत्र विकास कार्यक्रम का कार्यान्वयन करता रहा है।

एकीकृत जांच चौकियों का विकास

भारत की सुरक्षा समस्याओं के कारण अच्छा सीमा-प्रबंधन करना अनिवार्य है। अतः यह आवश्यक है कि ऐसी प्रणालियां स्थापित की जाएं, जिनसे इन समस्याओं का सामना करने के साथ-साथ व्यापार और वाणिज्य की भी सुविधा हो सके। देश की अंतर्राष्ट्रीय सीमा पर ऐसे विभिन्न नियत प्रवेश और निकासी स्थल हैं, जहां से लोगों/सामान की आवाजाही होती हैं। भारत की भू-सीमाओं पर इन स्थलों पर सीमा शुल्क, अप्रवासन और अन्य विनियामक एजेंसियों के पास समय उपलब्ध आधारभूत ढांचा सामान्य रूप से अपर्याप्त है। इस स्थिति में सुधार के लिए हमारी भू-सीमाओं पर प्रमुख प्रवेश स्थलों पर एकीकृत जांच चौकियों (आईसीपी) की स्थापना करना आवश्यक है। इन एकीकृत जांच चौकियों में अप्रवासन, सीमा शुल्क, सीमा सुरक्षा जैसी सभी विनियामक एजेंसियों के साथ-साथ आधुनिक सुविधाओं से सज्जित एक ही परिसर में पार्किंग, वेयर हाउसिंग, बैंकिंग जैसी सहायक सेवाएं उपलब्ध होंगी।

आईसीपी के निर्माण, प्रबंधन और रखरखाव की निगरानी एवं विनियमन करने के लिए 'भारतीय भू-पत्तन प्राधिकरण' नामक संविधिक प्राधिकरण की स्थापना की गई है। भारतीय भू-पतन प्राधिकरण गृह मंत्रालय के सीमा प्रबंधन विभाग के अधीन एक स्वायत्तशासी एजेंसी के रूप में कार्य करेगा, जिसमें विदेश मंत्रालय, वाणिज्य मंत्रालय, राजस्व विभाग का भी प्रतिनिधित्व रहेगा। यह अपने कार्यों में राज्य सरकारों और संबंधित सीमा रक्षक बलों को भी शामिल करेगा। इसे भारतीय विमान पत्तन प्राधिकरण जैसे समान निकायों की भांति शक्तियां प्राप्त होंगी।

संस्थागत कदम

सीमावर्ती क्षेत्रों में सुरक्षा और प्रबंधन को लेकर सरकार को बहुआयामी रणनीति बनानी पड़ती है, जिसके अंतर्गत संस्थागत कदमों की महत्वपूर्ण भूमिका होती है। संस्थागत कदमों में सुरक्षा बलों की क्षमता में वृद्धि, उनका आधुनिकीकरण करना, प्रशिक्षण दिलाना, अच्छे हथियार उपलब्ध कराना, खुफिया एजेंसियों को प्रभावी बनाना, विभिन्न एजेंसियों और विभागों में तालमेल स्थापित करना आदि प्रमुख हैं। परंतु दूसरी तरफ सरकार संवाद और सहयोग को बढ़ावा देकर समस्या का हल खोजने पर बल देती है। सीमा प्रबंधन के संदर्भ में सरकार द्विपक्षी वार्त्ता को समय-समय पर बढ़ावा देती रहती है और यह घरेलू स्तर तथा अंतर्राष्ट्रीय स्तर दोनों स्तरों पर ही आयोजित की जाती हैं। सीमा प्रबंध के बारे में आपसी हित के मामलों पर द्वि पक्षी वार्त्ता को सहज बनाने के लिए भारत सरकार ने सीमा प्रबंधन पर गृह सचिव

सीमा रक्षा बलों के एरिया कमांडर और संयुक्त कार्य समूहों के निश्चित समयांतराल पर बैठकें आयोजित होती रहती हैं। यह बैठक घरेलू स्तर और अंतर्राष्ट्रीय स्तर दोनों पर होती हैं। उदाहरणस्वरूप भारत और म्यांमार सीमा पर उग्रवाद और तस्करी के मुद्दे पर चर्चा करने के लिए और उस पर नियंत्रण स्थापित करने के लिए परस्पर बातचीत नियमित अंतराल पर होती है, जिसमें भारत की तरफ से विदेश सचिव और म्यांमार की तरफ से उप-विदेश मंत्री भाग लेते हैं।

सीमा प्रबंधन और सुरक्षा को लेकर राष्ट्रीय स्तर और क्षेत्रीय स्तर पर समय-समय पर वार्ता आयोजित होती रहती है, जिसमें गृह सचिव, रक्षा सचिव और संबंधित विभागों के संयुक्त सचिव भी भाग लेते हैं। और बैठकों का मूल उद्देश्य सीमा पर शांति और सौहार्द्र को बनाए रखना है और इस उद्देश्य को प्राप्त करने के लिए भारतीय सुरक्षा बल अपने प्रतिद्वंदी सुरक्षा बलों के साथ मिलकर समन्वय बनाने का काम करते हैं। सीमापार से होने वाली घुसपैठ, अवैध तस्करी या हथियारों का अवैध व्यापार या अनजाने में एक-दूसरे की सीमा का उल्लंघन करने आदि घटनाओं की रोकथाम करने के लिए दोनों पक्षों के कमांडरों की नियमित बैठक होती रहती हैं और इसके अलावा समय-समय पर दोनों पक्ष एक-दूसरे को इससे अवगत कराते रहते हैं।

भारत और म्यांमार ने संयुक्त रूप से सीमाओं के रखरखाव करने, सीमा स्तंभों की रक्षा और पुन: निर्माण और निरीक्षण करने आदि की योजनाओं पर साथ मिलकर कार्य करते हैं। भारत, नेपाल, भूटान, बांग्लादेश, पाक के साथ भी सीमा प्रबंधन को लेकर संस्थागत व्यवस्था तो की है, परंतु कहीं न कहीं इनमें ईमानदारी की कमी भी दिखाई देती है क्योंकि अक्सर पाक और बांग्लादेश से समझौते उल्लंघन की खबरें आती रहती हैं। हांलाकि पाक के साथ भी कमांडर स्तर की बातचीत होती रहती है, जो रस्म अदायगी अधिक दिखाई पड़ती है। इन सबको देखते हुए कारगिल समीक्षा समिति की सिफारिशों का उल्लेख करना समीचीन (उपयुक्त) होता है कि भारत को घरेलू स्तर पर अपनी सुरक्षा व्यवस्था को मजबूत बनाना होगा।

कारगिल समीक्षा समिति

1999 में कारगिल की घटना घटने के बाद भारत सरकार ने सीमा प्रबंधन और अपनी सीमा सुरक्षा को लेकर एक समिति बनाई, जिसकी रिपोर्ट मिलने के बाद तत्कालीन रक्षा सचिव की अध्यक्षता में वर्ष 2001 में एक टास्क फोर्स का गठन किया गया, जिसका मुख्य उद्देश्य कारगिल समीक्षा समिति की सिफारिशों पर विचार करना और मंत्रियों के कार्य समूह के साथ मिलकर सीमा प्रबंधन को लेकर एक नई रणनीति और कार्ययोजना विकसित करना था। इस समिति ने अपने प्रतिवेदन में

सीमा प्रबंधन और सुरक्षा के विभिन्न बिंदुओं पर विचार-विमर्श करने के बाद जो सुझाव दिया, उनमें से प्रमुख सुझाव निम्न हैं:-

- सीमा विवादों के निपटारे तथा सीमाओं के त्वरित नामांकन के लिए ठोस प्रयास करना।
- सीमा प्रबंधन विभाग का गठन करना।
- सीमा के प्रत्येक खण्ड पर केवल एक ही बल तैनात किया जाना चाहिए और इसको इसके मूल कार्य से हटाकर आंतरिक सुरक्षा के लिए किसी अन्य कार्य पर नहीं लगाया जाना चाहिए।
- एक समुद्री तटीय पुलिस बल की स्थापना, तटरक्षक बलों को मजबूत बनाना और विभिन्न समुद्री मुद्दों के समन्वय के लिए एक शीर्ष एजेंसी का गठन करना।
- सीमावर्ती क्षेत्रों में त्वरित विकास को बढ़ावा देना और इस अनुक्रम में आधारिक संरचनाओं के विकास पर विशेष बल दिया जाना चाहिए।
- इस समिति ने खुफिया एजेंसियों का और अधिक व्यापीकरण करने पर बल दिया तथा उनकी प्रभावोत्पादकता में वृद्धि करने की रणनीति अपनाई गई।

कारगिल समिति की सिफारिशों को देखते हुए केंद्र में एक नए विभाग के रूप में सीमा प्रबंधन विभाग का गठन किया गया, जो गृह मंत्रालय के अधीनस्थ कार्य करता है। इसके साथ-साथ समुद्री सुरक्षा को मजबूत बनाने के लिए समुद्री तट पुलिस का गठन किया गया और समुद्र तटीय कार्ययोजना बनाई गई और इस योजना के माध्यम से समुद्री सुरक्षा व्यवस्था को आधुनिक बनाया गया। यद्यपि भारत सरकार सीमा सुरक्षा को निरंतर मजबूत बनाने की दिशा में काम कर रही है, परंतु सीमाओं का खुली होने के कारण घुसपैठ की समस्या देखने को मिलती रहती है। इसलिए इसे देखते हुए सरकार को सीमाओं पर घेराबंदी की कार्ययोजना बनानी पड़ रही है और सीमाओं पर घेराबंदी की भी जा रही है, जैसाकि भारत-बांग्लादेश-पाक की सीमाओं पर किया जा रहा है। इसके साथ-साथ सरकार चौकसी और विनियमन की प्रक्रिया को भी आजमा रही है।

विभिन्न देशों के साथ भारत का सीमा प्रबंधन

- भारत-बांग्लादेश सीमा: भारत की तरफ से भारत-बांग्लादेश की सीमा, पश्चिम बंगाल (22167 किमी), असम (263 किमी), मेघालय (443 किमी), त्रिपुरा (856 किमी) और मिजोरम (318 किमी) से होकर गुजरती है। इस संपूर्ण क्षेत्र में मैदानी, नदी, तटीय, पर्वतीय और जंगल के क्षेत्र हैं।

- भारत-बंग्लादेश सीमा अत्यधिक सुभेद्य है और सीमापार की अवैध गतिविधियों पर रोक लगाना बहुत चुनौतीपूर्ण कार्य रहा है। मुख्य समस्या बांग्लादेश से भारत में हो रही अवैध घुसपैठ की हैं सीमापार से अप्रवास और अन्य राष्ट्रविरोधी गतिविधियों को रोकने के लिए भारत सरकार ने दो चरणों में सीमापार सड़कों का निर्माण करने और बाड़ लगाने के कार्य को मंजूरी प्रदान की थी। प्रायोगिक परियोजना के रूप में पश्चिम बंगाल में 227 किमी. में तेज रोशनी की व्यवस्था करने का कार्य पूरा हो चुका है।
- भारत-पाकिस्तान सीमा: भारत पाकिस्तान के साथ 3323 किमी. (जम्मू और कश्मीर सेक्टर में नियंत्रण रेखा एलओसी सहित) भू-सीमा है। यह सीमा गुजरात, राजस्थान, पंजाब और जम्मू-कश्मीर राज्यों के साथ लगी हुई है। भारत-पाकिस्तान सीमा पर विविध भू-भाग और विशिष्ट भौगोलिक विशेषता मौजूद है। नियंत्रण रेखा, सीमा का सबसे ज्यादा सक्रिय और क्रियाशील हिस्सा होने के कारण इस सीमा को आतंकवादियों द्वारा घुसपैठ किए जाने तथा शस्त्र, गोलाबारूद और निषिद्ध वस्तुओं की तस्करी करने का प्रयास किए जाने वाले क्षेत्र के रूप में जाना जाता है। दिसंबर की स्थिति के अनुसार इस सीमा पर बाड़ लगाने और तेज रोशनी की व्यवस्था करने के कार्य में प्रगति हुई है और अब तक 1700 किमी. सीमा पर तेज रोशनी की व्यवस्था की जा चुकी है।
- भारत-चीन सीमा पर सड़कों का निर्माण: खराब सड़क संपर्क के कारण बुरी स्थिति में सुधार करने के लिए, जिसके कारण भारत-चीन सीमा पर तैनात सीमा चौकसी बलों की परिचालन क्षमता में बाधा उत्पन्न हुई है। सरकार ने जम्मू और कश्मीर, हिमाचल प्रदेश, उत्तराखण्ड, सिक्किम और अरुणाचल प्रदेश राज्यों में भारत-चीन सीमा पर सीमावर्ती क्षेत्र में कुल 804 किमी की 27 सड़कों का चरणबद्ध निर्माण और इसका निर्माण भारत-तिब्बत सीमा पुलिस (आईटीबीपी) द्वारा परिचालनात्मक उपयोग के लिए गृह मंत्रालय द्वारा किया जाएगा।
- भारत-नेपाल सीमा प्रबंधन: भारत-नेपाल सीमा पर, जो खुली और सुभेद्य है, राष्ट्रविरोधी गतिविधियों को रोकने और इस सीमा पर सुरक्षा में सुरक्षा करने के उद्देश्य से सीमा चौकसी बल के रूप में इस सीमा पर सशस्त्र सीमा बल (एसएसबी) को 25 बटालियनें तैनात की गई हैं। भारत-नेपाल सीमा पर सभी 450 चौकियां (बीओपी) स्थापित कर दी गई हैं। दोनों देशों के जिला पदाधिकारियों के बीच सीमा जिला समन्वय समिति की बैठकों का तंत्र भी है। ये तंत्र सीमापार के अपराध, तस्करी, आतंकवादी क्रियाकलापों

से उत्पन्न स्थिति जैसे पारस्परिक चिंता वाले मुद्दों पर राष्ट्रीय और क्षेत्रीय/स्थानीय स्तरों पर चर्चा करने के लिए प्लेटफार्म से रूप में कार्य करते हैं।

- भारत–भूटान सीमा प्रबंधनः इस सीमा पर सुरक्षा वातावरण में सुधार करने के लिए सीमा चौकसी बल के रूप में सशस्त्र सीमा बल (एसएसबी) की 13 बटालियनें तैनात की गई हैं। सीमा सुरक्षा प्रबंधन के संबंध में भारत–भूटान ग्रुप के रूप में सचिव स्तरीय एक द्विपक्षीय तंत्र विद्यमान है। इस खुली सीमा का लाभ उठाने की कोशिश करने वाले ग्रुपों से दोनों देशों को संभावित खतरे का आकलन करने और सीमावर्ती क्षेत्र में सुरक्षा वातावरण में सुधार करने के तरीकों पर चर्चा करने के लिए यह तंत्र बहुत उपयोगी सिद्ध हुआ है।
- भारत–म्यांमार सीमा प्रबंधनः भारत की म्यांमार के साथ 1643 किमी. लंबी सीमा है। अरुणाचल प्रदेश, नागालैंड, मणिपुर और मिजोरम ऐसे राज्य हैं जिनकी सीमा म्यांमार के साथ लगती है। इस सीमा पर असम राइफल्स को विद्रोह के दमन और सीमा की सुरक्षा करने के लिए तैनात किया गया है। सीमा सुरक्षा बटालियनों को भारत–म्यांमार सीमा पर कंपनी ऑपरेटिंग बेस दृष्टिकोण के आधार पर तैनात किया जाता है। इन कंपनियों को प्रवेश/निर्गम के सभी रास्तों पर तैनात किया जाता है और ये घुसपैठ, हथियार, मादक पदार्थ, नकली करेंसी की तस्करी आदि रोकते हैं। भारत और म्यांमार के बीच 1643 किमी की बिना बाड़ वाली सीमा है, जो पूर्वोत्तर राज्यों अरुणाचल प्रदेश (520 किमी), नागालैंड (215 किमी) और मिजोरम (518 किमी) के साथ लगती है और सीमा के आर–पार 16 किमी की दूरी तक मुक्त रूप से आवाजाही की अनुमति है। इससे यह अंतर्राष्ट्रीय सीमा अत्यधिक सुभेद्य हो गई है। इस सीमा पर पहाड़ी और कठिन मार्ग हैं, जिस पर समग्र रूप से सुविधाओं की कमी है।

वायु सीमा सुरक्षा प्रबंधन एवं चुनौतियां

वर्तमान परिप्रेक्ष्य में किसी भी देश के लिए केवल स्थल और जल सीमा सुरक्षा प्रबंधन ही चुनौती नहीं है, बल्कि वायु सीमा सुरक्षा प्रबंधन भी प्रमुख चुनौती के रूप में उभरकर सामने आया है। वायु सीमा सुरक्षा प्रबंधन वैश्विक व्यवस्था के लिए एक प्रमुख चुनौती के रूप में सामने आया है। उल्लेखनीय है कि संयुक्त राज्य अमेरिका में हुए आतंकी हमलें 9/11 एक प्रमुख उदाहरण है, जो अमेरिका जैसे शक्तिशाली देश के वायु सुरक्षा में सेंध लगाकर उसे क्षति पहुंचाने में सफल रहा है। इस प्रकार के अनेक उदाहरण विद्यमान हैं। जहां वायु सीमा सुरक्षा को चुनौतियां मिली है। यही कारण है कि वर्तमान परिप्रेक्ष्य में सभी देश वायु सीमा सुरक्षा प्रबंधन को प्रभावी बना रहे हैं, जो आंतरिक और बाह्य सुरक्षा दोनों के लिए ही उपयोगी है।

वस्तुतः वायु क्षेत्र किसी भी देश के ऊपर के वायुमंडल का एक क्षेत्र होता है। जहां उसकी प्रभुसत्ता होती है। 20वीं शताब्दी के शुरुआती दौर में यात्रियों, कारगो और सैन्य सामाग्रियों या संपत्तियों को एक से दूसरे देश में ले जाने की गतिविधियों में वृद्धि हुई। यहीं से वायु सीमा सुरक्षा प्रबंधन और वायु संप्रभुता का प्रश्न उत्पन्न हुआ। इसके बाद 1919 में वायु क्षेत्र संप्रभुता की परिभाषा में बदलाव लाने के लिए एक 'पेरिस समझौता' हुआ। इसके बाद 1944 में अंतर्राष्ट्रीय नागर विमानन संगठन की स्थापना की गई, जो वायु क्षेत्र के समन्वय विनियमन के लिए जिम्मेदार है। उल्लेखनीय है कि भारत सहित 191 देश इस संगठन के सदस्य हैं।

वायु क्षेत्र से संबंधित अवधारणा

नियंत्रित वायु क्षेत्रः किसी भी देश के वायु क्षेत्र के अंदर का क्षेत्र या मापित क्षेत्र नियंत्रित वायु क्षेत्र कहलाता है, जिसमें एयर ट्रैफिक कंट्रोल द्वारा संचालित किया जाता है और इस संदर्भ में उसके द्वारा उपाय किया जाता है।

अनियंत्रित वायु क्षेत्रः वायु क्षेत्र का वह भाग अनियंत्रित वायु क्षेत्र कहलाता है जिसमें प्रत्येक प्रकार के विमानों को उड़ने की अनुमति होती है। जहां विमान चाहे तो विमान सूचना सेवा प्राप्त कर सकते हैं।

प्रतिबंधित वायु क्षेत्रः वायु क्षेत्र का वह भाग प्रतिबंधित वायु क्षेत्र कहलाता है, जो राष्ट्रीय सुरक्षा और पर्यावरणीय सुरक्षा को ध्यान में रखकर निर्धारित किया गया होता है और इस क्षेत्र में विमानों को किसी भी समय या स्थिति में जाने की अनुमति नहीं होती है।

निषिद्ध वायु क्षेत्रः वायु क्षेत्र का वह भाग निषिद्ध वायु क्षेत्र कहलाता है, जो उस देश के भू-भाग या प्रादेशिक क्षेत्र के ऊपर का निर्धारित क्षेत्र है, जिसमें विशिष्ट स्थितियों के साथ विमानों की उड़ान निषिद्ध होती है।

खतरायुक्त वायु क्षेत्रः किसी भी देश के वायु क्षेत्र का वह भाग, जो काफी व्यापक हो सकता है, खतरायुक्त वायु क्षेत्र कहलाता है, जिसमें सैन्य अभ्यास, मिसाइल प्रक्षेपण और अन्य सैन्य गतिविधियां संचालित होती है। इस क्षेत्र में विमानों की उड़ान प्रतिबंधित होती है।

'पेरिस संधि' के अनुसार प्रत्येक देश का उसकी प्रादेशिक जलसहित इसके सीधे ऊपर के वायु क्षेत्र पर विशिष्ट संप्रभुता का अधिकार होता है। भारतीय वायु क्षेत्र काफी व्यापक है और त्रिआयामी क्षेत्र है- (1) भारतीय भू-भाग द्वीप और इसका प्रादेशिक क्षेत्र हमारे शत्रु पड़ोसी, (2) आर्थिक उदारीकरण के फलस्वरूप बढ़ता हवाई ट्रैफिक (3) व्यापारिक मार्गों की निगरानी।

वर्तमान में भारतीय वायु क्षेत्र को सुरक्षित करने की एक बहुत बड़ी चुनौती है। यह नागर विमानन प्राधिकरण और भारतीय वायु सेना के सम्मुख है। उल्लेखनीय है कि 1995 के पुरूलिया घटनाक्रम ने भारतीय वायु सुरक्षा में निहित कमियों को उजागर

भारत की सीमा से जुड़े पड़ोसी देश
अफगानिस्तान
चीन
पाकिस्तान
नेपाल
भूटान
बांग्लादेश
भारत
म्यांमार
श्रीलंका

कर चुका है। इसलिए हमें अपनी वायु सुरक्षा को लेकर विशेष सर्तकता बरतनी है। इस संदर्भ में हमें अपनी विद्यमान आधारिक संरचनाओं और प्रक्रियाओं को अपग्रेड करने की आवश्यकता है और वायु क्षेत्र के सभी हितधारकों को मिलकर अपनी रणनीतिक सुरक्षा चिंताओं के सुरक्षा उपायों सहित एयर ट्रैफिक प्रबंधन को प्रभावी बनाने की आवश्यकता है। वायु सीमा सुरक्षा प्रबंधन के क्षेत्र में विनियामक कार्यों, निगरानी व्यवस्था, नियंत्रण संबंधी कार्यों, हथियार प्रणाली तथा इंटरसेप्टर तथा एयर ट्रैफिक नियंत्रण व्यवस्था को प्रभावी बनाना अति आवश्यक है।

भारतीय भू-भाग और इसके प्रादेशिक जल के ऊपर उड़ने वाले विमानों को स्थापित एटीएस द्वारा स्थापित मार्गों का पालन करना अनिवार्य होता है, जो नोटम या ऐयरोनॉटिकल सूचना प्रकाशन या किसी अन्य मार्ग द्वारा विशिष्टतः उड़ानों हेतु प्रख्यापित किया गया है। विमान चालकों को भारतीय भू-भाग पर भारत की सीमा के 15 एनएम के भीतर उड़ान न करने की चेतावनी दी जाती है। जब वे एटीएस विशिष्ट अनुमति मार्ग पर चल रहे हों या जब भारत की सीमा के 15 एनएस के भीतर स्थित किसी हवाई पट्टी को यान से प्रचालन कर रहे हों। यदि कोई विमान वायु रक्षा स्वीकृति के बिना एडीआईजेड के भीतर आता है, प्रतिबंधित/निषिद्ध/खतरा क्षेत्र में प्रवेश करता है, या अपने मार्ग विचलन के बारे में एटीसी केंद्र को सूचित नहीं करता है, तो इसे लड़ाकू विमान द्वारा इंटरसेप्ट किया जा सकता है।

❑❑❑

अभ्यास हेतु प्रश्न

1. सीमा सुरक्षा प्रबंधन से क्या आशय है? भारतीय सीमा सुरक्षा प्रबंधन के क्षेत्र में निहित चुनौतियों पर प्रकाश डालिए।
2. किसी भी देश की आंतरिक सुरक्षा सुनिश्चित करने में सीमा सुरक्षा प्रबंधन की भूमिका का परीक्षण कीजिए।
3. भारत द्वारा अपनी सीमा सुरक्षा प्रबंधन को प्रभावी बनाने के लिए उठाए गए प्रमुख संस्थागत और नीतिगत कदमों का आलोचनात्मक मूल्यांकन कीजिए।
4. भारत की आंतरिक सुरक्षा और सीमा प्रबंधन को प्रभावी बनाने के लिए सीमावर्ती क्षेत्रों का विकास और वहां पर खुफिया तंत्र को प्रभावी बनाना समय की मांग है। स्पष्ट करें।

20. तटीय सुरक्षा

प्राचीन काल से ही किसी भी देश की सुरक्षा व्यवस्था में थल तथा वायु सेनाओं के साथ-साथ नौ सेना की भूमिका भी महत्वपूर्ण रही है। नौ सेनाएं न केवल देश के भौगोलिक क्षेत्र की रक्षा करने में महत्वपूर्ण भूमिका निभाती हैं, बल्कि देश के आर्थिक संसाधनों, व्यापारिक गतिविधियों तथा सामुद्रिक संपदा का संरक्षण भी करती हैं। वर्तमान परिप्रेक्ष्य में भारत के लिए सामुद्रिक सुरक्षा का महत्व और अधिक बढ़ जाता है। भारत इस समय न केवल उभरती हुई एक आर्थिक महाशक्ति है, बल्कि एक सामरिक महाशक्ति भी है। अतः इसे देखते हुए भारत को अपनी रणनीति को नई दिशा देनी होगी। ध्यातव्य है कि सामुद्रिक सुरक्षा प्रणाली/व्यवस्था में चूक के कारण ही 26/11 की घटना हुई और जिसका परिणाम किसी से छिपा नहीं है। यही नहीं, वर्तमान में भारत अस्थिर पड़ोसियों से घिरा हुआ है और चीन भारत की घेराबंदी कर रहा है। ऐसे में भारत को अपनी सामुद्रिक सुरक्षा को और मजबूत बनाने की आवश्यकता है तथा इस क्षेत्र में अधिक निवेश करने की भी आवश्यकता है। इसके साथ-साथ भारत को अपने सामुद्रिक क्षेत्र में सर्तकता बढ़ानी होगी तथा सैन्य बलों का आधुनिकीकरण करना होगा। यही नहीं, अपने पड़ोसी देशों के साथ संवाद प्रक्रिया जारी रखते हुए आतंकवादी संगठनों तथा जलदस्यु संगठनों पर नियंत्रण करने की दूरगामी नीति निर्धारित करने के साथ-साथ आक्रामक रणनीति भी अपनानी होगी।

भारत की तटीय सुरक्षा और रणनीति

तटीय सुरक्षा के संदर्भ में भारत सरकार द्वारा त्रि-स्तरीय संरचना स्थापित की गई है। सबसे बाहरी घेरे के तौर पर भारतीय नौसेना का गश्ती दल समुद्री जहाजों और उस पर स्थित विमानों की सहायता से हवाई सर्वेक्षण का कार्य किया जाता है। मध्यवर्ती घेरा, जो समुद्र में 12 मील से लेकर 300 मील का होता है, जो मुख्यत: आर्थिक क्षेत्र होता है, जिसकी सुरक्षा तटरक्षक बलों द्वारा की जाती है। इस संदर्भ में तटरक्षक वर्ग नियमित रूप से पेट्रोलिंग गश्त के माध्यम से अपने आर्थिक क्षेत्रों की सुरक्षा करते है। एक टास्क फोर्स की सिफारिश पर 2005-06 तटीय सुरक्षा योजना का शुभारंभ किया गया। इस परियोजना के परिकल्पना के अंतर्गत 5 साल की अवधि में तट पर और तट के करीब समुद्री सुरक्षा के लिए आधुनिकतम व्यवस्था संपन्न करनी थी, जो 2008 के मुंबई हमले के बाद किसी न किसी रूप में पूरा किया जा चुका है।

तटीय पुलिस क्षेत्रों में तटीय पुलिस थाने की स्थापना की गई है, जिसमें प्रशिक्षित जनशक्ति, आधुनिकतम हथियार और गश्त के लिए नौकाएं उपलब्ध कराने और जगह-जगह पर जल पुलिस चौकियां बनाने पर बल दिया जा रहा है। इसके साथ-साथ समुद्री सुरक्षा के लिए परंपरागत और गैर परंपरागत दोनों प्रकार के उपायों का सहारा लिया जा रहा है। वर्ष 2008 के मुम्बई हमले के बाद देश में समुद्री सुरक्षा को और अधिक प्रभावी बनाने के लिए सरकार द्वारा निम्नलिखित कदम उठाए गए हैं:-

- तटरक्षक बलों, जल पुलिस और नौ-सेना की क्षमता में वृद्धि करना तथा उनको आधुनिक बनाना।
- तटीय क्षेत्रों में पुलिस स्टेशनों की स्थापना के लिए पर्यावरण मापदंडों में ढील देना।
- सभी मछुआरों, मल्लाह कर्मियों और तटीय गांव के व्यक्तियों को बहु-उद्‌देश्यीय पहचान-पत्र जारी करना।
- पहचान और खोज के लिए पंजीकृत नौकाओं पर विशेष यंत्र लगाना और उसकी ग्लोबल पॉजीशनिंग सिस्टम के माध्यम से निगरानी करना।
- सभी बंदरगाहों पर केंद्रीय औद्योगिक सुरक्षा बलों की टीम नियुक्त करना और साथ ही केंद्रीय सुरक्षा बलों के कंमाडो की अलग से नियुक्ति करना।
- समुद्री मार्ग से आतंकी खतरों का मुकाबला करने के लिए तटीय जिलों के लिए एकीकृत कमान का गठन करना।

द्वीपीय प्रदेशों की सुरक्षा के लिए भारत सरकार ने अंडमान-निकोबार स्थित कमान को विशेष अधिकार दे रखा है और यह एक प्रकार की संयुक्त कमान है, जिसमें थल, जल और वायु सेना की प्रशिक्षित सेना को शामिल किया गया है।

वर्तमान में तटीय सुरक्षा योजना के अंतर्गत सरकार तटीय क्षेत्रों में जहां संस्थागत ढांचे को मजबूत बना रही है, वहीं दूसरी तरफ नीतिगत कदमों के अंतर्गत तटीय क्षेत्रों में विकासात्मक योजनाओं के साथ-साथ गैर परंपरागत खुफिया व्यवस्था को भी मजबूत किया जा रहा है।

मालाबार त्रिपक्षीय नौसैनिक अभ्यास

भारत, जापान और अमेरिकी नौसेना ने बंगाल की खाड़ी में चेन्नई के निकट 10-17 जुलाई 2017 के दौरान 8 दिवसीय मालाबार त्रिपक्षीय नौसैनिक अभ्यास में हिस्सा लिया। यह नौसैनिक अभ्यास का 21वां संस्करण है। इस अभ्यास के इस संस्करण में लगभग 15 युद्धपोतों, दो पनडुब्बियों और 95 जेट विमानों, निगरानी नौकाओं और हेलीकाप्टरों को शामिल किया गया।

- इस अभ्यास में दुनिया के सबसे बड़े एयरक्राप्ट केरियर यूएसएस निमित्ज (CVN68) ने भी इसमें हिस्सा लिया। अमेरिका की तरफ से गाइडेड मिसाइल क्रूज यूएसएस प्रिन्सिटन (CG59), गाइडेड मिसाइल डेस्ट्रॉयर यूएसएस हॉवर्ड (DDG83), यूएसएस शॉप (DDG86) और यूएसएस किड (DDG100) के साथ ही एक पोसेडियन P-8A एयरक्राफ्ट और लॉस एंजिलिस फास्ट अटैक सबमरीन ने भी इसमें हिस्सा लिया।
- जापान मैरीटाइम सेल्फ डिफेंस फोर्स शिप जेएस इजुमो (DDH183) और जेएस शाजानामी (DD113) के साथ ही भारत के नेवल शिप जलश्व और आईएनएस विक्रमादित्य भी इस अभ्यास में शामिल हुए।
- इस दौरान तीनों देशों के नौसेनाओं के मध्य शिप्स पर ग्रुप ऑपरेशंस, मैरीटाइम पैट्रोलिंग और एंटी सबमरीन वारफेयर का अभ्यास हुआ। इसके अलावा मेडिकल ऑपरेशंस, डैमेज कंट्रोल, एक्सप्लोसिव ऑर्डिनेंस डिस्पोजल और हेलिकॉप्टर ऑपरेशंस भी हुआ।
- इस अभ्यास के इस संस्करण के मुख्य लक्ष्यों में से एक पनडुब्बी-शिकार (Submarine-Hunting) रहा। हिंद महासागर में चीनी नौसेना की पनडुब्बियों के बढ़ते और नियमित संचालन को देखते हुए इस लक्ष्य को निर्धारित किया गया।
- 1992 में मालाबार नौसैन्य अभ्यास भारत-अमेरिकी द्विपक्षीय नौसैनिक ड्रिल के रूप में शुरू हुआ। तब से यह वार्षिक रूप से आयोजित किया जाता है। जापान भी औपचारिक रूप से 2015 में एक स्थायी भागीदार के रूप में इस अभ्यास में शामिल हुआ। इस बहुपक्षीय अभ्यास का प्राथमिक उद्देश्य तीनों नौसेनाओं में अंतरक्षमता बढ़ाने और समुद्री सुरक्षा संचालन के लिए प्रक्रियाओं की समान समझ विकसित करना और रक्षा संबंधों को गहरा करना है।

- वर्ष 2007 में, इस अभ्यास में ऑस्ट्रेलिया और सिंगापुर की भागीदारी भी देखी गई थी। इस अभ्यास में सभी सहभागी देशों ने पहले स्पष्ट किया है कि मालाबार युद्धाभ्यास शृंखला का उद्देश्य किसी भी विशिष्ट देश के लिए नहीं है।

समुद्री संरक्षित क्षेत्र

समुद्री संरक्षित क्षेत्र-समुद्र का वह हिस्सा होता है जहां ऐसे कार्यों को, जो समुद्रीय वातावरण को प्रभावित करते हैं, को प्रतिबंधित या नियंत्रित किया जाता है। इसका उद्देश्य समुद्री जीवों एवं जीवों के वास स्थान को सुरक्षित रखना होता है। स्थानीय, क्षेत्रीय या राष्ट्रीय अधिकारियों द्वारा प्राकृतिक या ऐतिहासिक समुद्री संसाधनों को सुरक्षित रखने के दृष्टिकोण से इन स्थानों को विशेष सुरक्षा दी जाती है।

विश्व में पहला उच्च समुद्र संरक्षित क्षेत्र (एमपीए) वर्ष 2009 में ओर्कनेय द्वीप दक्षिणी रोल्फ, दक्षिण अटलांटिक को घोषित किया गया था। रॉस सागर, अंटार्कटिका समुद्र संरक्षित क्षेत्र (एमपीए) विश्व का सबसे बड़ा समुद्र संरक्षित क्षेत्र है, जो 15.57 लाख किमी क्षेत्र में है।

तटीय सुरक्षा स्कीम चरण-I

अपराधियों और राष्ट्रविरोधी तत्वों की गतिविधियों के लिए तटों की संवेदनशीलता को ध्यान में रखते हुए तटीय सुरक्षा स्कीम चरण-1 तैयार की गई थी। यह स्कीम मार्च 2011 में पूरी हो गई है।

तटीय सुरक्षा स्कीम चरण-1 का उद्देश्य तटीय क्षेत्रों, विशेषतया तटों के निकटवर्ती सतही क्षेत्रों पर गश्त लगाने और निगरानी करने के लिए आधारभूत संरचना को सुदृढ़ बनाना था, ताकि तट अथवा समुद्र में किसी भी गैर-कानूनी आवाजाही और आपराधिक गतिविधियों को रोका जा सके और उनसे निपटा जा सके।

स्कीम की मुख्य विशेषताएं

यह स्कीम सभी तटवर्ती राज्यों और संघ राज्य क्षेत्रों को अनुदान के रूप में नीचे दी गई सहायता उपलब्ध कराती है-

- तटीय पुलिस स्टेशन, जांच चौकियां और आउट पोस्ट स्थापित करना।
- तटीय पुलिस स्टेशनों को समुद्री गतिविधियों में प्रशिक्षित जनशक्ति उपलब्ध कराना।
- तटों और निकटवर्ती तटीय जलक्षेत्रो में आने-जाने के लिए वाहनों और नावों की खरीद करना।
- तटरक्षक और नौसेना सहित विभिन्न एजेंसियों के बीच समन्वय और सूचना के आदान-प्रदान हेतु राज्य और जिला स्तर पर संस्थागत प्रबंध करना।

26/11 के बाद तटवर्ती राज्यों/संघ राज्य क्षेत्रों से कहा गया कि वे तटरक्षक के साथ परामर्श करके उनकी अतिरिक्त आवश्यकताओं को पूरा करने के लिए सुभेद्यता/खामियों का विश्लेषण करें, ताकि तटीय सुरक्षा का चरण-1 तैयार हो सके। इसके बाद चरण-2 का अनुमोदन किया गया। इस योजना का कार्यान्वयन 9 तटीय राज्यों और 4 संघ राज्य क्षेत्रों के माध्यम से अप्रैल 2011 से शुरू करके पांच वर्ष की अवधि में किया जा रहा है। तटीय सुरक्षा स्कीम के चरण-2 में अंडमान और निकोबार द्वीप समूह के लिए अनुमोदित नावों और बड़े जलयानों का प्रापण गृह मंत्रालय द्वारा किया जा रहा है।

तटीय पुलिस व न्यायिक क्षेत्र

मुंबई आतंकवादी हमला व एनरिका लेक्सी दुर्घटना के आलोक में केंद्रीय गृह मंत्रालय द्वारा जून 2016 को देश के 9 तटीय राज्यों (पश्चिम बंगाल, ओडिशा, आंध्र प्रदेश, तमिलनाडु, केरल, कनार्टक, गोवा, महाराष्ट्र और गुजरात) एवं 4 केंद्रशासित प्रदेशों (दमन व दीव, दादर और नागर हवेली, लक्षद्वीप तथा अंडमान और निकोबार द्वीप) में 10 तटीय पुलिस स्टेशन स्थापना से संबंधित अधिसूचना जारी की गई थी। ये 10 तटीय पुलिस स्टेशन निम्नलिखित हैं-

1. येलो गेट (महाराष्ट्र व दमन-दीव)
2. नवीबंदर (गुजरात)
3. मंगलोर तटीय सुरक्षा (कर्नाटक)
4. हार्बर तटीय सुरक्षा (गोवा)
5. B5 हार्बर (तमिलनाडु एवं पुदुचेरी)
6. फोर्ट कोटि (केरल)
7. प्रदीप मरीन (ओडिशा)
8. गिलाकलाडिंडी (मछलीपट्टनम आंध्र प्रदेश)
9. सेंट्रल क्राइम स्टेशन (पोर्ट ब्लेयर अंडमान)
10. नयाचर कोस्टल (पश्चिम बंगाल)

- उपर्युक्त सभी तटीय पुलिस स्टेशनों के न्यायिक क्षेत्र को 12 नॉटिकल मील से बढ़ाकर 200 नॉटिकल मील तक कर दिया गया, जोकि भारत का अनन्य आर्थिक क्षेत्र है।
- भारत की समुद्री तट रेखा 7517 किलोमीटर लंबी है। इन पर 12 वृहद बंदरगाह व 187 छोटे बंदरगाह स्थित हैं। भारत की प्रादेशिक जल सीमा 12 नॉटिकल मील तक विस्तृत है।
- भारत का संस्पर्शी जोन 24 नॉटिकल मील तक विस्तृत है।
- भारत का अनन्य आर्थिक क्षेत्र 200 नॉटिकल मील तक विस्तृत है।
- भारत की महाद्वीपीय जलमग्न सीमा 200 नॉटिकल मील या कंटिनेंटल मार्जिन के किनारा तक विस्तृत है।

अंडमान और निकोबार द्वीपसमूह के लिए व्यापक सुरक्षा योजना

अंडमान और निकोबार प्रशासन ने तटरक्षक, नौसेना और सैन्य स्टेकहोल्डरों के साथ परामर्श करके अंडमान और निकोबार के लिए एक व्यापक सुरक्षा योजना प्रस्तुत की है, जिसे 8 वर्ष की अवधि में 2012-20 तक तीन चरणों में कार्यान्वित किया जाना है।

नावों का पंजीकरण: भारतीय जल क्षेत्र में चलने वाली मत्स्यन/गैर मत्स्यन नावों की समरूप प्रणाली के अंतर्गत पंजीकरण करने की आवश्यकता है। इस संबंध में नौवहन विभाग नोडल विभाग है। पोतों की पहचान एवं पता लगाने के लिए कार्य को सुगम बनाने के लिए सभी प्रकार की नावों पर मार्ग-निर्देशनात्मक एवं संचार उपकरण लगाए जा रहे हैं। सभी मछुआरों की पहचान-पत्र जारी किए जा रहे हैं। जो एकल केंद्रीकृत डाटा-बेस से संबद्ध करने योग्य है।

तटवर्ती लोगों के लिए बहुउद्देश्यीय राष्ट्रीय पहचान-पत्र

भारत के महापंजीयक द्वारा तटीय राज्यों/संघ क्षेत्रों में राष्ट्रीय जनसंख्या रजिस्टर के सृजन की अपनी परियोजना के एक भाग के रूप में, तटवर्ती गांवों की आबादी को बहुद्देश्यीय राष्ट्रीय पहचान-पत्र और इन गांवों के 18 वर्ष से अधिक आयु वाले सामान्य निवासियों को पहचान-पत्र (स्मार्ट कार्ड) जारी करने की परियोजना पर कार्य किया जा रहा है।

बंदरगाह सुरक्षा: देश के 12 प्रमुख बंदरगाहों की सुरक्षा की निगरानी केंद्रीय औद्योगिक सुरक्षा बल द्वारा की जा रही है। इन प्रमुख बंदरगाहों की आवधिक सुरक्षा संबंधी जांच आसूचना ब्यूरो द्वारा भी की जाती है, तथापि देश के 187 छोटे बंदरगाहों की सुरक्षा के लिए अब तक कोई मानक निर्धारित नहीं किए गए हैं। नौवहन मंत्रालय ने जुलाई 2009 में बंदरगाहों की सुरक्षा के मानक निर्धारित करने हेतु एक कार्यदल का गठन किया था। इस कार्यदल ने अपनी रिपोर्ट प्रस्तुत कर दी है।

समुद्री मार्ग से खतरों के प्रति समुद्री एवं तटीय सुरक्षा के सुदृढ़ीकरण के लिए राष्ट्रपति समिति

मंत्रिमंडल सचिव की अध्यक्षता में अगस्त, 2009 में सरकार द्वारा 11 समुद्री मार्ग से खतरों के प्रति समुद्री एवं तटीय सुरक्षा के सुदृढ़ीकरण संबंधी समिति का गठन

किया गया है। इस समिति में भारत सरकार के सभी संबंधित मंत्रालयों/विभागों/संगठनों के प्रतिनिधि और तटीय राज्यों/संघ राज्य क्षेत्रों के मुख्य सचिव/प्रशासक शामिल हैं।

विभिन्न एजेंसियों के बीच समन्वय

जहां तक समुद्री सुरक्षा के प्रति समन्वित दृष्टिकोण का संबंध है, सुरक्षा मंत्रिमंडल समिति ने अपनी 2009 में हुई बैठक देश की समुद्री सुरक्षा के सुदृढ़ीकरण के लिए रक्षा मंत्रालय सहित सभी अन्य संबंधित मंत्रालयों के साथ विधिवत परामर्श करके प्रारूप तैयार किया गया था और यह निर्णय लिया गया था कि भारतीय नौसेना को तटीय सुरक्षा और अपतटीय सुरक्षा सहित समग्र समुद्री सुरक्षा के लिए उत्तरदायी प्राधिकरण के रूप में नामित किया जाएगा। देश की तटीय सुरक्षा के लिए भारतीय नौसेना की सहायता तटरक्षक, राज्य की समुद्री पुलिस और अन्य केंद्रीय और राज्य एजेंसियों द्वारा की जाएगी।

भारतीय तटरक्षक को सीमा अंतर्गत जलक्षेत्र, जिसमें तटीय पुलिस द्वारा पेट्रोलिंग का क्षेत्र भी शामिल है, की सुरक्षा के लिए अतिरिक्त रूप से उत्तरदायी प्राधिकरण के रूप में नामित किया गया है। महानिदेशक तटरक्षक को कोस्टल कमांड के कमांडर के रूप में नामित किया गया है और वे तटीय सुरक्षा से संबंधित सभी मामलों में केंद्रीय और राज्य एजेंसियों के बीच समग्र समन्वय स्थापित करने के लिए जिम्मेदार हैं।

संयुक्त प्रचालन केंद्रः रक्षा मंत्रालय ने विभिन्न एजेंसियों के बीच सूचना के आदान-प्रदान हेतु संयुक्त प्रचालन केंद्रों (जे.ओ.सी.) का गठन किया है। इन केंद्रों की स्थापना मुंबई, विशाखापत्तनम, कोच्चि और पोर्टब्लेयर में 'तटीय सुरक्षा कमांडर इन चीफ' के रूप में मौजूदा 'नौसेना कमांडर इन चीफ' की देखरेख में की गई है।

सागर प्रहरी बल का गठन

नौसेना ने बल के संरक्षण, नौसेना के आधार-स्थलों (बेस) और उनके निकटवर्ती संवेदनशील क्षेत्रों (बीए) और संवेदनशील स्थान (वीपी) के संरक्षण के लिए 'सागर प्रहरी बल' नामक विशेष बल (फोर्स) बनाया है, जिसमें 1000 कार्मिक हैं। रक्षा मंत्रालय ने 'सागर प्रहरी बल' के लिए मानव शक्ति की मंजूरी प्रदान कर दी है।

संयुक्त तटीय सुरक्षा अभ्यास

'सागर कवच' जैसे संयुक्त तटीय सुरक्षा अभ्यास बहुत लाभप्रद रहें हैं और इनसे संयुक्त प्रचालनों में प्रक्रिया का एक नया युग शुरू हो रहा है। संयुक्त तटीय सुरक्षा अभ्यास छमाही आधार पर किए जाते हैं।

भारत की सामुद्रिक सुरक्षा एवं चुनौतियां

भारतीय स्वतंत्रता प्राप्ति के पश्चात् हिन्द महासागर में दो शक्ति ध्रुवों, सं. रा. अमेरिका व सोवियत संघ के मध्य शक्तिस्पर्धा से न केवल क्षेत्रीय भू-राजनीति प्रभावित हुई, अपितु 'शांति क्षेत्र' की अवधारणा पर भी गहरा आघात लगा, किंतु शीतयुद्ध की समाप्ति के उपरांत सोवियत संघ, वर्तमान में रूस की अनुपस्थिति से यह क्षेत्र 'नाटोझील' में परिवर्तित हो गया तथा अमेरिका के अतिरिक्त, आस्ट्रेलिया, जापान, दक्षिण कोरिया आदि देशों की नौसैनिक गतिविधियों को भी नवीन अवसर मिला। 11 सितंबर, 2001 की घटना के पश्चात् 'ऑपरेशन एंड्यूरिंग फ्रीडम' की आड़ में अफगानिस्तान तथा ईराक में अमेरिकी उपस्थिति की पृष्ठभूमि में प्रारंभ क्षेत्रीय सामुद्रिक सुरक्षा पहल के फलस्वरूप यह संपूर्ण क्षेत्र नव शीतयुद्ध का केंद्र बन गया है। भारत के रक्षा मंत्रालय की 2005-06 की वार्षिक रिपोर्ट में यह कहा गया है कि बहुध्रुवीय विश्व व्यवस्था के पथ पर बढ़ रहे विश्व एवं शक्ति के एक ध्रुव के रूप में भारत के अभ्युदय से इस क्षेत्र की सामरिक व आर्थिक संवेदनशीलता बढ़ती जा रही है।

सोवियत संघ विघटन के उपरांत एशिया केन्द्रित चीन-अमेरिकी स्पर्धा से संपूर्ण हिन्द महासागरीय क्षेत्र की भू-राजनीति प्रभावित हुई है। आतंकवाद से पीड़ित द. एशिया इस समय विश्व का सबसे अस्थिर क्षेत्र बन गया है तथा चीन द्वारा एशियाई नेतृत्व हासिल करने की व्याकुलता के परिणामस्वरूप इस क्षेत्र में केन्द्रित होती जा रही शक्ति स्पर्धा ने एक नवीन शीतयुद्ध को तो जन्म दिया ही है। साथ ही हिन्द महासागरीय क्षेत्र के देशों में बढ़ रहे आतंकवाद ने इस महासागर को 'जेहादी आतंकवाद की झील' में परिवर्तित कर दिया है। होरमुज क्षेत्र तथा दक्षिण-पूर्व एशिया में 'फ्री एसे मूवमेंट' मोर इस्लामिक लिबरेशन फ्रंट एवं अबू सयाफ जैसे सामुद्रिक आतंकवादी संगठनों के उदय तथा जमाह इस्लामिया का अल-कायदा जैसे आतंकी संगठनों से संलग्नता ने भारतीय सुरक्षा के लिए चुनौती उत्पन्न कर दी है। इस क्षेत्र में बढ़ रही सामुद्रिक डकैती कम चिंताजनक नहीं है। 26/11 के मुम्बई हमलावरों का अरब सागर के मार्ग का इस्तेमाल करना भारत की सामुद्रिक चिंताओं की पुष्टि करता है। इतना ही नहीं, पाकिस्तान, ईरान, अफगानिस्तान, म्यांमार, थाइलैंड एवं लाओस जैसे राष्ट्रों में सक्रिय अराजक तत्वों द्वारा इस महासागर से किए जा रहे नशीले पदार्थों के व्यापार से प्राप्त धन का आतंकवादियों द्वारा इस्तेमाल किया जा रहा है। यह भारत के लिए सर्वाधिक चिंता का विषय है।

21वीं शताब्दी में एक शक्ति संतुलन केंद्र के रूप में उभर रहे भारत के बहुमुखी विकास व राष्ट्रीय शक्ति के निर्माण में, ऊर्जा आवश्यकताओं की निरंतर बढ़ रही उपादेयता ने हिन्द-महासागर के भू-राजनैतिक व रणनीतिक महत्व में अभिवृद्धि कर

दी है। यही कारण है कि जहां एक ओर फारस व अदन खाड़ी से पूर्वी एशिया तक विस्तृत सामुद्रिक मार्ग के गुरुत्व केंद्र में भारत की स्थिति, अंडमान-निकोबार द्वीप क्षेत्र तथा मलक्का स्ट्रेट मार्ग की सामरिक महत्ता भारत को प्रभावी नौ-सैन्य बनने हेतु विवश कर रही है, वहीं वैश्विक शक्ति संरचना में आर्थिक विकास हेतु हिन्द महासागर पर निर्भरता उसकी सुरक्षा जिम्मेदारियों का अहसास भी कराती है। नवंबर, 2003 में भारत के तत्कालीन प्रधानमंत्री अटल बिहारी वाजपेयी ने सैन्य कमांडरों के एक संयुक्त सम्मेलन में कहा था कि 'आज भारत के रणनीतिक सीमांत दक्षिण एशिया तक विस्तृत हो गए हैं....हमारे सुरक्षा क्षेत्र मलक्का जलडमरूमध्य व फारस की खाड़ी क्षेत्र से बढ़कर केंद्रीय एशिया, अफगानिस्तान, चीन व दक्षिण पूर्वी एशिया तक विस्तृत हो गए हैं। हमारी रणनीतिक विचारधाराओं का क्षितिज भी विस्तृत होना चाहिए।' वाजपेयी का उक्त कथन भारत की सामुद्रिक चिंताओं व चिन्तन को इंगित करता है।

विदेशी नौसेनाओं के साथ अभ्यास

- मालाबार-15: 1992 से नौसेना भारतीय एवं अमेरिकीय नौसेना समय-समय पर द्विपक्षीय अभ्यास सत्र 'मालाबार' में हिस्सा लेती रहीं है। अक्टूबर 2015 को बंगाल की खाड़ी में मालाबार का 19वां आयोजित किया गया, जिसमें जापानी मेरिटाइम सेल्फ डिफेंस फोर्स (FMSDF) भी शामिल थी।
- वरुण-15: 1993 से भारत-फ्रांसीसी नौसेना अभ्यास 'वरुण' का आयोजन होता रहा है। अप्रैल अंत से 20 मई, 2015 तक अरब सागर में 'वरुण 15' का आयोजन किया गया।
- सिंबेक्स-15: बंगाल की खाड़ी और दक्षिण चीन सगार में बारी-बारी से एक-एक वर्ष सिंगापुर-भारत द्विपक्षीय अभ्यास (SIMBEAX) का आयोजन किया जाता है। 20 मई 2015 को सिंगापुर नौसेना के साथ सिंबेक्स-15 का आयोजन दक्षिण चीन सागर में किया गया।
- कोंकण-15: 2004 से यूके की रॉयल नेवी के साथ वार्षिक द्विपक्षीय नौसेना अभ्यास होता आया है। सितंबर 2015 को यूके के तट पर कोंकण-15 का आयोजन किया गया।
- ऑसिन्डेक्स-15: सितंबर 2015 के दौरान विशाखापत्तनम में भारतीय नौसेना व रॉयल ऑस्ट्रेलियन नेवी (RAN) के बीच प्रथम द्विपक्षीय नौसेना अभ्यास आयोजित किया गया।
- स्लिनेक्स-15: 2005 में प्रथम बार भारत और श्रीलंका के बीच नौसेना अभ्यास आयोजित किया गया था। 2010 से इसे प्रत्येक दूसरे वर्ष आयोजित करने का निर्णय लिया गया। 2015 में अक्टूबर अंत से नवंबर आरंभ तक स्लिनेक्स-15 का आयोजन किया गया।
- इंद्र-15: 2003 से भारत रूस का 'इंद्र नौसेना अभ्यास' आयोजित किया जा रहा है। दिसंबर 2015 के दौरान बंगाल की खाड़ी में 'इंद्र' का आयोजन किया गया।

स्पष्ट है कि 21वीं शताब्दी के परिवर्तित हो रहे भू-रणनीतिक एवं राजनैतिक आयाम पूर्व की तुलना में अत्यंत जटिल होते जा रहे हैं तथा भू-अर्थशास्त्र की बढ़ती उपादेयता एवं आर्थिक हितों के संरक्षण व विकास की दृष्टि से भारत की निर्भरता हिन्द महासागर पर केंद्रित होती जा रही है, क्योंकि भारत का लगभग 70 प्रतिशत व्यापार एवं ऊर्जा आयात का भी लगभग 70 प्रतिशत हिस्सा हिन्द महासागर क्षेत्र पर ही निर्भर है। ऐसा अनुमान है कि निकट भविष्य में भारत विश्व के चौथे सबसे बड़ा ऊर्जा उपभोक्ता के रूप में उभरेगा, जिससे इसकी ऊर्जा आवश्यकताओं की लगभग 65 प्रतिशत आपूर्ति हिन्द महासागर पर ही निर्भर होगी। वास्तवकिता तो यह है कि मोजाम्बिक, मलेशिया, इंडोनेशिया व कतर से आयातित कोयला, द्रवित प्राकृतिक गैस के आयात के अलावा अपने 2.2 मिलियन वर्ग कि.मी. विशिष्ट आर्थिक क्षेत्र की सुरक्षा हेतु भारत को दक्षिण अफ्रीका से केन्या, पश्चिम में खाड़ी क्षेत्र तथा पूर्व में मलेशिया, इंडोनेशिया व सिंगापुर तक विस्तृत क्षेत्र में भारत को अपने सामुद्रिक हितों के सुरक्षार्थ सक्रिय व प्रभावी नीति निर्धारित करनी होगी, जिसके लिए उसे इस क्षेत्र में छितरे द्वीपीय क्षेत्रों में अग्रिम आधारों को विकसित करना अपरिहार्य होगा। यही कारण है कि भारत ने जहां एक ओर मेडागास्कर में एक इलेक्ट्रॉनिक श्रवण चौकी स्थापित की है, वहीं यह सेशल्स, मॉरीशस व मालद्वीप के साथ नौ-सैन्य सहयोग बढ़ाकर उन्हें तटीय सुरक्षा पोत, गश्ती एयरक्राफ्ट, सैनिक व शस्त्र आपूर्ति कर रहा है।

सागरमाला परियोजना

सागरमाला परियोजना एक बहुआयामी परियोजना है, जो विकास और सुरक्षा दोनों को ध्यान में रखकर के पूर्व प्रधानमंत्री अटल बिहारी वाजपेयी के काल में बनाई गई थी। परंतु यूपीए सरकार आने के बाद इसे स्थगित कर दिया गया था। मई 2014 में नरेन्द्र मोदी के प्रधानमंत्री के बाद चीन की जल व्यूह रचना को देखते हुए भारत सरकार ने इसे पुनः शुरू करने का निर्णय लिया।

भारत सरकार द्वारा बंदरगाहों के विकास के लिए सागरमाला परियोजना की परिकल्पना और आधारभूत अवसंरचना को सैद्धांतिक मंजूरी प्रदान की गई है। सागरमाला परियोजना बंदरगाहों तथा शिपिंग को भारतीय अर्थव्यवस्था में सही स्थान देने तथा बंदरगाहों का विकास करने के लिए बनाई गई है। सागरमाला परियोजना विकास और सुरक्षा दोनों को ध्यान में रखकर बनाई गई है।

सागरमाला परियोजना के उद्देश्य: सागरमाला परियोजना के निम्नलिखित दो उद्देश्य है-

- बंदरगाह नेतृत्व में प्रत्यक्ष और अप्रत्यक्ष विकास को बढ़ावा देते हुए, शीघ्रता, कुशलता और लागत प्रभावी रूप से बंदरगाहों से माल परिवहन के लिए बुनियादी सुविधाएं उपलब्ध कराना।

- एक युक्तिसंगत समाधान के साथ नए विकास क्षेत्रों के उपयोग को विकसित करने के उद्देश्य से रेल विस्तार, अंतर्देशीय जल, तटीय और सड़क के माध्यम से मुख्य आर्थिक केंद्रों के साथ संपर्क को बढ़ावा दिया जाना।

सागरमाला परियोजना के स्तंभ: सागरमाला परियोजना में विकास के तीन स्तंम्भ है-

- समन्वित विकास के लिए उपयुक्त नीति तथा संस्थागत सहयोग एवं अंतर एजेंसी और मंत्रालय/विभागों/राज्यों के समावेश को सुनिश्चित करने के लिए संस्थागत रूपरेखा तैयार करना तथा इनका सहयोग लेना।
- बंदरगाह संबंधी बुनियादी सुविधाओं को बढ़ावा देना, जिनमें इनका आधुनिकीकरण व नए बंदरगाहों का गठन भी शामिल है।
- भीतरी प्रदेश से इनमें सकुशल निकासी की व्यवस्था करना।

सागरमाला परियोजना: इस योजना के प्रमुख बिंदु निम्नवत् हैं-

- योजना के तहत औद्योगिक समूहों तथा पार्कों, बड़े बंदरगाहों समुद्री सेवाओं, ढुलाई सेवाओं तथा अर्थव्यवस्था के अन्य क्षेत्रों में कुशल एवं अर्द्ध-कुशल जनशक्ति को बड़े पैमाने पर रोजगार दिया जाएगा।
- सागरमाला के लिए एक व्यापक और समन्वित योजना बनाने के क्रम में, 6 महीने के भीतर समूचे समुद्र तट के लिए एक राष्ट्रीय परिप्रेक्ष्य योजना तैयार की जाएगी जो संभावित भौगोलिक क्षेत्रों की पहचान करेगी और जिसे 'तटीय आर्थिक क्षेत्र' के नाम से जाना जाएगा।
- सागरमाला पहल के तहत तटीय आर्थिक क्षेत्रों में रहने वाली जनसंख्या के दीर्घकालीन विकास को भी सुनिश्चित किया जाएगा।
- योजना के कार्यान्वयन के लिए एक राष्ट्रीय सागरमाला सर्वोच्च समिति बनाई जाएगी, जिसकी अध्यक्षता जहाजरानी मंत्री करेंगे।
- योजना हेतु धन जुटाने के लिए समुदाय विकास निधि बनाई जाएगी।

भारतमाला परियोजना

भारतमाला परियोजना देश के आंतरिक सुरक्षा और सीमावर्ती क्षेत्रों में सड़क के महत्व को देखते हुए सृजित की गई है। केंद्र सरकार ने 'भारतमाला' नामक एक महत्वाकांक्षी परियोजना आरंभ की है, जो देश के विभिन्न क्षेत्रों के लोगों का आपस में संपर्क और संवाद को बढ़ावा देंगी। इससे राष्ट्रीय एकीकरण की भावना मजबूत होगी। इस परियोजना के अंतर्गत देश के पूर्वी छोर से पश्चिमी छोर तक के सीमावर्ती क्षेत्रों में सड़कें बनाई जाएंगी। भारतमाला परियोजना के मुख्य बिंदु निम्नवत् हैं-

- भारतमाला परियोजना के अंतर्गत सड़कों का 5300 किमी. लंबा नेटवर्क बनाया जाएगा।
- इस नेटवर्क में राजस्थान (1000 किमी.), तमिलनाडु (600 किमी.), पश्चिम बंगाल (300 किमी.), ओडिशा (400 किमी.) और उत्तराखंड (300 किमी.) शामिल हैं।
- यह सड़क नेटवर्क सभी सीमावर्ती राज्यों से गुजरेगा, जहां की सीमाएं नेपाल, बांग्लादेश, चीन, पाकिस्तान और भूटान के अलावा विशाल तटीय क्षेत्रों से लगती हैं।

- भारतमाला परियोजना का उद्देश्य सभी सीमावर्ती इलाकों और तटीय बंदरगाहों तक सड़क की कनेक्टिविटी को बढ़ाना है, ताकि सीमावर्ती क्षेत्रों तक भारत की पहुंच को आसान बनाया जा सके।
- इस योजना को 5 साल में पूरा करने का लक्ष्य निर्धारित किया गया है।
- राष्ट्रीय राजमार्ग एवं ढांचागत विकास निगम को पूर्वोत्तर क्षेत्र एंव देश के रणनीतिक क्षेत्रों में राष्ट्रीय राजमार्गों और आपस में जोड़ने वाली सड़कों सहित अन्य बुनियादी ढांचों के सर्वेक्षण, स्थापना, डिजाइन, निर्माण, परिचालन, रख-रखाव और उन्नयन की जिम्मेदारी सौंपी गई है।

अवस्थिति की दृष्टि से अंडमान व निकोबार द्वीप समूह के सामरिक महत्व को समझते हुए भारत ने इस क्षेत्र की सुरक्षा हेतु गंभीर कदम उठाए हैं। 572 द्वीपों व 8249 वर्ग कि.मी. में विस्तृत अंडमान निकोबार द्वीप समूह के केवल 37 द्वीपों में आबादी पाई जाती है, जिसकी संख्या 356152 है। अंडमान एवं निकोबार 90 समुद्री मील चौड़े जल क्षेत्र द्वारा विभक्त है। यह क्षेत्र म्यांमार के काको द्वीप से मात्र 45 कि.मी. दूरी पर है। पूर्वी हिन्द महासागर के तीन प्रमुख सामुद्रिक मार्ग इसी क्षेत्र से होकर जाते हैं। इस क्षेत्र की व्यापारिक महत्ता को ध्यान में रखते हुए भारत ने न केवल म्यांमार, थाइलैंड, मलेशिया, इंडोनेशिया से अपने सामुद्रिक सीमा मुद्दों को सुलझा लिया है, अपितु 'पूर्व की ओर देखो नीति' के अंतर्गत वह एशियान देशों के साथ आर्थिक व व्यापारिक संबंधों को प्राथमिकता के आधार पर दृढ़ बनाने हेतु प्रयत्नरत है। 'एशियान' देशों के साथ भारत का 1993-94 में 25 मिलियन अमेरिकी डॉलर का व्यापार 2011-12 में बढ़कर 79.86 बिलियन डॉलर होना भारत की इस क्षेत्र में बढ़ रही अभिरुचि का उदाहरण है। इतना ही नहीं, भारत 'एशियान रीजनल फोरम' का सदस्य होने के साथ-साथ एशियान का पूर्ण वार्त्ताकार भागीदार-साझेदार भी है। इस क्षेत्र के रणनीतिक महत्व का ही परिणाम है कि जहां एक ओर चीन कोको द्वीप पर आसूचना केंद्र स्थापित कर बंगाल की खाड़ी में भारत की नौ-सैन्य गतिविधियों पर निगरानी करने की कोशिश में है, वहीं इस क्षेत्र के देशों में अपरंपरागत खतरों की संभावनाओं को भी नया आयाम मिल रहा है। इस क्षेत्र में म्यांमार, थाइलैंड, मलेशिया, चीन व ताइवान आदि देशों के मछुआरों द्वारा मत्स्य शिकार हेतु प्रवेश करने की अनाधिकार चेष्टा से यह ध्वनित होता है कि बाह्य शक्तियां किसी-न-किसी बहाने यहां अपना प्रभाव बढ़कर भारतीय सुरक्षा को प्रभावित करने की कोशिश कर रही हैं। इतना ही नहीं, इस क्षेत्र में बांग्लादेश सहित अन्य राष्ट्रों के नागरिकों द्वारा किया जा रहा गैर-कानूनी प्रव्रजन एवं अंडमान व निकोबार द्वीप समूह को मादक द्रव्यों व अवैध हथियार की तस्करी हेतु एक 'स्वर्ण त्रिकोण' के रूप में म्यांमार द्वारा प्रयुक्त करने की योजनाएं भारत के लिए गंभीर चिंता का विषय है।

इस क्षेत्र की रक्षा संवेदना का ही यह परिणाम है कि भारत ने 1 अक्टूबर, 2001 को पृथक् अंडमान-निकोबार कमांड की स्थापना कर अंडमान निकोबार द्वीप के कमांडर-इन-चीफ को इसका उत्तरदायित्व सौंपा है, जिससे महत्वपूर्ण आर्थिक क्षेत्र की सुरक्षा के साथ-साथ संभावित खतरों का निष्पादन किया जा सके। यह कमान संयुक्त नौ-सैन्य अभ्यासों, नौसैनिक, कूटनीति व पेट्रोलिंग जैसी गतिविधियों द्वारा विशिष्ट आर्थिक क्षेत्र की सुरक्षा का उत्तरदायित्व सम्यक ढंग से निभा रहा है। इस कमान में भारत ने पोर्ट ब्लेयर व डिगलीपुर में क्रमशः 10000 फुट लम्बी हवाई पट्टी व कोस्टल गार्ड स्टेशन स्थापित करने के अतिरिक्त कार निकोबार में एक वायुसेना के आधार पर एवं कामोर्टा में एक अग्रिम नौ-सैन्य प्राधिकरण की भी स्थापना की है। इस क्षेत्र में अत्याधुनिक सैन्य सुविधाओं के विस्तार के साथ-साथ यह कमान नौ-सैन्य कूटनीतिक गतिविधियों में भी सक्रिय है, जिससे भारत की 'लुक ईस्ट नीति' को प्रविस्तारित करके क्षेत्रीय राष्ट्रों के साथ सामुद्रिक मैत्री सेतु को सुदृढ़ करके अपने व्यापारिक हितों में सतत अभिवृद्धि की जा सके। भारत द्वारा संपादित मिलन अभ्यास जैसी गतिविधियां इस संदर्भ में विशेषतः उल्लेखनीय हैं। जिसके अंतर्गत सुनामी त्रासदी के परिप्रेक्ष्य में भारत ने क्षेत्रीय राष्ट्रों को त्वरित मानवीय सहायता प्रदान कीं, इतना ही नहीं, यह कमान क्षेत्रीय राष्ट्रों की नौ सेनाओं के साथ प्रतिवर्ष संयुक्त अभ्यास संचालित करके पारस्परिक विश्वास व अंतर्सहयोग को विकसित करने की कार्यवाहियां भी संपादित कर रहा है। सिंगापुर के साथ संचालित संयुक्त सामुद्रिक सैन्य अभ्यास इस संदर्भ में विशेष रूप से उल्लेखनीय है। इतना ही नहीं, वियतनाम, फिलीपींस, मलेशिया, जापान, आस्ट्रेलिया एवं संयुक्त राज्य अमेरिका के साथ द्विपक्षीय व बहुपक्षीय सैन्य अभ्यास के आयोजन के अतिरिक्त श्रीलंका के साथ संयुक्त सामुद्रिक कंमाडों अभ्यास करके भी अंडमान-निकोबार कमान इस क्षेत्र में भारत के सामुद्रिक हितों की पूर्ति संबंधी कूटनीतिक गतिविधियां कर रहा है, जिसे चीन ने अपने विरुद्ध भारत द्वारा की जा रही सामुद्रिक घेरेबंदी की संज्ञा दी है, किंतु स्पष्टतः यह भारतीय हितों के रक्षार्थ ही की जाने वाली कार्यवाही है।

अवैध घुसपैठ, गैर-कानूनी आव्रजन, मादक द्रव्यों के साथ-साथ अवैध हथियारों से प्रभावित क्षेत्रीय सुरक्षा हेतु भारत सरकार ने तटीय सुरक्षा व गश्त हेतु गंभीर कदम उठाए हैं, जिसमें तटीय बलों की महत्वपूर्ण भूमिका है। 'ज्वालामुखी' व 'द्वीपरक्षा' जैसे महत्वपूर्ण सैन्य अभ्यास इस दृष्टि से विशेषतः उल्लेखनीय हैं। इस क्षेत्र को बाह्य शक्तियों के हस्तक्षेप से सुरक्षित रखने हेतु भारत ने अत्याधुनिक राडार प्रणाली भी स्थापित की है, जिससे गश्त व्यवस्था को सुचारू रूप से संचालित किया जा सके। भारत सरकार बंगाल की खाड़ी क्षेत्र में स्थित पोर्ट ब्लेयर को बिम्सटेक के

संभावित मुख्यालय के रूप में विकसित करने की योजना पर भी कार्य कर रही है, जिससे इस क्षेत्र में चीन के बढ़ रहे प्रभावों को न्यून किया जा सके।

स्पष्ट है कि चीन द्वारा भारत की सामुद्रिक घेरेबंदी एवं इस क्षेत्र में संभावित चीन-अमेरिकी स्पर्धा तथा मध्य-पूर्व देशों के अतिरिक्त पाकिस्तान, अफगानिस्तान व ईरान आदि के माध्यम से हिन्दमहासागरीय क्षेत्र में चीन की बढ़ रही उपस्थिति सामुद्रिक हितों की सुरक्षा हेतु भारत के लिए आसन्न चुनौती है। इस परिप्रेक्ष्य में भारत को निम्नांकित बिंदुओं पर संकेन्द्रित होकर संतुलित सामुद्रिक नीति निर्धारित करनी चाहिए-

- अपने व्यापारिक एवं विशिष्ट आर्थिक क्षेत्र की सुरक्षा हेतु भारत को अत्याधुनिक सैन्य बल की आवश्यकता है, जो उसके व्यापारिक व सामरिक हितों की सुरक्षा कर सके।
- अपने समस्त पड़ोसियों के साथ विनियोजन नीति का निर्धारण करते हुए भारत को क्षेत्रीय स्थिरता, शांति व विकास पर संयुक्त दृष्टिकोण विकसित करना चाहिए।
- दक्षिण-पूर्वी एशियाई राष्ट्रों के साथ आर्थिक, व्यापारिक, तकनीकी व सामरिक संबंधों के विकास हेतु गतिशील व यथार्थपरक नीति निर्धारित करनी चाहिए।
- हिन्द महासागर में सामुद्रिक संचार रेखाओं की सुरक्षा हेतु भारत को त्वरित कदम उठाना चाहिए। इस परिप्रेक्ष्य में दक्षिण-पूर्व एशियाई क्षेत्र में आतंकवाद के विरुद्ध अमेरिका की क्षेत्रीय सामुद्रिक सुरक्षा पहल पर भारत को सकारात्मक दृष्टिकोण अपनाना चाहिए, जिससे इस क्षेत्र की सामुद्रिक संचार रेखाओं की सुरक्षा सुनिश्चित की जा सके।
- सामुद्रिक सुरक्षा सुनिश्चित करने हेतु भारत को वैश्विक सुरक्षा व्यवस्थाओं पर सहयोगात्मक दृष्टिकोण अपनाना चाहिए।
- सामुद्रिक आतंकवाद एवं डकैती, सामुद्रिक संसाधनों का अनाधिकार दोहन, मादक-द्रव्य व्यापार एवं शस्त्र व्यापार पर नियंत्रण हेतु संयुक्त निगरानी को प्रोत्साहन देना चाहिए।
- तटीय सुरक्षा बलों को सुदृढ़ बनाने हेतु तटीय गार्ड को आधुनिकतम व प्रभावी बनाने के साथ-साथ इसकी कार्यक्षमता में वृद्धि हेतु पोर्ट ब्लेयर स्थित कमान के अतिरिक्त गोवा व कोचीन में पृथक् रूप से तटीय संयुक्त कमान गठित करना चाहिए।
- संयुक्त नौ-सैन्य अभ्यासों को प्रोत्साहन देना चाहिए, जिससे सामुद्रिक सुरक्षा व्यवस्था सुदृढ़ हो सके।

- भारत को अपने बंदरगाहों एंव नौ-परिवहन की क्षमता एवं सुरक्षा में वृद्धि हेतु अपनी सागरमाला परियोजना को त्वरित करने के साथ-साथ जल के भीतर निगरानी संयंत्रों को लगाने एवं नौ-पुलिस बल का गठन करना चाहिए।
- अपने सामुद्रिक क्षेत्रों को सुव्यवस्थित करने हेतु भारत को हवाई निगरानी, तटीय बलों व नौ-सेना के मध्य यथोचित सामंजस्य विकसित करना चाहिए तथा एयरक्राफ्ट कैरियर की फ्लीट गठित करने एवं नाभिकीय पनडुब्बियों की व्यवस्था करनी चाहिए, जिससे संपूर्ण हिन्द महासागर में अपने हितों की रक्षा सुनिश्चित की जा सके।

नौवहन आतंकवादः भारतीय सुरक्षा के लिए बड़ा खतरा

एक तटीय सुरक्षा पर आयोजित बैठक में केंद्रीय गृह मंत्री राजनाथ सिंह ने नौवहन आतंकवाद (Maritime terrorism) को देश के लिए एक खतरा बताया। उनके अनुसार इसका आर्थिक प्रभाव बहुत अधिक है। केंद्र सरकार सभी बड़े और छोटे बंदरगाहों का सुरक्षा ऑडिट करा रही है। जिसके कारण तटीय सुरक्षा की नजर से सुरखित बिंदुओं की पहचान हो सकेगी। उसके अनसार भारतीय समुद्री तटों पर सुरक्षा की पोल 1993 में उस समय खुल गई जब तस्कर विस्फोट की तस्करी कर इसे रायगढ़ ले गए थे। फिर वर्ष 2008 में मुंबई पर आतंकी हमला भी समुद्री मार्ग से ही किया गया।

ऐसे में भारत को अपनी तटीय सुरक्षा को चुस्त-दुरुस्त ओर अभेद्य बनाने की आवश्यकता है क्योंकि तटीय सुरक्षा एक बड़ा आर्थिक आधार है और कई तरह की आर्थिक गतिविधियों को यह प्रभावित करता है। मुंबई पर वर्ष 2008 में 26/11 के आतंकी हमले के बाद तटीय सुरक्षा को दुरुस्त ओर अभेद्य बनाने के लिए प्रयास किए गए हैं या किए जा रहे हैं।

इनमें कुछ प्रमुख निम्नलिखित हैं:

1. तटीय सुरक्षा स्कीम 1 व 2 (Coastal Security Scheme) की सफलता के पश्चात् सरकार इसके तीसरे संस्करण पर विचार कर रही है।
2. तटीयी सुरक्षा के भेद स्थानों की पहचान करने के लिए देश के सभी बड़े व छोटे बंदरगाहों की सुरक्षा ऑडिट की जा रही है।
3. भारतीय तटरक्षक बल सामुदायिक संपर्क कार्यक्रम (Community Interaction Programme) के माध्यम से मछुआरा समुदायों के बीच समन्वय का प्रयास कर रही है।

4. भारत रडार और स्वचालित पहचान प्रणाली रिसीवर की शृंखला को विकसित कर रिसीवर की शृंखला को विकसित कर रहा है जिससे भारतीय तटरक्षक बल द्वारा रडार को ऑपरेट किया जा रहा है।
5. भारत के प्रादेशिक जल (बेसलाइन से 12 नॉटिकल मील की दूरी तक) की बेहतर निगरानी हेतु केंद्र सरकार 'केंद्रीय समुद्री पुलिस बल' गठित करने पर भी विचार कर रही है। इस बल का गठन केंद्रीय औद्योगिक सुरक्षा बल व सीमा सुरक्षा बल की तर्ज पर गठित किया जाएगा। इस बल के गठन का सुझाव महाराष्ट्र के मुख्यमंत्री देवेंद्र फडणवीस ने दिया था।
6. गुजरात के द्वारका में राष्ट्रीय समुद्र पुलिस प्रशिक्षण संस्थान (National Marine Polie Training Institute) की स्थापना को भी मंजूरी दी जा चुकी है।
7. तटीय क्षेत्रों में संदिग्ध गतिविधियों पर नजर रखने के लिए मत्स्यन पोतों के पंजीकरण को अनिवार्य कर दिया गया है।
8. तंजानिया, केन्या, मांजांबिक व दक्षिण अफ्रीका जैसे अफ्रीकी देशों के साथ भारत सामुद्रिक सुरक्षा संबंध विकसित कर रहा है। इसके लिए इन देशों में क्षमता निर्माण व अधिकारियों के प्रशिक्षण पर बल दिया जा रहा है।

नौवहन विभाग (अधिकार क्षेत्र और समुद्री दावों के निपटारे) अधिनियम, 2017 की मुख्य विशेषताएं इस प्रकार हैं-

- इस अधिनियम ने अदालतों के एडमिरैलिटी क्षेत्राधिकारों, समुद्रतटीय दावों पर अदालत कार्यवाही, जहाजों की जब्ती और अन्य संबंधित मुद्दों से जुड़े मौजूदा कानूनों को सुदृढ़ किया है। अभी तक भारतीय न्यायालयों के एडमिरैलिटी (नौ-अधिकरण) क्षेत्राधिकार का वैधानिक ढांचा ब्रिटिश काल में बनाए गए पांच कानूनों के अंतर्गत था। यह वैधानिक ढांचा कुशल शासन में बाधा उत्पन्न करता था।
- यह कानून नागरिक मामलों में नौवहन विभाग के क्षेत्राधिकार से जुड़े ब्रिटिश काल के पांच पुराने कानूनों को निरस्त करके लाया गया है। ये पांच पुराने कानून इस प्रकार हैं- एडमिरैलिटी कोर्ट एक्ट-1840, एडमिरैलिटी कोर्ट एक्ट-1861, कॉलोनियल कोर्ट्स ऑफ एडमिरैलिटी एक्ट-1890,कॉलोनियल कोर्ट्स ऑफ एडमिरैलिटी (इंडिया) एक्ट-1891 बंबई, कलकत्ता और मद्रास उच्च न्यायालयों के एडमिरैलिटी क्षेत्राधिकारों पर लागू लेटर्स पेटेंट के प्रावधान-1865।
- यह अधिनियम भारत के तटवर्ती राज्यों में स्थित उच्च न्यायालयों पर एडमिरैलिटी क्षेत्राधिकार प्रदान करता है और इस क्षेत्राधिकार का विस्तार समुद्री सीमा (आधार रेखा से 12 नॉटिकल मील) तक है।

- केंद्रीय सरकार की अधिसूचना के द्वारा इस क्षेत्राधिकार को विशिष्ट आर्थिक क्षेत्र या किसी भारतीय समुद्री क्षेत्र या द्वीप समूह तक बढ़ाया जा सकता है।
- यह सभी जहाजों पर लागू होगा चाहे उसके मालिक का आवास या निवास स्थान कहीं भी हो।
- अंतर्देशीय जहाजों और निर्माणधीन जहाजों को इसके दायरे से बाहर रखा गया है जकिन जरुरत पड़ने पर केंद्र सरकार एक अधिसूचना जारी कर इन जहाजों को भी इसके दायरे में ला सकती है।
- यह युद्धपोतों एवं नौसेना के सहायक जहाजों और गैर-वाणिज्यिक उद्देश्य के लिए इस्तेमाल किए जाने वाले जहाजों पर लागू नहीं होगा।
- जिन पहलूओं के लिए इस विधेयक में प्रावधान नहीं दिए गए हैं, उन पर सिविल प्रक्रिया संहिता, 1908 लागू होगी।

इसके अतिरिक्त जून 2016 में मुंबई में हुई तटीय राज्यों और केंद्र शासित प्रदेशों के गृह मंत्रियों, मुख्य सचिव और महाराष्ट्र के मुख्यमंत्री ने समुद्र तट, बंदरगाह, महत्वपूर्ण संस्थानों की सुरक्षा के लिए केंद्रीय तटीय सीमा पुलिस बल के गठन का सुझाव दिया क्योंकि समुद्री पुलिस का कार्य विशेषज्ञता का कार्य होता है। केंद्रीय गृह मंत्रालय ने अगस्त 207 में भारत के समुद्र के निकट के खतरों से जूझने के लिए भारतीय तटरक्षक दल के गठन के फैसले की घोषणा की है। यह एजेंसी भारत के समद्री तट की रक्षा करने में भारतीय तटरक्षक दल की मदद करेगी। ऐसा माना जा रहा है कि इस एजेंसी का कार्यक्षेत्र भारतीय समुद्री सीमा से आगे तक होगा जिसमे निकटस्थ इलाके और विशेष आर्थिक क्षेत्र भी शामिल होंगे।

❑❑❑

अभ्यास हेतु प्रश्न

1. तटीय सुरक्षा प्रबंधन से क्या आशय है? भारतीय तटीय सुरक्षा प्रबंधन के क्षेत्र में निहित चुनौतियों पर प्रकाश डालिए।
2. किसी भी देश की आंतरिक सुरक्षा सुनिश्चित करने में तटीय सुरक्षा प्रबंधन की भूमिका का परीक्षण कीजिए।
3. भारत द्वारा अपने तटीय सुरक्षा प्रबंधन को प्रभावी बनाने के लिए उठाए गए प्रमुख संस्थागत और नीतिगत कदमों का आलोचनात्मक मूल्यांकन कीजिए।
4. भारत की आंतरिक सुरक्षा और सीमा प्रबंधन को प्रभावी बनाने के लिए तटीय सीमावर्ती क्षेत्रों का विकास और वहां पर खुफिया तंत्र को प्रभावी बनाना समय की मांग है। स्पष्ट करें।

21. भारत के प्रमुख सुरक्षा बल

प्राचीन काल से ही लोगों की सुरक्षा का दायित्व राज्य के ऊपर रहा है और राज्य इसके लिए संस्थागत सुरक्षा बल की व्यवस्था करते चले आ रहे हैं। वर्तमान में भी राज्यों द्वारा अपने इस दायित्व का निर्वाह किया जा रहा है। राज्य परंपरागत सुरक्षा बलों के साथ विशेष सुरक्षा बलों का गठन भी आवश्यकतानुसार करते रहे हैं। जिससे कि लोगों में कानून एवं व्यवस्था के प्रति विश्वास उत्पन्न हो सके और राज्य में शांति व्यवस्था बनी रह सके। जहां तक भारतीय शासन व्यवस्था का प्रश्न है, तो स्वतंत्रता प्राप्ति के बाद अस्तित्व में आए भारतीय संविधान में कानून व्यवस्था, सुरक्षा और पुलिस प्रशासन राज्य सूची की विषयवस्तु है। परंतु केंद्र सरकार भी अपनी विशिष्ट भूमिका का निर्वाह करती है। इस अनुक्रम में भारतीय पुलिस सेवा को भारतीय संविधान के अनुच्छेद 312 के अंतर्गत गठित तीन अखिल भारतीय सेवाओं में से एक सेवा है। भारतीय पुलिस सेवा के अधिकारी राज्य और केंद्र दोनों में पुलिस बलों को वरिष्ठ स्तरीय नेतृत्व प्रदान करते हैं। सेवा का अखिल भारतीय स्वरूप सेवा के सदस्यों को देश की एकता और अखंडता के समग्र परिप्रेक्ष्य में राज्यों की विशेष समस्याओं को हल करने में विशिष्ट सहायता प्रदान करता है। गृह मंत्रालय भारतीय पुलिस सेवा वर्ग को नियंत्रित करने का कार्य करता है और वह संवर्ग संरचना, भर्ती, प्रशिक्षण, संवर्ग का आवंटन, सेवा में स्थायीकरण, प्रतिनियुक्ति पर तैनाती, वेतन और भत्ते, अनुशासनात्मक मामलों इत्यादि सहित सेवा से संबंधित सभी निर्णय के लिए जिम्मेदार है। यह

सेवा राज्य संवर्गों/संयुक्त संवर्गों में संगठित की जाती है। संघ सरकार के लिए कोई पृथक् संवर्ग नहीं है। प्रत्येक संवर्ग में अधिकारियों को प्रतिनियुक्ति पर भेजने के लिए एक केंद्रीय प्रतिनियुक्ति रिजर्व बनाया गया है। प्रत्येक पांच वर्ष के बाद भारत सरकार द्वारा संबंधित राज्य सरकार के परामर्श से प्रत्येक संवर्ग के ढांचे की संयुक्त रूप से समीक्षा करती है।

केंद्रीय सुरक्षा बल और उसके कार्य

भारत जैसे संघात्मक शासन व्यवस्था वाले देशों में सुरक्षा की एक बहुआयामी व्यवस्था की जाती हैं और अलग-अलग कार्यों को करने के लिए अलग-अलग सुरक्षा एजेंसियां होती हैं और समय-समय पर आवश्यकतानुसार नए सुरक्षा बल या सुरक्षा एजेंसियां गठित की जाती हैं, जैसे–1992 में त्वरित कार्यवाही बल (Rapid Action Force-RAF) और 2008 में राष्ट्रीय जांच एजेंसी का गठन हुआ। इन एजेंसियों की जिम्मेदारी विशेष रूप से संघीय एजेंसियों की जिम्मेदारी उत्तरोत्तर बढ़ती जा रही है और चुनौतीपूर्ण होती जा रही है और ऐसा मुख्यत: नक्सलवाद और आतंकवाद जैसी आंतरिक सुरक्षा समस्याओं के कारण हुआ। इसके साथ-साथ सीमापार से प्रोत्साहित होने वाली अवैध घुसपैठ या आतंकवादी गतिविधियों के कारण सुरक्षा बलों की जिम्मेदारी और चुनौतियां बढ़ गई हैं। वर्तमान में केंद्रीय सुरक्षा बलों को दो भागों में बांटा जाता है–

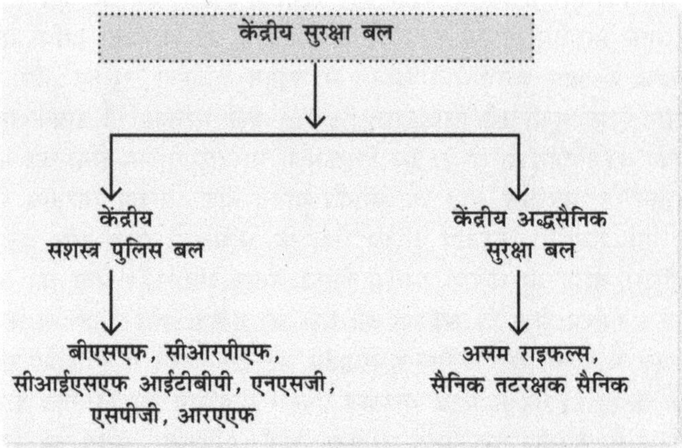

1. केंद्रीय सशस्त्र पुलिस बल और
2. केंद्रीय अर्द्धसैनिक सुरक्षा बल

केंद्रीय सशस्त्र पुलिस बल के अंतर्गत BSF, CRPF, CISF, ITBP, NSG, SPG, RAF इत्यादि को सम्मिलित किया जाता है, जबकि केंद्रीय अर्द्धसैनिक सुरक्षा बल के अंतर्गत असम राइफल्स और तटरक्षक बलों को सम्मिलित किया गया है। इसके अतिरिक्त केंद्रीय खुफिया एवं जांच एजेंसियों को भी केंद्रीय सुरक्षा बल में सम्मिलित किया जाता है। भारत सरकार द्वारा कार्य आंवटन अधिनियम 1961 के अंतर्गत गृह मंत्रालय को आंतरिक सुरक्षा संबंधी दायित्व सौंपे गए हैं और इसके अंतर्गत गृह मंत्रालय को निम्नलिखित कार्य सौंपे गए हैं–

- आंतरिक सुरक्षा विभाग: यह विभाग गृह मंत्रालय का एक प्रमुख अंग है, जो भारतीय पुलिस सेवा, केंद्रीय सुरक्षा बलों, आंतरिक सुरक्षा एवं कानून व्यवस्था, उग्रवाद, आतंकवाद, नक्सलवाद, देश विरोधी गतिविधियों, आतंकियों को वित्त-पोषण करने से संबंधित गतिविधियों, वीजा संबंधी मामले; अवैध प्रवासन, सुरक्षा संबंधी योजनाओं आदि मामलों पर कार्ययोजना बनाने और कार्यवाही सुनिश्चित करने का काम करता है।
- राज्य विभाग: गृह मंत्रालय के अंतर्गत एक राज्य विभाग भी स्थापित किया गया है, जिसका मुख्य कार्य केंद्र और राज्यों के बीच संबंधों को संतुलित बनाए रखना, केंद्रशासित प्रदेशों का प्रशासन संचालित करना, स्वतंत्रता सेनानियों की पेंशन सुनिश्चित करना, मानव अधिकार संरक्षण को बढ़ावा देना, जेल सुधार कार्यक्रमों को संचालित करना, पुलिस सुधार कार्यक्रमों को बढ़ावा देना जैसे कार्य इसके द्वारा किए जा रहे हैं।
- गृह विभाग: गृह मंत्रालय के अधीन गृह विभाग भी कार्य करता है, जो भारत के राष्ट्रपति, उपराष्ट्रपति के पद ग्रहण किए जाने की अधिसूचना, PM, CM'S, राज्यपालों की नियुक्तियों एवं इस्तीफे की अधिसूचना, लोकसभा और राज्यसभा के चुनाव के समय नामांकन की व्यवस्था करना, जनगणना का कार्य सुनिश्चित करना, जन्म और मृत्यु पंजीकरण के संदर्भ में दिशा-निर्देश जारी करना आदि कार्य व्यवस्थित तरीके से गृह विभाग को संपन्न कराना पड़ता है।
- विशिष्ट प्रकोष्ठ (स्पेशल सेल): गृह मंत्रालय के अधीन विशिष्ट समस्याओं के समाधान के लिए समय-समय पर विशेष प्रकोष्ठ का भी गठन किया जाता है, इसका गठन करके संबंधित समस्या के समाधान और उस दिशा में किस प्रकार की रणनीति अपनानी है या किसके साथ संवाद करना है, यह सब कुछ इसी के द्वारा तय किया जाता है। उल्लेखनीय है कि वर्तमान में भारत सरकार के दिशा-निर्देशों या लिए गए निर्णयों के अनुरूप विभिन्न प्रकार के प्रकोष्ठ बनाए गए हैं। इसी अनुक्रम में गृह मंत्रालय के अधीन

विशेष समस्याओं के समाधान के लिए जैसे–नक्सलवाद, जम्मू-कश्मीर की विषयवस्तु या पूर्वोत्तर भारत का मामला हो, इस संदर्भ में सरकार द्वारा विशेष प्रकोष्ठ का गठन किया गया है। यही नहीं, सीमा प्रबंधन के क्षेत्र में संबंधित समस्याओं पर चिंतन-मनन करने के लिए गृह मंत्रालय के अधीन एक विशेष प्रकोष्ठ का भी गठन किया गया है, जिसे सीमा प्रबंधन विभाग के नाम से जाना जाता है, जो सीमापार से होने वाली अवैध गतिविधियों, चाहे वह अवैध घुसपैठ हो या मादक द्रव्यों की तस्करी हो या सीमावर्ती क्षेत्रों की स्थिति हों, आदि के संदर्भ में चिंतन-मनन करने का कार्य करता है और जरूरत के अनुसार योजनाएं बनाने का भी कार्य करता है।

- राजभाषा विभाग: आंतरिक सुरक्षा विभाग के अंतर्गत राजभाषा विभाग का गठन किया गया है, जिसका मुख्य कार्य अधिकारिक भाषाओं से संबंधित कार्यों और राजभाषा अधिनियम, 1963 के प्रावधानों के कार्यकरण से संबंधित मामलों को देखना है।

भारत के प्रमुख सुरक्षा बल

केंद्रीय सशस्त्र पुलिस बल **(Centre Armed Police Force-C.A.P.F):** गृह मंत्रालय के अधीन छह केंद्रीय सशस्त्र पुलिस बल अर्थात् सीमा सुरक्षा बल (बीएसएफ), केंद्रीय औद्योगिक सुरक्षा बल (सीआईएसएफ), केंद्रीय रिजर्व पुलिस बल (सीआरपीएफ), भारत-तिब्बत सीमा पुलिस (आईटीबीपी), राष्ट्रीय सुरक्षा गार्ड (एनएसजी) और सशस्त्र सीमा बल (एसएसबी) तथा एक केंद्रीय अर्द्धसैनिक बल, अर्थात् असम राइफल्स (ए.आर.) हैं। इनमें से असम राइफल्स, सीमा सुरक्षा बल, भारत-तिब्बत सीमा पुलिस और सशस्त्र सीमा बल, सीमा चौकसी बल हैं, जबकि केंद्रीय रिजर्व पुलिस बल लोक व्यवस्था को बनाए रखने से संबंधित मामलों में राज्य सरकारों/संघ राज्य क्षेत्र प्रशासनों की सहायता करता है। केंद्रीय रिजर्व पुलिस बल को आंतरिक सुरक्षा/विद्रोह रोधी कार्य में उनकी सहायता के लिए प्रशिक्षित और उपकरणों से लैस भी किया जाता है। त्वरित कार्रवाई बल (आरएएफ) और दृढ़ता से कार्रवाई करने के लिए कमांडो बटालियन (कोबरा) केंद्रीय रिजर्व पुलिस बल के विशिष्ट विंग हैं, जो क्रमश: दंगों और वामंपथी उग्रवाद/विद्रोह से निपटते हैं। केंद्रीय औद्योगिक सुरक्षा बल महत्वपूर्ण प्रतिष्ठानों, सार्वजनिक क्षेत्र के उपक्रमों, हवाई अड्डों, औद्योगिक इकाइयों, महत्वपूर्ण राष्ट्रीय संग्रहालयों तथा दिल्ली में स्थित सरकारी भवनों एवं अन्य महत्वपूर्ण संवेदनशील संगठनों को सुरक्षित और संरक्षण प्रदान करता है। राष्ट्रीय सुरक्षा गार्ड आतंकवाद का मुकाबला करने और विमान अपहरण रोधी अभियानों के लिए गठित एक विशेषज्ञता प्राप्त बल है। इसे उच्च जोखिम वाले विशिष्ट व्यक्तियों को सुरक्षा तथा स्थायी मार्शल प्रदान करने का कार्य भी सौंपा गया है।

केंद्रीय सुरक्षा पुलिस बल

केंद्रीय सुरक्षा पुलिस बल (Centre Reserve Police Force-C.R.P.F) देश का सबसे बड़ा और पुराना केंद्रीय सुरक्षा बल है, जिसका गठन जुलाई, 1939 में किया गया, ब्रिटिश शासनकाल में इसे 'क्राउन रिप्रेजेंटैटिव' नाम से जाना जाता था, परंतु स्वतंत्रता प्राप्ति के बाद इसके नाम में परिवर्तन कर दिया गया और इसे केंद्रीय सुरक्षा बल नाम दिया गया। इसका मुख्य कार्य कानून एवं व्यवस्था को बनाए रखने के लिए पुलिस कार्यवाही करना, विद्रोह को रोकना, नक्सल विरोधी कार्यों में राज्यों को सहयोग करना, देश में निष्पक्ष चुनाव कराना, संवेदनशील क्षेत्रों में शांति एवं स्थिरता को बनाए रखना, संसद भवन सहित अन्य महत्वपूर्ण इमारतों की सुरक्षा एवं निगरानी करना तथा जम्मू-कश्मीर में वैष्णव माता मंदिर परिसर की सुरक्षा और श्रद्धालुओं की सुरक्षा सुनिश्चित करना इसका प्रमुख कार्य है।

केंद्रीय रिजर्व पुलिस बल को सीआरपीएफ अधिनियम 1949 के तहत शासित किया जाता है। इस अधिनियम का उद्देश्य एक सशस्त्र केंद्रीय रिजर्व पुलिस बल के गठन एवं विनियमन हेतु कानूनी प्रावधान करना है। भारत के सुप्रीम कोर्ट ने अखिलेश प्रसाद बनाम मिजोरम संघशासित प्रदेश (एआईआर 1981 एससी 806) ने इस अधिनियम के कुछ प्रावधानों की व्याख्या की है। सीआरपीएफ अधिनियम में 19 धाराएं हैं। धारा 4 वरिष्ठ अधिकारियों की नियुक्ति एवं शक्तियों के बारे में है।

केंद्रीय रिजर्व पुलिस बल केंद्र सरकार के प्रशासनिक नियंत्रण के तहत कार्य करता है। इस बल का मुख्य कार्य कानून प्रवर्तन में राज्य पुलिस को सहयोग करना है। केंद्रीय रिजर्व पुलिस बल अखिल भारतीय प्रकृति वाला है, जोकि इसकी तैनाती एवं गठन दोनों ही संदर्भों में परिलक्षित होता है। विभिन्न परिस्थितियों की जरूरतों के अनुरूप इसकी कार्य करने की क्षमता अदभुत है। केंद्रीय रिजर्व पुलिस बल राज्य पुलिस बल के साथ सामंजस्यपूर्ण ढंग से कार्य करता है। केंद्रीय रिजर्व पुलिस बल को जनता एवं राज्य प्रशासनों द्वारा संभवतः सबसे अधिक स्वीकार्य माना जाता है। सीआरपीएफ के विभिन्न कार्य निम्नलिखित हैं-

- भीड़ और दंगा नियंत्रण।
- उग्रवाद/आतंकवाद विरोधी अभियानों का संचालन।
- बड़े पैमाने पर सुरक्षा व्यवस्था, खासकर चुनाव प्रक्रिया में सुरक्षा समन्वय की जिम्मेदारी संभालना।
- महत्वपूर्ण प्रतिष्ठान और वीआईपी संरक्षण
- पर्यावरण क्षरण की जांच करना और स्थानीय वनस्पतियों और जीवों का संरक्षण करना।
- संयुक्त राष्ट्र शांति रक्षक मिशन में भाग लेना।
- आपदाओं के दौरान बचाव और राहत कार्य करना।

सीआरपीएफ के चार जोन (पूर्व, पश्चिम, उत्तर, दक्षिण) हैं। जिनमें सोलह प्रशासनिक क्षेत्रों, 2 ऑपरेशन क्षेत्रों, 41 प्रशासनिक रेंज, 7 ऑपरेशन रेंज, 226 बटालियनों, 38 समूह केंद्रों, 14 प्रशिक्षण संस्थानों, 2 आपदा प्रबंधन बटालियनों और 4 समग्र अस्पतालों को शामिल किया गया है।

केंद्रीय रिजर्व पुलिस बल एकमात्र ऐसा सशस्त्र बल है जिसमें 3 ऐसी महिला बटालियन शामिल हैं जिन्होंने कांगो के संयुक्त राष्ट्र शांति रक्षक मिशन में भी भाग लिया है। बड़ी मात्रा में इस बल के सदस्यों को जम्मू एवं कश्मीर, नक्सल प्रभावित क्षेत्रों तथा उत्तर-पूर्व में आतंकवादी एवं घुसपैठ गतिविधियों को रोकने के लिए तैनात किया गया है। केंद्रीय रिजर्व पुलिस बल में 10 कमांडोज बटालियन फॉर रिजाल्यूट एक्शन (कोबरा) भी शामिल हैं, जिनका गठन नक्सलियों पर आक्रमण करने और उन्हें खत्म करने के लिए किया गया है। कोबरा स्कूल फॉर जंगल वेलफयेर एंड टेक्टिक्स (सीएसजेडब्ल्यूटी) के गठन का भी प्रस्ताव है, जो बेलगांव (कर्नाटक) में स्थित होगा। यह संस्थान गृह मंत्रालय के सक्रिय निर्देशन में विशिष्ट प्रशिक्षण प्रदान करेगा। सीआरपीएफ ने हमेशा प्राकृतिक आपदा के समय में महत्वपूर्ण भूमिका निभाई है। जब विनाशकारी सुनामी ने भयंकर तबाही मचाई, उस समय भी केंद्रीय रिजर्व पुलिस बल ने उल्लेखनीय कार्य किया और जब जम्मू-कश्मीर के भूकंप के कारण भारी तबाई हुई, उसमें भी सीआरपीएफ की बचाव भूमिका सराहनीय रही। सीआरपीएफ राहत, बचाव एवं पुनर्वास के प्रयासों में प्रभावी भूमिका निभाता है। एनडीआरएफ की दो बटालियन अहमदाबाद एवं पुणे में स्थित हैं। इस बल की भूमिका को एमएचए द्वारा जारी 'ब्लू बुक' में रेखांकित किया गया है।

केंद्रीय रिजर्व पुलिस बल के कार्मिक देश के विभिन्न संवेदनशील क्षेत्रों में लगातार नजर रखते हैं। ये देश के विभिन्न हिस्सों में कानून एवं व्यवस्था बनाए रखने की ड्यूटी तथा विद्रोह-रोधी एवं नक्सल-रोधी कार्रवाई को अंजाम दे रहे हैं। इसके अरिक्ति ये कुछ महत्वपूर्ण प्रष्तिठानों एवं भवनों की चौकसी भी करते हैं, जिनमें जम्मू में माता वैष्णो देवी धार्मिक परिसर और रघुनाथ मंदिर, अयोध्या में राम जन्म भूमि/बाबरी मस्जिद, वाराणसी में काशी विश्वनाथ मंदिर तथा ज्ञानवापी मस्जिद, मथुरा में कृष्ण जन्मभूमि तथा शाही ईदगाह मस्जिद और संसद भवन शामिल हैं।

त्वरित कार्यवाही बल

त्वरित कार्यवाही बल (Rapid Action Force) केंद्रीय रिजर्व पुलिस बल विभाग का भाग है। यह प्रथम सीएपीएफ था, जिसके सदस्यों की यूनिफार्म को प्रेंजीडेंशियल रंग दिया गया था। वर्ष 1992 में सीआरपीएफ की 10 बटालियनों को पुनर्गठित किया गया। आरएएफ का गठन सांप्रदायिक समस्यों से निपटने के लिए किया गया था। साथ ही, यह जम्मू एवं कश्मीर तथा पंजाब में आतंकवाद और

उत्तर-पूर्व में उग्रवाद से निपटने में भी भूमिका निभाता है। त्वरित कार्यवाही बल देश के किसी भी भाग में सांप्रदायिक दंगे या धार्मिक संघर्ष होने की स्थिति में उसे रोकने में महत्वपूर्ण भूमिका निभाता है।

इसके अलावा, आरएएफ ने हैती एवं कोसावो में बचाव एवं पुनर्वास कार्यों के लिए संयुक्त राष्ट्र शांति रक्षक बल में भी योगदान दिया। रैपिड एक्शन फोर्स अमरनाथ यात्रा, जगन्नाथ यात्रा जैसे विशाल मानव जन सभाओं को व्यवस्थित करने में भी योगदान देता है। रैपिड एक्शन फोर्स में दो महिला बटालियन भी शामिल हैं, जिन्हें गांधीनगर (गुजरात) में रखा गया है।

सीआरपीएफ में दृढ़तापूर्वक कार्रवाई करने के लिए कमांडो बटालियनें (कोबरा)

वर्ष 2008 में सरकार ने सीआरपीएफ में 'कोबरा' नामक एक विशेषज्ञता प्राप्त बल की 10 बटालियनें गठित करने का अनुमोदन दिया था। इन 10 बटालियनों को गठित करके उन्हें चरणबद्ध तरीके से प्रशिक्षित किया गया है। ये बटालियनें कमांडो संक्रियाओं और गुरिल्ला/जंगल युद्धकला के लिए विशेष रूप से प्रशिक्षित और संसाधनों से लैस हैं और आसूचना पर आधारित शीघ्र कार्रवाई करने में सक्षम हैं। इन बटालियनें को मुख्यतः वामपंथी उग्रवाद (एलडब्ल्यू) से प्रभावित क्षेत्रों में रखा जाता है। सभी 10 कोबरा बटालियनें इस समय तैनात कर दी गई हैं। आरएएफ की ही तरह इन बटालियनों का गठन एक महानिरीक्षक के पर्यवेक्षण के अधीन स्वतंत्र पद्धति के रूप में किया गया है। बल के लिए स्थल पर ही निर्णय लेना सुकर बनाने के लिए असिस्टेंट कमांडेंट रैंक का एक अधिकारी टीम के स्तर पर उपलब्ध कराया गया है। प्रत्येक बटालियन में 18 टीमें हैं और डिप्टी कमांडेंट रैंक का एक अधिकारी कंपनी के स्तर पर उपलब्ध कराया गया है। कोबरा बटालियनों के कार्मिकों को प्रशिक्षण देने के लिए सिलचर (असम) और शिवपुरी (मध्य प्रदेश) में 02 विद्रोह रोधी एवं आतंकवाद-रोधी (सीआईएटी) स्कूल हैं। इन्हें विशेषज्ञता से युक्त प्रशिक्षण प्रदान करने के लिए बेलगाम (कर्नाटक) में जंगल युद्धकला और रणनीति के प्रशिक्षण के लिए एक कोबरा स्कूल के निर्माण का प्रस्ताव, गृह मंत्रालय में सक्रिय रूप से विचाराधीन है।

इंटीग्रेटेड थिएटर कमांड (Integrated Theatre Command)

इंटीग्रेटेड थिएटर कमांडः यह सुरक्षा चिंता से जुड़े भौगोलिक थिएटरों के लिए तीनों सेवाओं की एक एकीकृत कमान है, जो एक कमांडर के अधीन होती है।

एकीकृत एवं संयुक्त इकाई: तीनों सेवाओं को विभिन्न स्तरों पर एक साथ मिलाना और सैनिक अभियानों के क्रियान्वयन के लिए उन्हें एक कमांडर के अधीन रखना।

शांतिकाल के दौरान सीमा सुरक्षा बल की भूमिका

- सीमापार के अपराधों को नियंत्रित करना।
- सीमापार से होने वाले अवैध घुसपैठ को नियंत्रित करना।
- सीमावर्ती क्षेत्रों में रह रहे लोगों में सुरक्षा की भावना उत्पन्न करना और उसे मजबूत बनाना।
- सीमापार की खुफिया सूचनाएं एकत्रित करना।
- सीमा पर तस्करी एवं अन्य अवैध गतिविधियों को नियंत्रित करना।

युद्धकालीन स्थिति में सीमा सुरक्षा बल की भूमिका

- सेना के साथ मिलकर आक्रमण का जवाब देना।
- दुश्मन के केंद्रीय बल अथवा अनियमित बलों के विरुद्ध सीमित आक्रामक कार्यवाही करना।
- निर्दिष्ट क्षेत्रों में जमीनी कब्जा करना।
- सेना द्वारा नियंत्रित दुश्मन के इलाके में कानून एवं व्यवस्था को बनाए रखना।
- युद्ध शिविरों में युद्ध बंदियों की रखवाली करना
- सीमावर्ती क्षेत्रों में सेना के मार्गदर्शक के तौर पर कार्य करना।
- पहरेदारी करना
- छापे सहित खुफिया सूचना एकत्र करने संबंधित विशेष कार्ययोजना बनाना

दुश्मन के खिलाफ मुकाबले में सुदृढ़ता और कार्यकुशलता: इंटीग्रेटेड थिएटर कमांडर व्यक्तिगत सेवाओं के रूप में तैयार करने के लिए वह उसे प्रशिक्षित, सुसज्जित करने और युद्धाभ्यास में लगाने के लिए स्वतंत्र होगा। उसे अपने अभियानों के लिए आवश्यक सैन्य-संसाधन रखने या प्राप्त करने की भी स्वतंत्रता होगी, ताकि अभियान के दौरान उसे किसी तरह के अवरोध का सामना न करना पड़े।

पक्ष में तर्क

- जालसाजी से बचाव होता है, संसाधनों की बचत और उपलब्ध संसाधनों का अधिकतम उपयोग सुनिश्चित होता है।
- सारी सैन्य परिसंपत्तियों को एक कमांडर के अधीन रखा जा सकता है, जिससे सेना का युद्ध-कौशल बढ़ेगा। उदाहरण के लिए, चीन और अमेरिका जैसे देशों में इंटीग्रेटेड कमांड की व्यवस्था है।
- सी. ओ. एस. सी. (COSC) युद्धकालीन स्थितियों में सर्वसम्मति के सिद्धांत पर काम करता है, जिससे निर्णय-निर्धारण में विलंब के कारण अभियानों के संचालन में मुश्किल आ सकती है।

विपक्ष में तर्क

- भौगोलिक दृष्टि से भारत इतना बड़ा देश नहीं है कि इसे अलग-अलग थिएटरों में विभाजित किया जाए, क्योंकि यहां एक थिएटर के संसाधनों को आसानी से दूसरे थिएटर तक पहुंचाया जा सकता है।
- भारत के पास सैन्य ढांचे की कमी है। उदाहरण के लिए कुल 45 फाइटर स्क्वॉड्रन में से वर्तमान में मात्र 34 फाइटर स्क्वॉड्रन बचे हैं। इस प्रकार, पहले से ही कम संसाधनों को अलग-अलग थिएटर में विभाजित करना ठीक नहीं होगा। अमेरिका के पास वैश्विक स्तर की भूमिकाएं हैं, जिससे यहां सैन्य, संसाधनों को एक थिएटर से दूसरे थिएटर में स्थानांतरित नहीं किया जा सकता। भारत के पास दूरी और समय की ऐसी कोई समस्या नहीं है।
- निचले स्तर के अधिकारियों में ऐसा डर है कि इस प्रकार के बदलाव से उनका महत्व और अधिकार कम हो जाएगा।

निष्कर्ष

- इंटीग्रेटेड थिएटर कमांड बनाने के लिए सबसे अच्छा शुरुआती कदम यह होगा कि एक चीफ ऑफ डिफेंस स्टॉफ या स्थायी चेयरमैन, सीओएससी (COSC) नियुक्त किया जाए। अन्य इंटीग्रेटेड फंक्शन कमांड्स जैसे-साइबर, एयरोस्पेस और स्पेशल ऑपरेशंस कमांड्स की मांग भी हो रही है, लेकिन, सरकार द्वारा अभी किसी को अनुमोदित नहीं किया गया है।
- इंटीग्रेटेड थिएटर कमांड के निर्माण के लिए दृढ़ राजनीतिक इच्छाशक्ति जरूरी है। इसकी पूरी प्रक्रिया को अलग-अलग चरणों में विभाजित करके संपन्न करना होगा। इसके लिए तीनों सेवाओं में और अधिक संगठनात्मकता और एकजुटता सुनिश्चित करनी होगी, क्योंकि इसे इतनी क्रियान्वित करना ठीक नहीं होगा।

राष्ट्रीय आपदा कार्रवाई बल

राष्ट्रीय आपदा कार्रवाई बल को आपदा की स्थिति या आपदा के लिए विशेषज्ञ प्रतिक्रिया के प्रयोजन के लिए गठित किया गया है। इसमें 10 बटालियन शामिल हैं, जोकि गुवाहाटी, कोलकाता, मुंडाली, अराकोणम, पुणे, गांधीनगर, भटिंडा और ग्रेटर नोएडा, पटना और विजयवाड़ा में है। इनमें से चार बटालियनों को परमाणु, जैविक और रासायनिक (एनबीसी) आपदाओं से निपटने के लिए महारत प्राप्त है। प्रत्येक बटालियन में 1149 कार्मिक और एक कुत्ता दस्ता शामिल है। राष्ट्रीय आपदा कार्रवाई बल धराशायी संरचना में खोज और बचाव के लिए उपकरण, जल बचाव (नावों और डाइविंग उपकरणों), मेडिकल प्रथम रिस्पांस सेना वाहक, एम्बुलेंस, हजमत वाहनों और पानी के टैंकरों से भी सुसज्जित है।

सीमा सुरक्षा बल

सीमा सुरक्षा बल (Border Security Force-BSF) एक सीमा रक्षी बल है, जिसका गठन दिसंबर 1965 में किया गया। इसका गठन मुख्य रूप से पाकिस्तान की सीमा पर सुरक्षा प्रबंधन को प्रभावी बनाने को लेकर किया गया। इसका मुख्य कार्य अंतर्राष्ट्रीय सीमा की रखवाली करना और सीमापार से होने वाले अपराधों पर नियंत्रण स्थापित करना हैं। उल्लेखनीय है कि 1965 में भारत-पाक युद्ध के समय इसकी आवश्यकता महसूस की गई और पाकिस्तान से लगी सीमाओं की सुरक्षा के लिए एक स्थायी सुरक्षा बल के रूप में इसका गठन किया गया। यह गृह मंत्रालय के प्रशासनिक नियंत्रण में कार्य करता है। वर्तमान में यह मुख्य रूप से पाकिस्तान और बांग्लादेश की सीमाओं पर सुरक्षा उपलब्ध कराने का कार्य करता है। सीमा सुरक्षा बल के कार्यों को शांतिकाल और युद्धकाल में बांटकर अध्ययन करना उपयुक्त होगा-

युद्ध के दौरान सीमा सुरक्षा बल दिए गए क्षेत्रों में मोर्चा संभालने के लिए जिम्मेदार होता है, ताकि दुश्मन के आक्रमण को रोका जा सके तथा अर्धसैन्य बलों या दुश्मन के अनियमित बलों से सीमित हमले को रोका जा सके, जैसाकि बांग्लादेश सेक्टर के मामलें में देखा गया था। इसके अलावा सीमा सुरक्षा बल सैन्य नियंत्रण के अंतर्गत शासित दुश्मन क्षेत्र में कानून व्यवस्था बनाए रखने में कोई अगली कार्रवाई किए जाने तक युद्ध कैदियों की रखवाली करने, अज्ञात सीमा क्षेत्रों में सेना के लिए मार्गदर्शक एवं परामर्शदाता के रूप में कार्य करने, शरणार्थियों के नियंत्रण में सहायता करने तथा सशस्त्र बलों या राजनीतिक गणमान्य व्यक्तियों के लिए एस्कॉर्ट्स प्रदान करने तथा छापे सहित खुफिया मामले से संबंधित विशेष कार्य करने का भी दायित्व निभाता है। सीमा सुरक्षा बल की कार्यात्मक जिम्मेदारी पाकिस्तान एवं बांग्लादेश के साथ मिलने वाली 6386.36 किमी सीमा में विस्तृत है। सीमा सुरक्षा बल को सेना के कार्यात्मक नियंत्रण के तहत जम्मू एवं कश्मीर में नियंत्रण रेखा (एलओसी) पर भी तैनात किया गया है।

सीमा पर बाड़बंदी और फ्लडलाइटिंग करना, सीमाओं पर निगरानी का एक महत्वपूर्ण हिस्सा है। घुसपैठ, तस्करी एवं भारत व पाकिस्तान, भारत व बांग्लादेश सीमा पर होने वाले अन्य राष्ट्रविरोधी गतिविधियों को रोकने के लिए सरकार ने बाड़बंदी, फ्लडलाइटिंग एवं इन सीमाओं पर सड़क निर्माण का कार्य शुरू किया है। कुछ असाध्य विस्तार को छोड़कर संपूर्ण पंजाब एवं राजस्थान में बाड़बंदी एवं फ्लडलाइटिंग का कार्य पहले ही पूर्ण हो चुका है।

सीमा सुरक्षा बल का मुख्यालय नई दिल्ली में स्थित है। इसके मुख्यालय को फोर्स हेडक्वार्ट्स (एफएचक्यू) कहा जाता है, जिसका प्रमुख महानिदेशक होता हैं। ऑपरेशंस, संचार, सूचना प्रौद्योगिकी, इंजीनियरिंग, सामान्य, कानून, प्रावधानीकरण,

कार्मिक, वित्त आदि निदेशालय महानिदेशक (डीजी) की निगरानी में कार्य करते हैं। पूर्वी क्षेत्र एवं पश्चिमी क्षेत्र, दोनों क्षेत्र विशेष महानिदेशक के अधीन आते हैं फिल्ड फॉरमेंशन का प्रमुख महानिरीक्षक (आईजी) होता है, जिसे फ्रंटियर हेड्स क्वाटर्स के रूप में भी जाना जाता है। 10 ऐसे फ्रंटियर को सेक्टरों में विभाजित किया जाता है, जिनका प्रमुख डिप्टी इंस्पेक्टर जनरल होता है। प्रत्येक सेक्टर के तहत 5-6 बटालियन आती हैं। सीमा सुरक्षा बल (बीएसएफ) एकमात्र ऐसा सीएपीएफ है, जिसकी अपनी खुद की वायु, समुद्री एवं तोपखाना विंग है, जो सामान्य बलों की सहायता करती है।

केंद्रीय औद्योगिक सुरक्षा बल

केंद्रीय औद्योगिक सुरक्षा बल (Central Industrial Security Force-CISF) का गठन 1971 में संसद द्वारा बनाए गए एक अधिनियम के माध्यम से किया गया और इसकी स्थापना का उद्देश्य हवाई अड्डों और महत्त्वपूर्ण औद्योगिक प्रतिष्ठानों की रक्षा करना था। शुरुआती दौर में इसके दायरे में हवाई अड्डों, बंदरगाहों, महत्त्वपूर्ण औद्योगिक प्रतिष्ठानों, परमाणु ऊर्जा संस्थानों, अंतरिक्ष केंद्रों, भारतीय रिजर्व बैंक, लौह इस्पात कारखानों और भारतीय टकसालों को सुरक्षा के दायरे में रखा गया और यह केवल सरकारी क्षेत्र के प्रतिष्ठानों को ही सुरक्षा उपलब्ध कराती थी, परंतु फरवरी, 2009 में केंद्रीय औद्योगिक सुरक्षा बल अधिनियम, 1969 में संशोधन किया गया और यह व्यवस्था की गई कि इसके द्वारा निजी क्षेत्र की इकाइयों को भी सुरक्षा उपलब्ध कराई जाएगी, परंतु इसके लिए उन्हें खर्च वहन करना पड़ेगा।

उदारीकरण, निजीकरण और वैश्वीकरण के चलते केंद्रीय औद्योगिक सुरक्षा बल (सीआईएसएफ) अब सार्वजनिक क्षेत्र उपक्रम केंद्रित संगठन नहीं रह गया है, बल्कि इसके स्थान पर यह देश को बहुआयामी कौशल वाला सुरक्षा संगठन बन गया है। इस संगठन का कार्य आतंकवादी एवं नक्सल प्रभावित क्षेत्रों सहित विभिन्न क्षेत्रों में देश के महत्वपूर्ण अवसंरचनात्मक प्रतिष्ठानों को सुरक्षा प्रदान करना है। इसके द्वारा सुरक्षा प्रदान किए जाने वाली 307 इकाइयों में परमाणु ऊर्जा संयंत्र, अंतरिक्ष प्रतिष्ठान, रक्षा उत्पादन इकाइयां, खान, तेल क्षेत्र एवं रिफाइनरी, प्रमुख समुद्री पत्तन, भारी इंजीनियरिंग, स्टील संयंत्र, उर्वरक इकाइयां, हवाई अड्डे, बिजली संयंत्र, संवेदनशील सरकारी इमारतें तथा ताजमहल (विश्व का सातवां अजूबा) सहित विरासत स्मारक भी शामिल है। नवंबर 2008 में केंद्रीय औद्योगिक सुरक्षा बल के कार्यों को बढ़ा दिया गया है, जिसके कारण यह निजी प्रतिष्ठानों के लिए भी सुरक्षा कवच प्रदान करता है। सीआईएसएफ अब इंफोसिस, रिलायंस जैसे बड़े प्रतिष्ठानों को भी सुरक्षा प्रदान कर रहा है। यहां उल्लेखनीय है कि सीआईएसएफ एक लागत

प्रतिपूर्ति बल है यानी इसके संपूर्ण खर्च का बोझ सरकार को नहीं उठाना पड़ता हैं यह बल सुरक्षा और अग्नि सुरक्षा के क्षेत्र में गुणवत्तापूर्ण परामर्श सेवाएं भी प्रदान करता है। सीआईएसएफ को आईएसओ 9001:2008 प्रमाण-पत्र भी प्रदान किया गया है। केंद्रीय औद्योगिक सुरक्षा बल द्वारा प्रदान की जाने वाली परामर्श सेवाओं में खतरा समझ, जोखिम विश्लेषण, अभिगम नियंत्रण और परिधि नियंत्रण, सुरक्षा प्रणाली अनुप्रयोग, सुरक्षा और अग्नि ऑडिट, दस्तावेज सुरक्षा, आंतरिक खुफिया, संकट प्रबंधन प्रणाली, भीड़ नियंत्रण और प्रबंधन प्रक्रियाएं आदि शामिल हैं। केंद्रीय औद्योगिक सुरक्षा बल के कार्य अर्थव्यवस्था की प्रगति के साथ-साथ बढ़ते जा रहे हैं। केंद्रीय औद्योगिक सुरक्षा बल देश में सबसे बड़े अग्नि सुरक्षा सेवाओं प्रदाताओं में से एक है। यह 86 सार्वजनिक क्षेत्र के उपक्रमों के लिए अग्नि सुरक्षा और अग्नि सुरक्षा कवरेज प्रदान करता है।

इंडो-तिब्बत बार्डर पुलिस

इंडो-तिब्बत बार्डर पुलिस (Indo-Tibet Border Police-ITBP) का गठन Oct, 1962 में किया गया और यह गृह मंत्रालय के अधीन काम करता है। इसके गठन का मुख्य उद्देश्य चीन के तिब्बती स्वायत्त क्षेत्र के भारत से लगी भारतीय सीमा की रखवाली करने के लिए एक विशेष कार्यबल के रूप में स्थापित करना रहा। वर्तमान में इसके द्वारा लद्दाख के कराकोरम दर्रे से लेकर अरुणाचल प्रदेश के दिफूला तक लगभग 4000 किमी. लंबी सीमाओं पर सुरक्षा उपलब्ध कराने का कार्य किया जाता है। मानवयुक्त सीमा चौकियां, सीमा के पश्चिमी, मध्य और पूर्वी क्षेत्र में लगभग 21,000 फीट की ऊंचाई पर इसके द्वारा BOP- Border Output Post बनाए गए हैं। उल्लेखनीय है कि भारत-तिब्बत सीमा पुलिस बल एक ऐसा प्रशिक्षित बल है, जो पहाड़ों पर चढ़ाई करने में या कार्य करने में पूर्णतया सक्षम है। इसके अधिकांश कर्मचारी और अधिकारी पर्वतारोही कार्यों में दक्ष होते हैं। यह एक बहुआयामी कार्यदल हैं, जिसके निम्नवत् पांच कार्य बताए गए हैं–

- उत्तरी सीमा की निगरानी करना, सीमा अतिक्रमण का पता लगाना तथा उसकी रोकथाम करना, स्थानीय जनता में सुरक्षा की भावना उत्पन्न करना।
- गैर कानूनी अप्रवासन को नियंत्रित करना, सीमापार से होने वाली अवैध गतिविधियों को नियंत्रित करना या हथियारों और मादक द्रव्यों की तस्करी को रोकना।
- संवेदनशील स्थानों, संकटग्रस्त अति विशिष्ट व्यक्तियों को सुरक्षा उपलब्ध कराना या पर्वतीय क्षेत्रों में प्राकृतिक आपदा आने के दौरान आपदा राहत कार्यों में अपनी भूमिका निभाना।

- किसी भी क्षेत्र में शांति भंग होने की स्थिति में कानून एवं व्यवस्था को कायम करना।
- देश में, विशेषत: सीमावर्ती क्षेत्रों में शांति व्यवस्था को बनाए रखना।

वर्तमान में इसके द्वारा आपदा प्रबंधन का भी उत्तरदायित्व निभाया जा रहा है। हिमालय में आने वाली किसी भी प्राकृतिक आपदा के दौरान पहली प्रतिक्रिया करने का दायित्व ITBP को ही दिया गया है। यह मुख्य रूप से हिमाचल प्रदेश, उत्तराखण्ड और पूर्वोत्तर भारत में अपनी सेवा प्रदान कर रहा है। यही नहीं, 1981 से इसके द्वारा कैलाश मानसरोवर यात्रा के दौरान यात्रियों को सुरक्षा प्रदान करना, जरूरत के अनुसार चिकित्सा व्यवस्था उपलब्ध कराना, संचार सुविधा उपलब्ध कराना आदि कार्य संपन्न किए जाते हैं। यही नहीं, वर्तमान में इसकी इकाइयां और कमांडो अफगानिस्तान में भारतीय दूतावासों की सुरक्षा में भी लगाए गए हैं।

आईटीबीपी मूल रूप से एक पर्वत प्रशिक्षित बल है। इसके अधिकांश अधिकारी और कर्मी पेशेवर रूप से प्रशिक्षित पर्वतारोही और स्कीयर्स होते हैं। वे माउंट एवरेस्ट पर तीन बार चढ़ने सहित 150 से अधिक हिमालय की चोटियों पर पहुंच चुके हैं। आईटीबीपी कर्मियों की तैनाती वाली सीमा चौकियों पर तापमान 40 डिग्री सेल्सियस शून्य से नीचे तक रहता है तथा तूफान, बर्फानी तूफान, हिमस्खलन और भूस्खलन के रूप में चरम स्थितियां विद्यमान होती हैं। इससे यह सुरक्षा बल अन्य सुरक्षा बलों से अधिक मजबूत बन जाता है। यह सुरक्षा बल वार्षिक मानसरोवर यात्रा के लिए सुरक्षा प्रदान करता है। इसके अलावा भारत तिब्बत सीमा पुलिस (आईटीबीपी) कांगो, कोसोवो, अंगोला आदि में संयुक्त राष्ट्र मिशन पर भी अपने सदस्यों को भेजता है। भारत-तिब्बत सीमा पुलिस (आईटीबीपी) की संगठनात्मक संरचना सीमा सुरक्षा बल के समान ही है। यानी इसमें भी महानिदेशक के तहत निदेशालय और महानिरीक्षक के तहत कई क्षेत्रीय मुख्यालय शामिल हैं। इस बल को अपने बचाव और राहत कार्यों के लिए भी जाना जाता है। हाल में बड़े पैमाने पर उत्तराखंड आपदा में इसका उपयोग किया गया। आईटीबीपी राष्ट्रीय आपदा कार्रवाई बल का हिस्सा है।

सीमा सशस्त्र बल

सीमा सशस्त्र बल (Special Service Bureau-SSB) एक सीमा रक्षक बल है, जो गृह मंत्रालय के अधीन कार्य करता है। इसका गठन नेपाल और भूटान के साथ लगी सीमाओं को सुरक्षा उपलब्ध कराने के उद्देश्य से किया गया। इसे 'पूर्व का मित्र' भी कहा जाता है। इसका गठन चीन युद्ध के बाद 1963 में किया गया। इसका मुख्य कार्य सीमावर्ती क्षेत्र के लोगों में राष्ट्रवाद की भावना उत्पन्न करना। तत्कालीन NEFA उत्तरी असम, पश्चिम बंगाल का उत्तरी हिस्सा, उत्तराखण्ड,

हिमाचल प्रदेश और लद्दाख के क्षेत्र के लोगों को प्रशिक्षण देने, उनमें राष्ट्र-प्रेम की भावना उत्पन्न करने, उनके विकास के लिए कल्याणकारी योजना बनाने और लोगों की प्रतिरोधक क्षमता में वृद्धि करने पर बल दिया जाता है।

इसके दायित्व का क्षेत्र अंतर्राष्ट्रीय सीमा से नेपाल एवं भूटान सीमाओं पर 15 किमी तक स्थित है। सशस्त्र सीमा बल के दायित्व निम्न प्रकार हैं-

- सीमा क्षेत्र में रहनेवाले लोगों के बीच सुरक्षा की भावना को बढ़ावा देना।
- सीमापार अपराधों को रोकना और भारत के राज्य क्षेत्र में अनाधिकृत आवाजाही को रोकना।
- तस्करी और अन्य अवैध गतिविधियों को रोकना।

2001 में इसका पुनर्गठन किया गया और इसे एक सशस्त्र बल के रूप में मान्यता दी गई और इसे 'सशस्त्र सीमा बल' भी कहा जाने लगा। कारगिल युद्ध के बाद इसकी भूमिका को और अधिक महत्त्व देने का निर्णय लिया गया। इसकी क्षमता और कार्य क्षेत्र में वृद्धि की गई। वर्तमान में इसे जम्मू-कश्मीर और झारखण्ड, बिहार, उड़ीसा, छत्तीसगढ़ आदि राज्यों में समय-समय पर नक्सलवाद प्रभावित क्षेत्रों में कानून एवं व्यवस्था को बनाए रखने तथा निष्पक्ष चुनाव कराने के लिए भी लगाया जाता रहा है।

राष्ट्रीय सुरक्षा गार्ड

राष्ट्रीय सुरक्षा गार्ड 100% प्रतिनियुक्ति वाला बल है। इसके सभी कार्मिकों को सेना, सीएपीएफ, राज्य पुलिस एवं अन्य संगठनों से प्रतिनियुक्ति के आधार पर तैनात किया जाता है। यह भारत का एक विशेष कुलीन सुरक्षा संगठन है, जिसे आधुनिक आतंकवादी गतिविधियों को रोकने के लिए गठित किया गया है। दुनिया भर के देशों ने ऐसे विशिष्ट सुरक्षा बलों का गठन किया है। ऐसे बलों में यूनाइटेड किंगडम का एसएएस, यूएसए का डेल्फा फोर्स तथा जर्मनी का जीएसजी-9 आदि शामिल हैं। ऐसे बलों का गठन अपहृत विमान, बंधक स्थिति तथा बड़ी हत्याओं जैसे मामलों से निपटने के लिए किया जाता है। भारत को विशेष बल गठित करने की आवश्यकता 'ऑपरेशन ब्लू स्टार' के बाद महसूस हुई। इसके परिणामस्वरूप 16 अक्टूबर 1986 को राष्ट्रीय सुरक्षा गार्ड के रूप में एक विशिष्ट सुरक्षा बल का गठन किया गया। राष्ट्रीय सुरक्षा गार्ड गृह मंत्रालय के निर्देशन में एक संघीय आपात बल के रूप में कार्य करता है। एनएसजी के विशिष्ट लक्ष्य निम्न हैं—

- आतंकवादी खतरों से निपटना।
- जमीन और हवा पर अपहरण की स्थितियों से निपटना।
- आईईडी की खोज, पहचान और निराकरण सहित बल निरोधक कार्य करना।
- बंधक बचाव अभियान संचालित करना।
- विस्फोट के बाद जांच कार्य संभालना।

राष्ट्रीय सुरक्षा गार्ड के सदस्यों को आमतौर पर 'ब्लैक कैट' के रूप में जाना जाता है। इसमें 14,500 कर्मी शामिल हैं। राष्ट्रीय सुरक्षा गार्ड को दो भागों में विभक्त किया गया है, जिसमें विशेष कार्य समूह (एसएजी) और विशेष रेंजर समूह (एसआरजी) शामिल हैं। विशेष कार्य समूह (एनएसजी) के सदस्यों को भारतीय सशस्त्र बलों से प्रतिनियुक्ति के आधार पर शामिल किया जाता है, जबकि विशेष रेंजर समूह के सदस्यों को केंद्रीय पुलिस सशस्त्र बलों में से चुना जाता है। राष्ट्रीय सुरक्षा गार्ड के पास भारतीय सुरक्षा बलों के लिए उपलब्ध सर्वश्रेष्ठ हथियार मौजूद हैं, जिन्हें विभिन्न प्रसिद्ध सुरक्षा ऑपरेशनों में इस्तेमाल किया गया है। ऐसे ऑपरेशनों में पंजाब का ऑपरेशन ब्लैक हॉक, आपरेशन माउस ट्रेप, ऑपरेशन ऐनी बेनी, ऑपरेशन ब्लैक टोरनेडो एवं साइक्लोन (मुंबई हमलें) आदि शामिल हैं।

केंद्रीय अर्द्धसैनिक बल

केंद्रीय अर्द्धसैनिक बल के अंतर्गत असम राइफल्स और तटीय सुरक्षा गार्ड आते हैं।

असम राइफल्स

असम राइफल्स एक अर्द्धसैनिक बल है, जिसका गठन पूर्वोत्तर के क्षेत्रों में लोगों की रक्षा करने के लिए किया गया है। असम राइफल्स का गठन 1935 में केच लैबी सेटअप के रूप में किया गया। असम राइफल्स को मुख्य रूप से आसपास के पहाड़ी इलाकों में रहनेवाले जंगली एवं अनियंत्रित जनजातियों से असम के जलोढ़ मैदानों की रक्षा के लिए गठित किया गया था, जो धीरे-धीरे असम राइफल्स के रूप में विकसित हो गया। असम 1826 में आंग्ल-बर्मा युद्ध समाप्ति के बाद ब्रिटिश सरकार के अधीन हो गया।

इसके बाद असम क्षेत्र में आर्थिक समृद्धि और विकास का मार्ग प्रशस्त हुआ। इस समृद्धि से इस क्षेत्र में नई बस्तियां आकर्षित हुई, लेकिन साथ ही असम में ब्रिटिश उद्योगों एवं वृक्षारोपण के लिए सीमापार आदिवासी हमलों से गंभीर खतरा पैदा हुआ। इस खतरे से निपटने के लिए एक मिलिशिया संगठन का गठन किया गया। नागरिक प्रशासन के तहत आने वाले इस मिलिशिया संगठन 'केचर लेवी' कहा गया। यह बल नागरिक प्रशासन के लिए एक सशक्त बल के रूप में कार्य करने में सफल रहा। इससे सुदूर क्षेत्रों में भी नागरिक प्रशासन के प्राधिकार का विस्तार किया जा सका। यही कारण था कि असम राइफल्स को नागरिक प्रशासन का दाहिना हाथ और क्षेत्र में मिलिट्री का बायां हाथ कहा जाता है। असम के लोगों को राष्ट्र की मुख्यधारा में लाने, यानी राष्ट्र के साथ उन्हें आत्मसात् करने में इस बल की बड़ी भूमिका है। इस क्षेत्र से लंबे समय से जुड़े रहने के कारण असम राइफल्स को 'उत्तर पूर्व का प्रहरी' तथा 'पहाड़ी लोगों का मित्र' माना जाता है।

भारतीय सुरक्षा बलों के समक्ष चुनौतियां

- भावनात्मक चुनौती–आंतरिक और बाह्य।
- सुरक्षा बलों के मनोबल को ऊंचा करने और बनाए रखने की चुनौती।
- प्रोत्साहित करने की चुनौती।
- प्रभावी प्रशिक्षण उपलब्ध कराने की चुनौती।
- आधुनिक हथियारों सहित अन्य बुनियादी सुविधाएं प्राप्त करने की चुनौती।
- जनता के साथ संवाद स्थापित करने की चुनौती।
- संरक्षण पाने की चुनौती।
- समन्वय बनाकर काम करने की चुनौती।
- आंतरिक खुफिया तंत्र को प्रभावी बनाने की चुनौती।
- धैर्य को बनाए रखने की चुनौती।

असम राइफल्स का मुख्यालय शिलोंग में है। यह देश की पुरानी सुरक्षा एजेंसी है, जिसका गठन ब्रिटिशकाल में ही किया गया। इसका नेतृत्व सेना के अधिकारियों द्वारा किया जाता है यह गृह मंत्रालय के अधीन रहते हुए भी सेना के निर्देशन में कार्य करता है। यह मुख्य रूप से उत्तर–पूर्व में उग्रवाद प्रभावित क्षेत्रों और म्यांमार की सीमाओं पर सुरक्षा और रखवाली का कार्य करता है। वर्तमान में असम राइफल्स के द्वारा पूर्वोत्तर भारत के उग्रवाद पीड़ित क्षेत्रों में कानून एवं व्यवस्था को बनाए रखने के लिए तथा उग्रवादी गतिविधियों का पूर्णतया नियंत्रण स्थापित करने के लिए विशेष अभियान चलाया जा रहा है।

वर्तमान में असम राइफल्स दोहरी भूमिका निभा रहा है। जहां एक ओर यह उत्तर–पूर्व में आंतरिक सुरक्षा एवं शांति बनाए रखने का कार्य कर रहा हैं, वहीं यह भारत–म्यामांर सीमा की निगरानी का कार्य भी करता है। इन दोनों कार्यों के साथ–साथ असम राइफल्स सड़कों, मकानों, अस्पतालों, स्कूलों, खेल मैदानों आदि के विकास एवं संरचना कार्य के रूप में असम के लोगों के लिए मानवीय जिम्मेदारी भी उठा रहा है। यह बल उत्तर–पूर्व में स्वदेशी आतंकी संगठनों से लड़ने में भी महत्वपूर्ण भूमिका निभा रहा है। ऐसे आतंकी संगठनों में उल्फा, एनएससीएन, एनडीएफबी, एटीटीएफ आदि शामिल हैं। असम राइफल्स उत्तर–पूर्वी सीमांत एजेंसी के एक भाग के रूप में विदेश मंत्रालय के नियंत्रण में कार्य कर रहा है।

तटरक्षक बल

तटरक्षक बल को एक अर्द्धसैनिक और सीमा रक्षक बल के रूप में 1978 में स्थापित किया गया है। इसकी स्थापना का उद्देश्य भारत के तटवर्ती क्षेत्रों

और समुद्री क्षेत्रों में सुरक्षा उपलब्ध कराना है। यह भारत के अनन्य आर्थिक क्षेत्र (EEZ Economic Exclusive Zone) की सुरक्षा करना, भारतीय समुद्री संपदा की चोरी को रोकना, भारत के समुद्री क्षेत्र में अवैध गतिविधियों को नियंत्रित करना या आपदा के दौरान तटीय क्षेत्रों के लोगों को सहायता उपलब्ध कराना इसका मुख्य कार्य है।

अपनी शुरुआत के समय से ही भारतीय तटरक्षक बल ने विभिन्न क्षमताओं को प्राप्त किया है। यानी यह सतह एवं हवाई दोनों क्षमताएं रखता है। यह बल न केवल शांति के समय कार्य करता है, बल्कि युद्ध के दौरान भी भारतीय नौसेना के कार्यों में सहयोग करता है। यह संगठन दिल्ली स्थिति महानिदेशक के नियंत्रण एवं निर्देशन में कार्य करता है। भारतीय तटरक्षक बल के क्षेत्रीय मुख्यालय गांधी नगर, मुबंई, चेन्नई, कोलकाता और पोर्ट ब्लेयर में स्थित हैं। ये क्षेत्रीय मुख्यालय संपूर्ण भारतीय तटीय रेखा पर जल में नियंत्रण एवं निर्देशन का कार्य करते हैं। यह कार्य भारत के विभिन्न तटीय राज्यों में स्थित कोस्ट गार्ड जिला मुख्यालय के माध्यम से किया जाता है। एयर स्टेशन, हवाई परिक्षेत्र और एयर स्क्वाड्रन खोज बचाव कार्यों के लिए विमानों की तैनाती की जाती हैं। भारतीय तटरक्षक बल के कार्य निम्न प्रकार हैं–

- समुद्री क्षेत्रों में सुरक्षा और कृत्रिम द्वीपों और अपतटीय टर्मिनलों, प्रतिष्ठानों एवं उपकरणों की सुरक्षा।
- समुद्र में मछुआरे को संरक्षण और संकट में सहायता प्रदान करना।
- समुद्री पर्यावरण और पारिस्थितिकी का संरक्षण और रक्षा।
- निवारण और समुद्री प्रदूषण पर नियंत्रण।
- तस्करी विरोधी ऑपरेशनों में सीमा शुल्क और अन्य अधिकारियों के लिए सहायता करना।
- यूएनसीएल ओएस जैसे समुद्री क्षेत्रों में लागू नियमों का प्रवर्तन करना।
- इसके अन्य कार्यों में समुद्र में जीवन और संपत्ति की सुरक्षा के उपाय करना तथा वैज्ञानिक डेटा का संग्रह करना आदि भी शामिल हैं।
- अपतटीय सुरक्षा समन्वय अधिकारी।
- राष्ट्रीय समुद्री खोज, बचाव समन्वय प्राधिकारी।
- ऐसी एजेंसियों के लिए खुफिया उपलब्धता।

वर्तमान में इसके द्वारा दक्षिण-पूर्व एशिया के देशों के साथ मिलकर समुद्री डकैती की बढ़ती हुई घटनाओं के संदर्भ में भी कार्यवाही की जा रही है। 2008 के बाद इसका आधुनिकीकरण किया जा रहा है और इसको नित्य नए हथियार और जहाज उपलब्ध कराए जा रहे हैं।

नागरिक सुरक्षा (सिविल डिफेंस)

नागरिक सुरक्षा में ऐसे उपाय शामिल हैं जिनका संबंध वास्तव में युद्ध से नहीं है। नागरिक सुरक्षा के तहत भारत अथवा क्षेत्र के किसी भी भाग में वायु, भूमि, समुद्र अथवा किसी भी अन्य स्थान से होने वाले शत्रुओं के हमले से किसी भी व्यक्ति, संपत्ति, स्थान अथवा वस्तु को सुरक्षा प्रदान करना अथवा उसके प्रभाव से बचाना है, चाहे ऐसे उपाय पहले किए जाएं, हमले के दौरान किए जाएं अथवा हमले के बाद किए जाएं अथवा किसी आपदा से पहले, उसके दौरान अथवा उसके बाद आपदा प्रबंधन के उद्देश्य से किए जाएं।

नागरिक सुरक्षा अधिनियम, 1968 के लिए संसद द्वारा पारित संशोधन विधेयक के जरिए आपदा प्रबंधन के क्षेत्र में नागरिक सुरक्षा घटकों की अतिरिक्त भूमिका को कानूनी मंजूरी दी गई, इसके तहत आपदा/त्रासदियां, चाहे प्राकृतिक हों अथवा मानव निर्मित, उनके पहले, उनके दौरान और उनके बाद उत्पन्न आपात स्थितियों में आपदा प्रबंधन की अतिरिक्त भूमिका नागरिक सुरक्षा के जवान निभाएंगे।

नागरिक सुरक्षा के स्वयंसेवी सामाजिक और कल्याणकारी सेवाओं में प्रशासन को सहायता प्रदान करने और प्राकृतिक, मानव-निर्मित आपदाओं की रोकथाम, उनमें कमी लाने के साथ-साथ आपदा के बाद राहत कार्यों और कानून तथा व्यवस्था की स्थिति कायम करने जैसी विभिन्न रचनात्मक और राष्ट्र-निर्माण की गतिविधियों में लगे हुए हैं। इसके संगठन का प्रशिक्षण तीन स्तरों में किया जाता है। मास्टर प्रशिक्षुओं का प्रशिक्षण और विशेषज्ञता प्राप्त प्रशिक्षण राष्ट्रीय नागरिक सुरक्षा कॉलेज, नागपुर में दिया जाता है और टीम/नेतृत्व प्रशिक्षण राज्य नागरिक सुरक्षा संस्थानों में दिया जाता है। नागरिक सुरक्षा संगठन में स्वयंसेवियों का प्रशिक्षण अल्प अवधि के प्रशिक्षण कार्यक्रमों के रूप में प्रशिक्षण प्राप्त प्रशिक्षुओं द्वारा स्थानीय/कस्बा स्तरों पर दिया जाता है। 11वीं पंचवर्षीय योजना के दौरान देश में नागरिक सुरक्षा की रूप-रचना में नयापन लाने के लिए 2009 में 100 करोड़ रुपए की लागत से केंद्र द्वारा प्रायोजित एक योजना शुरू की गई। योजना में 10 राज्यों में नए नागरिक रक्षा प्रशिक्षण संस्थानों (सीडीटीआई) के गठन और 17 राज्यों में सीडीटीआई के बुनियादी ढांचे के नवीनीकरण के अलावा 100 बहु-जोखिम वाले जिलों का चयन नागरिक सुरक्षा बुनियादी ढांचे के गठन के लिए किया गया। 40 चुने हुए कस्बों में आंतरिक सुरक्षा कार्यों के संबंध में नागरिक सुरक्षा स्वयंसेवियों को प्रशिक्षण देने और उनका इस्तेमाल करने के लिए एक पायलट परियोजना शुरू की गई।

होमगार्ड

होम गार्ड स्वयंसेवी बल है, इसकी स्थापना आंतरिक अशांति और सांप्रदायिक दंगों को नियंत्रित करने में पुलिस की मदद करने के उद्देश्य से दिसंबर 1946 में की

गई थी। इसके बाद स्वयंसेवी नागरिकों के बल की संकल्पना को अनेक राज्यों ने अपनाया। 1962 में चीनी हमले को ध्यान में रखकर केंद्र ने राज्यों और केंद्रशासित प्रदेशों को सलाह दी कि वे अपने वर्तमान स्वयंसेवी संगठनों का एकसमान स्वयंसेवी बल, होमगार्ड के रूप में विलय कर लें। होमगार्डों की भूमिका आंतरिक सुरक्षा बनाए रखने में पुलिस के सहायक के रूप में कार्य करना, किसी भी प्रकार की आपातस्थिति जैसे-हवाई हमले, अग्नि, तूफान, भूकंप, महामारी आदि में समुदाय की मदद करना, आवश्यक सेवाएं बनाए रखने में मदद करना, सांप्रदायिक सौहार्द्र को बढ़ावा देना और कमजोर वर्गों की रक्षा करने में प्रशासन की सहायता करना, सामाजिक-आर्थिक और कल्याणकारी गतिविधियों में भागीदारी और नागरिक सुरक्षा कर्तव्यों का निर्वाह करना है। होमगार्ड दो प्रकार के हैं-ग्रामीण और शहरी। सीमावर्ती राज्यों में, सीमा खंड की होमगार्ड बटालियन भी बनाई गई है, जो सीमा सुरक्षा बल के सहायक के रूप में कार्य करती हैं। संगठन केरल को छोड़कर सभी राज्यों और केंद्रशासित प्रदेशों में फैला हुआ है। बाहरी आक्रमण की स्थिति में संवेदनशील इलाकों में अंतर्राष्ट्रीय सीमा/तटवर्ती इलाकों पर घुसपैठ को रोकने, वीवीआईपी और संचार लाइनों की पहरेदारी के लिए सीमा सुरक्षा बल के सहायक के रूप में सेवाएं देने के लिए सात सीमावर्ती राज्यों में सीमा खंड होमगार्डों (बीडब्ल्यूएचजी) की कुल 18 बटालियनें स्थापित की गई हैं। ये हैं- पंजाब (6 बटालियनें), राजस्थान (4 बटालियनें), गुजरात (4 बटालियनें) और असम, मेघालय, त्रिपुरा तथा पश्चिम बंगाल में एक-एक बटालियन स्थापित की गई।

होमगार्ड की स्थापना होमगार्ड अधिनियम और राज्यों/केंद्रशासित प्रदेशों के नियमों के अंतर्गत की गई थी। इनकी नियुक्ति समाज के विभिन्न वर्गों जैसे डॉक्टरों, इंजीनियरों, वकीलों, निजी क्षेत्र के संगठनों, कॉलेज और विश्वविद्यालय के छात्रों, कृषि और औद्योगिक कामगारों आदि से की जाती है, जो समुदाय की बेहतरी के लिए संगठन को अपना खाली समय दे सकें। भारत के सभी नागरिक, जिनकी उम्र 18-50 वर्ष है, होमगार्ड के सदस्य बन सकते हैं। होमगार्ड में सदस्यता का सामान्य कार्यकाल 3 से 5 वर्ष का होता हैं। होमगार्ड के जवानों को वीरता, उत्कृष्ट और सराहनीय सेवाओं के लिए राष्ट्रपति पदक प्रदान किया जाता है। जब भी किसी होमगार्ड को ड्यूटी/प्रशिक्षण के लिए बुलाया जाता है, उसे खर्चे के लिए निर्धारित दरों पर ड्यूटी/प्रशिक्षण भत्ता दिया जाता है। संगठन में होमगार्ड के सदस्यों को कानून और व्यवस्था बनाए रखने में पुलिस की सहायता करने, अपराध रोकने, डकैती के विरुद्ध उपाय करने, सीमा पर गश्त, निषेधाज्ञा, बाढ़ राहत, अग्निशमन, चुनाव ड्यूटी और सामाजिक कल्याण की गतिविधियों के लिए प्रशिक्षित किया जाता है। राष्ट्रीय आपातकाल की स्थिति में नागरिक सुरक्षा के कुछ हिस्से का कार्य भी होमगार्ड को

सौंप दिया जाता है। गृह मंत्रालय होमगार्ड संगठन की भूमिका, उसके लक्ष्य, उसके बढ़ने, प्रशिक्षण, सुसज्जित करने, स्थापना और अन्य मामलों में मदद करता है। होमगार्डों पर होने वाले खर्च को वर्तमान वित्तीय नीति के अनुसार केंद्र और राज्य सरकारों के बीच बांट लिया जाता है।

दमकल सेवा

दमकल सेवा राज्य का विषय है। इसे अनुच्छेद-243-डब्ल्यू के संदर्भ में भारत के संविधान की 11वीं अनुसूची में नगर निगम के कार्यों के रूप में शामिल किया गया है। राज्य सरकारों/नगर निगम निकायों की मुख्य जिम्मेदारी राष्ट्रीय बिल्डिंग कोड को लागू करना और दमकल सेवाओं को मजबूत बनाने और उन्हें सुसज्जित करने के लिए पर्याप्त संसाधन आवंटित करना है, ताकि उनके अधिकार क्षेत्र में नागरिकों की जान-माल की सुरक्षा सुनिश्चित की जा सके। 13वें वित्त आयोग ने देशभर में दमकल और आपात सेवाओं को नया रूप देने की बात को स्वीकार करते हुए सिफारिश की कि शहरी स्थानीय निकायों को प्रदान की गई आर्थिक सहायता के एक हिस्से को उनके संबद्ध इलाकों की दमकल सेवाओं के पुनर्निर्माण पर खर्च किया जाए। इसके अलावा वित्त आयोग ने यह भी सिफारिश की कि 10 लाख (2001 की जनगणना) से अधिक की आबादी वाले सभी नगर निगम अपने संबद्ध इलाकों में आग लगने के खतरे की जानकारी देने और ऐसी घटनाएं कम करने संबंधी योजना तैयार करें। भारत सरकार पूरक पहल के रूप में अग्नि और आपात सेवाओं को मजबूत बनाने के लिए देश में 200 करोड़ रुपए की लागत से एक केंद्र प्रायोजित योजना को लागू कर रही है। यह योजना आधुनिक प्रौद्योगिकी जैसे आधुनिक दमकलों, मिस्ट टेक्नोलॉजी के साथ हाई प्रेशर पंप, त्वरित प्रतिक्रिया टीम वाहन, तलाशी और बचाव के लिए कॉम्बी उपकरण और विभिन्न साझेदारी की क्षमता निर्माण करके अग्निशमन और बचाव क्षमताओं में मौजूदा अंतर को भरने का प्रयास है।

पुलिस व्यवस्था में सुधार की जरूरत

देश को आजादी मिले छह दशक से ज्यादा समय बीत गया, लेकिन हमारी पुलिस की कार्यपणाली में कोई सुधार नहीं हो रहा है। भारतीय पुलिस आज भी 1861 में अंग्रेजी सत्ता की ओर से बनाए गए कानूनों के तहत संचालित हो रही है। नागरिकों के प्रति आज भी उसका रवैया औपनिवेशिक जमाने की पुलिस की तरह है। अंग्रेजी हुकूमत पुलिस का इस्तेमाल अपने हित साधने के लिए करती रही तो हमारे देशी हुक्मरान भी कहां पीछे रहनेवाले थे। ऐसी कई मिसालें मौजूद हैं, जब पुलिस बल पूरी तरह सत्ताधारियों के व्यवहार से नियंत्रित हुआ। पुलिस की इन हरकतों को हालांकि हमारी अदालतें अक्सर अपने संज्ञान में लेती रहीं। अपनी तरफ से उन्होंने

भरसक कोशिशें की कि पुलिस अपना काम सही तरह से करें, पर अदालतों की लाख फटकार के बाद भी पुलिस का चेहरा बदलने का नाम नहीं ले रहा। पुलिस व्यवस्था में व्यापक सुधार हो, अब इसके लिए सीवीसी ने आवाज उठाई है। हाल ही में सीवीसी ने उसी बात को एक बार फिर दोहराया कि डेढ़ सौ साल पुराने जिस कानून से पुलिस संचालित हो रही है, उसने पुलिस को कानून लागू करने वाली एजेंसी की जगह सरकार का एजेंट बनाकर रख दिया है।

सतर्कता आयुक्त के अनुसार पुलिस राज्य के अधीनस्थ सबसे पहला और अहम साधन है, जिसका गठन विशेष मकसद के लिए किया गया। इसे कानून का शासन लागू करना होता है, लेकिन देश में पुलिस व्यवस्था का वर्ष 1861 का पुलिस कानून आज भी मुख्य सहारा है। उन्होंने इस पर अफसोस जताया कि अधिकांश राज्य, मॉडल पुलिस कानून को लागू करने में पूरी तरह से नाकाम है, जबकि राष्ट्रीय पुलिस आयोग द्वारा इसे तैयार किए तीस साल से ज्यादा वक्त बीत गया है। आजादी के छह दशक और राष्ट्रीय पुलिस आयोग द्वारा मॉडल पुलिस ऐक्ट के तैयार हुए चार दशक बीत जाने, कई कमेटियों और आयोगों द्वारा पुलिस सुधारों की जरूरत बताने के बाद भी देश के तीस राज्यों में से बमुश्किल एक दर्जन राज्यों ने ही इसे बगैर किसी डर और पक्षपात के कानून की सहायता करने और लोकतांत्रिक बनाने के लिए इन कानूनों में बदलाव किया है, यानी स्थिति काफी गंभीर है। कोई भी राज्य और सियासी पार्टी नहीं चाहती है कि उसके यहां मॉडल पुलिस ऐक्ट अमल में आए। सतर्कता आयुक्त ने इसके साथ ही लोकपाल कानून और सीबीआई कानून की भी वकालत की, ताकि कानून लागू करने वाली एजेंसियां और सशक्त हो सकें।

सरकारों की ओर से पुलिस का दुरुपयोग किया जा रहा है, इस निष्कर्ष के बार-बार रेखांकित होने के बावजूद न तो राज्य सरकारें पुलिस सुधारों के लिए इच्छुक हैं और न ही केंद्र सरकार। यही नहीं, पुलिस सुधारों के संबंध में केंद्र और राज्य सरकारें दोनों ही सुप्रीम कोर्ट के दिशा-निर्देशों को लागू करने से ना-नुकुर करती रही हैं। पुलिस सुधारों से इंकार किए जाने का यह सिलसिला लंबे अर्से से कायम है। वर्ष 2006 में सुप्रीम कोर्ट के दिशा-निर्देशों के पहले राष्ट्रीय पुलिस आयोग द्वारा जो मॉडल पुलिस ऐक्ट तैयार किया गया था, उसे भी किसी ने गंभीरता से नहीं लिया। पुलिस सुधार संबंधी कई समितियों और आयोगों की सिफारिशें भी ठंडे बस्ते में पड़ी हुई हैं। पुलिस महकमे को सियासी हस्तक्षेप से आजाद रखने की तजवीज सुझाने के साथ ही कमेटी की कुछ ऐसी सिफारिशें हैं, यदि उन पर ईमानदारी से अमल किया जाए तो पुलिस का पूरा चेहरा ही बदल जाए। मसलन, पुलिस से अवाम की शिकायतों के निपटारे के लिए एक स्वतंत्र बोर्ड बनाया जाए, आपराधिक मामलों की जांच की जिम्मेदारी पुलिस पर न हो, यानी इसके लिए कोई स्वायत्त एजेंसी कायम की जाए।

सर्वोच्च न्यायालय द्वारा जारी दिशा-निर्देश

प्रकाश सिंह केस में सर्वोच्च न्यायालय द्वारा निम्न दिशा-निर्देश जारी किए गए:

- एक राज्य सुरक्षा आयोग (State Security Commission—SSC) गठित किया जाए, जो नीतिगत दिशा-निर्देश उपलब्ध कराए और यह सुनिश्चित करे कि राज्य सरकार पुलिस पर किसी तरह के दबाव या प्रभाव का इस्तेमाल न करे।
- यह सुनिश्चित किया जाए डी. जी. पी. की नियुक्ति मेरिट आधारित पारदर्शी प्रक्रिया के द्वारा भी जाए और उसे कम से कम दो वर्ष का सेवाकाल मिले।
- यह सुनिश्चित किया जाए कि (जिले के प्रभारी पुलिस अधीक्षक और थाने के प्रभारी एस. एच. ओ. यानी स्टेशन हाउस ऑफिसर सहित) ऑपरेशन ड्यूटी पर तैनात अन्य पुलिस अधिकारियों को भी कम से कम दो वर्ष का सेवाकाल मिले।
- पुलिस जांच और कानून-व्यवस्था के मसले को अलग-अलग रखा जाए।
- सहायक पुलिस अधीक्षक और उससे निचले सतर के पुलिस अधिकारियों के स्थानांतरण, तैनाती, पदोन्नति और सेवा से जुड़े अन्य मामलों पर निर्णय लेने तथा सहायक पुलिस अधीक्षक के रैंक से ऊपर के पुलिस अधिकारियों की तैनाती और स्थानांतरण के मामले पर सिफारिश के लिए एक पुलिस इस्टैबलिशमेंट बोर्ड (Police Establishment Board–PEB) स्थापित किया जाए।
- एक पुलिस कम्पटलेट्स अथॉरिटी (पुलिस शिकायत प्राधिकरण–Police Complaints Authority) अधीक्षक से ऊपर के रैंक के पुलिस अधिकारियों के खिलाफ गंभीर दुराचार, जैसे-पुलिस कस्टडी में मौत या बलात्कार के मामलों से जुड़ी जन-शिकायतों की जांच करे और जिला स्तर पर सहायक पुसिल अधीक्षक से नीचे के रैंक के पुलिस अधिकारियों या जवानों के खिलाफ जन-शिकायतों की जांच करे।
- केंद्रीय पुलिस संगठन (CPO) के प्रमुखों के चयन और तैनाती (जिनका सेवाकाल कम से कम 2 वर्ष का हो) के लिए पैनल तैयार करने के लिए संघ स्तर पर एक राष्ट्रीय सुरक्षा आयोग (National Security Commission—NSC) गठित किया जाए।

हमारी सरकारों ने जैसे कसम खा ली है कि कुछ भी हो जाए, लेकिन पुलिस का ढांचा नहीं बदलेगा। जब भी कोई बड़ी घटना घटती है, पुलिस सुधारों की दिशा में आगे बढ़ने को लेकर पूरे देश में आवाजें उठती हैं, लेकिन जिन्हें सजगता और सक्रियता का परिचय देना चाहिए, वे चुप्पी साध जाते हैं। चुप्पी की वजह सबको

मालूम है। कोई भी सत्तारूढ़ सियासी पार्टी पुलिस के मनमाने इस्तेमाल की सुविधा को छोड़ना नहीं चाहती। हां, जो सियासी पार्टी विपक्ष में होती, वह जब-तब पुलिस के रवैए और उसके कामकाज के तौर-तरीकों पर प्रश्न उठाती है। पुलिस ढांचे में बदलाव की मांग तक करती है, लेकिन सत्ता में आने पर यही पार्टियां जैसे सब कुछ भूल जाती हैं। अब वक्त आ गया है कि इस मामले में सुप्रीम कोर्ट खुद आगे आए और सरकार से अपने दिशा-निर्देश सख्ती से लागू करवाएं।

❑❑❑

अभ्यास हेतु प्रश्न

1. केंद्रीय सुरक्षा बल के प्रमुख कार्यों पर प्रकाश डालते हुए यह स्पष्ट कीजिए कि किसी भी देश की आंतरिक सुरक्षा व्यवस्था को प्रभावी बनाने में इनकी भूमिका का परीक्षण कीजिए।
2. केंद्रीय सुरक्षा बलों के सम्मुख विद्यमान चुनौतियों पर प्रकाश डालते हुए यह स्पष्ट कीजिए कि वर्तमान परिप्रेक्ष्य में सुरक्षा बलों को अति सक्रिय किए बिना सुकमा जैसी घटनाओं को रोका नहीं जा सकता।

22. भारत में खुफिया तंत्र

गृह मंत्रालय विभिन्न प्रकार के दायित्वों का निर्वहन करता है। इसमें देश की आंतरिक सुरक्षा, सीमा सुरक्षा, सुरक्षा की दृष्टि से केंद्र और राज्य के संबंध, केंद्रीय सशस्त्र पुलिस बलों का प्रबंधन और देश के खुफिया तंत्र व उसकी सहायक इकाइयों का नियोजन व संचालन शामिल हैं। भारत के संविधान की सातवीं अनुसूची में सूची-2 की राज्य सूची की प्रविष्टि-1 और 2 के अनुसार लोक व्यवस्था और पुलिस राज्यों के उत्तरदायित्व हैं। इसके अलावा संविधान के अनुच्छेद 355 में संघ को यह दायित्व भी सौंपा गया है कि वह प्रत्येक राज्यों को बाहरी आक्रमण और आंतरिक गड़बड़ी के संबंध में सुरक्षा प्रदान करे। इन दायित्वों के अनुसरण के संबंध में गृह मंत्रालय, राज्यों के संवैधानिक अधिकारों की उपेक्षा किए बिना, सुरक्षा, शांति और सद्भावना बनाए रखने के लिए राज्य सरकारों की आंतरिक स्थिति पर नजर रखते हुए उपयुक्त सलाह जारी करता है।

खुफिया एजेंसियां और उसके विविध पक्ष

किसी भी शासन-प्रशासन को सुचालित करने के लिए खुफिया एजेंसियों का प्रभावी एवं कार्यकुशल होना अति आवश्यक है, क्योंकि इनके द्वारा सरकार को विभिन्न प्रकार के सकारात्मक और नकारात्मक तथ्यों से अवगत कराया जाता है खुफियां एजेंसियां सामरिक और सामान्य दोनों ही परिप्रेक्ष्य में सूचनाएं उपलब्ध कराने

और सरकार को सजग करने का काम करती हैं। खुफिया एजेंसियां आंतरिक सुरक्षा, बाह्य सुरक्षा, आर्थिक सुरक्षा, सामान्य प्रशासन और सामाजिक संगठनों के बारे में अपनी खोजी सूचनाओं से सरकार को अवगत कराती है और उनके द्वारा उपलब्ध कराई गई सूचनाएं सरकार को अपनी नीतियों और निर्णयों में परिवर्तन लाने के लिए आधार का कार्य करती हैं। यही कारण है कि शासन-प्रशासन को व्यवस्थित तरीके से संचालित करने में इनकी भूमिका उत्तरोत्तर बढ़ती जा रही है। वस्तुतः खुफिया एजेंसी को दो भागों में विभाजित किया जाता है–1. संस्थागत और 2. गैर-संस्थागत।

संस्थागत खुफिया एजेंसियों का एक निश्चित स्वरूप और संगठनात्मक ढांचा होता है, जिनके संदर्भ में पहले से सब कुछ परिभाषित होता है जिनके आधार पर उनको कार्य करना पड़ता है, परंतु गैर-संस्थागत खुफिया व्यवस्था का कोई संगठनात्मक स्वरूप नहीं होता और न ही इनका कोई स्थायी प्रतिरूप होता है। यह व्यक्ति और समय सापेक्ष होती है। किसी भी देश में खुफिया एजेंसियों की आवश्यकता निम्नलिखित कारणों से पड़ती है–

- शासन-प्रशासन की नीतियों के संदर्भ में लोगों की प्रतिक्रिया जानने के लिए।
- सामाजिक संगठनों और गैर-सरकारी संगठनों की कार्यप्रणाली या सरकार के प्रति उनके दृष्टिकोण या प्रतिक्रिया की जानकारी प्राप्त करने के लिए।
- देश में प्रत्यक्ष या अप्रत्यक्ष रूप में संचालित हो रही अवैधानिक गतिविधियों के संदर्भ में जानकारी प्राप्त करने के लिए।
- सामाजिक एवं आर्थिक समस्याओं के प्रति लोगों के दृष्टिकोण का पता लगाने के लिए।
- ऐसे तत्वों की पहचान करने या उनके बारे में पता लगाने के लिए जो कानून एवं व्यवस्था के लिए चुनौती उत्पन्न करते हैं।
- देश की आर्थिक प्रणाली में निहित कमियों के संदर्भ में जानकारी प्राप्त करने के लिए।
- सीमापार से होने वाली अवैध गतिविधियों के बारे में जानकारी प्राप्त करने के लिए।
- देश विरोधी संगठनों और उनकी कार्ययोजना या कार्यप्रणाली के संदर्भ में जानकारी प्राप्त करने हेतु।
- अवैध आर्थिक गतिविधियों के बारे में जानकारी प्राप्त करने हेतु।
- अपने पड़ोसी देशों की नीतियों, रणनीतियों और कार्य योजनाओं के बारे में जानकारी प्राप्त करने हेतु।
- सांप्रदायिक और धार्मिक घटनाओं के बारे में जानकारी प्राप्त करने हेतु।

भारत की प्रमुख खुफिया एजेंसियां

वर्तमान में भारत में कार्यरत प्रमुख खुफिया एजेंसियां निम्नवत् हैं-

1. आसूचना ब्यूरो (Intelligence Bureau-IB)
2. केंद्रीय जांच ब्यूरो (Central Bureau of Investigation-CBI)
3. रिसर्च एंड एनालिसिस विंग (Research and Analysis Wing-RAW)
4. राष्ट्रीय जांच एजेंसी (National Investigation Agency-NIA)
5. वित्तीय आसूचना इकाई (Financial Intelligence Unit-FIU)
6. प्रवर्तन निदेशालय (Enforcement Directorate-ED)

उरोक्त एजेंसियों के अतिरिक्त स्थानीय स्तर पर अर्थात् राज्य स्तर पर CID, LIU जैसी संस्थाएं भी कार्य करती हैं। इसके अतिरिक्त सेना और प्रमुख सुरक्षा बलों की अपनी एजेंसियां हैं। जिनके द्वारा सुरक्षा संबंधी गतिविधियों पर नजर रखी जाती है।

इंटेलिजेंस ब्यूरो (आईबी)

भारत की आंतरिक खुफिया एजेंसी, जिसका मुख्य उद्देश्य गोपनीय रूप से कार्य करते हुए देश की सुरक्षा के लिए देश के अंदर खुफिया जानकारियां इकट्ठा करना है। खुफिया ब्यूरो में कानून प्रवर्तन एजेंसियों के कर्मचारी शामिल होते हैं। इसमें अमूमन भारतीय पुलिस सेवा और सेना के लोग होते हैं।

आईबी की अवधारणा के पीछे यह माना जाता है कि सन् 1885 में मेजर जनरल चार्ल्स मैक्ग्रेगर को शिमला में ब्रिटिश इंडियन आर्मी के खुफिया विभाग का प्रमुख नियुक्त किया गया था। उस वक्त इसका उद्देश्य अफगानिस्तान में रूसी सैनिकों की तैनाती पर निगरानी रखना था, क्योंकि 19वीं सदी के उत्तरार्द्ध में इस बात का डर था कि कहीं रूस उत्तर-पश्चिम की ओर से ब्रिटिश भारत पर आक्रमण न कर दे। आईबी की स्थापना सन् 1887 में की गई। इसका मुख्यालय नई दिल्ली में है और यह दुनिया की सबसे पुरानी खुफिया एजेंसी में से एक है।

सन 1909 में, भारतीय अराजकतावादी गतिविधियों के पनपने की प्रतिक्रिया में इंग्लैंड में भारतीय राजनीतिक खुफिया कार्यालय की स्थापना की गई, जिसे बाद में सन् 1921 से इंडियन पॉलिटिकल इंटेलिजेंस (आईपीआई) कहा गया। सन् 1947 में गृह मंत्रालय के अधीन केंद्रीय खुफिया ब्यूरो के रूप में पुनर्निर्मित किया गया। सन् 1947 में स्वतंत्रता के बाद संजीव पिल्लई ने आईबी के पहले भारतीय निदेशक के रूप में भूमिका संभाली थी। आईबी शुरुआत में भारत की आंतरिक और बाह्य खुफिया एजेंसी थी, लेकिन सन् 1956 में भारत-पाकिस्तान युद्ध और सन् 1962 के भारत-चीन युद्ध में खुफिया विफलता के कारण, सन् 1968 में इसे विभाजित कर

केवल आंतरिक खुफिया का कार्य सौंपा गया। आईबी के रहस्यमय काम-काज की समझ बड़े पैमाने पर अनुमान पर आधारित है।

यह अन्य भारतीय खुफिया एजेंसियों और पुलिस के बीच खुफिया जानकारी साझा करती है। आईबी देश के विभिन्न हिस्सों में आयोजित होने वाले सामाजिक, राजकीय और धार्मिक कार्यक्रमों के अलावा दुर्लभ अवसरों पर सुरक्षा संबंधी मंजूरियां प्रदान करती है। किसी संकट की स्थिति के दौरान आईबी के अधिकारी ही मीडिया के साथ बातचीत करते हैं।

इसे भारत में ब्रिटिश सरकार द्वारा आंतरिक और बाह्य दोनों प्रकार की गुप्तचर सूचनाएं एकत्र करने के लिए एक गुप्तचर एजेंसी के रूप में स्थापित किया गया था। सन् 1962 के भारत-चीन युद्ध के बाद बाह्य गुप्तचर सेवा का काम इससे वापस ले लिया गया। यह गुप्तचर विरोधी और आतंकवाद विरोधी कार्यों को भी क्रियान्वित करता है।

केंद्रीय जांच ब्यूरो

केंद्रीय जांच ब्यूरो: केंद्रीय जांच ब्यूरो (सीबीआई) का उद्‌भव भारत सरकार द्वारा 1941 में स्थापित किए गए दिल्ली विशेष पुलिस प्रतिष्ठान (एसपीई) की स्थापना से माना जाता है। दिल्ली एसपीई के कार्य में रिश्वतखोरी और द्वितीय विश्व युद्ध के दौरान भारत के युद्ध और आपूर्ति विभाग के साथ लेन-देन में भ्रष्टाचार के मामलों की जांच करना था। शुरू में एसपीई की दो विंग थीं।

इनमें एक सामान्य अपराध विंग (जीओडब्ल्यू) तथा एक आर्थिक अपराध विंग (जीओडब्ल्यू) शामिल थीं। सामान्य अपराध विंग (जीओडब्ल्यू) केंद्र सरकार एवं सार्वजनिक क्षेत्र उपक्रमों में रिश्वतखोरी एवं भ्रष्टाचार के मामलों पर कार्रवाई करती थी, जबकि आर्थिक अपराध विंग (ईओडब्ल्यू) विभिन्न आर्थिक और वित्तीय कानूनों के उल्लंघन के मामलों पर कार्रवाई करती थी। इस व्यवस्था के तहत सामान्य अपराध विंग की प्रत्येक राज्य में कम से कम एक शाखा थी तथा आर्थिक अपराध विंग की दिल्ली, मुंबई, चेन्नई और कोलकाता जैसे महानगरों में शाखाएं थीं। प्रारंभ में केंद्र सरकार द्वारा अधिसूचित अपराध केवल केंद्रीय सरकार के अधिकारियों के भ्रष्टाचार से संबंधित थे। हालांकि कुछ समय बाद बड़ी संख्या में सार्वजनिक क्षेत्र के उपक्रमों की स्थापना होने से उनके कर्मचारियों को भी सीबीआई की निगरानी के तहत लाया गया। इसी तरह वर्ष 1969 में बैंकों के राष्ट्रीय के साथ ही सार्वजनिक क्षेत्र के बैंक एवं उनके कर्मचारियों को भी सीबीआई के दायरे में लाया गया। सीबीआई की जांच की कानूनी शक्तियां विशेष पुलिस प्रतिष्ठान अधिनियम 1946 में निहित हैं। यह अधिनियम सीबीआई के सदस्यों की शक्तियों एवं दायित्वों के बारे में प्रावधान करता है। हालांकि कानून एवं व्यवस्था राज्य का विषय है तथा

अपराधों की जांच का मौलिक क्षेत्राधिकार राज्य पुलिस का होता है, किंतु फिर भी सीबीआई निम्न मामलों में जांच कर सकती है-

- ऐसे मामले, जो केंद्र सरकार के कर्मचारियों के विरुद्धों या केंद्र सरकार के मामलों से संबंधित हों एवं केंद्रीय सार्वजनिक उपक्रमों एवं सार्वजनिक बैंकों के कर्मचारियों से संबंधित हों।
- ऐसे मामले, जिनमें केंद्र सरकार के वित्तीय हित शामिल हैं।
- ऐसे केंद्रीय कानूनों के उल्लंघन से संबंधित मामले, जिनका प्रवर्तन मूल रूप से केंद्र सरकार से संबंधित है।
- ऐसी कंपनियों से संबंधित धोखाधड़ी, गबन आदि के मामले, जिनमें भारी धन शामिल होता है तथा जब ऐसे अपराध संगठित समूहों या विभिन्न राज्यों में प्रभाव रखने वाले पेशेवर अपराधियों द्वारा किए गए हों।
- ऐसे मामले, जिनमें अंतर्राज्यीय एवं अंतर्राष्ट्रीय असर तथा विभिन्न आधिकारिक एजेंसियां शामिल हों और यह आवश्यक माना जाता हो कि किसी एक जांच एजेंसी को जांच का प्रभारी बनाया जाना चाहिए, चूंकि विगत वर्षों में सीबीआई एक प्रतिष्ठित जांच एजेंसी के रूप में स्थापित हुई है। इसलिए हत्या, अपहरण, आतंकी अपराधों जैसे पारंपरिक मामलों की अधिकाधिक जांच भी सीबीआई से ही कराई जाने लगी है। इसके अतिरिक्त सर्वोच्च न्यायालय तथा देश के विभिन्न उच्च न्यायालयों ने भी पीड़ित पक्ष द्वारा दायर याचिकाओं पर सीबीआई से जांच कराने का आदेश देना शुरू कर दिया है।

सीबीआई से संबंधित विशेष तथ्य

- केंद्रीय अन्वेषण ब्यूरो (Central Bureau of Investigation) भारत सरकार की प्रमुख जांच एजेंसी है। यह आपराधिक और राष्ट्रीय सुरक्षा से जुड़े अलग-अलग प्रकार के मामलों की जांच करती है। इसकी स्थापना 1 अप्रैल, 1963 को की गई।
- इसकी उत्पत्ति भारत सरकार द्वारा सन् 1941 में स्थापित विशेष पुलिस प्रतिष्ठान से हुई है। उस समय विशेष पुलिस प्रतिष्ठान का कार्य दूसरे विश्व युद्ध के दौरान भारतीय युद्ध और आपूर्ति विभाग में लेन-देन में घूसखोरी और भ्रष्टाचार के मामलों की जांच करना था।
- सन् 1946 में दिल्ली विशेष पुलिस प्रतिष्ठान अधिनियम लागू किया गया। इस अधिनियम के द्वारा विशेष पुलिस प्रतिष्ठान का अधीक्षण गृह विभाग को हस्तांतरित हो गया और इसके कामकाज को विस्तृत करके भारत सरकार के सभी विभागों को कवर कर लिया गया। विशेष पुलिस प्रतिष्ठान का क्षेत्राधिकार सभी संघ राज्य क्षेत्रों तक विस्तृत कर दिया गया और संबंधित राज्य सरकार की सहमति से राज्यों तक भी इसका विस्तार किया जा सकता था।

- दिल्ली विशेष पुलिस प्रतिष्ठान को इसका नया नाम 'केंद्रीय अन्वेषण ब्यूरो' गृह मंत्रालय द्वारा 1 अप्रैल, 1963 को मिला।
- केंद्रीय अन्वेषण ब्यूरो के संस्थापक निदेशक डी.पी. कोहली थे, जिन्होंने 1 अप्रैल, 1963 से 31 मई, 1968 तक इसका कार्यभार संभाला। इससे पहले 1955 से 1963 तक वह विशेष पुलिस स्थापना के पुलिस महानिरीक्षक रहे।
- शुरुआत में केंद्र सरकार द्वारा सूचित अपराध केवल केंद्र सरकार के कर्मचारियों द्वारा भ्रष्टाचार से ही संबंधित था। धीरे-धीरे, बड़ी संख्या में सार्वजनिक क्षेत्र के उपक्रमों की स्थापना के साथ ही इन उपक्रमों के कर्मचारियों को भी केंद्रीय अन्वेषण ब्यूरो को आर्थिक अपराधों और परंपरागतस्वरूप के महत्वपूर्ण अपराधों जैसे हत्या, अपहरण, आतंकवाद आदि चुनिंदा मामलों की जांच का कार्य सौंपा गया।
- सन् 1969 में बैंकों के राष्ट्रीयकरण के बाद सार्वजनिक क्षेत्र के बैंक और उनके कर्मचारी भी केंद्रीय अन्वेषण ब्यूरो के क्षेत्र के अधीन आ गए।
- यह केंद्रीय अन्वेषण ब्यूरो, कार्मिक विभाग, कार्मिक पेंशन व लोक शिकायत मंत्रालय, भारत सरकार के अधीन कार्यरत भारत में प्रधान अन्वेषण पुलिस एजेंसी है।
- इसका संगठन फेडरल ब्यूरो ऑफ इंवेस्टिगेशन से मिलता-जुलता है, लेकिन इसके अधिकार व कार्यक्षेत्र एफबीआई की तुलना में बहुत सीमित हैं।
- इसके अधिकार एवं कार्य दिल्ली विशेष पुलिस संस्थापन अधिनियम (Delhi Special Police Establishment Act-1946) से परिभाषित है।
- भारत के लिए सीबीआई ही इंटरपोल की अधिकारिक इकाई है।
- लोक जीवन में मूल्यों के रक्षण व राष्ट्रीय अर्थव्यवस्था को सुचारू बनाए रखने में यह उत्कृष्ट भूमिका निभा रही है।

रिसर्च एंड एनालिसिस विंग

यह भारत की अंतर्राष्ट्रीय गुप्तचर संस्था है, जिसका गठन 21 सितंबर, 1968 को किया गया। रॉ (RAW) का मुख्य कार्य विदेशी सेना की रणनीति से संबंधित जानकारी एकत्रित करना, आतंकवाद को रोकना एवं गुप्त ऑपरेशनों को अंजाम देना है। इसके साथ ही यह विदेशी सरकारों, कंपनियों व व्यक्तियों से मिली जानकारी पर कार्य करती है, ताकि भारतीय नीति निर्माताओं को देश की सुरक्षा के संबंध में सलाह दी जा सके।

रिसर्च एंड एनालिसिस विंग के गठन से पहले विदेशी जानकारी जमा करने का काम अन्वेषण ब्यूरो (आईबी) करती थी, जिसे ब्रिटिशों ने बनाया था। सन् 1962 के भारत-चीन युद्ध में आईबी की अक्षमता के चलते तत्कालीन प्रधानमंत्री जवाहरलाल नेहरू ने एक विदेशी गुप्तचर संस्था के गठन का आदेश दिया। जिसके बाद 21 सितंबर, 1968 को प्रधानमंत्री इंदिरा गांधी के शासनकाल में रॉ (RAW) का गठन कर दिया गया। आर.एन. कॉव को भारत की पहली अंतर्राष्ट्रीय गुप्तचर

संस्था, रिसर्च एंड एनालिसिस विंग का सचिव बनाया गया। स्थापना के समय इसे योजनाबद्ध विदेशी जानकारी, मनुष्य व तकनीकी और डायरेक्टर-जनरल ऑफ मिलिट्री इंटेलिजेंस के समानांतर जिम्मेदारी सौंपी गई थी, जिसमें सीमापार की जानकारी इकट्ठा करना शामिल था।

भारतीय गुप्तचर एजेंसियों के मार्ग में बाधाएं

1. कुशल मानवीय पूंजी की कमी
2. गुप्तचर कर्मियों और अधिकारियों को पर्याप्त एवं प्रभावी प्रशिक्षण न मिलना
3. विभिन्न एजेंसियों के बीच समन्वय न होना।
4. राज्य पुलिस प्रशासन और केंद्रीय गुप्तचर एजेंसियों के बीच समन्वय और सहयोग की कमी।
5. गुप्तचर एजेंसियों के पास आधुनिक तकनीक संसाधन और हथियारों की कमी।
6. पर्याप्त प्रोत्साहन न मिलना।
7. राजनैतिक दुरुपयोग।
8. गुप्तचर एजेंसियों के संदर्भ में विशेष कैडर का अभाव।
9. उनके द्वारा प्रदत्त सूचनाओं का विश्लेषण न किया जाना या उनके द्वारा दी गई सूचनाओं पर सरकार द्वारा उपयुक्त कार्यवाही न करना।

रॉ ने अन्वेषण ब्यूरो के एक विभाग के रूप में 250 कर्मचारियों के साथ 2 करोड़ रुपए के वार्षिक बजट पर काम करना शुरू किया था। सन् 1971 में आर. एन. कॉव ने सरकार को एविएशन रिसर्च सेंटर (एआरसी) का गठन करने के लिए एक प्रस्ताव पेश किया, जिसके तहत एआरसी का काम हवाई सर्वेक्षण करना था। इसने भारतीय वायुसेना के पुराने टोही विमानों की जगह ले ली और सन् 1970 के मध्य में रॉ ने एआरसी के जरिए चीनी और पाकिस्तानी सीमा के निकट के बंकरों के उच्च दर्जे के हवाई चित्र प्राप्त कर अन्वेषण के क्षेत्र में बड़ी छलांग लगाई।

सन् 1970 में रेडियो रिसर्च सेंटर और 1990 में इलेक्ट्रॉनिक एंड टेक सर्विसेज जैसी संस्थाएं रॉ के साथ जुड़ गई। सन् 2004 में भारत सरकार ने राष्ट्रीय तकनीकी अनुसंधान संगठन का गठन किया, जिसे रॉ का ही एक विभाग माना जाता है, लेकिन इसकी कार्यशैली गुप्त है। इसका मुख्यालय नई दिल्ली में है। प्रधानमंत्री कार्यालय इसकी मातृ संस्था है।

- इसकी स्थापना वर्ष 1968 में चीनी प्रभाव को दबाने के लिए की गई थी, लेकिन बाद में इसे पाकिस्तान की ओर लक्षित कर दिया गया।
- यह भारत की अग्रणी बाह्य इंटेलीजेंस एजेंसी है।
- यह रक्षा विभाग की बजाय सीधे प्रधानमंत्री के प्रति उत्तरदायी है।

इसके कुछ प्राथमिक उद्देश्य इस प्रकार हैं:

1. पड़ोसी देशों, जिनका भारत की राष्ट्रीय सुरक्षा और विदेश नीति से सीधा संबंध है- में राजनीतिक और सैनिक विकास की मॉनीटरिंग करना।

पाकिस्तान को दूसरे देशों, खासकर यूरोपीय देशों, अमेरिका और चीन, से मिलने वाले सैनिक उपकरकणों की आपूर्ति को सीमित व नियंत्रित करना।

राष्ट्रीय जांच एंजेसी

राष्ट्रीय जांच एंजेसी (एनआईए) देश के राजनीतिक, आर्थिक, ऊर्जा और सामरिक सुरक्षाओं की देखरेख करने वाली शीर्ष एजेंसी है। यह केंद्रीय आतंकवाद विरोधी कानून प्रवर्तन एजेंसी के रूप में काम करती है। इसकी स्थापना 2008 के मुंबई में आतंकवादी हमले के बाद 2009 में 31 दिसंबर, 2008 को लागू हुए एनआईए अधिनियम के जरिए की गई।

इसका मुख्यालय नई दिल्ली में है और हैदराबाद, गुवाहाटी, मुंबई, लखनऊ व कोच्चि में शाखा कार्यालय हैं। वर्तमान समय में 35 राज्यों व संघ राज्य क्षेत्रों में एनआईए की 39 विशेष अदालतें हैं।

राष्ट्रीय आसूचना ग्रिड (नेटग्रिड)

सरकार ने गृह मंत्रालय के एक संबद्ध कार्यालय के रूप में राष्ट्रीय आसूचना ग्रिड (नेटग्रिड) की स्थापना की है। नेटग्रिड, आतंकवाद और आंतरिक सुरक्षा के खतरों का मुकाबला करने के लिए कार्रवाई योग्य आसूचना तैयार करने के लिए डाटा-बेसों का संयोजन करेगा। इसलिए नेटग्रिड की स्थापना एक ऐसी सुविधा का सृजन करने के लिए की गई है, जो आंतरिक सुरक्षा के खतरों का मुकाबला करने में भारत की क्षमता को समुन्नत करे। नेटग्रिड की परिकल्पना एक ऐसे सूचना प्रौद्योगिकी ढांचे के रूप में की गई है, जिस तक पहुंच, मिलान, विश्लेषण, परस्पर संबंध बनाया जाएगा, भविष्यवाणी की जाएगी और जो सूचना का तेजी से वितरण कर सकेगा। नेटग्रिड के प्रमुख, मुख्य कार्यपालक अधिकारी (सीईओ) होंगे।

वित्तीय कार्रवाई कार्यबल (एफएटीएफ)

कालेधन को वैध करने और आतंकवाद को वित्तीय सहायता प्राप्त करने से रोकने के लिए वित्तीय कार्रवाई कार्यबल (एफएटीएफ) नामक अंतर्सरकारी संगठन ने कतिपय सिफारिशें की हैं। इन सिफारिशों को विधायन और अन्य विधिक रूप से मान्य उपायों के माध्यम से राष्ट्रीय स्तर पर कार्यान्वित किया जाना अभिप्रेत है। सभी देशों के आतंकवादी क्रियाकलापों और कालेधन को वैध करने से संबंधित विधायी ढांचे की एफएटीएफ द्वारा निरंतर रूप से समीक्षा की जा रही है। कार्यान्वयन की चुनौतियों, अदालत की व्याख्याओं आदि के अनुसार एफएटीएफ की प्रतिबद्धताओं को पूरा करने और अंतर्मंत्रालय ग्रुप (आईएमजी) की सिफारिशों को पूरा करने के उद्देश्य से यह निर्णय लिया गया था कि विधिविरुद्ध क्रियाकलाप (निवारण) अधिनियम, 1967 में संशोधन किया जाए और इससे संबंधित संशोधन विधेयक को संसद ने 20 दिसंबर, 2012 को पारित किया था और यह 1 फरवरी 2013 से प्रभावी हो गया है।

राष्ट्रीय जांच एंजेसी के गठन का उद्देश्य

देश के किसी भी हिस्से में आतंकी हमलों की जांच के लिए केंद्र सरकार के द्वारा अधिकृत केंद्रीय इकाई है। आतंकवाद के अलावा इसे नकली मुद्रा, मानव तस्करी, नशीले पदार्थों या दवाओं, संगठित अपराध (जबरन वसूली भीड़ व गिरोह), अपहरण, विमान व परमाणु ऊर्जा अधिनियम और सामूहिक विनाश अधिनियम के हथियारों के उल्लंघन से संबंधित जांच का अधिकार भी है।

यह एजेंसी राज्यों से विशेष अनुमति के बिना राज्यों में आतंक संबंधी अपराधों से निपटने के लिए सशक्त इकाई है। एनआईए आतंकवाद-रोधी जांच, मिलान और विश्लेषण करती है। साथ ही केंद्र और राज्य, दोनों स्तरों पर सहायक आसूचना और कानून प्रवर्तन एजेंसियों को सूचना प्रदान करती है।

डायरेक्टरेट ऑफ ऐवन्यू इंटेलीजेंस (राजस्व गुप्तचर निदेशालय)

- यह भारत की शीर्ष एंटी-स्मगलिंग (तस्कर-विरोधी) एजेंसी है, जो वित्त मंत्रालय के केंद्रीय आयात-निर्यात बोर्ड (Central Board of Excise Customs) के अधीन काम करती है।
- इसे नशीली दवाओं की तस्करी और वन्यजीवों तथा पर्यावरण की दृष्टि से संवेदनशील वस्तुओं के अवैध अंतराष्ट्रीय व्यापार व तस्करी का पता लगाने और उस पर रोक लगाने का काम सौंपा गया है।
- यह अंतर्राष्ट्रीय व्यापार और आयात-निर्यात कर की चोरी से संबंधित वाणिज्यिक धोखाधड़ी की रोकथाम भी करता है।

नारकोटिक्स कंट्रोल ब्यूरो (Narcotics Control Bureau)

- इसकी स्थापना द नारकोटिक ड्रग्स एंड साइकोट्रॉपिक सब्सटांसेज ऐक्ट, 1985 (The Narcotic Drugs and Psychotropic Substances Act, 1985) के एक प्रावधान के अंतर्गत वर्ष 1986 में की गई थी। यह एक गुप्तचर एजेंसी के रूप में कार्य करता है और देश से निषिद्ध नशीली दवाओं के व्यापार पर रोक लगाने के लिए संबंधित प्राधिकरणों के कार्यों का समन्वयन करता है।

वित्तीय आसूचना इकाई

वित्तीय आसूचना इकाई (Financial Intelligence Unit-FIU) की स्थापना भारत सरकार द्वारा नवंबर में 2004 में की गई। यह एक केंद्रीय एजेंसी के रूप में कार्य करती है। जिसका मुख्य कार्य संदेहास्पद वित्तीय लेन-देन से संबंधित मामलों के

संदर्भ में सूचनाएं प्राप्त करना और उसकी जांच करना है। यह मनी लॉड्रिंग, हवाला कारोबार और विदेशों से अप्रत्यक्ष रूप में होने वाले लेन-देन पर नजर रखती है।

इसके कार्यों में संदेहात्मक वित्तीय सौदों के संदर्भ में सूचना प्राप्त करना, उनका विश्लेषण करना, सूचनाओं को विभिन्न एजेंसियों के मध्य वितरित करना, विभिन्न एजेंसियों के बीच समन्वय बनाना और शोध को बढ़ावा देना है। उल्लेखनीय है कि यह स्वायत्त संस्था है, जो वित्तमंत्री की अध्यक्षता वाली आसूचना परिषद् को सीधे रिपोर्ट करती है।

प्रवर्तन निदेशालय

प्रवर्तन निदेशालय (Enforcement Directorate-ED): यह विधि एवं आर्थिक आसूचना से संबंधित प्रमुख एजेंसी है, जिसकी स्थापना मई 1956 में की गई। यह वित्त मंत्रालय के राजस्व विभाग के अंतर्गत कार्य करता है, जो भारत में आर्थिक कानूनों के क्रियान्वयन और आर्थिक अपराधों से लड़ने के लिए उत्तरदायी है। इसमें भारतीय राजस्व सेवा, भारतीय पुलिस सेवा और भारतीय प्रशासनिक सेवा के अधिकारी आते हैं। यह विदेशी मुद्रा, विनिमय प्रबधंन अधिनियम 1999 और मनी लॉड्रिंग निरोधक अधि नियम 2012, को मुख्य रूप से क्रियान्वित करता है। विदेशी मुद्रा के आगमन और निर्गमन संबंधित अवैध गतिविधियों की जांच करता है और उपयुक्त कार्यवाही करता है।

संयुक्त खुफिया समिति

यह समिति कैबिनेट मंत्रियों के अंतर्गत आती है। इसका कार्य रॉ, आईबी, डिफेंस इंटेलिजेंस एजेंसी के बीच सह-कार्य स्थापित करना और उनके द्वारा उपलब्ध कराई गई जानकारियों का विश्लेषण करना। 1999 में राष्ट्रीय सुरक्षा काउंसिल के गठन के साथ ही इसको भी उसके साथ जोड़ दिया गया है।

राजस्व आसूचना निदेशालय

यह एक अखिल भारतीय आसूचना एजेंसी है, जो केंद्रीय उत्पाद और सीमाशुल्क के अधीनस्थ कार्य करती है। यह देश में विभिन्न प्रकार के होने वाले अवैध आर्थिक अपराधों को रोकने के लिए प्रतिबद्ध है। चाहे वह मादक पदार्थों का अवैध व्यापार हो या जाली नोट का कारोबार हो या सोने का अवैध व्यापार हो या अवैध रूप से वन संपदा का दोहन हो या वन जीव-जंतुओं का दोहन हो आदि का नियंत्रित करती है। इसके लिए यह केंद्र सरकार की विभिन्न एजेंसियों और अंतर्राष्ट्रीय एजेंसी इंटरपोल के साथ मिलकर कार्य करती है। इसके द्वारा उपरोक्त गतिविधियों पर नजर रखना, संबंधित व्यक्तियों की संपत्ति को जब्त करना, सूचना एवं आंकड़ा प्राप्त करना तथा विभिन्न नीतिगत प्रक्रियाओं का अध्ययन किया जाता है।

सुरक्षा एजेंसियों की सहायक इकाइयां

राष्ट्रीय तकनीकी अनुसंधान संगठन: यह एक अति विशिष्ट तकनीकी खुफिया जानकारी जुटाने वाली वैज्ञानिक एजेंसी है, जिसकी स्थापना सन् 2004 में हुई थी। यह आंतरिक और बाहरी सुरक्षा पर अन्य एजेंसियों को तकनीकी खुफिया जानकारी प्रदान करने के लिए एक सुपर फीडर एजेंसी के रूप में कार्य करती है। इसे उपग्रह निगरानी, स्थलीय निगरानी, इंटरनेट गतिविधियों की निगरानी और राष्ट्रीय सुरक्षा तंत्र के लिए महत्वपूर्ण माना जाता है। यह राष्ट्रीय सुरक्षा सलाहकार (प्रधानमंत्री कार्यालय) के अधीन और रिसर्च एंड एनालिसिस विंग (रॉ) के नियंत्रण में काम करती है।

अपराध व अपराधी ट्रैकिंग नेटवर्क और प्रणाली (सीसीटीएनएस): गृह मंत्रालय द्वारा कार्यान्वित इस प्रणाली का उद्देश्य सही समय पर अपराध और अपराधी संबंधी सूचना का आदान-प्रदान करने के लिए देश के 28 राज्यों एवं 7 संघ राज्य क्षेत्रों के 15000 से अधिक पुलिस स्टेशनों और लगभग 6000 बड़े कार्यालयों को जोड़ने के लिए एक व्यापक एकीकृत प्रणाली व राष्ट्रव्यापी नेटवर्क सोल्यूशन सृजित करना है।

संयुक्त कार्यदल (जेडब्ल्यूजी): भारत ने कई प्रमुख देशों के साथ आतंकवाद व अंतर्राष्ट्रीय आतंकवाद का मुकाबला करने के संबंध में संयुक्त कार्य दल स्थापित किए हैं, ताकि अंतर्राष्ट्रीय आतंकवाद और पारदेशीय संगठित अपराध का मुकाबला करने के लिए सूचना का आदान-प्रदान किया जा सके। भारत ने अब तक आतंकवाद व अंतर्राष्ट्रीय आतंकवाद का मुकाबला करने के लिए मिस्र, कनाडा, जर्मनी, ब्रिटेन, अमेरिका, फ्रांस, चीन, इजराइल, कजाकिस्तान, रूस, उज्बेकिस्तान, थाईलैंड, तुर्की, सिंगापुर, ऑस्ट्रेलिया, तजाकिस्तान, मॉरीशस, इंडोनेशिया, म्यांमार, पोलैंड, जापान, इटली, मलेशिया, यूरोपीय संघ और बहुक्षेत्रीय तकनीकी व आर्थिक सहयोग के लिए संयुक्त कार्यदलों का गठन किया है।

पुलिस अनुसंधान एवं विकास ब्यूरो (बीपीआरएंडडी): इसकी स्थापना देश में पुलिस की जरूरतों और समस्याओं का पता लगाने, समुचित अनुसंधान परियोजना एवं अध्ययन करने तथा उभरती हुई चुनौतियों के समाधान के लिए नीतिगत विकल्पों का सुझाव देने के लिए वर्ष 1970 में की गई थी।

राष्ट्रीय अपराध रिकार्ड ब्यूरो: इसकी स्थापना सन् 1986 में राज्यों व संघ राज्य-क्षेत्रों में होने वाले अपराध व अपराधियों से संबंधित सूचना के रिडपोजिटरी के रूप में की गई है। यह जांचकर्ताओं एवं अन्य के लिए अपराध का विश्लेषण करने, अपराध के आंकड़ों व अंगुलीछाप का संग्रहण का कार्य करता है। यह भारतीय पुलिस और देश की खुफियां एजेंसियों को सूचना तकनीकी एवं अपराध आसूचना से सशक्त बनाने का प्रयास करता है।

रंगीन चित्र निर्माण प्रणाली (सीपीबीएस): इस सॉफ्टवेयर को पीड़ित अथवा गवाह द्वारा उपलब्ध कराए गए विवरण के आधार पर अपराधियों का चित्र बनाने की सुविधा प्रदान करने के लिए विकसित किया गया है।

केंद्रीय अंगुलीछाप ब्यूरो (सीएफपीबी): इसकी स्थापना सन् 1955 में कोलकाता में हुई। यह अंगुलीछाप विज्ञान से संबंधित सभी मामलों में सभी राज्यों, जांच एजेंसियों और अंतर्राष्ट्रीय संगठनों का समन्वय और मार्गदर्शन करने के साथ-साथ मॉनीटरिंग व तकनीकी सहायता प्रदान करने का कार्य करता है। यह राष्ट्रीय और अंतर्राष्ट्रीय अपराधियों के अंगुलीछापों का रिकॉर्ड रखता है।

केंद्रीय विधि विज्ञान प्रयोगशाला (सीएफएसएल): यह सीबीआई के प्रशासनिक और गृह मंत्रालय की समग्र नियंत्रण इकाई है। सीएफएसएल सीबीआई, दिल्ली पुलिस, न्यायपालिका, सतर्कता विभागों, राज्य व केंद्र सरकार के उपक्रमों और देश की खुफिया एजेंसियों के द्वारा भेजे गए अपराध प्रदर्शों का वैज्ञानिक विश्लेषण करता है। सीएफएसएल, नई दिल्ली के प्रशासनिक नियंत्रण में कोलकाता, मुंबई और चेन्नई में तीन अतिरिक्त वैज्ञानिक सहायता केंद्र है।

राष्ट्रीय बम आंकड़ा केंद्र (एनबीडीसी): एनएसजी का मानेसर (गुडगांव) में राष्ट्रीय बम आंकड़ा केंद्र है, जो विश्व में ऐसे छह केंद्रों में से एक है। यह केंद्र अधिकांशतः राज्य प्राधिकरणों के अनुरोध पर देश के विभिन्न भागों में विस्फोट के बाद की स्थिति का अध्ययन करता है। यह देश में सुरक्षा बलों के प्रयोग के लिए विस्फोटकों और विस्फोटों की घटनाओं का एक डाटा बैंक भी रखता है।

अंतर्राष्ट्रीय सहायक गुप्तचर संस्थाएं

इंटरपोलः इसका पूरा नाम अंतर्राष्ट्रीय आपराधिक पुलिस संगठन (International Criminal Police Organization) है। यह विश्व की सबसे बड़ी पुलिस अंतर्राष्ट्रीय संस्था है, जो विभिन्न देशों की पुलिस के साथ निरंतर संपर्क में रहते हुए आपसी सहयोग से अंतर्राष्ट्रीय अपराधियों को पकड़ती है। इसकी स्थापना 7 सितंबर, 1923 को की गई। इसका मुख्यालय ल्योन (फ्रांस) में है। मौजूदा अध्यक्ष मिरेल बेलस्ट्राजी (फ्रांस) और महासचिव रोनाल्ड के. नोबल (अमेरिका) हैं। इसकी अधिकृत भाषाएं अरबी, अंग्रेजी, फ्रेंच और स्पेनिश हैं। इसके 190 देश सदस्य हैं।

केंद्रीय गुप्तचर संस्था (सीआईए): सेंट्रल इंटेलिजेंस एजेंसी संयुक्त राज्य अमेरिका की संघीय सरकार के नियंत्रण में कार्य करने वाली असैनिक गुप्तचर संस्था है। इसकी स्थापना अमेरिका के राष्ट्रपति हैरी एस. टूमैन ने राष्ट्रीय सुरक्षा कानून पर हस्ताक्षर करने के साथ 1947 में की थी। इसका मुख्य कार्य सार्वजनिक नीति-निर्माताओं के मार्गदर्शन के लिए विश्व की सरकारों, औद्योगिक निगमों और व्यक्तियों के बारे में गुप्त सूचना एकत्रित करना और उसका विश्लेषण करना है। यह एक स्वतंत्र संस्था है। इसकी स्थापना 18 सितंबर,

1947 को की गई। इसका मुख्यालय लैंगली, वर्जीनिया (अमेरिका) में है और जॉन ओ. ब्रेनन इसके मौजूदा निदेशक हैं।

भारतीय खुफिया एजेंसियां

संयुक्त खुफिया समितिः • विदेश खुफिया, • रिसर्च एंड एनालिसिस विंग, • एविएशन रिसर्च सेंटर, • राष्ट्रीय तकनीकी अनुसंधान संगठन, • इलेक्ट्रॉनिक्स और तकनीकी सेवाएं, • रेडियो रिसर्च सेंटर, • विशेष सेवा ब्यूरो।

रक्षा खुफियाः • सैन्य खुफिया निदेशालय, • रक्षा खुफिया एजेंसी, • एयर इंटेलिजेंस निदेशालय (भारत), • नौसेना खुफिया निदेशालय, • इमेज प्रोसेसिंग और विश्लेषण केंद्र, • सिग्नल इंटेलिजेंस निदेशालय, • संयुक्त बीजलेख ब्यूरो।

आंतरिक सुरक्षाः • आसूचना ब्यूरो (आईबी), • राष्ट्रीय जांच एजेंसी (एनआईए), • केंद्रीय जांच ब्यूरो (सीबीआई)।

आर्थिक आसूचनाः • राजस्व आसूचना निदेशालय, • आर्थिक खुफिया परिषद्, • आयकर जांच निदेशालय, • नारकोटिक्स कंट्रोल ब्यूरो, • केंद्रीय आर्थिक आसूचना ब्यूरो, • आर्थिक प्रवर्तन निदेशालय, • केंद्रीय जांच विभाग (सीआईडी)।

सीबीआई और उसकी स्वायत्तता

प्रवर्तनकारी संस्थाओं में सबसे विवादास्पद और चर्चित संस्था सीबीआई है। सीबीआई की कार्यप्रणाली और उसमें राजनीतिक हस्तक्षेप को लेकर हमेशा चर्चाएं होती रही हैं। इसके साथ-साथ उसकी निष्पक्षता और निष्ठा लेकर विवाद उठते रहे हैं। सीबीआई पर हमेशा यह आरोप लगता रहा है कि वह केंद्र सरकार के इशारे पर कार्य करती रहती है और इस संदर्भ में प्रमाण भी मिले हैं। यूपीए शासनकाल में कोयला घोटाले में तत्कालीन प्रधानमंत्री मनमोहन सिंह की भूमिका को लेकर की जा रही जांच में सीबीआई को दिया गया दिशा-निर्देश के सामने आने पर न्यायपालिका को कठोर टिप्पणी करनी पड़ी और न्यायपालिका ने सीबीआई को पिंजरें में बंद 'तोते' की संज्ञा दी थी और सीबीआई की कार्यप्रणाली पर प्रश्नचिह्न लगाया। सीबीआई के तत्कालीन निदेशक रंजीत सिन्हा ने सर्वोच्च न्यायालय में अपने झूठ बोलने पर प्रतिक्रिया व्यक्त करते हुए कहा कि सीबीआई कोई स्वायत्त संस्था नहीं है, बल्कि वह सरकार का अंग है। इसलिए सीबीआई को सरकार की बात मानने की मजबूरी है।

वस्तुतः, कोयला घोटाले ने प्रधानमंत्री मनमोहन सिंह और उनकी पूरी सरकार को कठघरे में खड़ा कर दिया है। साथ ही अब इसकी कालिख का असर सीबीआई पर भी दिखने लगा है, क्योंकि अदालत ने इस घोटाले की जांच से जुड़ी स्टेटस रिपोर्ट से दोनों के झूठ को बेनकाब कर दिया है। रही-सही कसर अतिरिक्त महाअधिवक्ता हरेन रावल के इस्तीफे और उस पत्र ने पूरी कर दी, जो उन्होंने महाधिवक्ता जीई

वाहनवती को लिखा। इस पत्र ने साफ कर दिया कि स्टेटस रिपोर्ट कानून मंत्री अश्वनी कुमार और प्रधानमंत्री कार्यालय के अधिकारियों को दिखाई गई और यह सब वाहनवती की मौजूदगी में हुआ, जबकि अदालत की हिदायत थी कि रिपोर्ट सरकार को न दिखाई जाए, क्योंकि जांच के दायरे में सरकार ही है।

सीबीआई, सरकारी वकील और सरकार के इस संयुक्त विश्वासघात के बाद शीर्ष न्यायालय ने तय किया है कि वह सीबीआई को सरकारी शिकंजे से मुक्त और उसकी निष्पक्ष स्वायत्तता बहाल करेगी। लेकिन क्या न्यायालय ऐसा कर पाएगा? क्योंकि राजनीतिक दबाव के लिए सीबीआई का इस्तेमाल सभी केंद्र सरकारें अचूक औजार के रूप में करती रही हैं। ऐसे में क्या कोई भी केंद्र सरकार सीबीआई को स्वायत्त संस्था बना देने की संवैधानिक व्यवस्था करेगी? क्योंकि सीबीआई के दुरुपयोग की बात कोई पहली मर्तबा नहीं उठी है। सीबीआई के कई पूर्व निदेशक और विपक्षी दल इस हकीकत को सामने लाते रहे हैं कि सीबीआई का राजनीतिक हितों के लिए इस्तेमाल होता है। शीर्ष न्यायालय कोयला घोटाले में ही नहीं, मुलायम सिंह की अनुपातहीन संपत्ति की जांच से जुड़े मामले में भी सीबीआई पर आशंका जता चुका है।

सीबीआई के इस्तेमाल की बात कोई नई नहीं है। सत्ता पक्ष और विपक्ष के जितने भी राष्ट्रीय या क्षेत्रीय दल हैं, लगभग सभी परोक्ष-अपरोक्ष रूप से सत्ता में हिस्सेदारी कर चुके हैं और सत्ता से बाहर होने के बाद सत्ता पक्ष पर सीबीआई का दुरुपयोग करने का आरोप लगाते रहे हैं। मसलन, अपरोक्ष रूप से वे अपने ही अनुभव प्रकट करते हैं।

सीबीआई के पूर्व निदेशक उमाशंकर मिश्रा के अनुसार 2003 से 2005 के बीच जब वे सीबीआई प्रमुख थे, तब उत्तर प्रदेश की पूर्व मुख्यमंत्री मायावती और उनसे जुड़ा ताज कॉरिडोर मामले की जांच का प्रकरण उनके पास था। इस सिलसिले में मायावती के खिलाफ आय से अधिक संपत्ति मामले की जांच चल रही थी। जांच में पाया गया कि मायावती के माता-पिता के बैंक खातों में इतनी ज्यादा रकम जमा थी कि उनकी आय के स्रोत की पड़ताल जरूरी थी, लेकिन केंद्र के दबाव के सामने वे निष्पक्ष जांच नहीं कर पाए। अतः जांच लटका दी गई।

मिश्रा ने आगे यह भी कहा था कि 'यह सच है और इसे मैं नहीं छिपाऊंगा। जब हम बड़े राजनेताओं के खिलाफ जांच करते हैं तो प्रगति प्रतिवेदन लटकाने या जांच पूरी हो चुकने के बावजूद संपूर्ण जांच प्रतिवेदन न देने या उसे किसी खास तरीके से प्रस्तुत कराने का पर्याप्त दबाव बनाया जाता है।' इससे स्पष्ट है, केंद्र में सरकार किसी भी दल की आ जाए, वह सीबीआई को स्वायत्त बना देने का आदर्श प्रस्तुत करने वाली नहीं है। यही वजह रही कि सीबीआई बोफोर्स सौदे, लालू यादव

के चारा घोटाले, मुलायम सिंह यादव की अनुपातहीन संपत्ति और मायावती के ताज कॉरिडोर से जुड़े मामलों में कोई अंतिम निर्णय नहीं ले पाई। राहुल गांधी भी कह चुके हैं कि सीबीआई राजनीतिक दबाव में रहती है। इन सब बयानों में साफ होता है कि सीबीआई को सुपुर्द कर देने के बाद गंभीर से गंभीर मामला भी गंभीर नहीं रह जाता, बल्कि अपरोक्ष रूप से सीबीआई सुरक्षा कवच का ही काम करती है। कोयला घोटाले में भी सीबीआई स्टेटस रिपोर्ट सरकार को दिखाकर घोटाले की हकीकत पर पर्दा डालने का काम कर रही थी। इसीलिए बीते दो-तीन सालों में जितने भी बड़े घोटाले सामने आए हैं, उन्हें उजागर करने में शीर्ष न्यायालय, कैग और आरटीआई की भूमिका प्रमुख रही है, न कि किसी जांच एजेंसी की। 2जी स्पेक्ट्रम मामले में तो सीबीआई को निष्पक्ष जांच के लिए कई मर्तबा न्यायालय की फटकार खानी पड़ी। मुलायम सिंह के आय से अधिक संपत्ति के मामले में भी न्यायालय ने उल्लेखनीय पहल करते हुए इन आशंकाओं की अपरोक्ष रूप से पुष्टि की है कि सीबीआई राजनीतिक दबाव में काम करती है। 2007 में शीर्ष न्यायालय में एक जनहित याचिका दायर करते हुए आरोप लगाया गया था कि मुलायम सिंह और उनके परिजनों ने आय से अधिक संपत्ति हासिल की है। इस याचिका को मंजूर करते हुए अदालत ने सीबीआई को जांच सौंप दी थी। जांच से बचने के लिए मुलायम सिंह ने यह कहते हुए कि उनके पास कोई अनुपातहीन संपत्ति नहीं है, पुनर्विचार याचिका दाखिल कर दी। अब अदालत ने इसे खारिज करते हुए सीबीआई को हिदायत दी है कि जांच रिपोर्ट सरकार को नहीं सौंपी जाए। सीधे अदालत में ही पेश की जाए। करुणानिधि ने जब केंद्र से समर्थन वापस लिया, उनके यहां भी ताबड़तोड़ छापे डाले गए। करुणानिधि के परिजनों पर अनुपातहीन संपत्ति और आयात शुल्क में की गई गड़बड़ियों के मामले में सीबीआई जांच चल रही है, लेकिन हल्ला मचने पर यकायक जांच प्रक्रिया रोक दी गई।

वर्तमान में बिहार के पूर्व मुख्यमंत्री लालू प्रसाद यादव और उनके परिवार, पूर्व केंद्रीय वित्तमंत्री पी. चिदंबरम के बेटे कीर्ति चिदम्बरम और कर्नाटक के कांग्रेसी विधायक के विरुद्ध सीबीआई द्वारा की जा रही जांच को राजनीतिक नजरिए से देखा जा रहा है।

जब भी किसी राजनीतिक व्यक्ति, चाहे मुलायम, मायावती, करुणानिधि, जयललिता, लालू प्रसाद यादव, कीर्ति चिदंबरम आदि के विरुद्ध सीबीआई द्वारा कार्यवाही की जाती है, इसे केंद्र सरकार की साजिश बताया जाता है और जांच को प्रभावित करने का प्रयास किया जाता है। सीबीआई की जांचे प्रभावित हुईं हैं। राजनीतिक दल और उसके परिवार से जुड़े मसलों पर सीबीआई बहुत अधिक तेजी नहीं दिखा पाती है। सीबीआई की इस कार्यशैली के कारण सीबीआई को स्वायत्त बनाने की मांग समय-समय पर उठती रही है। जिसके पक्ष और विपक्ष दोनों में ही तर्क दिए जा

सकते हैं। यूपीए के शासनकाल के दौरान सीबीआई को स्वायत्त बनाने की दिशा में न्यायपालिका सक्रिय दिखाई पड़ रही थी, परंतु अपने संवैधानिक मजबूरियों को जानते हुए न्यायपालिका ने अपनी सक्रियता कम कर दी है।

सीबीआई में सुधारों की जरूरत

किसी भी गंभीर मामले की जांच करने के लिए बनाई गई देश की सर्वोच्च जांच एजेंसी ही अगर सत्तापक्ष के अधीन काम करने लगे तो जांच की शुचिता का सवाल उठना लाजिमी है। भारत की सर्वोच्च जांच एजेंसी सेंट्रल ब्यूरो ऑफ इन्वेस्टीगेशन (सीबीआई) की स्वायत्तता का सवाल तो बहुत पहले से उठता आ रहा है। साल भर पहले हुए अन्ना आंदोलन के दौरान टीम अन्ना द्वारा प्रस्तावित लोकपाल मसौदे में सीबीआई की स्वायत्तता को लेकर सदन में विपक्ष और सरकार के बीच काफी रार देखी जा चुकी है। उस विशाल जनांदोलन के दौरान भी कभी सरकार की नीयत सीबीआई को सत्तापक्ष के चंगुल से मुक्त करने की नहीं दिखी। जब कोल ब्लॉक आवंटन में हुई गड़बड़ी के संदर्भ में सीबीआई जांच कर रही थी तो उसमें सरकारी हस्तक्षेप का मामला सामने आया तो शासन के ही एक अंग माननीय सर्वोच्च न्यालालय ने स्वयं सीबीआई की अधीनस्थता पर प्रश्नचिह्न लगा दिया है।

सरकार को न्यायपालिका की तरफ से इससे बड़ी फटकार शायद विगत कुछ वर्षों में कभी नहीं मिली हो। हालांकि ऐसा नहीं है कि सुप्रीम कोर्ट ने कोई नई बात कही है, कोई नया खुलासा हुआ है। दरअसल इस पूरे मामले की गंभीरता यह है कि शासन के ही एक महत्वपूर्ण अंग ने लोकतांत्रिक शासन के दूसरे महत्पूर्ण अंग पर प्रत्यक्ष सवाल खड़ा किया है और उसकी तीखी आलोचना की है। अगर इस मसले पर सुप्रीम कोर्ट की तल्ख टिप्पणियों पर नजर डालें तो सीबीआई की अधीनस्थता को लेकर चिंतित सर्वोच्च न्यायालय ने अपने बयान में स्वतंत्र जांच एजेंसी की मांग तक कर डाली है।

न्यायालय ने साफ तौर पर कहा है कि देश की जांच एजेंसी को किसी भी दखल से मुक्त करने की शीघ्र जरूरत है। लिहाजा, सीबीआई के कार्यो में सरकारी हस्तक्षेप पर अब तक टालमटोल करती आ रही सरकार इस मामले में पूरी तरह से घिर गई थी। इस स्थिति ने सीबीआई की स्वायत्तता की मांग करने वालों को सरकार को घेरने का सुनहरा मौका भी दे दिया है। ध्यातव्य है कि कोल ब्लॉक आवंटन से जुड़ा पूरा मामला प्रधानमंत्री मनमोहन सिंह से सीधे तौर पर जुड़ा हुआ था। अतः इस बात पर तनिक भी संदेह नहीं है कि सरकार ने इस मामले में प्रधानमंत्री को बचाने का प्रयास नहीं किया होगा। सीबीआई निदेशक रंजीत सिंहा द्वारा दाखिल हलफनामे में जो बातें सामने आई हैं, उसमें सबसे गंभीर मामला सीबीआई द्वारा जांच की गई स्टेटस रिपोर्ट को कानून मंत्री सहित दो अधिकारियों के साथ साझा किए जाने का है।

यहां बड़ा सवाल यह है कि आखिर सीबीआई पर इस बात का दबाव कहां से पड़ा कि उसे अपने अधिकार और कार्यक्षेत्र से बाहर जाकर जांच की गई स्टेटस रिपोर्ट को सरकार के मंत्री के साथ साझा करना पड़ा? इस बात को सिरे से खारिज नहीं किया जा सकता कि अगर सरकार द्वारा सीबीआई पर रिपोर्ट साझा करने का दबाव बनाया जा सकता है तो उसमें अपने बचाव के लिए हेरफेर भी कराया जा सकता है।

सीबीआई की मजबूरियां

- प्रशासनिक रूप से सीबीआई कार्मिक मंत्रालय (डीओपीटी) के तहत आती है, जिसके सर्वेसर्वा प्रधानमंत्री हैं। ऐसे में संभावना रहती है कि पीएमओ जांच एजेंसी को परोक्ष रूप से प्रभावित कर सकता है।
- चीफ विजिलेंस कमिश्नर (सीवीसी) की तरह सीबीआई चीफ नियुक्त करते समय सरकार के लिए विपक्ष से सलाह करना जरूरी नहीं है। जाहिर है, ऐसे में सरकार के पास अपने सबसे विश्वासपात्र को यह जिम्मेदारी देने की सहूलियत रहती है।
- यह कहीं स्पष्ट नहीं है कि सीबीआई चीफ की सेवानिवृत्ति के कितने दिन बाद उसकी फिर से नियुक्ति हो सकती है। ऐसे में सरकार के प्रति वफादार सीबीआई चीफ अपनी फिर से नियुक्ति की उम्मीद करेगा।
- सीबीआई अपने केसों की सुनवाई के लिए सरकारी वकीलों की मदद लेती है। हालांकि अब उसने प्राइवेट वकील भी रखने शुरू कर दिए हैं। सरकारी वकील की मदद लेने की वजह से सीबीआई को परोक्ष रूप से इस बारे में कानून मंत्री से भी सलाह करने की जरूरत पड़ती है।

भारत में जांच एजेंसी के तौर पर काम कर रही सीबीआई का वर्तमान संरचनात्मक ढांचा ही कुछ ऐसा है कि उसके निष्पक्ष एवं दबावमुक्त होने की गुंजाइश नहीं के बराबर हो जाती है। दरसअल, डीपीएस ऐक्ट 1946 के तहत गठित की गई इस जांच एजेंसी को गृह मंत्रालय के अंतर्गत रखकर भारत सरकार की जांच एजेंसी के तौर पर स्थापित किया गया था। मगर सत्ता एवं सरकार पर समय के साथ तेजी से विकसित हुए दलगत प्रभावों से सीबीआई भी अछूती नहीं रही। सीबीआई सरकार की जांच एजेंसी न होकर सत्ताधारी राजनीतिक दल की जांच एजेंसी के रूप में काम कर रही है। सुप्रीम कोर्ट के हस्तक्षेप के बाद अब साफ हो गया है कि सीबीआई में व्यापक सुधारों की जरूरत है।

सीबीआई में किए जाने वाले सुधारों की पहल अफसरों की नियुक्ति, उनके तबादले एवं बर्खास्तगी आदि की वर्तमान प्रक्रिया में बदलाव किए जाने की जरूरत है, क्योंकि सीबीआई पर सरकारी हस्तक्षेप का सबसे महत्वपूर्ण कारण यही है कि तबादले एवं नियुक्ति आदि पर पूरी तरह से सरकार का नियंत्रण है और इसी को

हथियार बनाकर सत्ताधारी लोग सीबीआई का इस्तेमाल अपने बचाव या राजनीतिक हित में करते रहे हैं। सीबीआई का राजनीतिक हितों के लिए प्रयोग बेहद दुर्भाग्यपूर्ण है और इसका निराकरण भी सीबीआई को सत्ता के चंगुल से मुक्त करके ही किया जा सकता है।

❐❐❐

अभ्यास हेतु प्रश्न

1. किसी भी देश में खुफिया एजेंसियों की आवश्यकता क्यों पड़ती है? उसको प्रभावी बनाने के लिए आप क्या सुझाव देंगे?
2. आंतरिक सुरक्षा को प्रभावपूर्ण बनाने में खुफिया एजेंसियों की भूमिका का परीक्षण कीजिए। वर्तमान में भारत की खुफिया एजेंसियों के सम्मुख किस प्रकार की बाधाएं विद्यमान है?
3. सीबीआई की कार्यप्रणाली का मूल्यांकन करते हुए स्पष्ट कीजिए कि क्या सीबीआई को स्वायत्तता देना उपयुक्त है?
4. निम्नलिखित पर टिप्पणी लिखिए-1. रॉ, 2. प्रवर्तन निदेशालय, 3. नेशनल इंटेलिजेंस ग्रिड, 4. इंटेलिजेंस ब्यूरो।

23. भारत में सांप्रदायिकता

भारत एक बहुलवादी समाज है। जहां पर धर्म के अनेक सकारात्मक कार्य हैं तथा सामाजिक जीवन में धर्म का महत्वपूर्ण स्थान है, वहीं पर कई बार धार्मिक संकीर्णता बहुलवादी समाजों में धार्मिक एवं सांप्रदायिक तनाव का कारण भी बन जाती है। किसी भी बहुलवादी समाज में बहुसंख्यक बनाम अल्पसंख्यक का प्रश्न एक अत्यंत नाजुक मामला जाना जाता है। यदि सरकार अल्पसंख्यकों को कुछ विशेष अधिकार एवं सुविधाएं प्रदान करने का प्रयास करती है तो बहुसंख्यक संप्रदाय इसे सरलता से सहन नहीं करता है और इसका विरोध करता है। यदि सरकार बहुसंख्यकों को कुछ सुविधाएं प्रदान करती है तो अल्पसंख्यक इसे अपना शोषण मानते हैं और अल्पसंख्यक होने के नाते बहुसंख्यकों को दी जाने वाली सुविधाओं से कहीं अधिक सुविधाओं की मांग करने लगते हैं। इससे अल्पसंख्यक एवं बहुसंख्यक संप्रदायों में सामाजिक दूरी बढ़ने लगती है तथा अंततः इसका परिणाम धार्मिक एवं सांप्रदायिक तनाव के रूप में सामने आता है। धार्मिक एवं सांप्रदायिक तनाव को ही सांप्रदायिकता कहा जाता है। आज भारत में पाई जाने वाली सभी समस्याओं में सांप्रदायिकता की समस्या सबसे प्रमुख मानी जाती है। यह समस्या इतनी गंभीर होती जा रही है कि कोई भी सरकार इसका उचित समाधान खोजने में सफल नहीं हो पा रही है और न ही विभिन्न राजनीतिक दलों में इस समस्या के समाधान के बारे में कोई आम राय ही बन पा रही है।

भारत में धार्मिक एवं सांप्रदायिक तनाव की समस्या

वर्तमान में अब तो भारत में शायद ही कोई ऐसा दिन/तारीख रहा हो जिस दिन प्रिंट मीडिया या इलेक्ट्रॉनिक मीडिया या सोशल मीडिया में सांप्रदायिक दंगों का समाचार न होता हो। यह सांप्रदायिक दंगे कहीं दो संप्रदायों या धर्मों के बीच, तो कहीं एक ही धार्मिक संप्रदाय के दो उप-संप्रदायों के बीच, तो कहीं विभिन्न जातियों के बीच अपना रंग दिखाते रहते हैं। इनके परिणामस्वरूप जन और धन की बहुत हानि होती है और समाज के सांप्रदायिक सद्भाव के हृदय पटल पर दरार की गहरी रेखा खिंच जाती है।

यद्यपि भारत में सांप्रदायिकता का एक लम्बा इतिहास रहा है, तथापि पिछले कुछ वर्षों में यह एक अत्यंत चिंताजनक विषय बन गया है। यह उन क्षेत्रों में भी फैलता जा रहा है जिनमें पहले ऐसा नहीं होता था।

सांप्रदायिकता एक निम्न कोटि की विभाजनात्मक प्रवृत्ति है, जिसके कारण प्रथमतः देश का विभाजन हुआ तथा स्वतंत्रता के पश्चात् सांप्रदायिक तनावों तथा उपद्रवों ने राष्ट्र निर्माण की प्रक्रिया में बाधा डाली है। इन उपद्रवों से हिंसा भड़कती है तथा तनाव पैदा होता है, जिससे राष्ट्रीयता एवं राष्ट्र निर्माण की भावनाएं प्रभावित होती हैं। सांप्रदायिकता प्रजातंत्रीय व्यवस्था में एक कलंक है और राष्ट्र निर्माण को नुकसान पहुंचाती है।

भारतीय समाज की प्रकृति विविधतापूर्ण एवं बहुलतावादी है, जो धार्मिक सहिष्णुता एवं शांतिपूर्ण सहअस्तित्व की भावना पर आधारित है। परंतु इस सांस्कृतिक विविधता के साथ एकता की स्थिति के सामने समय-समय पर अनेक चुनौतियां उपस्थित होती रहती हैं। संप्रदायवाद भी ऐसी ही एक गंभीर समस्या है, जिसने भारतीय समाज की सामाजिक संस्कृति, सामाजिक सौहार्द्र एवं सामाजिक समरसता को प्रतिकूल रूप में प्रभावित किया है। वस्तुतः संप्रदायवाद एक ऐसी विचारधारा है जो धार्मिक अंधभक्ति पर आधारित है। यह वह भावना है, जो एक धर्म को दूसरे धर्म से अलग करती है। इस प्रकार भारतीय समाज के संदर्भ में संप्रदायवाद की परिभाषा विभिन्न धर्मों के अनुयायियों के मध्य पाई जाने वाली संघर्ष की उपस्थिति के आधार पर की जा सकती है, जिसके कारण उनमें एक-दूसरे के प्रति घृणा, ईर्ष्या तथा संदेह व शंका का जन्म होता है, जो हिंसक घटनाओं में परिवर्तित हो जाती है। यह एक समाज विरोधी विचारधारा है, क्योंकि इसमें समाज के स्थान पर धर्म को प्राथमिकता दी जाती है।

सांप्रदायिक तनाव या सांप्रदायिकता का आशय

सांप्रदायिक तनाव या सांप्रदायकिता एक ऐसा शब्द है, जो भारतीय पृष्ठभूमि में समस्याबोधक और दुर्भाग्यपूर्ण अर्थ वाला हो गया है। पश्चिमी देशों में यह शब्द सामुदायिक सहायता एवं भाईचारे के लिए प्रयोग होता है। पश्चिमी समाजों में यह एक वैचारिकी को व्यक्त करता है जिसका उद्देश्य सामुदायिकता की भावना, हम की भावना तथा पारस्परिक सहायता की भावना की पुनर्स्थापना करना है। अतः वहां यह शब्द धनात्मक रूप में प्रयोग होता है। भाषा विज्ञान की दृष्टि से अंग्रेजी शब्द 'Communalism' 'Communis' शब्द से बना है, जिसका अर्थ है 'मिल-जुलकर रहना'। परंतु हमारे समाज की विशेष परिस्थितियों के कारण यहां सांप्रदायिकता से अभिप्राय अपने धार्मिक संप्रदाय से भिन्न अन्य संप्रदाय अथवा संप्रदायों के प्रति उदासीनता, उपेक्षा, दयादृष्टि, घृणा, विरोध व आक्रमण की भावना से है, जिसका आधार वह वास्तविक या काल्पनिक भय है कि उक्त संप्रदाय हमारे संप्रदाय को नष्ट कर देने या हमें जान-माल की हानि पहुंचाने के लिए कटिबद्ध है या वहीं हमारे कष्टों के लिए जिम्मेदार है। अतः भारत में यह शब्द ऋणात्मक अर्थ के रूप में प्रयोग होता है।

सांप्रदायिकता शब्द का प्रयोग व्यापक तथा सीमित दोनों रूपों में किया जाता है। व्यापक अर्थ में यह दो या अधिक संप्रदायों में प्रतिरोध को व्यक्त करता है तथा ये संप्रदाय नृजातीय (Ethinic), प्रजातीय, धार्मिक या जातीय आधार पर हो सकते हैं। विशिष्ट (सीमित) अर्थ में यह दो या अधिक धार्मिक संप्रदायों में प्रतिरोध को व्यक्त करता है। उन्होंने इस शब्द का प्रयोग भारतीय समाज के संदर्भ में विशिष्ट अर्थ में किया है।

सांप्रदायकिता की विशेषताएं

- सांप्रदायकिता धर्म पर आधारित एक संकुचित विचारधारा है। जिसमें प्रत्येक धार्मिक समुदाय न केवल अपने धर्म की श्रेष्ठता पर विश्वास करता है, बल्कि दूसरे धर्म के प्रति घृणा, द्वेष एवं संदेह की भावना से युक्त होता है।
- सांप्रदायकिता की अवधारणा में अगलाव की भावना तीव्र होती है।
- सांप्रदायकिता की अभिव्यक्ति बहुसंख्यक बनाम अल्पसंख्यक समुदाय के मध्य संघर्ष के रूप में होती है।
- सांप्रदायकिता की भावना से ग्रसित व्यक्ति अपने को या अपने समुदाय को उपेक्षित महसूस करता है।
- सांप्रदायकिता में धार्मिक समुदाय अपने को और अपने धार्मिक समुदाय को असुरक्षित तथा समाज की मुख्यधारा से अलग पाता है।

कुछ लोगों के अनुसार 'सांप्रदायकिता कुछ धार्मिक वर्गों का राष्ट्र अथवा अन्य धार्मिक वर्गों की कीमत पर अपने लिए विशेष राजनीतिक अधिकार एवं अन्य सुविधाओं की मांग करना है।' इसी भावना से प्रेरित होकर अनेक सांप्रदायिक संगठनों का निर्माण होता है।

बिपिन चन्द्र ने सांप्रदायकिता के अर्थ को स्पष्ट करते हुए लिखा है कि, 'सांप्रदायकिता मौलिक रूप से और सबसे ऊपर एक विचारधारा है, जिसके सांप्रदायिक दंगे और अन्य रूपों में सांप्रदायिक हिंसा परिणाम हैं। सांप्रदायिक विचारधारा तो बिना हिंसा के भी अस्तित्व बनाए रख सकती है, परंतु सांप्रदायिक हिंसा बिना सांप्रदायिक विचारधारा के नहीं हो सकती।' उन्होंने आगे लिखा है कि सांप्रदायिकता में तीन तत्व अथवा चरण होते हैं- प्रथम, यह केवल धर्म तक ही सीमित नहीं होती अपितु इसका विश्वास यह होता है कि एक धर्म के अनुयायियों के आर्थिक, सामाजिक व राजनीतिक हित भी समान हैं; द्वितीय, इसका यह भी विश्वास है कि अन्य धर्म या धर्मों के अनुयायियों के राजनीतिक, सामाजिक व आर्थिक हित उनके संप्रदाय से भिन्न हैं; तथा तृतीय, संप्रदायों के लौकिक हित न केवल भिन्न हैं, वरन् एक-दूसरे के विरोधी भी हैं।

सांप्रदायिकता के कारणों की खोज

सांप्रदायिकता किसी एक कारण का परिणाम नहीं, बल्कि यह कई कारणों का संयुक्त परिणाम है, इन कारकों में आर्थिक, सामाजिक, राजनीतिक, प्रशासनिक, धार्मिक एवं सांस्कृतिक कारक प्रमुख हैं। सांप्रदायिकता करने वाले कारक ऐतिहासिक और तात्कालिक दोनों ही प्रकृति के होते हैं। जिनकी विवेचना निम्नलिखित शीर्षकों के अंतर्गत की जा सकती हैं-

- धार्मिक संकीर्णता।
- अपने धर्म के प्रति श्रेष्ठता एवं सम्मान की भावना।
- दोषपूर्ण नेतृत्व।
- उग्रवादी विचारधारा।
- राजनीतिक स्वार्थ।
- मनोवैज्ञानिक कारण।
- आर्थिक एवं सामाजिक विषमता।
- अंतर्राष्ट्रीय कारक।

आधुनिक सांप्रदायिक उपद्रव न तो धर्म की उच्चता तथा निम्नता पर आधारित हैं और न ही संघर्षात्मक समूहों में उपद्रव है, अपितु एक संप्रदाय के व्यक्ति दूसरे संप्रदाय के व्यक्तियों से बदले की भावना से लड़ते हैं, क्योंकि दूसरे को किसी बात के लिए दोषी मान लिया जाता है।

इस भांति, सांप्रदायिकता एक जटिल भावात्मक तथ्य को प्रकट करती है। अनेक विद्वानों ने उसके कारणों की खोज का प्रयास किया है। परिणामतः कई स्पष्टीकरण भी उभरे हैं। कुछ ने आर्थिक विषमता को तो कुछ ने विभिन्न संप्रदायों के बीच महत्वाकांक्षाओं और उभरते हुए वर्गों को सांप्रदायिक दंगों के लिए दोषी ठहराया है। इन विभिन्न दृष्टिकोणों के आधार पर सांप्रदायिकता के निम्नलिखित प्रमुख कारणों का वर्णन जा सकता है–

धार्मिक संकीर्णताः भारत में सांप्रदायकिता के विकास का एक कारण बलपूर्वक धर्म प्रचार कहा जा सकता है। मुस्लिम साम्राज्य की स्थापना के बाद कुछ मुसलमान शासकों ने हिन्दुओं को बलात् मुलसमान बनाना शुरू किया। इससे हिन्दुओं में संकीर्णता एवं घृणा की भावनाएं बढ़ीं। पुर्तगालियों तथा अंग्रेजों ने भी शासन को अधिक मजबूत बनाने के लिए पादरियों का सहारा लिया और ईसाई धर्म का प्रचार किया तथा धर्म परिवर्तन को प्रोत्साहित किया। आज यही धार्मिक संकीर्णता की प्रबल भावना हमें हिन्दुओं, मुसलमानों, ईसाइयों, सिक्खों के बीच पाए जाने वाले संबंधों में देखने को मिलती है। आज यही धार्मिक संकीर्णता सांप्रदायिकता के पीछे एक महत्वपूर्ण तत्व है। प्रमुख राजनीतिशास्त्री प्रो. इम्तियाज अहमद ने इस तथ्य की पुष्टि करते हुए कहा कि पिछले डेढ़-दो दशक के दौरान हमारे देश के सामाजिक, सांस्कृतिक और राजनीतिक वातावरण में जो संकीर्णता आती जा रही है, 2002 ई. में अहमदाबाद और गोधरा की सांप्रदायिक घटना उसी की कड़ी हैं और कुछ हद तक इसका परिणाम भी है।

अपने धर्म के प्रति श्रेष्ठता एवं सम्मान की भावनाः सांप्रदायिकता का दूसरा कारण यह है कि प्रत्येक संप्रदाय का व्यक्ति अपने धार्मिक विश्वासों से इतना जकड़ चुका है कि उसमें धार्मिक सहिष्णुता बिल्कुल नहीं रह गई है। आज विविध प्रकार के सेवा कार्य भी धर्म के नाम पर होते हैं। धर्मशालाएं, स्कूल, मंदिर आदि धर्म पर ही आधारित हैं। आज धर्म और उसके कार्य शक्ति-संतुलन से भी संबंधित हो गए हैं। इन सबसे सांप्रदायिकता को बढ़ावा मिलता है।

दोषपूर्ण नेतृत्वः सांप्रदायिकता का तीसरा कारण हमारा दोषपूर्ण नेतृत्व है। वर्तमान में राजनीतिक नेता नेतृत्व के लिए धर्म का सहारा लेते हैं और धार्मिक नेता राजनीति में अवैध रूप से प्रविष्ट हो रहे हैं। हिन्दुओं में यह भावना पैदा हो गई है कि वे बहुमत में होते हुए भी उत्पीड़न के शिकार हैं और सरकार अल्पमतों को तुष्ट करने में लगी हुई है। इसलिए और कितना सहा जाए? दूसरी ओर, मुसलमान अल्पसंख्यक होने के कारण बहुसंख्यकों द्वारा अपने उत्पीड़न की बात, तो कुछ सिक्ख खालिस्तान की बात करते हैं।

उग्रवादी विचारधाराः भारत में सांप्रदायिक तनाव के लिए उग्रवादी विचारधारा तथा इसमें विश्वास रखने वाले उग्रवादी नेताओं की भूमिका से भी इंकार नहीं किया

जा सकता। प्रो. इम्तियाज अहमद ने गुजरात में हाल में ही हुए दंगों के संदर्भ में इस तथ्य की ओर हमारा ध्यान आकर्षित करते हुए लिखा है कि भारत में राज्य का जो ढांचा है, वह बुनियादी तौर पर धर्मनिरपेक्षता और सामाजिक संतुलन पर आधारित है। यहां की अधिकतर जनता इस अवधारणा को स्वीकार करती है और इसी के अनुरूप आचरण भी करती है। उनकी सार्वजनिक चेतना भी इसकी पक्षधर है, लेकिन समुदायों के हाशिए पर जो उग्रवादी विचारधारा रखने वाले लोग हैं, वे इससे भिन्न राय रखते हैं। ऐसे लोग इस समय देश के वातावरण पर हावी हैं और इसी के कारण राज्य की अपने नागरिकों को सुरक्षा देने की क्षमता प्रभावित हुई है या दूसरे शब्दों में कहें तो ऐसा करने में राज्य असमर्थ सिद्ध हुआ है।

राजनीतिक स्वार्थः भारत में स्वतंत्रता के बाद से ही राजनीति ने सांप्रदायकिता का संरक्षण किया है। धर्म का राजनीतिकरण हुआ है। अधिकांश विद्वानों के अनुसार शाहबानो तथा रामजन्मभूमि-बाबरी मस्जिद विवाद इसी राजनीतिकरण तथा राजनीतिक संरक्षण का परिणाम हैं। कुछ विद्वानों ने तो सांप्रदायिकता को धर्म व राजनीति में अपवित्र (दुष्ट) गठबंधन के रूप में परिभाषित करने पर बल दिया है। राजनीतिक स्वार्थ के कारण भी सांप्रदायिकता को प्रोत्साहन मिलता है।

मनोवैज्ञानिक कारणः प्रायः अल्पसंख्यकों और पिछले वर्गों में बहुसंख्यकों द्वारा सताए जाने की भावना होती है। चाहे यह उत्पीड़न वास्तव में हो और चाहे वे ऐसा महसूस कर रहे हों, परंतु उनके लिए यह एक सत्य है। इसके अतिरिक्त, अपनी अस्मिता के मिटने का भी खतरा उन्हें महसूस होता है। कभी-कभी अपने सामाजिक कष्टों के लिए दोषारोपण के लिए अन्य संप्रदाय को चुन लिया जाता है और अपनी भग्नाशाओं का आक्रोश उन पर निकाल लिया जाता है। अंत में एक संप्रदाय द्वारा दूसरे को सबक सिखाने की प्रवृत्ति भी सांप्रदायिकता की आग में घी का काम करती है।

आर्थिक एवं सामाजिक विषमताः आर्थिक संपन्नता के स्तर की दृष्टि से विभिन्न धार्मिक संप्रदायों में विषमता है, विशेषतः विकास की प्रक्रिया में कुछ संप्रदाय आगे बढ़ गए हैं तो कुछ इस दौड़ में पिछड़ गए हैं। लेकिन सभी के हृदय में विकास के फलों में हिंसा प्राप्त करने की निरंतर वृद्धिशील चाह होती है। इसलिए आर्थिक रूप से पिछड़े संप्रदायों में यह भावना आ जाती है कि वे सापेक्षिक रूप से उस सब से वंचित कर दिए गए हैं, जो उन्हें देय था। इसलिए उन हितों की पुनः प्राप्ति के लिए या 'दोषी' को दण्डित करने के लिए धर्म का एक यंत्र के रूप में प्रयोग किया जाता है। लुईस ड्यूमों (Louis Dumont) तथा सतीश सबरवाल (Satish Saberwal) जैसे विद्वानों ने सामाजिक पहचान (विशिष्टता) तथा सांप्रदायिक पृथक्करण को उभारने में धर्म की महत्वपूर्ण भूमिका की ओर हमारा ध्यान आकर्षित किया है। आर्थिक प्रतिद्वंद्विता को भी इसका एक कारण माना गया है। असगर अली

इंजीनियर (Asghar Ali Engineer) ने अनेक अध्ययनों के निष्कर्षों के आधार पर हमें यह बताया कि मुसलमानों व हिन्दुओं में आर्थिक प्रतियोगिता ने भी सांप्रदायिक दंगों का एक कारण पहले से संस्थापित हिन्दू औद्योगिक वर्ग एवं नवोदित मुस्लिम उद्यमिता वर्ग में आर्थिक प्रतियोगिता बताया है।

अंतर्राष्ट्रीय कारक: आजकल एक देश में सांप्रदायिकता दंगों में और सांप्रदायिकता के प्रोत्साहन में किसी विदेशी शक्ति का हाथ होना; असामान्य घटना होना नहीं रह गया है। अंतर्राष्ट्रीय राजनीति प्रत्यक्ष रूप से सांप्रदायिकता का महत्वपूर्ण कारक बन गई है। हमारे देश में पंजाब समस्या, असम समस्या, कश्मीर समस्या और देश में फैले हिन्दू-मुस्लिम दंगों के पीछे विदेशी हाथ की भूमिका से इंकार नहीं किया जा सकता।

सांप्रदायिकता या सांप्रदायिक हिंसा का समाजशास्त्र

भारत के सुप्रसिद्ध समाजशास्त्री प्रो. योगेन्द्र सिंह के अनुसार सांप्रदायिक हिंसा का अपना एक अलग समाजशास्त्र होता है और यह हिंसा के अन्य सभी रूपों के समाजशास्त्र से भिन्न होता है। इनके अनुसार सांप्रदायिकता हिंसा को छोड़कर अन्य सभी प्रकार की हिंसा के सामाजिक, आर्थिक और मनोवैज्ञानिक कारण होते हैं, जबकि सांप्रदायिक हिंसा के साथ ऐसा नहीं होता। इसका आर्थिक विकास से कोई संबंध नहीं होता। अन्य सभी प्रकार की हिंसा कहीं-न-कहीं गरीबी और असमानता से जुड़ी हुई होती है, जबकि सांप्रदायिक हिंसा अक्सर पूर्व नियोजित एवं कुछ लोगों द्वारा निहित लक्ष्यों को प्राप्त करने के लिए होती है। इन्होंने अपने तथ्य की पुष्टि हेतु आर्थिक रूप से भारत के अन्य राज्यों की अपेक्षा आर्थिक दृष्टि से संपन्न राज्य गुजरात तथा महाराष्ट्र का उदाहरण दिया है, जिनमें सांप्रदायिक तनाव सबसे अधिक पाया जाता है।

प्रो. योगेन्द्र सिंह के अनुसार सांप्रदायिक हिंसा कभी भी, कहीं भी हो सकती है। यह एक नगरीय अवधारणा है और गांव में अभी इसका प्रभाव लगभग नहीं के बराबर है। इस बार गुजरात में हुए सांप्रदायिक तनाव का प्रभाव नगरों के इर्द-गिर्द बसे गांव तक भी पहुंचा गया है। इनके अनुसार लोगों में व्याप्त डर उन नगरों में सांप्रदायिक हिंसा की संभावना को बढ़ा देता है जिनमें पहले भी सांप्रदायिक हिंसा होती रही है। ऐसे नगरों में किसी खास समुदाय या संप्रदाय की अलग कॉलोनियों की संख्या बढ़ जाती है और इस प्रकार वे सांप्रदायिक हिंसा के समय अलग से पहचाने जाते हैं। ऐसी अलग कॉलोनियों का सबसे बड़ा नुकसान यह होता है कि समाज का एक समुदाय का दूसरे समुदाय से संवाद कम हो जाता है, समाज का बहुलवाद कमजोर हो जाता है, संकीर्ण मानसिकता पनपने लगती है, जो अगली सांप्रदायिक हिंसा को जमीन मुहैया कराती है। इनके अनुसार सांप्रदायिक हिंसा का मूल कारण धार्मिक न होकर राजनीतिक होता है। सांप्रदायिक तनाव का फायदा उठाकर कुछ नेता टाइप के लोग जब उस पर राजनीत करने लगते हैं, तब जाकर यह तनाव सांप्रदायिक हिंसा का रूप ले लेता है।

सांप्रदायिकता का भारतीय समाज पर प्रभाव

सांप्रदायिकता की भावना किसी भी बहुलवादी समाज के सामान्य संतुलन के विरुद्ध होती है। यह एक अतिवादी एवं उग्र विचारधारा है, जो धर्म विशेष की श्रेष्ठता को स्थापित करने के उद्देश्य से प्रेरित होती है। साथ ही सार्वभौमिक बंधुत्व के स्थान पर इसके अधीन अपने ही धार्मिक समूह तक उग्र भाईचारे की भावना सीमित होती है। यही कारण है कि आजादी के बाद भारत के संविधान में पंथनिरपेक्ष जीवन मूल्यों के अनुरूप धार्मिक स्वतंत्रता का प्रावधान किया गया तथा किसी भी धर्म विशेष को शासकीय संरक्षण न देकर सभी धर्मों के साथ समान व्यवहार की नीति अपनाई गई। इसी क्रम में 42वें संवैधानिक संशोधन द्वारा संविधान की प्रस्तावना में 'पंथनिरपेक्षता' शब्द जोड़ा गया, जिसे बोम्मई वाद में सर्वोच्च न्यायालय ने संविधान का आधारभूत ढांचा भी घोषित किया।

इस प्रकार भारतीय संविधान द्वारा जहां पंथनिरपेक्षता के आदर्श को प्रस्तुत किया गया, वहीं भारतीय राजनीतिक व्यवस्था के कार्यकरण में एक प्रमुख आदर्श व मूल्य के रूप में भी इसे स्वीकृति मिली। परंतु भारत के बहुलतावादी समाज में ऐसे अनेक अंर्तविरोध क्रमिक रूप में विकसित होते गए जिन्होंने सांप्रदायिकता की राजनीति को बढ़ावा दिया। उल्लेखनीय है कि ब्रिटिश शासनकाल ही में 'फूट डालो एवं शासन करो की नीति' ने धार्मिक सद्भाव को ध्वस्त करने की पृष्ठभूमि निर्मित कर दी थी, परंतु आजादी के बाद चुनावी राजनीति ने इस भावना को अधिक मजबूती दी।

वस्तुत: स्वतंत्रता के पश्चात् राजनीतिक दलों द्वारा अपने सामाजिक एवं राजनीतिक जनाधार को बढ़ाने हेतु संकीर्ण निष्ठाओं एवं अस्मिता की राजनीति का प्रयोग किया गया। इसी क्रम में जाति, धर्म, भाषा, क्षेत्र एवं नृजाति आदि आधारों पर सामाजिक समूहों की लामबंदी को बढ़ावा दिया गया। साथ ही साथ मतों के धुव्रीकरण का भी प्रयास किया गया। वहीं दूसरी ओर पंथ एवं संप्रदाय के आधार पर राजनीतिक दलों का भी गठन हुआ, जिन्होंने सांप्रदायिक आधार पर ही प्रत्याशियों का चयन एवं सांप्रदायिक धुव्रीकरण को प्रोत्साहन दिया। इस संदर्भ में मुस्लिम लीग, शिरोमणि अकाली दल, हिन्दू महासभा, रामराज्य परिषद् जैसे राजनीतिक दलों एवं समूहों की सक्रियता महत्वपूर्ण रूप में देखी गई।

राजनीतिक दलों के सांप्रदायिक आधार पर गठन के साथ ही मत व्यवहार को भी सांप्रदायिक स्वरूप देने की कोशिश की गई। इसलिए अधिकांश राजनीतिक दलों द्वारा संप्रदाय विशेष के वोट बैंकों को आकर्षित करने हेतु विविध संप्रदायों से संबंधित नारे तथा भावनाएं फैलाई गईं। अत: आम चुनावों में जहां विकास या सुशासन का मुद्दा प्रभावी होना चाहिए था, वहां सांप्रदायिक भावनाएं व मुद्दे ही साधन व साध्य दोनों बनते गए।

इसी क्रम में अनेक धार्मिक दबाव समूहों, हित समूहों एवं धार्मिक भावनाओं को बार-बार उभारा गया। सांप्रदायिक दंगों का भय दिखाकर लामबंदी की गई तथा स्वतंत्र सांप्रदायिक अस्तित्व को प्राथमिकता दी गई। इसी क्रम में भारतीय समाज में अनेक ऐसे मुद्दे प्रभावी हुए, जो कालांतर में सांप्रदायिक स्वरूप ग्रहण करते गए। उदाहरणस्वरूप पंजाब में अकाली दल द्वारा मास्टर तारा सिंह के नेतृत्व में पूर्वी पंजाब में पृथक् सिक्ख प्रांत की मांग की गई, जो कालांतर में भिंडरवाला के नेतृत्व में चले खालिस्तान आंदोलन का आधार भी बनी। इसी प्रकार नागालैंड में ईसाइयों की पृथक् राज्य की मांग की गई।

वस्तुत: भारतीय समाज में बहुसंख्यक बनाम अल्पसंख्यक की राजनीति सांप्रदायिकता के भावना का ही परिणाम थी। इसके तहत अल्पसंख्यक समूहों में बहुसंख्यकों का मनौवैज्ञानिक भय पैदा किया गया तथा विद्वेषपूर्ण राजनीति को बढ़ावा दिया गया। वहीं सामाजिक, राजनीतिक एवं आर्थिक क्षेत्र में अल्पसंख्यकों के निम्न प्रतिनिधित्व ने इस भावना को और भी मजबूती प्रदान की। दूसरी ओर वैश्वीकरण से उपजे पहचान के संकट ने भी समाज में धार्मिक धुव्रीकरण को बढ़ावा दिया। इस प्रकार भारतीय राजनीतिक व्यवस्था में संकीर्ण मुद्दों का क्रमिक प्रभाव बढ़ता गया, जबकि राष्ट्र की एकता व अखंडता तथा राष्ट्रीय एकीकरण की भावना कमजोर होती गई। भारत में सांप्रदायिक दंगों के इतिहास में भी इस तथ्य की पुष्टि हो जाती है, क्योंकि प्राय: सांप्रदायिक दंगों के पीछे कोई वैध या तार्किक कारण न होकर अफवाह व धार्मिक वैमनस्यता ही प्रभावी थी। इस प्रकार सांप्रदायिकता के चलते भारत में न तो स्वस्थ राजनीतिक संस्कृति का ही विकास हो सका और न ही स्वस्थ जनमत का।

सांप्रदायिकता और आंतरिक सुरक्षा

वर्तमान में सांप्रदायिकता को आंतरिक सुरक्षा के लिए बहुत बड़ी चुनौती माना जा रहा है। यह आंतरिक सुरक्षा के लिए तात्कालिक और दीर्घकालिक दोनों ही परिप्रेक्ष्य में एक चुनौती है। सांप्रदायिकता को निम्न आधार पर आंतरिक सुरक्षा के लिए चुनौती माना जा रहा है-

- वर्ग-संघर्ष को बढ़ावा।
- धार्मिक संघर्ष को बढ़ावा।
- सामाजिक विघटन को प्रोत्साहन।
- कानून एवं व्यवस्था के लिए चुनौती।
- सामाजिक एकता, भाई-चारा एवं सामाजिक सौहार्द्र में गिरावट।
- पारस्परिक विश्वास में कमी।
- विकास पर नकारात्मक प्रभाव।
- आर्थिक संसाधनों का अनावश्यक दुरुपयोग होना।
- पुलिस प्रशासन और सुरक्षा बलों के लिए चुनौती।
- बाहरी तत्वों को हस्तक्षेप करने के अवसर।

सांप्रदायिकता का भारतीय लोकतंत्र पर प्रभाव

लोकतंत्र में व्यक्ति की स्वतंत्र स्थिति का विशेष महत्व होता है। इस स्वतंत्रता को विभिन्न परिप्रेक्ष्य में समझा जा सकता है। भारतीय संविधान के अनुसार भारत एक पंथनिरपेक्ष राज्य है, अर्थात् राज्य का अपना कोई विशेष धर्म नहीं है। इसका यह अर्थ नहीं है कि राज्य धर्मविरोधी है, बल्कि राज्य सभी धर्मों के सहअस्तित्व को स्वीकार करता है। धर्म को व्यक्तिगत मामला समझा गया है। संविधान के मौलिक अधिकार के अंतर्गत इसे अंत:करण की स्वतंत्रता के रूप में स्वीकार किया गया है। भारत में विभिन्न काल व परिस्थितियों में अनेक धर्मगुरू व धर्मप्रचारक हुए जिन्होंने विभिन्न संप्रदायों की स्थापना कीं। एक लंबे समय काल से इन संप्रदायों का सह-अस्तित्व भारत में चला आ रहा है। परंतु सांप्रदायिकता की भावना ने राष्ट्रीय आंदोलन के चरित्र को प्रभावित किया, जिसके फलस्वरूप भारत का विभाजन हुआ।

सांप्रदायिकता का आधुनिक भारत में उद्भव औपनिवेशक शासनकाल के दौरान हुआ। अंग्रेजों ने राष्ट्रीयता की भावना को प्रतिसंतुलित करने के उद्देश्य से 'बांटो और राज करो' की नीति को संप्रदाय के स्तर पर भी लाया। धर्म को राजनीतिक रूप में इस्तेमाल किया। आधुनिक भारत में सांप्रदायिकता के उद्भव को नवजागरण आंदोलन की एक सीमा के रूप में भी देखा जा सकता है। भारतीय परिषद् ऐक्ट, 1909 के द्वारा मुसलमानों के लिए पृथक् निर्वाचक मंडल तथा पृथक् प्रतिनिधित्व की स्वीकृति प्रदान कर सांप्रदायिकता को सरकारी स्तर पर बढ़ावा दिया गया। औपनिवेशिक इतिहासकारों ने 1857 के विद्रोह के स्वरूप को ईसाइयों के विरुद्ध हिन्दू-मुस्लिम षड्यंत्र के रूप में वर्णित किया है। फलत: आधुनिक भारत में धार्मिक कट्टरता का वातावरण बना तथा उसके कारण धार्मिक क्षेत्र में संघर्ष उभरने लगे। ये संघर्ष कहीं मुस्लिम व ईसाइयों के बीच तो कहीं हिंदुओं एवं मुसलमानों के बीच तो कहीं हिंदुओं एवं ईसाइयों के बीच प्रारंभ हुए। संप्रदाय स्वयं में एक ऐसा साधन है, जो उसके अनुयायियों में श्रेष्ठ गुणों का निर्माण करके उसे मानवता की शिक्षा देता है। परंतु जब संप्रदाय विशेष के लोग अन्य संप्रदायों की तुलना में अपने को श्रेष्ठ समझते हैं तथा दूसरों को हेय समझते हैं तथा उनका दृष्टिकोण यह बन जाता है कि अन्य सभी लोग उन्हीं संप्रदायों का अनुसरण करे तो यह सांप्रदायिकता अथवा संप्रदायवाद कहलाती है। यह लोकतंत्र और राष्ट्र के लिए विघटनकारी होता है।

स्वतंत्रता के पश्चात् औपनिवेशिककाल की सांप्रदायिकता ने राजनीतिक क्षेत्र में भी पदार्पण किया। चुनावों के समय सांप्रदायिकता को उभारने की कोशिश की जाती है। राजनीतिक दलों के नेताओं द्वारा मत प्राप्ति के उद्देश्य से इसे बढ़ावा दिया जाता है। संप्रदायों को ध्यान में रखकर चुनावी समीकरण तय किए जाते हैं तथा संप्रदाय के नाम पर मत प्राप्त किए जाते हैं। मुस्लिम बहुल क्षेत्रों में हिन्दू प्रत्याशी का तथा हिन्दू

बहुल क्षेत्रों में मुस्लिम प्रत्याशी का होना तथा उनका जीतना बहुत मुश्किल हो गया है। राजनीतिक दलों ने समाज में व्याप्त सांप्रदायिक भावना को कुचलने के स्थान पर अपने जनाधार को बढ़ाने के लिए इसका दुरुपयोग किया है। इससे प्रत्याशियों के निर्वाचन का आधार अन्य प्रवृत्तियों के साथ-साथ धर्म भी बन गया है, जिससे राष्ट्रीय दृष्टिकोण महत्वहीन हो गया है। इस प्रकार भारतीय लोकतंत्र को कमजोर करने वाली अनेक मनोवृत्तियों में सांप्रदायिकता भी महत्वपूर्ण है। वर्तमान में भारत की राष्ट्रीय एकता को बनाए रखने में सांप्रदायिकता एक गंभीर समस्या बनी हुई है। स्वतंत्रतोपरांत समय-समय पर धर्म के नाम पर खूनी संघर्ष हुए हैं, जिसने अवश्य ही राष्ट्रीय एकता को क्षति पहुंचाई है। सांप्रदायिकता से व्यक्ति-व्यक्ति के बीच घृणा की दीवारें खड़ी हो जाती हैं। इससे सांप्रदायिक दंगों को बल मिलता है, जिसके कारण कर्फ्यू लगाना पड़ता है और कल-कारखाने व महत्वपूर्ण संस्थान बंद हो जाते हैं तथा आर्थिक प्रगति अवरूद्ध हो जाती है। सांप्रदायिक दंगों से मानवाधिकारों का हनन होता है। इन दंगों में मानवीय क्रूरता का वीभत्स रूप सामने आता है। इनका शिकार बच्चे एवं महिलाएं भी होती हैं। लोकतंत्र में इसे स्वीकार नहीं किया जा सकता है। भारतीय लोकतंत्र के सामने यह एक गंभीर राष्ट्रीय समस्या एवं चुनौती है।

सांप्रदायिकता और पंथनिरपेक्षता

समाज में मानवीय जीवन मूल्यों के विकास, सामाजिक एकीकरण एवं सामाजिक नियंत्रण के अभिकरण के रूप में धर्म की महत्वपूर्ण भूमिका रही है। परंतु इसी के साथ-साथ नकारात्मक रूप में यह सामाजिक विखंडन, विद्वेष एवं प्रतिद्वंद्विता को भी उत्प्रेरित करता रहा है। इसी संदर्भ में धर्म के सकारात्मक एवं नकारात्मक आयामों को समझने हेतु पंथनिरपेक्षता एवं सांप्रदायिकता जैसी अवधारणाओं का प्रयोग किया जाता है।

सांप्रदायिकता एक ऐसी अतिवादी एंव उग्र अवधारणा है जो धर्म को संकीर्ण अर्थ में परिभाषित करते हुए अपने धर्म की श्रेष्ठता को अन्य धर्मों के सापेक्ष स्थापित करने हेतु प्रयत्नशील होती है। इसके तहत अन्य धर्मों की हीनता एवं अपने धर्म की श्रेष्ठता का प्रचार-प्रसार किया जाता है, जो विद्वेषपूर्ण सामाजिक वातावरण का विकास करता है। सांप्रदायिकता की अवधारणा अपने धर्म के प्रचार-प्रसार में धार्मिक प्रतीकों, मान्यताओं एवं विश्वासों के प्रति उग्र आस्था रखते हुए अन्य धर्मों को अपने अस्तित्व के खतरे के रूप में रेखांकित करता है। राजनीतिक दृष्टि से इसमें वे सभी गतिविधियां आ जाती है, जिनसे किसी धर्म या संप्रदाय के आधार पर समूह विशेष के हितों की पूर्ति के लिए राष्ट्रीय हितों की अवहेलना की जाए तथा उस समूह में पृथकता उत्पन्न की जाए। इस प्रकार यह एक ऐसी संकीर्ण विचारधारा है, जो धर्म विरोधी, जनविरोधी तथा राष्ट्रविरोधी है।

वहीं दूसरी ओर पंथनिरपेक्षता सहिष्णुता एवं शांतिपूर्ण सहअस्तित्व के जीवन मूल्यों पर आधारित अवधारणा है। इसके तहत किसी धर्म या संप्रदाय विशेष के स्थान पर समाज की बहुलतावादी प्रकृति को प्राथमिकता दी जाती है। राजनीतिक दृष्टि से पंथनिरपेक्षता एक ऐसी विचारधारा है, जिसके तहत राज्य किसी धर्म विशेष के उत्थान हेतु कार्य न करके सभी धर्मों के साथ समान व्यवहार किया जाता है। दूसरे शब्दों में, राज्य का अपना कोई धर्म नहीं होता, अतः किसी धर्म की श्रेष्ठता या हीनता का प्रश्न ही उत्पन्न नहीं होता। इस प्रकार पंथनिरपेक्ष जीवन मूल्य सामाजिक सौहार्द्र एवं सामाजिक सामंजस्य की स्थापना हेतु सर्वाधिक महत्वपूर्ण होते हैं। यही कारण है कि भारतीय संविधान में पंथनिरपेक्षता को प्रमुख जीवन मूल्य, शासकीय आदर्श एवं संवैधानिक लक्ष्य के रूप में स्वीकृति मिली हुई है तथा बोम्बई वाद के पश्चात् इसे संविधान का आधारभूत ढांचा भी घोषित कर दिया गया है। परंतु आजादी के पश्चात् अनेक सांप्रदायिक दंगों एवं धार्मिक संघर्षों ने पंथनिरपेक्ष जीवन मूल्यों को कमजोर किया तथा सांप्रदायिकता की अवधारणा को मजबूती दी। इससे भारत के विकास, आधुनिकीकरण, राष्ट्रीय एकीकरण, राष्ट्रीय एकता व अखण्डता पर गंभीर संकट उत्पन्न हुए हैं। वस्तुतः वर्तमान भारतीय समाज में सांप्रदायिकता एक मजबूत विचारधारा के रूप में उपस्थित है, जिसका सामना मात्र कानूनों या प्रशासनिक व्यवस्था के माध्यम से नहीं किया जा सकता, बल्कि इसके लिए एक सशक्त विचारधारा को बढ़ावा देने की आवश्यकता है। इस संदर्भ में पंथनिरपेक्षता सर्वाधिक प्रभावी एवं सशक्त विकल्प है। अंतः सरकारी, गैर सरकारी, नागरिक समाज एवं शिक्षण संस्थाओं के समग्र प्रयासों से सार्वजनिक जीवन में पंथनिरपेक्ष जीवन मूल्यों के प्रति सकारात्मक झुकाव का विकास करना होगा। साथ ही साथ सांप्रदायिक भावनाओं का विकास करने वाले समूहों एवं संगठनों को हतोत्साहित एवं प्रतिबंधित करने की भी आवश्यकता है।

सांप्रदायिकता को रोकने के उपाय

सांप्रदायिकता एक बहुआयामी प्रकृति वाली समस्या है, जो केवल वर्तमान को ही प्रभावित नहीं करती है, बल्कि भविष्य को भी प्रभावित करती है। इसका प्रभाव सभी क्षेत्रों पर पड़ता है। इसलिए सांप्रदायिकता को समूल नष्ट करना जरूरी है। इस संदर्भ में निम्नलिखित सुझाव दिए जा सकते हैं या निम्न कदम उठाए जाने चाहिए-

- सांप्रदायिकता की समस्या का मुकाबला करने के लिए विकास रूपी हथियार को अपनाया जा सकता है। सांप्रदायिकता की जड़ गरीबी, बेरोजगारी और अशिक्षा में निहित है। इसलिए इन समस्याओं का संतुलित और न्यायपूर्ण हल खोज करके लोगों के मन में सकारात्मक भाव उत्पन्न करना होगा।
- सांप्रदायिकता की समस्या प्रशासन से भी जुड़ी हुई है। प्रशासन का पक्षपात पूर्ण रवैया या संवेदनशील न होना या त्वरित एवं प्रभावी न होना आदि

प्रवृत्तियों के कारण भी सांप्रदायिकता को बढ़ावा मिलता है। इसलिए यह अपेक्षा की जाती है कि प्रशासन हमेशा गतिशील, निष्पक्ष एवं ईमानदार तथा त्वरित रूप से कार्यवाही करने में सक्षम होना चाहिए। प्रशासनिक व्यवस्था इतनी प्रभावशाली बनाई जानी चाहिए कि सांप्रदायिक तनावों का पूर्वानुमान लगाया जा सके तथा इन्हें रोकने के लिए कठोर कदम उठाए जा सकें।

- सांप्रदायिकता केवल प्रशासनिक समस्या नहीं है, यह एक सामाजिक समस्या भी है। इसलिए इसके समूल को नष्ट करने के लिए सामाजिक चेतना उत्पन्न करने के साथ-साथ सामाजिक आंदोलनों की भी आवश्यकता है और इसमें गैर-सरकारी संगठनों और समाजसेवियों की भूमिका प्रमुख हो सकती है। सामाजिक चेतना उत्पन्न करने के लिए शिक्षा को बढ़ावा देना होगा और लोगों को सांप्रदायिकता से होने वाली क्षति के तात्कालिक और दीर्घकालिक पहलुओं से अवगत करा करके उनको इससे विमुख होने के लिए प्रेरित करना होगा।
- सांप्रदायिक तत्वों को पहचानकर उनका भण्डाफोड़ करना चाहिए, ताकि संदेह की स्थिति में जनता ऐसे तत्वों का साथ न दे।
- राष्ट्रीयता के बारे में सांप्रदायिक विचारों का मुकाबला राजनीतिक प्रचार द्वारा किया जाना चाहिए। शिक्षा संस्थाओं तथा शिक्षा प्रक्रियाओं को इन तत्वों का विरोध करने के लिए प्रोत्साहित किया जाना चाहिए।
- सांप्रदायिक संगठनों पर रोक लगाना तथा उनकी गतिविधियों पर निरंतर ध्यान रखने की आवश्यकता है। उन प्रादेशिक दलों का, जोकि सांप्रदायिकता अथवा प्रादेशिकता के नाम पर जनता को गुमराह कर रहे हैं, राजनीतिक स्तर पर मुकाबला किया जाना चाहिए।
- सांप्रदायिकता की समस्या एक धार्मिक और सांस्कृतिक समस्या भी है, इसलिए इसको नष्ट करने के लिए विभिन्न संप्रदायों में पारस्परिक सांस्कृतिक सहयोग को बढ़ावा दिया जाना चाहिए और एक-दूसरे के धार्मिक उत्सवों में सहभागी होना चाहिए। यही नहीं, विभिन्न धर्मों के आचार्यों और प्रतिनिधियों के बीच संवाद की प्रक्रिया स्थापित की जानी चाहिए और इसके माध्यम से एक-दूसरे की शिकायतों का हल खोजा जाना चाहिए।
- संचार क्रांति के उद्भव के कारण सूचनाओं के आदान-प्रदान में बहुत ही कम समय लगता है। यहीं नहीं, सोशल साइट्स के विकास के कारण सूचनाओं और चित्रों का संप्रेषण बहुत ही आसान हो गया है। इन प्रगति के कारण भी सांप्रदायिक तनाव उत्पन्न होने लगा है, क्योंकि इनका दुरुपयोग होने लगा है। अत: सरकार को इनके नियमन के लिए प्रभावी व्यवस्था करनी होगी।
- सांप्रदायिकता को बढ़ावा देने वाले समाचारपत्रों व साहित्य के प्रकाशकों के विरुद्ध कठोर कदम उठाए जाने चाहिए।

- राष्ट्रीय जनसंचार के साधनों का प्रयोग राष्ट्रीय एकता के लिए जनमत तैयार करने के लिए किया जाना चाहिए।
- धार्मिक नेताओं को लोगों को भड़काने की अपेक्षा सहिष्णुता के विकास के लिए सहयोग देना चाहिए।
- नैतिक शिक्षा का प्रचार किया जाना चाहिए।

सांप्रदायिकता के विषय में यह कहा जा सकता है कि स्थिति अभी लाइलाज नहीं हुई है। असगर अली इंजीनियर (Asghar Ali Engineer) ने उचित ही लिखा है कि, 'जनसमूह धार्मिक है, सांप्रदायिक नहीं है। सभी समुदायों में शुभेच्छा वाले धार्मिक और लौकिक नेता भी विद्यमान हैं। हम निश्चय ही सांप्रदायिकता की आवृत्ति और गहराई को कम कर सकते हैं'। एस.एन. शर्मा ने जनता, विशेषतः युवा पीढ़ी के मस्तिष्क को असांप्रदायिक बनाने की आवश्यकता पर बल दिया है। शिक्षा को लौकिकीकरण के अनुरूप मूल्यों को बढ़ावा देने वाली बनाना होगा। कर्फ्यू, बड़े पैमाने पर गिरफ्तारियां तथा शांति समितियों का गठन; कानून व व्यवस्था से संबंधित सांप्रदायिकता के आयात पर नियंत्रण ये केवल अल्पकालीन उपाय हैं। दीर्घकालीन उपायों में राजनीति को स्वच्छ बनाना, शिक्षा को पुनर्गठित करना तथा युवा पीढ़ी का उचित समाजीकरण प्रमुख हैं।

❑❑❑

अभ्यास हेतु प्रश्न

1. सांप्रदायिकता से क्या आशय है? भारत जैसे बहुलवादी देशों में सांप्रदायिकता के उद्‌भव के कारणों पर प्रकाश डालते हुए यह भी समझाएं कि सांप्रदायिकता केवल एक धार्मिक समस्या ही नहीं, बल्कि यह आंतरिक सुरक्षा के लिए भी एक चुनौती है।
2. सांप्रदायिकता की समस्या का समाधान सुशासन और विकास में निहित है। विवेचना कीजिए।
3. सांप्रदायिकता और पंथनिरपेक्षता के मध्य निहित पारस्परिक संबंध पर प्रकाश डालिए।
4. सांप्रदायिकता की समस्या के समाधान करने के संदर्भ में सुझाव प्रस्तुत कीजिए।
5. सांप्रदायिकता की समस्या शासन-प्रशासन की नीतियों की विफलता है। स्पष्ट कीजिए।
6. सांप्रदायिकता की समस्या रूढ़िवादिता और अशिक्षा के कारण उत्पन्न होती है। स्पष्ट कीजिए।

24. धर्मनिरपेक्षता और उसके विविध पक्ष

धर्मनिरपेक्षता भारतीय समाज की आधारभूत ऐतिहासिक विशेषता रही है। भारत जैसे विविधता संपन्न एवं धार्मिक दृष्टि से बहुलतावादी समाज में धर्मनिरपेक्षता की धारणा का आधार, यहां की सामाजिक संस्कृति में देखा जा सकता है। वस्तुतः अशोक की धम्म नीति से लेकर अकबर की सुलह-ए-कुल की नीति तक तथा सूफी व भक्ति युगीन संतों से लेकर भारतीय नवजागरण के अग्रदूतों तक धार्मिक सहिष्णुता एवं धार्मिक सौहार्द्र के प्रति भारतीयों की निष्ठा व प्रतिबद्धता उल्लेखनीय रही है। यही कारण है कि अंग्रेजों की 'फूट डालो शासन करो' की नीति के बावजूद भारतीय राष्ट्रीय आंदोलन ने अपने धर्मनिरपेक्ष चरित्र को सुरक्षित बनाए रखा, परंतु एक अवधारणा के रूप में धर्मनिरपेक्षता अत्यधिक विरोधाभासी एवं बहुअर्थी है। वस्तुतः धर्मनिरपेक्षता को प्रायः अंग्रेजी शब्द 'सेक्युलरिज्म' का अनुवाद मान लिया जाता है, जोकि त्रुटिपूर्ण है। पाश्चात्य संदर्भ में सेक्यूलर शब्द का आशय चर्च और राज्य के मध्य अलगाव से है। दूसरे शब्दों में, यहां धार्मिक सत्ता एवं राजनीतिक सत्ता के मध्य अलगाव ही धर्मनिरपेक्षता है, परंतु भारतीय संदर्भ में धर्मनिरपेक्षता का आशय धर्म का राजनीति से पृथकता नहीं है, बल्कि राज्य द्वारा सर्वधर्म समभाव की नीतियों के अनुसरण करने से है। धर्मनिरपेक्षता को और अधिक स्पष्ट रूप में समझने के लिए इसके व्यापक आयाम को समझना होगा।

भारत में धर्मनिरपेक्षता

भारत के संविधान की उद्देशिका में भारत को एक धर्मनिरपेक्ष राज्य घोषित किया गया है। भारतीय संविधान ने धर्म अथवा जाति का भेदभाव किए बिना प्रत्येक नागरिक को समान अधिकार प्रदान किए हैं। भारत में कोई राज्य-धर्म नहीं है और इसलिए यह धर्मतंत्रात्मक राज्य से भिन्न है। यह सब होते हुए भी कुछ विचारकों का यह कहना है कि भारत एक धर्मनिरपेक्ष राज्य नहीं है, क्योंकि भारत में राजनीति और धर्म को एक-दूसरे से पूर्ण रूप से पृथक् नहीं किया गया है।

वस्तुत: भारत एक धर्मनिरपेक्ष राज्य है अथवा नहीं, मूलत: यह इस बात पर निर्भर करता है कि धर्मनिरपेक्षता का क्या अर्थ है? इंसाइक्लोपीडिया ब्रिटेनिका के अनुसार धर्मनिरपेक्षता का अर्थ गैर आध्यात्मिक, धर्म अथवा आध्यात्मिक मामलों से कोई संबंध न होना, कोई वस्तु जो धर्म से भिन्न हो, उसके विरुद्ध अथवा उससे संबंधित न हो अथवा धार्मिक वस्तुओं से संबंधित न हो और आध्यात्मिक तथा धार्मिक वस्तुओं के विपरीत सांसारिक हो। एक अन्य शब्दकोश 'ए न्यू इंग्लिश डिक्शनरी' के अनुसार, धर्मनिरपेक्षता का अर्थ धर्म से संबंधों का न होना है। साधारण शब्दों में धर्मनिरपेक्ष राज्य का अर्थ एक ऐसे राज्य से है जो धर्म से पृथक् तथा असंबद्ध हो और धर्म के प्रति निष्ठावान न हो। दूसरे शब्दों में, ऐसे राज्य में धर्म और राज्य के बीच पृथक्कीकरण होता है, लेकिन धर्मनिरपेक्ष राज्य का अर्थ धर्म विरोधी, धर्म रहित अथवा अनीश्वरवाद नहीं है। इसका अर्थ राजनीतिक मामलों में धर्म के प्रभाव से मुक्त होना, राज्य का धार्मिक क्षेत्र में तटस्थ होना और किसी धर्म विशेष के साथ पक्षपात न करना है।

धर्मनिरपेक्ष राज्य ऐसा राज्य होता है, जो व्यक्तिगत और सामूहिक रूप से धार्मिक स्वतंत्रता की गारंटी देता है, व्यक्ति के साथ, उसके धर्म का ध्यान किए बिना, एक नागरिक के रूप में व्यवहार करता है और जो सांविधानिक रूप से किसी धर्म विशेष से न तो संबंधित होता है, न ही वह किसी धर्म को बढ़ावा देता अथवा उसमें हस्तक्षेप करता है। उपर्युक्त परिभाषा के विश्लेषण से तीन बातें स्पष्ट होती हैं-

- धर्मनिरपेक्ष राज्य प्रत्येक नागरिक को व्यक्तिगत तथा सामूहिक रूप से किसी भी धर्म को मानने की स्वतंत्रता प्रदान करता है, अर्थात् राज्य किसी भी व्यक्ति को किसी धर्म विशेष को मानने के लिए बाध्य नहीं करता, बल्कि प्रत्येक नागरिक को अंत:करण की स्वतंत्रता तथा अपने धर्म के अनुसार आचरण करने की स्वतंत्रता देता है।
- धर्मनिरपेक्ष राज्य धार्मिक आधार पर कोई भेदभाव नहीं करता और सभी व्यक्तियों को केवल नागरिक के रूप में देखता है, किसी धार्मिक समुदाय

के सदस्य के रूप में नहीं। दूसरे शब्दों, में धर्मनिरपेक्ष राज्य समानता पर आधारित होता है।

- धर्मनिरपेक्ष राज्य में राज्य का अपना कोई धर्म नहीं होता। वह न तो किसी धर्म विशेष से संबंधित होता है, न उसमें हस्तक्षेप करता है और न किसी धर्म की उन्नति के लिए कोई सहायता ही देता है। दूसरे शब्दों में राज्य किसी धर्म को वैधानिक रूप से मान्यता नहीं देता है और धर्म को राजनीति से अलग रखता है।

आधुनिक संविधानों में अमेरिका पहला देश है जिसमें सांविधानिक रूप से एक ऐसे राज्य की स्थापना की गई, जो चर्च तथा राज्य के पृथक्करण के सिद्धांत पर आधारित है। उक्त संविधान के प्रथम संशोधन ने धर्मनिरपेक्षता के विचार को वैधानिक रूप प्रदान किया है। इसमें कहा गया है कि कांग्रेस कोई ऐसा कानून नहीं बनाएगी, जिसका उद्देश्य किसी धर्म की स्थापना हो अथवा उसके स्वतंत्र रूप से पालन करने को प्रतिबाधित करना हो। मेडिसन ने संविधान के प्रथम संशोधन की व्याख्या करते हुए यह कहा था कि इसका अर्थ यह है कि धर्म एक व्यक्तिगत विषय है। जैफरसन ने इस संबंध में अपने विचार व्यक्त करते हुए यह कहा कि इस संशोधन का अर्थ यह है कि राज्य धर्म के संबंध में कोई कानून नहीं बनाएगा। दूसरे शब्दों में, इस संशोधन ने चर्च और राज्य के बीच पृथक्करण की दीवार खड़ी कर दी।

धर्म और राजनीति के बीच पृथक्करण के व्यावहारिक अर्थों को लेकर अमेरिका के सर्वोच्च न्यायालय के सामने समय-समय पर अनेक मामले आए, जिनमें सर्वोच्च न्यायालय ने धर्म और राजनीति के पारस्परिक संबंधों और उनके बीच की सीमाओं को स्पष्ट करने का प्रयत्न किया। उदाहरण के लिए एवर्जन बनाम बोर्ड ऑफ एजुकेशन के मामले में न्यायाधीश ब्लैक ने न्यायालय का निर्णय देते हुए यह कहा था कि 'कोई भी सरकार ऐसे कानूनों को पास नहीं कर सकती, जिनका उद्देश्य किसी ऐसे धर्म अथवा सभी धर्मों को सहायता देना हो अथवा एक धर्म को दूसरे धर्म पर प्राथमिकता देना हो। इस दृष्टिकोण के अनुसार धार्मिक मामलों में राज्य का सकारात्मक या नकारात्मक, किसी भी प्रकार का हस्तक्षेप अथवा संबंध नहीं होना चाहिए।

उपर्युक्त दृष्टिकोण से संबंधित एक और महत्वपूर्ण प्रश्न अमेरिका के सर्वोच्च न्यायालय के सामने यह उठाया गया कि क्या धर्म और राजनीति के बीच पृथक्करण का अर्थ यह है कि राज्य सभी धर्मों के साथ समान व्यवहार करे? न्यायाधीश रटलेज ने इस विषय पर न्यायालय के विचार व्यक्त करते हुए यह कहा कि चर्च से राज्य के पृथक् करने का उद्देश्य राज्य द्वारा विभिन्न धर्मों के साथ समान व्यवहार करना नहीं था, बल्कि इन दोनों के बीच सभी प्रकार के संबंधों का अंत कर देना था।

इसका अर्थ एक ऐसी व्यवस्था से है जिसमें चर्च और राज्य के बीच पृथक्करण हो। धर्म 'सार्वजनिक विषय' नहीं है, अतः व्यक्तियों के धार्मिक संबंधों का राज्य से कोई संबंध नहीं होना चाहिए। इस सिद्धांत के अनुसार राज्य को किसी भी धर्म को प्रत्यक्ष अथवा अप्रत्यक्ष रूप से आर्थिक सहायता नहीं देनी चाहिए तथा धर्म को किसी भी प्रकार से प्रोत्साहित नहीं करना चाहिए।

अमेरिका के विपरीत इंग्लैंड का अपना एक राज्य धर्म है और वहां जैफरसन के अर्थों में चर्च और राज्य के बीच विभाजन की दीवार नहीं है। इंग्लैंड में एंगलीकन चर्च राज्य-संस्था है और यह प्रतिबंध है कि प्रोटेस्टैंट के अतिरिक्त किसी व्यक्ति को राजा-रानी नहीं बनाया जा सकता। धर्म और राजनीति के बीच सैद्धांतिक रूप से पृथक्करण न होने के बाद भी इंग्लैंड को धर्मनिरपेक्ष राज्य की श्रेणी में रखा जाता है।

कुछ विचारकों का कहना है कि धर्म और राजनीति के बीच पूर्ण पृथक्करण संभव ही नहीं है। यद्यपि अमेरिका के सर्वोच्च न्यायालय ने भी अपने विभिन्न निर्णयों में धर्मनिरपेक्षता का अर्थ धर्म और राजनीति के बीच पूर्ण पृथक्करण बताया है, लेकिन अमेरिका की राजनीतिक व्यवस्था में भी कुछ ऐसे पहलू हैं जिनमे धर्म का प्रभाव दिखाई देता है। उदाहरण के लिए न्यायालय में अथवा सरकारी कर्मचारियों द्वारा पद ग्रहण करते समय जो शपथ ली जाती है, उसमें इस वाक्य का प्रयोग किया जाता है कि 'अतः ईश्वर मेरी सहायता करे।' इसी प्रकार अमेरिका में जो सिक्के प्रचलित हैं, उन पर 'हम ईश्वर में विश्वास करते हैं,' लिखा रहता है। इससे ये स्पष्ट हो जाता है कि अमेरिका में धर्म राजनीति से पूरी तरह पृथक् नहीं है।

यही नहीं, अमेरिका में ईसाई धर्म के प्रति राज्य का रवैया सहानुभूतिपूर्ण रहा है; जिसका साधारण उदाहरण यह है कि वहां रविवार को छुट्टी रहती है। ऐसा, रविवार के धार्मिक महत्व के कारण ही है। अमेरिकी सरकार का झुकाव अन्य धर्मों की अपेक्षा ईसाई धर्म के प्रति ज्यादा है और न्यायालयों के अनेक निर्णय ईसाई धर्म के सिद्धांतों से प्रभावित हुए हैं। इस संबंध में एक साधारण उदाहरण विकास विरोधी नियम का दिया जा सकता है, जिसके द्वारा मानव जाति के विकास के संबंध में डार्विन के सिद्धांत के पढ़ाए जाने पर प्रतिबंध लगाया गया था, क्योंकि वह सिद्धांत बाइबिल में पाए जाने वाले सिद्धांत के विपरीत था। अमेरिका में चर्च राजनीति में सक्रिय भाग लेता रहा है और इसके लिए अनेक साधनों का उपयोग करता रहा है। उदाहरण के लिए विधेयकों के प्रारूप तैयार करना, विधायकों के लिए सूचना एकत्रित करना, कांग्रेस के सदस्यों से मित्रता बढ़ाना आदि। अमेरिका में राजनीतिक दृष्टिकोण से रोमन कैथोलिक चर्च सबसे ज्यादा शक्तिशाली है।

मार्च 1947 में न्यूयार्क विधानमंडल के द्वारा एक बिल कॉलेजों तथा विश्वविद्यालयों में धार्मिक तथा जातीय भेदभाव को वर्जित करने के लिए बनाया जा रहा था, जो

लगभग अपने अंतिम चरण में था कि रोमन केथोलिक चर्च ने इस विधेयक की खुलकर निंदा शुरू कर दी। इसके फलस्वरूप समिति ने इस विषय पर वार्तालाप किया और अंत में उस विधेयक में कुछ साधारण संशोधन करके चर्च का समर्थन प्राप्त किया। इसके बाद वह बिल विधानमंडल से पारित हो गया। इस घटना से धर्म का राजनीति पर प्रभाव स्पष्ट हो जाता है।

मार्क्सवादी दर्शन पर आधारित रूस के संविधान में राज्य और धर्म को एक-दूसरे से यहां तक पृथक् किया गया है कि वहां का संविधान नागरिकों को धर्म के विरुद्ध प्रचार करने का अधिकार देता है। यह उल्लेखनीय है कि संविधान धर्म का प्रचार करने का अधिकार प्रदान नहीं करता। विचारकों का कहना है कि एक धर्म विरोधी राज्य को धर्मनिरपेक्ष राज्य कहना अतार्किक बात होगी।

कुछ विचारकों का यह कहना है कि चर्च और राज्य के बीच पूर्ण रूप से पृथक्करण इस कारण संभव नहीं है, क्योंकि इस सिद्धांत के प्रवर्तक तथा समर्थक यह बताने में असमर्थ रहे हैं कि चर्च के क्षेत्र में कौन से विषय आते हैं और राज्य के क्षेत्र में किन विषयों का समावेश होता है।

चर्च और राज्य दोनों की ही इकाई मनुष्य है। इसलिए एक धर्म के अनुयायी और नागरिक के रूप में मनुष्य के आचरण के बीच पूर्ण पृथक्करण करना संभव नहीं है। मनुष्यों के कार्यों और विचारों पर धर्म के प्रभावों का अंत कर देना एक अव्यावहारिक बात मालूम होती है। एक लेखक के अनुसार 'धर्म और राजनीति के पारस्परिक संबंधों की दृष्टि से संसार के आधुनिक संविधानों में मार्क्सवादी विचारधारा पर आधारित संविधानों के अतिरिक्त शेष संविधानों को दो श्रेणियों में विभक्त किया जा सकता है-

1. हस्तक्षेप न करने वाले राज्य (नॉन इंटरवेंशनरी स्टेट),
2. विभेद न करने वाले राज्य (नॉन डिस्क्रेमिनेटरी स्टेट)।

प्रथम श्रेणी के संविधानों में संयुक्त राज्य अमेरिका का नाम प्रमुख है, जहां चर्च और राजनीति के बीच एक विभाजन-रेखा खींच दी गई है। हस्तक्षेप न करने वाले राज्य से तात्पर्य ऐसे राज्य से है, जो किसी प्रकार के धार्मिक कार्य से सकारात्मक अथवा नकारात्मक रूप से कोई संबंध ही न रखता हो, अर्थात् राज्य और धर्म के बीच प्रत्यक्ष रूप से कोई संबंध न हो।

विभेद-रहित राज्य का अर्थ है, ऐसा राज्य, जो जीवन के अन्य क्षेत्रों की तरह धार्मिक क्षेत्र में भी हस्तक्षेप करता है। वह धर्म के मामले में पूर्णतया उदासीन नहीं होता और अनेक प्रकार की धर्म संबंधी सुविधाएं प्रदान करता है, लेकिन वह धार्मिक सुविधाएं देने में या धर्म संबंधी कार्यों को करने में विभिन्न धर्मों के बीच कोई भेदभाव नहीं करता और राज्य की ओर से किए जाने वाले ऐसे सभी कार्य

सभी धर्मों के लिए समान होते हैं। ऐसी व्यवस्था में राज्य के लिए धार्मिक क्षेत्र में हस्तक्षेप करना वर्जित नहीं होता, लेकिन ऐसा करते समय राज्य विभिन्न धर्मों के बीच भेदभाव नहीं करता। इस श्रेणी में इंग्लैंड तथा भारत राज्य आते हैं। वास्तव में किसी राज्य का धर्मनिरपेक्ष होना या न होना, इस बात पर निर्भर नहीं करता है कि उसका अपना कोई राज्य धर्म है अथवा नहीं, बल्कि यह बात अधिक महत्व रखती है कि सार्वजनिक नीतियों के निर्माण तथा ऐच्छिक समूहों के साथ राज्य के संबंधों को धर्म किस सीमा तक प्रभावित करता है।

जहां तक भारत का संबंध है, वह विभेद रहित राज्य की श्रेणी में आता है। भारत में राज्य का अपना कोई धर्म नहीं है और यहां राजनीतिक सत्ता का अंतिम स्रोत किसी दैवी अथवा पारलौकिक शक्ति को न मानकर जनता को माना गया है। रूस के विपरीत भारत मार्क्सवादी दर्शन को स्वीकार नहीं करता है, जिसके अनुसार धर्म को मानवता के विकास में बाधक समझा जाता है। डॉ. राधाकृष्णन के शब्दों में 'यहां धर्मनिरपेक्षता का अर्थ अधार्मिकता अथवा अनीश्वरवाद नहीं है। इसका अर्थ भौतिक सुखों पर अधिक बल देना नहीं है।' भारत में राज्य धार्मिक क्षेत्र में हस्तक्षेप करता है, वह धर्म से असंबद्ध अथवा धर्म के प्रति तटस्थ नहीं है।

भारतीय संविधान विभिन्न धर्मों को आर्थिक सहायता देकर प्रोत्साहित करने की व्यवस्था करता है। वह ऐसे धार्मिक कर्मकाण्डों में हस्तक्षेप कर सकता है, जो शांति और सुव्यवस्था के लिए हानिकारक हैं; वह उनमें कानून द्वारा सुधार कर सकता है। सरकार के प्रतिनिधि धार्मिक उत्सवों में सम्मिलित होते हैं। धार्मिक नेताओं के जन्मदिवस मनाए जाते हैं और उन अवसरों पर सरकारी छुट्टी होती है। रेडियो द्वारा विभिन्न धार्मिक कार्यकम प्रसारित किए जाते हैं और हिन्दुओं और मुसलमानों के पृथक्-पृथक् व्यक्तिगत कानून हैं। इस प्रकार भारत में अमेरिकी परिभाषा के अनुसार राज्य को धर्मनिरपेक्ष नहीं कहा जा सकता, क्योंकि भारत में धर्म राजनीति को किसी न किसी प्रकार अवश्य प्रभावित करता है और यहां धर्म और राजनीति के बीच पूर्ण पृथक्करण नहीं है। इसलिए कुछ विचारकों का यह कहना है कि भारत को एक धर्मनिरपेक्ष राज्य नहीं कहा जा सकता, लेकिन भारतीय संविधान में कुछ ऐसे प्रावधान हैं, जो उसे धर्मनिरपेक्ष राज्य मानने के लिए बाध्य करते हैं। 42वें संविधान संशोधन के पश्चात् स्वयं संविधान की उद्देशिका में भारत को एक धर्मनिरपेक्ष राज्य घोषित किया गया है।

भारत में धर्मनिरपेक्षता

धर्मनिरपेक्षता एक जीवन मूल्य और एक जीवनशैली है, जो धार्मिक सहिष्णुता, पारस्परिकता, धार्मिक सौहार्द्र एवं सहअस्तित्व की भावना पर आधारित होती है।

यहां धार्मिक सहिष्णुता का आशय अन्य व्यक्तियों के विचारों का सम्मान करने एवं बंधुत्व की भावना को स्वीकार करने से है। इस संदर्भ में धर्मनिरपेक्षीकरण को उसी सामाजिक विचार या प्रवृत्ति के रूप में समझा जा सकता है, जिसके अंतर्गत धार्मिक प्रधानता या परंपरागत व्यवहारों में धीरे-धीरे तार्किकता व व्यावहारिकता लाने का प्रयास किया जाता है।

भारतीय समाज में धर्मनिरपेक्षता की संवैधानिक व्याख्या में सभी धर्मों के सहअस्तित्व और साझेपन को प्रमुखता दी जाती है। उल्लेखनीय है कि 42वें संशोधन से संविधान की प्रस्तावना में 'पंथनिरपेक्ष' शब्द को जोड़ा गया है। इसका आशय यह है कि राज्य पंथ के मामले में पूर्णतः तटस्थ है। दूसरे शब्दों में, राज्य सभी धर्मों को समान रूप से संरक्षण प्रदान करता है तथा ऐसे पंथनिरपेक्ष राज्य का अपना कोई धर्म नहीं होता। भारत में राज्य पंथ विशेष को संरक्षण या पंथ का प्रचार नहीं करता है। सरकार किसी भी धर्म के प्रति पक्षपात की नीति को न तो स्वयं अपनाएगी और न ही किसी व्यक्ति, संस्था या समुदाय को अपनाने देगी। यह विचार गांधी जी के भी थे। उनके अनुसार, सेक्यूलर का अर्थ धर्महीनता नहीं, बल्कि 'सर्वधर्म समभाव' है। वे चाहते थे कि स्वतंत्र भारत में प्रत्येक नागरिक अपना धर्म पहचाने और दूसरे धर्मों के प्रति सद्भाव और आदर रखे। उनकी यह धारणा थी कि इस प्रकार के 'सर्वधर्म समभाव' के द्वारा ही भारत की एकता मजबूत हो सकती है।

भारत का संविधान व्यक्तिगत तथा सामूहिक रूप से किसी भी धर्म को मानने की स्वतंत्रता प्रदान करता है तथा विभिन्न धर्मों के विकास के लिए राज्य द्वारा समान रूप से सहायता दिए जाने और धर्म के आधार पर राजनीतिक तथा सामाजिक जीवन में किसी प्रकार के भेदभाव न किए जाने की व्यवस्था करता है। इसका संक्षिप्त उल्लेख नीचे किया जा रहा है-

व्यक्तिगत तथा सामूहिक धार्मिक स्वतंत्रता: भारत में संविधान की उद्देशिका में कहा गया है कि 'हम भारत के लोग, भारत को एक संपूर्ण प्रभुत्वसंपन्न समाजवादी पंथनिरपेक्ष लोकतंत्रात्मक गणराज्य बनाने के लिए तथा उनके समस्त नागरिकों को सामाजिक, आर्थिक और राजनीतिक न्याय, विचार, अभिव्यक्ति, विश्वास, धर्म और उपासना की स्वतंत्रता, एतद्द्वारा इस संविधान को अंगीकृत, अधिनियमित और आत्मर्पित करते हैं।

संविधान का अनुच्छेद 25 प्रत्येक व्यक्ति को अंत:करण की स्वतंत्रता: किसी भी धर्म को अबाध मानने, उसके अनुसार आचरण करने और उसका प्रचार करने की स्वतंत्रता प्रदान करता है। इस अनुच्छेद से यह बात स्पष्ट हो जाती है कि भारत में धर्म के मामले में राज्य उदासीन या तटस्थ नहीं हैं। यह धर्म से संबंधित विषयों और व्यक्ति तथा राज्य के पारस्परिक संबंधों तथा सीमाओं की चर्चा करता है, जिससे

यह स्पष्ट हो जाता है कि रूस की तरह भारत में राज्य का दृष्टिकोण धर्म विरोधी नहीं है। दूसरी ध्यान देने योग्य बात यह है कि रूस की तरह भारतीय संविधान धर्म विरोधी प्रचार की अनुमति नहीं देता, जिससे यह संकेत मिलता है कि धर्म के प्रति संविधान का रवैया सकारात्मक है, वरन् ऐसी परिस्थितियों का सृजन करना है जिनमें प्रत्येक धर्म समान रूप से अपना विकास कर सकें और सभी धर्म के अनुयायियों को अपने धर्म के मानने और प्रचार करने में कोई बाधा न पड़े। संविधान का अनुच्छेद 26 प्रत्येक धार्मिक समुदाय अथवा उसके किसी भाग को धार्मिक और पुण्य प्रयोजनों के लिए संस्थाओं की स्थापना और पोषण, अपने धार्मिक कार्य संबंधी विषयों की व्यवस्था, चल तथा अचल संपत्ति के अर्जन और स्वामित्व तथा उसके प्रशासन का अधिकार प्रदान करता है।

धार्मिक अल्पसंख्यकों के हितों को सुरक्षित रखने के लिए संविधान में कुछ विशेष व्यवस्था की गई है। अनुच्छेद 30 के द्वारा अल्पसंख्यकों को शिक्षा-संस्थाओं की स्थापना करने और उनके प्रशासन का अधिकार दिया गया है। इनमें कहा गया है कि 'धर्म या भाषा पर आधारित सभी अल्पसंख्यक वर्गों को अपनी रुचि की शिक्षा संस्थाओं की स्थापना और प्रशासन का अधिकार होगा।' यहां यह उल्लेखनीय है कि संविधान ने सभी नागरिकों को अपनी भाषा, लिपि तथा संस्कृति को बनाए रखने का अधिकार दिया है।' इन दोनों अनुच्छेदों को एक साथ जोड़कर देखने से यह स्पष्ट हो जाता है कि प्रत्येक अल्पसंख्यक वर्ग धार्मिक अथवा साधारण प्रकार की शिक्षा-संस्थाओं को स्थापित कर सकता है और उस शिक्षा संस्था में वह किसी भी भाषा को अध्यापन का माध्यम बना सकता है। संविधान अल्पसंख्यकों को अपनी रुचि के अनुसार शिक्षा-संस्थाओं की आर्थिक सहायता देने के साथ यह भी व्यवस्था करता है कि शिक्षा-संस्थाओं की स्थापना और प्रशासन का अधिकार देने के साथ ही यह भी व्यवस्था करता है कि शिक्षा संस्थाओं को आर्थिक सहायता देने में राज्य इस आधार पर कोई विभेद नहीं करेगा कि वह किसी अल्पसंख्यक वर्ग के नियंत्रण तथा प्रबंध में है। संविधान के इन प्रावधानों से यह स्पष्ट हो जाता है कि भारत में संविधान धर्मनिरपेक्षता की पहली शर्त (धार्मिक स्वतंत्रता) को पूरी करता है।

धार्मिक अविभेदीकरण का सिद्धांतः संविधान का अनुच्छेद 15 धर्म, जाति, लिंग या जन्मस्थान के आधार पर विभेद को वर्जित घोषित करता है। इस अनुच्छेद में यह स्पष्ट रूप से कहा गया है कि राज्य किसी भी नागरिक के विरुद्ध धर्म, मूल वंश, जाति आदि के आधार पर कोई भेदभाव न करेगा और इस आधार पर उसे सार्वजनिक स्थानों में जाने से नहीं रोका जाएगा। इस उद्देश्य को पूरा करने के लिए संविधान ने अस्पृश्यता का अंत कर दिया है और इसे एक अपराध घोषित किया गया है। संविधान का अनुच्छेद 16 राज्याधीन नौकरियों के मामले में सभी

नागरिकों को अवसर की समानता प्रदान करता है और यह व्यवस्था करता है कि किसी भी नागरिक के प्रति उसके धर्म, जाति, निवास स्थान आदि के आधार पर कोई भेदभाव नहीं किया जाएगा। संविधान के अनुच्छेद 29 के अनुसार राज्य द्वारा पोषित अथवा राज्य निधि से सहायता पाने वाले शैक्षिक संस्थाओं में प्रवेश के मामले में किसी भी नागरिक को उसके धर्म अथवा जाति के आधार पर प्रवेश से वंचित नहीं किया जा सकता।

यद्यपि संविधान धर्म के मामले में पूर्णतया तटस्थ नहीं है और सभी धर्मों को अपने विकास का अधिकार प्रदान करता है तथा इस उद्देश्य से राज्य विभिन्न धर्मों को आवश्यक सहायता दे सकता है, तथापि सरकार पर यह प्रतिबंध है कि वह कोई ऐसा कर नहीं वसूल सकती है, जिसे किसी धर्म विशेष अथवा धार्मिक संप्रदाय की उन्नति या पोषण के लिए व्यय किया जाना हो।

राज्य निधि से पूरी तरह पोषित किसी शिक्षा-संस्था में कोई धार्मिक शिक्षा नहीं दी जा सकती, लेकिन ऐसी गैर सरकारी संस्थाओं में जो राज्य से मान्यता प्राप्त अथवा राज्य निधि से सहायता पाती हों, धार्मिक शिक्षा की व्यवस्था की जा सकती है। प्रतिबंध यह है कि ऐसी किसी शिक्षा-संस्था में उपस्थित होने वाले किसी व्यक्ति को उस संस्था में दी जाने वाली धार्मिक शिक्षा में भाग लेने अथवा धार्मिक उपासना में सम्मिलित होने के लिए बाध्य नहीं किया जा सकता। इस अनुच्छेद से दो निष्कर्ष निकलते हैं, प्रथम, राज्य द्वारा संचालित किसी भी शिक्षा-संस्था में धार्मिक शिक्षा का दिया जाना वर्जित ठहराया गया है, जबकि अन्य संस्थाओं में धार्मिक शिक्षा दी जा सकती है, लेकिन उसमें सम्मिलित होना या न होना उपस्थित होने वाले व्यक्तियों पर निर्भर करता है। जैसा पहले लिखा जा चुका है, आर्थिक सहायता देने के मामले में राज्य विभिन्न संस्थाओं के बीच धर्म या भाषा के आधार पर कोई विभेद नहीं कर सकता।

संविधान का अनुच्छेद 14 समानता के अधिकार को मान्यता देता है। इसी के अधीन सभी नागरिकों को राजनीतिक क्षेत्र में समान अधिकार दिए गए हैं और धर्म, जाति, वंश आदि के आधार पर विभेद नहीं किया गया है। विभिन्न राजनीतिक पदों के लिए कोई धार्मिक योग्यता निर्धारित नहीं की गई है और विभिन्न राजनीतिक पदों को प्राप्त करने के लिए धार्मिक योग्यता निर्धारित नहीं की गई है और विभिन्न राजनीतिक पदों को प्राप्त करने का अधिकार सभी नागरिकों को समान रूप से दिया गया है। संविधान का अनुच्छेद 325 यह घोषणा करता है कि धर्म, वंश जाति के आधार पर किसी व्यक्ति को निर्वाचक नामावली में सम्मिलित किए जाने के लिए अपात्र नहीं समझा जाएगा और न ही इस आधार पर वह किसी विशेष निर्वाचन नामावली में सम्मिलित किए जाने की मांग कर सकता है।

भारत के संविधान के उपर्युक्त प्रावधानों से यह स्पष्ट हो जाता है कि भारत में राज्य धार्मिक मामलों से बिल्कुल पृथक् नहीं है। इसलिए भारत में धर्म और राज्य के पारस्परिक संबंध अमेरिका में धर्म और राजनीति के संबंधों से भिन्न हैं। भारत का संविधान चर्च और राज्य के बीच कोई विभाजन-रेखा नहीं खींचता, वह धार्मिक मामलों में रुचि लेता है, लेकिन विभिन्न धर्मों के बीच कोई विभेद न करके समानता के सिद्धांत को अपनाता है।

कुछ विचारकों का कहना है कि भारत के संविधान के उपर्युक्त प्रावधान दिखावा मात्र हैं और वास्तव में भारत को एक धर्मनिरपेक्ष राज्य कहना उचित नहीं है। उनका कहना है कि भारत में राज्य सक्रिय रूप से धार्मिक मामलों में भाग लेता है। वह विधायनी वर्गीकरण के नाम पर विभिन्न धर्मों के मानने वाले के बीच भेदभाव कर सकता है। लेकिन इसके विरुद्ध कुछ लोगों का यह कहना है कि अमेरिका में भी धर्म और राजनीति के बीच व्यावहारिक रूप से कठोर विभाजन नहीं पाया जाता है और वहां के राजनीतिक जीवन में भी धर्म का प्रभाव मौजूद हैं जिसके कुछ उदाहरण पीछे दिए जा चुके हैं। इससे निष्कर्ष यह निकाला जा सकता है कि उन देशों में भी, जिन्हें हस्तक्षेप रहित राज्य कहा जाता है, धर्म और राजनीति के बीच पृथक्करण नहीं पाया जाता। वास्तविकता यह है कि धर्म और राजनीति के बीच कठोर पृथक्करण किया जाना संभव नहीं है, क्योंकि मनुष्य का धार्मिक और राजनीतिक जीवन किसी न किसी रूप में एक-दूसरे से जुड़ा होता है। भारत इन अर्थों में एक धर्मनिरपेक्ष राज्य है कि वह एक धर्मतंत्र की स्थापना नहीं करता अर्थात् भारत में राज्य का कोई धर्म नहीं है और न ही राजनीतिक सत्ता का स्रोत ईश्वर अथवा किसी अन्य पारलौकिक शक्ति को माना गया है। संविधान की उद्‌देशिका जो 'हम भारत के लोग' से आरंभ होती है-इस बात का प्रमाण है कि संविधान निर्माताओं ने राजनीतिक सत्ता का अंतिम स्रोत जनता को माना है। न्यायाधीश गजेन्द्र गडकर का कहना है कि 'धर्मनिरपेक्षता का विचार संविधान की लगभग प्रत्येक महत्वपूर्ण व अर्थवान धारा में परिलक्षित होता है। संविधान में भारतीय नागरिकों से लोक कल्याणकारी राज्य की स्थापना तथा सामाजिक, आर्थिक, राजनीतिक न्याय की उपलब्धि का वादा किया गया है। यह आदर्श स्वयं संपूर्ण संविधान पर धर्मनिरपेक्षता की प्रेरणास्पद दीप्ति की छाप छोड़ता है।'

जो विचारक भारत को धर्मनिरपेक्ष राज्य नहीं मानते, उनका भी यह कहना है कि यदि धर्मनिरपेक्षता का अर्थ धर्म और राजनीति के बीच पूर्ण पृथक्करण का होना है, तो संसार का कोई भी देश धर्मनिरपेक्ष नहीं हो सकता। स्मिथ के द्वारा दी गई परिभाषा के अनुसार धर्मनिरपेक्षता मूल रूप से दो बातों पर निर्भर करती है-

1. धार्मिक स्वतंत्रता,
2. कानून के समक्ष समानता।

भारत का संविधान इन दोनों शर्तों को पूरा करता है। संविधान सभी नागरिकों को किसी भी धर्म को मानने और उसके अनुसार आचरण करने की स्वतंत्रता देता है और नागरिकों के बीच उनके धर्म, जाति तथा निवासस्थान आदि के स्थान पर भेदभाव को वर्जित घोषित करता है। इन अर्थों में राज्य धर्मनिरपेक्ष न लगता हो, लेकिन वह इंग्लैंड जैसे प्रगतिशील और प्राचीनतम जनतंत्रीय देश की अपेक्षा कहीं ज्यादा, धर्मनिरपेक्ष दिखाई देता है। जैसा कहा जा चुका है- इंग्लैंड में एक सरकारी चर्च है और कुछ राजनीतिक पदों के लिए वहां धार्मिक योग्यताएं निर्धारित की गई हैं। उदाहरण के लिए राजपद केवल प्रोटेस्टेंट संप्रदाय के ही व्यक्ति को मिल सकता है और राज्याभिषेक का कार्य किसी पादरी के द्वारा होता है। ब्रिटेन की संसद के उच्च सदन, हाउस ऑफ लार्ड्स में पादरी वर्ग को औपचारिक रूप से प्रतिनिधित्व दिया गया है। इसी प्रकार अमेरिका में भी, जो धर्मनिरपेक्ष राज्य का एक नमूना माना जाता है, सामाजिक जीवन में गोरे और काले का अंतर दिखाई देता है। वहां नीग्रो लोगों के साथ जो व्यवहार किया जा रहा है, उसने जातीयता के तत्व को अत्यधिक प्रभावशाली बना दिया है। जैसा कहा जा चुका है कि अमेरिका के राजनीतिक जीवन में कैथोलिक चर्च काफी महत्वपूर्ण रहा है और अनेक अवसरों पर उसने एक दबाव गुट के रूप में कार्य किया है। इस प्रकार अमेरिका में भी धर्म का प्रभाव किसी न किसी रूप में राजनीति पर दिखाई देता है।

अतः निष्कर्ष रूप में यह कहा जा सकता है कि भारत एक धर्मनिरपेक्ष राज्य है। स्मिथ का कहना है कि 'भारत उसी अर्थ में धर्मनिरपेक्ष है, जिस अर्थ में भारत को प्रजातंत्र कहा जा सकता है। भारतीय राजनीति व शासन में कई अजनतंत्रीय विशेषताओं के होते हुए भी संसदीय प्रजातंत्र यहां कार्यशील है और वह पर्याप्त क्षमता से कार्य कर रहा है। इसी तरह धर्मनिरपेक्ष राज्य का आदर्श स्पष्ट रूप से संविधान में विद्यमान है और इसे महत्वपूर्ण प्रयासों के माध्यम से क्रियान्वित किया जा रहा है। डॉ. राधाकृष्णन ने कहा है कि 'मैं यह अधिकृत रूप से कहता हूं कि धर्मनिरपेक्षता का अर्थ–अधर्म नहीं है। इसका अर्थ यह है कि हम सभी धर्मों और विश्वासों का सम्मान करते हैं और हमारा राज्य किसी धर्म विशेष से तादात्म्य स्थापित नहीं करता है'। स्मिथ का यह विचार उचित मालूम होता है कि यदि भारतीय राजनीति में व्यावहारिक रूप से ऐसी बातें दिखाई देती हैं, जो धर्मनिरपेक्ष राज्य के आदर्श के प्रतिकूल हैं, तो भी उससे राज्य की धर्मनिरेपक्षता का अंत नहीं होता। यह आशा की जा सकती है कि राजनीतिक जागरूकता बढ़ने और जनतंत्रीय मूल्यों के परवान चढ़ने के साथ धर्मनिरपेक्षता का स्वरूप भी निखरता जाएगा।

धर्मनिरपेक्षता को बढ़ावा देने वाले कारक

- धर्मनिरपेक्षता की प्रक्रिया में नगरीकरण का अत्यधिक योगदान रहा है। यह तथ्य तो इसी से स्पष्ट है कि नगरों में ही धर्मनिरपेक्षता का प्रसार सर्वाधिक

हुआ है। नगरों में अत्यधिक भीड़-भाड़, उन्नत यातायात व संदेशवाहक के साधनों के साथ, उन्नत शिक्षा, फैशन, भौतिकवाद, विवेकवाद, व्यक्तिवाद आदि सभी कारक मौजूद होते हैं।

- धर्मनिरपेक्षता का शायद सबसे महत्वपूर्ण कारक आधुनिक शिक्षा है। आधुनिक शिक्षा से यहां अभिप्राय विशेष रूप से तार्किक व वैज्ञानिक शिक्षा से है। अब व्यक्ति केवल धर्म के नाम पर ही व्यवहारों को नहीं करते, वरन् उनमें व्यावहारिकता का भी पुट दिखता है। इतना ही नहीं, आधुनिक शिक्षा ने सहशिक्षा को अवसर प्रदान कर यदि एक ओर अंतर्जातीय विवाहों को प्रोत्साहित किया हैं, तो दूसरी ओर छुआछूत, अस्पृश्यता, पवित्रता आदि भावनाओं को निरुत्साहित किया है। कहना न होगा कि ये सभी धर्मनिरपेक्षीकरण के ही लक्षण हैं, जोकि आधुनिक शिक्षा का ही प्रत्यक्ष परिणाम हैं।
- अनेक सामाजिक और धार्मिक आंदोलनों ने भी धर्मनिरपेक्षीकरण में पर्याप्त सहयोग प्रदान किया है। सर सैय्यद अहमद खां, राजा राममोहन राय, केशवचंद्र सेन, स्वामी दयानंद, गोविन्द रानाडे, महात्मा गांधी आदि समाज सुधारकों और नेताओं ने अनेक सामाजिक व धार्मिक आंदोलनों का सूत्रपात किया। इन आंदोलनों में आर्य समाज, प्रार्थना समाज, ब्रह्म समाज, रामकृष्ण मिशन, थियोसोफिकल समाज, सर्वोदय आंदोलन आदि प्रमुख रूप में उल्लेखनीय हैं। यदि एक ओर ब्रह्म समाज, प्रार्थना समाज ने, जोकि पाश्चात्य सामाजिक मूल्यों और ईसाई धर्म की समानता के सिद्धांत से प्रभावित थे, उन्होंने छुआछूत, पवित्रता-अपवित्रता, भेदभाव और ब्राह्मणों की उच्च स्थिति का कट्टरता से विरोध किया, तो दूसरी ओर महात्मा गांधी ने भी अस्पृश्य लोगों को हरिजन नाम देकर उनका उद्धार करने का प्रयत्न किया। इससे भी धार्मिक पवित्रता-अपवित्रता वे छुआछूत के भेदभावों में पर्याप्त परिवर्तन आए। इससे स्पष्ट है कि विभिन्न सामाजिक और धार्मिक आंदोलनों ने भी धर्मनिरपेक्षता की प्रक्रिया को प्रोत्साहित किया है।
- आवागमन व संचार के साधनों में उन्नति होने से सामाजिक गतिशीलता ही नहीं बढ़ती बल्कि नए-नए नगरों, उद्योगों, व्यवसायों, मिलों और कारखानों का भी विकास होता है। इससे विभिन्न प्रकार के धर्म, जाति, प्रदेश और देश के लोगों का एक-दूसरे के साथ संपर्क स्थापित और विचार-विनिमय होता है। व्यक्तियों में समानता की भावना जागृत होती है और साथ ही विभिन्न धर्मों की तार्किक आलोचना की प्रवृत्ति भी बढ़ती है। इसके अतिरिक्त उनकी संकुचित विचारधारा और दृष्टिकोण का अंत होता है और उसी के साथ जाति-पाति की कठोरता भी समाप्त होती है।

- भारत में अंग्रेजी राज्य स्थापित होने से पहले मुसलमानों का राज्य था और शासक वर्ग के रूप में उनका प्रभाव व दबाव दोनों ही भारतवासियों पर था। परिणामत: यहां के लोगों के जीवन पर मुस्लिम संस्कृति का प्रभाव स्पष्टत: देखने को मिलता है, जो मूलत: सामाजिक समानता का समर्थन करता है। परंतु भारतीय संस्कृति पर, पाश्चात्य संस्कृति का प्रभाव और भी अधिक व्यापक तथा प्रभावशाली रहा है। पाश्चात्य संस्कृति ने भारतीय जीवन के समस्त पहलुओं, विशेषकर धर्म, कला, साहित्य, सामाजिक और पारिवारिक जीवन में क्रांतिकारी परिवर्तनों को उत्पन्न किया। इससे जाति-प्रथा के नियमों में पर्याप्त ढिलाई आई, छुआछूत और पवित्रता-अपवित्रता के आधार पर भेदभावों में कमी आई और व्यक्तिवाद, भोगवाद, भौतिकवाद आदि प्रवृत्तियों को प्रोत्साहन मिला।
- भारतीय संस्कृति के धर्मनिरपेक्षता में चलचित्र, समाचार-पत्र, रेडियो, टेलीविजन आदि का पर्याप्त योगदान रहा है। इन सभी साधनों से विभिन्न धर्म, जाति और संप्रदाय एक-दूसरे की अच्छाई-बुराई का ज्ञान करते हैं और एक-दूसरे के संपर्क में आते हैं। चूंकि भारत स्वयं एक धर्मनिरपेक्ष गणराज्य हैं, अत: प्रचार के उपरोक्त सभी साधन भी धर्मनिरपेक्षीकरण के पक्ष में क्रियाशील बन जाते हैं।
- धर्मनिरपेक्षता को बढ़ाने में सरकारी प्रयत्नों का शायद सबसे अधिक योगदान रहा है। स्वतंत्र भारतीय संविधान ने भारत को एक लौकिक या धर्मनिरपेक्ष राज्य घोषित किया। सन् 1949 में हिन्दू विवाह वैधकरण अधिनियम पास हुआ। इसने इस अधिनियम के पास होने के पहले और बाद में होने वाले विवाहों को वैध कर दिया। सन् 1954 में फिर विशेष विवाह अधिनियम पास हुआ जोकि सन् 1872 के अधिनियम का विस्तृत रूप है। इसके अतिरिक्त अस्पृश्यता दूर करने के लिए सन् 1955 का 'अस्पृश्यता अपराध अधिनियम' सबसे प्रथम कानूनी कदम है, जिसके द्वारा अछूतों की समस्त निर्योग्यताओं को दूर करने का प्रयत्न किया गया है। इन सबके अतिरिक्त, भारत के संविधान के समक्ष सभी को समान माना गया है। संविधान के अनुच्छेद 15 के अनुसार, राज्य किसी भी नागरिक के विरुद्ध केवल धर्म, जाति मूलवंश, लिंग, जन्मस्थान अथवा इनमें से किसी के आधार पर कोई विभेद नहीं करेगा।

भारतीय समाज पर धर्मनिरपेक्षता का प्रभाव

धर्मनिरपेक्षता भारतीयों की एक जीवनशैली बन चुकी है और भारतीय जनमानस को सकारात्मक रूप में प्रभावित किया है और इसने मानवीय मूल्यों को बढ़ावा दिया है। धर्मनिरपेक्षता आज हमारा स्वभाव बन चुकी है, जिसके कारण भारतीय समाज के बहुलवादी होते हुए भी उसमें एकता के दर्शन होते हैं और यह एकता

कालांतर से मजबूत होती चली आ रही है। धर्मनिरपेक्षता के भारतीय जीवन पर निम्नलिखित प्रभाव पड़े हैं-

- भारतीय जीवन और धर्म में पवित्रता और अपवित्रता की धारणा का महत्वपूर्ण स्थान रहा है। प्राय: भारतीय जीवन के प्रत्येक क्षेत्र में पवित्रता और अपवित्रता की धारणा अवश्य विद्यमान है। आज व्यवसाय जाति अथवा पवित्रता और अपवित्रता के आधार पर नहीं अपनाए जा सकते हैं। इसके लिए आधुनिक समय में व्यवसायों की उच्चता-निम्नता के लिए शुद्धता और अशुद्धता के आधारों की अपेक्षा धन, सत्ता आदि को स्वीकार किया जा रहा है। इसी प्रकार भोजन, खान-पान व विवाह-संबंधी नियमों में भी ढील आती जा रही है।
- भारतीय समाज में परंपरागत रूप से अनेक संस्कारों की प्रधानता रही है, परंतु आधुनिक समय में तार्किक एवं पंथनिरपेक्ष जीवन मूल्यों के विकास से इन संस्कारों की भूमिका मानव जीवन में कम हुई है।
- धार्मिक जीवन में भी धर्मनिरपेक्षता का प्रभाव बढ़ रहा है। आज लोग पंडितों को दान देने की बजाए शिक्षा संस्थाओं, समाजसेवी, संगठनों, विधवा आश्रमों, चिकित्सालयों आदि को दान देना अधिक पसंद करते हैं।
- सामाजिक जीवन में परिवार एक महत्वपूर्ण सामाजिक संस्था का स्थान रखता है। भारतीय समाज में तो इसका और भी महत्व है। यहां की प्रमुख विशेषता संयुक्त परिवार व्यवस्था रही है। वास्तव में संयुक्त परिवार एक अति प्राचीन संस्था है और इस देश की परिस्थितियों को देखते हुए यह उचित भी था। परिवार में परंपरागत त्योहार अब भी मनाए जाते हैं, परंतु केवल नाममात्र के लिए। इसके लिए अतिरिक्त उनकों धार्मिक त्योहार न समझकर, एक सामाजिक अवसर अधिक माना जाता है। इस प्रकार परिवार के धार्मिक कार्यों में भी काफी कमी हुई है।
- जहां एक ओर नगरों में पर्याप्त लौकिकीकरण हुआ है, वहां दूसरी ओर ग्रामीण समुदाय भी इस प्रक्रिया से अप्रभावित नहीं है। आज ग्रामीण समुदाय में निरंतर धार्मिक समूहों/जाति पंचायतों की शक्ति घटती जा रही है, और उनका स्थान जनता द्वारा चुने हुए प्रतिनिधियों से गठित पंचायतों ने ले लिया है। ग्रामीण समुदायों में राजनीतिकरण की प्रक्रिया चल रही है। आज ग्रामों में प्रत्येक व्यक्ति राजनीति में सक्रियता से भाग लेने का इच्छुक है।

धर्मनिरपेक्षता के मार्ग में आने वाली बाधाएं

इस तथ्य में तनिक भी संदेह नहीं है कि धर्मनिरपेक्षता भारतीय समाज की अनिवार्य विशेषता है, परंतु ऐसा भी नहीं है कि भारतीय समाज में कभी धार्मिक विद्वेष, तनाव या संघर्ष की स्थिति न उत्पन्न होती रही हो। बढ़ती सांप्रदायिकता, कट्टरतावाद,

धार्मिक अंधविश्वास एवं आडंबर आज भी भारतीय समाज के आधुनिकीकरण एवं धर्मनिरपेक्षता में बाधक बने हुए हैं। राजनीतिक व्यवस्था में धार्मिक कट्टरता एवं धार्मिक तुष्टीकरण को बढ़ावा देने वाली प्रवृत्तियां भी बनी हुई है। धार्मिक पहचान के प्रति लोगों द्वारा अधिक उग्र एवं हिंसक रूझान अभिव्यक्त किए जा रहे हैं, वहीं लोगों के जीवन में धर्म के प्रति तार्किक दृष्टिकोण तो अपनाया जा रहा है, पर धार्मिक अंधविश्वास, धार्मिक कुरीतियां एवं धार्मिक आडंबर आज भी अधिसंख्य जनता की जीवनशैली के अभिन्न भाग बने हुए हैं। इस पृष्ठभूमि में धर्मनिरपेक्षता के मार्ग में बाधा प्रस्तुत करने वाले कुछ कारकों की चर्चा की जा सकती है-

समान नागरिक संहिता की समस्याः नागरिक संहिता का आशय संपत्ति से संबंधित अधिकारों तथा व्यक्तिगत मामलों जैसे विवाह, तलाक, भरण-पोषण, दत्तक ग्रहण तथा उत्तराधिकार आदि को विनियमित करने वाले विविध कानून के समूह से है। इस संदर्भ में भारतीय समाज के विभिन्न धार्मिक समूहों में भिन्न-भिन्न नागरिक संहिता का पालन किया जाता रहा है। वहीं जैसे-जैसे भारतीय समाज का आधुनिकीकरण होता गया है, सभी धार्मिक समूहों पर समान रूप से लागू होने वाली नागरिक संहिता की मांग भी तेज होती गई। वस्तुतः समान नागरिक संहिता की मांग इस तर्क के साथ किया जा रहा है कि व्यक्तिगत विषयों को पंथनिरपेक्ष कानूनों के माध्यम से ही विनियमित किया जाना चाहिए। इसी संदर्भ में भारतीय संविधान के अनुच्छेद-44 में नीति-निदेशक तत्व के रूप में यह प्रावधान किया गया कि राज्य भारत के संपूर्ण भू-क्षेत्र के नागरिकों के लिए एक समान नागरिक संहिता की स्थापना को बढ़ावा देगा। परंतु नीति-निदेशक वैधानिक दृष्टि से प्रवर्तनीय नहीं है, इसलिए अभी भी इस आदर्श को लागू नहीं किया जा सका है। इस बीच यह निरंतर विवाद का विषय बना रहा है। उल्लेखनीय है कि 1985 में मोहम्मद अहमद खान बनाम शाहबानो वाद में सर्वोच्च न्यायालय ने मुस्लिम महिलाओं का भरण-पोषण के अधिकार देने का निर्णय दिया था, परंतु मुस्लिम समुदाय द्वारा उसे अपने व्यक्तिगत विषयों का अतिक्रमण माना गया। अंततः 1986 में भारत सरकार द्वारा मुस्लिम महिला (तलाक पर अधिकार संरक्षण) अधिनियम 1986 पारित कर सर्वोच्च न्यायालय के इस निर्णय को निरस्त कर दिया गया। इसी प्रकार 1995 में सरला मुद्‌गल वाद में न्यायालय ने पुनः समान नागरिक संहिता की अनिवार्यता पर बल दिया। इस वाद में एक व्यक्ति जिसने पूर्व में हिन्दू कानून के अंतर्गत विवाह किया था, बाद में इस्लाम धर्म अपनाकर दूसरा विवाह कर लिया। ऐसे में प्रश्न उठना स्वाभाविक था कि यह विषय किस धर्म के व्यक्तिगत कानूनों के क्षेत्र में आएगा? इसी क्रम में 2003 में एक ईसाई पादरी ने सर्वोच्च न्यायालय में एक वाद प्रस्तुत कर भारतीय उत्तराधिकार अधिनियम की धारा 118 को चुनौती दी, जिसका एक उपबंध ईसाइयों के व्यक्तिगत

मामलों में हस्तक्षेप कर रहा था। उल्लेखनीय है कि अनुच्छेद 44 भारतीय संविधान की पंथनिरपेक्ष प्रकृति को दर्शाता है। ऐसे में समान नागरिक संहिता का विकास न हो पाना आज भी पंथनिरपेक्षता के समक्ष एक बड़ी चुनौती बनी हुई है।

भारतीय संविधान में धर्मनिरपेक्षता

- यद्यपि मूल भारतीय संविधान में स्पष्ट तौर धर्मनिरपेक्षता का उल्लेख नहीं किया गया था, परंतु संविधान की प्रस्तावना में उल्लेखित 'हम भारत के लोग से स्पष्ट है कि भारत धर्म, जाति, वर्ग, क्षेत्र, भाषा या पृथकता के स्थान पर 'हम' की भावना को मान्यता दी गई है। इसी प्रकार भारतवासियों में स्वतंत्रता, समता, न्याय और बंधुत्व की भावना का विकास करने का लक्ष्य रखा गया है। वस्तुतः प्रस्तावना में प्रयुक्त शब्द प्रतिष्ठा और अवसर की समता और बंधुत्व की भावना इसी संदर्भ में धर्मनिरपेक्षता को संबल प्रदान करते हैं। इसको और स्पष्ट करने के लिए 1976 में 42वें संविधान संशोधन द्वारा संविधान की प्रस्तावना में पंथनिरपेक्षता शब्द जोड़ा गया, जिसे व्यावहारिक तौर धर्मनिरपेक्षता कहा जाता है। उल्लेखनीय है कि सर्वोच्च न्यायालय ने अपने एक निर्णय पंथनिरपेक्षता को भारतीय संविधान मूल ढांचा घोषित किया है। इससे स्पष्ट है कि पंथनिरपेक्षता भारतीय समाज के एक अनिवार्य और मौलिक विशेषता है।
- भारतीय संविधान भाग-3 में उल्लेखित मूल अधिकारों में भी धर्मनिरपेक्षता को स्थान दिया गया है। अनुच्छेद-14 में सभी लोगों को विधि के समक्ष समानता और विधियों के समान संरक्षण का प्रावधान किया गया है। जिससे स्पष्ट है कि कानून की नजर में सभी व्यक्ति समान है। यह प्रावधान प्राकृतिक न्याय की भावना का मजबूती प्रदान करता है और समाज में व्यक्तियों के मध्य विभिन्न आधारों पर होने वाले भेदभाव समाप्त करने की बात करता है।
- अनुच्छेद-15(1) में भी कहा गया है कि राज्य द्वारा धर्म, वंश, जाति, लिंग, जन्मस्थल के आधार पर किसी प्रकार का कोई भेदभाव नहीं किया गया जाएगा। यही नहीं अनुच्छेद-15(2) में प्रावधानित है कि पूर्णतः या अंशतः राज्य निधि से संचालित एवं पोषित सार्वजनिक स्थल पर किसी भी प्रकार का भेदभाव नहीं किया जाएगा।
- अनुच्छेद-16 में प्रावधानित है कि लोक नियोजन में अवसर की समानता है।
- भारतीय संविधान की अनुच्छेद-25 से 28 तक में धार्मिक स्वतंत्रता का अधिकार प्रदान किया गया है इन अनुच्छेदों में सभी व्यक्तियों को अपने अंतःकरण की स्वतंत्रता, धर्म को अबाध रूप से मानने, आचरण करने, प्रचार करने, धार्मिक प्रबंधन करने, धार्मिक आधार पर करारोपण निषेध तथा धार्मिक गतिविधियों में राज्य को तटस्थ रहने का प्रावधान किया गया है।
- भारतीय संविधान की अनुच्छेद-29 से 30 में अल्पसंख्यकों के भाषा लिपि एवं संस्कृति को सुरक्षित बनाए रखने तथा अपने धर्म या भाषा पर आधारित सभी अल्पसंख्यक वर्गों को अपनी रुचि के अनुसार शिक्षण संस्थाओं की स्थापना और प्रशासन का अधिकार दिया गया हैं। यही नहीं, नागरिकता अधिनियम में भी धर्म के आधार पर कोई भेदभाव नहीं किया गया है।

राजनीति और धर्म: धर्मनिरपेक्षता की भावना के समक्ष सबसे बड़ी चुनौती धर्म आधारित राजनीति या सांप्रदायिक राजनीति को माना जा सकता है। उल्लेखनीय है कि भारत के विभाजन का कारण भी धर्म आधारित राजनीति ही थी। अत: आजादी के बाद यह माना गया कि अब राजनीति धर्म के नकारात्मक प्रभाव से मुक्त हो जाएगी, परंतु आजादी के बाद भारत में क्रमिक रूप में पहचानगत राजनीति बढ़ती गई। राजनीतिक दलों द्वारा सत्ता प्राप्ति हेतु धर्म, भाषा, जाति, क्षेत्र आदि के आधार पर लोगों की भावनाओं को भड़काया जाने लगा। यहां तक कि अनेक ऐसे साक्ष्य मिले हैं, जहां सांप्रदायिक दंगों को भड़काने में राजनीति दलों की भूमिका को देखा जा सकता है। इन सभी प्रवृत्तियों ने भारत के आम चुनावों में गैर-धार्मिक या गैर-सांप्रदायिक दृष्टिकोण के विकास को बाधित किया। साथ ही भेारत में बहुसंख्यक बनाम अल्पसंख्यक के मध्य संघर्ष को बढ़ावा देकर राष्ट्रीय एकीकरण की प्रक्रिया को भी बाधित कर दिया गया। वैश्वीकरण के वर्तमान दौर में पहचानगत मुद्दे अधिक प्रभावी हुए हैं तथा धार्मिक कट्टरता तेजी से बढ़ी है। इस प्रक्रिया को राजनीतिक स्तर पर रोकने की दिशा में भी संतोषजनक प्रयास नहीं हुए हैं।

सांस्कृतिक प्रतीक और धर्मनिरपेक्षता: सांस्कृतिक प्रतीक किसी धर्म विशेष की पहचान व विशिष्टता के द्योतक होते हैं, परंतु ये प्रतीक सार्वजनिक जीवन में अपनी धार्मिक श्रेष्ठता सिद्ध करने के माध्यम बन जाते हैं। यही से समाज में सांप्रदायिक मानसिकता का विकास होने लगता है। वस्तुत: ऐसा माना जाता है कि सांस्कृतिक प्रतीकों के प्रयोग के कारण ही राष्ट्रीय आंदोलन के प्रारंभिक चरणों में हिन्दू-मुस्लिम समुदाय के बीच दूरी बढ़ गई थी। उल्लेखनीय है कि स्वदेशी आंदोलन के दौरान गणेश पूजा, काली पूजा, शिवाजी उत्सव आदि ने राष्ट्रीय आंदोलन को धार्मिक स्वरूप दे दिया था। हालांकि इसके उद्देश्य सही थे, पर कहीं न कहीं इसने धर्मनिरपेक्षता को हतोत्साहित किया।

भारत में आजादी के बाद से ही अल्पसंख्यक समुदायों का यह आरोप रहा है कि भारत में भारतीय संस्कृति एवं मूल्यों के प्रोत्साहन के नाम पर हिन्दू संस्कृति को ही बढ़ावा दिया जाता रहा है। हाल के दिनों में कुछ राज्यों द्वारा शिक्षण संस्थानों में वंदेमातरम् गान को अनिवार्य करने, गीता को शैक्षिक पाठ्यक्रम में शामिल करने, सूर्य नमस्कार को प्रारंभ करने जैसे निर्णय लिए गए, इसने अल्पसंख्यक समुदाय में अपने सांस्कृतिक प्रतीकों के अप्रासंगिक होने के मनोवैज्ञानिक भय को मजबूत किया

अल्पसंख्यक समुदायों में बढ़ती वंचना: भारत में धर्मनिरपेक्षता मॉडल के आधार पर सभी धार्मिक समुदाय के लोगों के जीवन स्तर में सुधार हेतु अनेक प्रयास किए गए। परंतु बावजूद इसके अल्पसंख्यक समुदायों का समाज की मुख्यध ारा में सफल एकीकरण अभी तक संभव नहीं हो सका है। आज भी अनेक धार्मिक

अल्पसंख्यक सामाजिक-आर्थिक संकेतकों में अत्यधिक पिछड़े हैं तथा सापेक्षिक वंचना के शिकार हैं। अल्पसंख्यक समुदायों का यह भी आरोप है कि सांप्रदायिक दंगों की स्थिति में सरकारें निष्पक्ष व्यवहार नहीं करती। बहुसंख्यक समुदाय को लेकर एक मनोवैज्ञानिक भय सदैव अल्पसंख्यकों को असुरक्षित बनाए रखती है। इस संदर्भ में मुस्लिम समुदाय सर्वाधिक वंचना की शिकार है। इस तथ्य की पुष्टि सच्चर समिति एवं रंगराजन समिति की रिपोर्टों के आधार भी होती है।

दोषपूर्ण शिक्षा व्यवस्था: भारत में शिक्षण संस्थाएं भी धर्मनिरपेक्षता की भावना को मजबूत करने में अपनी महत्वपूर्ण भूमिका को उचित रूप में निभा नहीं पाई हैं। आज भी शैक्षिक पाठ्यक्रमों में अनेक विषय सांप्रदायिक भावनाओं को प्रेरित करने वाले हैं। एक तार्किक, वैज्ञानिक एवं मानवीय मूल्य पर आधारित शिक्षा व्यवस्था आज के समय की अनिवार्यता: हो चुकी है।

धर्मांतरण का मुद्दा: भारतीय संविधान धर्म परिवर्तन के अधिकार को धार्मिक स्वतंत्रता के अधीन अनुमति प्रदान करता है। परंतु अनेक अवसरों पर धर्मांतरण के तरीकों को लेकर वाद-विवाद होता रहा है। इसी संदर्भ में मध्य प्रदेश उच्च न्यायालय ने एक ऐतिहासिक निर्णय देते हुए कहा कि, बल, लोभ या कपट के आधार पर किया गया धर्मांतरण अवैध होगा, परंतु आज भी धर्मांतरण का मुद्दा भारत की धर्मनिरपेक्ष प्रकृति के समक्ष सबसे बड़ी चुनौती बना हुआ है।

❑❑❑

अभ्यास हेतु प्रश्न

1. धर्मनिरपेक्षता से क्या आशय है? धर्मनिरपेक्षता के संदर्भ में भारतीय संविधान में दिए गए प्रावधानों की विवेचना कीजिए।
2. धर्मनिरपेक्षता को प्रभावित करने वाले कारकों पर प्रकाश डालिए। इसके साथ ही यह भी स्पष्ट कीजिए कि भारत जैसे बहुलवादी देश के लिए धर्मनिरपेक्षता क्यों आवश्यक है?
3. भारत में धर्मनिरपेक्षता के मार्ग में आने वाली बाधाओं को चिह्नित कीजिए और इसे दूर करने के लिए सुझाव दीजिए।

25. क्षेत्रवाद

क्षेत्रवाद किसी भी देश की राष्ट्रीय एकता एवं अखंडता को प्रभावित करने वाला एक प्रमुख कारक है। क्षेत्रवाद की समस्या विशेषत: बड़े देशों या संघात्मक शासन वाली व्यवस्था में समय-समय पर देखने को मिलती है। जैसाकि भारत में भी देखने को मिलती रहती है। क्षेत्रवाद अथवा प्रादेशिकता की समस्या संघात्मक शासन वाले देश के निर्माण या राष्ट्र-निर्माण में एक अवरोधक तत्व है। किसी भी देश-प्रदेशों को विभिन्न आधारों जैसे भूगोल, आर्थिक विकास, भाषाई एकीकरण, जाति या जनजाति इत्यादि द्वारा परिभाषित किया जा सकता है। ध्यातव्य है कि भारत में 1956 ई. में राज्यों का पुनर्गठन मुख्य रूप से भाषाई आधार पर किया गया है। कई बार अनेक आधार परस्पर जुड़े होते हैं। क्षेत्रवाद अपने क्षेत्र अथवा राज्य के प्रति निष्ठा की संकीर्ण भावना है। कई बार ऐसा होता है कि किसी विशेष क्षेत्र या प्रदेश के लोग यह सोचते हैं कि उनके सामाजिक, सांस्कृतिक, आर्थिक या सांविधानिक अधिकारों की उपेक्षा की जा रही है। इससे लोग अपने क्षेत्र या प्रदेश के विकास के लिए उन विशेषाधिकारों एवं अवसरों की मांग करने लगते हैं, जोकि उन्हें संपूर्ण समाज के संदर्भ में करने चाहिए। क्षेत्रीय हितों द्वारा प्रभावित व्यक्ति अन्य प्रदेशों व संपूर्ण राष्ट्र के हितों की ओर कोई ध्यान नहीं देते हैं। इससे भी राष्ट्र-निर्माण की प्रक्रिया को नुकसान पहुंचता है। कुछ लोगों का मत है कि क्षेत्रवाद राष्ट्रीयता में ही निहित या अंतर्भूत प्रक्रिया हैं।

भारत में क्षेत्रवाद

क्षेत्रवाद की परिभाषा देना इतना सरल नहीं है, क्योंकि क्षेत्र या प्रदेश को निर्धारित करने का कोई एक सामान्य आधार नहीं है। साथ ही कई आधार आपस में जुड़े हुए होते हैं, जिससे समस्या और भी जटिल हो जाती है। उदारणार्थ, केवल भाषाएं प्रदेशों को परिभाषित करने के लिए पर्याप्त नहीं है। कई बार ऐसा होता है कि किसी विशेष क्षेत्र में रहनेवाले व्यक्ति अनुभव करते हैं कि उनके संवैधानिक उद्देश्यों (जैसे आर्थिक तथा सांस्कृतिक इत्यादि) की ओर कोई विशेष ध्यान नहीं दिया जा रहा है अथवा उनकी समस्याओं का समाधान नहीं किया जा रहा है अथवा वायदे पूरे नहीं हो रहे है। क्षेत्रवाद के बारे में दो दृष्टिकोण हमारे सम्मुख रखे गए हैं- प्रथम, अपने देश के प्रति भक्ति देश में बढ़ती हुई राष्ट्रीयता का ही परिणाम है। विभिन्न क्षेत्रों में रहनेवाले लोग आर्थिक तथा सांस्कृतिक विकास के लिए वही विशेषाधिकारों एवं अवसरों की मांग करते हैं, जिनकी पहले पूरे देश में मांग की जाती थी। द्वितीय, इसके बारे में एक अन्य दृष्टिकोण यह है कि क्षेत्रीय भावनाएं राष्ट्रीय एकता में रुकावट हैं, क्योंकि क्षेत्रीय उद्देश्यों की सर्वोच्चता के कारण राष्ट्रीय उद्देश्य पिछड़ जाते हैं। क्षेत्रीय भावना से ग्रसित व्यक्ति केवल अपने प्रदेश के उद्देश्यों की पूर्ति चाहता है तथा पड़ोसी प्रदेशों अथवा पूरे देश के उद्देश्यों को सामने नहीं रखता।

क्षेत्रवाद के उद्देश्य

- जहां पर प्रशासन तथा सत्ता का अधिक केंद्रीकरण है वहां प्रदेशों के आधार पर प्रशासन का विकेंद्रीकरण करना।
- एक विशेष राजनीतिक विचारधारा तथा राष्ट्रीय एकता के विरुद्ध सामाजिक-सांस्कृतिक प्रति-आंदोलन।
- राष्ट्र के संघीय संरचना के अंतर्गत उप-सांस्कृतिक क्षेत्रों के लिए अधिक स्वायत्तता की मांग को लेकर राजनीतिक प्रति-आंदोलन।
- पृथकतावाद की नीति, ताकि क्षेत्रीय समूह, जोकि किसी विशेष उप-सांस्कृतिक क्षेत्र में रहता है, के राजनीतिक उद्देश्यों की पूर्ति की जा सकें।
- क्षेत्रीय संस्कृतियों का पुनर्गठन।
- प्रशासनीय तथा राजनीतिक निक्षेपण या अवनति।
- केंद्र तथा राज्यों के संघर्षों को सुलझाने के लिए नियम बनाना, ताकि दो अथवा अधिक उप-सांस्कृतिक क्षेत्रों में संघर्ष टाला जा सकें।
- केंद्र और राज्यों में व उप-सांस्कृतिक क्षेत्रों में आर्थिक एवं राजनीतिक संतुलन बनाए रखना।

भारत सरकार का प्रमुख उद्देश्य सांस्कृतिक, धार्मिक तथा प्रजातीय अनेकताएं एवं संघर्ष होते हुए भी एकता की भावना का विकास करना है। आर्थिक असमानताओं को जब राजनीतिक उद्देश्य के लिए शोषित किया जाता है तो क्षेत्रवाद की समस्या उत्पन्न हो जाती है तथा क्षेत्रीय संगठन जन्म लेने लगते हैं। हिन्दी बोलने वाले तथा न बोलने वाले क्षेत्रों में संघर्ष के अतिरिक्त अन्य घटनाएं; जैसे- असम में असमियों तथा बंगालियों में संघर्ष, महाराष्ट्र में शिव सेना द्वारा दक्षिण भारतीयों का विरोध तथा तेलंगाना में आंध्र का विरोध क्षेत्रवाद की ओर इंगित करती है। अप्रभावित क्षेत्रों में भी स्थानीय मांगों को उठाया जा रहा है। क्षेत्रवाद संघीय संरचना की एक समस्या है। एकता का शाब्दिक अर्थ है, अंगों से समग्र का निर्माण करना। इसमें हम अनेकता को मानकर चलते हैं तथा अंगों को एक साथ मिलाना इसका उद्देश्य है। अंगों में अनेकता होते हुए भी पारस्परिक सहायता की भावना होनी चाहिए।

क्षेत्रवाद को बहु-परिणाम संबंधी पृथक् विभागों में निर्मित प्रघटना तथा राष्ट्रीयता में ही निहित प्रक्रिया के रूप में देखा जा सकता है। क्षेत्रवाद तथा प्रांतीयवाद में अंतर है क्योंकि प्रांतीयवाद में स्थानीयता, अलगाव तथा पृथकता के विचार निहित हैं। क्षेत्रवाद सामाजिक-सांस्कृतिक, आर्थिक तथा राजनीतिक जीवन में अंतर से शुरू होता है।

उपर्युक्त विवेचन से स्पष्ट होता है कि किसी क्षेत्र की भाषा अथवा बोली को लेकर या उसकी आर्थिक स्थिति को लेकर वहीं के हित को सर्वोपरि रखकर राष्ट्रीय हितों की उपेक्षा करना ही क्षेत्रवाद या क्षेत्रीयता है।

भारत में क्षेत्रवाद के विकास के कारण

क्षेत्रवाद जैसी समस्या का जन्म एवं विकास किसी एक कारण से नहीं होता है, बल्कि इसके लिए अनेक कारण उत्तरदायी हैं जिनमें से प्रमुख निम्नलिखित हैं-

- **क्षेत्रीय विभिन्नता:** क्षेत्रवाद विभिन्न क्षेत्रों में पाई जाने वाली विभिन्नता का उत्पाद है। राज्य पुनर्गठन आयोग द्वारा भाषाई आधार पर राज्यों के पुनर्गठन के बाद भी अनेक क्षेत्रों में अलगाव का मनोभाव बना हुआ है; उदाहरणार्थ- महाराष्ट्र में विदर्भ या मराठवाड़ा, गुजरात में सौराष्ट्र, बिहार में झारखंड, मध्य प्रदेश में छत्तीसगढ़ या विंध्य प्रदेश, उत्तर प्रदेश में बुंदेलखंड या उत्तराखंड या हरित प्रदेश, पश्चिमी बंगाल में गोरखालैण्ड तथा जम्मू-कश्मीर में लद्दाख की मांग इसी मनोवृत्ति का परिणाम है। इनमें से कुछ एक राज्यों में पृथक् राज्यों के निर्माण हो भी चुके हैं।
- **भाषाई लगाव:** भाषाई लगाव क्षेत्रवाद की उत्पत्ति का मुख्य कारक है। 1948 ई. में राज्य पुनर्गठन पर विचार करने हेतु गठित डार आयोग ने भाषाई आधार पर राज्यों का पुनर्गठन न करने का विचार व्यक्त किया था, परंतु राजनीतिज्ञों ने अपने निहित स्वार्थ के लिए भाषाई हितों को आगे बढ़ाना

जारी रखा। 1953 ई. में तेलुगू भाषी लोगों के लिए तत्कालीन मद्रास राज्य का भाग लेकर आंध्र प्रदेश नामक नए राज्य की स्थापना की गई।

- **विभिन्न क्षेत्रों का असंतुलित आर्थिक विकासः** राज्य के अलग-अलग भागों में आर्थिक विकास की असंतुलित स्थिति भी क्षेत्रवाद के उदय का एक मुख्य कारक रही है। उदाहरणार्थ-आन्ध्र प्रदेश में तेलंगाना आंदोलन, महाराष्ट्र में शिवसेना द्वारा चलाया गया आंदोलन, असम में ऑल असम स्टूडेण्ट्स यूनियन तथा ऑल असम गण-संग्राम परिषद् द्वारा चलाए गए आंदोलनों के पीछे यही मुख्य कारक हैं।
- **सामाजिक अन्याय एवं पिछड़ापनः** सामाजिक अन्याय एवं पिछड़ापन क्षेत्रवाद के उदय का एक और मुख्य कारण है। मुख्यतः जब इस पिछड़ेपन में आर्थिक पिछड़ापन भी मिल जाता है तो स्थिति और भी विषम हो जाती है।
- **धार्मिक संकीर्णता की भावनाएंः** धर्म भी कई बार क्षेत्रीयवाद की भावनाओं को बढ़ाने में सहायता करता है। पंजाब में अकालियों की पंजाबी सूबे की मांग कुछ हद तक धर्म के प्रभाव का परिणाम ही थी।
- **निहित राजनीतिक स्वार्थः** क्षेत्रवाद की भावनाओं को विकसित करने में राजनीतिज्ञों का भी हाथ रहता है। कई राजनीतिज्ञ यह सोचते हैं कि यदि उनके क्षेत्र का अलग राज्य बना दिया जाएगा तो इससे उनकी राजनीतिक महत्वाकांक्षाओं की पूर्ति हो जाएगी, अर्थात् उनके हाथ भी सत्ता लग जाएगी।

भारत में क्षेत्रवाद की उत्पत्ति के कारण

क्षेत्रवाद जैसी समस्या का जन्म एवं विकास किसी एक कारण से नहीं होता है, बल्कि इसके लिए अनेक कारक जिम्मेदार है, जो प्रमुख रूप से इस प्रकार हैं-

- क्षेत्रीय विभिन्नता।
- भाषाई लगाव।
- भौगोलिक दूरियां।
- विभिन्न क्षेत्रों का असंतुलित विकास।
- सामाजिक अन्याय एवं पिछड़ापन।
- धार्मिक संकीर्णता की भावना।
- राजनैतिक स्वार्थ।

क्षेत्रवाद की राजनीति

यह एक विवादास्पद प्रश्न है कि क्षेत्रवाद का भारतीय राजनीति पर धनात्मक प्रभाव पड़ा है अथवा ऋणात्मक? क्षेत्रीय आंदोलनों के कारण भारतीय संघ छिन्न-भिन्न हो जाएगा? यह धारणा मिथ्या सिद्ध हुई है। क्षेत्रवाद के संदर्भ में कुछ लोगों का मत

है कि "क्षेत्रीय आंदोलन उप-राष्ट्रवाद के विकास में सहायक होते हैं, जो कालांतर से राष्ट्रवाद के विकास में सहायता करते हैं।" इस दृष्टिकोण के समर्थकों का यह भी मानना है कि भारत में क्षेत्रीय आंदोलन न्यूनाधिक रूप से पृथकतावादी नहीं रहे हैं। क्षेत्रवाद का लक्ष्य अपने क्षेत्र या समुदाय के लिए अधिक सुविधाएं प्राप्त करना अथवा विकास की गति को तीव्र करना होता है।

दूसरे दृष्टिकोण के अनुसार क्षेत्रवाद का भारतीय राजनीति पर ऋणात्मक प्रभाव पड़ा है और इनसे आंदोलनात्मक राजनीति को बढ़ावा मिला है। इस दृष्टिकोण के समर्थक विद्वानों के अनुसार क्षेत्रवाद ने अपने निहित स्वार्थों की पूर्ति के लिए धर्म, भाषा, जाति जैसे विघटनकारी तत्वों का सहारा लिया है, जिससे भारत में राष्ट्रीय एकीकरण के मार्ग में नवीन बाधाएं पैदा हो रही हैं।

क्षेत्रवाद का प्रभाव

- राष्ट्रीय एकीकरण की प्रक्रिया पर नकारात्मक प्रभाव।
- वर्ग संघर्ष को बढ़ावा।
- सामाजिक विघटन को बढ़ावा।
- सांस्कृतिक संघर्ष को बढ़ावा।
- प्रशासनिक व्यय में वृद्धि।
- राजनैतिक प्रक्रियाओं या विचारों में पारस्परिक संघर्ष।

वास्तविक स्थिति इन दोनों दृष्टिकोणों के मध्य की है। भारत में विकास की गति असमान रही है, अतएव क्षेत्रीय धरातल पर विरोध स्वाभाविक है। यदि विकास के अवसरों और उससे प्राप्त लाभों का बंटवारा न्यायसंगत तरीके से हो सके तो क्षेत्रीय आंदोलनों से भारत के संघीय ढांचे पर कोई विपरीत प्रभाव नहीं पड़ेगा।

भारत में क्षेत्रवाद के निराकरण हेतु सुझाव

किसी भी लोकतांत्रिक राष्ट्र के लिए, जो अभी भी राष्ट्र निर्माण और राष्ट्रीय एकीकरण की समस्याओं से जूझ रहा हो, क्षेत्रवाद की प्रवृत्ति का विकास एक चिंताजनक विषय है। इस समस्या का समाधान एक सोची-समझी, सुविचारित रणनीति द्वारा ही हो सकता है। क्षेत्रवाद की समस्या के समाधान के कुछ प्रभावशाली उपाय निम्नलिखित हैं-

- सरकार को विकास कार्यक्रमों का सृजन और उनका क्रियान्वयन कुछ इस प्रकार करना चाहिए कि संतुलित क्षेत्रीय विकास को बढ़ावा मिल सकें।
- विशिष्ट जातीय समुदाय की अपनी विशिष्ट संस्कृति और पहचान को सुरक्षित रखने के लिए सरकार द्वारा विशेष प्रयास किए जाने चाहिए। इस आशय के

प्रावधान मौलिक अधिकारों के अनुच्छेद 29-30 में भी किए गए हैं। इन्हें पूर्ण ईमानदारी के साथ लागू किया जाना चाहिए।

- जहां तक संभव हो, पिछड़े हुए क्षेत्रों के आर्थिक विकास पर विशेष ध्यान दिया जाना चाहिए, जिससे उन्हें राष्ट्र की मुख्य विकास धारा से जोड़ा जा सकें, संघ सरकार को पिछड़े हुए क्षेत्रों के विकास पर विशेष ध्यान देने के लिए राज्य सरकारों को विशेष निर्देश देना चाहिए।
- क्षेत्रवादी आंदोलनों की हिंसात्मक प्रवृत्ति पर कठोरता से अंकुश लगाया जाना चाहिए। इन उपायों पर ध्यान नहीं दिया गया तो संभव है कि एक बार फिर राज्यों का पुनर्गठन करना पड़े। क्षेत्रीयता की समस्या का समाधान करने के लिए राष्ट्रीयता की भावनाओं एवं राष्ट्र-निर्माण की प्रक्रिया को प्रोत्साहन देना अनिवार्य है। राष्ट्रीय एकता की भावना, विभिन्न प्रदेशों का संतुलित आर्थिक विकास एवं विकास की उपयुक्त योजनाओं द्वारा इसका समाधान किया जा सकता है।

क्षेत्रवाद की समस्या के समाधान के लिए उठाए गए संस्थागत कदम

अंतर्राज्यीय परिषद्

'विविधता में एकता' संघीय शासन प्रणाली की आत्मा है। एकता को स्थापित करने वाले प्रमुख तत्व गतिशील एवं प्रगतिशील नेतृत्व, समान राष्ट्रीय चेतना, आर्थिक नियोजन की इच्छा, आत्मनिर्भरता, पारस्परिक आश्रितता तथा सामरिक नेतृत्व की सैनिक परिस्थितियों हैं जबकि विविधता को प्रोत्साहित करने वाले तत्वों में प्रमुख तत्व निम्नवत् हैं– 1. राज्य के अंतर्गत जाति, धर्म, भाषा, वर्ग आदि 2. क्षेत्रीय स्वायत्तता को स्थानीय स्वशासन का प्रतिरूप/प्रतिबिंब मानने की भावना 3. एक ही राष्ट्र में सांस्कृतिक, भाषाई, आर्थिक दृष्टि से भिन्नता रखने वाले क्षेत्रों की उपस्थिति 4. राष्ट्र में उपस्थित विभिन्न जातीय एवं सांस्कृतिक गुटों द्वारा अपनी स्वायत्तता बनाए रखने की इच्छा, तथा 5. भौगोलिक एकता आदि। सभी संघीय प्रणाली वाले राज्यों में इस प्रकार दो विरोधी तत्वों की उपस्थिति के कारण केंद्र तथा राज्यों में एक-दूसरे के प्रति सौहार्द्र का वातावरण नहीं रह पाता है और उनमें आपस में कटुता उत्पन्न हो जाती है। भारत भी एक संघीय शासन प्रणाली वाला देश है। यहां भी केंद्र तथा राज्यों के पारस्परिक संबंधों का सौहार्द्रपूर्ण न रहना स्वाभाविक है।

1967 तक भारत में केंद्र और सभी राज्यों में एक ही पार्टी अखिल भारतीय कांग्रेस पार्टी की सरकार थी। केंद्र तथा राज्यों और अंतर्राज्यीय समस्याओं का समाधान

मुख्यमंत्रियों की बैठक आहूत करके या मुख्यमंत्री तथा प्रधानमंत्री की बैठक द्वारा या राज्यों तथा केंद्रीय सरकार के संबंधित मंत्रालयों द्वारा विचार-विमर्श करके सुलझा दिया जाता था, परंतु 1967 में 9 विभिन्न राज्यों में संविद सरकारें सत्ता में आई और केंद्र-राज्य संबंधों में एक नाटकीय परिवर्तन हुआ। विपक्ष शासित राज्य केंद्र की नीतियों से संतुष्ट नहीं होते थे तथा केंद्र के प्रति अविश्वास की भावना से ग्रसित थे। इसी प्रकार केंद्र तथा राज्यों के आपसी विवाद का निर्णय करने के लिए अंतर्राज्यीय परिषद् की स्थापना की मांग की। ध्यातव्य है कि अंतर्राज्यीय परिषद् की स्थापना की मांग सर्वप्रथम 1968 में केरल के मुख्यमंत्री एम. एस. नम्बूदिरीपाद ने की थी। जब नम्बूदिरीपाद ने अंतर्राज्यीय परिषद् की स्थापना की मांग की, उससे पूर्व कुछ ऐसी महत्वपूर्ण घटनाएं घटित हो चुकी थीं कि जिनके कारण केंद्र तथा राज्यों के संबंध काफी तनावपूर्ण हो गए थे। उदाहरणतया हरियाणा में राव वीरेंद्र सिंह तथा पश्चिम बंगाल में अजय मुखर्जी के मंत्रिमंडल को बर्खास्त किया जा चुका था। 1972 में ही भारत के पूर्व मुख्य न्यायाधीश गजेंद्र गड़कर ने यह मांग की कि केंद्र सरकार अंतर्राज्यीय विवादों के निर्णय के लिए अनुच्छेद–263 के अंतर्गत यथाशीघ्र अंतर्राज्यीय परिषद् की स्थापना करे। ऐसे विवादों का निर्णय राजनीतिक आधार पर राजनैतिक नेताओं द्वारा नहीं किया जाना चाहिए। उनका निर्णय संविधान में की गई व्यवस्था के अनुसार किया जाना चाहिए। इसके पूर्व में अंतर्राज्यीय परिषद् की स्थापना की मांग जनसंघ की कार्यसमिति तथा जयप्रकाश नारायण ने भी की थी। लोकसभा में अनेक सांसदों ने भी सरकार के अंतर्राज्यीय परिषद् के गठन की मांग की, परंतु तत्कालीन प्रधानमंत्री इंदिरा गांधी ने इसे अस्वीकार कर दिया।

1977 में भारतीय राजनीति में एक परिवर्तन आया और श्रीमती इंदिरा गांधी सत्ता से बाहर हो गईं। केंद्र में जनता पार्टी की सरकार बनी तथा राज्यों में क्षेत्रीय दलों की सरकारें बनी। इस समय क्षेत्रीय दलों द्वारा अलग-अलग मांग की जाने लगीं। इसी समय तमिलनाडु की द्रमुक सरकार राष्ट्रीय सुरक्षा परिषद् को विघटित कर, राज्य के लिए पृथक् ध्वज की मांग करने, त्रिभाषा फार्मूला रद्द करने तथा आकाशवाणी के समय में परिवर्तन की मांग करने लगी।

पश्चिम बंगाल सरकार का भी केंद्रीय करों के विभाजन को लेकर केंद्र सरकार से काफी कटु संबंध हो गए तथा उसने केंद्र सरकार के विरुद्ध सर्वोच्च न्यायालय में मुकदमा दायर करने की धमकी दी। केंद्र-राज्य संबंधों को और अधिक बिगड़ने से बचाने के लिए 1983 में सरकारिया आयोग का गठन किया गया। इसी समय जनता सरकार का पतन हो गया और सत्ता में आई कांग्रेस की सरकार ने अंतर्राज्यीय परिषद् की मांग को पुनः अस्वीकार कर दिया।

1988 में सरकारिया आयोग ने अपने प्रतिवेदन में अंतर्राज्यीय परिषद की स्थापना का सुझाव दिया था। ध्यातव्य है कि इसके पूर्व 1969 में प्रशासनिक सुधार आयोग ने कहा था कि अंतर्राज्यीय परिषद् की स्थापना राष्ट्रीय हित में है और इसकी स्थापना तुरंत की जानी चाहिए, क्योंकि यह एक ऐसी संस्था होगी, जो केंद्र और राज्यों के मध्य उत्पन्न विवादों का गंभीरतापूर्वक अध्ययन करके निष्पक्ष निर्णय देगी।

अंतर्राज्यीय परिषद् का गठन

दिसंबर 1989 में केंद्र में राष्ट्रीय मोर्चा सरकार के गठन के बाद एक बार पुनः अंतर्राज्यीय परिषद् की स्थापना की मांग तेज हो गई। एक तरफ तो अंतर्राज्यीय तथा केंद्र के मध्य और दूसरी तरफ राज्यों के पारस्परिक विवादों को ध्यान में रखते हुए अंतर्राज्यीय परिषद् की स्थापना करना आवश्यक समझा गया। इन्हीं परिस्थितियों को ध्यान में रखते हुए तत्कालीन प्रधानमंत्री श्री विश्वनाथ प्रताप सिंह ने 28 मई, 1990 को अंतर्राज्यीय परिषद् के गठन का आदेश दिया और जून, 1990 में अंतर्राज्यीय परिषद् पूर्णरूप से अपने अस्तित्व में आ गई। अंतर्राज्यीय परिषद् का गठन सरकारिया आयोग की अनुशंसाओं के अनुरूप किया गया है। अंतर्राज्यीय परिषद् का अध्यक्ष प्रधानमंत्री पदेन होता है। अंतर्राज्यीय परिषद् में प्रधानमंत्री द्वारा मनोनीत 6 केंद्रीय मंत्री, सभी राज्यों तथा संघ शासित प्रदेशों के मुख्यमंत्री सम्मिलित होते हैं। जिन संघ क्षेत्रों में विधानसभा नहीं है, उनके प्रशासक तथा जिन राज्यों में राष्ट्रपति शासन लागू है उनके राज्यपाल सम्मिलित होते हैं। अंतर्राज्यीय परिषद् का एक स्थायी सचिवालय दिल्ली में है। सचिवालय के पदाधिकारियों की नियुक्ति प्रधानमंत्री द्वारा की जाती है।

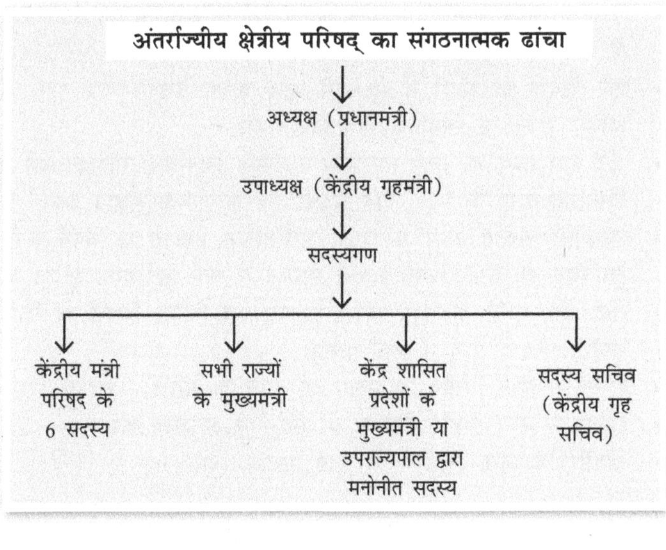

अंतर्राज्यीय परिषद् की वर्ष में तीन बैठकें अनिवार्य हैं और इन बैठकों की अध्यक्षता प्रधानमंत्री द्वारा की जाती है। यदि किसी कारणवश प्रधानमंत्री बैठक की अध्यक्षता नहीं करते हैं तो गृहमंत्री या प्रधानमंत्री द्वारा नियुक्त कैबिनेट मंत्री अंतर्राज्यीय परिषद् की अध्यक्षता करेगा। जब किसी बैठक में किसी विशेष विषय पर विचार-विमर्श किया जाना हो तो संबंधित मंत्री या उस राज्यमंत्री को, जिसके पास विभाग का स्वतंत्र प्रभार होता है, विशेष रूप से आमंत्रित किया जाता है। अंतर्राज्यीय परिषद् की बैठक में 10, अध्यक्ष सहित, सदस्यों की उपस्थिति गणपूर्ति के लिए आवश्यक है।

अंतर्राज्यीय परिषद् की बैठक में विचार करने से संबंधित विषयों की सूची तैयार करने के लिए परिषद् स्वयं नियम बनाएगी और विचारधीन विषयों के संबंध में आम सहमति से निर्णय लिया जाएगा। ध्यातव्य है कि इस संबंध में अध्यक्ष का निर्णय अंतिम होगा। अंतर्राज्यीय परिषद् केवल सिफारिश करने वाली संस्था के रूप में कार्य करेगी और सामान्यतः उन समस्याओं पर विचार-विमर्श करेगी, जिनका संबंध केंद्र तथा राज्यों अथवा राज्यों के पारस्परिक संबंधों से है।

अंतर्राज्यीय परिषद् का कार्य

भारतीय संविधान के **अनुच्छेद–263** में अंतर्राज्यीय परिषद् के कार्यों की विवचेना की गई है। अनुच्छेद–263 में स्पष्टतः कहा गया है कि अंतर्राज्यीय परिषद् का संबंध केवल अंतर्राज्यीय विवादों से है और यह केवल उन्हीं के संदर्भ में केंद्रीय मंत्रिमंडल को अपनी मंत्रणा दे सकती है। अंतर्राज्यीय परिषद् के प्रमुख कार्य निम्नवत् हैं–

- राज्यों के मध्य उत्पन्न होने वाले विवादों की जांच करना एवं उनके समाधान के संदर्भ में परामर्श देना।
- ऐसे विषयों के संदर्भ में सूक्ष्मतम जांच करना, जिनमें केंद्र और एक से अधिक राज्यों के सामूहिक हित निहित हो।
- केंद्र और राज्यों के मध्य सामंजस्य एवं समायोजन तथा सौहार्द्रता की भावना विकसित करने के लिए नीति संबंधी एवं कार्यात्मक सुझाव देना।
- राज्यपाल अथवा अन्य महत्वपूर्ण संवैधानिक निकाय के कार्य करने एवं स्वविवेक के प्रयोग करने संबंधी मामलों में मार्ग-निर्देशिका सृजित करना।
- केंद्र और राज्यों के मध्य संचार माध्यम एवं विचार-विमर्श के लिए एक राष्ट्रीय मंच के रूप में कार्य करना।
- राज्यों के मध्य वित्तीय विषमताएं दूर करने के संबंध में सुझाव देना।
- राज्यों के मध्य वित्तीय विवरण के संदर्भ में अनुशंसा करना।
- अंतर्राज्यीय सीमा-निर्धारण के लिए प्रस्ताव देना।

अंतर्राज्यीय परिषद् के कार्यों को लेकर मतभेद भी हैं। प्रशासनिक सुधार आयोग का कहना था कि अंतर्राज्यीय परिषद् को अंतर्राज्यीय विवादों, यथा राज्यों के मध्य सीमा विवाद और संघीय संवैधानिक अधिकारियों (राज्यपाल, मुख्य चुनाव आयुक्त, नियंत्रक और महालेखा परीक्षक आदि) के मनोनयन के संदर्भ में हस्तक्षेप नहीं करना चाहिए। ऐसा करने से एक तरफ जहां राज्यों में आपसी कटुता बढ़ेगी तो दूसरी तरफ मंत्रिमंडलीय उत्तरदायित्व के सिद्धांत में गिरावट आएगी। सरकारिया आयोग ने भी अपने प्रतिवेदन में कहा था कि हम जिस परिषद् के गठन की अनुशंसा कर रहे हैं उसे ऐसे कर्त्तव्य सौंपे जाएं जो सामान्यतः अनुच्छेद–263 (1) और (2) के समूचे क्षेत्र को समाविष्ट करते हो। यह इसलिए अनिवार्य है कि राष्ट्रपति के पास अनुच्छेद–263 के अधीन बार-बार ऐसे संदर्भ न भेजने पड़ें कि परिषद् को विशिष्ट संदर्भों पर जब भी कोई मामला आए, विचार करने के लिए प्राधिकृत किया जाए। सरकारिया आयोग ने सुझाव दिया था कि किसी भी राज्य में अनुच्छेद–356 का प्रयोग करने के पूर्व अंतर्राज्यीय परिषद् से अवश्य परामर्श कर लिया जाना चाहिए।

वस्तुतः अंतर्राज्यीय परिषद् की स्थापना केंद्र और राज्यों के मध्य सौहार्द्रपूर्ण संबंध स्थापित करने के लिए की गई है। ऐसी स्थिति में परिषद् के कार्यकलापों को सीमित करने का कोई औचित्य नजर नहीं आता है। यदि राज्यों द्वारा सीमा विवाद, जल विवाद जैसे मामले भी परिषद् के सम्मुख प्रस्तुत किए जाते हैं तो ऐसा करने पर कोई प्रतिबंध नहीं होना चाहिए। ध्यातव्य है कि विचार-विमर्श के गर्भ से ही समझौतों का जन्म होता है।

अंतर्राज्यीय परिषद् के गठन का औचित्य

यद्यपि अंतर्राज्यीय परिषद् के गठन का प्रावधान **अनुच्छेद–263** में किया गया है, परंतु संविधानवेत्ताओं के इसके गठन के औचित्य पर प्रश्नचिन्ह लगाया है। संवैधानिक उपबंधों का कानूनी विश्लेषण करने वाले विधिवेत्ताओं का आग्रह है कि अंतर्राज्यीय परिषद् को सिर्फ एक परामर्शदात्री निकाय ही होना चाहिए तथा उसको संवैधानिक परिसीमाओं में ही रहकर कार्य करना चाहिए। केंद्रीय विधि मंत्रालय का कहना है कि भारत में संसदीय शासन प्रणाली अस्तित्व में है और राष्ट्रपति केवल नाममात्र का अध्यक्ष है। अतः राष्ट्रपति को केंद्रीय मंत्रिपरिषद् के अतिरिक्त किसी संस्था से परामर्श लेने का कोई अधिकार नहीं है, परंतु अंतर्राज्यीय परिषद् के गठन का प्रावधान संविधान में है, इसलिए ऐसे विचार पर राष्ट्रपति को अंतर्राज्यीय परिषद् से परामर्श लेने का अधिकार है, इसको अमान्य नहीं किया जा सकता है। अंतर्राज्यीय परिषद् के संदर्भ में कहा जाता है कि इससे मंत्रिमंडलीय उत्तरदायित्व सिद्धांत का उल्लंघन होता है जबकि अंतर्राज्यीय परिषद् का अध्यक्ष संविधानतः प्रधानमंत्री होता है। फिर ऐसी स्थिति में मंत्रिमंडलीय उत्तरदायित्व के सिद्धांत का उल्लंघन कैसे

होता है? नीति आयोग (योजना आयोग) और राष्ट्रीय विकास परिषद् जैसी संस्थाएं मंत्रिमंडलीय उत्तरदायित्व के सिद्धांत को प्रभावित किए बिना अस्तित्व में रह सकती है तो अंतर्राज्यीय परिषद् क्यों नहीं कार्य कर सकती है और इससे संसदीय प्रतिमानों का ह्रास कैसे हो सकता है? इसके साथ-साथ भारतीय संविधान के अंतर्गत केंद्र-राज्य संबंधों की दृष्टि से राष्ट्रपति मूकदर्शक नहीं बनाए गए। राष्ट्रपति को केंद्र-राज्य संबंधों को संविधान की भावनाओं के अनुरूप मोड़ना होता है। राष्ट्रपति संविधान संरक्षक हैं और आपातकालीन स्थितियों में संवैधानिक तंत्र को संतुलित करते हैं।

अंतर्राज्यीय परिषद् के संदर्भ में सरकारिया आयोग का मत है कि यह परिषद् सिर्फ सिफारिश करने वाली निकाय के रूप में होगी। अतः यह किसी भी प्रकार से उन उत्तरदायित्वों या शक्तियों का क्षय नहीं करेगी, जो संविधान के अंतर्गत क्रमशः केंद्र और राज्य के अनन्य क्षेत्राधिकार में आते हैं।

अंतर्राज्यीय परिषद् की सिफारिशों के परिप्रेक्ष्य में एक और प्रश्न उठता है कि क्या भारत के राष्ट्रपति के पास ऐसी शक्तियां हैं जिनके माध्यम से अंतर्राज्यीय परिषद् के निर्णयों एवं संस्तुतियों का क्रियान्वयन कर सके? इस संबंध में राष्ट्रपति को कोई शक्ति प्राप्त नहीं है। अंतर्राज्यीय परिषद् की संस्तुतियों को स्वीकार करने के लिए केंद्र सरकार बाध्य नहीं है। यदि अंतर्राज्यीय परिषद् राज्यों के मध्य उत्पन्न विवादों का समाधान न कर सके तो राज्यों को उन मामलों को सर्वोच्च न्यायालय में ले जाने की अनुमति होनी चाहिए। अंतर्राज्यीय परिषद् तो वस्तुतः जांच करने वाली समिति है, जिसे अधिनियम की शक्तियों से सुसज्जित नहीं किया जा सकता है।

क्षेत्रीय परिषदें

भारतीय संविधान में सहकारिता के आधार पर संघवाद की स्थापना की गई है। सहकारिता के आधार पर स्थापित संघवाद में न केवल केंद्र और राज्यों में, अपितु विभिन्न राज्यों में आपसी समन्वय, सामंजस्य और सहयोग के लिए मनन करने हेतु एक प्रभावी संस्था या मंच का होना अनिवार्य है। भारत में भी एक राष्ट्रीय मंच के रूप में उक्त उद्देश्यों की पूर्ति के लिए 6 क्षेत्रीय परिषद् कार्यरत हैं। ध्यातव्य है कि भारतीय संविधान में क्षेत्रीय परिषदों के गठन के संदर्भ में कोई उपबंध नहीं है।

भारत में क्षेत्रीय परिषदों की स्थापना 1956 में राज्यों के पुर्नगठन के समय की गई। भारत में क्षेत्रीय परिषदों का निर्माण एकाएक किसी परिस्थिति का परिणाम नहीं है। स्वतंत्रता प्राप्ति के पूर्व भी राजनीतिक योजना को आर्थिक गतिविधियों से जोड़ने के लिए अंतर्राज्यीय सहयोग हेतु क्षेत्रीय परिषदें बनाने पर जोर दिया गया था। ध्यातव्य है कि संयुक्त राज्य अमेरिका में अंतर्राज्यीय सहयोग की दिशा में प्रयत्न करने हेतु अनवरत रूप से कई मामलों में इस प्रकार के मंचों की स्थापना की गई

है। आस्ट्रेलिया में भी इसी प्रकार के मंचों की स्थापना की गई है। भारत में क्षेत्रीय परिषदों की स्थापना का श्रेय पंडित नेहरू को है।

पंडित नेहरू ने दिसंबर, 1955 में लोकसभा में क्षेत्रीय परिषदों के गठन के संदर्भ में एक विस्तृत सकारात्मक वक्तव्य दिया, जिसका समर्थन गृहमंत्री पंडित गोविंद वल्लभ पंत ने भी किया। नेहरू के लोकसभा में दिए गए वक्तव्य के आधार पर भारत सरकार ने क्षेत्रीय परिषदें स्थापित करने का निर्णय लिया। इसका उद्देश्य विभिन्न क्षेत्रों के अंतर्गत आने वाले राज्यों की आर्थिक नियोजन संबंधी और पुनर्गठन संबंधी समस्याओं का निराकरण करना था। यद्यपि राज्य पुनर्गठन आयोग, 1956 ने क्षेत्रीय परिषदों की स्थापना के संदर्भ में कोई प्रत्यक्ष सुझाव नहीं दिया था, परंतु सरकार ने क्षेत्रीय परिषदों की स्थापना में राज्य पुनर्गठन आयोग, 1956 की अनुशंसा को ही आधार नहीं माना था। राज्य पुनर्गठन आयोग ने देश की एकता और अखंडता, सुरक्षा को मजबूत बनाने, वित्तीय, आर्थिक और प्रशासनिक आवश्यकताओं को पूरा करने एवं राष्ट्रीय योजनाओं/कार्यक्रमों के सफलतापूर्वक क्रियान्वयन की आवश्यकता को भी राज्य पुनर्गठन का आधार बनाया। राज्य पुनर्गठन आयोग ने विभिन्न राज्यों के मध्य एकता के लिए एक सुदृढ़ व्यवस्था करने की अनुशंसा की थी।

राज्य पुनर्गठन आयोग की संस्तुतियों के प्रकाशन के बाद देश में उग्र विरोध तथा हिंसा का जो दौर चला, उससे क्षेत्रीय परिषद की स्थापना को सैद्धांतिक समर्थन मिला। सरकार ने यह भली-भांति महसूस किया कि यदि भाषा लोगों के एकसूत्र में पिरोने का माध्यम है तो वह विग्रह और विघटन का कारण भी बन सकती है। इन परिस्थितियों में यह निर्णय किया गया कि सामान्य रूप में भाषा के आधार पर राज्यों के पुनर्गठन करने के साथ-साथ देश की एकता और प्रशासनिक कुशलता के हितार्थ क्षेत्रीय परिषदों की स्थापना की जाए। 16 जनवरी, 1956 को सरकार ने राज्य पुनर्गठन आयोग की अनुशंसा को सामान्य रूप में स्वीकार कर लिया तथा एक वक्तव्य में कहा था कि क्षेत्रों के विभाजन के प्रश्न को अनावश्यक महत्व नहीं दिया जाएगा। अंतर्राज्यीय समन्वय की दिशा में एक और कदम के रूप में सरकार का इरादा क्षेत्रीय परिषदें गठित करने का है, जो विभिन्न क्षेत्रों में निहित राज्यों की आर्थिक, राजनीतिक तथा सामाजिक समस्याओं के समाधान हेतु प्रभावी चिंतन-मनन करेगी।

क्षेत्रीय परिषद् की स्थापना का उद्‌देश्य

भारत में क्षेत्रीय परिषदों की स्थापना का उद्‌देश्य केंद्र, राज्य और अंतर्राज्यीय संबंधों में सामंजस्य एवं सहयोग स्थापित करना ही है। नेहरू के शब्दों में, क्षेत्रीय परिषदों की स्थापना का उद्‌देश्य पृथकतावादी उग्र प्रांतीय भावनाओं को रोकना तथा आपसी सहयोग से कार्य करने की आदत डालना है। क्षेत्रीय परिषदों को 'संघीय

व्यवस्था का उपसंघ सूत्र' भी कहा जाता है। क्षेत्रीय परिषदों की स्थापना के प्रमुख उद्देश्य निम्नलिखित हैं–

- संपूर्ण देश का भावनात्मक एकीकरण करना।
- राज्यों में उभरती क्षेत्रीय, प्रांतीय, पृथकतावादी प्रवृत्तियों पर अंकुश लगाना।
- राज्यों में पारस्परिक सहयोग, सौहार्द्र तथा सद्‌भावना का संवर्द्धन करना तथा उनमें एकीकरण की भावना पैदा करना।
- आर्थिक तथा सामाजिक क्षेत्रों में केंद्र-राज्य सहयोग बढ़ाना, ताकि विचारों के आदान-प्रदान के माध्यम से समान नीतियों का सृजन हो सके।
- प्रमुख एवं अंतर्राज्यीय विकास परियोजनाओं के क्रियान्वयन हेतु राज्यों में आपसी सहयोग बढ़ाना।
- देश के विभिन्न क्षेत्रों में संतुलन स्थापित करना है।

क्षेत्रीय परिषदों की रचना

16 जनवरी, 1956 को राज्य पुनर्गठन आयोग की अनुशंसा पर संपूर्ण देश में 5 क्षेत्रीय परिषदों की स्थापना करने का निर्णय किया गया। परंतु 1971 में उत्तर पूर्वी राज्यों के लिए उत्तर-पूर्वी परिषद् का गठन किया गया। इस प्रकार अब कुल 6 क्षेत्रीय परिषदें हैं। ये प्रस्तावित क्षेत्रीय परिषदें निम्नलिखित हैं–

- उत्तरी क्षेत्रीय परिषद्
- पूर्वी क्षेत्रीय परिषद्
- दक्षिणी क्षेत्रीय परिषद्
- पश्चिमी क्षेत्रीय परिषद्
- केंद्रीय क्षेत्रीय परिषद्
- उत्तर पूर्वी क्षेत्रीय परिषद्

क्षेत्रीय परिषद का संगठनात्मक ढांचा

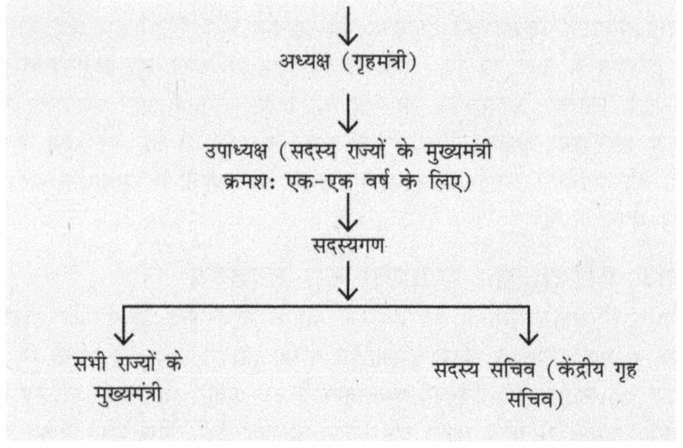

क्षेत्रीय परिषदों का गठन

क्षेत्रीय परिषदों के संगठन की रूपरेखा निम्नवत् हैं–

- राष्ट्रपति द्वारा मनोनीत एक केबिनेट मंत्री क्षेत्रीय परिषद् का अध्यक्ष होता है। वर्तमान में केंद्रीय गृहमंत्री सभी क्षेत्रीय परिषदों का अध्यक्ष होता है।
- प्रत्येक राज्य के मुख्यमंत्री तथा प्रत्येक राज्यपाल द्वारा उस राज्य के दो मंत्री भी क्षेत्रीय परिषद् के सदस्य होते हैं। प्रत्येक क्षेत्रीय परिषद् में भाग लेने वाले मुख्यमंत्री क्षेत्रीय परिषद् के बारी-बारी से उपाध्यक्ष होते हैं।
- विशेष रूप से पूर्वी क्षेत्रीय परिषद् में असम के राज्यपाल के लिए कार्यरत जनजाति परामर्शदाता भी इस परिषद् की बैठक में भाग लेते हैं।
- इसके अतिरिक्त यह भी प्रावधान है कि योजना आयोग द्वारा मनोनीत एक व्यक्ति को तथा प्रत्येक राज्य के मुख्य सचिव तथा विकास आयुक्त को भी परिषद् से संबद्ध किया जाता है।

प्रत्येक परिषद् की बैठकों का आयोजन परिषद् के अध्यक्ष द्वारा सदस्य राज्यों की राजधानी में बारी-बारी से होता है। अध्यक्ष की अनुपस्थिति में उपाध्यक्ष बैठक की अध्यक्षता करता है। परिषद् के सभी निर्णय बहुमत से लिए जाते हैं। कभी-कभी एक से अधिक क्षेत्रीय परिषदों की संयुक्त बैठकें भी आयोजित की जाती है।

प्रत्येक क्षेत्रीय परिषद् का एक सचिवालय होता है, जिसमें एक सचिव तथा संयुक्त सचिव होता है। संयुक्त सचिव सदस्य राज्यों का कर्मचारी नहीं होता है, अर्थात् वह सदस्य राज्यों के बाहर के किसी राज्य का कर्मचारी होता है। परिषद् के सदस्य राज्यों के सचित बारी-बारी से परिषद् के सचिव के रूप में कार्य करते हैं। परिषद् से संबंधित सभी व्ययों का वहन केंद्र सरकार द्वारा किया जाता है।

उत्तरी क्षेत्रीय परिषद्

उत्तरी क्षेत्रीय परिषद् का उद्घाटन 23 अप्रैल, 1957 को किया गया। इसमें सम्मिलित राज्य हैं–पंजाब, राजस्थान, जम्मू-कश्मीर, हिमाचल प्रदेश, हरियाणा तथा संघशासित प्रदेश दिल्ली और चण्डीगढ़। उत्तरी क्षेत्रीय परिषद् का मुख्यालय दिल्ली में है।

दक्षिणी क्षेत्रीय परिषद्

दक्षिणी क्षेत्रीय परिषद् का उद्घाटन 11 जुलाई, 1957 को किया गया। इसका मुख्यालय मद्रास में है। दक्षिण क्षेत्रीय परिषद् में सम्मिलित राज्य आंध्र प्रदेश, तेलंगाना, तमिलनाडु, केरल, कर्नाटक तथा केंद्रशासित पांडिचेरी हैं।

केंद्रीय परिषद्

केंद्रीय परिषद् का उद्घाटन 5 मई, 1957 को किया गया। इस परिषद् में सम्मिलित राज्य उत्तर प्रदेश, उत्तराखंड, मध्य प्रदेश तथा छत्तीसगढ़ हैं। इसका मुख्यालय इलाहाबाद में है।

पूर्वी क्षेत्रीय परिषद्

पूर्वी क्षेत्रीय परिषद् का उद्घाटन 20 अप्रैल, 1957 को किया गया। इसका मुख्यालय कलकत्ता में है। पूर्वी क्षेत्रीय परिषद् में सम्मिलित सदस्य राज्य बिहार, झारखंड, पश्चिम बंगाल, उड़ीसा तथा सिक्किम हैं।

पश्चिमी क्षेत्रीय परिषद्

पश्चिमी क्षेत्रीय परिषद् का उद्घाटन 20 सितंबर, 1957 को किया गया। इसमें सम्मिलित राज्य महाराष्ट्र, गुजरात, गोवा, दमन दीव तथा दादरा-नगर हवेली हैं। इसका मुख्यालय बम्बई में है।

उत्तर-पूर्वी परिषद्

उत्तर पूर्वी परिषद् की स्थापना 1971 में उत्तर-पूर्वी राज्यों में की गई। इसमें सम्मिलित राज्य असम, मणिपुर, मेघालय, नागालैंड, त्रिपुरा, अरुणाचल प्रदेश तथा मिजोरम हैं। इसका मुख्यालय गुवाहाटी में है।

क्षेत्रीय परिषदों के कार्य

प्रत्येक क्षेत्रीय परिषदों के गठन का आधार देश की प्राकृतिक एवं भौगोलिक स्थिति, आर्थिक विकास की आवश्यकताएं, सांस्कृतिक एवं भाषाई संपर्क, नदी व्यवस्था, संचार के साधन तथा सुरक्षा की आवश्यकताएं रही हैं। क्षेत्रीय परिषद् एक परामर्शी निकाय है। क्षेत्रीय परिषद् उन मामलों तथा समस्याओं पर विचार करती है, जो परिषद् में सम्मिलित सदस्य राज्यों के सामूहिक हितों से संबंधित होते हैं। क्षेत्रीय परिषदों को निम्नलिखित मामलों में विचार करने तथा अपनी अनुशंसा करने का अधिकार प्राप्त है–

- आर्थिक तथा सामाजिक नियोजन से संबंधित सामूहिक विषयों पर।
- राज्यों के सीमा विवाद, भाषाई, अल्पसंख्यकों की समस्याएं तथा अंतर्राज्यीय परिवहन की समस्याओं पर विचार करना।
- राज्य पुनर्गठन से उत्पन्न समस्याओं पर विचार करना तथा उनका हल खोजना।

वस्तुतः क्षेत्रीय परिषदें एक अंतर्राज्यीय मंच है, जिसके माध्यम से पारस्परिक हितों की समस्याओं का समाधान विचार-विमर्श द्वारा किया जाता है।

अंतर्राज्यीय सहयोग की दिशा में क्षेत्रीय परिषदों की महत्वपूर्ण भूमिका है। क्षेत्रीय परिषदों में केंद्रीय गृहमंत्री की उपस्थिति राष्ट्रीय दृष्टिकोण को प्रतिपादित करती है तथा राज्यों के पारस्परिक विवाद सौहार्द्रपूर्ण वातावरण में विचार संभव हो जाता है। क्षेत्रीय परिषदों ने अंतर्राज्यीय सड़क परिवहन, सिंचाई परियोजना के समन्वय, तकनीकी एवं उच्च शिक्षा के क्षेत्र में सहयोग, राज्यों में बिक्रीकर की समानता, अंतर्राज्यीय व्यापार एवं वाणिज्य तथा नशाबंदी लागू करने जैसी समस्याओं पर विचार किया है। ये समस्याएं ऐसी है जिनके संदर्भ में राज्यों में मतभेद पाए जाते हैं। आज उन क्षेत्रों में राज्यों में जो आपसी सहयोग पाया जाता है, उसका श्रेय क्षेत्रीय परिषदों को ही है।

राष्ट्रीय एकता परिषद्

राष्ट्रीय एकता परिषद् के संदर्भ में अगले अध्याय का अवलोकन करें।

❑❑❑

अभ्यास हेतु प्रश्न

1. क्षेत्रवाद की समस्या किसी भी देश की आंतरिक सुरक्षा के लिए एक चुनौती है। स्पष्ट कीजिए।
2. भारत जैसे देश में क्षेत्रवाद की समस्या उत्पन्न होने के कारणों पर प्रकाश डालते हुए इसके निराकरण के लिए सुझाव प्रस्तुत करें।
3. भारत में क्षेत्रवाद की समस्या के समाधान के लिए उठाए गए संस्थागत कदमों की विवेचना कीजिए।
4. भारत जैसे देश में क्षेत्रवाद के पड़ने वाले प्रभावों की विवेचना कीजिए।

26. राष्ट्रीय एकीकरण की समस्या

वर्तमान परिप्रेक्ष्य में राष्ट्रीय एकीकरण की समस्या हमारे राष्ट्र के सामने एक बहुत ही गंभीर चुनौती के रूप में विद्यमान है, क्योंकि समस्त देश में विघटनकारी तत्व बहुत ही सक्रिय हैं। ये विघटनकारी तत्व सांप्रदायिकता, जातिवाद, भाषावाद, कबीलावाद तथा क्षेत्रीयता के जहर को भारतीय समाज में फैला रहे हैं। इन अवांछनीय गतिविधियों के परिणामस्वरूप राष्ट्रीय अखंडता तथा एकता को भारी खतरा है। भारतवर्ष एक बहुत बड़ा देश है, जिसकी जनसंख्या 100 करोड़ से अधिक है। इस देश में अनेक नस्लों, धर्मों, भाषाओं तथा जातियों के लोग रहते हैं। भौगोलिक दृष्टि से भी इस देश का आकार काफी बड़ा है और भिन्न-भिन्न क्षेत्रों में आर्थिक विकास, शिक्षा का स्तर और रहने-सहने के ढंग में काफी विविधता पाई जाती है। यहां का समाज परंपरावादी है और यहां की जनता में अपने धर्म, अपनी भाषा तथा अपनी जाति के प्रति वफादारी की भावना बहुत दृढ़ है। इसके परिणामस्वरूप राष्ट्रीय एकीकरण की समस्या बहुत ही जटिल है, क्योंकि भिन्न-भिन्न सामाजिक वर्ग एक-दूसरे के विरुद्ध अकारण ही हिंसात्मक गतिविधियों में व्यस्त रहते हैं। यह घटनाएं चिंताजनक तो हैं, परंतु इनसे हमें यह नहीं समझ लेना चाहिए कि इन समस्याओं का कोई समाधान ही नहीं है। यदि हम संसार के तथा अपने देश के इतिहास पर नजर डालें तो उससे यह स्पष्ट हो जाएगा कि जब कभी भी देश की राजनीति द्वारा जनता का जीवन

प्रभावित होना आरंभ हुआ, तभी उसका तीव्र विरोध हुआ। इसके अतिरिक्त कुछ सामाजिक वर्ग ऐसे भी होते हैं जो एक से अधिक सीमावर्ती राष्ट्रों में बसते हैं, इसलिए उनकी राष्ट्र के प्रति वफादारी संदेहजनक होती है। उनमें सदैव पृथकतावादी प्रवृत्तियां पाई जाती हैं और वे हमेशा ही यह प्रयत्न करते हैं कि देश का विभाजन करके वे भी अपने स्वतंत्र राष्ट्र का निर्माण कर सकें। उदाहरणतया मिजोरम में रहनेवाले मिजो कबीलों की स्थिति इसी प्रकार की है। जहां पर कुछ मिजो कबीले भारत में बसते हैं, वहां पर यह भी तो वास्तविकता है कि कुछ मिजो कबीले अपने को बर्मा की अराकान पहाड़ियों में रहनेवाले मिजो कबीलों के निकट समझते हैं। यही हालत मध्य एशिया में रहनेवाले कुर्दों की है, जो इराक, तुर्की, ईरान, सीरिया तथा रूस में रहते हैं। वे भी यही चाहते हैं कि वे सभी इकट्ठे हो जाएं और उनका भी अपना एक पृथक् देश कुर्दिस्तान हो। ऐसी परिस्थितियों में लगभग अधिकांश देशों में पृथकतावादी सामाजिक तत्व मिलते हैं तो भारत के लिए यह कोई नई घटना नहीं है। यदि हम धैर्य से परंतु दृढ़ता से इन समस्याओं का सामना करें तो अवश्य ही सफल हो सकते हैं।

राष्ट्रीय एकीकरण को खतरा

देश की जनता की उभरती हुई आकांक्षाएं राष्ट्रीय एकीकरण की प्रक्रिया के सामने सबसे पहली चुनौती है। अनेक प्रकार के तत्व, भटके हुए नौजवान तथा अनेक सामाजिक वर्ग ऐसे ढंग से काम कर रहे हैं जिससे राष्ट्रीय एकता तथा अखंडता को खतरा है। वे तत्व निम्नलिखित हैं-

- सांप्रदायिकता
- फिरकापरस्ती
- जातिवाद
- भाषावाद
- क्षेत्रीयता
- कबीलावाद
- भूमिपुत्र का सिद्धांत
- राजनैतिक दलों की भूमिका
- अलगाववादी संगठनों का अस्तित्व
- राष्ट्रीय चिह्नों का अनादर

सांप्रदायिकता

सांप्रदायिकता हमें अंग्रेजों से धरोहर के रूप में मिला हुआ एक ऐसा उपहार है, जिससे हमारे देश की एकता तथा अखंडता को सबसे बड़ा खतरा है। जैसे-जैसे समय गुजरता जा रहा है, वैसे-वैसे राष्ट्रवादी शक्तियां कमजोर पड़ती जा रही हैं और सांप्रदायिकता तत्व शक्तिशाली होते जा रहे हैं। आज यह स्थिति इतनी खराब

है कि कारगिल से कन्याकुमारी तक और गुवाहाटी से चौपाटी तक देश का कोई भी भाग या राज्य ऐसा नहीं, जो धार्मिक दंगों से मुक्त हो। देश के स्वतंत्र होने के पश्चात् से लेकर अब तक 20 हजार से भी अधिक सांप्रदायिक झगड़े हो चुके हैं और औसतन 170 ऐसे झगड़े प्रतिवर्ष होते हैं, जिनमें एक तरफ तो हजारों बेगुनाह लोगों की जानें जाती हैं और दूसरी तरफ करोड़ों रुपए की संपत्ति नष्ट हो जाती है। मुरादाबाद, मेरठ, अलीगढ़, बड़ौदा, जमशेदपुर जैसे कुछ शहर तो इन फसादों के कारण बदनाम हैं। इन्हीं सांप्रदायिक झगड़ों के कारण हिन्दुओं को तो मुलसमानों की वफादारी पर संदेह है और मुसलमानों को हिन्दुओं पर भरोसा नहीं है। ऐसे संदेहजनक तथा अविश्वास के वातावरण में जब कभी कोई भी हिन्दू अपना धर्म छोड़कर मुसलमान बनता है, तभी सामाजिक तनाव उत्पन्न हो जाता है। जब तमिलनाडु में कुछ हरिजनों ने इस्लाम धर्म को तथा पूर्वोत्तर में ईसाई धर्म को अपनाया तो हिन्दुओं ने उसका काफी विरोध किया था। ये घटनाएं ऐसी हैं, जो एकता तथा भाईचारे की भावना उत्पन्न करने के स्थान पर आपसी दुश्मनी को बढ़ावा देती हैं। इसके अतिरिक्त देश के कुछ भागों में धार्मिक स्थानों का भी राजनैतिक उद्देश्यों की पूर्ति के लिए प्रयोग किया जाता तो दुर्भाग्यपूर्ण है।

फिरकापरस्ती

फिरकापरस्ती भी राष्ट्रीय एकता तथा अखंडता के लिए खतरा है, क्योंकि यह एक ही धर्म में विश्वास रखने वाले लोगों में भी मतभेद को बढ़ाता है। उदाहरणतया एक तरफ तो शिया और सुन्नी मुसलमानों में और दूसरी तरफ निरंकारी तथा गैर निरंकारी सिखों में काफी मतभेद पाया जाता है। उसके आपसी मतभेदों के कारण लखनऊ में अनेक बार शिया तथा सुन्नी फिरकों के अनुयायियों में झगड़े होते रहते हैं। इसी प्रकार से अमृतसर तथा कानपुर में निरंकारी सिखों और गैर निरंकारी सिखों में भी झगड़े हुए हैं। गैर निरंकारी सिख तो निरंकारी सिखों को उनके सत्संग करने से रोकते हैं और कुछ उपद्रवियों ने तो निरंकारी सिखों के गुरु को भी कत्ल कर दिया था। इस प्रकार की घटनाएं राष्ट्रीय एकता तथा अखंडता के लिए घातक सिद्ध हो सकती हैं।

जातिवाद

जहां पर फिरकावाद मुस्लिम समुदाय के लोगों के लिए एक प्रकार का शाप है वहां पर जातिवाद हिंदुओं के लिए एक प्रकार का कैंसर है, जो हिन्दू समाज की जड़ों तक फैल गया है। इसके कारण हिन्दू समाज के अनेक सामाजिक वर्ग

एक-दूसरे के दुश्मन बन गए हैं और अब एक-दूसरे की गर्दन काटने को तैयार हैं। भारतीय संदर्भ में यह कहा जाता है कि यहां पर कोई भी व्यक्ति सिवाय जाति के सब कुछ बदल सकता है, लेकिन कोई भी व्यक्ति अपनी जाति को नहीं बदल सकता। जाति का हिन्दू समाज के साथ एक प्रकार का वैसा ही संबंध है, जैसाकि प्रत्येक व्यक्ति का उसकी परछाई के साथ होता है। यह एक बहुत ही दुर्भाग्य का विषय है कि हमारे संविधान निर्माताओं ने संविधान में अनुसूचित जातियों, अनुसूचित जनजातियों तथा समाज के पिछड़े वर्गों के लोगों के लिए संरक्षणात्मक भेदभाव की व्यवस्था करके इसे वैधानिक मान्यता दे दी है।

संविधान में अनुसूचित जातियों तथा अनुसूचित जनजातियों और पिछड़े लोगों के लिए, संसद तथा विधान सभाओं, शिक्षा संस्थाओं तथा सरकारी नौकरियों में स्थान आरक्षित कर दिए गए हैं। हालांकि आरंभ में यह आरक्षण केवल दस वर्ष के लिए किए गए थे और उस समय इसका औचित्य भी था परंतु अब इन आरक्षणों का वर्तमान रूप में बहुत अधिक औचित्य संदेहजनक है, क्योंकि इस आरक्षण की नीति का लाभ अनुसूचित जातियों तथा अनुसूचित जनजातियों के धनाढ्य वर्ग को ही है। अब वह धनाढ्य वर्ग इन आरक्षणों का प्रयोग राजनैतिक उद्देश्यों के लिए करता है। चूंकि अब जाति का राजनीतिकरण हो गया है, इसलिए जातीयता की भावना लोगों में बढ़ती जा रही है। अब जनता जाति के आधार पर संगठित होती जा रही है, जिसके परिणामस्वरूप हमारे समाज में बहुत अधिक तनाव पैदा हो गया है। तमिलनाडु में यह तनाव ब्राह्मण तथा गैर ब्राह्मणों में, आंध्र प्रदेश में यह तनाव कामाओ तथा रेड्डियों में, राजस्थान में जाटों तथा राजपूतों में, गुजरात में बनियों तथा पाटीदारों में, केरल में इजवाजों एवं नायरों में, कर्नाटक में लिंगायतों तथा वोकालिंगाज में, बिहार में यादव तथा ठाकुरों में और महाराष्ट्र में ब्राह्मणों तथा मराठों में पाया जाता है। मण्डल आयोग की सिफारिशों को जब वी.पी. सिंह की सरकार ने लागू करने का निर्णय किया तो उसके पश्चात् जातीयता के आधार पर यह सामाजिक तनाव और भी अधिक बढ़ गया है। समाज का इस प्रकार से जातियों के आधार पर संगठित होने तथा एक-दूसरे से आपस में लड़ने के कारण राष्ट्रीय एकता तथा अखंडता की भावना बहुत कमजोर हो गई है।

भाषावाद

भारत एक ऐसा देश है जिसमें अनेक भाषाएं बोली जाती हैं। भाषा का प्रत्येक व्यक्ति के जीवन के साथ भावनात्मक संबंध होता है, इसलिए सामाजिक जीवन में भाषा की एकीकरणात्मक तथा विघटनात्मक दोनों ही प्रकार की भूमिकाएं महत्वपूर्ण

रही हैं। परंतु जहां तक भारत का संबंध है, भाषा की यह भूमिका विघटनात्मक अधिक और एकीकरणात्मक कम रही है। यद्यपि संविधान के अनुसार हिन्दी को संघीय सरकार की सरकारी भाषा माना गया है, लेकिन फिर भी अभी तक इसके बारे में मतभेद बना हुआ है और दक्षिणी राज्यों में साधारणतया तथा तमिलनाडु में विशेषतया इसका निरंतर विरोध किया जा रहा है। तमिलनाडु में हिन्दी विरोधी आंदोलन में बहुत से लोग मारे गए हैं। तमिलनाडु में यह नारा लगाया जाता है कि हिन्दी को अंग्रेजी का स्थान कभी भी नहीं लेने दिया जाएगा। इसके अतिरिक्त वे यह भी कहते हैं कि वे इंडियन हैं, हिन्दीयन नहीं। अन्य राज्यों में भी अनेक सामाजिक वर्गों में भाषा के आधार पर मतभेद बने हुए हैं। उदाहरणतया कर्नाटक में कन्नड़ भाषी तथा तमिल भाषी लोगों में, उत्तर प्रदेश तथा बिहार में हिन्दी तथा उर्दू भाषी लोगों में, पंजाब में पंजाबी तथा हिन्दी भाषी लोगों में, गोवा में मराठी तथा कोंकणी भाषी लोगों में, असम में आसामी तथा बंगाली भाषी लोगों में, त्रिपुरा में बंगाली, त्रिपुरी तथा कोक बोरोक भाषी लोगों में काफी मतभेद पाए जाते हैं। इन भाषाई मतभेदों के कारण उन राज्यों में बहुत अधिक सामाजिक तनाव भी है, जो राष्ट्रीय एकता तथा अखंडता के लिए खतरा है। इसलिए न्यायाधीश एस.आर. अंसारी के इस विचार से सहमत होना कठिन है कि राष्ट्रीय एकता तथा अखंडता के लिए भाषा की कोई महत्वपूर्ण भूमिका नहीं है। यह आश्चर्य की बात है कि यह विचार व्यक्त करते समय उसने यह भी कहा कि उसे संदेह है कि हिन्दी सभी राज्यों में साधारण जनता की भाषा नहीं बन सकती। उन्होंने यह भी कहा कि यदि सभी राज्य भी इसे लिंक भाषा के रूप में मान्यता भी दे दें, तब भी इसका प्रयोग केवल पढ़े-लिखे लोगों तक ही सीमित रह जाएगा। न्यायाधीश अंसारी का विचार था कि हिन्दी के स्थान पर उर्दू लिंक भाषा के रूप में मानी जानी चाहिए। जब न्यायाधीश एम.आर. अंसारी जैसे व्यक्तियों के इस प्रकार के विचार हैं, तो साधारण जनता की भावनाओं को तो भाषा के नाम पर बड़ी आसानी से भड़काया जा सकता है और हमारे राजनैतिक नेता भी यही भूमिका निभा रहे हैं, जिसके कारण यह भाषावाद का जहर हमारे देश में फैलता जा रहा है, जोकि राष्ट्र की एकता तथा अखंडता के लिए खतरा है।

क्षेत्रीयता

राष्ट्रीय एकीकरण के लिए क्षेत्रीयता से भी काफी खतरा है। कुछ सामाजिक वर्ग ऐसे हैं जिनका पृथक् अस्तित्व है और वे उसे राजनैतिक स्तर पर भी बनाए रखना चाहते हैं। इसलिए कुछ सामाजिक वर्ग राज्यों के पुनः पुनर्गठन की मांग कर रहे हैं। उदाहरणतया बिहार, उड़ीसा, मध्य प्रदेश तथा पश्चिमी बंगाल के कबाइली झारखंड

राज्य बनाए जाने की मांग कर रहे हैं। कुछ समय पहले पश्चिमी बंगाल में भी पृथक् गोरखालैंड राज्य बनाए जाने की मांग की जा रही थी और 1988 में उनको संतुष्ट करने के लिए गोरखा पहाड़ी काउंसिल का गठन भी किया गया। असम में भी बोडोलैंड, उदयाचल पूर्वांचल तथा कर्बी प्रिंगलांग राज्यों की स्थापना की मांग की जा रही है, क्योंकि इन क्षेत्रों की जनता का यह विचार है कि वे आसामियों से भिन्न है। भिन्न-भिन्न संस्कृति वाले सामाजिक वर्गों की इकाइयों को इस प्रकार से भिन्न-भिन्न क्षेत्रीय राज्यों में बांटने से राष्ट्रीय एकीकरण के लिए खतरा हो सकता है। यहां पर यह चर्चा करना भी आवश्यक है कि कुछ सामाजिक वर्ग ऐसे भी हैं, जिनकी पड़ोसी भाषा तो एक है, परंतु वे भिन्न-भिन्न पड़ोसी राज्यों में रहते हैं। उदाहरणतया कुछ मराठी भाषी लोग, जो बेलगाम में बसते हैं, वे कर्नाटक में रहते हैं और उनकी यह मांग है कि बेलगाम को महाराष्ट्र में मिला दिया जाए। इसलिए बेलगाम में रहनेवाले कन्नड़ भाषी लोगों और मराठी भाषी लोगों के बीच सामाजिक तनाव पाया जाता है। दो या दो से अधिक राज्यों के बीच जो सीमा तथा पानी से संबंधित विवाद हैं, उसके कारण भी कई बार आपस में राज्यों में झगड़े हुए हैं, जैसाकि नागालैंड तथा असम के सीमावर्ती क्षेत्रों में हुआ। जहां तक क्षेत्रवाद की समस्या का संबंध है, यह उस समय आरंभ हुई जब 1956 में राज्यों का भाषा के आधार पर पुनर्गठन किया गया, क्योंकि उससे संकुचित तथा संकीर्ण दृष्टिकोण वाले नेताओं के हौसले बुलंद हो गए और राष्ट्रीय हितों को हानि पहुंची।

कबीलावाद

राष्ट्रीय एकता तथा अखंडता के संबंध में कबीलावाद का विशेष महत्व है, क्योंकि राष्ट्रीय अखंडता को सबसे प्रथम बार चुनौती नागा कबीले के लोगों ने ही दी थी। स्वतंत्रता से पहले इस क्षेत्र का प्रशासन सीधा केंद्रीय सरकार के हाथ में था। इन कबीलों को संतुष्ट तथा वफादार रखने के लिए ब्रिटिश सरकार ने दोहरी नीति अपना रखी थी। उनकी पहली नीति तो यह थी कि उन कबीले के लोगों के साथ अन्य लोगों को नहीं मिलने दिया जाता था। दूसरी नीति यह थी कि जो उनमें से पढ़े-लिखे कबायली होते थे, उनको सरकारी पदों पर नियुक्त कर दिया जाता था, ताकि वे स्वतंत्रता के राष्ट्रीय आंदोलन से दूर रहें और काफी हद तक यह नीति सफल भी रही।

भारतीय संविधान में भी उनके हितों के संरक्षण की व्यवस्था की गई है। उनके लिए संसद तथा विधानपालिकाओं में, शिक्षा संस्थाओं तथा सरकारी सेवाओं में स्थान आरक्षित कर दिए गए हैं। इस नीति के परिणामस्वरूप सामाजिक स्तर पर,

बेरोजगारी के बढ़ने के कारण, उनमें पृथकतावाद की भावना बढ़ती चली गई। इसके अतिरिक्त जैसे-जैसे कबायली लोग कबायली क्षेत्रों में बसते चले गए, वैसे-वैसे उनका शोषण भी बढ़ता चला गया और इन कबायली लोगों में असंतोष भी बढ़ता चला गया। उन्हें इस बात का भी डर लगने लगा कि वे अपना सांस्कृतिक व्यक्तित्व भी शायद बनाए न रख सकें। चूंकि नागा कबीले के कुछ लोग बर्मा के समीवर्ती क्षेत्रों में भी रहते हैं, इसलिए अब भारत में रहनेवाले नागा लोग अपने एक स्वतंत्र नागालैंड के सपने भी देखने लगे हैं।

20वीं सदी के छठे दशक में जेड.ए. फिजो ने यह मांग की कि नागालैंड को एक स्वतंत्र राष्ट्र बना दिया जाना चाहिए, क्योंकि यह क्षेत्र कभी भी भारत का भाग नहीं रहा है। नागाओं को संतुष्ट करने के लिए 1962 में नागालैंड को राज्य बना दिया गया। इसी सदी के आठवें दशक में वैसी ही मांग मिजोरम के बारे में लाल डेंगा ने उठाई और इस प्रकार से राष्ट्रीय एकता तथा अखंडता के लिए एक और समस्या उत्पन्न हो गई। अंततः मिजोरम को पहले 1971 में संघीय क्षेत्र बनाया गया और फिर 1986 में उसे भी पूर्ण राज्य का दर्जा देना पड़ा। इन कबायली क्षेत्रों में जो स्वतंत्रता की मांग उठी थी, उसके अन्य अनेक कारण भी थे, जो निम्नलिखित हैं-

- इन क्षेत्रों में भारी संख्या में हिन्दुओं ने ईसाई धर्म को अपनाया और ऐसा करने में ईसाई प्रचारकों की बहुत ही महत्वपूर्ण भूमिका थी और वे भारत की अखंडता के विरुद्ध थे। अब ईसाई सांप्रदायिकतावाद भी राष्ट्रीय एकता के लिए उतना ही खतरनाक है, जितना कि हिन्दू, सिख या मुसलमानों का सांप्रदायिकतावाद।
- ईसाई कबायली राजनैतिक दृष्टि से अधिक जाग्रत तथा उन्नत हैं, इसलिए वे उन सभी रियायतों का पूरा लाभ उठाते हैं जो कबायलियों को दी जाती है। इसके परिणामस्वरूप जो गैर ईसाई कबीले हैं, वे बड़े असंतुष्ट तथा नाराज हैं।
- कबायलियों में जैसे-जैसे शिक्षा का प्रसार बढ़ता चला गया, वैसे-वैसे उनकी कबायली संस्कृति में परिवर्तन आता चला गया और कबायली समाज, सामाजिक स्तर पर टूटना आरंभ हो गया। अब कबायली नौजवानों की ऐसी आदतें तथा आकांक्षाएं हो गई हैं, जिन्हें संतुष्ट नहीं किया जा सकता क्योंकि ये कबायली क्षेत्र आर्थिक दृष्टि से उन्नत नहीं हैं। इसलिए इन कबायली नौजवानों में बेचैनी फैलती जा रही है, जिसके परिणामस्वरूप उनमें अलगाववादी प्रवृत्तियां भी बढ़ रही हैं।

कबायली लोगों में जो असंतोष पाया जाता है, उसका विदेशी शक्तियां भी पूरा लाभ उठा रही हैं और यह इसलिए संभव हो गया, क्योंकि वे कबायली क्षेत्र चीन,

बांगलादेश तथा बर्मा की सीमा से लगते हैं। इन राज्यों की कुछ सरकारों ने भी इन कबीलों को अलगाववादी आंदोलन शुरू करने के लिए प्रोत्साहित किया है। उदाहरणतया मिजो नेशनल फ्रंट को हथियार इन देशों से मिलते थे। जेड. ए. फिजा तथा लालडेंगा को ब्रिटेन ने राजनैतिक शरण दे रखी थी।

भूमिपुत्र का सिद्धांत

भूमिपुत्र के सिद्धांत का विकास राष्ट्रीय एकता तथा अखंडता के लिए सबसे बड़ा खतरा है। यह विचारधारा देश के सभी भागों में फैलती जा रही है और यह जंगल में लगी हुई उस आग के समान है, जिस पर काबू पाना बहुत ही कठिन है। इस विचारधारा ने 'सभी भारतीयों की एक ही नागरिकता है' इस सिद्धांत को निरर्थक बना दिया है। इसलिए महाराष्ट्र में शिव सेना ने, असम में असम गणसंग्राम परिषद तथा आसू तथा बोडो विद्यार्थी संगठन, मणिपुर में मणिपुर नेशनल फ्रंट, त्रिपुरा में त्रिपुरा उपजाति जब्बा समिति, मिजोरम में मिजो लिबरेशन नेशनल फ्रंट, कर्नाटक में कन्नड़ साहित्य परिषद तथा चालूवलीगर्स इत्यादि ऐसे संगठन हैं, जो यह मांग कर रहे हैं कि बाहर वाले अपने राज्यों में वापस चले जाएं। असम में आसू तथा आगसप न केवल विदेशियों का ही विरोध कर रहे हैं, बल्कि अन्य राज्यों के भारतीयों के विरुद्ध भी हैं। उदाहरणतया वे कचार में रहनेवाले बंगालियों के भी विरुद्ध अपना रोष प्रकट करने के लिए 1982 में असम में कुछ लोगों ने राष्ट्रीय झण्डे का भी अपमान किया था। उड़ीसा में भी बोलांगीर में मारवाड़ियों पर हमले किए गए थे। मुंबई में समय-समय पर शिव सेना तथा मनसे द्वारा अन्य राज्य के लोगों के विरुद्ध भड़काऊ बयान दिया जाता है। उपरोक्त घटनाएं इस बात का प्रमाण हैं कि भूमिपुत्र का सिद्धांत राष्ट्रीय एकीकरण के रास्ते में बहुत बड़ी रुकावट है।

राजनैतिक दलों की भूमिका

राजनैतिक दलों की भी राष्ट्रीय एकता तथा अखंडता के लिए बहुत ही महत्वपूर्ण भूमिका होती है। राजनैतिक दल अपनी नीतियों द्वारा भावनात्मक एकता उत्पन्न भी कर सकते हैं और वे अपनी विघटनकारी गतिविधियों के माध्यम से उसे छिन्न-भिन्न कर सकते हैं। हमारे देश में अनेक राजनैतिक दल ऐसे हैं जो जातिवाद, सांप्रदायिकतावाद, क्षेत्रीयवाद तथा भाषावाद का प्रचार करके राष्ट्र की एकता तथा अखंडता की जड़ों को खोखला कर रहे हैं। उदाहरणतया हिन्दू महासभा, इतिहाद उल मुसलमान, मुस्लिम यूनाइटेड फ्रंट, मुस्लिम लीग, जमायतें इस्लामी, अकाली दल, गोरखा लीग, केरला कांग्रेस इत्यादि सांप्रदायिक दल तथा डी.एम.के. अखिल भारतीय अन्ना डी.एम.के., रिपब्लिकन पार्टी तथा नेशनल डेमोक्रेटिक पार्टी, समाजवादी

पार्टी जातीयता पर आधारित होने के कारण ऐसा प्रचार करती रहती हैं, जो राष्ट्रीय एकता के लिए खतरा है। यह दल हमारे देश में जातिवाद तथा सांप्रदायिकतावाद का जहर फैला रहे हैं। इस संबंध में कांग्रेस की भूमिका भी कोई विशेष अच्छी नहीं है क्योंकि वह चुनाव के समय मुस्लिम लीग जैसे सांप्रदायिक दलों के साथ गठबंधन करती है। इस प्रकार से उसके विरुद्ध भी यह आरोप लगाया जाता है कि वह भी सांप्रदायिकता को बढ़ावा दे रही है। यहां पर यह कहना भी ठीक होगा कि हमारे देश में बुद्धिजीवियों तथा पत्रकारों की भूमिका भी राष्ट्रीय एकीकरण के दृष्टिकोण से कम शर्मनाक नहीं है।

अलगाववादी संगठनों का अस्तित्व

अलगाववादी संगठन, जैसे पंजाब में नेशनल काउंसिल ऑफ खालिस्तान, खालिस्तान लिबरेशन फ्रंट तथा दल खालसा, असम में यूनाइटेड लिबरेशन फ्रंट ऑफ असम, नागालैंड में नेशनल सोशिलिस्ट काउंसिल, त्रिपुरा में नेशनल वालण्टियर ऑफ त्रिपुरा, मिजोरम में मिजो नेशनल फ्रंट, मणिपुर में मणिपुर लिबरेशन फ्रंट, पीपुल्स लिबरेशन आर्मी, पीपुल्स फ्रंट तथा जम्मू व कश्मीर में प्लेबिसाइट फ्रंट, हिजबुल मुजाहिद्दीन, जम्मू व कश्मीर लिबरेशन फ्रंट तथा मुस्लिम जांबाज फोर्स और जमायते तुलबा ऐसे संगठन हैं, जो राष्ट्रीय एकता तथा अखंडता के लिए खतरा हैं। इन अलगाववादी संगठनों की सहायता पाकिस्तान, चीन तथा बांग्लादेश इत्यादि देशों द्वारा की जाती है। इसके अतिरिक्त सिखों, मुसलमानों तथा ईसाइयों को धर्म के नाम पर भी भड़काया जाता है।

इन अलगाववादी संगठनों के नेताओं के पुलिस अधिकारियों, सरकारी अफसरों तथा राजनीतिज्ञों के साथ संबंध हैं। जिस प्रकार का समझौता लोगोंवाल के साथ पंजाब में, लालडेंगा के साथ मिजोरम में तथा गोरखा लीग के साथ पश्चिमी बंगाल में किया गया, उससे इन अलगाववादी शक्तियों के हौसले और भी अधिक बुलंद हो गए हैं और अब दूसरे विघटनकारी तत्व भी अपनी शर्तों पर उसी प्रकार के समझौते करना चाहते हैं। इसीलिए यूनाइटेड लिबरेशन फ्रंट असम में, खालिस्तान कमांडो फोर्स पंजाब में तथा हिजबुल मुजाहीदीन जम्मू व कश्मीर में हिंसात्मक गतिविधियों में सक्रिय हैं, क्योंकि अब उनकी यह धारणा है कि भारत सरकार केवल एक ही प्रकार की भाषा समझती है और वह भाषा है हिंसा की। यह राष्ट्रीय एकता तथा अखंडता के दृष्टिकोण से चिंता का विषय है। चूंकि सांप्रदायिकता पिछड़ेपन की निशानी और क्षेत्रवाद तथा भाषावाद समुचित विचारधारा के प्रतीक हैं, इसलिए जब तक राजनैतिक स्तर पर इनका मुकाबला नहीं किया जाएगा, तब तक राष्ट्रीय एकीकरण की समस्या का समाधान कठिन है।

राष्ट्रीय चिह्नों का अनादर

राष्ट्रीय ध्वज, राष्ट्रीय गान, स्वतंत्रता दिवस, गणतंत्र दिवस तथा संविधान के ऐसे चिह्न होते हैं, जिन पर प्रत्येक राष्ट्र गर्व करता है, क्योंकि ये चिह्न राष्ट्रीय एकता तथा अखंडता के लिए नागरिकों को प्रेरित करते हैं। परंतु अब धार्मिक कट्टरपंथियों तथा भाषाई हठधर्मियों की गतिविधियों से प्रभावित होकर इन राष्ट्रीय चिह्नों के प्रति अनादर की प्रवृत्ति बढ़ती जा रही है। अनेक राज्यों में कुछ लोगों द्वारा समय-समय पर राष्ट्रीय ध्वज को जलाया गया, तमिलनाडु में डी.एम.के. के विधायकों द्वारा हिन्दी का विरोध करने के लिए संविधान के सत्रहवें भाग का जलाया जाना, सुरजीत सिंह बरनाला सहित अकाली नेताओं द्वारा संविधान के अनुच्छेद 25 को, जिसमें 'सिख' शब्द लिखा गया है, संविधान में से फाड़ना, केरल में जेहोवा के विटनस संप्रदाय के विद्यार्थियों द्वारा राष्ट्रीय गान को गाने से इंकार करना तथा बाबरी मस्जिद कमेटी और आसू द्वारा 1991 में गणतंत्र दिवस के बायकाट का आह्वान करना, ऐसी घटनाएं हैं, जोकि न केवल राष्ट्रीय एकता तथा अखंडता की जड़ों पर सीधा प्रहार हैं, बल्कि उनसे तो भारत के स्वतंत्र राष्ट्र के अस्तित्व को भी खतरा पैदा हो सकता है। हमें यह नहीं भूलना चाहिए कि राष्ट्रध्वज तथा राष्ट्रीय गान हमारे स्वतंत्रता आंदोलन, त्याग तथा देश सेवा के चिह्न हैं। रवीन्द्रनाथ टैगोर द्वारा लिखे गए हमारे राष्ट्रगान का संबंध किसी धर्म विशेष से नहीं है, क्योंकि यह तो सभी धर्मों का प्रतीक है। इसलिए इसका विरोध तो सारे राष्ट्र का ही विरोध है।

उपरोक्त तथ्यों से स्पष्ट हो जाता है कि हमारे राष्ट्र की एकता तथा अखंडता पर चारों तरफ से प्रहार हो रहे हैं और जब तक हम सभी इकट्ठे होकर राजनैतिक स्तर पर इनका मुकाबला नहीं करते, तब तक राष्ट्रीय एकीकरण की समस्या बनी रहेगी।

राष्ट्रीय एकीकरण को सुनिश्चित करने के लिए उठाए गए कदम

राष्ट्रीय अखंडता समितियां तथा परिषदें: राष्ट्रीय अखंडता परिषद् का गठन सबसे पहले तत्कालीन प्रधानमंत्री पंडित जवाहरलाल नेहरू द्वारा 1961 में किया गया था। उस समय भी सांप्रदायिकतावादी, जातिवादी, क्षेत्रीयता तथा भाषावादी शक्तियां तथा अन्य विघटनकारी तत्व जनता में आपसी भेदभाव तथा शत्रुता की भावना को बढ़ावा देने के लिए बहुत ही सक्रिय थे। इसलिए उस समय भी राष्ट्रीय अखंडता को खतरा था, परंतु वह इतना अधिक नहीं था, जितना इस समय है। चूंकि पंडित नेहरू एक बहुत ही दूरदर्शी नेता थे, इसलिए वे राष्ट्रीय अखंडता के लिए भविष्य में

आने वाले खतरों का अनुमान लगा सकते थे। इसलिए वे यह चाहते थे कि राष्ट्रीय अखंडता के विरुद्ध उभरती हुई उन प्रवृत्तियों को शुरू में ही दबा दिया जाना चाहिए। इस उद्‌देश्य की पूर्ति के लिए वे यह समझते थे कि जनता के दिलों में भाईचारे तथा देश की एकता तथा अखंडता से प्रेम की भावना और भारतीय नागरिकता की भावना मनोवैज्ञानिक ढंग से तथा शिक्षा के माध्यम से उत्पन्न की जाए, ताकि भारत के सभी नागरिक भविष्य में आने वाले इन खतरों का मिल-जुलकर मुकाबला कर सकें।

राष्ट्रीय अखंडता समितिः 1961 में जब कांग्रेस का अधिवेशन भावनगर में हुआ, तब कांग्रेस ने जातिवाद, सांप्रदायिकतावाद, भाषावाद तथा क्षेत्रीयता की बढ़ती हुई प्रवृत्तियों के विरुद्ध लड़ने का संकल्प लिया, ताकि देश की एकता, अखंडता को दृढ़ बनाया जा सके।

इस उद्‌देश्य की पूर्ति के लिए श्रीमती इंदिरा गांधी की अध्यक्षता में एक राष्ट्रीय एकता समिति का गठन किया गया, ताकि अल्पसंख्यक वर्गों को उनकी सुरक्षा का विश्वास दिलाया जा सकें, उस समय इस समिति में कुल 16 सदस्य थे और उनमें नौ मुसलमान, एक सिख, एक ईसाई और पांच हिन्दू थे। इस समिति में उन शिकायतों की जांच की, जिनमें यह आरोप लगाए गए थे कि अल्पसंख्यकों के विरुद्ध नौकरियों में भेदभाव किया जाता है।

भावनात्मक एकीकरण समितिः उसके कुछ समय पश्चात् राज्यों के शिक्षा मंत्रियों की सिफारिश के अनुसार प्रधानमंत्री ने एक भावनात्मक एकीकरण समिति का गठन किया। इस समिति ने यह सिफारिश की कि अलगाववादी नारे लगाने वालों को कड़ी से कड़ी सजा दी जाए। अलगाववादी प्रचार को दबाने के लिए 1963 में संविधान में 16वां संशोधन भी किया गया। इस संविधान संशोधन द्वारा संविधान के 19वें अनुच्छेद में राष्ट्रीय एकता, अखंडता तथा संप्रभुता के विरुद्ध प्रचार को रोकने की व्यवस्था की गई है।

राष्ट्रीय अखंडता सम्मेलनः इसके थोड़े ही समय के बाद संघीय सरकार ने राष्ट्रीय अखंडता के बारे में दिल्ली में एक तीन दिन का सम्मेलन भी किया। इस सम्मेलन में 130 व्यक्तियों को आमंत्रित किया गया और इसका उद्‌घाटन भारत के तत्कालीन उपराष्ट्रपति डॉक्टर राधाकृष्णन ने किया था। इस सम्मेलन में राजनैतिक दलों तथा सरकार के लिए एक आचार संहिता बनाई गई, जो इस प्रकार थी-

- राजनैतिक दलों द्वारा ऐसा प्रचार किया जाना चाहिए, जिससे समाज के अनेक वर्गों के बीच भेदभाव, घृणा तथा आपसी तनाव न पैदा हो।
- उन्हें अपनी मांगें मनवाने के लिए आंदोलन का रास्ता नहीं अपनाना चाहिए। उन्हें अन्य राजनैतिक दलों की मीटिंगों में गड़बड़ नहीं करनी चाहिए।

- देश में कानून की व्यवस्था बनाए रखने के नाम पर सरकार को जनता की मौलिक स्वतंत्रताओं से वंचित नहीं करना चाहिए।
- सरकार को राजनैतिक शक्ति का प्रयोग दलगत हितों के लिए नहीं करना चाहिए।
- परंतु यह खेद की बात है कि इस आचार संहिता का न ही तो सरकार ने पालन किया और न ही राजनैतिक दलों ने।

राष्ट्रीय एकीकरण परिषद्: राष्ट्रीय एकीकरण सम्मेलन की सिफारिशों के आधार पर सितंबर 1961 में राष्ट्रीय एकीकरण परिषद का गठन किया गया, जिसके 39 सदस्य थे। इनमें प्रधानमंत्री, संघीय सरकार का गृहमंत्री, राज्यों के मुख्यमंत्री, सात राजनैतिक दलों के नेता, विश्वविद्यालय अनुदान आयोग का अध्यक्ष, दो शिक्षा शास्त्री, अनुसूचित जातियों तथा अनुसूचित जनजातियों का आयुक्त तथा प्रधानमंत्री द्वारा नामजद सात अन्य सदस्य शामिल थे। इस परिषद् ने भी राजनैतिक दलों, समाचार पत्रों तथा विद्यार्थियों के लिए एक आचार संहिता तैयार की थी। उसके पश्चात् चीन के साथ भारत का युद्ध हो गया और उसका सारे देश ने मिलकर मुकाबला किया। तत्पश्चात् राष्ट्रीय एकीकरण परिषद् के कार्य को निलंबित कर दिया गया।

राष्ट्रीय एकीकरण परिषद को 1968 में फिर से दोबारा पुनरुज्जीवित किया गया क्योंकि 1965 में अंग्रेजी का स्थान हिन्दी ने राजभाषा के रूप में लिया तथा गणतंत्र दिवस पर भारत के दक्षिणी राज्यों में हिन्दी विरोधी झगड़े हुए थे। इसके अतिरिक्त 1967, 1968 में आंध्र प्रदेश, बिहार, जम्मू तथा कश्मीर, महाराष्ट्र तथा उत्तर प्रदेश में भी सांप्रदायिक झगड़े हुए थे। इन परिस्थितियों को ध्यान में रखते हुए जून 1968 में राष्ट्रीय एकीकरण परिषद का पुनर्गठन किया गया। इस बार परिषद के 55 सदस्य थे, परंतु जयप्रकाश नारायण ने परिषद का सदस्य बनने से इसलिए इंकार कर दिया था क्योंकि उनके विचार में राजनैतिक दलों की नीतियां विघटनकारी शक्तियों को प्रोत्साहित करने के लिए जिम्मेवार हैं। इस परिषद की बैठक 1969 में श्रीनगर में हुई जिसमें यह निर्णय किया गया कि देश में सांप्रदायिक स्थिति का समय-समय पर मूल्यांकन करने के लिए एक उपसमिति का गठन किया जाए। हालांकि सांप्रदायिक तथा जातीय झगड़े देश में बढ़ते चले गए, लेकिन फिर भी इस एकीकरण परिषद ने काम करना बंद कर दिया।

जब 1977 में जनता पार्टी की सरकार बनी, तब उसने भी सांप्रदायिक तथा जातीय सामाजिक तनाव को ध्यान में रखते हुए यह महसूस किया कि राष्ट्रीय एकता परिषद को फिर से जीवित किया जाए और इस संबंध में सिफारिश करने के लिए जगजीवनराम की अध्यक्षता में एक समिति भी गठित की गई परंतु उसके कुछ दिनों पश्चात् जनता पार्टी का विभाजन हो गया। जैसे-जैसे समय गुजरता जा

रहा है, वैसे-वैसे सांप्रदायिकतावाद, जातिवाद, क्षेत्रीयता, भाषावाद तथा कबीलावाद की संकुचित प्रवृत्तियां बढ़ती जा रही हैं, जिनके परिणामस्वरूप सामाजिक तनाव तथा टकराव बढ़ रहा है। इसलिए 1980 में जब मुरादाबाद में सांप्रदायिक झगड़े हुए और असम में विदेशी नागरिकों के विरुद्ध आंदोलन शुरू हुआ, तब राष्ट्रीय एकीकरण परिषद का फिर से गठन शुरू किया गया। इस बार तत्कालीन प्रधानमंत्री श्रीमती इंदिरा गांधी इसकी अध्यक्ष थीं और इसमें अन्य 53 सदस्य शामिल थे। इन सदस्यों का चयन स्वयं श्रीमती इंदिरा गांधी ने किया था, परंतु इस बार इसमें सभी राष्ट्रीय तथा क्षेत्रीय राजनीतिक दलों को प्रतिनिधित्व नहीं दिया गया था। इस बार लोकदल के नेता श्री चरणसिंह ने इसमें शामिल होने से इसलिए इंकार कर दिया था क्योंकि उसके विचार में कांग्रेस तथा अन्य विपक्षी दल अपने दलगत स्वार्थी हितों को ध्यान में रखते हुए राष्ट्रीय हितों को क्षति पहुंचाते हैं, क्योंकि चुनाव के समय वे जातिवाद, भाषावाद, क्षेत्रीयता तथा सांप्रदायिकता को बढ़ावा देते हैं। इस राष्ट्रीय एकीकरण परिषद की बैठक 1980 के पश्चात् 1984 में हुई; जब श्रीमती इंदिरा गांधी प्रधानमंत्री थीं और इसके बाद इसकी बैठक 1986 में हुई, जब राजीव गांधी प्रधानमंत्री थे। इस बार प्रधानमंत्री ने जगजीवन राम की अध्यक्षता मे 21 सदस्यों की एक स्थायी समिति का गठन किया, ताकि वह राष्ट्रीय एकीकरण की समस्या से निपटने के लिए अल्पावधि तथा लम्बी अवधि की नीतियां तैयार करें, परंतु कुछ समय पश्चात् प्रधानमंत्री ने इस समिति को समाप्त कर दिया और इसके स्थान पर सलाह-मशविरा देने के लिए आठ सदस्यों की एक अन्य कमेटी नियुक्त की। उपरोक्त तथ्यों से यह सिद्ध हो जाता है कि राष्ट्रीय एकीकरण की समस्या से निपटने के लिए हमारी कोई स्थायी नीति नहीं है।

राष्ट्रीय एकीकरण के संदर्भ में सुझाव

प्रश्न यह है कि राष्ट्रीय एकीकरण की उपर्युक्त बाधाओं का किस प्रकार निवारण किया जाए और अनेकताओं में एकता की स्थापना कैसे हो?

ऐसा लगता है कि राष्ट्रीय-एकीकरण को, जो मूलत: एक सामाजिक समस्या है, राजनीतिक रंग दे दिया गया है और इसने नारेबाजी का रूप धारण कर लिया है। यह स्पष्ट है कि धर्म, जाति, भाषा और क्षेत्र के आधार पर विभाजित समाज के विभिन्न वर्गों के बीच एकता की स्थापना बलपूर्वक या दंड के भय के द्वारा नहीं की जा सकती। कानून सामाजिक परिवर्तन का एक प्रभावी साधन तो है, लेकिन इसे एकमात्र साधन के रूप में नहीं अपनाया जा सकता। सामाजिक परिवर्तन लाने के लिए मानसिक परिवर्तन लाने की आवश्यकता है। नागरिकों में आधुनिक राजनीतिक व्यवस्था और उसकी मान्यताओं के प्रति अटूट आस्था उत्पन्न करनी होगी, बिना

विश्वास के आचरण, मात्र दिखावा रह जाता है। राष्ट्रीय एकीकरण को स्थापित करने में निम्नलिखित सुझाव दिए जा सकते हैं-

- राष्ट्रीय एकीकरण के लिए जनता को इस आदर्श के प्रति वचनबद्ध होने के लिए शिक्षित करना आवश्यक है। जन शिक्षा से तात्पर्य केवल औपचारिक शिक्षा से नहीं है, वस्तुस्थिति यह है कि उच्च शिक्षा ग्रहण किए हुए लोग भी सांप्रदायिकता और क्षेत्रीयतावाद जैसे विघटनकारी तत्वों को बढ़ावा देने में सक्रिय भाग ले रहे हैं। जिससे आवश्यकता इस प्रकार की शिक्षा दिलों को जोड़ने में असफल हो रही है। आवश्यकता इस प्रकार की शिक्षा की है, जो वास्तव में व्यक्ति के दिल और दिमाग को इस प्रकार बदल दे कि वे संकीर्णता से ऊपर उठकर एक सार्वभौमिक समाज का निर्माण कर सकें।
- राजनीतिक दल, जन शिक्षा का एक महत्वपूर्ण और प्रभावी साधन होते हैं। भारत में आरंभ से ही ऐसे राजनीतिक दलों का निर्माण होता रहा है, जिन्होंने राजनीति को सांप्रदायिक रूप दिया और जिनसे राजनीतिक संकीर्णता को बढ़ावा मिला। आज भी ऊपर से धर्मनिरपेक्ष दिखाई देने वाले अनेक राजनीतिक दल चुनाव के अवसर पर उम्मीदवारों का चयन करने, वोट मांगने, मंत्रिमंडल का गठन करने आदि में धर्म और जाति को सबसे अधिक महत्व देते हैं। राजनीति में सफलता प्राप्त करने के लिए सांप्रदायिकता एक प्रभावी साधन का रूप धारण कर चुकी है। आवश्यकता इस बात की है कि सांप्रदायिक दलों पर प्रतिबंध लगाया जाए और राजनीतिक दलों के लिए आचरण संहिता बनाई जाए, जिसके द्वारा राजनीति में सांप्रदायिक तरीकों पर प्रतिबंध लगाया जाए।
- अल्पसंख्यक वर्ग मनोवैज्ञानिक कारणों से कुछ ज्यादा संवेदनशील होता है, उसकी अपनी कुछ समस्याएं होती हैं। यदि उनका समाधान करना सरकार के वश में न भी हो तो भी वह महसूस यही करता है कि संख्या में कम होने के कारण सरकार उनके हितों की उपेक्षा कर रही है। इस प्रकार अल्पसंख्यक वर्ग के लोग, बहुमत की कथित तानाशाही के खिलाफ संगठित होकर अपनी मांगों को पूरा करवाने के लिए संघर्ष करते हैं। आवश्यकता इस बात की है कि अल्पसंख्यकों की समस्याओं पर विशेष ध्यान दिया जाए। अल्पसंख्यकों में यह विश्वास उत्पन्न किया जाना चाहिए कि बहुमत के द्वारा उनके साथ कोई अन्याय नहीं किया जाएगा।
- देश के विभिन्न भागों में पाया जाने वाला आर्थिक असंतुलन और समाज के विभिन्न वर्गों के बीच बढ़ती हुई आर्थिक विषमता राष्ट्रीय एकीकरण में अत्यधिक बाधक है। आवश्यकता इस बात की है कि आर्थिक शोषण का अंत हो, रोजगार के उचित अवसर उपलब्ध हों और समाज का प्रत्येक वर्ग

और व्यक्ति इस स्थिति में हो कि कम से कम उसकी दैनिक आवश्यकताएं तो पूरी हो सकें। आर्थिक विषमता पारस्परिक वैमनस्य और ईर्ष्या को जन्म देती है, जो राजनीतिक एकीकरण के लिए बाधक है।

- यह प्राय: देखा जाता है कि एक परिस्थिति विशेष का सामना करने के लिए पर्याप्त नियंत्रणात्मक कानून तो हैं, लेकिन प्रशासनिक शिथिलता, उदासीनता या निष्पक्षता के अभाव के कारण उन कानूनों को ठीक ढंग से कार्यान्वयन नहीं किया जाता। अल्पसंख्यकों की ओर से बराबर यह आरोप लगाया जाता है कि प्रशासन बहुसंख्यक वर्ग का पक्ष लेता है और अल्पसंख्यकों के साथ विभेदपूर्ण रवैया अपनाता है। लोकसेवा अधिकारी धर्म और जाति के आधार पर खुलकर विभेद करते हैं। अब तक जितने भी सांप्रदायिक दंगे हुए हैं, उन सबके मूल में प्रशासन की कमजोरी या उदासीनता तथा निष्क्रियता का बहुत बड़ा हाथ रहा है। प्रशासन में बढ़ता हुआ भ्रष्टाचार सामाजिक न्याय की स्थापना में बाधक हो रहा है। अल्पसंख्यकों को यह भी शिकायत है कि सरकार की ओर से उन्हें जो सुविधाएं दी जाती हैं, प्रशासन की उदासीनता के कारण वे सुविधाएं उन्हें व्यावहारिक रूप से नहीं मिल पातीं। इससे अल्पसंख्यकों में सरकार के विरुद्ध असंतोष बढ़ता है। आवश्यकता इस बात की है कि प्रशासन अपने दायित्व का निष्पक्ष और प्रभावी ढंग से निर्वहन करे, ताकि प्रशासन पर जनता का विश्वास सुदृढ़ हो सके।
- जनमत निर्माण में प्रेस की महत्वपूर्ण भूमिका होती है। बड़े दुर्भाग्य की बात है कि भारत में प्रेस निष्पक्ष नहीं रहा है और उसने सांप्रदायिकता को बढ़ावा दिया है। खबरों को बढ़ा-चढ़ाकर प्रस्तुत किया जाता है, जिससे सांप्रदायिक तनाव बढ़ता है, अत: आवश्यक है कि प्रेस निष्पक्ष हो और राष्ट्रीय एकीकरण को ध्यान में रख करके काम करे।

मूल्यांकन

अभी तक जो राष्ट्रीय एकीकरण के संदर्भ में राष्ट्रीय एकीकरण परिषद जैसे जिन संस्थागत अभिकरणों का गठन किया गया है, उससे राष्ट्रीय एकीकरण की प्रकिया में कोई सहायता नहीं मिली। हमारे पास राष्ट्रीय भाषा के संबंध में भी कोई ऐसी व्यावहारिक नीति नहीं है, जिससे राष्ट्रीय एकीकरण की प्रकिया में कोई सहायता मिल सके, सच्ची धर्मनिरपेक्षता का स्थान खोटे सिक्के की तरह से धर्मनिरपेक्षता के दावे ने ले लिया है और अभी तक हम सांप्रदायिकता की परिभाषा भी नहीं दे पाए हैं। इसलिए यह कहना बहुत कठिन है कि कौन सांप्रदायिकतावादी है या कौन नहीं

है? यह कहना बहुत ही कठिन है। हमारे देश का अभी तक कोई समान सिविल कोड भी नहीं है जिसकी चर्चा हमारे संविधान में की गई हो। पिछले 5 दशकों से स्कूल में लागू की जाने वाली नैतिक तथा धर्मनिरपेक्ष शिक्षा प्रणाली की रिपोर्ट, जो श्री प्रकाश समिति ने तैयार की थी, यह भी लागू नहीं की गई है।

शिक्षा संबंधी सुधारों और सांप्रदायिकता की समस्या से निपटने के लिए कुछ स्थायी समितियों या राष्ट्रीय एकीकरण समिति का गठन पर्याप्त नहीं है। कई बार इन समस्याओं पर अनेक आयोगों ने बहुत गहराई से सोच-विचार किया है। राष्ट्रीय एकीकरण परिषद द्वारा पारित बहुत अच्छे-अच्छे प्रस्ताव भी सांप्रदायिकता तथा राष्ट्रीय एकीकरण की समस्या का समाधान नहीं कर सकते। सार्वजनिक मंचों से हमारे नेता जो भाषण देते हैं, उनसे भी यह समस्या नहीं सुलझ सकती, क्योंकि हमारे नेताओं की कथनी और करनी में अंतर है। उदाहरणतया कुछ गिने-चुने कट्टरपंथी मुसलमानों की धमकियों के सामने झुककर उच्चतम न्यायालय के निर्णय को रद्द करने के लिए मुसलमान स्त्रियों की देखभाल करने से संबंधित जो कानून बनाया गया है, वह इस बात का प्रमाण है कि हमारे नेता कहते कुछ और हैं और करते कुछ और हैं।

राष्ट्रीय एकता परिषद तब तक कोई प्रभावकारी भूमिका नहीं निभा सकती, जब तक कि इसमें जनता के सभी वर्गों के प्रतिनिधि शामिल नहीं होंगे। इसके अतिरिक्त इस परिषद के पास अपना एक स्थायी सचिवालय होना चाहिए और उस सचिवालय की राष्ट्रीय एकीकरण से संबंधित गतिविधियां सदैव चलती रहनी चाहिए। जिन शहरों में बार-बार सांप्रदायिक झगड़े होते हैं, उन शहरों की सामाजिक समस्याओं का गहराई से अध्ययन किया जाना चाहिए, ताकि वहां पर होने वाले सांप्रदायिक झगड़ों के वास्तविक कारणों का पता लग सकें, इसके अतिरिक्त राष्ट्रीय एकीकरण परिषद तथा अल्पसंख्यक आयोग और अनुसूचित जातियों और अनुसूचित जनजातियों के आयोगों का गहरा तालमेल होना चाहिए। राष्ट्रीय एकीकरण परिषद को राजनैतिक दलों तथा नेताओं पर भी यह दबाव डालना चाहिए कि वह स्वीकृत आचार संहिता का पालन करें। इसके अतिरिक्त सांप्रदायिकता तथा जातीयता पर आधारित अलगावादी राजनैतिक दलों तथा संस्थाओं और धार्मिक जलसे, जुलूसों, धार्मिक पर्वों के अवसरों पर लाउडस्पीकरों के प्रयोग, धार्मिक स्थानों का राजनैतिक उद्देश्यों के लिए प्रयोग किए जाने तथा सांप्रदायिकता के प्रचार करने पर कानूनी पाबंदी लगानी चाहिए। जब तक मनोवैज्ञानिक एकता की भावना उत्पन्न नहीं होती तब तक राष्ट्रीय एकीकरण की समस्या का समाधान करना कठिन है।

□□□

अभ्यास हेतु प्रश्न

1. राष्ट्रीय एकीकरण को प्रभावित करने वाले कारकों की विवेचना कीजिए।
2. राष्ट्रीय एकीकरण की प्रक्रिया में नकारात्मक तत्वों की उपस्थिति आंतरिक सुरक्षा को किस प्रकार प्रभावित करती है। स्पष्ट कीजिए।
3. राष्ट्रीय एकीकरण की दिशा में उठाए गए संस्थागत कदमों की विवेचना कीजिए।
4. अंतर्राज्यीय परिषद की संरचना और कार्यों पर प्रकाश डालते हुए इसके गठन के औचित्य या सार्थकता को स्पष्ट कीजिए।

27. भारत में आपदा प्रबंधनः एक समग्र अवलोकन

आदिकाल से ही मानव नाना प्रकार की प्राकृतिक आपदाओं से जूझता आया है। भूकंप, बाढ़, सूखा, अकाल, तूफान, ओलावृष्टि, महामारी तथा ज्वालामुखी विस्फोट इत्यादि उसके धैर्य, साहस एवं जीवटता का परीक्षण लेते रहे हैं। विश्व भर की न जाने कितनी ही सभ्यताएं एवं संस्कृतियां आपदाओं की भेंट चढ़कर अपना अस्तित्व समूह खो चुकी हैं। विज्ञान एवं प्रौद्योगिकी के क्षेत्र में हुई अथाह एवं आशातीत उन्नति से निस्संदेह मानव जीवन तुलनात्मक रूप से सुखी-संपन्न हुआ है, किंतु बहुत से आविष्कार ऐसे भी हैं जिनके कारण मानवजनित आपदाओं का संकट गहरा गया है। वैज्ञानिक आविष्कारों तथा भौतिकवाद ने पर्यावरणीय असंतुलन को जन्म दिया है, अतः प्राकृतिक आपदाओं का दायरा विस्तृत एवं संभाव्यता अधिक हो गई है। अनेक बार आपदाओं ने सरकारों और देश को झकझोरा भी है। आपदा प्रबंधन अधिनियम 2005 बनाया गया है, परंतु उसके बावजूद देश में आपदा प्रबंधन की स्थिति बेहतर नहीं है।

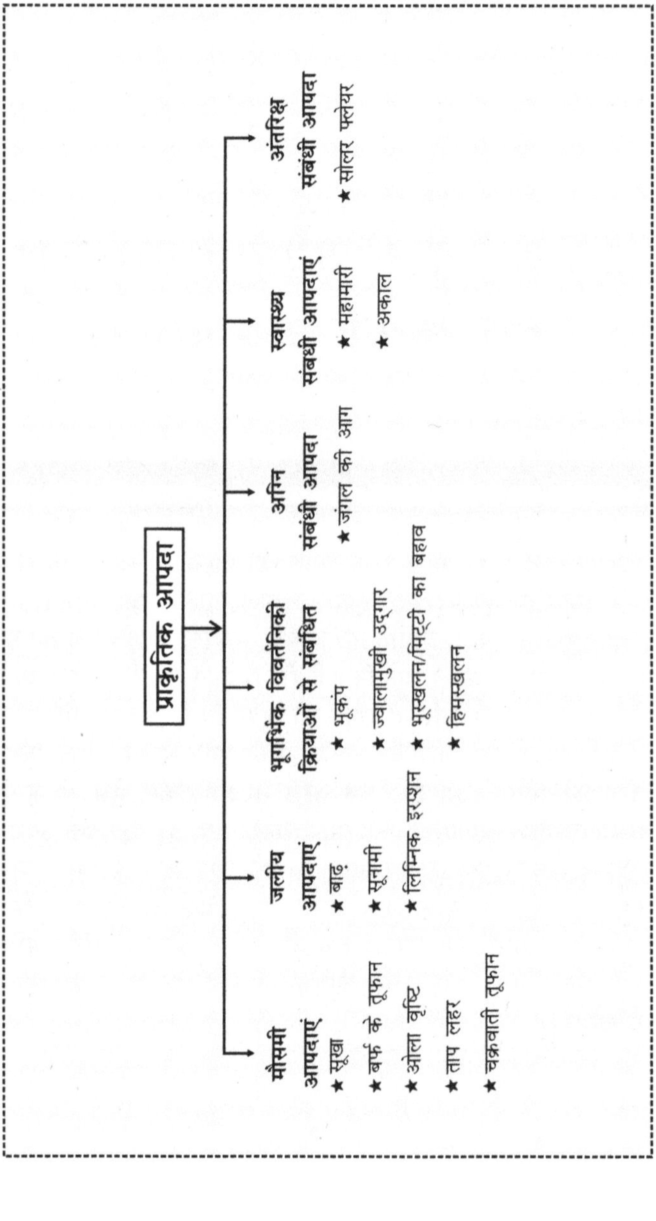
प्राकृतिक आपदा
मौसमी आपदाएं
★ सूखा
★ बर्फ के तूफान
★ ओला वृष्टि
★ ताप लहर
★ चक्रवाती तूफान
जलीय आपदाएं
★ बाढ़
★ सूनामी
★ लिम्निक इरप्शन
भूगर्भिक विवर्तनिकी क्रियाओं से संबंधित
★ भूकंप
★ ज्वालामुखी उद्गार
★ भूस्खलन/मिट्टी का बहाव
★ हिमस्खलन
अग्नि संबंधी आपदा
★ जंगल की आग
स्वास्थ्य संबंधी आपदाएं
★ महामारी
★ अकाल
अंतरिक्ष संबंधी आपदा
★ सोलर फ्लेयर

आपदा प्रबंधन

आपदा (विपदा) एवं संकट एकसमान अर्थ रखने वाले शब्द प्रतीत होते हैं, किंतु आपदा तुलनात्मक रूप से बड़ी विपत्ति को बताता है। संकट से आशय कठिन या दुविधा भरी उस स्थिति से है, जो तत्काल महत्वपूर्ण निर्णय की अपेक्षा करती है, जैसेकि श्रीमती इंदिरा गांधी की हत्या वाला दिन (31 अक्टूबर, 1984), सन् 1991 में खाली हुआ भारत का विदेशी मुद्रा भण्डार, 2005 का सूनामी संकट या सेना द्वारा किसी देश में तख्ता पलट इत्यादि। (द्वितीय प्रशासनिक सुधार आयोग ने अपनी तीसरी रिपोर्ट में आपदा के लिए डिजास्टर के बजाय 'क्राइसिस' शब्द प्रयुक्त किया है) आपदा वह विषम स्थिति है जो मानवीय, भौतिक, पर्यावरणीय तथा सामाजिक कार्यकरण को व्यापक रूप से प्रभावित करती है तथा सामान्य जीवनचर्या में भारी व्यवधान आ जाता है। यह उस विपदा को बताता है, जो जान-माल की भारी हानि को इंगित करती है।

आपदा प्रबंधन अधिनियम, 2005 में आपदा को विस्तारपूर्वक वर्णित करते हुए कहा गया है कि-"आपदा से आशय किसी क्षेत्र में हुए उस विध्वंस, अनिष्ट, विपत्ति या बहुत गंभीर घटना से है, जो प्राकृतिक या मानवजनित कारणों से या दुर्घटनावश या लापरवाही से घटित होती है और जिससे बहुत बड़ी मात्रा में मानव जीवन की हानि होती है या मानव पीड़ित होता है या संपत्ति को हानि पहुंचती है या पर्यावरण का भारी क्षरण होता है। यह घटना प्रायः प्रभावित क्षेत्र के समुदाय की सामना करने की क्षमता से अधिक भयावक होती है।"

आपदा प्रबंधन अधिनियम 2005 में आपदा प्रबंधन को इस प्रकार परिभाषित किया गया है-"आपदा प्रबंधन से आशय निम्नांकित उपायों का नियोजन करने, संगठित करने, समन्वित करने और उन्हें क्रियान्वित करने से संबंधित है-

- किसी आपदा के खतरे या चेतावनी से बचाव;
- किसी आपदा की गंभीरता या परिणामों (प्रभावों) को प्रशमित या कम करना और क्षमता निर्माण;
- किसी आपदा का सामना करने हेतु पूर्व तैयारियां;
- किसी आसन्न या वास्तविक आपदा से बचाव हेतु तुरन्त अनुक्रिया;
- किसी आपदा की गंभीरता या प्रभावों के आकार का आकलन;
- निष्क्रमण, बचाव तथा राहत और पुनर्वास तथा पुनर्निर्माण।

आपदा प्रशमन से आशय किसी आपदा के घटित होने से पूर्व तैयारी या घटित हो जाने पर उसके प्रभावों में कमी लाने से है।

इस प्रकार आपदा प्रबंधन वह प्रक्रिया है, जो आपदा से पूर्व की समस्त तैयारियों, चेतावनी, पहचान, प्रशमन, बचाव, राहत, पुनर्वास, पुननिर्माण तथा आपदा से बचने

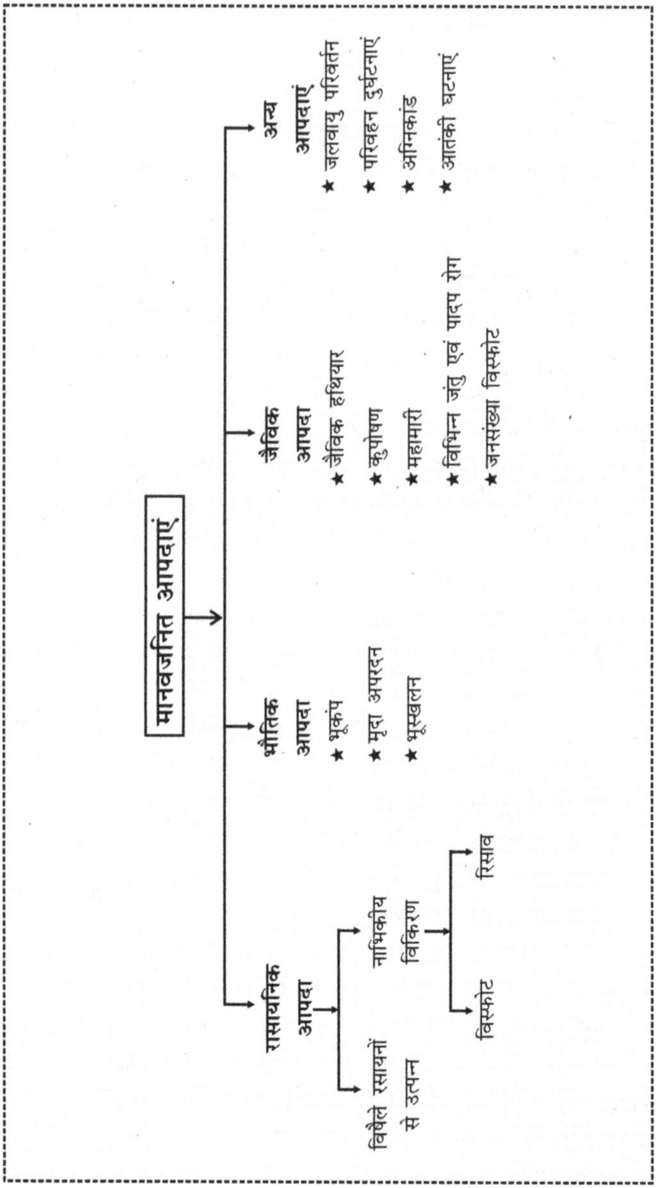
मानवजनित आपदाएं
रासायनिक आपदा
विषैले रसायनों से उत्पन्न
नाभिकीय विकिरण
विस्फोट
रिसाव
भौतिक आपदा
★ भूकंप
★ मृदा अपरदन
★ भूस्खलन
जैविक आपदा
★ जैविक हथियार
★ कुपोषण
★ महामारी
★ विभिन्न जंतु एवं पादप रोग
★ जनसंख्या विस्फोट
अन्य आपदाएं
★ जलवायु परिवर्तन
★ परिवहन दुर्घटनाएं
★ अग्निकांड
★ आतंकी घटनाएं

के लिए अपनाई जाने वाली तत्पर अनुक्रियाशीलता इत्यादि के उपायों को इंगित करती है। आपदा प्रबंधन की प्रमुख विशेषताएं इस प्रकार हैं-

- यह समग्र लोक प्रशासन की वह एक विशेषीकृत इकाई या शाखा है, जो प्राकृतिक एवं मानवीय कारणों से उत्पन्न आपदाओं के नीति-नियोजन, नियंत्रण, समन्वय, राहत, बचाव एवं पुनर्वास इत्यादि का अध्ययन करती है।
- यह प्राथमिक रूप से सरकारी दायित्व इंगित करता है किंतु सामुदायिक एवं निजी सहयोग के बिना यह कार्य अधूरा है।
- आपदा प्रबंधन आपदा आने की चेतावनी से लेकर उसके पश्चात् पुनर्वास, पुनर्निर्माण एवं भविष्य के लिए आपदा रोकथाम एवं बचाव इत्यादि कृत्यों तक विस्तारित है।
- आपदाएं सार्वभौमिक एवं सार्वकालिक घटनाएं हैं। अतः आपदा प्रबंधन का कार्य भी अंतर्राष्ट्रीय समन्वय से जुड़ा हुआ है।
- आपदा प्रबंधन एक जटिल तथा बहुआयामी प्रक्रिया है अर्थात् केंद्र, राज्य एवं स्थानीय शासन के साथ-साथ बहुत सारे विभाग, संस्थाएं एवं समुदाय इसमें अपना योगदान देते हैं।

आपदा प्रबंधन के मुख्य आयाम

आपदा प्रबंधन एक जटिल, सतत तथा बहुपक्षीय प्रक्रिया है। इसमें मुख्यतः निम्नांकित आयाम सम्मिलित किए जा सकते हैं-

1. जोखिम विश्लेषण

सर्वप्रथम किसी भी स्थान पर संभावित आपदा के क्रम में यह देखा जाता है कि-

- क्या संकट या विपदा आ सकती है?
- उसकी कितनी संभावनाएं रही हैं?
- वह कितना गंभीर हो सकता है?
- वह समाज को किस रूप में प्रभावित कर सकता है?
- समाज या समुदाय उस विपदा के कितना निकट, नाजुक या संवेदनशील है?

इस हेतु चरण इस प्रकार हो सकते हैं-

(i) **विपदा की पहचान**-यह देखना कि विपदा मानवीय, तकनीकी या प्राकृतिक किस रूप की है?

(ii) **विपदा का विवरण**-उसका क्षेत्र (स्थान), अवधि, बारंबारता, गति, मौसमीय चक्र, प्रसार तथा चेतावनी तंत्र कैसा है?

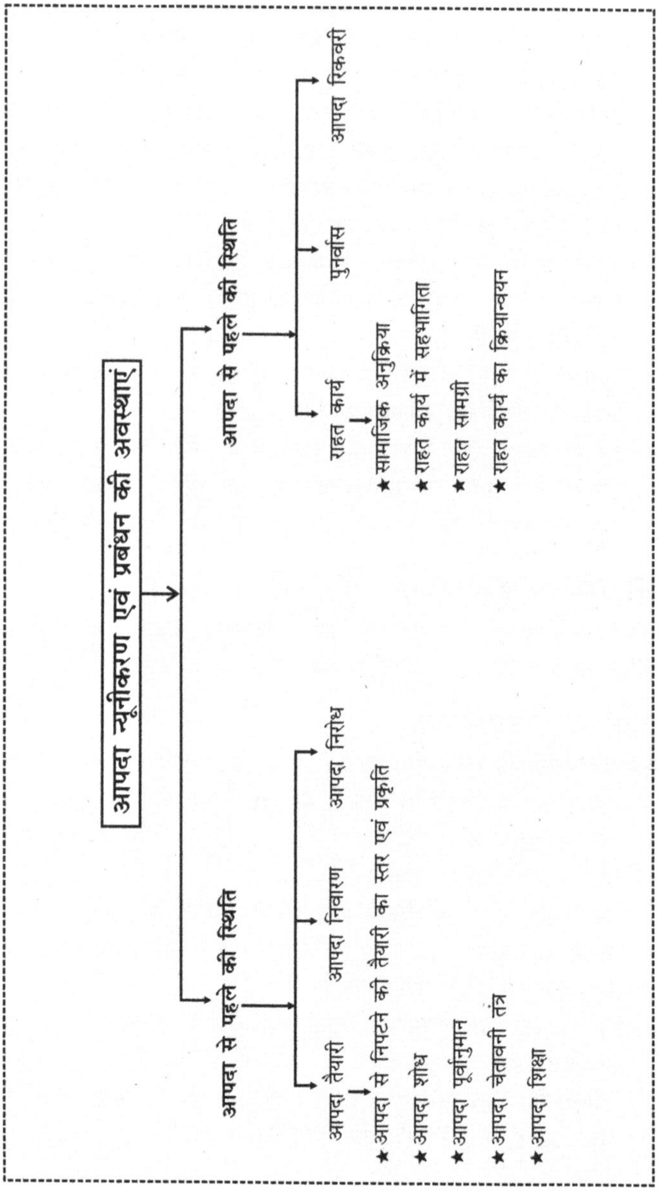
आपदा न्यूनीकरण एवं प्रबंधन की अवस्थाएं
आपदा से पहले की स्थिति
आपदा तैयारी
आपदा निवारण
आपदा निरोध
★आपदा से निपटने की तैयारी का स्तर एवं प्रकृति
★आपदा शोध
★आपदा पूर्वानुमान
★आपदा चेतावनी तंत्र
★आपदा शिक्षा
आपदा से पहले की स्थिति
राहत कार्य
पुनर्वास
आपदा रिकवरी
★सामाजिक अनुक्रिया
★राहत कार्य में सहभागिता
★राहत सामग्री
★राहत कार्य का क्रियान्वयन

(iii) **समुदाय का विवरण**- प्रभावित होने वाले संभावित समुदाय की भौगोलिक, जनसांख्यिकीय, सामाजिक, धार्मिक, आर्थिक (संपत्ति), संरचनात्मक तथा उपलब्ध सुविधाओं की स्थिति क्या है?

(iv) **संभावित खतरों की प्राथमिकता निर्धारण तथा तुलना**- किसी विपदा के 'प्रभाव का पूर्वानुमान ही खतरा कहलाता है' को आधार मानकर ऐतिहासिक (पूर्व) अनुभवों, संपत्ति, जनसंख्या तथा आधारभूत सुविधाओं (पुलों, बांधों, सड़कों) एवं सेवाओं का विश्लेषण कर देखना कि कौन-सा खतरा सर्वोच्च है।

(v) **सर्वाधिक खराब स्थिति की कल्पना तथा नियोजन**- किसी भी विपदा या संकट का समुदाय पर पड़ने वाले समग्र एवं गंभीर प्रभाव, विशिष्ट प्रभाव (भवन गिरना, मृत्यु या विस्थापन आदि) तथा वांछित कार्यवाही अर्थात् राहत, बचाव एवं पुनर्वास का विश्लेषण करना अत्यावश्यक है। आपदा योजना तथा नीति में इस विश्लेषण को स्थान देना निर्णायक सिद्ध होता है।

2. चेतावनी एवं वैकल्पिक व्यवस्था

यदि आपदा या विपदा आने की पूर्ण संभावना हो जाए तो उसकी समुचित माध्यमों से समुदाय तक चेतावनी प्रसारित करना महत्वपूर्ण है। रेडियो, टी.वी. इंटरनेट, लाउडस्पीकर, संकेत चिह्न, टेलीफोन, मोबाइल इत्यादि साधनों से चेतावनी दी जा सकती है तथा लोगों को सुरक्षित स्थानों पर पहुंचाना और उनके पशुओं एवं संपत्ति की रक्षा के उपाय करना भी अत्यावश्यक है। दूरसंवेदी उपग्रहों से प्राप्त होने वाले संकेत तत्काल संबंधित समुदाय तथा विभागों को प्रेषित किए जाने चाहिए।

चेतावनी संकेत- जब किसी विपदा, आपदा, संकट या अन्य किसी प्रकार की संभावित हानि या खतरे के लिए अग्रिम रूप से चेतावनी अंकित तथा प्रदर्शित या प्रसारित की जाती है तो इसे 'चेतावनी संकेत' कहते हैं। यह चेतावनी संकेत कई रूपों में हो सकते हैं, जैसे-

- युद्ध के समय या अन्य खतरों से पूर्व सायरन का बजना।
- विद्युत खंभों, ट्रांसफार्मर्स या ग्रिड स्टेशनों पर खतरे का चिह्न प्रदर्शित करना।
- समुद्री तटों एवं बंदरगाहों पर समुद्री तूफान में क्रमवार संकेत प्रदर्शित करना।

अंकों पर आधारित समुद्री तूफान के संकेत इस प्रकार हैं-

- **दूरवर्ती एहतियातीः** झंझावतों का मौसम है। अतः तूफान पनप सकता है।
- **दूरवर्ती चेतावनीः** तूफान बन चुका है।
- **स्थानीय एहतियातीः** बंदरगाह को झंझावाती मौसम से खतरा है।
- **स्थानीय चेतावनीः** बंदरगाह को खतरा संभव है। सावधानी बरतें।

- **खतराः** बंदरगाह को कठिन मौसम का सामना करना पड़ेगा। तूफान के बंदरगाह के दाईं ओर से गुजरने की आशंका है।
- **खतराः** बंदरगाह को कठिन मौसम का सामना करना पड़ेगा। तूफान के बंदरगाह के बाईं ओर से गुजरने की आशंका है।
- **खतराः** बंदरगाह को कठिन मौसम का सामना करना पड़ेगा। तूफान के बंदरगाह से होते हुए या करीब से गुजरने की आशंका है।
- **बड़ा खतराः** बंदरगाह को बहुत कठिन मौसम का सामना करना पड़ेगा। प्रचण्ड तूफान के बंदरगाह के दाईं ओर से गुजरने की आशंका है।
- **संचार यंत्रः** मौसम विज्ञान चेतावनी केंद्र से संपर्क टूट गया है। स्थानीय प्राधिकारियों का मत है कि बुरे मौसम का खतरा है।

3. बचाव एवं राहत कार्य

यदि आपदा आ ही जाए तो तत्काल पीड़ित समुदाय की रक्षा करना सर्वोच्च प्राथमिकता हो जाती है। बचाव से आशय किसी व्यक्ति, जीव या वस्तु को खतरे या खतरनाक स्थिति से बाहर लाना है, जबकि राहत से आशय किसी पीड़ा से ग्रस्त व्यक्ति या जीव के कष्ट को कम करना तथा उसे भोजन, औषधि, आश्रय, वस्त्र, धन, भावनात्मक संबल तथा सुरक्षा इत्यादि प्रदान करना है। प्रत्येक आपदा के 'बचाव' कार्य भिन्न प्रकृति के होते हैं। आपदा प्रबंधन में यह सर्वाधिक नाजुक, जटिल तथा आपातकालीन चरण होता है, क्योंकि यदि इस समय तत्परता से कार्यवाही हो जाए तो बहुत सारी जिंदगियां बचाई जा सकती है। समय पर तथा पर्याप्त संख्या में प्रशिक्षित एवं प्रतिबद्ध कार्यकर्ताओं, एम्बुलेंस, नावों, वाहनों, क्रेनों, गैस सिलेंडरों, भोजन सामग्री, टॉर्च, चिकित्सा सुविधाओं, टैंट एवं तम्बू, पेयजल एवं बिस्तरों इत्यादि की व्यवस्था करनी पड़ती है। घायलों को तत्काल अस्पताल पहुंचाना तथा मृतकों की पहचान करके उनका अंतिम संस्कार भी जटिल हो जाता है। संचार तंत्र की सफलता उसके सुचारू संचालन में तथा प्रशासन की सफलता समन्वय बनाए रखने में प्रदर्शित होती है। अफवाहों पर नियंत्रण पाने तथा पीड़ितों तक सूचना प्रसारित करने हेतु रेडियो की भूमिका आज भी महत्वपूर्ण है।

भारत में आपदाओं के समय रेडियो की भूमिका उल्लेखनीय रही है। हर्ट्ज, आर्मस्ट्रांग तथा मार्कोनी के नाम से बना हैम रेडियो एक शौकिया, अनौपचारिक वायरलैस तंत्र है। सन् 1923 से शुरू हुए हैम रेडियो के भारत में लगभग कई हजार सदस्य (विश्व भर में कई लाख) हैं, जो इस तंत्र से जुड़े सदस्यों से परस्पर रेडियो पर वार्त्ता करते हैं। आपदा के समय हैम रेडियो द्वारा संचार करना उपयोगी सिद्ध हुआ है। हैदराबाद स्थित 'इंस्टीट्यूट ऑफ आर्मेचर रेडियो' तथा बैंगलुरू स्थित

इंडियन इंस्टीट्यूट ऑफ एचएएपएस सदस्यों हेतु एक संपर्क कड़ी के रूप में कार्य करते हैं। लाल बहादुर शास्त्री राष्ट्रीय प्रशासन अकादमी, मसूरी में भी 'हैम रेडियो क्लब' बना हुआ है। जिला प्रशासन को अपने क्षेत्र में हैम रेडियाधारक व्यक्तियों की जानकारी रखनी चाहिए।

4. बहुउद्देशीय निर्णयन

किसी आपदा के आने से पूर्व, आपदा के दौरान तथा आपदा के पश्चात् ऐसे बहुउद्देशीय निर्णय लेने पड़ते हैं, जो समुदाय या क्षेत्र विशेष को विविध प्रकार से प्रभावित करते हैं। 'STAPLE Criteria' के नाम से चर्चित यह निर्णय इन आयामों से संबंधित होते हैं-

S - Social (सामाजिक)
T - Technical (तकनीकी)
A - Administrative (प्रशासनिक)
P - Political (राजनीतिक)
L - Legal (वैधानिक)
E - Economic and Environmental (आर्थिक एवं पर्यावरणीय)

5. पुनर्वास एवं पुनर्निर्माण

आपदा वह स्थिति है, जो किसी क्षेत्र या समुदाय को व्यापक रूप से तहस-नहस कर देती है। आपदा के पश्चात् लोगों का पुनर्वास करना तथा क्षेत्र का पुनर्निर्माण करना प्रशासन की महत्ती जिम्मेदारी है। आपदा प्रबंधन के क्षेत्र में 5 R महत्वपूर्ण माने जाते हैं-

Responses – तुरंत कार्यवाही अर्थात् अनुक्रिया
Rescue – बचाव कार्य
Relief – राहत कार्य
Rehabilitation – पुनर्वास करना
Reconstruction – पुनर्निर्माण

सामान्यत: आपदा के समय सड़कों, रेलवे, विद्युत लाइनों, पुलों, भवनों, बांधों, तालाबों, खेतों तथा अन्य संरचनाओं को भारी नुकसान पहुंचता है। ऐसे में जीवन को सुचारू बनाने हेतु पुनर्निर्माण एवं पुनर्वास प्राथमिकता हो जाता है। लोगों की आजीविका के साधन समाप्त हो जाते हैं, अत: नए सिरे से जिंदगी शुरू करनी पड़ती है। सरकार द्वारा दी जाने वाली सहायता राशि, क्षतिपूर्ति राशि तथा नुकसान का आकलन, विभिन्न एजेंसियों के सहयोग कार्य में समन्वय तथा सच एवं झूठ का निर्णय करने में प्रशासन को भारी मशक्कत करनी पड़ती है।

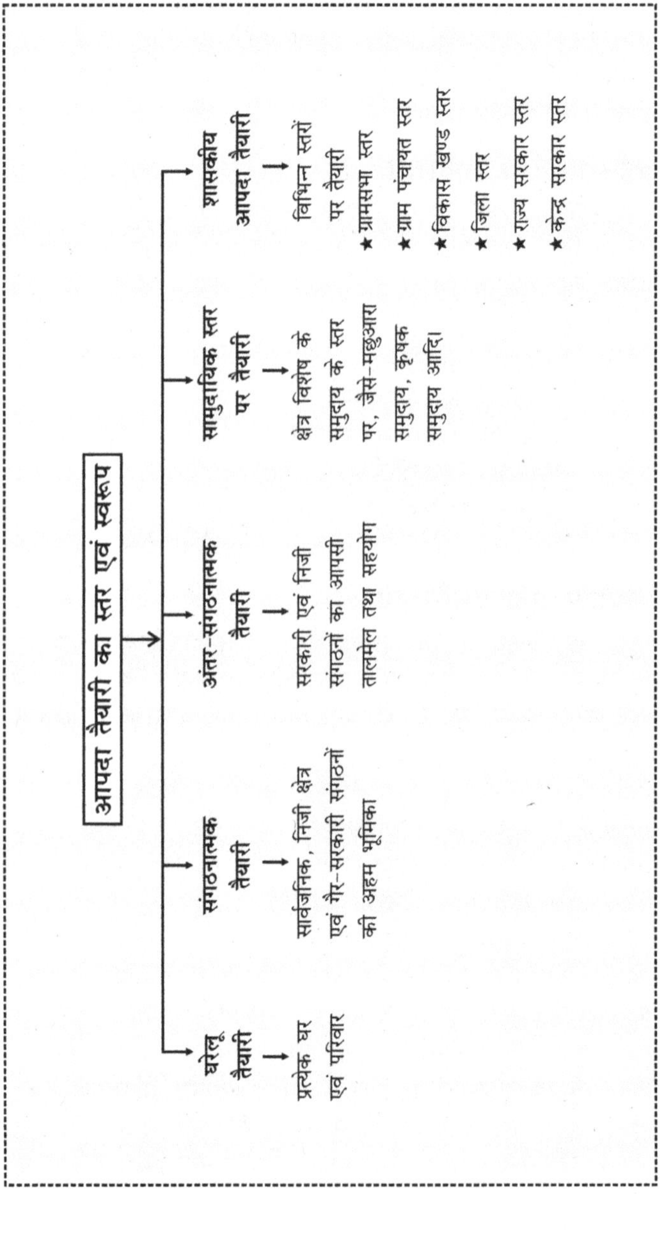
आपदा तैयारी का स्तर एवं स्वरूप
घरेलू तैयारी
प्रत्येक घर एवं परिवार
संगठनात्मक तैयारी
सार्वजनिक, निजी क्षेत्र एवं गैर-सरकारी संगठनों की अहम भूमिका
अंतर-संगठनात्मक तैयारी
सरकारी एवं निजी संगठनों का आपसी तालमेल तथा सहयोग
सामुदायिक स्तर पर तैयारी
क्षेत्र विशेष के समुदाय के स्तर पर, जैसे-मछुआरा समुदाय, कृषक समुदाय आदि।
शासकीय आपदा तैयारी
विभिन्न स्तरों पर तैयारी
★ग्रामसभा स्तर
★ग्राम पंचायत स्तर
★विकास खण्ड स्तर
★जिला स्तर
★राज्य सरकार स्तर
★केन्द्र सरकार स्तर

भारतीय यथार्थ

भारतीय लोक प्रशासन तथा समाज दोनों ही सामान्य परिस्थितियों में प्राय: शिक्षित एवं अकर्मण्य प्रतीत होते हैं, किंतु आपदा, युद्ध एवं संकट के समय इनकी तत्परता एवं त्याग उल्लेखनीय हो जाता है। एक ओर समाज में आपदाओं के प्रति जनचेतना तथा चिंता का अभाव स्पष्ट दिखाई देता है तो दूसरी ओर आपदा आने पर 'श्मशान वैराग्य' उत्पन्न हो जाता है। एक ओर तो भारत में वाहन दुघर्टना के शिकार सड़क पर पड़े घायल को कोई अस्पताल नहीं ले जाना चाहता है तो दूसरी ओर आपदाओं के समय सारा समाज इसी कृत्य में जुट जाता है। देश भर की आधी से अधिक आवासीय कॉलोनियों में मकानों में आगे किए हुए अतिक्रमण के कारण इतनी जगह भी नहीं है कि अग्निशमन की एक गाड़ी भी प्रवेश कर सके। आपदा एवं दुघर्टना के समय होने वाली भाग-दौड़, आपाधापी एवं नियमों की अवहेलना से लगने वाले 'ट्रैफिक जाम' के कारण पुलिस एवं अन्य संस्थाओं को अनावश्यक तनाव का सामना करना पड़ता है। 26 जनवरी, 2001 को भुज में आए भूकंप के पश्चात् देश भर से ऊनी वस्त्र दानियों ने पीड़ितों तक पहुंचाए किंतु उनमें से आधे भी पहनने योग्य नहीं थे, क्योंकि लोगों ने वे स्वेटर एवं कम्बल पीड़ितों तक भेजे, जो घर से फेंकने योग्य हो चुके थे। दूसरी ओर उत्तर काशी के भूकंप तथा केदारनाथ संकट के दौरान प्राप्त विदेशी कंबल बाजारों में भारी मात्रा में बिकते पाए गए थे। ऐसी मानसिकता नितांत शोचनीय है तथा यह भारतीय लोगों के चारित्रिक पक्ष को भी रेखाकिंत कर रही है।

दूसरी ओर तकनीकी रूप से अक्षमता भी चिंता का विषय है। जुलाई 2008 में चण्डीगढ़ शहर के पास एक पुल पर तेज बहते पानी में एक मोटरसाइकिल चालक सुशील कुमार फंस गया। पास में खड़ी भीड़ ने सुशील को रस्सा फेंककर प्राण दान दे दिए। वह दो घंटे तक पानी में अटका रहा। सरकारी बचाव दल ने आकर वह रस्सी खोल दी, जोकि लोगों ने पास के खंभे से बांध रखी थी और दुर्भाग्य से सुशील को पकड़ने से पूर्व वह पानी में बह गया। यह घटना भारत की संपूर्ण उन्नति, क्षमता, समाज एवं प्रशासन की पोल खोलने के लिए पर्याप्त है। इसी प्रकार मीडिया भी नकारात्मक भूमिका निर्वाहित करता रहा है। अक्टूबर 1999 में उड़ीसा तूफान के समय मीडिया में झूठ कहा गया कि राज्य के मुख्य सचिव अमेरिका गए हुए हैं तथा जिला कलक्टर्स तूफान के डर से भाग गए हैं। वास्तविकता यह थी कि तूफान के समय भुवनेश्वर स्थित सचिवालय तथा कटक स्थित पुलिस मुख्यालय सहित कई स्थानों का संचार तंत्र भंग हो चुका था। चूंकि शासन सचिवालय में कार्यरत अधिसंख्य निम्न एवं अधीनस्थ वर्ग के कार्मिक तटवर्ती जिलों से थे, अत: वे अपने

परिवारों को बचाने चले गए थे। मीडिया द्वारा प्रदर्शित अनुत्तरदायित्वपूर्ण आचरण चिंताजनक ही कहा जाएगा। इसी प्रकार भारतीय मौसम विभाग के पूर्वानुमानों का प्राय: मीडिया में उपहास किया जाता है। ऐसे में निर्धनता से ग्रस्त मछुआरे चेतावनी के बावजूद भी समुद्र में जाते हैं तथा भारी जान-माल की हानि होती है।

अगस्त-सितंबर, 2008 में उत्तरी-पूर्वी बिहार के पंद्रह जिलों में (45 लाख लोग प्रभावित) आई भयंकर बाढ़ का मुख्य कारण कोसी नदी द्वारा अपना मार्ग बदलना था। विगत 250 वर्षों में यह नदी 120 कि.मी. (पूर्व से पश्चिम) खिसक चुकी है, किंतु इस बार यह पुन: पूर्व की ओर बहने लगी और तबाही शुरू हो गई। इस नदी के मार्ग बदलाव की तस्वीरें 'नासा' एवं भारतीय उपग्रहों द्वारा ली जा चुकी थी तथा प्रशासन को सूचित भी किया जा चुका था, किंतु किसी भी स्तर पर सूचना को गंभीरता से नहीं लिया गया।

इसी प्रकार भारत में सूखा तथा अकाल एक स्थायी किंतु शनैः-शनैः प्रभाव दिखाने वाली प्राकृतिक आपदा है। अब स्थिति यह है कि राजस्थान सहित अधिसंख्य सूखाग्रस्त क्षेत्रों के निवासी अकाल को अपनी नियति मान चुके हैं तथा इससे निपटने के लिए वैज्ञानिक रणनीति अपनाने के इच्छुक नहीं हैं। आज भी ब्रिटिशकाल में निर्मित 'फेमिन कोड' ही अकाल प्रबंधन का वेदवाक्य बनी हुई है। आधुनिक भारतीय इतिहास के तीन प्रमुख अकालों की चर्चा तो आज भी बड़े-बुजुर्ग करते हैं। सन् 1783 के कुख्यात अकाल को 'चालीसा काल' कहा जाता है, क्योंकि यह विक्रमी संवत् 1840 में पड़ा था। राजपूताना, महाराष्ट्र तथा कर्नाटक सहित समस्त दक्षिण एशिया को चपेट में लेने वाले सन् 1791-92 के अकाल के गीत दक्षिण भारत में आज भी दोजी बारा अकाल के नाम से गाए जाते हैं, जिसका अर्थ यह है कि दाह-संस्कार के अभाव में भूमि, मानव खोपड़ियों से भर गई थी, अत: यह स्कल फेमाइन Skull Famine भी कहलाता है। विक्रमी संवत् 1956 (सन् 1899-1900) में स्कल फेमाइन उत्तरी-पश्चिमी भारत का भयंकर अकाल 'छपन्या काल' के नाम से चर्चित है। उक्त तीनों अकालों में औसतन 9 लाख व्यक्ति प्रति अकाल मौत के मुंह में समाए थे।

भारत में आपदा प्रबंधन का कार्य परंपरागत रूप से राज्य सरकार, सामाजिक संस्थाओं, स्वैच्छिक संगठनों, स्वयं समुदाय तथा अंतर्राष्ट्रीय अभिकरणों द्वारा केंद्र सरकार के सहयोग से किया जाता रहा है। आपदा प्रबंधन की दिशा में ठोस एवं व्यापक नीति तथा कानून बनाने के प्रयास 21वीं सदी से ही शुरू होने लगे हैं। मुख्यत: कृषि, भू-राजस्व, गृह एवं सिंचाई विभागों से संबद्ध रहा यह कार्य स्वाभाविक रूप से बहुआयामी तथा जटिल है। भारत में स्वतंत्रता के समय से केंद्रीय स्तर पर

प्रधानमंत्री की अध्यक्षता में प्रधानमंत्री राष्ट्रीय राहत कोष तथा राज्यों में मुख्यमंत्री राहत कोष बने हुए हैं, जिनमें आपदा के समय सहायता राशि दी जाती रही है। बड़ी तथा गंभीर आपदाओं को 'राष्ट्रीय आपदा' घोषित किया जाता है।

आपदा प्रबंधन अधिनियम, 2005

देश में आपदाओं का सामना करने, उनमें कमी लाने तथा पीड़ित व्यक्तियों का पुनर्वास करने हेतु वांछित 'संस्थात्मक तंत्र' तैयार करने हेतु आपदा प्रबंधन विधेयक को 28 नवंबर, 2005 को राज्यसभा तथा 12 दिसंबर, 2005 में लोकसभा से स्वीकृति मिली। 23 दिसंबर, 2005 से यह कानून प्रवर्तित हो गया। इस कानून में वर्णित प्रमुख प्रावधान इस प्रकार हैं-

1. राष्ट्रीय आपदा प्रबंधन प्राधिकरण

राष्ट्रीय आपदा प्रबंधन अधिनियम 2005 की धारा-3 में राष्ट्रीय आपदा प्रबंधन प्राधिकरण का प्रावधान किया गया है। इसका गठन निम्नानुसार होगा-

- प्रधानमंत्री पदेन अध्यक्ष
- प्रधानमंत्री द्वारा मनोनीत अधिकतम नौ अन्य सदस्य।

प्रधानमंत्री, प्राधिकरण के सदस्यों में से किसी एक को उपाध्यक्ष नामित करते हैं। प्राधिकरण के अध्यक्ष एवं सदस्यों का कार्यकाल अधिनियम में वर्णित नहीं किया गया है। प्रधानमंत्री या प्राधिकरण के उपाध्यक्ष की अध्यक्षता में आवश्यकतानुसार बैठकें आयोजित की जाती हैं।

कार्यः आपदाओं पर प्रभावी नियंत्रण पाने तथा तत्परतापूर्वक कार्यवाही करने हेतु नीतियां, योजनाएं एवं दिशा-निर्देश निर्धारित करने के मुख्य दायित्वों के साथ राष्ट्रीय आपदा प्रबंधन प्राधिकरण को निम्नांकित कार्य सौंपे गए हैं (धारा-6)-

- आपदा प्रबंधन पर नीतियों का निर्धारण करना;
- राष्ट्रीय योजना का अनुमोदन करना;
- राष्ट्रीय योजना के अनुसरण में केंद्रीय मंत्रालयों या विभागों द्वारा निर्मित योजनाओं का अनुमोदन करना;
- राज्य योजना निर्मित करने हेतु राज्य प्राधिकरणों के लिए दिशा-निर्देश निर्धारित करना;
- आपदाओं के बचाव या इनके प्रभाव के प्रशमन हेतु उपायों का एकीकरण करने एवं विकास योजनाओं एवं परियोजनाओं पर पड़ने वाले प्रभावों से बचाव हेतु विभिन्न मंत्रालयों एवं विभागों द्वारा काम में लिए जाने वाले दिशा-निर्देश निर्धारित करना;

- आपदा प्रबंधन के क्रम में बनी नीतियों एवं योजनाओं के प्रवर्तन एवं क्रियान्वयन का समन्वय करना;
- प्रशमन के उद्देश्य से निधियों के प्रावधान की अनुशंसा करना;
- बड़ी आपदाओं से प्रभावित दूसरे देशों को वैसी सहायता प्रदान करना, जैसी केंद्र सरकार द्वारा निर्धारित की जाए;
- आपदाओं से बचाव, उनके प्रशमन, पूर्व तैयारियों तथा आसन्न आपदा या वास्तविक आपदा का सामना करने हेतु क्षमता-निर्माण के क्रम में उपाय करना; और
- राष्ट्रीय आपदा प्रबंधन संस्थान के कार्यकरण के लिए स्थूल नीतियों एवं दिशा-निर्देश का निर्धारण करना।

राष्ट्रीय आपदा प्रबंधन प्राधिकरण के अध्यक्ष (प्रधानमंत्री) को धारा-6 (3) के अंतर्गत यह शक्ति दी गई है कि आपातकाल की स्थिति में वह उपर्युक्त सभी या कुछ कार्य स्वयं निर्धारित कर सकेगा, किंतु उनका प्राधिकरण द्वारा कार्योत्तर अनुसमर्थन अनिवार्य होगा।

2. परामर्शकारी समिति

अधिनियम की धारा-7 यह प्रावधान करती है कि राष्ट्रीय आपदा प्रबंधन प्राधिकरण एक ऐसी परामर्शकारी समिति का गठन कर सकता है, जिसमें राष्ट्रीय, प्रांतीय या जिला स्तर पर आपदा प्रबंधन का व्यावहारिक ज्ञान एवं अनुभव रखने वाले विशेषज्ञ व्यक्ति सदस्य होंगे।

3. राष्ट्रीय कार्यकारी समिति

राष्ट्रीय आपदा प्रबंधन प्राधिकरण को उसके कार्य निष्पादन में सहयोग देने हेतु एक राष्ट्रीय कार्यकारी समिति के गठन का प्रावधान (धारा-8) है। इस समिति का गठन इस प्रकार है-

- केंद्र सरकार में आपदा प्रबंबधन का कार्य संपादित करने वाले मंत्रालय या विभाग का सचिव (वर्तमान में गृह मंत्रालय) पदेन अध्यक्ष;
- कृषि, परमाणु ऊर्जा, रक्षा, पेयजलापूर्ति, पर्यावरण एवं वन, वित्त (व्यय), स्वास्थ्य, ऊर्जा, ग्रामीण विकास, विज्ञान एवं प्रौद्योगिकी, अंतरिक्ष, दूरसंचार, नगरीय विकास, जल संसाधन के सचिव तथा एकीकृत रक्षा स्टाफ (चीफ ऑफ स्टाफ कमेटी) इसके प्रमुख सदस्य होते हैं।

इस समिति का अध्यक्ष किसी अन्य व्यक्ति को भी बैठक में बुला सकता है। राष्ट्रीय कार्यकारी समिति चाहे तो एक या अधिक उप समितियां भी गठित (धारा-9) कर सकती है, जिसके अध्यक्ष राष्ट्रीय कार्यकारी समिति के सदस्यों में से होंगे।

कार्यः राष्ट्रीय कार्यकारी समिति को निम्नांकित कार्य सौंपे गए हैं (धारा-10)-

- आपदा प्रबंधन पर समन्वय एवं प्रबोधन निकाय की भांति कार्य करना;
- राष्ट्रीय आपदा प्रबंधन प्राधिकरण के अनुमोदन हेतु राष्ट्रीय योजना तैयार करना;
- राष्ट्रीय नीति के क्रियान्वयन का समन्वय एवं प्रबोधन करना;
- भारत सरकार के विभिन्न मंत्रालयों एवं विभागों तथा राज्य प्राधिकरणों के द्वारा तैयार की जाने वाली आपदा प्रबंधन योजनाओं के लिए दिशा-निर्देश निर्धारित करना;
- राष्ट्रीय आपदा प्रबंधन प्राधिकरण द्वारा निर्धारित दिशा-निर्देशानुसार राज्य सरकारों एवं राज्य प्राधिकरणों को तकनीकी सहायता प्रदान करना;
- राष्ट्रीय योजना तथा केंद्रीय मंत्रालयों एवं विभागों द्वारा निर्मित योजनाओं के क्रियान्वयन पर निगरानी रखना;
- आपदाओं से बचाव या इनके प्रभाव के प्रशमन हेतु उपायों का एकीकरण तथा मंत्रालयों एवं विभागों की विकास योजनाओं एवं परियोजनाओं के क्रियान्वयन के क्रम में राष्ट्रीय आपदा प्रबंधन प्राधिकरण द्वारा निर्देशित दिशा-निर्देश के क्रियान्वयन की निगरानी करना;
- विभिन्न मंत्रालयों एवं विभागों द्वारा आपदा प्रशमन एवं पूर्व तैयारियों के क्रम में किए गए उपायों पर प्रबोधन एवं समन्वयन तथा निर्देशन करना;
- सरकार के सभी स्तरों पर आपदाओं से बचाव, आसन्न या वास्तविक आपदा का सामना करने हेतु की गई तैयारियों का मूल्यांकन करना तथा ऐसी तैयारियों में वृद्धि हेतु निर्देश देना;
- विभिन्न स्तरों के अधिकारियों, कार्मिकों की योजना बनाना एवं समन्वय करना;
- किसी आसन्न आपदा की स्थिति में बचाव प्रयासों का समन्वय करना;
- किसी आसन्न आपदा की स्थिति में उपायों हेतु केंद्र सरकार के मंत्रालयों या विभागों, राज्य सरकारों तथा राज्य प्राधिकरणों के लिए दिशा-निर्देश निर्धारित करना या निर्देश देना;
- आपातकालीन स्थितियों में राहत एवं बचाव कार्य हेतु राष्ट्रीय या राज्य आपदा प्रबंधन प्राधिकरणों को व्यक्ति या भौतिक संसाधन उपलब्ध कराने हेतु किसी विभाग या अभिकरण को निर्देश देना;

- आपदा प्रबंधन में संलग्न केंद्रीय मंत्रालयों या विभागों, राज्य प्राधिकरणों, सांविधिक निकायों तथा अन्य सरकारी एवं गैर सरकारी संगठनों को परामर्श एवं सहायता और गतिविधियों का समन्वय करना;
- आपदा प्रबंधन अधिनियम 2005 के अंतर्गत कार्यों के निष्पादन हेतु राज्य प्राधिकरणों एवं जिला प्राधिकरणों को आवश्यक तकनीकी सहायता एवं परामर्श प्रदान करना;
- आपदा प्रबंधन के क्रम में सामान्य शिक्षा एवं जागरूकता को प्रोत्साहन देना;
- राष्ट्रीय आपदा प्रबंधन प्राधिकरण के निर्देशों पर अन्य कार्य निष्पादित करना।

4. राष्ट्रीय योजना

अधिनियम की धारा-11 के अंतर्गत यह प्रावधान है कि राष्ट्रीय कार्यकारी समिति राज्य सरकारों, विशेषज्ञों तथा राष्ट्रीय प्राधिकरण द्वारा अनुमोदित ऐसे संगठनों से, जोकि आपदा प्रबंधन करते हैं, से परामर्श करके आपदा प्रबंधन पर एक राष्ट्रीय योजना तैयार करेगी, जिसमें निम्नांकित बातें सम्मिलित होंगी-

- आपदाओं से बचाव या उनके प्रभावों के प्रशमन हेतु उठाए जाने वाले कदम;
- विकास योजनाओं के साथ आपदा प्रशमन प्रयासों का एकीकरण हेतु उठाए जाने वाले कदम;
- आसन्न आपदा या वास्तविक आपदा पर तत्पर कार्यवाही (अनुक्रियाशीलता) करने हेतु पूर्व तैयारियों एवं क्षमता निर्माण के लिए उठाए जाने वाले कदम;
- उपर्युक्त वर्णित 1, 2 एवं 3 कार्यों के संदर्भ में विभिन्न मंत्रालयों या विभागों की भूमिका एवं उत्तरदायित्व।

राष्ट्रीय योजना को वार्षिक आधार पर पुनरीक्षित एवं अद्यतन किया जाएगा। राष्ट्रीय योजना के आधार पर केंद्र सरकार के मंत्रालय या विभाग अपनी-अपनी योजना निर्मित करेंगे।

5. राहत के न्यूनतम मापदंडों हेतु दिशा-निर्देश

अधिनियम में राष्ट्रीय आपदा प्रबंधन प्राधिकरण को यह दायित्व दिया गया है (धारा-12) कि वह आपदा प्रभावित व्यक्तियों को दी जाने वाली राहत के न्यूनतम मापदंडों के क्रम में निम्नांकित से संबंधित दिशा-निर्देश दें-

- राहत शिविरों में दिया जाने वाला आश्रय, भोजन, पेयजल, चिकित्सा सुविधा एवं स्वच्छता के क्रम में न्यूनतम आवश्यकताएं;
- विधवाओं एवं अनाथों हेतु विशेष प्रावधान;
- मृत्यु, घरों को हुए नुकसान तथा आजीविका की पुनः शुरुआत हेतु अनुग्रह सहायता, और

- यदि आवश्यक हो तो ऐसी अन्य कोई राहत।

धारा-13 यह प्रावधान करती है कि उच्च क्षमता वाली आपदाओं के समय राष्ट्रीय आपदा प्रबंधन प्राधिकरण पीड़ितों के प्रवर्तित ऋणों के पुनर्भुगतान क्रम में राहत या विशेष छूट पर नए ऋणों की स्वीकृति की अनुशंसा कर सकता है।

6. राज्य आपदा प्रबंधन प्राधिकरण

अधिनियम की धारा-14 यह प्रावधान करती है कि राज्य सरकार सरकारी राजपत्र में अध्यादेश जारी करके एक राज्य आपदा प्रबंधन प्राधिकरण का गठन करेगी, जिसकी संरचना इस प्रकार होगी-

- राज्य का मुख्यमंत्री-पदेन अध्यक्ष;
- अध्यक्ष द्वारा मनोनीत अधिकतम 8 सदस्य;
- राज्य कार्यकारी समिति का अध्यक्ष अर्थात् राज्य का मुख्य सचिव, इस प्राधिकरण का पदेन मुख्य कार्यकारी अधिकारी होगा।

दिल्ली के संबंध में उपराज्यपाल प्राधिकरण के अध्यक्ष होंगे तथा मुख्यमंत्री उपाध्यक्ष होंगे। विधानसभा वाले अन्य केंद्रशासित प्रदेशों के मुख्यमंत्री ही प्राधिकरण के अध्यक्ष होंगे तथा अन्य केंद्रशासित प्रदेशों के उपराज्यपाल या प्रशासक अध्यक्ष होंगे।

राज्य आपदा प्रबंधन प्राधिकरण का अध्यक्ष, सदस्यों में से किसी एक को उपाध्यक्ष नामित करेगा।

कार्यः अधिनियम की धारा-18 के अनुसार राज्य आपदा प्रबंधन प्राधिकरण के निम्नांकित कार्य हैं-

- राज्य आपदा प्रबंधन नीति का निर्धारण करना;
- राष्ट्रीय प्राधिकरण के दिशा-निर्देशों के अंतर्गत राज्य योजना का अनुमोदन करना;
- राज्य सरकार के विभागों द्वारा निर्मित आपदा प्रबंधन योजनाओं का अनुमोदन करना;
- राज्य की विकास योजनाओं एवं परियोजनाओं में आपदा प्रबंधन के बचाव के उपायों को एकीकृत करने हेतु राज्य सरकार के विभागों के लिए दिशा-निर्देशों का निर्धारण करना;
- राज्य योजना के क्रियान्वयन का समन्वय करना;
- प्रशमन एवं पूर्व तैयारी उपायों हेतु विधियों के प्रावधान की अनुशंसा करना;
- विभिन्न विभागों की विकास योजनाओं की समीक्षा करना तथा यह सुनिश्चित करना कि उनमें आपदा प्रशासन के उपाय एकीकृत हैं, और
- राज्य सरकार के विभागों द्वारा आपदा प्रशमन, क्षमता निर्माण तथा पूर्व तैयारियों के क्रम में उठाए जाने वाले कदम (उपायों) की समीक्षा करना।

आपातकाल की स्थिति में राज्य आपदा प्रबंधन प्राधिकरण का अध्यक्ष किसी एक या इन सभी कृत्यों के संपादन की शक्ति रखता है, किंतु राज्य प्राधिकरण द्वारा कार्योत्तर अनुसमर्थन आवश्यक होगा।

7. राज्य प्राधिकरण की परामर्शकारी समिति

राज्य आपदा प्रबंधन प्राधिकरण अपने कार्यों में सहायता प्राप्त करने हेतु विशेषज्ञों से युक्त एक परामर्शकारी समिति का गठन कर सकता है। (धारा-17)

8. राहत के न्यूनतम मापदंडों का प्रावधान:

अधिनियम की धारा-19 यह प्रावधान करती है कि यदि आपदा से पीड़ित व्यक्तियों को राहत पहुंचाने के न्यूनतम मापदंड निर्धारित करने के लिए राज्य आपदा प्रबंधन प्राधिकरण विस्तृत दिशा-निर्देश जारी करेगा। लेकिन ये न्यूनतम मापदंड राष्ट्रीय प्रबंधन प्राधिकरण द्वारा निर्धारित मापदंडों से कम नहीं होंगे।

9. राज्य कार्यकारी समिति:

धारा-20 राज्य कार्यकारी समिति का प्रावधान करती है, जिसमें निम्नांकित सम्मिलित होंगे-

- राज्य का मुख्य सचिव - पदेन अध्यक्ष
- राज्य सरकार के किन्हीं चार विभागों के सचिव (जो राज्य सरकार निर्धारित करे) - पदेन सदस्य

धारा-21 राज्य कार्यकारी समिति को एक या अधिक उपसमितियों के गठन का अधिकार प्रदान करती है। उपसमितियों के अध्यक्ष राज्य कार्यकारी समिति के सदस्यों में से ही होंगे।

कार्य: राज्य कार्यकारी समिति को राष्ट्रीय योजना एवं राज्य योजना के क्रियान्वयन तथा समन्वय एवं प्रबोधन के निकाय के रूप में निम्नांकित कार्य दिए गए हैं (धारा-22)-

- राष्ट्रीय नीति, राष्ट्रीय योजना तथा राज्य योजना के क्रियान्वयन का समन्वय एवं प्रबोधन करना;
- राज्य के विभिन्न विभागों में विभिन्न आपदाओं के क्रम में उनकी नाजुकता या अतिसंवेदनशीलता का परीक्षण करना तथा उनके बचाव या प्रशमन हेतु उपाय सुझाना;
- राज्य सरकार के विभागों तथा जिला प्राधिकरणों द्वारा आपदा प्रबंधन के क्रम में योजना निर्माण के लिए दिशा-निर्देश का निर्धारण करना;

- राज्य सरकार के विभागों तथा जिला प्राधिकरणों द्वारा निर्मित योजनाओं के क्रियान्वयन का प्रबोधन करना;
- राज्य सरकार के विभागों द्वारा उनकी विकास योजनाओं एवं परियोजनाओं का आपदा प्रशमन एवं बचाव के साथ एकीकरण हेतु राज्य प्राधिकरण द्वारा जारी दिशा-निर्देशों के क्रियान्वयन का प्रबोधन करना;
- आसन्न आपदा या वास्तविक आपदा से बचाव हेतु की गई पूर्व तैयारियों का मूल्यांकन करना और उनमें वृद्धि हेतु निर्देश देना;
- आसन्न आपदा या वास्तविक आपदा की स्थिति में उठाए जाने वाले कदमों का समन्वय करना;
- आसन्न आपदा या वास्तविक आपदा की स्थिति में राज्य सरकार के किसी विभाग या अन्य किसी निकाय को निर्देश देना;
- राज्य के विभिन्न भाग, जोकि आपदाओं के प्रति नाजुक या संवेदनशील हैं, में सामान्य शिक्षा, जागरूकता एवं सामुदायिक प्रशिक्षण को प्रोत्साहन देना तथा आपदाओं से बचाव, प्रशमन एवं अनुक्रिया के क्रम में समुदाय द्वारा उठाए जाने वाले कदमों को प्रचारित करना;
- आपदा प्रबंधन से जुड़े राज्य के विभागों, जिला प्राधिकरणों, सांविधिक निकायों तथा अन्य सरकारी एवं गैर सरकारी संगठनों को परामर्श एवं सहायता देना तथा उनकी गतिविधियों को समन्वित करना और जिला एवं स्थानीय प्राधिकरणों को उनके प्रभावी कार्यकरण हेतु आवश्यक तकनीकी सहायता प्रदान करना;
- आपदा प्रबंधन से जुड़े वित्तीय मामलों में राज्य सरकार को परामर्श प्रदान करना;
- राज्य के किसी भाग में हो रहे निर्माण कार्यों का परीक्षण करना तथा यह देखना कि आपदा से बचाव के मानकों का पालन किया जा रहा है या नहीं तथा वह जिला या स्थानीय प्राधिकरण को सुरक्षा मानकों की पालना करवाने हेतु निर्देश प्रदान करना;
- आपदा प्रबंधन के विभिन्न पक्षों पर राष्ट्रीय आपदा प्रबंधन प्राधिकरण को सूचना प्रदान करना;
- राज्य स्तरीय अनुक्रिया योजनाओं का पुनरीक्षण करने, उन्हें अद्यतन करने तथा यह सुनिश्चित करना कि जिला स्तरीय योजनाएं निर्मित हों, उनकी अद्यतन समीक्षा की जाएं, इसके लिए दिशा-निर्देशों का निर्धारण करना;
- संचार व्यवस्थाओं को सुचारू एवं आपदा प्रबंधन की आवधिक अभ्यास क्रियाओं को सुनिश्चित करना और
- राज्य आपदा प्रबंधन प्राधिकरण द्वारा प्रदत्त अन्य कार्यों को निष्पादित करना।

10. राज्य योजना

धारा-23 यह प्रावधान करती है कि प्रत्येक राज्य में एक आपदा प्रबंधन राज्य योजना होगी, जोकि राज्य कार्यकारी समिति द्वारा स्थानीय प्राधिकरणों, जिला प्राधिकरणों तथा जनप्रतिनिधियों से परामर्श करके निर्मित की जाएगी तथा इसे राज्य आपदा प्रबंधन प्राधिकरण द्वारा अनुमोदित किया जाएगा। प्रतिवर्ष अद्यतन होने वाली इस योजना में निम्नांकित सम्मिलित होगा-

- राज्य के विभिन्न भागों में विभिन्न आपदाओं की नाजुकता;
- आपदाओं से बचाव तथा प्रशमन के क्रम में उठाए जाने वाले कदम;
- विकास योजनाओं एवं परियोजनाओं के साथ आपदा प्रशमन उपायों के एकीकरण के तरीके;
- क्षमता निर्माण तथा पूर्व तैयारियों के उपाय;
- उपर्युक्त वर्णित कार्य संख्या 2, 3 तथा 4 के क्रम में राज्य के प्रत्येक विभाग की भूमिका एवं उत्तरदायित्व, और
- आसन्न आपदा या वास्तविक आपदा का सामना करने हेतु प्रत्येक विभाग की भूमिका एवं दायित्व।

11. आसन्न आपदा की स्थिति में राज्य कार्यकारी समिति की शक्तियां एवं कार्य:

आपदा की आशंका अथवा आपदा आ जाने तथा उसका खतरा यथावत् बने रहने इत्यादि स्थिति में समुदाय को राहत एवं सहायता पहुंचाने तथा व्यवधान से बचाव हेतु धारा-24 के अंतर्गत राज्य कार्यकारी समिति को निम्नांकित कार्य एवं शक्तियां सौंपी गई हैं-

- नाजुक या प्रभावित क्षेत्रों में यातायात को नियंत्रित एवं प्रतिबंधित करना;
- नाजुक या प्रभावित क्षेत्रों में लोगों के प्रवेश या पलायन को नियंत्रित एवं प्रतिबंधित करना;
- मलबा हटाना, तलाशी लेना तथा बचाव अभियान चलाना;
- राष्ट्रीय एवं राज्य आपदा प्रबंधन प्राधिकरणों द्वारा निर्धारित मापदंडों के अंतर्गत आश्रय, भोजन, पेयजल, आवश्यक सेवाएं एवं स्वास्थ्य सुविधाएं प्रदान करना;
- लोगों की जान-माल बचाने हेतु तत्काल राहत पहुंचाने, बचाव एवं निष्क्रमण के लिए राज्य के संबंधित विभागों, जिला प्राधिकरण, अन्य प्राधिकरणों को निर्देश देना;

- आपातकालीन परिस्थितियों में राहत एवं बचाव कार्यों हेतु संसाधनों की उपलब्धता के लिए राज्य के लिए विभाग, निकाय, प्राधिकरण या प्रभारी अधिकारी को निर्देश देना;
- राहत एवं बचाव कार्यों में आपदा प्रबंधन क्षेत्र के विशेषज्ञों से परामर्श लेना;
- किसी प्राधिकरण (सत्ता) या व्यक्ति से विशिष्टता या प्राथमिकता के रूप में सुविधाएं प्राप्त करना;
- गैर सरकारी संगठन अपनी गतिविधियां समानतापूर्ण ढंग से क्रियान्वित करें, ऐसा सुनिश्चित करना;
- आसन्न या वास्तविक आपदा का सामना करने हेतु जनता के लिए सूचनाएं जारी करना; और
- आसन्न या वास्तविक आपदा के समय केंद्र या राज्य सरकार के निर्देशानुसार अन्य कार्य करना।

12. जिला आपदा प्रबंधन प्राधिकरण

अधिनियम की धारा-25 में प्रावधान है कि राज्य सरकार राजपत्र में अधिसूचना के माध्यम से प्रत्येक जिले में एक जिला आपदा प्रबंधन प्राधिकरण का गठन करेगी, जिसमें निम्नांकित सम्मिलित होंगे-

- जिला कलेक्टर (जिला मजिस्ट्रेट या उपायुक्त)-पदेन अध्यक्ष
- स्थानीय प्राधिकरणों (पंचायती राज या नगरीय स्थानीय स्वशासन संस्थाएं) से चयनित-पदेन सहअध्यक्ष
- संविधान की छठी अनुसूची के अंतर्गत गठित स्वायत्तता जिले की परिषद् के मुख्य कार्यकारी सदस्य को सह-अध्यक्ष बनाया जाएगा।
- जिला परिषद् का मुख्य कार्यकारी अधिकारी - पदेन सदस्य
- पुलिस अधीक्षक - पदेन सदस्य
- मुख्य चिकित्सा अधिकारी-पदेन सदस्य
- राज्य सरकार द्वारा नियुक्त दो जिला स्तरीय अधिकारी-पदेन सदस्य

बिंदु संख्या-2 के क्रम में यह स्पष्ट किया गया है कि जिन जिलों में जिला परिषद् है, वहां जिला प्रमुख ही सहअध्यक्ष होगा। अधिनियम में प्रावधान है कि राज्य सरकार अतिरिक्त जिला कलेक्टर स्तर के अधिकारी को जिला आपदा प्रबंधन प्राधिकरण का मुख्य कार्यकारी अधिकारी नियुक्त करेगी।

13. जिला आपदा प्रबंधन प्राधिकरण के अध्यक्ष की शक्तियां

धारा-26 यह प्रावधान करती है कि जिला आपदा प्रबंधन प्राधिकरण के अध्यक्ष के पास निम्नांकित शक्तियां होंगी-

- बैठकों की अध्यक्षता के अतिरिक्त उन शक्तियों एवं कार्यों का निष्पादन, जोकि जिला आपदा प्रबंधन प्राधिकरण द्वारा उसे प्रत्यायोजित किया जाए;
- आपातकालीन परिस्थितियों में आपदा प्रबंधन से संबंधित समस्त कार्य करना, लेकिन उनका कार्योत्तर अनुसमर्थन आवश्यक होगा;
- अध्यक्ष अथवा जिला आपदा प्रबंधन प्राधिकरण अपने कार्य लिखित में मुख्य कार्यकारी अधिकारी को प्रत्यायोजित कर सकेंगे।

धारा-28 के अंतर्गत जिला आपदा प्रबंधन प्राधिकरण एक या अधिक परामर्शकारी समितियों या अन्य समितियों का गठन कर सकता है।

14. जिला आपदा प्रबंधन प्राधिकरण की शक्तियां एवं कार्य

जिला स्तर पर आपदा प्रबंधन के नियोजन, समन्वय तथा क्रियान्वयन संबंधी कार्य, जिला आपदा प्रबंधन प्राधिकरण को निम्नानुसार दिए गए हैं (धारा-30)-

- जिला अनुक्रिया योजना सहित आपदा प्रबंधन योजना निर्मित करना;
- राष्ट्रीय नीति, राज्य नीति, राष्ट्रीय योजना, राज्य योजना तथा जिला योजना के क्रियान्वयन का समन्वय एवं प्रबोधन करना;
- जिले में आपदा के प्रति नाजुकता वाले क्षेत्रों में आपदा बचाव को सुनिश्चित करना तथा यह देखना कि स्थानीय प्राधिकरणों सहित विभागों द्वारा प्रभावी कार्यवाही की जा रही है;
- आपदा बचाव, तैयारियों तथा प्रशमन के क्रम में राष्ट्रीय तथा राज्य आपदा प्रबंधन प्राधिकरण द्वारा जारी दिशा-निर्देशों की अनुपालना सुनिश्चित करना;
- आपदा बचाव एवं प्रशमन हेतु विभिन्न जिला स्तरीय प्राधिकरणों को निर्देश देना;
- जिला एवं स्थानीय स्तर पर आपदा प्रबंधन की योजना निरूपित करना;
- राज्य सरकार के विभागों द्वारा निर्मित आपदा प्रबंधन योजना का क्रियान्वयन एवं प्रबोधन करना;
- आपदा प्रबंधन तथा प्रशमन का विभागों की विभिन्न विकास योजनाओं के साथ एकीकरण करने के दिशा-निर्देश एवं तकनीकी सहायता देना;
- उपर्युक्त वर्णित बिंदु 8 के क्रम में क्रियान्वयन एवं प्रबोधन उपायों को सुनिश्चित करना;

- जिले में आपदा से बचाव एवं प्रशमन की क्षमताओं की समीक्षा करना तथा उनमें उन्नयन के प्रयास करना;
- आपदा बचाव, तैयारियों तथा प्रशमन के विभागीय प्रयासों की समीक्षा करना तथा बचाव तैयारियों के उस स्तर को प्राप्त करना, जोकि प्रभावी आपदा बचाव हेतु आवश्यक है;
- विभिन्न स्तर के अधिकारियों, कार्मिकों एवं स्वैच्छिक (बचाव) कार्यकर्ताओं हेतु विशेषीकृत प्रशिक्षण कार्यक्रमों का आयोजन एवं समन्वय करना;
- सरकार, स्थानीय प्राधिकरणों एवं गैर सरकारी संगठनों के सहयोग से आपदा प्रशमन पर सामुदायिक जागरूकता कार्यक्रम संचालित करना;
- आपदा आने से पूर्व की चेतावनी एवं सूचना देने वाले तंत्र की स्थापना, रख-रखाव, समीक्षा एवं उन्नयन करना;
- जिला स्तरीय आपदा बचाव (अनुक्रिया) योजना का निर्माण, समीक्षा एवं उन्नयन करना;
- आसन्न या वास्तविक आपदा स्थिति में समय समन्वय करना;
- यह सुनिश्चित करना कि सरकार के विभिन्न विभाग अपनी अनुक्रिया योजना 'जिला अनुक्रिया योजना' के अनुरूप बनाएं;
- आसन्न या वास्तविक आपदा के समय संबंधित विभागों को स्थानीय सीमाओं (बाध्यताओं) में उपाय उठाने के लिए दिशा-निर्देश जारी करना;
- आपदा प्रबंधन हेतु जिला स्तरीय विभागों, सांविधिक निकायों एवं अन्य सरकारी-गैर सरकारी संगठनों को परामर्श एवं सहायता देना तथा समन्वय करना;
- आपदा प्रबंधन एवं प्रशमन कार्यवाहियों को तत्परता एवं प्रभावशाली ढंग से करने हेतु स्थानीय प्राधिकरणों से समन्वय करना एवं उन्हें दिशा-निर्देश देना;
- आपदा प्रबंधन में स्थानीय प्राधिकरणों को तकनीकी सहायता तथा परामर्श देना;
- राज्य के जिला स्तरीय विभागों, सांविधिक निकायों तथा स्थानीय प्राधिकरणों द्वारा निर्मित विकास योजनाओं एवं उनमें आपदा प्रबंधन उपायों की समीक्षा करना;
- जिले में किसी भी निर्माण का परीक्षण करना तथा यह देखना कि उसमें आपदा बचाव हेतु सुरक्षा मानकों का उपयोग किया गया है या नहीं तथा इस संबंध में संबंधित संस्था को सुरक्षा मानक पालन हेतु निर्देश देना;
- जिले में उन भवनों को चिह्नित करना, जिन्हें आसन्न या वास्तविक आपदा के समय राहत केंद्र के रूप में प्रयुक्त करना है तथा वहां पानी एवं स्वच्छता की समुचित व्यवस्था करना;

- राहत एवं बचाव हेतु सामग्री का भंडारण करना तथा आपदा के समय उसकी उपलब्धता सुनिश्चित करना;
- आपदा प्रबंधन के विभिन्न पक्षों पर राज्य आपदा प्रबंधन प्राधिकरण को सूचना प्रदान करना;
- जिले में ग्रासरूट (तृणमूल) स्तर पर आपदा प्रबंधन हेतु गैर सरकारी संगठनों एवं स्वैच्छिक सामाजिक कल्याण संस्थाओं की सहभागिता को बढ़ावा देना;
- संचार व्यवस्था को सुचारू रखना तथा समय-समय पर आपदा प्रबंधन अभ्यास सुनिश्चित करना;
- राज्य आपदा प्रबंधन प्राधिकरण तथा राज्य सरकार के निर्देशानुसार अन्य कार्य करना।

15. जिला योजना

धारा-31 यह प्रावधान करती है कि प्रत्येक जिले में जिला आपदा प्रबंधन प्राधिकरण द्वारा स्थानीय प्राधिकरणों से परामर्श करने के पश्चात् और राष्ट्रीय योजना एवं राज्य योजना के परिप्रेक्ष्य में आपदा प्रबंधन पर जिला योजना बनाई जाएगी, जिसे राज्य आपदा प्रबंधन प्राधिकरण से स्वीकृत कराया जाएगा। इस योजना में निम्नांकित सम्मिलित होगा-

- विभिन्न आपदाओं के क्रम में जिले के नाजुकता क्षेत्र;
- जिला स्तरीय विभागों तथा स्थानीय प्राधिकरणों द्वारा आपदा बचाव एवं प्रशमन हेतु उठाए जाने वाले कदम;
- आसन्न या वास्तविक आपदा से बचाव की जिला स्तरीय विभागों एवं स्थानीय प्राधिकरणों की तैयारियों एवं क्षमता निर्माण का विवरण;
- आपदा की स्थिति में अनुक्रिया योजना एवं प्रक्रियाओं के क्रम में निम्नांकित विवरण-
    - जिला स्तरीय विभागों एवं स्थानीय प्राधिकरणों को उत्तरदायित्वों का आवंटन;
    - आपदा पर तत्काल कार्यवाही (अनुक्रिया) तथा राहत;
    - अत्यावश्यक संसाधनों की प्राप्ति;
    - संचार सूत्रों की स्थापना, और
    - जनता हेतु सूचना प्रसार।
    - राज्य आपदा प्रबंधन प्राधिकरण द्वारा वांछित कोई अन्य मामला।

इस जिला योजना को वार्षिक रूप से अद्यतन करने तथा समस्त विभागों एवं राज्य आपदा प्रबंधन प्राधिकरण को उपलब्ध कराए जाने का प्रावधान है। इसके अतिरिक्त धारा-32 में जिला स्तर पर अन्य प्राधिकरणों द्वारा भी आपदा प्रबंधन योजना बनाने का प्रावधान किया गया है।

16. आसन्न या वास्तविक आपदा के समय जिला आपदा प्रबंधन प्राधिकरण की शक्तियां एवं कार्य

अधिनियम की धारा-34 में उपर्युक्त संदर्भ में निम्नांकित शक्तियों का वर्णन किया गया है-

- जिले में किसी भी विभाग या स्थानीय प्राधिकरण के पास उपलब्ध संसाधनों की प्राप्ति एवं उपभोग के निर्देश देना;
- नाजुक या प्रभावित क्षेत्र में यातायात नियंत्रित या प्रतिबंधित करना;
- नाजुक या प्रभावित क्षेत्रों से किसी व्यक्ति के प्रवेश या निकास को नियंत्रित एवं प्रतिबंधित करना;
- मलबा हटाना, खोज करना तथा बचाव कार्य संचालित करना;
- आश्रय, भोजन, पेयजल तथा स्वास्थ्य सेवाएं इत्यादि प्रदान करना;
- प्रभावित क्षेत्रों में आपातकालीन संचार व्यवस्था स्थापित करना;
- लावारिस लाशों के अंतिम संस्कार की व्यवस्था करना;
- राज्य सरकार के किसी भी विभाग (जिला स्तर पर) या निकाय को उचित कदम उठाने हेतु अनुशंसा करना;
- आवश्यक होने पर विषय विशेषज्ञों एवं सलाहकारों से सहायता प्राप्त करना;
- किसी भी प्राधिकरण या व्यक्ति से विशेषीकृत एवं प्राथमिकता के रूप में सुविधाएं प्राप्त करना;
- आपदा के समय अस्थायी पुल बनाना या खतरनाक संरचनाओं को गिराना;
- यह सुनिश्चित करना कि गैर सरकारी संगठन अपनी गतिविधियां समानतापूर्वक एवं बिना भेदभाव से संचालित करें; और
- आपदा की स्थिति में आवश्यकतानुसार अन्य कदम उठाना।

17. अन्य प्रावधान

आपदा प्रबंधन अधिनियम 2005 में वर्णित अन्य प्रमुख प्रावधान इस प्रकार हैं-

- धारा-35 यह प्रावधान करती है कि आपदा प्रबंधन के लिए केंद्र सरकार समस्त केंद्रीय मंत्रालयों या विभागों में समन्वय, प्रयासों या कदमों में एकीकरण, समुचित निधियों का आवंटन, राज्यों से सहयोग प्राप्ति, नौ सेना, थल सेना तथा वायु सेना की तैनाती, संयुक्त राष्ट्र एवं अन्य अंतर्राष्ट्रीय संस्थाओं से समन्वय तथा आपदा प्रबंधन के क्षेत्र में अनुसंधान, प्रशिक्षण एवं विकास के कार्य संपादित करेगी।

- धारा-36 समस्त भारत सरकार के समस्त मंत्रालयों या विभागों से ऐसे समस्त प्रयासों, कदमों, योजनाओं एवं सहायता की अपेक्षा करती है, जोकि आपदा प्रबंधन, प्रशमन एवं बचाव हेतु आवश्यक हैं।
- धारा-37 भारत सरकार के प्रत्येक मंत्रालय या विभाग से आपदा प्रबंधन योजना निर्माण तथा उसकी समीक्षा की अपेक्षा करती है।
- धारा-38 में राज्य सरकार से वैसी ही अपेक्षाएं की गई हैं, जैसे कि धारा 35 में केंद्र सरकार से की गई हैं।
- धारा-39 राज्यों के विभागों से आपदा प्रबंधन के क्रम में तैयारियों, एकीकृत प्रयासों एवं निधियों की अपेक्षा करती है।
- धारा-40 राज्यों के विभागों द्वारा आपदा प्रबंधन योजना निर्माण एवं उसकी समीक्षा की अपेक्षा करती है।
- धारा-41 में स्थानीय प्राधिकरणों (नगरीय, स्थानीय स्वशासन एवं पंचायती राज संस्थाओं) के निम्नांकित कार्य बताए गए हैं-
- यह सुनिश्चित करना कि उनके अधिकारी एवं कर्मचारी आपदा प्रबंधन में प्रशिक्षित हैं;
- यह सुनिश्चित करना कि आसन्न या वास्तविक आपदा से निपटने के लिए संसाधन पर्याप्त मात्रा में एवं तत्पर रूप में उपलब्ध हैं;
- यह सुनिश्चित करना कि उनके क्षेत्र में संचालित निर्माण परियोजनाओं में उन स्तरीय मानकों एवं सुरक्षापायों को अपनाया जा रहा है, जोकि राष्ट्रीय, प्रांतीय या जिला आपदा प्रबंधन प्राधिकरणों द्वारा निर्धारित किए गए हैं; और
- राज्य योजना एवं जिला योजना के अनुरूप आपदा प्रभावित क्षेत्रों में राहत, पुनर्वास तथा पुनर्निर्माण की गतिविधियों का संचालन करना।
- धारा-42 एक राष्ट्रीय आपदा प्रबंधन संस्थान की स्थापना का प्रावधान करती है, जोकि आपदा प्रबंधन, प्रशमन, बचाव, राहत, पुनर्वास तथा विषय के विकास संबंधित मुद्दों पर प्रशिक्षण, क्षमता निर्माण, अनुसंधान, प्रचार, प्रलेखीकरण तथा प्रकाशन इत्यादि के कार्य संपादित करेगा।
- धारा-44 राष्ट्रीय आपदा अनुक्रिया (मोचन) बल का प्रावधान करती है।
- धारा-46 राष्ट्रीय आपदा अनुक्रिया कोष का प्रावधान करती है, जोकि राष्ट्रीय कार्यकारी समिति के अधीन रहेगा।
- धारा-47 राष्ट्रीय आपदा प्रशमन कोष का प्रावधान करती है, जोकि राष्ट्रीय आपदा प्रबंधन प्राधिकरण के अधीन रहेगा।
- धारा-48 राज्यों एवं जिलों में पृथक-पृथक् आपदा अनुक्रिया कोषों एवं आपदा प्रशमन कोषों का प्रावधान करती है।

- धारा-49 यह प्रावधान करती है कि भारत सरकार का प्रत्येक मंत्रालय या विभाग अपने वार्षिक बजट में आपदा प्रबंधन योजना हेतु पृथक् से विशिष्ट राशि का प्रावधान करेगा।
- धारा-50 यह व्यवस्था देती है कि आपातकालीन परिस्थितियों में आपदा से निपटने हेतु संबंधित विभाग या प्राधिकरण द्वारा की जाने वाली खरीद या संसाधन प्राप्ति में निविदा आमंत्रित करने इत्यादि नियम लागू नहीं होंगे।
- धारा-51 में यह प्रावधान किया गया है कि कोई भी व्यक्ति इस अधिनियम के अंतर्गत कार्यरत किसी केंद्रीय, राज्य या स्थानीय अधिकारी या कार्मिक के कार्य में बिना समुचित कारणों के बाधा नहीं डालेगा और न ही केंद्र सरकार या राज्य सरकार या राष्ट्रीय, प्रांतीय या जिला आपदा प्रबंधन प्राधिकरणों की ओर से दिए गए निर्देशों की पालना से मना करेगा, अन्यथा एक वर्ष की कैद (2 वर्ष तक विस्तारित) या/एवं आर्थिक दंड का भागी होगा।
- धारा-52 झूठे दावों पर नियंत्रण एवं दंड (2 वर्ष तथा अर्थदंड) का प्रावधान करती है।
- धारा-53 धन या भौतिक वस्तुओं के गलत विनियोजन पर 2 वर्ष तक की सजा का प्रावधान करती है, जिसमें अर्थदंड भी लगाया जाएगा।
- इसी प्रकार धारा-54 जनता में आपदा की झूठी चेतावनी या भय फैलाने के अपराध में एक वर्ष तक की सजा का प्रावधान करती है।
- धारा-55 में यह कहा गया है कि सरकारी विभाग द्वारा किए गए अपराधों के लिए विभागाध्यक्ष को दोषी माना जाएगा, यदि वह यह सिद्ध नहीं कर पाते हैं कि मामला उनकी जानकारी में नहीं था।
- धारा-56 के अनुसार यदि कोई अधिकारी, जिसे इस अधिनियम के अधीन कार्य पर लगाया है, यदि वह कार्य से मना करता है तो उसे एक वर्ष की सजा एवं अर्थदंड भी दिया जा सकता है।
- धारा-57 यह प्रावधान करती है कि कोई भी व्यक्ति यदि धारा-65 (संसाधन, परिसर, वाहन अधिग्रहण) के अंतर्गत आपदा प्रबंधन हेतु सामग्री देने में बाधा उत्पन्न करता है, वह एक वर्ष की सजा या अर्थ दंड का भागी होगा। धारा-58 कंपनियों के अपराधों तथा धारा-59 पूर्ववर्ती कृत्यों के बचाव के संदर्भ में है।
- धारा-60 अदालतों को राष्ट्रीय या प्रान्तीय या जिला आपदा प्रबंधन प्राधिकरणों, केंद्र सरकार, राज्य सरकार या इनकी ओर से किसी प्राधिकारी द्वारा शिकायत पर ही प्रसंज्ञान लेने का प्रावधान करती है।

- धारा-61 यह प्रावधान करती है कि आपदा प्रभावितों को राहत एवं क्षतिपूर्ति प्रदान करते समय लिंग, जाति, समुदाय या धर्म के आधार पर कोई भेदभाव नहीं किया जाएगा।
- धारा-62 के अंतर्गत सशक्त प्रावधान यह है कि आपदा के समय केंद्र या राज्य सरकार या इस अधिनियम में वर्णित अन्य निकायों द्वारा जारी होने वाले निर्देशों को कोई भी कानून बाधित नहीं कर सकेगा। धारा-63 बचाव कार्यों हेतु कार्मिकों या निकायों को आपदा कार्यों में प्रयुक्त करने का प्रावधान करती है तथा धारा-64 आपदा प्रबंधन में किसी भी बाधक नियम, विनियम, परिपत्र, अधिसूचना, निर्देश, आदेश, उप विधि या दिशा-निर्देशों को राष्ट्रीय, प्रांतीय या जिला आपदा प्रबंधन प्राधिकरण द्वारा संशोधित करने का प्रावधान करती है।
- धारा-66 आपदा राहत या बचाव हेतु प्रयुक्त हुए भवनों (परिसरों) के किराए या क्षतिपूर्ति इत्यादि के क्रम में निर्णय का प्रावधान करती है।
- धारा-67 केंद्रीय, प्रांतीय या जिला आपदा प्रबंधन प्राधिकरणों को श्रव्य-दृश्य या अन्य मीडिया को निर्देश देने की शक्तियां प्रदान करती है।

इसी प्रकार धारा-69 में शक्तियों का प्रत्यायोजन, धारा-70 में वार्षिक रिपोर्ट का निर्माण तथा अतिरिक्त अन्य न्यायालयों को इस अधिनियम के अंतर्गत हुए प्रशासनिक कृत्यों के विरुद्ध अधिकारिता नहीं रखने का प्रावधान करती है। धारा-72 सदेच्छा में लिए गए निर्णयों या किए गए कृत्यों को कानूनी बचाव तथा धारा-74 वैधानिक प्रक्रियाओं से उन्मुक्ति प्रदान करती है। इसी प्रकार केंद्र एवं राज्य सरकारों को तत्संबंधी नियम बनाने की शक्तियों की व्यवस्था भी इस कानून में की गई है। निस्सन्देह आपदा प्रबंधन अधिनियम, 2005 के पश्चात् देश में आपदा प्रबंधन के प्रयासों एवं कार्यों को व्यवस्थित स्वरूप प्राप्त हुआ है तथा राष्ट्रीय स्तर पर चेतना प्रसार भी हुआ है।

चूंकि भारत के संविधान की सातवीं अनुसूची के अंतर्गत निर्मित किसी भी सूची में 'आपदा प्रबंधन' विषय का विवरण नहीं है, अतः इस दिशा में तत्काल प्रयास होना चाहिए। संविधान के कार्यकारण की समीक्षा हेतु राष्ट्रीय आयोग (2000-02) ने अपनी रिपोर्ट में सुझाया था कि समवर्ती सूची में 'प्राकृतिक एवं मानवजनित आपदाओं तथा आपात स्थितियों का प्रबंधन' विषय जोड़ा जाना चाहिए। ऐसा ही सुझाव दूसरे प्रशासनिक सुधार आयोग द्वारा भी दिया गया था, किंतु आयोग ने इसे प्रथमतः राज्य सरकारों का दायित्व माना था। आयोग ने यह भी सुझाया था कि आपदा प्रबंधन को लोक प्रशासन के पाठ्यक्रम में सम्मिलित किया जाना

चाहिए। पंत समिति की अनुशंसानुसार आपदा प्रबंधन कार्य हेतु पृथक् से मंत्रालय गठित होना चाहिए।

यद्यपि देश में राष्ट्रीय स्तर राज्य स्तर तथा जिला स्तर पर आपदा प्रबंधन को लेकर संस्थागत ढांचा सृजित किया जा चुका है परंतु अभी उनकी प्रभावोत्पादकता में वर्द्धमान प्रवृत्ति देखने को नहीं मिल रही है। भारत में संस्थागत अभिकरणों के समन्वय का अभाव है तथा इसके साथ-साथ त्वरित निर्णय लेने का भी अभाव पाया जाता है। जिसके कारण अपेक्षित परिणाम नहीं मिल पाता है और हमारी क्षमताओं पर प्रश्नचिह्न उठने लगता है। यही नहीं, आपदा की स्थिति में केंद्र और राज्यों में भी समन्वय का अभाव दिखाई पड़ता है और समन्वय न हो पाने के कारण यह स्थिति जटिल हो जाती है। जरूरत है कि संस्थागत स्वरूपों में समन्वय बनाने के साथ-साथ नियमित प्रशिक्षण और अभ्यास कार्यों की, जिससे कि आपदा के समय त्वरित कार्यवाही की जा सकें। इसके साथ-साथ देश में आपदा प्रबंधन को लेकर प्रशिक्षण कार्यक्रमों के दायरों में वृद्धि और जागरूकता बढ़ाने की भी आवश्यकता है।

द्वितीय प्रशासनिक सुधार आयोग-एफ.आर. सी.एफ.

द्वितीय प्रशासनिक सुधार आयोग- एफ.आर.सी.एफ. एक समिति है, जो भारत के लोक प्रशासन की और अधिक कारगर बनाने के लिए सुझाव देने हेतु भारत सरकार द्वारा नियुक्त की गई है। प्रथम प्रशासनिक सुधार आयोग 5 जनवरी 1966 को नियुक्त किया गया था। 31 अगस्त 2005 को दूसरा प्रशासनिक सुधार आयोग बनाया गया था। इसके अध्यक्ष वीरप्पा मोइली थे। इस आयोग में वी. रामचंद्रन, डॉ. ए. जी. मखर्जी, डॉ. ए. एन. कालरो, डी. जयप्रकाश नारायण (सभी सदस्य) और श्रीमती नीता राय सदस्य-सचिव थीं।

इस आयोग का कार्य सरकार को सभी स्तरों पर एक क्रियात्मक, प्रत्युत्तरदायी, जिम्मेदार सतत् और सक्षम प्रशासन प्राप्त करने के लिए उपायों के बारे में सुझाव देना है। इसके अतिरिक्त आयोग भारत सरकार का संगठनात्मक ढांचा, अधिशासन में नीति शास्त्र, कार्मिक प्रशासन का पुनः मार्जन, वित्तीय प्रबंधन प्रणालियों का सुदृढ़ीकरण, राज्य स्तर पर प्रभावी प्रशासन सुनिश्चित करने के उपाय, स्थानीय स्वशासन, पंचायती राज्य संस्थाएं, ई-गवर्नेंस का संवर्धन, संघीय राज्यतंत्र के मुद्दे, संकट प्रबंधन, नागरिक केंद्रित प्रशासन, सामाजिक पूंजी, न्यास और भागीदार जनसेवा सुपुर्दगी और प्रभावी जिला प्रशासन सुनिश्चित करने के उपाय पर भी विचार करती हैं।

राष्ट्रीय आपदा प्रबंधन नीति, 2009

वर्ष 2005 के बाद से ही भारत सरकार आपदा प्रबंधन के संदर्भ में काफी गंभीर हो चुकी है और इस दिशा में संस्थागत और नीतिगत कदम उठाना शुरू कर चुकी है। इसी अनुक्रम में वर्ष 2009 में राष्ट्रीय आपदा प्रबंधन नीति घोषित की गई, जिसे राष्ट्रीय आपदा प्रबंधन नीति 2009 के नाम से जाना जा रहा है, जिसके प्रमुख बिंदु निम्नवत् हैं-

- आपदा प्रबंधन के लिए रोकथाम, न्यूनीकरण एवं पूर्व तैयारी के लिए एक समग्र और क्रियाशील दृष्टिकोण अपनाना।
- केंद्र और राज्य सरकारों को प्रत्येक मंत्रालय एवं विभाग के द्वारा आपदा संवेदनशीलता में कमी और पूर्व तैयारी से संबंधित विशिष्ट योजनाओं एवं पद्धति के लिए एक सुनिश्चित निधि की व्यवस्था करना।
- आपदा न्यूनीकरण संबंधी परियोजनाओं को प्राथमिकता देना तथा पूर्व संचालित योजनाओं व परियोजनाओं में आपदा न्यूनीकरण के उपायों को समाहित करना।
- आपदा खतरों से संभावित क्षेत्रों की प्रत्येक परियोजना में न्यूनीकरण उपायों को समावेशन करना।
- राष्ट्रीय स्तर पर कॉरपोरेट सेक्टर, गैर-सरकारी संगठनों एवं मीडिया के साथ घनिष्ठ संबंध स्थापित करते हुए आपदा रोकथाम तथा संवेदनशीलता को कम करने का प्रयास करना।
- एक संयोजित एवं त्वरित कार्यवाही हेतु संस्थागत ढांचा या एक उचित आदेश श्रृंखला का निर्माण तथा आपदा प्रबंधकों के लिए समुचित प्रशिक्षण की व्यवस्था की जाएगी।
- क्षमता निर्माण के उपयों के लिए योजना एवं तैयारियों की संस्कृति प्रत्येक स्तर पर निर्मित करना।
- विशिष्ट प्रकार की आपदाओं के प्रबंधन के लिए राज्य एवं जिला स्तर पर तथा केंद्र सरकार से संबंधित विभागों में मानक संचालन कार्यप्रणाली और आपदा प्रबंधन कार्ययोजना का निर्माण करना।
- देश में निर्माण प्रारूप उपयुक्त भारतीय मानकों की अपेक्षाओं के अनुसार होने चाहिए।
- भूकंप जोन III, IV, V में आने वाली जीवनदायी इमारतों जैसे- अस्पताल, रेलवे आदि का आकलन तथा आवश्यकता पड़ने पर उनका संरचना सुदृढ़ीकरण करना।

- सभी राज्यों में लागू रिलीफ नियमावली को आपदा प्रबंधन नियमावली में विकसित करना।
- आपदा के खतरों को स्थायी या प्रभावी रूप से कम करने हेतु सामुदायिक भागीदारी एवं जागरूकता निर्माण पर विशेष रूप से आबादी के संवेदनशील घटकों और महिलाओं के प्रति विशेष ध्यान देना।

आपदा प्रबंधन के संदर्भ में प्रधानमंत्री का 10 सूत्रीय कार्यक्रम

वर्तमान सरकार आपदा से उत्पन्न चुनौतियों और उसकी गंभीरता को देखते हुए आपदा प्रबंधन को मजबूत बनाने का निर्णय लिया है। इस दिशा में एक 10 सूत्रीय कार्यक्रम सृजित किया गया है, जिसे आपदा प्रबंधन के संदर्भ में प्रधानमंत्री का 10 सूत्रीय कार्यक्रम कहा जा रहा है। जिसके मुख्य बिंदु निम्नवत् हैं-

- सभी विकास क्षेत्र आपदा जोखिम प्रबंधन के सिद्धांतों को अपनाएं।
- गरीब परिवार से लेकर एमएनसी तक रिस्क कवरेज की ओर काम करें।
- विश्व स्तर पर रिस्क मैपिंग में निवेश किया जाए।
- आपदा जोखिम प्रबंधन में महिलाओं के नेतृत्व और भागीदारी को बढ़ाया जाए।
- आपदा प्रबंधन की दक्षता को बढ़ाने के लिए तकनीक का लाभ उठाया जाए।
- आपदा मुद्दों पर काम करने के लिए विश्वविद्यालयों का नेटवर्क तैयार करें।
- सोशल मीडिया व मोबाइल तकनीक द्वारा दी गई सुविधाओं का उपयोग हो।
- स्थानीय क्षमता के विकास और निर्माण के लिए पहल की जाए।
- किसी भी आपदा से सीखने का मौका नहीं गंवाना चाहिए।
- आपदाओं के लिए अंतर्राष्ट्रीय प्रतिक्रिया में अधिक से अधिक सामंजस्य हो।

प्रथम राष्ट्रीय आपदा प्रबंधन योजना

1 जून 2016 को देश की पहली राष्ट्रीय आपदा प्रबंधन योजना की शुरुआत की गई। उल्लेखनीय है कि यह योजना 'सेंडाई फ्रेमवर्क योजना' के अंतर्गत शुरू की गई। मार्च 2015 में जापान के शहर सेंडाई में संयुक्त राष्ट्र संघ के तत्वावधान में आपदा प्रबंधन को लेकर एक समझौता हुआ था, जिसमें 'सेंडाई फ्रेमवर्क' का सृजन किया गया जो चार बिंदुओं पर आधारित है-

1. आपदा जोखिम को समझना।
2. अंतर्संस्थागत तालमेल विकसित करना।
3. आपदा प्रबंधन के संदर्भ में ढांचागत और गैर-ढांचागत उपायों में निवेश को बढ़ावा देना।
4. क्षमताओं का विकास करना।

आपदा जोखिम कम करने के लिए 'सेंडाई फ्रेमवर्क योजना' 2030 तक के लिए बनाई गई है और इसको ध्यान में रखते हुए सभी देशों से आपदा प्रबंधन योजना बनाने को कहा गया है। इसी अनुक्रम में केंद्रीय मंत्रिमंडल ने मई 2016 में 'राष्ट्रीय आपदा प्रबंधन योजना' शुरू करने का निर्णय लिया और इस निर्णय को जून 2016 में मूर्त रूप दिया गया। राष्ट्रीय आपदा प्रबंधन योजना के प्रमुख बिंदु निम्नवत् हैं-

- राष्ट्रीय आपदा प्रबंधन योजना को आपदा खतरा न्यून हेतु सेंडाई फ्रेमवर्क के लक्ष्यों और प्राथमिकताओं से वृहद रूप से जोड़ा गया है।
- योजना का विजन भारत को आपदा मुक्त बनाना है, आपदा जोखिमों में पर्याप्त रूप से कमी लाना है और जान-माल आजीविका व आर्थिक, शारीरिक सामाजिक-सांस्कृतिक एवं पर्यावरणीय नुकसान को कम करना है।
- इस योजना में आपदा प्रबंधन के विभिन्न चरणों का उल्लेख किया गया है, जो निम्नवत् हैं-आपदा को नियंत्रित करना, जोखिम को कम कना तथा सुरक्षात्मक उपायों को प्रभावी बनाना।
- इस योजना का मुख्य उद्देश्य अंतर्सरकारी समन्वय के साथ-साथ केंद्र और राज्य की विभिन्न एजेंसियों के बीच समन्वय स्थापित करना, जिससे कि या तो आपदा की संभावना को न्यून किया जा सके या उसे रोका जा सके।
- इस योजना में ग्राम पंचायत और शहरी पंचायतों को भी सम्मिलित किया गया है और उनको यह अधिकार दिया गया है कि अपने बजट का 5% तक स्वविवेक के आधार पर आपदा प्रबंधन के संदर्भ में खर्च कर सकती हैं।
- आपदा प्रबंधन के संदर्भ में सार्वभौमिक नीति न अपनाकर के विभेदात्मक नीति अपनाने पर बल दिया गया और इसके लिए क्षेत्रीय रणनीति अपनाने पर ध्यान केंद्रित किया गया।
- इस योजना में आपदा प्रबंधन को दो भागों में बांटा गया है—आपदा प्रबंधन होने के पूर्व और आपदा प्रबंधन के बाद।
- इस योजना के आपदा प्रबंधन के क्षेत्र में सूचना प्रौद्योगिकी और अंतरिक्ष प्रगति का लाभ लेने का भी प्रावधान किया गया है 'जिससे कि त्वरित चेतावनी देने, आपदा प्रभावित क्षेत्रों की पहचान करने और वहां तक बचाव सुविधा को पहुंचाने में उनका उपयोग किया जा सके।
- यह योजना त्रिस्तरीय है-राष्ट्रीय, राज्य और जिला स्तरीय।
- यह योजना केंद्र प्रायोजित है। सामान्य राज्यों में इस पर आने वाले खर्च को केंद्र द्वारा 80% वहन किया जाएगा, जबकि 20% राज्यों द्वारा वहन किया जाएगा और विशेष राज्यों में सब कुछ केंद्र द्वारा वहन किया जाएगा।

योजना के कार्यकारी हिस्से की पहचान 18 बड़े कार्यों के रूप में की गई है, जिनमें निम्नलिखित शामिल हैं-

- पूर्व चेतावनी, मानचित्र, उपग्रह, इनपुट सूचना प्रसार।
- पशुओं और लोगों को हटाना।
- मवेशियों और लोगों को ढूंढ़ना और बचाना।
- स्वास्थ्य सेवाएं।
- पेयजल/निर्जलीकरण पंप/स्वच्छता सुविधाएं/सार्वजनिक स्वास्थ्य।
- खाद्य एवं आवश्यक आपूर्ति।
- संचार और आवास।
- बिजली एवं ईंधन।
- परिवहन।
- राहत रसद एवं आपूर्ति श्रृंखला प्रबंधन।
- पशु के शवों का निपटान।
- प्रभावित क्षेत्रों में पशुओं के लिए चारा।
- पुनर्वास एवं पशुधन और अन्य जानवरों के लिए पशु चिकित्सा देखभाल सुनिश्चित करना।
- डाटा संग्रहण एवं प्रबंधन।
- राहत रोजगार और मीडिया संपर्क।

योजना में आपदा जोखिम की बेहतर शासन प्रणाली के लिए एक अध्याय भी शामिल किया गया हैं। केंद्र एवं राज्यों से संबंधित भूमिकाओं वाली विशेष एजेंसियों की सामान्यीकृत जिम्मेदारियां इस खंड में दी गई है। छह क्षेत्रों में केंद्र एवं राज्य सरकारें आपदा जोखिम शासन प्रणाली को मजबूत करने हेतु कारवाइयां करेगी, जो निम्न हैं-

- एकीकृत आपदा खतरा न्यूनन एवं संस्थागत सुदृढ़ीकरण।
- विकास क्षमता।
- भागीदारीपूर्ण नजरिए को बढ़ावा।
- चुने हुए प्रतिनिधियों के साथ काम।
- शिकायत निवारण प्रणाली।
- आपदा जोखिम प्रबंधन के लिए गुणवत्ता वाले मानकों के प्रमाणीकरण आदि को बढ़ावा देना।

राष्ट्रीय आपदा प्रबंधन योजना आपदा प्रबंधन चक्र के सभी चरणों के लिए सरकारी एजेसियों को रूपरेखा व दिशा प्रदान करता है।

❑❑❑

अभ्यास हेतु प्रश्न

1. आपदा प्रबंधन से क्या आशय है? आपदा प्रबंधन के मुख्य आयामों पर प्रकाश डालिए।
2. राष्ट्रीय आपदा प्रबंधन अधिनियम 2005 के प्रमुख प्रावधानों की समीक्षा कीजिए।
3. राष्ट्रीय आपदा प्रबंधन प्राधिकरण की कार्य और भूमिका का परीक्षण कीजिए। क्या आप इस बात से सहमत हैं कि भारत में आपदा प्रबंधन के संदर्भ में किए गए संस्थागत ढांचे विसंगतियुक्त हैं।
4. राष्ट्रीय आपदा प्रबंधन नीति 2009 के प्रमुख प्रावधानों की विवेचना कीजिए।
5. राष्ट्रीय आपदा प्रबंधन योजना 2016 के प्रमुख प्रावधानों का समीक्षात्मक अध्ययन कीजिए।

* 9 7 8 9 3 5 2 6 6 6 3 7 9 *

FCW - #0278 - 061026 - C0 - 216/140/26 - PB - 9789352666379 - Matt Lamination